단기완성

한국사
능력검정시험

심화
1·2·3급

편저자 선우빈

동영상강의 www.pmg.co.kr
한국사능력검정시험 대비
공무원한국사 입문서

QMG 박문각

머리말

2005년 이슈가 된 우리 역사

15년 전쯤 우리 역사 교육이 뜨거운 이슈가 된 적이 있었습니다. 일본의 역사 왜곡에 더해, 2005년 중국의 동북공정 프로젝트의 실체가 드러났기 때문이었습니다.

21세기 새로운 동아시아 역사 전쟁이 시작되었으나, 우리의 역사 교육은 입시 교육에 밀려 점점 축소되고 있는 현실 속에서 우리 역사의 위상을 바르게 잡는 것이 뜨거운 이슈가 되었습니다. 이러한 배경 속에서 만들어진 '한국사능력검정시험' 제도가 2006년부터 시행되어 현재까지 오게 되었습니다.

2005년 당시 '한국사능력검정시험' 제도 시행 발표를 들으면서 우리의 역사 교육 현실이 안타까웠던 기억이 아직도 또렷하게 납니다. 이런 검정 제도 시행보다는 교육 현장에서 역사 교육만은 입시 제도와 별도로 자리잡으면 되는 것인데..... 그러나 교육 과정을 바꾸는 것이 제 생각처럼 간단하지 않았겠지요.

자연이나 사회적 현상을 다루는 과학과 달리 역사는 인간의 변화를 보는 학문이기에 단일한 틀에서 볼 수 없기 때문입니다. 비슷한 성격의 역사적 사실이라도 같은 원리로 이해하거나 설명하기 힘든 상황이 많습니다. 그래서 역사 교육은 교사의 역사관이나 역사 인식, 학습 내용으로 다루어야 할 역사적 사실, 교재 활용, 수업 방식 등 모든 것이 포함되는 과정이기도 합니다.

영어보다 한국사가 더 어렵게 느껴지는 세대

공무원 한국사 강사로 20년 정도 일해 온 필자는 학원이라는 상업화된 학습 공간에서 우리 역사를 팔아서 살아왔다(?)고 우스개소리를 합니다. 20년 동안 공무원이라는 새로운 목표를 향해 노량진 수험가로 나오는 수많은 '젊음'들을 만났습니다. 그런데 한국사가 수능에서 필수 과목이 되었는데도 요즘 만나는 친구들의 한국사 기초지식이 예전보다 많이 떨어지는 것을 발견하게 됩니다.

영어보다 한국사가 더 어렵게 느껴지는 세대(?), 우리 역사를 역사책보다는 방송이나 유튜브를 통해 감성적으로 먼저 접근한 세대입니다. 이런 친구들에게 한국사검정시험 공부가 현재 목표를 이루기 위한, 단순 자격증 따는 과정에서만 머무를까봐 미리 우려도 해봅니다. 그러나 자격증을 따는 과정을 통해 분명 우리 역사의 재미와 가치를 깨닫게 될 것이라는 기대도 해봅니다. 이건 순전히 우리 역사를 가르치는 역사 강사의 역할이겠지요. 어깨가 무거워집니다. 그러나 이것은 기분 좋은 무게감입니다.

한국사능력검정제도의 본질

비록 한국사가 자격증 제도가 되었지만 국사 편찬 위원회가 추구한 목표는 분명합니다. 우리 역사를 바르게 아는 것입니다.

우리 역사는 단순 암기 과목이 아니라, 이 땅에서 우리보다 조금 앞선 사람들의 이야기입니다. 그리고 역사를 배운다는 것은 현재 우리 삶의 지혜를 배우는 과정입니다.

지금 각자의 발 앞에 놓인 현실적 꿈을 이루어야 하는 분들에게 선우한국사의 교재와 강의 가 그 꿈이 좀더 쉽고 빠르게 이루어지도록 길잡이 역할을 하였으면 합니다. 그리고 여러분의 소중한 꿈이 이루어지는 그 길 끝에서, 각자의 자리에서 새로운 역사를 만들고 있는 자기 자 신을 만나게 되기를 바랍니다.

좋은 역사 수험서를 만들기 위해 함께 고민해 주는, 연구원 조원숙 실장님께 감사드립니다. 책을 만드는 즐거움을 함께 해주는 박문각 출판부의 김현실 국장님과 이수연님께도 늘 감사드립니다.

선우 빈

INFORMATION
시험정보

한국사능력검정시험이란?

우리 역사에 관한 패러다임의 혁신과 한국사 교육의 위상을 강화하기 위하여 국사 편찬 위원회에서는 한국사능력검정시험을 마련하였습니다.

국사 편찬 위원회는 우리 역사에 대한 관심을 제고하고, 한국사 전반에 걸쳐 역사적 사고력을 평가하는 다양한 유형의 문항을 개발하고 있습니다. 이를 통해 한국사 교육의 올바른 방향을 제시하고, 자발적 역사 학습을 통해 고차원적 사고력과 문제 해결 능력을 배양하고자 합니다.

한국사능력검정시험의 출제 유형

한국사능력검정시험의 문항은 역사 교육의 목표 준거에 따라 다음의 여섯 가지 유형으로 구분됩니다.

역사 지식의 이해

역사 탐구에 필요한 기본적인 지식을 갖고 있는가를 묻는 영역입니다. 역사적 사실·개념·원리 등의 이해 정도를 측정합니다.

연대기의 파악

역사의 연속성과 변화 및 발전을 이해하고 있는지를 묻는 영역입니다. 역사 사건이나 상황을 시대 순으로 정확하게 이해하고 인과 관계를 파악할 수 있는가를 측정합니다.

역사 상황 및 쟁점의 인식

제시된 자료에서 해결해야 할 구체적 역사 상황과 핵심적인 논쟁점, 주장 등을 찾을 수 있는가를 묻는 영역입니다. 문헌 자료, 도표, 사진 등의 형태로 주어진 자료에서 해결해야 할 과제를 포착하거나 변별해 내는 능력이 있는지를 측정합니다.

역사 자료의 분석 및 해석

자료에 나타난 정보를 해석하여 그 의미를 파악할 수 있는가를 묻는 영역입니다. 정보의 분석을 바탕으로 자료의 시대적 배경과 사회적 의미를 해석할 수 있는가를 측정합니다.

역사 탐구의 설계 및 수행

제시된 문제의 성격과 목적을 고려하여 절차와 방법에 따라 역사 탐구를 설계하고 수행할 수 있는 능력이 있는가를 묻는 영역입니다.

결론의 도출 및 평가

주어진 자료의 타당성을 판별하고, 여러 자료를 종합하여 결론을 도출할 수 있는가를 묻는 영역입니다.

시험 종류 및 인증 등급

시험 종류	심화	기본
인증	1급(80점 이상)	4급(80점 이상)
	2급(70~79점)	5급(70~79점)
	3급(60~69점)	6급(60~69점)
문항수	50문항(5지 택1형)	50문항(4지 택1형)

배점

100점 만점(문항별 1점~3점 차등 배점)

평가 내용

시험종류	평가 내용
심화	한국사 심화 과정으로서 한국사에 대한 체계적인 이해를 바탕으로 한국사의 주요 사건과 개념을 종합적으로 이해하고, 역사 자료를 분석하고 해석하는 능력, 한국사의 흐름 속에서 시대적 상황 및 쟁점을 파악하는 능력을 평가
기본	한국사 기본 과정으로서 기초적인 역사 상식을 바탕으로 한국사의 필수 지식과 기본적인 흐름을 이해하는 능력을 평가

활용 및 특전

- 한국사능력검정시험 2급 이상 합격자에 한해 인사혁신처에서 시행하는 5급 국가 공무원 공개경쟁 채용 시험 및 외교관 후보자 선발 시험에 응시 자격 부여
- 한국사능력검정시험 3급 이상 합격자에 한해 교원 임용 시험 응시 자격 부여
- 국비 유학생, 해외 파견 공무원 선발 시 국사 시험을 한국사능력검정시험(3급 이상 합격)으로 대체
- 한국사능력검정시험 2급 이상 합격자에 한해 인사혁신처에서 시행하는 지역 인재 7급 견습 직원 선발 시험에 추천 자격 요건 부여
- 공무원 경력 경쟁 채용 시험에 가산점 부여
- 군무원 공개경쟁 채용 시험에서 국사 과목을 한국사능력검정시험으로 대체
- 2021년부터 7급 국가(지방) 공무원 공개경쟁 채용 시험에서 한국사 과목을 한국사능력검정시험으로 대체
- 일부 공기업 및 민간 기업의 직원 채용이나 승진 시 반영
- 일부 대학의 수시 모집 및 육군 · 해군 · 공군 · 국군 간호 사관 학교 입시 가산점 부여

※ 인증서 유효 기간은 인증서를 요구하는 각 기관에서 별도로 정함.

GUIDE

교재의 구성과 특징

이론편

간결하면서도 꼼꼼한 이론

한국사 강의 20년의 노하우를 담아 꼭 알아두어야 할 내용을 엄선하여 테마별로 정리하였습니다. 한국사 주요 이론을 단순하게 나열하는 것을 지양하고, 최대한 사건의 흐름을 파악할 수 있도록 서술하여 수험생의 입장에서 한국사의 방대한 내용을 쉽고 체계적으로 이해할 수 있도록 하였습니다.

날개단 구성

수험생의 전반적인 이해를 돕기 위해 필요한 개념과 보충 설명 및 사진 자료를 날개단에 구성하였습니다.

다양한 사료, 화보, 지도 등 폭넓은 자료 제시

한국사능력검정시험의 특징 중 하나는 출제된 사료 및 사진 등이 반복적으로 출제된다는 것입니다. 시험에서 자주 출제된 주요 사료 및 자료(지도, 그림, 사진, 도표, 그래프 등)를 완벽하게 제시하여 시험에 빠르게 대비할 수 있도록 하였습니다.

문제편

대표 기출문제

해당 테마에서 가장 중요한 문제 유형을 엄선하여 수록하였습니다. 관련 이론을 문제를 통해서 파악함으로써 시험에 빠르게 대처할 수 있도록 하였습니다.

주요 정답 키워드

기출문제를 살펴보면 해당 주제에 따라서 반복적으로 출제되는 선지가 있습니다. 이에 한국사능력검정시험의 모든 회차를 분석하여 반복적으로 출제되는 주요 정답 키워드를 제시하였습니다.

한눈에 보는 해설

문제를 풀어 본 후 바로 정답과 해설을 확인할 수 있습니다. 해설을 통해 헷갈리는 부분은 한 번 더 확인하고, 공부한 이론을 빠르게 정리할 수 있도록 하였습니다.

부록

핵심요약 ZIP

방대한 역사적 사실들을 한눈에 파악할 수 있는 도표를 본책 앞에 수록하였습니다. '한눈에 보이는 시리즈 도표'를 통해 빠르고 정확하게 우리 역사를 접근할 수 있을 것입니다.

CONTENTS

목차

단기완성

한국사능력검정시험

PART

01

선사 시대 및 초기 국가

테마 01 구석기와 신석기

✦ 선사 시대의 문화권

✦ 구석기 시대의 유적지

✦ 흥수아이 | 발견 당시의 뼈와 이를 바탕으로 복원한 모습

📚 **선사 시대와 역사 시대**

선사 시대와 역사 시대를 구분하는 기준은 문자 사용의 여부임. 선사 시대는 문자를 사용하지 못했던 구석기 시대와 신석기 시대를 말하며, 역사 시대는 문자를 만들어 쓰기 시작한 청동기 시대 이후를 말함. 우리나라는 철기 시대부터 문자를 사용한 것으로 추정됨.

📚 **한민족의 형성**

• 형성: 만주 지역과 한반도를 중심으로 동북아시아에 넓게 분포, 구석기부터 거주하기 시작 ➡ 신석기와 청동기를 거치면서 민족의 기틀 형성
• 특징: 인종상 황인종, 언어학상 알타이 어족, 농경 생활을 바탕으로 독자적 문화 형성(동방문화권)

🛡 구석기 시대

1. 시기: B.C. 70만 년 전(근거 단양 금굴)

2. 시기 구분: 석기를 다듬는 수법에 따라 전기, 중기, 후기로 나눔.

구분	석기 제작의 특징
전기(70~10만 년 전)	한 개의 큰 석기를 여러 용도로 사용
중기(10~4만 년 전)	큰 몸돌에서 떼어 낸 돌 조각인 격지들을 가지고 잔손질을 하여 석기를 만듦. 한 개의 석기가 하나의 쓰임새를 갖게 됨.
후기(4~1만 년 전)	쐐기를 이용하여 형태가 같은 여러 개의 돌날격지 제작

3. 유물: 뗀석기, 골각기

사냥용	주먹 도끼(만능 석기), 찍개, 찌르개 ➡ 슴베찌르개(후기) ↳ 슴베(자루)가 달린 찌르개, 창같은 무기로 사용
조리용	긁개, 밀개
공구	새기개

✦ 주먹 도끼(경기 연천 전곡리)　✦ 슴베찌르개

4. 주요 유적지

단양 금굴	70만 년 전[최고(最古)]
연천 전곡리(1978)	유럽 아슐리안 계통의 주먹 도끼(전기) ➡ 한반도 및 동아시아 지역에서 최초 출토
공주 석장리(1964)	• 전기~후기 → 불 사용 → 막집 → 원시 주술적 예술 • 후기: 불 땐 자리, 기둥 자리, 개 모양의 동물 석상 출토
단양 상시 바위 동굴	바위 그늘 유적지 ➡ 남한 최초 인골 화석 출토
단양 수양개	후기, 석기 제작지, 고래와 물고기 조각(➡ 원시 주술적 예술), '눈금새김돌' 발견(2014)
청원 두루봉 동굴	후기, 어린이 2명의 완전한 뼈 출토(일명 흥수아이, 국화꽃을 뿌린 장례 의식 확인 ➡ 매장 풍습)

5. 경제·사회·문화

경제생활	뗀석기와 골각기 이용, 채집 경제
사회생활	• 동굴, 바위 그늘 ➡ 후기 막집(담·기둥·담자리, 불땐 자리) • 언어와 불 사용, 무리 사회, 이동 생활, 평등 사회
예술 활동	원시 예술-주술적 의미 예 공주 석장리-개 모양의 동물 석상, 단양 수양개-새·고래·멧돼지 등 조각

2 신석기 시대

1. 시기: B.C. 8000년경(근거 북제주군 한경면 고산리 유적)

2. 유물: 간석기(돌을 갈아서 여러 가지 형태와 용도로 만든 석기), 토기

간석기	사냥용, 어로용, 농경용(돌괭이, 돌삽, 돌보습 등), 직조용(가락바퀴)
토기	• 전기: 이른 민무늬 토기, 덧무늬 토기, 눌러찍기문 토기 • 중기 이후: 빗살무늬 토기(대표 토기)

↳ 식량 저장에 주로 사용, 도토리나 달걀 모양

✧ 가락바퀴

✧ 뼈바늘과 바늘집

✧ 덧무늬 토기

✧ 빗살무늬 토기(서울 암사동)

✧ 신석기 시대의 유적지

3. 유적

(1) **움집:** 바닷가·강가의 움집 ➡ 원형이나 모서리가 둥근 사각형 바닥, 중앙에 화덕 위치, 4~5명 정도 거주

(2) **조개더미[패총(貝塚)]:** 함북 웅기[인골 발견, 동침신전앙와장(東沈伸展仰臥葬)* ➡ 태양 숭배, 음식 담은 토기와 화살촉 발견 ➡ 내세관 확인], 부산 동삼동 등

(3) **주요 유적지:** 서울 암사동, 제주 한경 고산리, 양양 오산리, 황해도 봉산 지탑리 등

4. 경제·사회·문화

경제생활	• 전기 – 어로, 사냥 ➡ 후기 – 일부 농경 시작(조 · 피 · 수수 등 잡곡류 생산) • 원시적 수공업 활동: 가락바퀴와 뼈바늘 이용하여 의복과 그물 제작
사회생활	• 정착 생활: 움집의 보편화 • 평등 · 모계 사회 • 부족 사회: 혈연을 바탕으로 한 씨족이 기본 구성단위 • 족외혼: 다른 씨족과 결혼 • 폐쇄적 경제생활: 씨족마다 배타적인 경제 활동 구역 설정 • 원시 신앙 발생: 애니미즘*, 영혼 불멸 사상, 조상 숭배 사상, 샤머니즘*, 토테미즘*
예술 활동	흙으로 빚은 얼굴 모습(토우), 조개껍데기 가면, 동물을 새긴 조각품, 조가비로 만든 치레걸이, 여인상 등

↳ 장신구

✧ 조개껍데기 가면

✧ 치레걸이

✧ 여인상

✳ 동침신전앙와장(東沈伸展仰臥葬)
머리를 동쪽으로 향하고[東沈], 몸은 반듯이 펴며[伸展], 배를 위로 향한 자세[仰臥葬]로 시체를 묻는 장례

🔖 농경 관련 유적지
• 황해도 봉산 지탑리·평양 남경
➡ 탄화된 좁쌀(탄화조) 발견
• 강원도 고성 문암리
➡ 동아시아 최초 '밭' 발견(2012)

✳ 애니미즘(Animism)
자연 현상이나 자연물에 영혼이 있다고 믿는 것

✳ 샤머니즘(Shamanism)
인간과 영혼 또는 하늘을 연결시켜 주는 존재인 무당과 그 주술(呪術)을 믿는 것

✳ 토테미즘(Totemism)
자기 부족의 기원을 특정 동식물과 연결시켜 숭배하는 것

👍 구석기 시대의 생활상

주요 정답 키워드 # 동굴·강가의 막집 # 사냥과 채집 # 주먹 도끼

1. (가) 시대의 생활 모습으로 옳은 것은?   ▶ 38회

○○신문

제△△호   2018년 ○○월 ○○일

연천 전곡리 유적 발견 40주년, 그 고고학적 의의

올해는 경기도 연천 전곡리에서 (가) 시대의 주요 유물인 아슐리안형 주먹 도끼가 발견된지 40주년이 되는 해이다. 이 발견은 동아시아에는 찍개 문화만 존재하였고 주먹 도끼 문화는 없었다는 모비우스(Hallam L. Movius)의 학설을 뒤집는 증거가 되었다. 이곳은 현재 사적 제268호로 지정되어 있다.

발굴 현장

① 거푸집을 이용하여 도구를 제작하였다.
② 지배자의 무덤으로 고인돌을 축조하였다.
③ 반달 돌칼을 이용하여 곡식을 수확하였다.
④ 가락바퀴와 뼈바늘을 이용하여 옷을 지었다.
⑤ 주로 동굴이나 강가의 막집에서 거주하였다.

2. (가) 시대의 사회 모습으로 옳은 것은?   ▶ 42회

경상북도 예천군 삼강리 유적에서 (가) 시대를 대표하는 주먹 도끼와 함께 몸돌·격지·찍개 등 160여 점의 다양한 유물이 출토되었습니다. 이 유적은 (가) 시대의 여러 문화층이 확인되었다는 점에서 의미가 있습니다.

경상북도 예천군 삼강리 유적에서 유물 160여 점 출토

① 가락바퀴를 이용하여 실을 뽑았다.
② 주로 동굴에 살면서 사냥과 채집을 하였다.
③ 거푸집을 이용하여 세형동검을 제작하였다.
④ 빗살무늬 토기를 만들어 식량을 저장하였다.
⑤ 쟁기, 쇠스랑 등의 철제 농기구를 사용하였다.

🔍 **한눈에 보는 해설**

정답 알아보기

(가) 시대의 생활 모습으로 옳은 것은?

구석기 시대

연천 전곡리 유적 발견 40주년, 그 고고학적 의의
→ 구석기 시대 유적지

올해는 경기도 연천 전곡리에서 (가) 시대의 주요 유물인 **아슐리안형 주먹 도끼**가 발견된 지 40주년이 되는 해이다. 이 발견은 동아시아에는 찍개 문화만 존재하였고 주먹 도끼 문화는 없었다는 모비우스(Hallam L. Movius)의 학설을 뒤집는 증거가 되었다. 이곳은 현재 사적 제268호로 지정되어 있다.

⑤ 구석기 시대에는 동굴이나 바위 그늘에서 주로 살았고, 후기에는 강가에 막집을 짓고 살았다.

선지 분석하기

① 거푸집을 이용하여 도구를 제작하였다. ➡ 거푸집은 청동기를 만드는 도구로, 청동기 후기·초기 청기 때 등장
② 지배자의 무덤으로 고인돌을 축조하였다. ➡ 청동기 시대 모습
③ 반달 돌칼을 이용하여 곡식을 수확하였다. ➡ 청동기 시대 모습
④ 가락바퀴와 뼈바늘을 이용하여 옷을 지었다. ➡ 신석기 시대 모습

정답 ⑤

🔍 **한눈에 보는 해설**

정답 알아보기

(가) 시대의 사회 모습으로 옳은 것은?

구석기 시대

경상북도 예천군 삼강리 유적에서 (가) 시대를 대표하는 **주먹 도끼**와 함께 **몸돌·격지·찍개** 등 160여 점의 다양한 유물이 출토되었습니다. 이 유적은 (가) 시대의 여러 문화층이 확인되었다는 점에서 의미가 있습니다.

② 구석기 시대 사람들은 동굴이나 바위 그늘에서 주로 살면서 사냥, 어로 등의 자연 채집 경제 활동을 하였다.

선지 분석하기

① 가락바퀴를 이용하여 실을 뽑았다. ➡ 신석기 시대 모습
③ 거푸집을 이용하여 세형동검을 제작하였다. ➡ 청동기 후기~철기 시대 모습
④ 빗살무늬 토기를 만들어 식량을 저장하였다. ➡ 신석기 시대 모습
⑤ 쟁기, 쇠스랑 등의 철제 농기구를 사용하였다. ➡ 철제 농기구는 철기 시대에 처음 등장

정답 ②

👍 신석기 시대의 생활상

주요 정답 키워드 # 빗살무늬 토기 # 가락바퀴

3. 밑줄 그은 '이 시대'의 생활 모습으로 옳은 것은? ▶ 36회

이곳은 서울 암사동에 위치한 이 시대의 대표적인 유적지입니다. 당시에는 농경이 시작되고 정착 생활이 이루어지면서 움집에 거주하게 되었습니다.

① 빗살무늬 토기에 식량을 저장하였다.
② 소를 이용한 깊이갈이가 일반화되었다.
③ 명도전, 반량전 등의 화폐를 사용하였다.
④ 많은 인력을 동원하여 고인돌을 만들었다.
⑤ 거푸집을 이용하여 세형동검을 제작하였다.

4. (가) 시대의 생활 모습으로 옳은 것은? ▶ 40회

이것은 경상남도 창녕군 비봉리에서 출토된 (가) 시대 배의 복제품입니다. 본래의 출토품은 약 8천 년 전에 제작된 것으로 추정되는데, 지금까지 한반도에서 발견된 배 중 가장 오래된 것입니다. (가) 시대 사람들은 낚싯바늘과 그물을 이용하여 물고기를 잡았고, 농경과 목축을 시작하였습니다.

① 소를 이용한 깊이갈이가 일반화되었다.
② 반량전, 명도전 등의 화폐를 사용하였다.
③ 빗살무늬 토기를 만들어 식량을 보관하였다.
④ 많은 인력을 동원하여 고인돌을 축조하였다.
⑤ 대표적인 도구로 주먹 도끼, 찍개 등을 제작하였다.

한눈에 보는 해설 🔍

정답 알아보기 → 신석기 시대

밑줄 그은 '이 시대'의 생활 모습으로 옳은 것은?

> 이곳은 **서울 암사동**에 위치한 이 시대의 대표적인 유적지입니다. 당시에는 **농경이 시작**되고 **정착 생활**이 이루어지면서 **움집**에 거주하게 되었습니다.

① 신석기 대표 토기인 빗살무늬 토기는 도토리나 달걀 모양을 하고 있으며, 주로 식량을 저장하는데 사용하였다.

선지 분석하기

② 소를 이용한 깊이갈이가 일반화되었다. ➡ 우경(소를 이용한 농법)은 신라 지증왕 때 처음 이루어졌고, 소를 이용한 깊이갈이(심경법)는 고려 때 이루어졌다.
③ 명도전, 반량전 등의 화폐를 사용하였다. ➡ 명도전과 반량전(중국 전국 시대에 사용한 중국 돈) 등은 철기 시대 때 중국에서 들어왔다.
④ 많은 인력을 동원하여 고인돌을 만들었다. ➡ 청동기 시대 모습
⑤ 거푸집을 이용하여 세형동검을 제작하였다. ➡ 청동기 후기~철기 시대 모습

정답 ①

한눈에 보는 해설 🔍

정답 알아보기

(가) 시대의 생활 모습으로 옳은 것은?

신석기 시대

> 이것은 **경상남도 창녕군 비봉리**에서 출토된 (가) 시대 배의 복제품입니다. 본래의 출토품은 약 8천 년 전에 제작된 것으로 추정되는데, 지금까지 한반도에서 발견된 배 중 가장 오래된 것입니다. (가) 시대 사람들은 **낚싯바늘과 그물**을 이용하여 물고기를 잡았고, **농경과 목축을 시작**하였습니다.

③ 신석기 대표 토기인 빗살무늬 토기는 도토리나 달걀 모양을 하고 있으며, 주로 식량을 저장하는데 사용하였다.

선지 분석하기

① 소를 이용한 깊이갈이가 일반화되었다. ➡ 우경은 신라 지증왕 때, 소를 이용한 깊이갈이의 일반화는 고려 때의 모습이다.
② 반량전, 명도전 등의 화폐를 사용하였다. ➡ 철기 시대 모습
④ 많은 인력을 동원하여 고인돌을 축조하였다. ➡ 청동기 시대 모습
⑤ 대표적인 도구로 주먹 도끼, 찍개 등을 제작하였다. ➡ 구석기 시대 모습

정답 ③

테마 02 청동기와 철기

1 청동기 시대

1. 시기: B.C. 2000~1500년경

2. 유물: 간석기, 토기, 청동기

간석기	반달 돌칼(이삭 자르는 용도) · 홈자귀 등 농기구, 바퀴날 도끼 · 간돌검 등
토기	민무늬 토기(청동기 시대 대표 토기), 덧띠새김무늬 토기, 미송리식 토기, 붉은 간 토기
청동기	비파형 동검(서북방 수용설), 거친무늬 거울, 화살촉 등 cf 청동계 농기구(×)
고조선의 특징적 유물	비파형 동검, 미송리식 토기, 거친무늬 거울, 북방식(탁자식) 고인돌

> → 홈이 파진 석기

✧ 반달 돌칼   ✧ 민무늬 토기   ✧ 미송리식 토기   ✧ 붉은 간 토기

3. 유적: 만주, 한반도에 분포

남한 지역	• 부여 송국리: 목책으로 둘러싼 마을 터에 원형 · 장방형 · 방형 모양의 움집 50여기 출토, 민무늬 토기(일명 송국리식 토기), 비파형 동검, 탄화미 등 발견 • 울주 검단리: 청동기 가장 완벽한 환호* 시설 발견 • 기타: 여주 흔암리(탄화미), 춘천 중도(2013년 중도 레고랜드 부지에서 청동기 고조선 시대 생활상을 보여주는 유적 발견)
북한 지역	의주 미송리(미송리식 토기 등), 평양 남경(탄화미 등) 등

✧ 청동기 시대의 유적지

✧ 비파형 동검과 세형동검의 분포 | 초기 청동기: 비파형 동검(서북방 수용설) ➡ 후기 청동기: 세형동검(한국식 동검, 거푸집의 출현)

✧ 비파형 동검과 세형동검

✧ 고인돌

＊환호

외부 침입으로부터 집단 주거 지역을 보호하기 위해 마을 주변에 도랑을 판 것을 말함.

✧ 청동기 시대 집터

✧ 부여 송국리 유적지의 목책 시설

✧ 울주 검단리 유적지의 환호 시설

PART 1

4. 경제·사회·문화

경제생활	농경 발달, 밭농사 중심, 벼농사 시작(일부 저습지), 가축 사육 발달
사회생활	• 집자리 유적: 지상 가옥에 가까워진 직사각형(장방형) 움집 형태로 변화, 산간·구릉 지대에서 배산임수(背山臨水)의 집단적인 취락 형태를 지님, 주춧돌 사용 • 무덤: 고인돌, 돌무지무덤, 돌널무덤 ↳ 사유 재산과 계급 발생을 알려 주는 대표 유적, 한강을 기점으로 남방식(바둑판식), 북방식(탁자식), 변형 개석식으로 구분 • 농경의 발달: 생산 증가에 따른 잉여 생산물 축적과 사적 소유 ➡ 계급 발생, 선민 사상의 대두 • 군장의 등장: 군장(제정일치의 지도자 역할) ➡ 군장 국가 출현(고조선)

예술 활동	• 토우, 청동기 제품 등
	• 바위그림
	  – 울주 반구대 바위그림: 사람, 거북, 사슴, 호랑이 등 300여 점의 사실적 그림 ➡ 사냥과 고기잡이의 성공 및 풍요 염원
	  – 고령 장기리 바위그림: 동심원, 삼각형, 십자형 등의 기하학적 무늬 ➡ 풍요를 기원하는 제사 터

✧ 농경문 청동기

✧ 울주 반구대 바위그림

✧ 고령 장기리(구 양전동) 바위그림

2 철기 시대

1. 시기: B.C. 5세기

2. 유물: 간석기, 토기, 청동기, 철기 등 다양한 재료 사용

토기	다양한 토기 사용(민무늬 토기, 검은 간 토기, 붉은 간 토기, 덧띠 토기, 가지무늬 토기 등)
청동기	• 의식용 도구[의기화(儀器化)] • 거푸집 출토 ➡ 한반도에서 독자적인 청동기 제작 증거 • 세형동검(한국식 동검), 잔무늬 거울
철기	철제 무기, 철제 농기구 사용(➡ 농업 생산량 증가)
중국과의 활발한 교류 증거	• 중국돈(오수전, 반량전, 왕망전, 명도전 등) 출토 • 한자의 도입: 붓 발견(창원 다호리 유적)

🔖 **한반도의 독자적 청동기 문화의 발전 증거**

세형동검, 잔무늬 거울, 거푸집

✧ 잔무늬 거울

✧ 명도전

✧ 붓(경남 창원 다호리)

✧ 독무덤(옹관묘)

✧ 널무덤(토광묘)

✧ 청동 도끼 거푸집

3. 유적

집터	지상형 가옥, 귀틀집[cf 동예의 여(呂)자형·철(凸)자형 집터 – 부뚜막 발견]
무덤	• 독무덤, 널무덤(청동기+철기 부장품 발견)의 대두 • 청동기 시대의 돌무지·돌널무덤(청동기 시대보다 규모가 커짐.)

4. 경제·사회

경제	철제 농기구 사용, 한반도 남부(삼한) 저수지 축조 ➡ 벼농사 발달
사회	연맹 왕국 등장: 여러 부족 국가들이 연맹하여 왕(王) 선출

✧ 철기 시대 전기의 집터 복원

테마 02 실전문제

출제 POINT
주요 유물·유적을 통해 해당 시기의 생활 모습을 고르는 문제가 출제된다.

👍 청동기 시대의 생활상

주요 정답 키워드 # 반달 돌칼 # 벼농사 # 고인돌 # 비파형 동검

1. (가) 시대의 생활 모습으로 옳은 것은? ▶41회

이곳 여주 흔암리 선사 유적은 __(가)__ 시대 한강 유역의 대표적인 유적입니다. 여기에서 확인된 20여 기의 집자리에서는 민무늬 토기, 반달 돌칼 등이 출토되었습니다. 특히 토기 안에서는 탄화된 쌀·겉보리·조·수수가 발견되어 이 시대에 벼농사가 이루어졌음을 알 수 있습니다.

① 주로 동굴이나 강가의 막집에서 살았다.
② 계급이 없는 평등한 공동체 생활을 하였다.
③ 오수전, 화천 등의 중국 화폐를 사용하였다.
④ 많은 인력을 동원하여 고인돌을 축조하였다.
⑤ 실을 뽑기 위해 가락바퀴를 처음 사용하였다.

2. 교사의 질문에 대한 답변으로 가장 적절한 것은? ▶39회

이것은 사유 재산과 계급이 발생했던 시대의 대표적인 유적입니다. 이 시대에 새롭게 나타난 사회 모습을 말해 볼까요?

① 농경과 목축을 시작하여 식량을 생산하였습니다.
② 가락바퀴를 이용하여 실을 뽑기 시작하였습니다.
③ 쟁기, 쇠스랑 등의 철제 농기구를 사용하였습니다.
④ 거푸집을 이용하여 비파형 동검을 제작하였습니다.
⑤ 정착 생활을 하게 되면서 움집이 처음 만들어졌습니다.

한눈에 보는 해설 ⊕

정답 알아보기

(가) 시대의 생활 모습으로 옳은 것은?

청동기 시대

이곳 **여주 흔암리 선사 유적**은 __(가)__ 시대 한강 유역의 **대표적인 유**
적입니다. 여기에서 확인된 20여 기의 집자리에서는 **민무늬 토기, 반**
달 돌칼 등이 출토되었습니다. 특히 토기 안에서는 탄화된 쌀·겉보
리·조·수수가 발견되어 이 시대에 벼농사가 이루어졌음을 알 수 있습
니다. ← 청동기 시대의 대표 토기

④ 고인돌은 청동기 시대 지배자의 무덤 양식으로, 많은 인력을 동원하
여 고인돌을 만든 점에서 이 시기에 계급 발생이 이루어졌음을 알 수
있다.

선지 분석하기

① 주로 동굴이나 강가의 막집에서 살았다. ➡ 구석기 시대 모습
② 계급이 없는 평등한 공동체 생활을 하였다. ➡ 구석기·신석기 시대 모습
③ 오수전, 화천 등의 중국 화폐를 사용하였다. ➡ 철기 시대 모습
⑤ 실을 뽑기 위해 가락바퀴를 처음 사용하였다. ➡ 신석기 시대 모습

정답 ④

한눈에 보는 해설 ⊕

정답 알아보기

교사의 질문에 대한 답변으로 가장 적절한 것은?

← 청동기 시대

이것은 **사유 재산과 계급이 발생**
했던 시대의 대표적인 유적입니다.
이 시대에 새롭게 나타난 사회 모
습을 말해 볼까요?

↳ (탁자식)고인돌: 청동기 시대의 대표 유적으로 한강 이북에서 출토됨.

④ 비파형 동검은 청동기 시대의 대표적인 유물이다.

선지 분석하기

① 농경과 목축을 시작하여 식량을 생산하였습니다. ➡ 신석기 시대 모습
② 가락바퀴를 이용하여 실을 뽑기 시작하였습니다. ➡ 신석기 시대 모습
③ 쟁기, 쇠스랑 등의 철제 농기구를 사용하였습니다. ➡ 철기 시대 모습
⑤ 정착 생활을 하게 되면서 움집이 처음 만들어졌습니다. ➡ 신석기 시대 모습

정답 ④

👍 철기 시대의 생활상

3. 자료의 (가)에 들어갈 내용으로 옳은 것은? ▶ 14회

① 중국과의 교류가 활발하였다.

② 무리를 지어 이동 생활을 하였다.

③ 계급이 없는 평등한 생활을 영위하였다.

④ 가락바퀴를 이용하여 옷을 만들기 시작하였다.

⑤ 자연물에 정령이 있다고 믿는 애니미즘이 등장하였다.

4. 다음 삼한 시대 유적지에서 출토된 유물을 통하여 알 수 있는 사실을 〈보기〉에서 모두 고른 것은? ▶ 6회

- 경남 창원시 다호리 유적지
  기원전 1세기 무렵의 초기 철기 시대 유적지로, 붓, 통나무 관, 그리고 식용의 감과 율무 등이 출토되었다.

- 광주시 광산구 신창동 유적지
  기원 전후 시기 마한 사람들의 생활 유적지로, 어린이를 매장한 것으로 추정되는 독무덤이 1960년대에 다수 발견되었으며, 30여 년 뒤에 다시 발굴이 이루어져 악기, 베틀 부속 도구인 바디, 수레 부속 도구, 인분과 기생충 알 등이 확인되었다.

> 보기
> ㉠ 한자 사용 ㉡ 옷감 생산
> ㉢ 현악기 사용 ㉣ 중국과 문물 교류

① ㉠, ㉡   ② ㉢, ㉣   ③ ㉠, ㉢, ㉣

④ ㉡, ㉢, ㉣   ⑤ ㉠, ㉡, ㉢, ㉣

한눈에 보는 해설 ⊕

정답 알아보기 → 철기 시대의 모습

자료의 **(가)** 에 들어갈 내용으로 옳은 것은?

→ 철기 시대의 유적지, 붓 출토

경남 창원 다호리에서 다량의 유물들이 발견되었다. 널무덤에서 발견된 **붓**을 비롯하여 통나무 목관, **오수전**, 감과 밤 등이 담긴 옻칠 제사 용기 등이 발굴되었다. 이 유물이 사용된 시기에는 ＿＿＿＿＿ **(가)**

① 명도전, 반량전 같은 중국 전국 시대의 화폐와 한자의 도입(창원 다호리 유적지의 붓)을 통해 철기 시대에 중국과의 교류가 활발하였음을 알 수 있다.

선지 분석하기

② 무리를 지어 이동 생활을 하였다. ➡ 구석기 시대 모습

③ 계급이 없는 평등한 생활을 영위하였다. ➡ 구석기·신석기 시대 모습

④ 가락바퀴를 이용하여 옷을 만들기 시작하였다. ➡ 신석기 시대 모습

⑤ 자연물에 정령이 있다고 믿는 애니미즘이 등장하였다. ➡ 신석기 시대 모습

정답 ①

한눈에 보는 해설 ⊕

정답 알아보기

다음 삼한 시대 유적지에서 출토된 유물을 통하여 알 수 있는 사실을 〈보기〉에서 모두 고른 것은?

- 경남 창원시 다호리 유적지
  기원전 1세기 무렵의 초기 철기 시대 유적지로, **붓**, 통나무 관, 그리고 식용의 감과 율무 등이 출토되었다.
  → 중국 한자의 도입 증거

- 광주시 광산구 신창동 유적지
  기원 전후 시기 **마한 사람들의 생활** 유적지로, 어린이를 매장한 것으로 추정되는 독무덤이 1960년대에 다수 발견되었으며, 30여 년 뒤에
  → 철기 시대에 출현한 무덤 양식
  다시 발굴이 이루어져 **악기, 베틀 부속 도구인 바디,** 수레 부속 도구, 인분과 기생충 알 등이 확인되었다.

㉠㉣ 경남 창원 다호리 유적에서 붓이 최초로 출토되었는데, 이를 통해 중국과의 교류를 통해 한자가 도입되었음을 알 수 있다.

㉢ 제시문에서 악기의 발굴을 통해 현악기의 사용을 알 수 있다.

㉡ 제시문에서 베틀 부속 도구인 바디의 발굴을 통해 옷감이 생산되었음을 알 수 있다.

정답 ⑤

테마 03

고조선

1 고조선의 성립과 발전

1. **건국 시기**: B.C. 2,333년 청동기 문화를 바탕으로 단군왕검이 건국(『삼국유사』와 『동국통감』 의거)

2. **중심지**: 요령 지방(초기) ➡ 대동강 유역의 왕검성(후기)

3. **세력 범위**: 비파형 동검, 고인돌(탁자식), 미송리식 토기, 거친무늬 거울의 출토 지역을 통해 세력 범위 짐작

4. **발전 과정**

B.C. 5C 전국 시대 혼란기	유이민의 이주 ➡ 초기 철기 수용
B.C. 4C경	전국 7웅 중 연과 대립, 스스로 왕(王)이라 칭함. ➡ 연을 공격할 계획도 세움.
B.C. 300년 전후(?)	연의 장수 진개의 침입 ➡ 요령성 상실, 대동강(왕검성)으로 이동
B.C. 3C 부왕, 준왕	• 왕위 부자 세습 • 상(相), 대부(大夫), 장군(將軍), 박사(博士) 등 관직 마련

✧ 고조선의 세력 범위

2 위만 조선(B.C. 194~108)의 성립과 발전

1. **위만의 남하**: B.C. 3C 진·한 교체기 시기, 고조선 준왕 때 위만 및 유이민 대거 남하·정착 ➡ 이후 위만의 준왕 축출(B.C. 194)

2. **위만 조선의 성격**

단군 조선의 정통 계승	나라 이름 '조선', 위만의 복장(조선인 옷과 상투), 토착민들의 높은 지위 유지
철기 문화의 본격적 수용	상업과 무역 발달
중앙 정치 조직의 정비	경, 대신, 비왕(裨王) 등
정복 사업 전개	진번·임둔 등 복속
중계 무역	예·남방의 진과 한 사이에서 중계 무역 ➡ 한과 갈등[창해군 설치(B.C. 128) ➡ 요동도위 섭하 살해 사건(B.C. 109)]

3. **고조선의 멸망**: 한 무제의 침입으로 왕검성 함락(B.C. 108) ➡ 한사군* 설치 ➡ 법 조항 60여 조로 증가(풍속 각박, 낙랑 문화 형성)

✱ **한사군**
낙랑군·진번군·임둔군·현도군으로, 고구려 멸망 이후 한은 고조선의 일부 지역에 4개의 군현을 설치

3 고조선 사회

1. 단군의 건국 이야기

> 옛날에 환인과 그의 아들 환웅이 있었는데, 아버지가 삼위태백(三危太伯)을 내려다보니 가히 널리 인간을 이롭게 할 만하므로, 아들에게 천부인(天符印) 세 개*를 주어 보내 다스리게 하였다. 환웅은 무리 3천을 이끌고 태백산 꼭대기의 신령스러운 박달나무 아래에 내려가, 풍백, 우사, 운사를 거느리고 곡물, 수명 등을 주관하며 세상을 다스렸다. 그때 곰과 호랑이가 같은 동굴에 살면서 환웅에게 사람이 되기를 빌었다. 그 중에서 곰은 삼칠일 동안 금기를 지켜서 여자의 몸을 얻었으나, 호랑이는 금기를 지키지 않아 얻을 수 없었다. 이에 환웅은 웅녀와 혼인하여 아이를 낳았으니, 이름하여 단군왕검이라 하였다.

핵심 내용	• 환인과 환웅: 선민사상*(천손의 후예) • 홍익인간: 인본주의 통치 이념 • 풍백·우사·운사: 농경 사회, 애니미즘, 지배층의 분화 • 환웅과 웅녀의 혼인: 토테미즘, 모계 사회의 흔적, 환웅 부족과 웅녀 부족의 결합 • 단군왕검: 단군(제사장) + 왕검(정치적 지배자) ➡ 제정일치 사회, 샤머니즘, 군장 국가의 등장		
의의	우리 민족의 역사와 문화 전통의 정신적 지주		
수록 문헌	삼국유사	일연	고려 충렬왕
	제왕운기	이승휴	고려 충렬왕
	세종실록지리지	실록청(춘추관)	조선 단종
	응제시주	권람	조선 세조
	동국여지승람	노사신	조선 성종

2. 8조 금법: 중국 『한서』 지리지에 현재 3조항만 전해지고 있음.

(1) 사람을 죽인 자는 사형에 처한다. ➡ 개인의 생명 존중

(2) 사람을 상해한 자는 곡물로써 배상한다. ➡ 농경 사회, 사유 재산 존재, 노동력 중시

(3) 남의 물건을 훔친 자는 노비로 삼되, 자속하려는 자는 50만 전을 내야 한다.
   ➡ 형벌 노비의 출현, (중국) 화폐 사용(일부 지배층)

(4) 기타: 여자는 정절을 귀히 여기고 음란하지 않았다. ➡ 남성 중심의 가부장적 사회

(5) 한 군현 설치 이후 법 조항 60여 조로 증가 ➡ 풍속이 각박해짐.

한능검 꼭꼭 사료

고조선의 8조 금법

(조선에서는) 백성들에게 금하는 법 8조를 만들었다. 그것은 대개 사람을 죽인 자는 즉시 죽이고, 남에게 상처를 입힌 자는 곡식으로 갚는다. 도둑질을 한 자는 노비로 삼는다. 용서받고자 하는 자는 한 사람마다 50만 전을 내야 한다. 비록 용서를 받아 보통 백성이 되어도 풍속에 역시 그들은 부끄러움을 씻지 못하여 결혼을 하고자 해도 짝을 구할 수 없다. 이러해서 백성들은 도둑질을 하지 않아 대문을 닫고 사는 일이 없었다. 여자들은 모두 정조를 지키고 신용이 있어 음란하고 편벽된 짓을 하지 않았다. 농민들은 대나무 그릇에 음식을 먹고, 도시에서는 관리나 장사꾼들을 본받아서 술잔 같은 그릇에 음식을 먹는다.

『한서』

✻ 천부인 3개

통치자(단군)의 상징물인 청동 거울, 청동 칼, 청동 방울

✻ 선민사상

청동기 시대에 형성된 사상으로 하느님의 선택된 백성이라는 의미

📖 홍익인간(弘益人間)

널리 인간을 이롭게 한다는 뜻. 단군왕검이 고조선을 세우면서 기본으로 삼은 이념으로, 모든 백성들을 이롭게 하여 모두가 함께 잘 살게 해야 한다는 의미가 담겨져 있음.

사료 돋보기 ➕

한 군현 설치 이후 법 조항의 증가

군을 설치하고 초기에는 관리를 요동에서 뽑아 왔는데 이 관리가 백성들이 문단속을 하지 않는 것을 보았다. 장사하러 온 자들이 밤에 도둑질을 하니 풍속이 점차 야박해졌다. 지금은 범금(犯禁)도 많아져서 60여 조목이나 된다. 『한서』

테마 03 실전문제

🐻 출제 POINT
고조선 사회의 특징과 위만 조선의 발전 과정을 묻는 사료 제시형 문제가 주로 출제된다.

👍 고조선의 특징

주요 정답 키워드 # 범금 8조 # 상·대부·장군 # 우거왕 # 한 무제

1. 다음 법을 시행하였던 나라에 대한 설명으로 옳은 것은? ▶39회

> 범금 8조가 있다. 남을 죽이면 즉시 죽음으로 갚고, 남을 상해하면 곡식으로 배상한다. 남의 물건을 훔친 자가 남자면 그 집의 노(奴)로 삼으며 여자면 비(婢)로 삼는데, 자신의 죄를 용서받으려는 자는 한 사람마다 50만[전]을 내야 한다.
>
> 「한서」

① 신지, 읍차 등의 지배자가 있었다.
② 골품제라는 신분 제도를 마련하였다.
③ 제가 회의에서 국가 중대사를 결정하였다.
④ 왕 아래 상, 대부, 장군 등의 관직을 두었다.
⑤ 여러 가(加)들이 별도로 사출도를 주관하였다.

2. 밑줄 그은 '이 나라'에 대한 설명으로 옳은 것은? ▶44회

> 누선장군 양복이 병사 7천 명을 거느리고 먼저 왕검성에 이르렀다. <u>이 나라의</u> 우거왕이 성을 지키고 있다가 양복의 군사가 적음을 알고 곧 성을 나와 공격하자, 양복의 군사가 패배하여 흩어져 달아났다. 한편 좌장군 순체는 패수서군을 공격하였지만 이를 깨뜨리고 나아가지 못하였다. 한 무제는 두 장군이 이롭지 못하다 생각하고, 이에 위산으로 하여금 군사의 위엄을 갖추고 가서 우거왕을 회유하도록 하였다.

① 정사암에 모여 재상을 선출하였다.
② 10월에 동맹이라는 제천 행사를 열었다.
③ 읍락 간의 경계를 중시하는 책화가 있었다.
④ 제사장인 천군과 신성 지역인 소도가 있었다.
⑤ 사회 질서를 유지하기 위해 범금 8조를 두었다.

한눈에 보는 해설 ⊕

정답 알아보기 → 고조선

다음 법을 시행하였던 나라 에 대한 설명으로 옳은 것은?

> → 고조선의 8조법
> 범금 8조가 있다. 남을 죽이면 즉시 죽음으로 갚고, 남을 상해하면 곡식으로 배상한다. 남의 물건을 훔친 자가 남자면 그 집의 노(奴)로 삼으며 여자면 비(婢)로 삼는데, 자신의 죄를 용서받으려는 자는 한 사람마다 50만[전]을 내야 한다.
> 「한서」

④ 고조선은 왕(王)이 존재하였고, 왕 아래 상·대부·장군 등의 관직을 두었다.

선지 분석하기
① 신지, 읍차 등의 지배자가 있었다. ➡ 삼한
② 골품제라는 신분 제도를 마련하였다. ➡ 신라
③ 제가 회의에서 국가 중대사를 결정하였다. ➡ 고구려
⑤ 여러 가(加)들이 별도로 사출도를 주관하였다. ➡ 부여

한눈에 보는 해설 ⊕

정답 알아보기 → 고조선

밑줄 그은 '이 나라' 에 대한 설명으로 옳은 것은?

> → 고조선의 수도
> 누선장군 양복이 병사 7천 명을 거느리고 먼저 왕검성에 이르렀다. <u>이 나라의</u> 우거왕이 성을 지키고 있다가 양복의 군사가 적음을 알고 곧 성을 나와 공격하자, 양복의 군사가 패배하여 흩어져 달아났다. 한편 좌장군 순체는 패수서군을 공격하였지만 이를 깨뜨리고 나아가지 못하였다. 한 무제는 두 장군이 이롭지 못하다 생각하고, 이에 위산으로 하여금 군사의 위엄을 갖추고 가서 우거왕을 회유하도록 하였다.
> → 고조선의 마지막 왕(위만의 손자)

⑤ 고조선은 사회 질서를 유지하기 위해 범금 8조(8조법)를 두었다.

선지 분석하기
① 정사암에 모여 재상을 선출하였다. ➡ 백제
② 10월에 동맹이라는 제천 행사를 열었다. ➡ 고구려
③ 읍락 간의 경계를 중시하는 책화가 있었다. ➡ 동예
④ 제사장인 천군과 신성 지역인 소도가 있었다. ➡ 삼한

정답 ④

정답 ⑤

👍 위만 조선의 발전 과정   주요 정답 키워드 # 중계 무역

3. (가)에 들어갈 내용으로 옳은 것은?   ▶ 42회

> 기원전 2세기경에 위만이 준왕을 몰아내고 왕이 된 이후 고조선의 상황에 대해 이야기해 볼까요?

> (가)

> 우거왕이 왕검성을 침략한 한 무제의 군대에 맞서 저항했습니다.

① 지방의 여러 성에 욕살, 처려근지 등을 두었습니다.
② 제가 회의에서 나라의 중요한 일을 결정하였습니다.
③ 한(漢)과 진국(辰國) 사이에서 중계 무역을 하였습니다.
④ 전국 7웅 중 하나인 연과 대적할 만큼 성장하였습니다.
⑤ 부왕(否王) 등 강력한 왕이 등장하여 왕위를 세습하였습니다.

4. 밑줄 그은 ㉠의 상황 이후 일어난 사실로 옳은 것을 〈보기〉에서 고른 것은?   ▶ 26회

> 연왕 노관이 한(漢)을 배반하여 흉노로 들어가자, 만(滿)도 망명하였다. 무리 천여 명을 모아 상투를 틀고 오랑캐 복장을 하고서 동쪽으로 도망하여 변경을 지나 패수를 건너 진(秦)의 옛 땅인 상하장에 살았다. ㉠ 점차 진번·조선인과 옛 연(燕)·제(齊)의 망명자를 복속시켜 거느리고 왕이 되었으며, 왕검에 도읍을 정하였다.
> 「한서」 조선전

보기
㉠ 연의 장수 진개의 공격을 받았다.
㉡ 준왕이 부왕(否王)으로부터 왕위를 물려받았다.
㉢ 진국(辰國)과 한(漢) 사이에서 중계 무역을 하였다.
㉣ 조선상 역계경이 무리를 이끌고 진국(辰國)으로 갔다.

① ㉠, ㉡   ② ㉠, ㉢   ③ ㉡, ㉢
④ ㉡, ㉣   ⑤ ㉢, ㉣

한눈에 보는 해설⊕

정답 알아보기

(가)에 들어갈 내용으로 옳은 것은?

> 기원전 2세기경에 **위만이 준왕을 몰아내고 왕이 된 이후** → 위만 조선(B.C. 194) 수립 고조선의 상황에 대해 이야기해 볼까요?

> (가)

> → 고조선 멸망(B.C. 108)
> 우거왕이 왕검성을 침략한 한 무제의 군대에 맞서 저항했습니다.

③ 위만 조선은 지리적 이점을 이용하여 예(濊)나 남방의 진(辰)이 중국 한(漢)과 직접 무역하는 것을 막고 중계 무역의 이득을 독점하려 하였다.

선지 분석하기

① 지방의 여러 성에 욕살, 처려근지 등을 두었습니다. ➡ 고구려
② 제가 회의에서 나라의 중요한 일을 결정하였습니다. ➡ 부여와 고구려
④ 전국 7웅 중 하나인 연과 대적할 만큼 성장하였습니다. ➡ 위만 집권 이전 (기원전 4세기경)
⑤ 부왕(否王) 등 강력한 왕이 등장하여 왕위를 세습하였습니다. ➡ 위만 집권 이전(기원전 3세기)

정답 ③

한눈에 보는 해설⊕

정답 알아보기   → 위만 조선 성립

밑줄 그은 ㉠의 상황 이후 일어난 사실로 옳은 것을 〈보기〉에서 고른 것은?

> 연왕 노관이 한(漢)을 배반하여 흉노로 들어가자, **만(滿)도 망명하였다.** 무리 천여 명을 모아 상투를 틀고 오랑캐 복장을 하고서 동쪽으로 도망하여 변경을 지나 패수를 건너 진(秦)의 옛 땅인 상하장에 살았다. ㉠ 점차 진번·조선인과 옛 연(燕)·제(齊)의 망명자를 복속시켜 거느리고 **왕이 되었으며, 왕검에 도읍을 정하였다.**
> 「한서」 조선전
> → 위만 조선 성립(B.C. 194)

㉢ 위만 조선은 지리적 이점을 이용하여 예(濊)나 남방의 진(辰)이 중국 한(漢)과 직접 무역하는 것을 막고 중계 무역의 이득을 독점하려 하였다.
㉣ 위만의 손자 우거왕 때 한 무제가 조선을 침공하자 내분을 틈타 조선상 역계경이 무리를 이끌고 진국(辰國)으로 내려갔다.

선지 분석하기

㉠ 연의 장수 진개의 공격을 받았다. ➡ 위만 집권 이전(B.C. 300년 전후)
㉡ 준왕이 부왕(否王)으로부터 왕위를 물려받았다. ➡ 위만 집권 이전(B.C. 3세기)

정답 ⑤

테마 04 초기 국가

1 부여(B.C. 4세기~A.D. 494)

성립	기원전 4세기경 만주 송화강 유역(평야 지대)에서 성립 ➡ 1세기 초 왕호 사용
정치	• 5부족 연맹체: 왕(중앙) + 여섯 가축 이름의 대족장(마가 · 우가 · 저가 · 구가)이 대사자 · 사자 등 하급 관리를 거느림, 사출도(지방 행정 구역) 통치 • 제가 회의: 가(加)들은 왕을 추대하거나 흉년 시 왕을 폐위하기도 함.
경제	반농반목, 말 · 주옥 · 모피 등 생산
풍속	• 4조목의 법률: 살인하면 사형 및 가족은 노비, 도둑질하면 12배 배상(1책 12법), 간음한 남녀는 사형, 투기한 부인은 사형 ↱소를 죽여 그 굽으로 길흉을 점침. • 순장*의 매장 풍습, 우제점법, 형사취수제*, 은력 사용 • 제천 행사: 영고(12월, 수렵 사회 풍습)
멸망	선비족의 침략(3세기 말)으로 쇠퇴 ➡ 고구려 문자왕에 의해 멸망(494)

✤ 초기 국가의 위치

📜 **고조선 8조 금법과 부여 법률의 공통점**

1. 남성 중심의 사회
2. 형벌 사회
3. 형벌 노비가 존재한 계급 사회
4. 보복주의

✳ 순장
왕이나 귀족이 죽었을 때 그의 아내나 신하 또는 종들을 함께 매장하던 고대 장례 풍속

✳ 형사취수제
형이 죽으면 동생이 형수를 아내로 맞이하는 제도

✳ 5부족 연맹체
소노부(연노부) · 순노부 · 계루부 · 절노부 · 관노부

✳ 데릴사위제
신부 집 뒤에 사위집인 서옥(婿屋)을 지어 놓고 신랑을 살게 한 후 자식을 낳고 장성하면 신부를 데려가게 한 풍습

2 고구려(B.C. 37~A.D. 668)

	↱'활 잘 쏘는 아이'라는 의미
성립	기원전 37년 부여에서 온 주몽이 동가강 유역의 졸본(환인)에서 건국 ➡ 1세기경 유리왕 때 압록강가의 국내성(집안)으로 천도
정치	↱전(前) 왕족이나 왕비족에게 주는 칭호 • 5부족 연맹체*: 왕 + 대가(상가, 고추가, 대로, 패자 등)들이 사자 · 조의 · 선인 등 하급 관리를 거느림. • 제가 회의: 중대한 범죄자는 회의를 통해 사형에 처하고, 그 가족은 노비로 삼음.
경제	농토가 부족하여 정복 활동으로 생활을 유지하는 약탈 경제(➡ 보관 창고인 부경 설치)
풍속	• 데릴사위제(서옥제)*, 형사취수제, 1책 12법 • 제천 행사: 동맹(10월, 국동대혈에서 제사 지냄.)
발전	6대 태조왕 때(1세기 후반~2세기) 중앙 집권 국가로 발전

3 옥저

성립	함경도 일대에서 성립
정치	왕 없음. 읍군 · 삼로 등 군장이 다스림.
경제	토지 비옥, 어물 · 소금 등 해산물 풍부 ➡ 고구려에 공물로 바침.
풍속	• 민며느리제*(매매혼, 계약 결혼) • 가족 공동묘(골장제, 죽은 자의 양식으로 쌀 항아리 보관)
멸망	고구려 태조왕에 의해 복속

✳ 민며느리제
어린 여자를 신부로 맞이하여 기른 후 며느리로 삼는 제도. 여자아이가 성인이 되면 본가에 다시 돌아와 신부의 가족들이 신랑 집에 돈을 요구하고 돈이 지불된 후에 신랑 집으로 다시 돌아갔으므로 일종의 매매혼적 성격도 가지고 있음.

4 동예

성립	강원도 북부 동해안 지역에서 성립
정치	왕 없음. 읍군 · 삼로 등 군장이 다스림.
경제	• 토지 비옥, 해산물 풍부, 방직 기술 발달 • 특산물: 단궁(활) · 과하마(키가 작은 말) · 반어피(바다표범 가죽) 유명
풍속	• 주거: 철(凸)자형과 여(呂)자형 집터(부뚜막, 난방 시설 갖춤.) • 풍속: 족외혼, 책화(다른 부족의 영역을 침범하면 노비와 소 · 말로 변상, 경제적 폐쇄성) • 제천 행사: 무천(10월)
멸망	고구려와 신라에 흡수 · 통합

✦ 동예의 철(凸)자형 집터

5 삼한

성립	한강 이남의 진(辰)의 성장 ➡ 마한, 진한, 변한으로 성장
정치	• 목지국(맹주): 마한 목지국의 지배자가 마한왕 또는 진왕으로 추대 • 왕(王) 아래 신지 · 견지(대군장), 읍차 · 부례(소군장) ➡ 토지와 물 관리권 소유 • 제정 분리: 정치적 지배자 외에 제사장인 천군 존재(신성 지역인 소도*에 거주)
경제	• 벼농사 발달(철제 농기구), 저수지 축조, 방직 기술 발달(누에치기, 삼베) • 변한: 철 생산 ➡ 왜, 낙랑, 대방 등 수출, 철을 화폐처럼 사용
풍속	• 제천 행사: 수릿날(5월, 오늘날 단오), 계절제(10월) • 두레, 문신, 편두, 초옥토실(草屋土室), 귀틀집
발전	• 마한 ➡ 백제 • 진한 ➡ 신라 • 변한 ➡ 6가야 연맹

✦ 솟대

✱ 소도

농경과 종교에 대한 의례를 담당하는 제사장 천군(天君)이 다스리는 지역. 소도는 군장의 세력이 미치지 못하는 곳으로, 이곳에 죄인이 도망하여 숨으면 잡아가지 못함.

한능검 꼭꼭 사료 👆

『삼국지』 위서 동이전에 나오는 초기 국가

• **부여**: 구릉과 넓은 못이 많아서 동이 지역 가운데서 가장 넓고 평탄한 곳이다. …… 나라에는 군왕이 있고 모두 가축의 이름으로 관명을 정하여 마가, 우가, 저가, 구가, 대사자, 사자가 있다. 제가들은 별도로 사출도를 주관한다. 은력(殷曆) 정월(12월)에 지내는 제천 행사는 국중대회로 날마다 마시고 먹고, 노래하고 춤추는데, '영고'라 한다. 가뭄이나 장마가 계속되어 오곡이 영글지 않으면, 그 허물을 왕에게 돌리는 풍속이 있다.

• **고구려**: 나라에는 왕이 있고, 5부족이 있으니 연노부, 절노부, 순노부, 관노부, 계루부가 그것이다. 본래는 연노부에서 왕이 나왔으나 지금은 계루부에서 차지하고 있다. 모든 대가들은 스스로 사자, 조의, 선인을 두었다. …… 나라 동쪽에 큰 굴이 있는데, 국동대혈이라고 한다. 매년 10월에 그 굴에서 제천 행사를 치르는데 이름하여 '동맹'이라 한다.

• **옥저**: 대군왕은 없으며 읍락에는 각각 대를 잇는 우두머리가 있었는데 스스로 삼로라 일컬었다. 큰 나라의 틈바구니에서 핍박을 받다가 결국 고구려에 복속되었다. …… 여자가 10살이 되면 혼인을 허락한다. 남편이 될 사람이 여자를 자기 집으로 데려와 길러서 아내로 삼는다. 성인이 되면 다시 친정으로 돌려보낸다. 이때 여자의 집에서는 돈을 요구하는데, 돈이 지불되면 다시 사위집으로 돌려보낸다.

• **동예**: 대군장이 없고 후(候), 읍군, 삼로가 있어서 하호를 통치하였다. 해마다 10월에 제사를 지내는데, 무천이라 한다. 부락을 함부로 침범하면 벌로 소·말을 부과하는데 이를 '책화'라 한다.

• **삼한**: 백성은 토지에 정착하여 살고 벼농사를 지으며, 누에치기를 할 줄 알아 면포를 만들었다. 나라에 각각 장수가 있어 강대한 사람은 신지, 그 다음은 읍차라 하였다. 해마다 5월이면 씨 뿌리기를 마치고 제사를 지내며, 10월에 농사일을 마치고 나서도 하늘에 제사를 지냈다. 국읍에 한 사람씩 세워서 천신의 제사를 주관하였는데, 이를 천군이라 한다. 나라에는 각각 별읍이 있으니 소도라 하며, 그 지역으로 도망 온 사람은 누구든 돌려보내지 않는다.

사료 듬뿍 ➕ 🖉

초기 국가의 장례 제도

부여	• 순장 • 여름에 죽으면 얼음 넣어 장사 지냄. • 왕의 장례에 옥갑 사용함.
고구려	껴묻거리를 관속에 넣고 장례를 후하게 지냄.
옥저	가족이 죽으면 시체를 가매장하였다가 나중에 그 뼈를 추려서 가족 공동 무덤인 커다란 목곽에 안치함.
동예	식구가 심하게 앓거나 죽으면 살던 집을 버리거나 헐어버림.
삼한	• 마한에서는 관(棺)만 쓰고 곽을 쓰지 않았음. • 소와 말을 순장함.

테마 04 실전문제

🐻 출제 POINT
『삼국지』 위서 동이전의 사료를 제시하여 특정 두 나라의 특징을 묻는 문제가 출제된다.

👍 부여와 고구려의 특징

주요 정답 키워드 # 영고(12월의 제천 행사) # 사출도 # 1책 12법 / # 데릴사위제

1. (가), (나) 나라에 대한 설명으로 옳은 것은? ▶ 38회

> (가) 동이 지역 중에서 가장 평탄하고 넓은 곳으로 토질은 오곡이 자라기에 알맞다. …… 12월에 지내는 제천 행사에는 연일 크게 모여서 마시고 먹으며 노래하고 춤추는데, …… 이때에는 형옥(形獄)을 중단하고 죄수를 풀어 준다. 전쟁을 하게 되면 그때에도 하늘에 제사를 지내고, 소를 잡아서 그 발굽으로 길흉을 점친다. 『후한서』
>
> (나) 그 나라의 넓이는 사방 2천 리인데, 큰 산과 깊은 골짜기가 많으며 사람들은 산골짜기에 의지하여 산다. …… 혼인에 있어서는 [신랑이] 신부의 집에 가서 살다가 자식을 낳아 장성한 뒤에야 남자의 집으로 돌아온다. …… 금과 은, 재물을 모두 써 성대하게 장례를 치르며, 돌을 쌓아 봉분을 만들고 소나무와 잣나무를 심는다. 『후한서』

① (가) - 여러 가(加)들이 별도로 사출도를 주관하였다.

② (가) - 박, 석, 김의 3성이 교대로 왕위를 계승하였다.

③ (나) - 10월에 무천이라는 제천 행사를 열었다.

④ (나) - 읍락 간의 경계를 중시하는 책화가 있었다.

⑤ (가), (나) - 제사장인 천군과 신성 지역인 소도가 있었다.

한눈에 보는 해설 ⊕

정답 알아보기

(가), (나) 나라에 대한 설명으로 옳은 것은?

(가) 부여
(나) 고구려

> (가) 동이 지역 중에서 가장 평탄하고 넓은 곳으로 토질은 오곡이 자라기에 알맞다. …… **12월에 지내는 제천 행사**에는 연일 크게 모여서 마시고 《영고》 먹으며 노래하고 춤추는데, …… 이때에는 형옥(形獄)을 중단하고 죄수를 풀어 준다. 전쟁을 하게 되면 그때에도 하늘에 제사를 지내고, **소를 잡아서 그 발굽으로 길흉을 점친다.** 『후한서』 《우제점법》
>
> (나) 그 나라의 넓이는 사방 2천 리인데, 큰 산과 깊은 골짜기가 많으며 사람들은 산골짜기에 의지하여 산다. …… 혼인에 있어서는 [신랑이] **신부의 집에 가서 살다가 자식을 낳아 장성한 뒤에야 남자의 집으로 돌아온다.** …… 금과 은, 재물을 모두 써 성대하게 장례를 치르며, 돌을 쌓아 봉분을 만들고 소나무와 잣나무를 심는다. 『후한서』 《서옥제》

① 부여에서 마가·우가·저가·구가 같은 부족장들은 별도로 사출도 (지방 행정 구역)를 다스렸다.

선지 분석하기

② (가) - 박, 석, 김의 3성이 교대로 왕위를 계승하였다. ➡ 신라

③ (나) - 10월에 무천이라는 제천 행사를 열었다. ➡ 동예

④ (나) - 읍락 간의 경계를 중시하는 책화가 있었다. ➡ 동예

⑤ (가), (나) - 제사장인 천군과 신성 지역인 소도가 있었다. ➡ 삼한

정답 ①

👍 고구려와 삼한의 특징

주요 정답 키워드 # 동맹 # 서옥(제) / # 소도 # 천군 # 5·10월의 제사

2. (가), (나) 나라에 대한 설명으로 옳은 것은? ▶ 39회

> (가) 백성들은 노래와 춤을 좋아하여 촌락마다 밤이 되면 남녀가 무리 지어 모여 서로 노래하며 즐긴다. …… 10월에 지내는 제천 행사는 국중대회(國中大會)로서 동맹이라 부른다. 그 나라의 풍속에 혼인을 할 때에는 말로 미리 정한 다음, 여자 집에서는 본채 뒤에 작은 집을 짓는데 그 집을 서옥이라 부른다. 『삼국지』 동이전
>
> (나) 해마다 5월이면 씨 뿌리기를 마치고 귀신에게 제사를 지낸다. 무리 지어 모여서 노래와 춤을 즐긴다. 술을 마시고 노는데 밤낮을 가리지 않는다. 춤은 수십 명이 모두 일어나서 뒤를 따라가고, 땅을 밟고 몸을 구부렸다 펴면서 손과 발로 장단을 맞추며 춘다. …… 10월에 농사일을 마치고 나서도 이렇게 한다. 『삼국지』 동이전

① (가) - 남녀가 몸에 문신을 새기는 풍습이 있었다.

② (가) - 철이 많이 생산되어 낙랑과 왜에 수출하였다.

③ (나) - 신성 지역인 소도가 존재하였다.

④ (나) - 읍락 간의 경계를 중시하는 책화가 있었다.

⑤ (가), (나) - 물건을 훔친 자는 12배로 배상하게 하였다.

한눈에 보는 해설 ⊕

정답 알아보기

(가), (나) 나라에 대한 설명으로 옳은 것은?

(가) 고구려
(나) 삼한

> (가) 백성들은 노래와 춤을 좋아하여 촌락마다 밤이 되면 남녀가 무리 지어 모여 서로 노래하며 즐긴다. …… 10월에 지내는 제천 행사는 국중대회(國中大會)로서 동맹이라 부른다. 그 나라의 풍속에 혼인을 할 때에는 말로 미리 정한 다음, **여자 집에서는 본채 뒤에 작은 집을 짓는데 그 집을 서옥이라 부른다.** 『삼국지』 동이전
>
> (나) 해마다 **5월이면 씨뿌리기를 마치고 귀신에게 제사를 지낸다.** 무리 지어 모여서 노래와 춤을 즐긴다. 술을 마시고 노는데 밤낮을 가리지 않는다. 춤은 수십 명이 모두 일어나서 뒤를 따라가고, 땅을 밟고 몸을 구부렸다 펴면서 손과 발로 장단을 맞추며 춘다. …… **10월에 농사일을 마치고 나서도 이렇게 한다.** 『삼국지』 동이전

③ 삼한 사회에는 제사장인 천군이 주관하는 소도라는 별읍이 있었으며, 이곳에 죄인이 들어가면 잡아가지 못하였다.

선지 분석하기

① (가) - 남녀가 몸에 문신을 새기는 풍습이 있었다. ➡ 삼한

② (가) - 철이 많이 생산되어 낙랑과 왜에 수출하였다. ➡ 삼한 중 변한

④ (나) - 읍락 간의 경계를 중시하는 책화가 있었다. ➡ 동예

⑤ (가), (나) - 물건을 훔친 자는 12배로 배상하게 하였다. ➡ 고구려와 부여

정답 ③

👍 고구려와 옥저의 특징

주요 정답 키워드 # 서옥제 # 대가·사자·조의 # 동맹 / # 가족 공동묘

3. (가), (나) 나라에 대한 설명으로 옳은 것은? ▶ 41회

> (가) 그 나라의 풍속에 혼인을 할 때는 말로 미리 정한 다음, 여자 집에서는 본채 뒤에 작은 집을 짓는데 그 집을 서옥(壻屋)이라 부른다. 『삼국지』 동이전
>
> (나) 장사를 지낼 때 큰 나무 곽을 만드는데, 길이가 10여 장이나 되며 한쪽을 열어 놓아 문을 만든다. 사람이 죽으면 모두 가매장을 해서 …… 뼈만 추려 곽 속에 안치한다. 온 집 식구를 모두 하나의 곽 속에 넣어 두는데, 죽은 사람의 숫자대로 나무를 깎아 생전의 모습과 같이 만든다. 『삼국지』 동이전

① (가) – 대가들이 사자, 조의 등을 거느렸다.

② (가) – 읍락 간 경계를 중시하는 책화가 있었다.

③ (나) – 도둑질한 자에게 12배를 변상하게 하였다.

④ (나) – 철이 많이 생산되어 낙랑과 왜에 수출하였다.

⑤ (가), (나) – 제사장인 천군과 신성 지역인 소도가 존재하였다.

👍 옥저와 동예의 특징

주요 정답 키워드 # 골장제(가족 공동묘) # 민며느리제 / # 무천 # 책화 # 단궁·반어피·과하마

4. (가), (나) 나라에 대한 설명으로 옳은 것은? ▶ 36회

> ○ [(가)]은/는 고구려 개마대산의 동쪽에 있다. 동쪽은 넓은 바다에 맞닿아 있다. …… 북쪽은 읍루·부여와, 남쪽은 예맥과 접하여 있다. …… 사람이 죽으면 가매장을 하는데, 시신만 겨우 묻었다가 피부와 살이 썩어 없어지면 유골을 거두어 곽 안에 안치한다. 『삼국지』 동이전
>
> ○ [(나)]은/는 남쪽으로는 진한에 접하였고 …… 동쪽으로는 큰 바다에 닿았으니 오늘날 조선의 동쪽이 모두 그 지역이다. …… 단궁이 그 땅에서 생산되며, 그 바다에서는 반어피가 나고 …… 또한 과하마가 난다. 『삼국지』 동이전

① (가) – 10월에 무천이라는 제천 행사를 열었다.

② (가) – 여러 가(加)들이 별도로 사출도를 주관하였다.

③ (나) – 신지, 읍차 등의 지배자가 있었다.

④ (나) – 읍락 간의 경계를 중시하는 책화가 있었다.

⑤ (가), (나) – 제사장인 천군과 신성 지역인 소도가 있었다.

한눈에 보는 해설 ⊕

정답 알아보기

> (가), (나) 나라에 대한 설명으로 옳은 것은?

(가) 고구려
(나) 옥저

> (가) 그 나라의 풍속에 혼인을 할 때는 말로 미리 정한 다음, **여자 집에서는 본채 뒤에 작은 집을 짓는데 그 집을 서옥(壻屋)이라 부른다.** 『삼국지』 동이전
>
> (나) 장사를 지낼 때 큰 나무 곽을 만드는데, 길이가 10여 장이나 되며 한쪽을 열어 놓아 문을 만든다. **사람이 죽으면 모두 가매장을 해서 …… 뼈만 추려 곽 속에 안치한다.** 온 집 식구를 모두 하나의 곽 속에 넣어 두는데, 죽은 사람의 숫자대로 나무를 깎아 생전의 모습과 같이 만든다. 『삼국지』 동이전

① 고구려의 대가(大加)들은 자체적으로 사자, 조의, 선인 등을 두었으며, 그 명단을 왕에게 보고하였다.

선지 분석하기

② (가) – 읍락 간 경계를 중시하는 책화가 있었다. ➡ 동예

③ (나) – 도둑질한 자에게 12배를 변상하게 하였다. ➡ 고구려와 부여

④ (나) – 철이 많이 생산되어 낙랑과 왜에 수출하였다. ➡ 삼한 중 변한

⑤ (가), (나) – 제사장인 천군과 신성 지역인 소도가 존재하였다. ➡ 삼한

정답 ①

한눈에 보는 해설 ⊕

정답 알아보기

> (가), (나) 나라에 대한 설명으로 옳은 것은?

(가) 옥저
(나) 동예

> ○ [(가)]은/는 고구려 개마대산의 동쪽에 있다. 동쪽은 넓은 바다에 맞닿아 있다. …… 북쪽은 읍루·부여와, 남쪽은 예맥과 접하여 있다. …… **사람이 죽으면 가매장을 하는데, 시신만 겨우 묻었다가 피부와 살이 썩어 없어지면 유골을 거두어 곽 안에 안치한다.** 『삼국지』 동이전
> ↳ 골장제(가족 공동묘)
>
> ○ [(나)]은/는 남쪽으로는 진한에 접하였고 …… 동쪽으로는 큰 바다에 닿았으니 오늘날 조선의 동쪽이 모두 그 지역이다. …… **단궁**이 그 땅에서 ↳ 활의 종류
> 생산되며, 그 바다에서는 **반어피**가 나고 …… 또한 **과하마**가 난다.
> ↳ 바다표범의 가죽   ↳ 조랑말
> 『삼국지』 동이전

④ 동예에서는 다른 읍락을 침범하면 책화라 하여 노비, 소, 말로 배상하였다.

선지 분석하기

① (가) – 10월에 무천이라는 제천 행사를 열었다. ➡ 동예

② (나) – 여러 가(加)들이 별도로 사출도를 주관하였다. ➡ 부여

③ (나) – 신지, 읍차 등의 지배자가 있었다. ➡ 삼한

⑤ (가), (나) – 제사장인 천군과 신성 지역인 소도가 있었다. ➡ 삼한

정답 ④

단기완성
한국사능력검정시험

PART

02

고대 사회

테마 05 고구려

✱ 진대법
고국천왕이 을파소를 기용하여 실시한 춘대추납의 빈민 구제 제도. 고려의 의창, 조선의 환곡·사창 제도 등이 이와 유사한 제도임.

✱ 모용황
중국 5호 16국 시대 전연의 제1대 황제

✱ 지두우
5세기 흥안령 산맥에서 내몽골 지역에 위치한 유목 국가

1 고구려의 성립

1. **건립**: 부여에서 남하한 유이민 세력(주몽) + 압록강 유역의 토착 세력이 결합하여 건국(B.C. 37)

2. **수도 변천**: 졸본(환인)에서 1세기 초 국내성(집안)으로 이동

2 발전 과정

1. 1세기~3세기: 체제 정비기

태조왕 (1세기 후반~2세기)	• 옥저 복속, 낙랑 공격 등 정복 사업 • 계루부 고씨에 의한 왕위 세습(형제 세습)
고국천왕 (2세기)	• 왕위 부자 세습 • 5부족을 행정적 5부 체제로 개편 • 진대법✱ 실시: 수상 을파소의 건의, 춘대추납(봄에 곡식을 대여하였다가 가을에 갚게 함.)의 빈민 구제 제도
동천왕 (3세기)	• 오와 교류, 위 견제 • 서안평 공격 시도 ➡ 위나라 관구검의 침입으로 환도성 함락

2. 4세기: 발전기

미천왕	서안평 점령, 낙랑·대방 축출(➡ 고조선의 옛 영토 회복)
고국원왕	• 전연(모용황✱)의 침입 ➡ 국내성 함락 • 백제 근초고왕의 평양 침입 ➡ 고국원왕 전사
소수림왕	• 전진과 교류 및 불교 수용 └→ 전진의 승려 순도를 통해 수용 • 태학 설립, 율령 반포 └→ 우리나라 최초의 국립 중앙 교육 기관

3. 4세기 말~5세기: 최대 전성기

독자적 연호 사용의 의미
→ • 국내적: 왕권 강화
• 국외적: 중국과 대등함 표현

광개토 대왕	• 최초의 독자적 연호 '영락' 사용 • 한강 이북 차지, 만주와 요동 지방 확보 ➡ 영토 확장 • 신라 내물왕의 요청에 따라 신라에 들어온 왜군 격퇴(증거 호우명 그릇, 광개토 대왕 비문) • 광개토 대왕 사후에 '國岡上廣開土境平安好太王(국강상광개토경평안호태왕)'이라는 시호를 받음.
장수왕	• 남진 정책: 평양 천도, 백제 한성 점령(백제 개로왕 전사), 신라 공격 ➡ 한강 일대를 포함하여 죽령 일대~남양만까지 점령[증거 충주(중원) 고구려비] • 경당 설립: 지방 사학 기관, 한학·무술 교육 • 남북조와 다면 외교 수립, 지두우✱ 점령(흥안령 일대) • 광개토 대왕릉비 건립(414, 만주 집안현)
문자왕	동부여 복속 ➡ 고구려 최대 영토 확보

✦ 5세기 고구려 전성기의 세력 판도

✦ 호우명 그릇 | 경주의 호우총에서 발굴된 것으로, 이 그릇 밑바닥에 '廣開土地好太王(광개토지호태왕)'이라는 글씨가 새겨져 있어 당시 신라와 고구려의 관계를 보여 줌.

✦ 충주(중원) 고구려비 | 남한에서 발견된 유일한 고구려비

4. 6세기 침체기: 왕권 미약 ➡ 귀족 연립 정치

5. 7세기: 고구려의 위기 및 멸망

영양왕	• 고구려의 요서 지방 선제공격 ➡ 수 문제의 30만 대군 격퇴(1차 여·수 전쟁) • 수 양제의 침입(2차 여·수 전쟁) ➡ 을지문덕의 유도 작전으로 살수(청천강)에서 수나라 군대 전멸(살수 대첩, 612)
영류왕	• 당 침입에 대비하여 천리장성 축조 시작(부여성~비사성, 연개소문 감독) • 연개소문의 정변: 영류왕 시해, 보장왕 옹립
보장왕	• 연개소문의 실권 장악(최초 대막리지) _{고구려 말기 최고의 관직} • 당 태종의 침입 ➡ 양만춘의 안시성 싸움(645), 승리 • 나·당 연합군에 의해 멸망(668)

📜 **여수장우중문(與隋將于仲文, 을지문덕이 살수 대첩 당시 수의 장수 우중문에게 보낸 시)**

신기한 책략은
하늘의 이치를 꿰뚫었고,
오묘한 전략은
땅의 이치를 통달하였구나.
전쟁에 이긴 공이 이미 높으니,
만족함을 알았으면
그만두기를 바라노라.

한능검 꼭꼭 사료

고구려 주요 금석문

1. 광개토 대왕릉비
(영락) 9년 기해에 백제가 서약을 어기고 왜와 화통하므로, 왕은 평양으로 순수해 내려갔다. 신라가 사신을 보내 왕에게 말하기를, "왜인이 그 국경에 가득 차 성을 부수었으니, 노객은 백성된 자로서 왕에게 귀의하여 분부를 청한다."라고 하였다. ……
10년 경자에 보병과 기병 5만을 보내 신라를 구원하게 하였다. …… 관군이 이르자 왜적이 물러가므로, 뒤를 급히 추격하여 임나가라의 종발성에 이르렀다. 성이 곧 귀순하여 복종하므로, 순라병을 두어 지키게 하였다. 신라의 □농성을 공략하니 왜구는 위축되어 궤멸되었다.

2. 충주(중원) 고구려비
5월 중에 고구려 대왕이 신라의 매금(왕)을 만나 영원토록 우호를 다지기 위해 중원(中原)에 왔으나, 신라 매금이 오지 않아 실현되지 못하였다. 이에 고구려 대왕은 태자 공과 전부 대사자 다우환노(多于桓奴)로 하여금 이곳에 머물러 신라 매금을 만나게 하였다. …… 신라 매금이 신하와 함께 대사자 다우환노를 만나 이곳에 주둔하고 있던 고구려 당주 발위사자 금노(錦奴)로 하여금 신라 국내의 여러 사람을 내지(內地)로 옮기게 하였다.

✦ 광개토 대왕릉비

사료 돋보기

광개토 대왕릉비

• 건립 시기: 414년(장수왕 2)

• 위치: 만주 집안현(통구)

• 비문 내용: 예서체(44행, 1,775자 현존)로 왕의 공적을 기록한 것으로, 크게 3부로 나누어짐.
 – 1부: 고구려의 건국 신화 및 추모왕(鄒牟王=동명왕) 등의 세계(世系)와 광개토 대왕의 행장(行狀)을 기록
 – 2부: 광개토 대왕 때 이루어진 정복 활동과 영토 관리에 대한 내용
 – 3부: 능을 관리하는 수묘인(守墓人) 연호(煙戶)의 숫자(330호)와 차출 방식, 수묘인의 매매 금지에 대한 규정 기록

• 일제의 조작: 일본에서는 비문의 신묘년 '渡海'의 주체를 왜로 보고 이를 근거로 임나 경영설(4C~6C 일본의 한반도 남부 지배설)을 주장. 그러나 이것은 일본의 조작·왜곡설임.

🐻 **출제 POINT**
고구려 전성기의 광개토 대왕과 장수왕의 업적을 묻는 문제와 고구려의 발전 과정을 묻는 사료 제시형 문제가 주로 출제된다.

👍 **광개토 대왕의 업적**　　　　　　　　　　　　　　　　　　　　　　　　　주요 정답 키워드　# 신라에 들어온 왜구 격퇴　# 영락

1. 다음 자료를 활용한 탐구 활동으로 가장 적절한 것은?　▶ 46회

> 경자년에 왕이 보병과 기병 5만 명을 보내어 신라를 구원하게 하였다. [고구려군이] 남거성을 거쳐 신라성에 이르니, 그곳에 왜적이 가득하였다. 고구려군이 막 도착하니 왜적이 퇴각하였다. 그 뒤를 급히 추격하여 임나가라의 종발성에 이르니 성이 곧 항복하였다. …… 예전에는 신라 매금이 몸소 [고구려에 와서] 보고를 하며 명을 받든 적이 없었는데, …… 신라 매금이 …… 조공하였다.

① 백강 전투의 전개 과정을 살펴본다.
② 안동 도호부가 설치된 경위를 찾아본다.
③ 백제가 사비로 천도한 원인을 알아본다.
④ 나·당 연합군이 결성된 계기를 파악한다.
⑤ 가야 연맹의 중심지가 이동한 배경을 조사한다.

2. 밑줄 그은 '왕'에 대한 설명으로 옳은 것은?　▶ 34회

> 왕은 18세에 왕위에 올라 칭호를 영락대왕이라 하였다. 은택(恩澤)은 하늘까지 미쳤고 위무(威武)는 사해(四海)에 떨쳤다. …… 이에 비를 세워 그 공훈을 기록하여 후세에 전한다.

① 국내성에서 평양으로 도읍을 옮겼다.
② 낙랑군을 축출하여 영토를 확장하였다.
③ 전진의 순도를 통해 불교를 수용하였다.
④ 당의 침입에 대비하여 천리장성을 쌓았다.
⑤ 신라에 군대를 파견하여 왜를 격퇴하였다.

🔍 **한눈에 보는 해설** ⊕

정답 알아보기　↳ 광개토 대왕릉비
다음 자료를 활용한 탐구 활동으로 가장 적절한 것은?

> ↳ 광개토 대왕의 신라 구원(400)
> 경자년에 왕이 보병과 기병 5만 명을 보내어 신라를 구원하게 하였다. [고구려군이] 남거성을 거쳐 신라성에 이르니, 그곳에 왜적이 가득하였다. 고구려군이 막 도착하니 왜적이 퇴각하였다. 그 뒤를 급히 추격하여 임나가라의 종발성에 이르니 성이 곧 항복하였다. …… 예전에는 신라 매금이 몸소 [고구려에 와서] 보고를 하며 명을 받든 적이 없었는데, …… 신라 매금이 …… 조공하였다.

⑤ 광개토 대왕이 군사를 보내 신라에 침입한 왜구를 격퇴하는 과정에서 왜구들이 금관가야 지역으로 들어가면서 싸움터가 되었다. 그 결과 전기 가야 연맹의 중심지인 금관가야가 쇠퇴하였고, 가야 연맹의 중심지는 고령의 대가야로 변하게 되었다.

선지 분석하기
① 백강 전투의 전개 과정을 살펴본다. ➡ 백강 전투는 백제 멸망 후 일본과 백제 부흥군이 연합하여 나·당 연합군과 벌인 전투(663)이다.
② 안동 도호부가 설치된 경위를 찾아본다. ➡ 고구려 멸망(668) 이후 당은 평양에 안동 도호부를 두어 고구려를 관리하였다.
③ 백제가 사비로 천도한 원인을 알아본다. ➡ 성왕은 백제의 중흥을 위해 538년 사비로 천도하였다.
④ 나·당 연합군이 결성된 계기를 파악한다. ➡ 백제 의자왕이 대야성을 공격하고 고구려와 연합하여 당항성을 빼앗으려 하자, 신라 진덕 여왕이 나·당 동맹(648)을 맺었다.

정답 ⑤

정답 알아보기　↳ 광개토 대왕
밑줄 그은 '왕'에 대한 설명으로 옳은 것은?

> ↳ 광개토 대왕의 연호
> 왕은 18세에 왕위에 올라 칭호를 영락대왕이라 하였다. 은택(恩澤)은 하늘까지 미쳤고 위무(威武)는 사해(四海)에 떨쳤다. …… 이에 비를 세워 그 공훈을 기록하여 후세에 전한다.
> ↳ 광개토 대왕릉비

⑤ 광개토 대왕은 신라 내물왕의 요청에 의해 신라에 출몰한 왜구를 격퇴시키고(400), 신라로부터 조공을 받게 되었다.

선지 분석하기
① 국내성에서 평양으로 도읍을 옮겼다. ➡ 5세기 장수왕(427)
② 낙랑군을 축출하여 영토를 확장하였다. ➡ 4세기 미천왕(313)
③ 전진의 순도를 통해 불교를 수용하였다. ➡ 4세기 소수림왕(372)
④ 당의 침입에 대비하여 천리장성을 쌓았다. ➡ 7세기 연개소문

정답 ⑤

👍 고구려 발전 과정

3. (가), (나) 사이의 시기에 있었던 사실로 옳은 것은? ▶ 37회

> (가) 백제왕이 병력 3만 명을 거느리고 평양성을 공격해 왔다. 왕이 출병하여 막다가 날아오는 화살에 맞아 서거하였다.
>
> (나) 왕이 보병과 기병 5만 명을 보내 신라를 구원하게 하였다. (고구려군이) 남거성을 통해 신라성에 이르렀는데, 그곳에 왜적이 가득하였다. 고구려군이 도착하자 왜적이 퇴각하였다.

① 전진의 순도가 고구려에 불교를 전파하였다.

② 연개소문이 정변을 일으켜 권력을 장악하였다.

③ 이문진이 유기(留記)를 간추린 신집을 편찬하였다.

④ 관구검이 이끄는 위의 군대가 고구려를 공격하였다.

⑤ 장수왕이 평양으로 천도하고 남진 정책을 본격화하였다.

4. (가), (나) 사이의 시기에 있었던 사실로 옳은 것은? ▶ 38회

> (가) [장수왕] 15년, 평양으로 도읍을 옮겼다.
> 『삼국사기』
>
> (나) 고구려왕 거련이 몸소 군사를 거느리고 백제를 공격하였다. 백제왕 경(慶)이 아들 문주를 [신라에] 보내 구원을 요청하였다. 왕이 군사를 내어 구해 주려 하였으나 미처 도착하기도 전에 백제가 이미 [고구려에] 함락되었고, 경(慶) 역시 피살되었다.
> 『삼국사기』

① 광개토 대왕이 신라에 침입한 왜를 물리쳤다.

② 진흥왕이 화랑도를 국가 조직으로 개편하였다.

③ 소수림왕이 태학을 설립하고 율령을 반포하였다.

④ 개로왕이 고구려를 견제하고자 북위에 국서를 보냈다.

⑤ 근초고왕이 평양성을 공격하여 고국원왕을 전사시켰다.

한눈에 보는 해설 ⊕

정답 알아보기
→ (가) 고국원왕(371)
→ (나) 광개토 대왕(400)

(가), (나) 사이의 시기에 있었던 사실로 옳은 것은?

> ┌→근초고왕   ┌→고국원왕
> (가) 백제왕이 병력 3만 명을 거느리고 **평양성**을 공격해 왔다. 왕이 출병하여 막다가 날아오는 화살에 맞아 서거하였다.
>   →광개토 대왕의 신라에 들어온 왜구 격퇴
> (나) 왕이 보병과 기병 **5만 명**을 보내 **신라를 구원**하게 하였다. (고구려군이) 남거성을 통해 신라성에 이르렀는데, 그곳에 왜적이 가득하였다. 고구려군이 도착하자 왜적이 퇴각하였다.

① 고구려 소수림왕 때 전진에서 승려 순도가 불교를 전파하였다(372).

선지 분석하기

② 연개소문이 정변을 일으켜 권력을 장악하였다. ➡ 7세기 연개소문의 영류왕 제거 및 보장왕 옹립(642)

③ 이문진이 유기(留記)를 간추린 신집을 편찬하였다. ➡ 7세기 영양왕 때 (600)

④ 관구검이 이끄는 위의 군대가 고구려를 공격하였다. ➡ 3세기 동천왕 때

⑤ 장수왕이 평양으로 천도하고 남진 정책을 본격화하였다. ➡ 5세기 장수왕의 평양 천도(427)

정답 ①

한눈에 보는 해설 ⊕

정답 알아보기
→ (가) 장수왕의 평양 천도(427)
→ (나) 장수왕의 한성 함락(475)

(가), (나) 사이의 시기에 있었던 사실로 옳은 것은?

> (가) [장수왕] 15년, **평양**으로 도읍을 옮겼다. 『삼국사기』
>   →장수왕   ┌→개로왕
> (나) **고구려왕 거련**이 몸소 군사를 거느리고 백제를 공격하였다. **백제왕 경(慶)**이 아들 문주를 [신라에] 보내 구원을 요청하였다. 왕이 군사를 내어 구해 주려 하였으나 미처 도착하기도 전에 백제가 이미 [고구려에] 함락되었고, **경(慶) 역시 피살**되었다. 『삼국사기』
>   →백제 개로왕 전사

④ 백제 개로왕은 고구려 장수왕의 남진 정책에 대항하여 북위에 도움을 청하는 국서를 청하였으나 실패하였다.

선지 분석하기

① 광개토 대왕이 신라에 침입한 왜를 물리쳤다. ➡ 5세기(400)

② 진흥왕이 화랑도를 국가 조직으로 개편하였다. ➡ 6세기(576)

③ 소수림왕이 태학을 설립하고 율령을 반포하였다. ➡ 4세기 소수림왕

⑤ 근초고왕이 평양성을 공격하여 고국원왕을 전사시켰다. ➡ 4세기(371)

정답 ④

테마 06 백제

🪷 백제에서 보이는 고구려적 요소

1. 서울 석촌동 고분: 초기 고구려
양식(계단식 돌무지무덤)
2. 온조의 건국 기사
3. 시조신: 동명왕
4. 백제 왕족의 성씨: 부여씨
5. 개로왕이 북위에 보낸 국서:
'…… 고구려와 더불어 근원이
부여에서 나왔으므로 ……'
6. 성왕 때 백제 명칭: 남부여

✳ 칠지도

369년 백제 근초고왕
이 일본 후왕(侯王)에
게 하사한 철제 칼. 이
칼을 통해 백제의 일
본 진출과 함께 백제
와 일본, 두 나라의 친
교 관계와 백제의 발
전된 금속 기술을 알
수 있음.

🪷 나·제 동맹

구분	백제	신라
나·제 동맹 체결(433)	비유왕	눌지왕 (마립간)
결혼 동맹 체결(493)	동성왕	소지왕 (마립간)
나·제 동맹 결렬(553)	성왕	진흥왕

1 백제의 성립

1. 건립: 고구려 주몽의 아들 온조가 남하하여 하남 위례성에서 백제 건립(B.C. 18)

2. 수도 변천: 위례성 ➡ 웅진(공주, 475) ➡ 사비(부여, 538) ➡ 익산 천도 시도

2 발전 과정

1. 3세기

고이왕	• 왕위 형제 세습, 율령 반포, 한강 유역 장악 • 16관등 6좌평제 · 공복제(자색, 비색, 청색) 제정

2. 4세기: 최전성기

근초고왕	• 왕위 부자 세습 • 영토 확장: 마한 완전 정복, 고구려 평양성 공격 ➡ 고구려 고국원왕 사망 • 고대 상업권 형성: 요서(일시 점령) · 동진의 산둥 · 일본의 규슈 지방으로 진출 • 일본과 교류: 왜왕에게 칠지도* 하사, 아직기와 왕인을 보내 문화 전파 • 동진과 국교 수립(372) • 역사서 편찬: 박사 고흥의 『서기』
침류왕	불교 수용(384): 동진의 마라난타를 통해 수용

◆ 4세기 백제 전성기

3. 5세기: 침체기 (cf 5세기 고구려 장수왕)

비유왕	고구려 장수왕의 남하 정책 대비 ➡ 신라 눌지왕과 나·제 동맹 체결(433)
개로왕	• 고구려의 남진 정책에 대항 ➡ 북위에 도움 요청하는 국서 보냄. but 실패 • 장수왕의 공격으로 한강 유역 상실, 아차산성에서 전사
문주왕	웅진(공주) 천도(475)
동성왕	• 신라 소지왕과 결혼 동맹(493) • 탐라(제주) 복속(498) • 토착 신진 세력(사 · 연 · 백씨 등)을 등용하여 왕권 강화 도모

4. 6세기: 중흥기

무령왕	• 왕권 강화, 22담로*(특별 행정 구역) 설치 및 왕족 파견 • 중국 남조의 양과 교류(증거 양직공도, 무령왕릉*)
성왕	• 수도 천도: 사비(부여) 천도, 국호 남부여로 변경 • 제도 정비: 수도 – 5부, 지방 – 5방, 중앙 기구 – 22부 마련 • 불교 진흥: 겸익 등용, 일본에 최초로 불교 전파(노리사치계) • 정복 사업: 신라 진흥왕과 협력하여 한강 유역 일시 회복 　➡ 신라의 배신으로 나·제 동맹 결렬(553) ➡ 관산성 전투(554)에서 전사
위덕왕	귀족의 정치적 실권 장악 ➡ 왕권 약화

PART ②

✦ 양직공도의 백제 사신도(중국 난징 박물관 소장)

✦ 무령왕릉 현실

✦ 익산 미륵사지 석탑

5. 7세기: 백제의 위기 및 멸망

무왕 – '서동요'의 주인공	• 익산 천도 시도 ➡ 실패 • 왕흥사(부여) 완성, 미륵사(익산) 건립, 익산 미륵사지 석탑(현존 最古의 목조탑 양식의 석탑) ↳ 백제 서동(무왕의 어릴 때 이름)이 신라 진평왕 때 지었다는 4구체 향가로 『삼국유사』에 수록되어 있음.
의자왕 – 해동의 증자	• 신라 대야성 공격 등 적극적 정복 사업 ➡ 대야성 성주 김품석 사망 　　　　　　　　　　　　　　　　　　　　↳ 김춘추 사위 • 나·당 연합군에 의해 백제 멸망(660)

* 담로
백제의 지방 행정 제도로 백제 말로 읍성을 말함. 중국 사서인 『양서』의 「백제전」에 백제가 전국에 22담로를 두었다는 기록이 실려 있음.

* 무령왕릉
1971년 공주 송산리 고분에서 무령왕과 그 왕비의 능이 발견되어 많은 부장품[금제 관식·지석(誌石)·석수(石獸)·양나라 동전, 일본산 금송(金松) 목관 등]이 출토됨. 이 고분은 연화문의 벽돌로 만들어진 벽돌무덤으로, 당시 양을 비롯한 남조와의 밀접한 교류를 보여 줌. 또 피장자를 확인(영동대장군 백제 사마왕)시켜 줌과 동시에 도교의 영향을 알려 주는 지석[토지 매지권(買地券)]이 발견됨.

🔖 미륵사지 석탑의 재발견
2009년 1월 미륵사지 석탑(국보 제11호) 탑신 해체 작업 중 발견된 사리장엄에서 미륵사를 창건한 사람이 무왕의 부인인, 당시 백제의 최대 귀족인 사택 집안의 딸이라고 새긴 문구가 발견되면서 미륵사 창건 주체에 대한 재연구가 시작됨.

한능검 꼼꼼 사료

1. 근초고왕의 고구려 공격
왕이 태자와 함께 정예군 3만 명을 거느리고 고구려에 침입하여 평양성을 공격하였다. 고구려왕 사유(고국원왕)가 필사적으로 항전하다가 화살에 맞아 죽었다.
『삼국사기』

2. 백제의 해외 진출
처음 백가(百家)로서 바다를 건넜다 하여 백제라 한다. 진 대(晉代)에 구려(句麗, 고구려)가 이미 요동을 차지하니 백제 역시 요서·진평의 두 군을 차지하였다.
『양서』, 통전

3. 성왕의 관산성 전투
32년(554) 가을 7월에 (성)왕은 신라를 습격하고자 하여 친히 보병과 기병 50명을 거느리고 밤에 구천(狗川)에 이르렀다. 신라의 복병이 일어나자 더불어 싸웠으나 난병(亂兵)에게 해침을 당하여 죽었다. 시(호)를 성(聖)이라 하였다.
『삼국사기』, 백제본기

📝 사료 돋보기

관산성 전투에 대한 신라본기 기사
(진흥왕) 15년(554) 백제왕 명농(성왕)이 가량과 함께 관산성을 공격해 왔다. 군주 각간 우덕과 이찬 탐지 등이 맞서 싸웠으나 전세가 불리하였다. 신주 군주 김무력이 주의 군사를 이끌고 나아가 교전함에, 비장 삼년산군(三年山郡)의 고간(高干) 도도(都刀)가 급히 쳐서 백제왕을 죽였다. 이에 모든 군사가 승세를 타고 크게 이겨, 좌평 네 명과 군사 2만 9천 6백 명을 목 베었고 한 마리의 말도 돌아간 것이 없었다.
『삼국사기』, 신라본기

🐾 출제 POINT
사비 천도를 단행한 성왕의 업적이나 백제의 시기별 발전 과정을 묻는 문제가 주로 출제된다.

👍 주요 왕의 업적

주요 정답 키워드 # 사비 천도 # 국호 남부여 # 신라의 한강 하류 차지

1. 밑줄 그은 '왕'의 업적으로 옳은 것은?
▶ 45회

> ○ 왕의 이름은 명농이니 무령왕의 아들이다. 지혜와 식견이 뛰어나고 일을 처리함에 결단성이 있었다. 무령왕이 죽고 왕위에 올랐다. 「삼국사기」
>
> ○ 왕이 신라군을 습격하고자 몸소 보병과 기병 모두 50명을 거느리고 밤에 구천(狗川)에 이르렀다. 신라의 복병이 나타나 그들과 싸우다가 혼전 중에 왕이 신라군에게 살해되었다. 「삼국사기」

① 익산에 미륵사를 창건하였다.
② 동진으로부터 불교를 수용하였다.
③ 신라를 공격하여 대야성을 점령하였다.
④ 사비로 천도하고 국호를 남부여로 고쳤다.
⑤ 고흥으로 하여금 서기를 편찬하게 하였다.

2. (가), (나) 사건 사이에 있었던 사실로 옳은 것은?
▶ 22회

> (가) 왕 26년, 고구려왕 평성이 예와 공모하여 한수 이북의 독산성을 공격해왔다. 왕이 신라에 사신을 보내 구원을 요청하였다. 신라왕이 장군 주진을 시켜 갑병 3천 명을 거느리고 떠나게 하였다. 주진은 밤낮으로 행군하여 독산성 아래에 이르렀는데, 그곳에서 고구려 군사들과 일전을 벌여 크게 이겼다.
>
> (나) 왕 32년, 신라를 습격하기 위해 왕이 직접 보병과 기병 50명을 거느리고 구천에 이르렀는데, 신라 복병을 만나 그들과 싸우다가 신라군에게 살해되었다. 「삼국사기」, 백제본기

① 금관가야가 멸망하였다.
② 나·당 연합군이 결성되었다.
③ 백제가 웅진으로 천도하였다.
④ 신라가 한강 하류 지역을 차지하였다.
⑤ 고구려가 신라에 침입한 왜를 물리쳤다.

한눈에 보는 해설 ⊕

정답 알아보기 → 성왕

밑줄 그은 '왕'의 업적으로 옳은 것은?

> ○ 왕의 이름은 명농이니 **무령왕의 아들**이다. 지혜와 식견이 뛰어나고 일을 처리함에 결단성이 있었다. 무령왕이 죽고 왕위에 올랐다. 「삼국사기」
>
> ○ 왕이 **신라군을 습격**하고자 몸소 보병과 기병 모두 50명을 거느리고 밤에 **구천(狗川)**에 이르렀다. 신라의 복병이 나타나 그들과 싸우다가 혼전 중에 **왕이 신라군에게 살해되었다.** 「삼국사기」
> → 성왕의 관산성 싸움(554)

④ 성왕은 국력 강화를 위해 사비(부여)로 천도하고 국호를 남부여로 개칭하여 부여 계승 의식을 강조하였다.

선지 분석하기

① 익산에 미륵사를 창건하였다. ➡ 7세기 무왕
② 동진으로부터 불교를 수용하였다. ➡ 4세기 침류왕
③ 신라를 공격하여 대야성을 점령하였다. ➡ 7세기 의자왕
⑤ 고흥으로 하여금 서기를 편찬하게 하였다. ➡ 4세기 근초고왕

정답 ④

한눈에 보는 해설 ⊕

정답 알아보기 → (가) 독산성 전투(548)
(나) 관산성 전투(554)

(가), (나) 사건 사이에 있었던 사실로 옳은 것은?

> → 성왕 → 양원왕 → 진흥왕
> (가) **왕 26년**, **고구려왕 평성**이 예와 공모하여 한수 이북의 독산성을 공격해왔다. **왕이 신라에 사신을 보내 구원을 요청**하였다. **신라왕이** 장군 주진을 시켜 갑병 3천 명을 거느리고 떠나게 하였다. 주진은 밤낮으로 행군하여 독산성 아래에 이르렀는데, 그곳에서 고구려 군사들과 일전을 벌여 크게 이겼다.
> → 성왕
> (나) **왕 32년**, **신라를 습격**하기 위해 왕이 직접 보병과 기병 50명을 거느리고 구천에 이르렀는데, 신라 복병을 만나 그들과 싸우다가 **신라군에게 살해되었다.** 「삼국사기」, 백제본기

④ 성왕은 신라 진흥왕과 협력하여 고구려가 차지했던 한강 유역을 일시적으로 회복하였으나, 이후 신라 진흥왕의 배신으로 신라에게 다시 빼앗기게 되었다(553).

선지 분석하기

① 금관가야가 멸망하였다. ➡ 6세기 중엽 신라 법흥왕(532)에게 멸망
② 나·당 연합군이 결성되었다. ➡ 신라 진덕 여왕 때 나·당 동맹 체결(648)
③ 백제가 웅진으로 천도하였다. ➡ 5세기 문주왕(475)
⑤ 고구려가 신라에 침입한 왜를 물리쳤다. ➡ 5세기 초 고구려 광개토 대왕(400)

정답 ④

👍 백제 발전 과정

3. (가), (나) 사이의 시기에 있었던 사실로 옳은 것은?   ▶ 33회

> (가) 고구려가 침입해 와 한성을 포위하였다. 개로왕이 성문을 굳게 닫고 직접 방어하며, 태자 문주를 신라에 보내어 구원을 요청하였다. 문주가 신라 병력 1만 명을 얻어 돌아왔다. 고구려 군사는 비록 물러갔으나 한성이 파괴되고 개로왕이 사망하여, 마침내 문주왕이 즉위하였다. …… 10월에 웅진으로 도읍을 옮겼다.   『삼국사기』
>
> (나) 봄에 도읍을 사비로 옮기고 국호를 남부여라고 하였다.   『삼국사기』

① 고흥이 서기를 편찬하였다.
② 무왕이 미륵사를 건립하였다.
③ 무령왕이 22담로에 왕족을 파견하였다.
④ 견훤이 금성을 습격해 경애왕을 살해하였다.
⑤ 복신과 도침 등이 부여풍을 왕으로 추대하였다.

4. (가), (나) 사이의 시기에 있었던 사실로 옳은 것은?   ▶ 39회

> (가) 왕 원년 겨울, 10월에 도읍을 웅진으로 옮겼다.   『삼국사기』
>
> (나) 왕 16년 봄, 도읍을 사비로 옮기고 국호를 남부여라고 하였다.   『삼국사기』

① 무령왕이 22담로에 왕족을 파견하였다.
② 침류왕이 동진으로부터 불교를 수용하였다.
③ 의자왕이 신라를 공격하여 대야성을 함락하였다.
④ 고이왕이 좌평과 관등제의 기본 골격을 마련하였다.
⑤ 근초고왕이 평양성을 공격하여 고국원왕을 전사시켰다.

👁 한눈에 보는 해설 ⊕

정답 알아보기   (가) 웅진 천도(5세기 문주왕, 475)
    (나) 사비 천도(6세기 성왕, 538)

(가), (나) 사이의 시기 에 있었던 사실로 옳은 것은?

> (가) 고구려가 침입해 와 한성을 포위하였다. 개로왕이 성문을 굳게 닫고 직접 방어하며, 태자 문주를 신라에 보내어 구원을 요청하였다. 문주가 신라 병력 1만 명을 얻어 돌아왔다. 고구려 군사는 비록 물러갔으나 한성이 파괴되고 개로왕이 사망하여, 마침내 문주왕이 즉위하였다. …… 10월에 웅진으로 도읍을 옮겼다.   『삼국사기』
>
> (나) 봄에 도읍을 사비로 옮기고 국호를 남부여라고 하였다.   『삼국사기』

③ 백제 무령왕은 지방에 22담로라는 특별 행정 구역을 설치하고 왕족을 파견하여 지방 세력을 통제하였다.

선지 분석하기
① 고흥이 서기를 편찬하였다. ➡ 4세기 근초고왕
② 무왕이 미륵사를 건립하였다. ➡ 7세기 무왕
④ 견훤이 금성을 습격해 경애왕을 살해하였다. ➡ 10세기(927)
⑤ 복신과 도침 등이 부여풍을 왕으로 추대하였다. ➡ 7세기 백제 부흥 운동

정답 ③

👁 한눈에 보는 해설 ⊕

정답 알아보기   (가) 웅진 천도(5세기 문주왕, 475)
    (나) 사비 천도(6세기 성왕, 538)

(가), (나) 사이의 시기 에 있었던 사실로 옳은 것은?

> (가) 왕 원년 겨울, 10월에 도읍을 웅진으로 옮겼다.   『삼국사기』
>   ↳ 문주왕
> (나) 왕 16년 봄, 도읍을 사비로 옮기고 국호를 남부여라고 하였다.
>   ↳ 성왕   『삼국사기』

① 백제 무령왕은 지방에 22담로라는 특별 행정 구역을 설치하고 왕족을 파견하여 지방 세력을 통제하였다.

선지 분석하기
② 침류왕이 동진으로부터 불교를 수용하였다. ➡ 4세기
③ 의자왕이 신라를 공격하여 대야성을 함락하였다. ➡ 7세기
④ 고이왕이 좌평과 관등제의 기본 골격을 마련하였다. ➡ 3세기
⑤ 근초고왕이 평양성을 공격하여 고국원왕을 전사시켰다. ➡ 4세기

정답 ①

테마 07 신라

1 신라의 성립

1. **건립**: 낙동강 지역의 진한 12국 중 경주 지방 사로국으로부터 발전 ➡ 박혁거세에 의해 건국(B.C. 57)

2. **6부족 연맹체로 발전**: 박 · 석 · 김의 3성이 교대로 왕에 해당하는 이사금을 선출하다가 이후 6부족 연맹체로 발전
   - 박혁거세 → 김알지
   - → 석탈해

3. **불리한 지리적 조건**: 한반도 동남부에 치우쳐 삼국 중 발전이 가장 늦음. ➡ 한강 차지 이후 삼국 통일을 이룸.

2 발전 과정

1. 신라의 왕호 변천 과정

호칭	왕	의미
거서간	1대 박혁거세	귀인 · 추장 · 군장의 우두머리로 해석
차차웅	2대 남해	제주(祭主) · 제사장 · 자충(慈充) 등으로 해석
이사금	3대 유리	연장자 · 계승자 등으로 해석
마립간	17대 내물	대수장(大首長) · 마립(麻立, 머리) · 마루(瑪樓) 등으로 해석
왕(王)	22대 지증왕	지증왕은 한화 정책(漢化政策)을 추진한 왕으로서, 중국식으로 국호 '신라(新羅)', 왕호 '왕(王)'을 사용
불교식 왕명	23대 법흥왕	법흥왕~진덕 여왕 때에는 불교식 왕명을 사용
중국식 시호	29대 무열왕	무열왕부터는 중국식 시호를 사용

2. 4세기

내물왕 (마립간)	• 김씨 왕위 세습(형제 세습), 마립간 칭호 사용 • 고구려를 통해 전진과 수교, 낙동강 유역까지 영토 확장 • 고구려 광개토 대왕의 도움으로 왜구 격퇴(**증거** 호우명 그릇)

3. 5세기(**참고** 장수왕의 남하 정책)

눌지왕 (마립간)	• 왕위 부자 세습 • 백제 비유왕과 나 · 제 동맹(433) • 고구려 승려 묵호자의 불교 전래, but 귀족의 반발로 공인 안 됨.
소지왕 (마립간)	• 우역* · 시장(시사) 설치 • 행정적 6부 체제 개편 • 백제 동성왕과 결혼 동맹(493)

  → 이찬 비지의 딸을 백제로 보내 결혼 동맹 맺음.

✱ **우역(郵驛)**
국가 문서 송달 및 관물의 운송, 출장 관리들의 숙박 편의를 위한 시설

4. 6세기: 발전기

지증왕	• 한화 정책: 국호 '신라(新羅)'*, 왕호 '왕(王)' 사용 • 지방 제도 정비: 주·군 제도 실시, 각 주에 군주 파견 • 경제 정책: 경주에 동시(시장) 및 동시전(시장 감독 관청) 설치, 순장 금지, 밭갈이 – 우경 실시(502) • 우산국(울릉도·독도) 복속(이사부, 512)
법흥왕	• 중앙 집권화 추진: 병부 설치(517), 상대등(화백 회의 의장) 제도 마련, 율령 반포(520), 17관등 및 공복 제정(자·비·청·황색), 골품제 정비 • 외교 정책: 대가야와 결혼 동맹, 금관가야 병합(532) • 불교 공인: 이차돈의 순교(527)로 불교 공인 ➡ 불교식 왕명 사용 • 독자적 연호: '건원' 사용
진흥왕	• 한강 차지: 나·제 동맹 의거 ➡ 신라는 한강 상류 확보(단양 적성비 건립, 551), 백제(성왕)는 한강 하류 확보 ➡ 이후 신라의 백제의 하류 탈환 및 나·제 동맹 결렬(553), 북한산비 건립(555) ➡ 당과 직접 교역(당항성 구축) • 대가야 정복: 고령의 대가야 차지[562 **cf** 창녕비 건립(561)] • 함경도 진출: 비열홀주 설치, 황초령비·마운령비 건립(568) • 국내 정치: 화랑도 공인, 『국사』 편찬(거칠부, 545) • 독자적 연호: '개국', '대(태)창', '홍제' 사용 • 불교 장려: 황룡사 건립, 불교 교단 조직

5. 7세기

진평왕	원광의 '걸사표'(수나라에 군사 요청, 611)·세속 오계(화랑도의 계율) **cf** 고구려의 살수 대첩(612)
선덕 여왕	• 문화 사업: 황룡사 9층 목탑(자장의 건의)·분황사 모전 석탑·첨성대 건립 • 비담의 난(647): 김춘추와 김유신 활약, 선덕 여왕 사망 ↳ 상대등 비담이 선덕 여왕이 정치를 잘못한다는 명분으로 일으킨 난
진덕 여왕 (마지막 성골)	• 집사부 설치: 품주를 집사부(국가 기밀 사무)와 창부(재정 담당)로 개편(왕권 강화) • 친당 정책: 나·당 동맹 체결(648), 당에 '태평송'* 바침, 중국식 복제와 중국식 연호 사용

한능검 꼭꼭 사료

1. 지증왕의 한화 정책(漢化政策)

여러 신하들이 아뢰기를 "시조께서 나라를 세우신 이래 국호(國號)를 정하지 않아 사라(斯羅)라고도 하고 혹은 사로(斯盧) 또는 신라(新羅)라고도 칭하였습니다. 신들의 생각으로는 신(新)은 '덕업이 날로 새로워진다.'는 뜻이고 나(羅)는 '사방을 망라한다.'는 뜻이므로, 이를 국호로 삼는 것이 마땅하다고 여겨집니다. …… 왕이 이에 따랐다. 『삼국사기』

2. 신라의 우산국 정복

(지증마립간) 13년(512) 여름 6월 …… 이찬(伊湌) 이사부(異斯夫)가 하슬라주(何瑟羅州) 군주(軍主)가 되어 이르기를, "우산국 사람들은 어리석고 사나워 힘으로 복속시키기는 어렵지만 꾀로써 복속시킬 수 있다."라고 하였다. 이에 나무 사자를 많이 만들어 전선(戰船)에 나누어 싣고 그 나라의 해안에 이르러 거짓으로 말하기를, "너희가 만약 항복하지 않으면 이 사나운 짐승을 풀어 밟아 죽이겠다."라고 하니, (그) 나라 사람들이 두려워하며 곧 항복하였다. 『삼국사기』

3. 진흥왕 순수비

이로 인해 사방으로 영토를 개척하여 백성과 토지를 널리 획득하니, 이웃 나라가 신의를 맹세하고 화해와 우호를 요청하는 사신이 서로 통하여 오도다. 조정은 스스로 헤아려 새로운 백성이나 옛 백성을 어루만져 기르니 …… 나라의 은혜가 미치지 않는 곳이 없다. 이에 무자년 가을 8월 관할하는 지역을 돌아보고 민심을 파악하여 위로를 베풀어주는 것이다.

✽ 국호 '신라(新羅)'의 의미

'왕의 업적이 날로 새로워져서 사방을 망라한다'는 의미

🖐 이사부

• 지증왕 때 우산국 복속(512)
• 진흥왕 때 고구려 도살성과 백제 금현성 함락(550)

✦ 신라 진흥왕 때의 영토 확장

✽ 오언태평송(五言太平頌)

진덕 여왕이 당나라 고종에게 보낸 당나라의 대업을 크게 찬양한 송시(訟詩)

사료 돋보 ➕ ✎

진흥왕 순수비

순수(巡狩)는 왕이 천하를 돌아다니며 살피던 일을 말함. 이때 왕이 살피고 돌아다닌 곳을 기념하기 위해 보통 비석을 세우는데 이를 순수비라고 함.

• 북한산비(555, 진흥왕 16년): 한강 하류 진출
• 창녕비(561, 진흥왕 22년): 창녕 지역 정벌
• 황초령비(568, 진흥왕 29년): 함흥 지방 진출
• 마운령비(568, 진흥왕 29년): 함흥 지방 진출

✦ 북한산비

테마 07 실전문제

🐾 출제 POINT

신라의 주요 왕인 지증왕, 법흥왕, 진흥왕의 업적을 묻는 문제가 주로 출제된다.

👍 지증왕의 업적

주요 정답 키워드	# 우산국 정벌 # 동시전 # 국호 신라 # 순장 금지 # 우경

1. 다음 정책을 추진한 왕의 재위 기간에 있었던 사실로 옳은 것은?

▶ 46회

> ○ 영을 내려서 순장을 금지하였다. 이전에는 국왕이 죽으면 남녀 각각 다섯 명씩을 순장하였는데, 이때에 이르러 금지하였다.
>
> ○ 주주(州主)와 군주(郡主)에게 각각 명하여 농사를 권장케 하였고, 처음으로 소를 부려서 농사를 지었다.
>
> 『삼국사기』

① 병부와 상대등이 설치되었다.
② 이사부가 우산국을 복속시켰다.
③ 불국사 삼층 석탑이 건립되었다.
④ 화랑도가 국가적인 조직으로 개편되었다.
⑤ 지방관 감찰을 목적으로 외사정이 파견되었다.

🔍 한눈에 보는 해설 ⊕

정답 알아보기

다음 정책을 추진한 [왕→지증왕]의 재위 기간에 있었던 사실로 옳은 것은?

> ○ 영을 내려서 **순장을 금지**하였다. 이전에는 국왕이 죽으면 남녀 각각 다섯 명씩을 순장하였는데, 이때에 이르러 금지하였다.
>
> ○ 주주(州主)와 군주(郡主)에게 각각 명하여 농사를 권장케 하였고, 처음으로 소를 부려서 농사를 지었다. 『삼국사기』
> → 우경 시작

② 6세기 지증왕 때 이사부로 하여금 우산국(울릉도, 독도)을 정벌케 하였다.

선지 분석하기

① 병부와 상대등이 설치되었다. ➡ 6세기 법흥왕
③ 불국사 삼층 석탑이 건립되었다. ➡ 8세기 경덕왕(추정)
④ 화랑도가 국가적인 조직으로 개편되었다. ➡ 6세기 진흥왕
⑤ 지방관 감찰을 목적으로 외사정이 파견되었다. ➡ 7세기 문무왕

정답 ②

👍 법흥왕의 업적

주요 정답 키워드	# 병부와 상대등 설치 # 이차돈 순교

2. 밑줄 그은 '왕'의 업적으로 옳은 것은?

▶ 35회

> 왕께서 불교를 일으키려 하시므로 저 이차돈도 불법(佛法)을 위해 목숨을 버리려 합니다. 하늘이시여, 상서로운 일을 백성에게 보여주소서.

① 병부와 상대등을 설치하였다.
② 중앙 관청을 22부로 확대하였다.
③ 거칠부에게 국사를 편찬하게 하였다.
④ 이사부를 보내 우산국을 복속시켰다.
⑤ 지방에 담로를 두고 왕족을 파견하였다.

🔍 한눈에 보는 해설 ⊕

정답 알아보기

밑줄 그은 '왕→법흥왕'의 업적으로 옳은 것은?

> 왕께서 **불교를 일으키려 하시**므로 저 **이차돈**도 불법(佛法)을 위해 목숨을 버리려 합니다. 하늘이시여, 상서로운 일을 백성에게 보여주소서.

① 법흥왕은 처음으로 중앙 부서로서 병부를 설치하고(517), 화백 회의의 의장으로서 상대등 제도를 마련(531)하여 중앙 집권화를 추진하였다.

선지 분석하기

② 중앙 관청을 22부로 확대하였다. ➡ 6세기 백제 성왕
③ 거칠부에게 국사를 편찬하게 하였다. ➡ 6세기 신라 진흥왕
④ 이사부를 보내 우산국을 복속시켰다. ➡ 6세기 신라 지증왕
⑤ 지방에 담로를 두고 왕족을 파견하였다. ➡ 6세기 백제 무령왕 때 22담로 설치

정답 ①

👍 진흥왕의 업적

3. 밑줄 그은 '왕'에 대한 설명으로 옳은 것은? ▶ 44회

> 왕 6년 가을 7월에 이찬 이사부가 아뢰기를, "국사(國史)라는 것은 군주와 신하의 선악을 기록하여 만대에 포폄(褒貶)*을 보여 주는 것이니 편찬하지 않으면 후대에 무엇을 보이겠습니까?"라고 하였다. 이에 왕이 진실로 그렇다고 여겨서 대아찬 거칠부 등에게 명하여 널리 문사들을 모아서 [이를] 편찬하도록 하였다.
> 『삼국사기』
>
> *포폄(褒貶): 칭찬과 비판을 하거나 또는 시비와 선악을 판단하여 결정함.

① 백성에게 정전을 지급하였다.

② 국가적인 조직으로 화랑도를 개편하였다.

③ 국학을 설립하여 유학 교육을 실시하였다.

④ 최고 지배자의 칭호를 마립간이라 하였다.

⑤ 지방관 감찰을 위하여 외사정을 파견하였다.

4. 다음 비석을 세운 왕이 시행한 정책으로 옳은 것은? ▶ 37회

왕이 인민을 많이 얻어 …… 이리하여 영토를 순수(巡狩)하면서 민심을 (살피고) 노고를 위로하고자 한다.

적성(赤城)의 야이차에게 하교하시기를 …… 옳은 일을 하는 데 힘을 쓰다가 죽게 되었으므로 …… 이(利)를 허락하였다.

① 국학을 설립하여 유학을 교육하였다.

② 대가야를 정복하여 영토를 확장하였다.

③ 병부 등을 설치하여 지배 체제를 정비하였다.

④ 지방관을 감찰하기 위하여 외사정을 설치하였다.

⑤ 국호를 신라로 확정하고 왕이라는 칭호를 사용하였다.

한눈에 보는 해설 ⊕

정답 알아보기 ↳진흥왕

밑줄 그은 '왕'에 대한 설명으로 옳은 것은?

> 왕 6년 가을 7월에 이찬 **이사부**가 아뢰기를, "**국사(國史)**라는 것은 군주와 신하의 선악을 기록하여 만대에 포폄(褒貶)을 보여 주는 것이니 편찬하지 않으면 후대에 무엇을 보이겠습니까?"라고 하였다. 이에 왕이 진실로 그렇다고 여겨서 **대아찬 거칠부** 등에게 명하여 널리 문사들을 모아서 [이를] 편찬하도록 하였다.
> 『삼국사기』
> ↳「국사」

② 진흥왕은 씨족 사회의 유풍인 청년 단체 화랑도를 국가 단체로 공인하였다.

선지 분석하기

① 백성에게 정전을 지급하였다. ➡ 8세기 성덕왕

③ 국학을 설립하여 유학 교육을 실시하였다. ➡ 7세기 신문왕

④ 최고 지배자의 칭호를 마립간이라 하였다. ➡ 4세기 내물왕

⑤ 지방관 감찰을 위하여 외사정을 파견하였다. ➡ 7세기 문무왕

정답 ②

한눈에 보는 해설 ⊕

정답 알아보기 ↳진흥왕

다음 비석을 세운 '왕'이 시행한 정책으로 옳은 것은?

왕이 인민을 많이 얻어 …… 이리하여 영토를 순수(巡狩)하면서 민심을 (살피고) 노고를 위로하고자 한다.
↳ 순수비(북한산비)

적성(赤城)의 야이차에게 하교하시기를 …… 옳은 일을 하는 데 힘을 쓰다가 죽게 되었으므로 …… 이(利)를 허락하였다.
↳ 단양 적성비

② 진흥왕은 대가야를 평정하여 낙동강 서쪽 일대를 완전히 차지하였다 (562).

선지 분석하기

① 국학을 설립하여 유학을 교육하였다. ➡ 7세기 신문왕

③ 병부 등을 설치하여 지배 체제를 정비하였다. ➡ 6세기 법흥왕

④ 지방관을 감찰하기 위하여 외사정을 설치하였다. ➡ 7세기 문무왕

⑤ 국호를 신라로 확정하고 왕이라는 칭호를 사용하였다. ➡ 6세기 지증왕

정답 ②

테마 08

가야의 발전 과정 및 고대의 통치 체제

🪶 가야 주요 연표

- **42** 〇 김수로, 금관가야 건국
- **48** 〇 김수로, 허황옥과 결혼
- **522** 〇 대가야-신라(법흥왕)의 결혼 동맹 체결
- **532** 〇 금관가야 멸망(by 법흥왕)
- **540** 〇 왜에 사신 파견
- **554** 〇 대가야+백제(성왕)+왜 vs 신라(진흥왕) ➡ 관산성 전투, 신라 승리
- **562** 〇 대가야 멸망(by 진흥왕)

✦ 가야 연맹의 위치

✳ 김유신
증조할아버지가 신라에 투항한 금관가야의 구해왕으로, 신라의 화랑도가 되어 김춘추를 도와 삼국 통일에 큰 공적을 세움.

✳ 우륵
가야금을 만든 가야인으로, 진흥왕 때 신라에 귀화하여 국원소경(충주)에서 여러 제자를 길러 신라 음악 발전에 크게 공헌함.

✦ 아라가야 천문도(함안 말이산 고분)

✦ 마갑총(말의 갑옷, 함안 말이산 고분)

1 가야의 성립 및 발전 과정

2~3세기 (전기 가야 연맹)	• 김해의 금관가야 중심(김수로 건국, 허황옥과 결혼) • 400년 고구려 광개토 대왕 군대의 침입으로 전기 가야 연맹 쇠퇴 • 532년 금관가야 멸망(by 신라 법흥왕)
5~6세기 (후기 가야 연맹)	• 5세기 고령의 대가야(이진아시왕 건국)로 중심 이동 • 522년 이뇌왕 때 신라(법흥왕)와 결혼 동맹 체결 • 540년 왜에 사신 파견 • 554년 대가야 + 백제(성왕) + 왜 vs 신라(진흥왕) ➡ 관산성(백제) 전투, 신라 승리 • 562년 대가야 멸망(by 신라 진흥왕) **cf** 진흥왕, 창녕비 건립(561)

2 가야의 경제와 문화

경제		• 철의 생산과 농경의 발달 • 금관가야: 한사군(낙랑 · 대방 등), 왜와 중계 무역
문화	신라에 영향	• 금관가야 출신 김유신✳: 삼국 통일에 기여 • 대가야 출신 우륵✳: 신라 음악에 영향을 줌(충주 탄금대).
	토기	가야 토기: 일본 스에키 토기에 영향 ✦ 가야 토기 ✦ 일본 스에키 토기
	고분	**김해 대성동 고분** • 금관가야의 왕과 지배층의 묘역 • 순장 관련 무덤 발견 • 청동솥, 바람개비 동기 등 출토 ✦ 청동솥 │ 중국 및 북방 지역과의 교류 증거 ✦ 바람개비 모양 동기 │ 일본과의 교류 증거
		고령 지산동 고분 • 대가야의 왕과 지배층의 묘역 • 투구, 갑옷 등 출토 ✦ 금동관 ✦ 투구와 갑옷 ✦ 토제 방울
		함안 말이산 고분 • 아라가야의 왕과 귀족의 묘역 • 최초의 천문도 발견(2018), 마갑총 등 출토

3 고대 통치 제도의 정비

구분	고구려	백제	신라	통일 신라	발해
관등	• 14관등 • 관등명: ~형, ~사자	• 16관등 • 관등명: ~솔, ~덕 • 관복: 자·비·청색 • 6품 나솔 이상은 은제 장식	• 17관등 • 관등명: ~찬 • 관복: 자·비·청·황색	17관등	
수상	대대로 cf 대막리지(비상시, 세습, 7세기 연개소문이 최초)	상좌평	상대등	시중(집사부의 장): 왕이 임명	대내상
중앙 관제	확실하지 않음.	• 6좌평(고이왕) • 22부(성왕)	집사부 등 10부	집사부 등 14부 또는 13부(신문왕 때 예작부, 공장부 완성)	당의 3성 6부 ➡ but 독자적 운영
귀족 합의제	제가 회의	정사암 회의	화백 회의(만장일치제)		정당성
관리 감찰			사정부(무열왕)		중대성
지방 행정	• 중앙: 5부 • 지방: 5부(욕살)	• 중앙: 5부 • 지방: 5방(방령)	• 중앙: 6부 • 지방: 5주(군주)	• 중앙: 6부 • 지방: 9주(도독)	• 지방: 15부(도독) • 주·현: 62주
	지방관: 행정권과 군사권 장악				
특수 행정 구역	3경: 평양성, 국내성, 한성(재령)	22담로(무령왕): 왕족 파견	2소경(長: 사신)	5소경*(長: 사신)	5경*(전략적 요충지)

✦ 통일 신라의 9주 5소경

```
       ┌─ 좌사정 ─┬─ 충부(이부)
정당성(상서성)     ├─ 인부(호부)
➡ 장: 대내상      └─ 의부(예부)
       │
선조성(문하성)   ┌─ 지부(병부)
       └─ 우사정 ─┼─ 예부(형부)
중대성(중서성)     └─ 신부(공부)

중정대(어사대)

문적원(비서성)

주자감(국자감)
```

왕 (가독부)

* ( ) 안은 당의 관제임.

✦ 발해의 중앙 관제

✦ 발해의 5경

✱ 5소경
신라가 삼국 통일 이후 수도 경주가 한쪽으로 편재해 있는 문제점을 보완하고, 지방 정복민 통제를 위해 설치한 특수 지방 행정 구역으로 사신을 파견함.

✱ 5경
전략적 요충지에 설치한 것으로, 상경 용천부·중경 현덕부·동경 용원부·서경 압록부·남경 남해부의 총 5개 수도를 말함.

사료 듬뿍

파사 석탑
『삼국유사』의 '금관성파사석탑조'에 의하면 파사 석탑은 금관가야의 시조 (김)수로왕의 비 허황옥이 서역 아유타국에서 싣고 온 것이라고 함.

한능검 꼭꼭 사료

가야 건국 신화

1. 정견모주(正見母主) 설화
시조는 이진아시왕이고, 그로부터 도설지왕까지 대략 16대 520년이다. 최치원이 지은 『석이정전』에, "가야산신인 정견모주가 천신인 이비가지에게 감응되어 뇌질주일과 뇌질청예 두 사람을 낳았다. 뇌질주일은 곧 '이 나라'의 시조인 이진아시왕의 별칭이고, 뇌질청예는 금관국의 시조인 수로왕의 별칭이다."라고 하였다.   『신증동국여지승람』

└▶ 대가야   └▶ 금관가야

2. 금관가야 설화(구지가)
이 나라에는 왕이 없어서 아홉 명의 족장이 백성을 다스리고 있었다. 어느 날, 김해에 있는 구지봉에서 소리가 들려 왔다. 족장들은 백성들을 구지봉에 모아놓고 신이 하라는 대로 흙을 파헤치고 춤을 추며 노래를 불렀다. "거북아 거북아 머리를 내놓아라. / 만약 내놓지 않으면 구워 먹으리(龜何龜何 首其現也 若不現也 燔灼而喫也)." 그러자 하늘에서 금으로 만들어진 상자가 내려졌고, 그 상자에는 붉은 보자기로 싼 여섯 개의 황금알이 들어 있었다.   『삼국유사』

테마 08 실전문제

🐻 출제 POINT
주요 유물 및 사료를 제시하여 가야 연맹의 특징과 발전 과정을 묻는 문제가 출제된다.

👍 금관가야의 특징

주요 정답 키워드 # 중계 무역 # 김수로왕 # 김해 대성동 고분 # 법흥왕

1. 다음 문화유산을 남긴 나라에 대한 설명으로 옳은 것은? ▶ 40회

대성동 고분 출토 청동 솥

대동면 덕산리 출토 도기 기마인물형 뿔잔

① 읍락 간의 경계를 중시하는 책화가 있었다.
② 백강에서 왜군과 함께 당군에 맞서 싸웠다.
③ 지방 장관으로 욕살, 처려근지 등을 두었다.
④ 낙랑과 왜를 연결하는 중계 무역으로 번성하였다.
⑤ 만장일치제인 화백 회의를 통해 국정을 운영하였다.

2. 밑줄 그은 '나라'에 대한 설명으로 옳은 것은? ▶ 44회

> 김구해가 아내와 세 아들, 즉 큰 아들 노종, 둘째 아들 무덕, 셋째 아들 무력과 함께 나라의 창고에 있던 보물을 가지고 와서 항복하였다. [법흥]왕이 예로써 그들을 우대하여 높은 관등을 주고 본국을 식읍으로 삼도록 하였다.
> 「삼국사기」

① 만장일치제로 운영된 화백 회의가 있었다.
② 빈민을 구제하기 위해 진대법을 실시하였다.
③ 박, 석, 김의 3성이 번갈아 왕위를 차지하였다.
④ 시조 김수로왕의 설화가 삼국유사에 전해진다.
⑤ 오경박사, 의박사, 역박사 등을 일본에 파견하였다.

한눈에 보는 해설 🔍

정답 알아보기

다음 문화유산을 남긴 **나라**(→ 금관가야)에 대한 설명으로 옳은 것은?

대성동 고분 출토 청동 솥 (→ 금관가야의 왕릉급 고분)

대동면 덕산리 출토 도기 기마인물형 뿔잔

④ 금관가야는 풍부한 철 생산과 해상 교통을 이용하여, 대방·낙랑, 왜의 규슈 지방을 연결하는 중계 무역이 발달하였다.

선지 분석하기

① 읍락 간의 경계를 중시하는 책화가 있었다. ➡ 동예
② 백강에서 왜군과 함께 당군에 맞서 싸웠다. ➡ 백제의 부흥 운동(663)
③ 지방 장관으로 욕살, 처려근지 등을 두었다. ➡ 고구려
⑤ 만장일치제인 화백 회의를 통해 국정을 운영하였다. ➡ 신라

정답 ④

한눈에 보는 해설 🔍

정답 알아보기

밑줄 그은 **나라**(→ 금관가야)에 대한 설명으로 옳은 것은?

> **김구해**(→ 금관가야의 마지막 왕)가 아내와 세 아들, 즉 큰 아들 노종, 둘째 아들 무덕, 셋째 아들 무력과 함께 나라의 창고에 있던 보물을 가지고 와서 항복하였다. [법흥]왕이 예로써 그들을 우대하여 높은 관등을 주고 본국을 식읍으로 삼도록 하였다. (→ 신라 법흥왕에 의해 병합(532))
> 「삼국사기」

④ 『삼국유사』와 『가락국기』에는 금관가야의 시조 김수로왕의 기록이 실려 있다.

선지 분석하기

① 만장일치제로 운영된 화백 회의가 있었다. ➡ 신라
② 빈민을 구제하기 위해 진대법을 실시하였다. ➡ 고구려
③ 박, 석, 김의 3성이 번갈아 왕위를 차지하였다. ➡ 신라
⑤ 오경박사, 의박사, 역박사 등을 일본에 파견하였다. ➡ 백제

정답 ④

👍 대가야의 특징

3. (가) 나라에 대한 설명으로 옳은 것은?   ▶ 43회

경상북도 고령군 지산동 고분군에서 발굴 조사 중 그림이 새겨진 직경 5cm 가량의 토제 방울 1점을 비롯하여 곱은옥, 화살촉 등 다양한 유물이 출토되었습니다. 이번 발굴로 이진아시왕을 시조로 이 지역에서 발전한 (가) 에 대한 연구가 활발하게 이루어질 전망입니다.

고령 지산동 고분군에서 토제 방울 출토

① 후기 가야 연맹을 주도하였다.
② 중앙군으로 2군 6위를 설치하였다.
③ 9주 5소경의 지방 행정 제도를 두었다.
④ 귀족 합의제인 화백 회의를 운영하였다.
⑤ 왕족인 부여씨와 8성의 귀족이 지배층을 이루었다.

4. 밑줄 그은 '이 나라'에 대한 설명으로 옳은 것은?   ▶ 45회

사진은 경상북도 고령을 중심으로 발전하였던 이 나라의 지산동 44호분입니다. 배치도를 보면 으뜸 돌방을 중심으로 30여 기의 순장 돌덧널을 확인할 수 있습니다. 이 고분의 발굴을 통해 이 나라에서 행해졌던 순장의 실체가 확인되었습니다.

← 지산동 44호분 발굴 현장

▨ : 으뜸 돌방
▨ : 순장 돌덧널

↑ 지산동 44호분 무덤 배치도

① 진흥왕 때 신라에 복속되었다.
② 나·당 연합군에 의해 멸망하였다.
③ 대가들이 사자, 조의, 선인을 거느렸다.
④ 빈민을 구제하기 위해 진대법을 시행하였다.
⑤ 박, 석, 김의 3성이 교대로 왕위를 계승하였다.

한눈에 보는 해설 ⊕

정답 알아보기

(가) 나라에 대한 설명으로 옳은 것은?

→ 대가야

경상북도 **고령군** 지산동 고분군에서 발굴 조사 중 그림이 새겨진 직경 5cm 가량의 토제 방울 1점을 비롯하여 곱은옥, 화살촉 등 다양한 유물이 출토되었습니다. 이번 발굴로 **이진아시왕**을 시조로 이 지역에서 발전한 (가) 에 대한 연구가 활발하게 이루어질 전망입니다.

→ 대가야의 중심지

→ 대가야의 시조

① 대가야는 후기 가야 연맹을, 금관가야는 전기 가야 연맹을 주도하였다.

선지 분석하기

② 중앙군으로 2군 6위를 설치하였다. ➡ 고려
③ 9주 5소경의 지방 행정 제도를 두었다. ➡ 통일 신라(신문왕)
④ 귀족 합의제인 화백 회의를 운영하였다. ➡ 신라
⑤ 왕족인 부여씨와 8성의 귀족이 지배층을 이루었다. ➡ 백제

정답 ①

한눈에 보는 해설 ⊕

정답 알아보기

→ 대가야

밑줄 그은 '이 나라'에 대한 설명으로 옳은 것은?

→ 대가야의 중심지   → 대가야 대표 고분

사진은 **경상북도 고령**을 중심으로 발전하였던 이 나라의 **지산동 44호분**입니다. 배치도를 보면 으뜸 돌방을 중심으로 30여 기의 순장 돌덧널을 확인할 수 있습니다. 이 고분의 발굴을 통해 이 나라에서 행해졌던 순장의 실체가 확인되었습니다.

① 대가야는 562년 신라 진흥왕에 의해 멸망되었다.

선지 분석하기

② 나·당 연합군에 의해 멸망하였다. ➡ 백제(660)와 고구려(668)
③ 대가들이 사자, 조의, 선인을 거느렸다. ➡ 고구려 초기(연맹 확국 단계)
④ 빈민을 구제하기 위해 진대법을 시행하였다. ➡ 2세기 고구려(고국천왕)
⑤ 박, 석, 김의 3성이 교대로 왕위를 계승하였다. ➡ 신라 초기(연맹 확국 단계)

정답 ①

테마 09

고구려의 대외 항쟁과 신라의 삼국 통일

✧ 6세기 말 이후의 동아시아 정세

＊ **천리장성**
연개소문이 한족(당)을 막기 위하여 부여성에서 비사성(대련)까지 쌓은 성

1 고구려와 수의 전쟁(여·수 전쟁)

1. 6세기 동아시아의 정세: 돌궐 – 고구려 – 백제 – 왜 vs 신라 – 수·당

2. 전쟁 과정

고구려의 선제공격	고구려의 요서 선제공격(598, 영양왕 9년)
1차 고(여)·수 전쟁	수 문제의 침입(598, 영양왕 9년) ➡ 고구려 반격으로 수나라 군대 퇴각
2차 고(여)·수 전쟁	수 양제의 113만 대군 요동 공격(612, 영양왕 23년) ➡ 실패 ➡ 수의 별동대(우중문과 우문술의 군대)가 평양 공격 ➡ 고구려 을지문덕의 살수 대첩 ➡ 수의 수군 전멸
3·4차 고(여)·수 전쟁	수의 3, 4차 침입 모두 실패

✧ 고구려와 수·당의 전쟁

2 고구려와 당의 전쟁(여·당 전쟁)

고구려의 당 침략 대비책	천리장성＊ 구축, 연개소문의 정권 장악(영류왕 추방, 보장왕 옹립)
당의 고구려 침략 준비	돌궐 복속, 거란족 회유
고(여)·당 전쟁	당 태종이 연개소문의 정변을 구실로 고구려 침략 ➡ 요동성 점령 및 안시성 포위 ➡ 양만춘의 안시성 싸움(645) ➡ 고구려 승리

> 보장왕을 옹립한 이후 스스로 최고 관직인 대막리지에 올라 독재 정치를 행함.

3 신라의 삼국 통일

1. 백제와 고구려의 멸망

＊ **도독부와 도호부**
도독부와 도호부는 당이 정벌한 지역을 통치하기 위해 설치한 최고 군정 기관

백제	백제와 고구려 연맹의 당항성 공격(643) ➡ 나·당 동맹 체제 강화(648) ➡ 당나라 소정방의 백강(금강 하류) 침공 ➡ 김유신의 신라군과 백제 계백의 황산벌(논산) 전투(660) ➡ 사비 함락, 백제 멸망(660) ➡ 당의 웅진(공주) 도독부＊ 설치
	└ 의자왕의 아들 부여융을 도독으로 삼음.
고구려	고구려의 내분 ➡ 나·당 연합군의 평양성 공격 ➡ 고구려 멸망(668) ➡ 당의 안동(평양) 도호부＊ 설치

2. 백제와 고구려의 부흥 운동

백제	왕족 복신·승려 도침, 주류성(충남 서천)을 근거지로 부흥 운동 전개 ➡ 흑치상지, 임존성(충남 예산)을 중심으로 당에 대항 ➡ 백제 부흥 운동 내부 분열 ➡ 백강(금강 하류) 전투(663) ➡ 나·당 연합군에 의해 진압됨(663). 백제가 멸망한 후 일본의 구원병과 백제의 부흥군이 합세하여 나·당 연합군과 벌였던 전투
고구려	검모잠·왕족 안승, 한성(황해도 재령)을 중심으로 부흥 운동 전개 ➡ 안승, 검모잠 살해 후 신라 망명 ➡ 신라, 금마저(익산)에 보덕국을 세우고 안승을 왕으로 추대(고구려 부흥 세력을 당 세력 축출에 이용)

✧ 백제와 고구려의 부흥 운동 세력

3. 신라의 삼국 통일

무열왕	백제 멸망(660) ➡ 당이 백제에 웅진(공주) 도독부 설치(660)
문무왕	• 당이 계림(경주) 도독부 설치(663) ➡ 고구려 멸망(668) ➡ 안동(평양) 도호부 설치(668) • 나·당 전쟁: 부여에 소부리주 설치(671) ➡ 매소성 전투(675)·기벌포 전투(676) ➡ 삼국 통일(676) cf 당, 안동 도호부를 요동으로 철수
의의	나·당 전쟁을 통한 자주적 통일
한계	• 나·당 동맹을 통한 외세 의존적 통일 • 영토상 불완전한 통일(대동강~원산만)

✧ 나·당 전쟁의 전개

한능검 꼭꼭 사료

1. 살수 대첩(612)

을지문덕은 다시 사자를 보내 거짓 항복하며 우문술에서 청하였다. "만약 군대를 돌리면 왕을 모시고 (황제의) 처소로 알현하겠습니다." …… 가을 7월 살수에 이르러 (수나라 군대의) 절반이 건넜을 때 우리 군사가 뒤에서 후군을 쳤다. 이에 여러 군대가 모두 무너져서 걷잡을 수 없게 되어 장수와 사졸들이 달아나 돌아갔다. 『삼국사기』

2. 나·당 동맹 체결(648)

김춘추가 꿇어앉아 아뢰었다. "신(臣)의 나라는 멀리 바다 모퉁이에 치우쳐 있으면서도 천자의 조정을 섬긴 지 이미 여러 해 되었습니다. 그런데 백제는 강하고 교활하여 여러 차례 침략을 마음대로 하고 있으며, 더욱이 지난해에는 병사를 크게 일으켜 깊숙이 쳐들어와 수십 개의 성을 함락시켜 대국에 조회할 길을 막았습니다. 만약 폐하께서 대국의 병사를 빌려주어 흉악한 적들을 없애지 않는다면, 우리나라 백성은 모두 포로가 될 것이며 산과 바다를 거쳐서 조공을 드리는 일도 다시는 바랄 수 없을 것입니다." 당 태종이 매우 옳다고 여겨 병사의 파견을 허락하였다. 『삼국사기』

3. 백제 멸망(660)

임금(의자왕)은 당나라와 신라의 병사들이 이미 백강과 탄현을 지났다는 소식을 듣고서 장군 계백(階伯)을 보내 결사대 5천 명을 거느리고 황산으로 가서 신라 병사와 싸우게 하였다. 계백은 네 번 싸워서 모두 이겼으나 병사가 적고 힘이 다해 마침내 패배하였다. 계백은 그곳에서 전사하였다. 『삼국사기』

사료 듬뿍

계백

벼슬이 달솔(達率)에 이르렀던 백제 말기의 장군으로, 나·당 연합군이 백제를 공격하자 황산벌에서 신라 김유신의 군대와 맞서 네 차례나 적을 격파함. 계백은 조선 시대 유학자들 사이에 충절의 표본으로 여겨져, 부여의 의열사(義烈祠)와 연산의 충곡 서원에 제향됨.

테마 09 실전문제

🐻 출제 POINT
백제와 고구려의 부흥 운동 과정 중 발생한 주요 사건과 삼국의 통일 과정을 묻는 사료 제시형 문제가 주로 출제된다.

👍 백제 부흥 운동

주요 정답 키워드 # 흑치상지 # 임존성 # 복신·도침 # 백강 전투

1. 다음 상황이 나타난 시기를 연표에서 옳게 고른 것은? ▶ 43회

> 흑치상지가 좌우의 10여 명과 함께 [적을] 피해 본부로 돌아가 흩어진 자들을 모아 임존산(任存山)을 지켰다. 목책을 쌓고 굳게 지키니 열흘 만에 귀부한 자가 3만여 명이었다. 소정방이 병사를 보내 공격하였는데, 흑치상지가 죽음을 두려워하지 않고 막아 싸우니 그 군대가 패하였다. 흑치상지가 본국의 2백여 성을 수복하니 소정방이 토벌할 수 없어서 돌아갔다.

612	618	645	660	676	698
	(가)	(나)	(다)	(라)	(마)
살수 대첩	당 건국	안시성 전투	황산벌 전투	기벌포 전투	발해 건국

① (가)　　　　② (나)　　　　③ (다)

④ (라)　　　　⑤ (마)

2. 밑줄 그은 '이들'에 대한 설명으로 옳은 것은? ▶ 28회

> ### 역사신문
> 제△△호　　　　　　　　○○○년 ○○월 ○○일
>
> #### 부여풍을 왕으로 추대하다
>
> 왕족 복신과 승려 도침 등이 주류성을 근거지로 부흥의 기치를 내걸자 주변 지역의 200여 성이 호응하였다. 이들은 부여풍을 왕으로 받들고 국가 체제를 갖추었다. 향후 귀추가 주목된다.

① 완산주를 도읍으로 정하였다.
② 안동 도호부를 요동으로 몰아냈다.
③ 백강에서 왜군과 함께 당군에 맞서 싸웠다.
④ 중국의 오월과 후당에 외교 사절을 보냈다.
⑤ 신라의 금성을 습격하여 경애왕을 살해하였다.

한눈에 보는 해설 ⊕

정답 알아보기 ▶백제 멸망(660) 이후 백제 부흥 운동 시기

다음 상황이 나타난 시기를 연표에서 옳게 고른 것은?

> **흑치상지**가 좌우의 10여 명과 함께 [적을] 피해 본부로 돌아가 흩어진 자들을 모아 **임존산(任存山)**을 지켰다. 목책을 쌓고 굳게 지키니 열흘 만에 귀부한 자가 3만여 명이었다. 소정방이 병사를 보내 공격하였는데, 흑치상지가 죽음을 두려워하지 않고 막아 싸우니 그 군대가 패하였다. 흑치상지가 본국의 2백여 성을 수복하니 **소정방**이 토벌할 수 없어서 돌아갔다.
> └ 당의 장수

612	618	645	660	676	698
	(가)	(나)	(다)	(라)	(마)
살수 대첩	당 건국	안시성 전투	황산벌 전투	기벌포 전투	발해 건국

　　　　　　　　　└ 백제 멸망

정답 ④

정답 알아보기 ▶백제 부흥 운동 세력

밑줄 그은 '이들'에 대한 설명으로 옳은 것은?

> 부여풍을 왕으로 추대하다
>
> **왕족 복신과 승려 도침** 등이 **주류성**을 근거지로 부흥의 기치를 내걸자 주변 지역의 200여 성이 호응하였다. 이들은 부여풍을 왕으로 받들고 국가 체제를 갖추었다. 향후 귀추가 주목된다.

③ 백제 부흥 운동이 나·당 연합군에 의하여 진압되자, 왜의 수군이 백제 부흥군을 지원하기 위하여 백강 입구까지 왔으나 패하여 쫓겨 갔다 (663, 백강 전투).

선지 분석하기

① 완산주를 도읍으로 정하였다. ➡ 후백제의 견훤(900)
② 안동 도호부를 요동으로 몰아냈다. ➡ 나·당 전쟁(670~676) 이후
④ 중국의 오월과 후당에 외교 사절을 보냈다. ➡ 후백제의 견훤
⑤ 신라의 금성을 습격하여 경애왕을 살해하였다. ➡ 후백제(견훤)의 금성 공격(927)

정답 ③

👍 삼국 통일 과정

3. (가)~(라)를 일어난 순서대로 옳게 나열한 것은? ▶ 37회

> (가) 의자왕은 당과 신라 군사들이 이미 백강과 탄현을 지났다는 소식을 듣고 장군 계백을 시켜 결사대 5천 명을 거느리고 황산으로 가서 신라 군사와 싸우게 하였다.
>
> (나) 유인원과 신라왕 김법민은 육군을 거느려 나아가고, 유인궤와 부여융은 수군과 군량을 실은 배를 거느리고 …… 백강으로 가서 육군과 합세하여 주류성으로 갔다. 백강 어귀에서 왜의 군사를 만나 …… 그들의 배 4백 척을 불살랐다.
>
> (다) 이근행이 군사 20만 명을 이끌고 매소성에 진을 쳤다. 신라군이 (이근행의 군사를) 공격하여 패주시키고, 말 3만여 필과 그 만큼의 다른 병기를 얻었다.
>
> (라) 검모잠이 남은 백성들을 모아서 …… 당의 관리와 승려 법안 등을 죽이고 신라로 향하였다. …… 안승을 한성 안으로 맞아 들여 받들어 왕으로 삼았다.

① (가) – (나) – (다) – (라)　② (가) – (나) – (라) – (다)
③ (나) – (가) – (라) – (다)　④ (나) – (다) – (가) – (라)
⑤ (다) – (라) – (나) – (가)

4. (가), (나) 사이의 시기에 있었던 사실로 옳은 것은? ▶ 42회

> (가) 김춘추가 무릎을 꿇고 아뢰기를, "…… 만약 폐하께서 당의 군사를 빌려주어 흉악한 무리를 잘라 없애지 않는다면 저희 백성은 모두 포로가 될 것이며, 산 넘고 바다 건너 행하는 조회도 다시는 바랄 수 없을 것입니다."라고 하였다. 태종이 매우 옳다고 여겨서 군사의 출동을 허락하였다. 『삼국사기』
>
> (나) 계필하력이 먼저 군사를 이끌고 평양성 밖에 도착하였고, 이적의 군사가 뒤따라 와서 한 달이 넘도록 평양을 포위하였다. …… 남건은 성문을 닫고 항거하여 지켰다. …… 5일 뒤에 신성이 성문을 열었다. …… 남건은 스스로 칼을 들어 자신을 찔렀으나 죽지 못했다. [보장]왕과 남건 등을 붙잡았다. 『삼국사기』

① 당이 안동 도호부를 요동 지역으로 옮겼다.
② 신라와 당의 연합군이 백강에서 왜군을 물리쳤다.
③ 신라가 당의 군대에 맞서 매소성에서 승리하였다.
④ 고구려 안승이 신라에 의해 보덕국왕으로 임명되었다.
⑤ 고구려가 당의 침입에 대비하여 천리장성을 완성하였다.

한눈에 보는 해설 ⊕

정답 알아보기

(가)~(라)를 일어난 순서대로 옳게 나열한 것은?

> (가) 의자왕은 당과 신라 군사들이 이미 백강과 탄현을 지났다는 소식을 듣고 장군 계백을 시켜 결사대 5천 명을 거느리고 황산으로 가서 신라 군사와 싸우게 하였다. → 황산벌 전투
>
> (나) 유인원과 신라왕 김법민은 육군을 거느려 나아가고, 유인궤와 부여융은 수군과 군량을 실은 배를 거느리고 …… 백강으로 가서 육군과 합세하여 주류성으로 갔다. 백강 어귀에서 왜의 군사를 만나 …… 그들의 배 4백 척을 불살랐다. → 백강 전투
>
> (다) 이근행이 군사 20만 명을 이끌고 매소성에 진을 쳤다. 신라군이 (이근행의 군사를) 공격하여 패주시키고, 말 3만여 필과 그 만큼의 다른 병기를 얻었다. → 나·당 전쟁(매소성 싸움)
>
> (라) 검모잠이 남은 백성들을 모아서 …… 당의 관리와 승려 법안 등을 죽이고 신라로 향하였다. …… 안승을 한성 안으로 맞아 들여 받들어 왕으로 삼았다. → 고구려 멸망(668) 이후 부흥 운동

② (가) 신라와 백제의 황산벌 전투(660) ➡ (나) 백강 전투(663) ➡ (라) 고구려 부흥 운동(안승을 왕으로 추대, 670) ➡ (다) 매소성 전투(675)

한눈에 보는 해설 ⊕

정답 알아보기

(가) 나·당 동맹 성립(648)
(나) 고구려 멸망(668)

(가), (나) 사이의 시기에 있었던 사실로 옳은 것은?

> (가) 김춘추가 무릎을 꿇고 아뢰기를, "…… 만약 폐하께서 당의 군사를 빌려주어 흉악한 무리를 잘라 없애지 않는다면 저희 백성은 모두 포로가 될 것이며, 산 넘고 바다 건너 행하는 조회도 다시는 바랄 수 없을 것입니다."라고 하였다. 태종이 매우 옳다고 여겨서 군사의 출동을 허락하였다. → 당나라 태종 / 나·당 동맹 성립 『삼국사기』
>
> (나) 계필하력이 먼저 군사를 이끌고 평양성 밖에 도착하였고, 이적의 군사가 뒤따라 와서 한 달이 넘도록 평양을 포위하였다. …… 남건은 성문을 닫고 항거하여 지켰다. …… 5일 뒤에 신성이 성문을 열었다. …… 남건은 스스로 칼을 들어 자신을 찔렀으나 죽지 못했다. [보장]왕과 남건 등을 붙잡았다. → 연개소문의 동생 『삼국사기』

② 나·당 연합군이 백강에서 왜군과 백제 부흥군을 물리친 백강 전투는 663년의 일이다.

선지 분석하기

① 당이 안동 도호부를 요동 지역으로 옮겼다. ➡ 나·당 전쟁(670~676) 이후
③ 신라가 당의 군대에 맞서 매소성에서 승리하였다. ➡ 매소성 싸움(675)
④ 고구려 안승이 신라에 의해 보덕국왕으로 임명되었다. ➡ 신라 문무왕이 안승을 보덕국왕으로 임명(674)
⑤ 고구려가 당의 침입에 대비하여 천리장성을 완성하였다. ➡ 7세기(631~647) 연개소문 집권기

정답 ②

정답 ②

남북국 시대

📑 **남북국 시대론**
18C 유득공은 「발해고」에서 처음으로 발해를 한국사의 체계에 넣어 발해와 신라가 병존하는 시기를 남북국 시대로 인식해야 한다고 강조함.

✱ **김흠돌의 모역 사건**
신문왕이 즉위하던 해에 왕의 장인이었던 김흠돌이 모역 사건을 일으킴. 이 사건에 많은 귀족들이 연루되어 귀족들에 대한 대대적인 숙청이 행해졌고, 이를 계기로 왕권이 강화됨.

📑 **안민가[경덕왕 24년(765)에 충담이 지은 향가]**
임금은 아버지요
신하는 사랑하실 어머니시라.
백성을 어리석은 아이라 여기시니,
백성이 그 사랑을 알리라.
꾸물거리며 사는 물생들에게,
이를 먹여 다스리네.
이 땅을 버리고 어디로 가랴,
나라 안이 유지됨을 알리이다.
아아! 임금답게 신하답게 백성답게
할지면, 나라 안이 태평하리라.

✱ **김헌창의 난**
웅천주 도독 김헌창(무열왕계)은 내물왕 후손인 원성왕에게 왕위를 빼앗긴 김주원의 아들로, 왕위를 다시 찾기 위해 웅주(지금의 공주)를 근거로 반란을 일으키고 국호를 '장안'이라 하였으나 실패함.

1 통일 신라

1. 신라 중대(7세기~8세기 전기): 전제 왕권 강화기

무열왕	• 최초 진골 출신 왕: 무열왕계 직계 왕위 계승(무열왕~혜공왕) • 전제 왕권 강화책: 중국식 시호 사용, 집사부 장관 시중의 기능 강화, 갈문왕 제도 폐지 ↳ 신라 시대에 왕의 근친(近親)에게 준 칭호 • 백제 멸망(660)
문무왕	• 삼국 통일 완성(676): 고구려 멸망(668) ➡ 나·당 전쟁(670~676) • 부석사 창건(의상 건의), 사망 후 화장 ➡ 수중릉(대왕암)
신문왕	• 전제 왕권 확립: 김흠돌의 모역 사건✱을 계기로 진골 귀족 대거 숙청 • 중앙 집권적 관료 정치 <table><tr><td>중앙</td><td>집사부 등 14부 관청 완성</td></tr><tr><td>지방</td><td>9주(도독 파견), 5소경(사신 파견) 마련</td></tr><tr><td>군사</td><td>9서당(중앙군), 10정(지방군) 마련</td></tr><tr><td>교육</td><td>국학(유학 교육 기관) 설립</td></tr></table>• 토지 제도: 문무 관리에게 관료전 지급(687) ➡ 녹읍 폐지(689) • 달구벌(대구) 천도 계획(but 실패), '만파식적' 설화
성덕왕	• 국학 정비: 문묘(공자와 그의 제자들 사당) 제도 마련 • 토지 제도: 일반 백성에게 정전 지급(722) ➡ 국가의 토지 지배력 강화 • 발해 공격 시도: 당의 요청으로 발해 공격 시도, but 실패 ➡ 당이 패강(대동강) 이남의 땅을 신라 영토로 인정

2. 신라 중대(8세기 중기·후기): 전제 왕권 제약기

경덕왕	• 관청과 행정 구역의 이름을 중국식으로 바꿈. ➡ 귀족들의 반발로 실패 • 토지 제도: 관료전 폐지 ➡ 녹읍 부활 • 교육·문화: 국학 ➡ 태학감으로 명칭 변경(유교 교육 강화), 불국사·석굴암 창건 및 성덕 대왕 신종 주조 ↳ 모두 혜공왕 때 완성
혜공왕	귀족의 반란인 96각간의 난(대공의 난)으로 왕권 붕괴 ➡ 왕위 쟁탈전 격화

3. 신라 하대(8세기 후기~10세기): 귀족 연합 정치

원성왕	국학 안에 독서삼품과(성적순으로 관리 임용 제도) 실시(788) ➡ 귀족들의 반발로 실패
헌덕왕	김헌창의 난(822, 공주)✱, 김범문의 난(825) 등 지방에서 왕위 쟁탈전 발생
흥덕왕	장보고의 요청에 의해 청해진 설치(828) **cf** 문성왕 때 장보고 피살, 청해진 폐지
진성 여왕	• 귀족들의 가혹한 수취와 정부의 무리한 세금 징수 ➡ 민란 발생 • 농민 항쟁: 원종·애노의 난[상주(사벌주)], 적고적의 난, 양길[북원(원주)], 기훤[죽주(죽산)], 아자개(사벌주), 견훤(전주) 등
경순왕	고려 왕건에게 귀부(935)

2 발해

1. 건국: 고구려 장군 출신 대조영이 길림성 돈화현 동모산에서 건국(698)

2. 주민 구성: 지배층을 형성한 고구려인과 피지배층인 다수의 말갈족으로 구성

3. 발전 과정

✧ 남북국 시대의 영역

1대 고왕(698~719, 대조영, 천통)	• 국호: 진(震) ➡ 발해 • 당과의 관계: 초기 당과 갈등 ➡ 당의 화해 요청, 고왕을 발해 군왕에 책봉(713)
2대 무왕(719~737, 대무예, 인안)	• 영토 개척: 만주 대부분과 연해주 차지 • 당과의 관계: 당이 흑수부 말갈족과 연합하여 발해 위협 ➡ 발해는 장문휴로 하여금 당의 산둥반도 덩저우를 공격(732) • 일본과 수교: 당과 신라를 견제하고자 돌궐·일본과 친선 관계 • 중경 천도(732?)
3대 문왕(737~793, 대흠무, 대흥 ➡ 보력 ➡ 대흥)	• 수도 천도: 상경(756) ➡ 동경(785~786) • 황제 국가 체제: '고려국' 표방, 불교의 전륜성왕✲ 이념 수용, 일본에 보낸 외교 문서에 '황상(皇上)' 칭호 사용 • 당과의 관계: 당과 국교 수립 ➡ 발해 군왕에서 발해 국왕으로 승격(762), 당의 문화 수용 • 관제 정비: 당의 3성 6부 도입 but 독자적 운영 체제 정비 • 주자감(국립 대학) 설치, 신라도✲ 개설
10대 선왕(818~830, 대인수, 건흥)	• 영토 확장: 대부분의 말갈족 복속, 요동 진출 ➡ 최대 영토 확보, 당에서 발해를 '해동성국'이라 지칭 • 지방 제도: 5경 15부 62주로 정비
15대 대인선(907?~926)	거란의 야율아보기에 의해 발해 멸망(926) ➡ 고구려계 발해 유민들 대부분 고려로 흡수

↳ 발해가 천손(天孫)임을 강조

✲ 전륜성왕
인도 신화에서 통치의 수레바퀴를 굴려, 세계를 통일·지배하는 이상적인 제왕

✲ 신라도
발해의 상경을 출발하여 동경과 남경을 거쳐 동해안을 따라 신라에 이르던 교통로

한능검 꼭꼭 사료

1. 무열왕의 즉위
진덕왕이 죽자, 여러 신하들이 이찬 알천에게 섭정하기를 청하였다. 알천이 한결같이 사양하며 말하기를, "신은 늙고 이렇다 할 만한 덕행도 없습니다. 지금 덕망이 높은 이는 춘추공만한 자가 없습니다. 실로 가히 빈곤하고 어려운 세상을 도울 영웅호걸입니다." 마침내 (김춘추를) 봉하여 왕으로 삼았다. 김춘추는 세 번 사양하다가 부득이하게 왕위에 올랐다.   『삼국사기』

2. 신라 하대의 상황
(진성 여왕 3년) 나라 안의 여러 주·군에서 공부(貢賦)를 바치지 않으니, 창고가 비고 나라의 쓰임이 궁핍해졌다. 왕이 사신을 보내어 독촉하였지만, 이로 말미암아 곳곳에서 도적이 벌 떼같이 일어났다. 이에 원종, 애노 등이 사벌주(상주)에 의거하여 반란을 일으키니, 왕이 나마 벼슬의 영기에게 명하여 잡게 하였다. 영기가 적진을 쳐다보고는 두려워하여 나아가지 못하였다.   『삼국사기』

3. 발해사의 이해
• 고구려의 옛 땅을 회복하고 부여의 옛 풍속을 갖고 있다. …… 고려 국왕 대무예(2대 무왕)는 감사하게도 열국(列國)에 당면하여 여러 오랑캐를 총괄하고 있으며, 고구려의 옛 영역을 회복하고 부여의 유속(遺俗:傳統)을 이어받았다.   **발해가 일본에 보낸 국서**

• 일본 천황은 삼가 고려 국왕에게 문안한다. …… 지금 보내온 글을 보니 …… 천손(天孫)이라는 참람한 칭호를 써 놓았다. …… 아무런 이유도 없이 함부로 구생(舅甥: 장인과 사위) 관계를 칭하였으니, 이는 예를 잃은 것이다.   『속일본기』

사료 듬뿍

발해 무왕의 당 공격

개원 21년(733) 봄 정월 정사(丁巳) …… 무예가 대장 장문휴를 파견하여 해적을 거느리고 등주를 치니, [당(唐)] 현종(玄宗, 재위 712~756)이 대문예(大門藝)를 유주로 보내 군사를 일으켜 발해왕 대무예(大武藝, 재위 719~737)를 토벌하게 하였다. 경신에 태복원외경 김사란을 신라에 사신으로 보내 군사를 일으켜 발해의 남쪽을 공격하게 하였다. 때마침 큰 눈이 1장(丈) 가까이 내리고 산길이 험하여 [신라의] 군졸이 절반이나 죽으니 공도 세우지 못하고 돌아갔다. 무예는 문예를 원망함을 그치지 아니하여 몰래 자객을 보내 천진교 남쪽에서 문예를 죽이려 했으나 실패했다. 현종이 하남[부]에 [문예를 공격한] 적당들을 찾아 모두 죽이라고 명하였다.   『자치통감』

테마 ⑩ 실전문제

👍 신문왕의 업적

주요 정답 키워드 # 관료전 지급 # 녹읍 폐지 # 김흠돌의 난

1. (가) 왕에 대한 설명으로 옳은 것은? ▶ 39회

> 이곳은 신라 (가) 의 무덤으로 알려져 있습니다. 그는 김흠돌의 난을 진압하고 진골 귀족 세력을 숙청하여 강력한 왕권을 확립하였습니다.

① 화랑도를 국가 조직으로 개편하였다.
② 이사부를 보내 우산국을 복속시켰다.
③ 건원이라는 독자적인 연호를 사용하였다.
④ 관리에게 관료전을 지급하고 녹읍을 폐지하였다.
⑤ 호국의 염원을 담아 황룡사 구층 목탑을 건립하였다.

한눈에 보는 해설 ⊕

정답 알아보기 → 신문왕(681~692)

[(가) 왕]에 대한 설명으로 옳은 것은?

> 이곳은 신라 (가) 의 무덤으로 알려 있습니다. 그는 **김흠돌의 난**을 진압하고 진골 귀족 세력을 숙청하여 강력한 왕권을 확립하였습니다.

④ **신문왕**은 문무 관리에게 관료전을 지급하고 귀족의 경제 기반이었던 녹읍을 폐지하였다.

선지 분석하기

① 화랑도를 국가 조직으로 개편하였다. ➡ 6세기 진흥왕
② 이사부를 보내 우산국을 복속시켰다. ➡ 6세기 지증왕
③ 건원이라는 독자적인 연호를 사용하였다. ➡ 6세기 법흥왕
⑤ 호국의 염원을 담아 황룡사 구층 목탑을 건립하였다. ➡ 7세기 선덕 여왕

정답 ④

👍 신라 하대 상황의 이해

주요 정답 키워드 # 최치원 # 호족 # 장보고 # 김헌창의 난 # 원종·애노의 난

2. (가), (나) 사이의 시기에 있었던 사실로 옳은 것은? ▶ 41회

> (가) 3월에 웅천주 도독 헌창이 아버지 주원이 왕이 되지 못함을 이유로 반란을 일으켜, 국호를 장안이라 하고 연호를 세워 경운 원년이라 하였다. 무진·완산·청(菁)·사벌의 4개 주 도독과 국원경·서원경·금관경의 사신(仕臣), 여러 군현의 수령을 협박해 자기 소속으로 삼았다. 『삼국사기』
>
> (나) 진성왕 3년, 나라 안의 모든 주·군에서 공물과 부세를 보내지 않아 창고가 비고 재정이 궁핍해졌다. 왕이 관리를 보내 독촉하니 곳곳에서 도적이 벌떼처럼 일어났다. 이때 원종, 애노 등이 사벌주를 근거지로 반란을 일으켰다. 『삼국사기』

① 왕명으로 거칠부가 국사를 편찬하였다.
② 왕의 장인인 김흠돌이 반란을 일으켰다.
③ 병부 등을 설치하여 지배 체제를 정비하였다.
④ 장보고가 청해진을 거점으로 반란을 도모하였다.
⑤ 관리들에게 관료전이 지급되고 녹읍이 폐지되었다.

한눈에 보는 해설 ⊕

정답 알아보기 (가) 김헌창의 난(822)
(나) 원종·애노의 난(889)

[(가), (나) 사이의 시기]에 있었던 사실로 옳은 것은?

> (가) 3월에 웅천주 도독 헌창이 아버지 주원이 왕이 되지 못함을 이유로 반란 → 김헌창의 난 을 일으켜, 국호를 장안이라 하고 연호를 세워 경운 원년이라 하였다. 무진·완산·청(菁)·사벌의 4개 주 도독과 국원경·서원경·금관경의 사신(仕臣), 여러 군현의 수령을 협박해 자기 소속으로 삼았다. 『삼국사기』
>
> (나) **진성왕 3년**, 나라 안의 모든 주·군에서 공물과 부세를 보내지 않아 창고가 비고 재정이 궁핍해졌다. 왕이 관리를 보내 독촉하니 곳곳에서 도적이 벌떼처럼 일어났다. 이때 **원종, 애노** 등이 **사벌주를 근거지로 반란을** 일으켰다. → 원종·애노의 난 『삼국사기』

④ 장보고는 자신의 딸이 문성왕의 둘째 왕비로 간택되지 못하자, 846년에 난을 일으켰으나 실패하였다.

선지 분석하기

① 왕명으로 거칠부가 국사를 편찬하였다. ➡ 6세기 진흥왕
② 왕의 장인인 김흠돌이 반란을 일으켰다. ➡ 7세기 신문왕
③ 병부 등을 설치하여 지배 체제를 정비하였다. ➡ 6세기 법흥왕
⑤ 관리들에게 관료전이 지급되고 녹읍이 폐지되었다. ➡ 7세기 신문왕

정답 ④

👍 발해 무왕의 업적

주요 정답 키워드 # 장문휴 # 인안(연호) # 흑수 말갈 공격

3. (가) 왕에 대한 설명으로 옳은 것을 〈보기〉에서 고른 것은? ▶37회

이곳은 산둥반도의 등주성입니다. [(가)]이/가 이 지역에 장문휴를 보내 당의 군대를 격파하였습니다.

〈보기〉
㉠ 중경 현덕부에서 상경 용천부로 천도하였다.
㉡ 고구려 유민을 이끌고 동모산에서 건국하였다.
㉢ 인안(仁安)이라는 독자적인 연호를 사용하였다.
㉣ 대문예로 하여금 흑수 말갈을 정벌하게 하였다.

① ㉠, ㉡   ② ㉠, ㉢   ③ ㉡, ㉢
④ ㉡, ㉣   ⑤ ㉢, ㉣

👍 발해 문왕의 업적

주요 정답 키워드 # 상경 천도 # 동경 천도 # 대흠무 # 대흥(연호)

4. 다음 검색창에 들어갈 왕에 대한 설명으로 옳은 것은? ▶38회

역사 인물 검색
검색어 [   ] 검색
└ 검색 결과
▶ 재위 기간: 737년~793년
▶ 이름: 대흠무
▶ 존호: 대흥보력효감금륜성법대왕
▶ 자녀: 정혜 공주, 정효 공주 등

① 인안이라는 독자적 연호를 사용하였다.
② 장문휴를 보내 당의 등주를 공격하였다.
③ 수도를 중경 현덕부에서 상경 용천부로 옮겼다.
④ 대문예로 하여금 흑수 말갈을 정벌하게 하였다.
⑤ 고구려 유민을 이끌고 동모산에서 나라를 세웠다.

🔍 한눈에 보는 해설

정답 알아보기

(가) 왕 에 대한 설명으로 옳은 것을 〈보기〉에서 고른 것은?

→2대 무왕

이곳은 산둥반도의 등주성입니다. [(가)]이/가 이 지역에 **장문휴를** 보내 당의 군대를 격파하였습니다.

㉢ 무왕은 인안(仁安)이라는 독자적인 연호를 사용하였다.
㉣ 당이 흑수부 말갈을 통해 발해를 공격하려 하자, 무왕은 동생인 대문예를 보내 흑수 말갈을 정벌하게 하고, 장문휴를 보내 당의 산둥반도 등주를 공격하였다.

선지 분석하기

㉠ 중경 현덕부에서 상경 용천부로 천도하였다. ➡ 3대 문왕
㉡ 고구려 유민을 이끌고 동모산에서 건국하였다. ➡ 1대 고왕(대조영)

정답 ⑤

🔍 한눈에 보는 해설

정답 알아보기

→3대 문왕

다음 검색창에 들어갈 왕 에 대한 설명으로 옳은 것은?

▶ 재위 기간: 737년~793년
▶ 이름: 대흠무
    └→ 문왕의 이름
▶ 존호: 대흥보력효감금륜성법대왕
    └→ 문왕의 연호(대흥 ➡ 보력 ➡ 대흥)
▶ 자녀: 정혜 공주, 정효 공주 등

③ 발해 문왕은 중경 현덕부에서 상경 용천부로 도읍을 옮겨 발전의 기틀을 마련하였고, 이후 일본과의 적극적 교류를 위해 동경으로 도읍을 옮겼다.

선지 분석하기

① 인안이라는 독자적 연호를 사용하였다. ➡ 2대 무왕
② 장문휴를 보내 당의 등주를 공격하였다. ➡ 2대 무왕
④ 대문예로 하여금 흑수 말갈을 정벌하게 하였다. ➡ 2대 무왕
⑤ 고구려 유민을 이끌고 동모산에서 나라를 세웠다. ➡ 1대 고왕(대조영)

정답 ③

고대 사회와 경제

1 고대의 사회

1. 계급 사회: 개인의 능력보다 그가 속한 친족 공동체의 사회적 위치에 따라 모든 것을 결정

귀족	정치 · 경제 · 사회적 지위와 특권 독점
평민	• 일반 백성(자유민) • 국역(조세 · 공납 · 역)의 의무 담당 cf 향 · 부곡: 죄수, 전쟁 반역자, 그들의 가족들이 모여 사는 특수 행정 구역
천민	노비(비자유민): 매매 · 상속 · 증여의 대상, 국역의 의무 ×

✧ 고대 사회의 성격(친족 공동체 중심의 철저한 계급 사회)

2. 삼국의 사회 모습

고구려	• 지배층: 왕족 고씨 + 5부 출신 귀족 ➡ 제가 회의 운영 ┌→ 귀족 합의 제도 • 형법: 전쟁에서 패하거나 항복한 자는 사형, 절도자는 물건값의 12배 배상, 남의 소나 말을 죽인 자는 노비로 삼음. • 혼인 풍습 ┌ 지배층: 서옥제(데릴사위제), 형사취수제*(일부) 　　　　　 └ 평민: 남녀 간 자유로운 교제 가능, 결혼 시 남자 집에서 돼지고기와 술만 보냄(예물 ×).
백제	• 지배층: 왕족 부여씨 + 8성 귀족 ➡ 정사암 제도 운영 ┌→ 귀족 합의 제도 • 형법(고구려와 유사): 살인자 · 반역자 · 전쟁에서 패한 자는 사형, 절도자는 귀양형 및 2배 배상, 뇌물죄 · 횡령죄는 3배 배상과 영구 금고형, 간음한 여자는 남편 집의 노비로 삼음(남자는 처벌 ×).
신라	┌→ 귀족 합의 제도 • 화백 회의: 만장일치제, 국왕과 귀족 간의 권력 조절 기능 • 화랑도: 씨족 사회 유풍 ➡ 진흥왕 때 국가 조직으로 공인, 화랑(진골) + 낭도(6두품~평민) 구성, 원광의 세속 오계*를 규율로 따름. • 골품 제도: 골품에 따라 정치 · 사회 활동 범위 결정 　┌ 성골: 왕족, 진덕 여왕을 마지막으로 단절 　├ 진골: 정치 · 군사권 및 5관등 이상의 요직 장악, 무열왕 때부터 왕위 계승 　├ 6두품(득난): 학문과 종교 분야에서 활동(원효, 설총, 최치원 등) 　└ 5두품 · 4두품: 원래는 3두품~1두품도 있었으나 통일 직후 이들은 없어짐.

3. 남북국의 사회 모습

통일 신라	• 민족 융합책: 고구려와 백제 귀족에게 골품 및 관등 부여, 중앙군 9서당(신라인 + 고구려인 + 백제인 + 말갈인 + 보덕국인으로 구성) • 6두품: 중앙 정치 진출 활발, but 6관등 아찬(집사부 시랑)까지만 진출 가능
발해	• 민족 구성: 지배층 고구려 유민 + 피지배층 말갈인 구성 • 당에 유학생 파견, 빈공과 응시 　　　　┗→ 9세기 초 당나라에서 외국인을 위해 설치한 과거 제도

사이드바

✧ 고구려 귀족의 생활

🖐 역대 춘대추납의 빈민 구제 제도

진대법(고구려)
⬇
의창(고려)
⬇
환곡(조선)

✱ 형사취수제(兄死娶嫂制)
형이 죽은 뒤에 동생이 형수와 같이 사는 혼인 제도로, 산상왕이 자신의 형수(고국천왕의 부인 우씨 여인)와 혼인함.

✱ 세속 5계(世俗五戒)
1. 事君以忠(사군이충)
2. 事親以孝(사친이효)
3. 交友以信(교우이신)
4. 臨戰無退(임전무퇴)
5. 殺生有擇(살생유택)

관등		골품				공복
등급	관등명	진골	6두품	5두품	4두품	
1	이벌찬					자색
2	이찬					
3	잡찬					
4	파진찬					
5	대아찬					
6	아찬					비색
7	일길찬					
8	사찬					
9	급벌찬					
10	대나마					청색
11	나마					
12	대사					황색
13	사지					
14	길사					
15	대오					
16	소오					
17	조위					

✧ 관등과 골품 제도

2 고대의 경제

1. 왕토사상: 모든 토지는 국가의 토지라는 왕토사상을 가지고 있으나, 실제는 개인의 사유지 존재

2. 조세 제도: 조세(토지세, 곡물과 포 징수), 공물(지역 특산물 부과), 역[15세 이상 정남(장정)에게 부과]
↳ 군역과 요역(왕궁, 성, 저수지 축조에 동원)

3. 귀족과 농민의 경제생활

귀족	• 경제 기반: 식읍＊, 녹읍＊, 사유지, 노비 • 노비와 농민을 동원하여 소유지 경작, 고리대로 토지 축적
농민	• 조세 · 공물 · 역 부담 • 자기 소유의 토지를 경작하거나 부유한 자의 토지를 빌려 경작, 철제 농기구 보급 • 자연재해와 고리대로 인해 노비로 몰락 ➡ 춘대추납의 빈민 구제 제도인 진대법 시행(고구려 2세기 고국천왕)

4. 남북국 시대

통일 신라	토지 제도	• 신문왕: 관료전 지급, 녹읍 폐지 ➡ 귀족의 경제력 약화 • 성덕왕: 일반 농민에게 정전 지급 ➡ 국가의 농민 지배력 강화 • 경덕왕: 녹읍 부활 ➡ 귀족의 경제력 강화
	민정 문서	• 매년 촌락의 변동 사항을 조사하여 3년마다 촌주가 문서 작성 • 조사 지역: 서원경(청주) 지방의 4개 촌락 • 작성 목적: 조세 징수와 부역 징발의 자료 파악 • 내용: 마을 면적, 토지 결수, 인구수, 호구 수, 마전(麻田), 가축 수, 유실수 등 기록
	상업	농업 생산력 성장: 수도(경주) 인구 및 상품 생산 증가 ➡ 경주에 있던 시장 동시에 서시 · 남시 추가 설치
	대외 무역	• 당: 공무역과 사무역 발달 • 일본: 8세기 이후 활발
발해	농업	• 밭농사 위주(콩, 조), 일부 지역에서 벼농사 • 돼지 · 말 · 소 · 양 등 목축 발달 • 모피 · 녹용 · 사향 등 생산 및 수출 cf 솔빈부의 말 수출
	수공업	철 · 구리 · 금 · 은 등 금속 가공업, 직물업, 도자기업 등 발달
	상업	수도인 상경 용천부 등 도시와 교통 요충지에서 발달
	대외 무역	• 당: 해로와 육로 이용, 산둥반도의 덩저우에 발해관 설치(8세기 후반) • 일본: 교류 활발(일본도 설치) ➡ 신라 · 당 견제 목적 • 신라: 신라도(발해에서 신라에 이르는 해상 교통로) 설치

한능검 꼭꼭 사료

민정 문서

이 고을의 사해점촌을 조사해 보았는데 지형은 산과 평지로 이루어져 있으며 마을의 크기는 5,725보, 공연(孔烟) 수는 합하여 **11호(戶)**가 된다. …… 이 중 전부터 계속 살아 온 사람과 3년간에 태어난 자를 합하면 145명이 된다. …… 가축으로는 말이 25마리가 있으며, 그중 전부터 있던 것이 22마리, 3년간에 보충된 말이 3마리였다. 소는 22마리였고, 그중 전부터 있던 소가 17마리, 3년간에 보충된 소가 5마리였다.

✧ 민정 문서

사이드 노트

＊ 식읍
본래는 고대 국가가 주변 소국을 정복하는 과정에서 얻은 지역을 그 민호 수를 헤아려서 공직자에게 지급하는 제도

＊ 녹읍
관직 복무의 대가인 녹봉 대신 지급되었는데, 개인 또는 국가 기관을 대상으로 노동력 징발권을 부여함.

📚 신라인의 대당 활동

신라방	신라인들이 생활하는 집단 거주지
신라소	신라 거류민들이 관할하는 행정 기구
신라관	신라의 사신, 유학생, 구법승 등을 위한 유숙소
신라원	신라방 내에 세운 절
법화원	장보고가 산둥성에 세운 절

✧ 남북국 시대의 무역 활동로

사료 듬뿍

통일 신라의 토지 제도 변천 과정

• 신문왕 7년(687) 5월에 **문무 관료전**을 지급하되 차등을 두었다.
• 신문왕 9년(689) 1월에 내 · 외관의 녹읍을 혁파하고 매년 조(租)를 내리되 차등이 있게 하여 이로써 영원한 법식을 삼았다.
• 성덕왕 21년(722) 8월에 처음으로 백성에게 정전을 지급하였다.
• 경덕왕 16년(757) 3월에 여러 내 · 외관의 월봉을 없애고 다시 녹읍을 나누어 주었다.
• 소성왕 원년(799) 3월에 청주 거노현으로 국학생의 녹읍을 삼았다. 『삼국사기』

PART 2

테마 ⑪ 실전문제

👍 골품 제도의 특징

주요 정답 키워드 # 일상생활 규제

1. (가) 제도에 대한 설명으로 옳은 것은?   ▶ 43회

> 설계두는 신라 귀족 가문의 자손이다. 일찍이 가까운 친구 4명과 함께 모여 술을 마시면서 각자 자신의 뜻을 말하였다. 설계두가 이르기를, "신라에서는 사람을 등용하는 데 (가) 을/를 따져서 진실로 그 족속이 아니면 비록 큰 재주와 뛰어난 공이 있더라도 [그 한도를] 넘을 수가 없다. 나는 원컨대, 중국으로 가서 세상에서 보기 드문 지략을 떨쳐서 특별한 공을 세우고 싶다. 그리고 영광스러운 관직에 올라 고관대작의 옷을 갖추어 입고 천자의 곁에 출입하면 만족하겠다."라고 하였다.

① 진대법이 실시되는 배경이 되었다.
② 원성왕이 인재 등용 제도로 제정하였다.
③ 후주 출신인 쌍기의 건의로 실시되었다.
④ 권문세족에 대한 견제를 목적으로 시행되었다.
⑤ 집과 수레의 크기 등 일상생활까지 규제하였다.

한눈에 보는 해설 ⊕

정답 알아보기

골품 제도

(가) 제도 에 대한 설명으로 옳은 것은?

> 설계두는 신라 귀족 가문의 자손이다. 일찍이 가까운 친구 4명과 함께 모여 술을 마시면서 각자 자신의 뜻을 말하였다. 설계두가 이르기를, "신라에서는 사람을 등용하는 데 (가) 을/를 따져서 진실로 그 족속이 아니면 비록 큰 재주와 뛰어난 공이 있더라도 [그 한도를] 넘을 수가 없다. 나는 원컨대, 중국으로 가서 세상에서 보기 드문 지략을 떨쳐서 특별한 공을 세우고 싶다. 그리고 영광스러운 관직에 올라 고관대작의 옷을 갖추어 입고 천자의 곁에 출입하면 만족하겠다."라고 하였다.

⑤ 신라의 신분 제도인 골품제는 개인의 혈통의 높고 낮음에 따라 정치적 출세는 물론 혼인, 가옥의 규모와 장식물, 수레 등 신라인의 일상생활까지 규제하였다.

선지 분석하기

① 진대법이 실시되는 배경이 되었다. ➡ 고구려 2세기 고국천왕 때 실시된 춘대추납의 빈민 구제 제도
② 원성왕이 인재 등용 제도로 제정하였다. ➡ 8세기 독서삼품과
③ 후주 출신인 쌍기의 건의로 실시되었다. ➡ 고려 광종 때 실시된 과거 제도
④ 권문세족에 대한 견제를 목적으로 시행되었다. ➡ 권문세족은 고려 원 간섭기에 출현한 친원파 관료

정답 ⑤

👍 6두품 제도의 특징

주요 정답 키워드 # 호족과 연계 # 득난 # 아찬

2. (가) 신분에 대한 설명으로 옳은 것은?   ▶ 29회

> 이것은 무열왕의 8대손인 낭혜화상의 탑비입니다. 이 탑비에는 그의 아버지 범청이 진골에서 한 등급 떨어져 '득난(得難)'이 되었다는 기록이 있습니다. 득난은 (가) 을/를 달리 부르는 말로, 이 신분은 재능과 학식이 뛰어나도 17관등 중 제6관등인 아찬까지만 오를 수 있었습니다.

보령 성주사지 낭혜화상 탑비

① 지방의 주요 지역인 담로에 파견되었다.
② 성리학을 바탕으로 불교의 폐단을 비판하였다.
③ 화백 회의에 참여하여 국가의 중대사를 결정하였다.
④ 어려서부터 경당에 들어가 유학과 활쏘기를 배웠다.
⑤ 신라 말기 호족과 연계하여 사회 개혁을 추구하기도 하였다.

한눈에 보는 해설 ⊕

정답 알아보기

(가) 신분 에 대한 설명으로 옳은 것은?

6두품

↗ 최치원이 지음.

> 이것은 무열왕의 8대손인 **낭혜화상**의 **탑비**입니다. 이 탑비에는 그의 아버지 범청이 진골에서 한 등급 떨어져 '**득난(得難)**'이 되었다는 기록이 있습니다. **득난**은 (가) 을/를 달리 부르는 말로, 이 **신분**은 재능과 학식이 뛰어나도 17관등 중 제6관등인 아찬까지만 오를 수 있었습니다.

⑤ 신라 말 진골 중심의 사회에 불만을 품은 6두품 지식인들은 지방 호족과 연계하여 사회 개혁을 추구하였다.

선지 분석하기

① 지방의 주요 지역인 담로에 파견되었다. ➡ 백제의 황족으로 담로는 백제의 특수 지방 제도
② 성리학을 바탕으로 불교의 폐단을 비판하였다. ➡ 고려 말 신진 사대부
③ 화백 회의에 참여하여 국가의 중대사를 결정하였다. ➡ 신라 진골
④ 어려서부터 경당에 들어가 유학과 활쏘기를 배웠다. ➡ 고구려 청소년(5세기 장수왕이 지방에 경당 설치)

정답 ⑤

PART ②

👍 통일 신라 경제의 특징

주요 정답 키워드　# 청해진　# 장보고　# 서역과 교류

3. (가) 국가의 경제에 대한 설명으로 옳은 것은?　▶ 37회

이 석상은 원성왕릉 앞에 세워진 무인상이다. 부리부리한 눈이나 이국적인 얼굴 윤곽과 복식은 흥덕왕릉 앞에 있는 무인상과 더불어 서역인의 모습을 하고 있다. 이는 당시 (가) 이/가 아라비아 등 서역과 활발하게 교류하였다는 주장을 뒷받침해 준다.

① 의창을 두어 빈민을 구제하였다.

② 솔빈부의 말이 특산물로 유명하였다.

③ 왜관을 설치하여 일본과 교역하였다.

④ 경시서를 통해 수도의 시전을 감독하였다.

⑤ 청해진을 중심으로 해상 무역이 전개되었다.

👍 발해 경제의 특징

주요 정답 키워드　# 신라도　# 솔빈부의 말

4. 밑줄 그은 '이 나라'의 경제 상황에 대한 설명으로 옳은 것은?　▶ 36회

이 나라는 영주(營州)*에서 동쪽으로 2천 리 밖에 위치하며 …… 동쪽은 멀리 바다에 닿았고, 서쪽으로는 거란[契丹]이 있었다. …… 귀중히 여기는 것은 태백산의 토끼, 남해의 다시마, 책성의 된장, …… 막힐의 돼지, 솔빈의 말, 현주의 베, 옥주의 면, 용주의 명주, 위성의 철, 노성의 벼, 미타호의 붕어이다. …… 이 밖의 풍속은 고구려, 거란과 대개 같다.

「신당서」

*영주(營州): 지금의 랴오닝성 차오양

① 신라도라는 교통로를 통해 신라와 교역하였다.

② 감자, 고구마 등의 구황 작물을 널리 재배하였다.

③ 해동통보를 발행하여 금속 화폐의 통용을 추진하였다.

④ 농사직설을 간행하여 우리 풍토에 맞는 농법을 정리하였다.

⑤ 삼포를 열어 일본과의 무역을 허용하고 계해약조를 체결하였다.

한눈에 보는 해설 ⊕

정답 알아보기

(가) 국가의 경제에 대한 설명으로 옳은 것은?

(통일) 신라 ←

이 석상은 **원성왕릉**(→일명 괘릉) 앞에 세워진 무인상이다. 부리부리한 눈이나 이국적인 얼굴 윤곽과 복식은 흥덕왕릉 앞에 있는 무인상과 더불어 **서역인의 모습을** 하고 있다. 이는 당시 (가) 이/가 **아라비아 등 서역과 활발하게 교류하였다**는 주장을 뒷받침해 준다.

→ 통일 신라 시대에 울산을 통해 이슬람(아라비아) 상인이 내항함.

⑤ 신라 하대(원성왕) 장보고는 청해진(완도)을 설치하고 남해와 황해의 해상 무역권을 장악하였다.

선지 분석하기

① 의창을 두어 빈민을 구제하였다. ➡ 고려 성종

② 솔빈부의 말이 특산물로 유명하였다. ➡ 발해

③ 왜관을 설치하여 일본과 교역하였다. ➡ 조선

④ 경시서를 통해 수도의 시전을 감독하였다. ➡ 고려와 조선

정답 ⑤

한눈에 보는 해설 ⊕

정답 알아보기 → 발해

밑줄 그은 '이 나라'의 경제 상황에 대한 설명으로 옳은 것은?

이 나라는 영주(營州)에서 동쪽으로 2천 리 밖에 위치하며 …… 동쪽은 멀리 바다에 닿았고, 서쪽으로는 거란[契丹]이 있었다. …… 귀중히 여기는 것은 태백산의 토끼, 남해의 다시마, 책성의 된장, …… 막힐의 돼지, **솔빈의 말**, 현주의 베, 옥주의 면, 용주의 명주, 위성의 철, 노성의 벼, 미타호의 붕어이다. …… 이 밖의 **풍속은 고구려, 거란과 대개 같다.**

「신당서」

→ 발해의 주요 특산물

① 발해와 신라는 정치적으로는 원만하지 못하였으나, 경제적으로는 동해안을 따라 이어진 교통로인 신라도를 통해 교류가 이루어졌다.

선지 분석하기

② 감자, 고구마 등의 구황 작물을 널리 재배하였다. ➡ 조선 후기

③ 해동통보를 발행하여 금속 화폐의 통용을 추진하였다. ➡ 고려 숙종

④ 농사직설을 간행하여 우리 풍토에 맞는 농법을 정리하였다. ➡ 조선 세종

⑤ 삼포를 열어 일본과의 무역을 허용하고 계해약조를 체결하였다. ➡ 조선 세종(1426) 때 삼포(부산, 제포, 염포) 개항

정답 ①

고대의 문화(1)

1 삼국의 교육과 종교

1. 교육(유학)과 역사서

구분	교육	역사서
고구려	태학(수도, 소수림왕)·경당(지방, 장수왕) 설립	『유기』 100권 ➡ 『신집』 5권(영양왕, 이문진)
백제	5경 박사, 의박사, 역박사를 두어 유교 경전과 기술학 교육	『서기』(근초고왕, 고흥)
신라	임신서기석: 화랑도들이 유교 경전을 공부했음을 확인	『국사』(진흥왕, 거칠부)

2. 불교: 왕실·귀족 불교, 호국불교, 현세 구복적 성격, 민간 신앙과 연결

고구려	소수림왕 때 전진에서 수용(372)
백제	침류왕 때 동진에서 수용
신라	• 눌지왕 때 고구려 승려 묵호자 포교, 귀족들의 반발 ➡ 법흥왕 때 공인(527, 이차돈의 순교) • 법흥왕~진덕 여왕: 불교식 왕명 사용(왕즉불 사상) • 원광: 세속 오계(화랑도가 지켜야 할 덕목), 걸사표(수나라에 군사를 요청, 진평왕) • 자장: 계율종 개창, 황룡사 9층 목탑 건립 주장

3. 도교: 무위자연(無爲自然), 불로장생, 현세 이익, 은둔적 경향 ➡ ∴ 신선 사상

고구려	• 연개소문: 불교 세력을 억제하기 위해 도교 장려 • 유물: 강서 대묘의 사신도(도교의 방위신)
백제	유물: 산수문전(산수무늬가 새겨진 벽돌, 부여), 사택지적비(도교 + 불교)*, 무령왕릉의 지석(매지권), 금동 대향로(도교 + 불교, 부여)
신라	화랑도 명칭(국선, 풍월도, 풍류도)

✦ 백제 금동 대향 (부여 출토)

2 남북국 시대의 교육과 종교

1. 교육과 유학

구분	교육	유학
통일 신라	• 신문왕: 국학 설립 • 성덕왕: 국학 정비(문묘 제도 마련) • 경덕왕: 국학 ➡ 태학감으로 개칭, 박사와 조교를 두어 유교 경전 교육 • 원성왕: 독서삼품과(관리 채용을 위한 일종의 국가 시험 제도) 실시	┌→ 모두 6두품 • 강수: 외교 문서 작성 • 설총: 이두 정리, 신문왕 때 '화왕계' 저술 • 최치원: 진성 여왕에게 시무 10여 조 건의, 『계원필경』, 『제왕연대력』, 사산비명 등 저술
발해	문왕: 주자감 설립	• 외교 문서 등 공식 기록에 한자 사용 • 정혜·정효 공주 비문(4·6 변려체)

✦ 이차돈의 순교 사실을 새긴 돌기둥(경주 박물관 소장) | 이차돈 공양탑 또는 백률사 석당이라고 불림.

✦ 현무도(강서 대묘) | 사신도의 하나로, 북쪽 방위신

✦ 산수문전(부여 출토) | 신선 사상을 바탕으로 만든 백제의 벽돌

✻ 사택지적비
국립 부여 박물관에 보관되어 있는 백제의 유일한 석비. 백제 의자왕 때 대신이었던 사택지적이 남긴 비로, 사택지적이 늙어 가는 것을 탄식하며 불교에 귀의하고 원찰을 건립했다는 내용이 담겨져 있음.

2. 불교

(1) 성격

통일 신라	• 중대: 교종 유행, 조형 예술 발달 • 하대: 선종 유행 ➡ 조형 예술 저조, 승탑(부도) 등장, 지방 호족 및 6두품 지식인과 결합 ↳ 승려의 사리탑 　　➡ 고려 사회 건설에 사상적 바탕 마련
발해	지배층은 불교, 피지배층은 샤머니즘 신봉

(2) 신라의 주요 승려

원효	• 불교 종파 융합: 일심(一心) 사상을 바탕으로 분파 의식 극복 노력 • 불교 이해 기준 확립 ➡ 저서: 『금강삼매경론』, 『대승기신론소』, 『십문화쟁론』 등 • 여러 종파의 모순과 상쟁을 높은 차원에서 융화하려는 화쟁 사상 주장 • 정토종(아미타 신앙) 보급 ➡ 불교 대중화 기여('나무아미타불')
의상	• 모든 존재는 상호 의존적, 조화를 이룬다는 화엄 사상 정립 ➡ 저서: 『화엄일승법계도』 등 • 아미타 신앙*과 함께 관음 신앙* 주도 · 전파 ➡ 불교 대중화에 기여 • 화엄 사상을 바탕으로 교단 형성 및 제자 양성, 부석사 등 여러 사원 건립, 화엄종 창설 • 민심 강조: 문무왕의 도성 건축 계획 만류
원측	당에서 유식 불교의 깊은 뜻을 깨달아 서명사에서 자기 학설 강의
혜초	인도 성지 순례, 인도 및 중앙아시아의 풍물을 기록한 『왕오천축국전』 저술

↳ 산세와 수세를 살펴 도읍, 주택, 묘지 등을 선정하는 인문 지리적 학설 ➡ 예언적 도참 신앙과 결부

3. 도교와 풍수지리 사상

도교	통일 신라	• 김유신 묘의 12지 신상 • 최치원의 난랑비문(화랑도 정신에 유교 · 불교 · 도교가 있음을 서술) • 신라 말(하대) 은둔적 사상 경향으로 널리 퍼짐.
	발해	정효 공주 비문(불로장생 사상)
풍수지리 사상		신라 말(하대) 도선 등 선종계 승려에 의해 도입 ➡ 경주 중심의 지리 개념에서 벗어나 다른 지방의 중요성 자각 ➡ 호족 신봉, 신라 정부의 권위 약화

✧ 5교와 9산 선문

✧ 쌍봉사 철감선사 승탑
　(전남 화순)

✧ 「화엄일승법계도」

＊ 아미타 신앙
현세를 고해로 여기고 아미타불이 살고 있다는 서방 정토(西方淨土), 곧 극락으로 왕생하기를 기원하는 신앙

＊ 관음 신앙
자비의 화신인 관세음보살을 일심으로 염불함으로써 구원을 얻고자 하는 불교 신앙의 한 형태

사료 듬뿍 ✎

최치원의 난랑비 서문
나라에 현묘(玄妙)한 도가 있으니 풍류(風流)라 한다. 실로 이는 삼교(三敎)를 포함하고 뭇 백성들을 교화한다. 이를테면 들어와서는 집 안에서 효를 행하고 나가서는 나라에 충성함은 노나라 사구(司寇)의 가르침이고, 하였다고 자랑함이 없는 일을 하고 말 없는 가르침을 행함은 주나라 주사(柱史)의 뜻이며, 모든 악을 짓지 말고 모든 선을 받들어 행하라 함은 축건태자(竺乾太子)의 교화이다.

한능검 꼭꼭 사료 ✋

원효와 의상

1. 원효의 정토종
　원효는 언제나 술에 취한 채 방방곡곡의 촌락을 누비며 노래를 부르고 춤추고 불도(佛道)를 전하였다. 이 때문에 뽕따는 늙은이에서부터 무뢰배에 이르기까지 부처님의 명호를 외우고, 나무아미타불(南無阿彌陀佛)이라는 합장을 미덕으로 알았으니, 원효의 교화가 참으로 컸다고 하겠다.　　　　　『삼국유사』

2. 의상의 화엄 사상
　하나 안에 일체(一切)이며 다(多) 안에 하나요[一中一切多中一],
　하나가 곧 일체(一切)이며 다(多)가 곧 하나이다[一卽一切多卽一].
　하나의 미진(微塵) 가운데 십방(十方)을 포함하고[一微塵中含十方],
　일체(一切)의 진(塵) 가운데서도 역시 이와 같다[一切塵中亦如是].　　　　　『화엄일승법계도』

테마 ⑫ 실전문제

🐷 출제 POINT
신라 주요 승려의 사상을 묻는 사료 제시형 문제와 각 사상(불교, 도교)과 관련된 문화유산을 고르는 화보 제시형 문제가 주로 출제된다.

👍 신라 주요 승려의 이해

주요 정답 키워드 # 황룡사 9층 목탑 # 세속 오계

1. (가)~(마)에 들어갈 내용으로 옳은 것은? ▶ 40회

〈2018년도 하계 한국사 강좌〉

인물로 보는 신라 불교사

우리 학회에서는 신라 승려들의 활동을 통해 불교사의 흐름을 파악하는 자리를 마련하였습니다. 관심 있는 분들의 많은 참여를 바랍니다.

◆ 강좌 주제 ◆

제1강 원광,	(가)
제2강 자장,	(나)
제3강 원효,	(다)
제4강 의상,	(라)
제5강 도선,	(마)

• 기간: 2018년 ○○월 ○○일~○○월 ○○일 매주 목요일 오전 10시
• 장소: □□ 박물관 대강당
• 주최: △△학회

① (가) – 풍수지리설을 들여오다
② (나) – 황룡사 구층 목탑 건립을 건의하다
③ (다) – 영주에 부석사를 창건하다
④ (라) – 세속 오계를 제시하다
⑤ (마) – 대승기신론소를 저술하다

한눈에 보는 해설 ⊕

정답 알아보기

(가)~(마)에 들어갈 내용으로 옳은 것은?

◆ 강좌 주제 ◆

제1강 원광,	(가)
제2강 자장,	(나)
제3강 원효,	(다)
제4강 의상,	(라)
제5강 도선,	(마)

② 진골 출신 승려 자장은 당으로 유학을 다녀온 후, 선덕 여왕에게 황룡사 9층 목탑 건립을 건의하였다.

선지 분석하기

① (가) – 풍수지리설을 들여오다 ➡ 도선
③ (다) – 영주에 부석사를 창건하다 ➡ 의상
④ (라) – 세속 오계를 제시하다 ➡ 원광
⑤ (마) – 대승기신론소를 저술하다 ➡ 원효

정답 ②

👍 의상의 업적

주요 정답 키워드 # 관음 신앙 # 화엄종 # 화엄 사상

2. (가) 인물에 대한 설명으로 옳은 것은? ▶ 41회

[(가)]은/는 열 곳의 절에서 교(敎)를 전하게 하니 태백산의 부석사, …… 남악의 화엄사 등이 그것이다. 또한 법계도서인(法界圖書印)을 짓고 아울러 간략한 주석을 붙여 일승(一乘)의 요점을 모두 기록하였다. …… 법계도는 총장(總章) 원년 무진(戊辰)에 완성되었다.
「삼국유사」

① 황룡사 구층 목탑의 건립을 건의하였다.
② 무애가를 지어 불교 대중화에 노력하였다.
③ 보현십원가를 지어 불교 교리를 전파하였다.
④ 인도와 중앙아시아를 다녀와서 왕오천축국전을 남겼다.
⑤ 현세의 고난에서 구제받고자 하는 관음 신앙을 강조하였다.

한눈에 보는 해설 ⊕

정답 알아보기

(가) 인물에 대한 설명으로 옳은 것은?

의상

[(가)]은/는 열 곳의 절에서 교(敎)를 [전하게 하니] 태백산의 부석사, …… ➡「화엄일승법계도」
남악의 화엄사 등이 그것이다. 또한 법계도서인(法界圖書印)을 짓고 아울러 간략한 주석을 붙여 일승(一乘)의 요점을 모두 기록하였다. …… 법계도는 총장(總章) 원년 무진(戊辰)에 완성되었다.
「삼국유사」

⑤ 의상은 현세에서 고난을 구제받고자 하는 관음 신앙을 백성에게 전파하여 고통받는 백성에게 삶의 희망을 안겨 주었다.

선지 분석하기

① 황룡사 구층 목탑의 건립을 건의하였다. ➡ 자장
② 무애가를 지어 불교 대중화에 노력하였다. ➡ 원효
③ 보현십원가를 지어 불교 교리를 전파하였다. ➡ 고려의 균여
④ 인도와 중앙아시아를 다녀와서 왕오천축국전을 남겼다. ➡ 혜초

정답 ⑤

🖒 불교 문화유산의 이해

주요 정답 키워드 　# 팔각 원당형 승탑 　# 신라 하대 선종

3. (가)에 들어갈 문화유산으로 옳은 것은?　　▶ 36회

문화유산 카드

　(가)

- 종목: 국보 제57호
- 장소: 전라남도 화순군 쌍봉사
- 소개: 철감선사 도윤의 사리를 모신 팔각 원당형의 승탑으로 뛰어난 조형미를 갖추고 있다. 신라 하대 선종의 유행과 깊은 관련이 있는 문화유산이다.

① 　② 　③

④ 　⑤

한눈에 보는 해설 ⊕

정답 알아보기

→ 쌍봉사 철감선사 승탑

(가)에 들어갈 문화유산으로 옳은 것은?

　(가)

- 종목: 국보 제57호
- 장소: 전라남도 화순군 **쌍봉사**
- 소개: **철감선사** 도윤의 사리를 모신 **팔각 원당형**의 **승탑**으로 뛰어난 조형미를 갖추고 있다. **신라 하대 선종**의 유행과 깊은 관련이 있는 문화유산이다.

① ➡ 쌍봉사 철감선사 승탑

선지 분석하기

② 　③ 　④ 　⑤

➡ 불국사 다보탑　➡ 발해 석등　➡ 화엄사 각황전 앞 석등　➡ 월정사 8각 9층 석탑(고려)

정답 ①

🖒 도교 문화유산의 이해

주요 정답 키워드 　# 산수문전(산수무늬 벽돌) 　# 금동 대향로

4. 다음 기획전에 전시될 문화유산으로 적절한 것을 〈보기〉에서 고른 것은?　　▶ 45회

문화유산을 통해 보는 백제의 도교 문화

도교는 삼국 시대에 전래되어 우리나라 문화에 많은 영향을 주었습니다. 우리 △△박물관에서는 백제의 도교 문화를 살펴볼 수 있는 특별 기획전을 마련하였습니다. 많은 관람 바랍니다.

- 기간: 2019년 ○○월 ○○일 ~ ○○월 ○○일
- 장소: △△박물관 기획 전시실

① ㉠, ㉡　　② ㉠, ㉢　　③ ㉡, ㉢

④ ㉡, ㉣　　⑤ ㉢, ㉣

한눈에 보는 해설 ⊕

정답 알아보기

다음 기획전에 전시될 문화유산으로 적절한 것을 〈보기〉에서 고른 것은?

문화유산을 통해 보는 백제의 도교 문화

도교는 삼국 시대에 전래되어 우리나라 문화에 많은 영향을 주었습니다. 우리 △△박물관에서는 **백제의 도교 문화**를 살펴볼 수 있는 특별 기획전을 마련하였습니다. 많은 관람 바랍니다.

㉡ 백제의 산수무늬 벽돌과 ㉣ 백제의 용봉 금동 대향로에는 도교 사상이 반영되어 있다.

선지 분석하기

㉠ 　㉢

➡ 금관가야 갑옷 (김해 대성동 고분군)　➡ 연가 7년명 금동 여래 입상 (고구려 불상)

정답 ④

고대의 문화(2)

✦ 장군총(길림성 집안)

✦ 투시도를 통해 본 굴식 돌방무덤의 구조(고구려 덕흥리 고분)

✦ 백제의 계단식 돌무지무덤 (서울 석촌동)

✦무령왕릉 현실 ✦무령왕릉 지석

✦ 돌무지덧널무덤의 구조와 부분 명칭(천마총)

1 고분과 고분 벽화

고구려	• 초기: 돌무지무덤(장군총) ← 돌을 쌓아 만든 무덤 양식(적석총) • 후기: 굴식 돌방무덤✱ [벽화 ○, 강서 대묘(사신도, 도교), 쌍영총(인물도 등), 무용총(무용도, 수렵도)] cf 고분 벽화: 초기 – 주로 무덤 주인의 생활 표현 ➡ 불교의 내세관 ➡ 후기 – 사신도 같은 상징적 그림
백제	• 한성 시대: 계단식 돌무지무덤(서울 석촌동 고분군) ← 백제 건국 세력이 고구려 계통임을 알려줌. • 웅진 시대: 공주 송산리 고분군 – 굴식 돌방무덤, 벽돌무덤[중국 남조의 영향 – 무령왕릉(벽화 ×), 6호분(벽화 ○)] cf 무령왕릉: 피장자 확인(지석), 토지 매지권(율령 시행, 도교의 영향), 양나라 화폐, 일본산 소나무로 만든 관 • 사비 시대: 부여 능산리 고분군 – 굴식 돌방무덤
신라	• 돌무지덧널무덤✱: 신라의 고유 고분 양식, 도굴 어려움(껴묻거리 많이 발견), 벽화 × ➡ 천마총, 호우총, 황남대총 등 • 굴식 돌방무덤: 통일 직전, 어숙묘 등 2기 출토
통일 신라	굴식 돌방무덤으로 변화 + 무덤 주변에 둘레돌을 두르고 12지 신상 조각(도교 영향)이 들어감.
발해	• 정혜 공주 묘: 굴식 돌방무덤, 모줄임천장 구조, 돌사자상 출토 ➡ 고구려 양식 • 정효 공주 묘: 벽돌무덤, 벽화 ○ ➡ 당의 양식

✦ 무용도(중국 집안 무용총) ✦ 수렵도(중국 집안 무용총) ✦ 강서대묘의 현무도 ✦ 천마도(국립 중앙 박물관 소장)

2 건축·불상·탑

고구려	불상: 연가 7년명 금동 여래 입상
백제	• 불상: 서산 마애 삼존 불상 • 탑: 익산 미륵사지 석탑(현존 最古의 목탑 양식의 석탑), 정림사지 5층 석탑(목탑 양식)
신라	• 불상: 경주 배동 석조 여래 삼존 입상 • 탑: 황룡사 9층 목탑(자장의 건의), 분황사 모전 석탑

→ 당나라 장수 소정방이 '백제를 정벌한 기념탑'이라는 뜻의 글을 이 탑에 남겨 놓아, 한때 '평제탑(平濟塔)'이라 수모를 겪음.

cf 삼국 공통: 금동 미륵보살 반가 사유상

✦ 연가 7년명 금동 여래 입상(경남 의령) ✦ 서산 마애 삼존 불상 (충남 서산) ✦ 미륵사지 석탑 (전북 익산) ✦ 정림사지 5층 석탑 (충남 부여) ✦ 분황사 모전 석탑 (경북 경주)

통일 신라	• 건축: 불국사[불국토의 이상 표현, 불국사 3층 석탑(석가탑), 다보탑], 석굴암(인공 석굴 사원), 안압지 등 • 불상: 석굴암 본존불, 철원 도피안사 비로자나불 • 탑 ┌ 중대: 감은사지 3층 석탑, 불국사 3층 석탑, 화엄사 4사자 3층 석탑 ➡ 높은 기단 위에 3층 석탑 └ 하대: 진전사지 3층 석탑 ➡ 탑 표면에 불상 부조 • 승탑: 양양 진전사지 승탑, 화순 쌍봉사 철감선사 승탑 등 ➡ 선종의 영향, 8각 원당 형태(기본)
발해	• 불상: 이불병좌상 ➡ 고구려 영향 • 탑: 영광탑(벽돌탑) ➡ 중국이나 (통일)신라 영향 • 석등

✧ 발해의 이불병좌상 (동경 용원부)

✧ 석굴암 본존불

✧ 감은사지 3층 석탑

✧ 불국사 3층 석탑 (석가탑)

✧ 진전사지 3층 석탑

✧ 쌍봉사 철감선사 승탑

✧ 발해 영광탑(중국 길림성)

3 과학 기술과 예술

구분	천문학	음악	기타
고구려	천문도(고분 벽화의 별자리 그림) cf 조선 태조 때 '천상열차분야지도' 각석에 영향	거문고(왕산악)	제철 기술 발달: 우수한 철제 무기와 도구, 야철신 (집안 오회분 4호묘 벽화)
백제	• 역박사 제도 마련 • 일관부(천문 관장) 설치		• 제철 기술 발달: 칠지도(4세기 후반) • 금속 공예 기술: 금동 대향로
신라	첨성대(선덕 여왕, 현존 最古의 천문대)	방아 타령(백결)	• 금관(금 · 은 세공) • 유리 사용
통일 신라	해시계, 물시계	『삼대목』 (향가집, 현존 ×)	• 무구 정광 대다라니경(8세기 초): 현존 最古 목판 인쇄물, 석가탑에서 발견 • 성덕 대왕 신종: 금속 주조, 경덕왕 때 시작~ 혜공왕 때 완성

✧ 발해 석등(상경 용천부)

4 우리 문화의 일본 전파: 삼국 문화 ➡ 일본 아스카 문화에 영향, 통일 신라 문화 ➡ 일본 하쿠호 문화에 영향

고구려	• 담징: 일본에 종이 · 먹 제조법과 5경 전래, 호류사 금당 벽화 그림. • 혜자: 쇼토쿠 태자의 스승	교토 광륭사(고류사) 미륵보살 반가 사유상(일본 국보 제1호): 일본 고대 불상에서 볼 수 없는 적송(赤松)으로 만듦.
백제	• 일본 문화에 가장 크게 기여 • 아직기, 왕인(4세기): 일본에 한자 및 유교 경전 전파 • 노리사치계(6세기 성왕): 불교 최초 전파	호류사의 백제 관음상
신라	조선술, 축제술 ➡ 한인의 연못	
통일 신라	불교와 유교 문화 전래	

✧ 교토 광륭사 미륵보살 반가 사유상

✧ 호류사의 백제 관음상

테마 13 실전문제

🐻 출제 POINT
각 주제별 주요 문화재와 특징을 찾는 문제가 출제된다.

👍 고분의 특징

주요 정답 키워드   # 돌무지덧널무덤   # 굴식 돌방무덤   # 벽화   # 모줄임 천장 구조

1. (가), (나) 무덤 양식에 대한 설명으로 옳은 것은?　▶ 38회

〈삼국 시대의 무덤〉

양식	(가)	(나)
구조	돌무지 / 봉토 / 나무덧널 / 나무널 나무로 덧널을 만들고 그 위에 돌을 쌓은 후 흙을 덮은 무덤이다.	봉토 / 널길 / 널방 돌로 널길과 널방을 만들고 그 위에 흙을 덮은 무덤이다.

① (가) - 모줄임 천장 구조로 되어 있다.
② (가) - 무덤의 둘레돌에 12지 신상을 새겼다.
③ (나) - 대표적인 무덤으로 황남대총이 있다.
④ (나) - 내부의 천장과 벽에 그림을 그리기도 하였다.
⑤ (가), (나) - 중국 남조의 영향을 받아 만들어졌다.

한눈에 보는 해설 ⊕

정답 알아보기　▶(가) 돌무지덧널무덤, (나) 굴식 돌방무덤

(가), (나) 무덤 양식에 대한 설명으로 옳은 것은?

양식	(가)	(나)
구조	돌무지 / 봉토 / 나무덧널 / 나무널 **나무로 덧널을 만들고 그 위에 돌을 쌓은 후 흙을 덮은 무덤이다.**	봉토 / 널길 / 널방 **돌로 널길과 널방을 만들고 그 위에 흙을 덮은 무덤이다.**

④ 고구려 대표 무덤인 굴식 돌방무덤은 흙으로 덮은 무덤 안에 돌로 방과 통로를 만들어 관과 부장품을 보관하는 무덤 양식으로, 무덤 내부의 벽과 천장에 벽화가 그려져 있는 것이 특징이다.

선지 분석하기

① (가) - 모줄임 천장 구조로 되어 있다. ➡ 고구려의 굴식 돌방무덤의 특징
② (가) - 무덤의 둘레돌에 12지 신상을 새겼다. ➡ 통일 신라의 굴식 돌방무덤의 특징
③ (나) - 대표적인 무덤으로 황남대총이 있다. ➡ 신라의 돌무지덧널무덤
⑤ (가), (나) - 중국 남조의 영향을 받아 만들어졌다. ➡ 벽돌무덤(백제의 무령왕릉)

정답 ④

👍 고구려 고분 벽화의 이해

주요 정답 키워드   # 씨름도   # 무용총   # 사신도

2. 다음 특별전에 전시될 사진으로 적절하지 않은 것은?　▶ 42회

특별전

고분 벽화를 통해 본
고구려인의 삶

우리 학교 역사 탐구 동아리에서 고구려의 고분 벽화 사진들을 모아 특별전을 마련하였습니다. 관심 있는 학생들의 많은 관람 바랍니다.

● 기간: 2019년 ○○월 ○○일~○○일
● 장소: 본관 3층 역사 탐구 동아리방

① 　②

③ 　④

⑤

한눈에 보는 해설 ⊕

정답 알아보기

다음 특별전에 전시될 사진으로 적절하지 않은 것은?

> **고분 벽화를 통해 본 고구려인의 삶**
> 우리 학교 역사 탐구 동아리에서 **고구려의 고분 벽화 사진**들을 모아 특별전을 마련하였습니다. 관심 있는 학생들의 많은 관람 바랍니다.

⑤ 고려 말 박익 무덤(경남 밀양시)에서 발견된 벽화로, 고려 말 조선 초 제사 의식과 복장 등의 생활 모습을 보여주고 있다.

선지 분석하기

① 　➡ 통구 12호분 '전장 참수도'

② 　➡ 각저총 '씨름도'

③ 　➡ 무용총 '접객도'

④ 　➡ 강서 수산리 고분 '교예도'

정답 ⑤

👍 백제의 문화유산

주요 정답 키워드 # 무령왕릉 # 백제 금동 대향로

3. (가) 국가의 문화유산으로 옳은 것은? ▶ 40회

> ☐(가)☐은/는 마한의 족속이다. ······ 도성을 고마(固麻)라 하였다. 읍(邑)을 일컬어 담로라 하였는데, 중국의 군현과 같았다. 22담로를 두었는데, (왕의) 자제와 종족을 보내 다스렸다. 「양직공도」

①

②

③

④

⑤

한눈에 보는 해설 ⊕

정답 알아보기

(가) 국가 의 문화유산으로 옳은 것은?

백제

> ☐(가)☐은/는 마한의 족속이다. ······ 도성을 고마(固麻)라 하였다. 읍(邑)을 일컬어 담로라 하였는데, 중국의 군현과 같았다. **22담로**를 두었는데, (왕의) 자제와 종족을 보내 다스렸다.
> ↳ 백제 무령왕 때 설치한 특수 지방 행정 구역
> 「양직공도」

③ 공주 송산리 고분군 중 무령왕릉에서 출토된 금제 장식이다.

선지 분석하기

① ➡ 발해 돌사자상 (정혜 공주 무덤)

② ➡ 고구려 연가 7년명 금동 여래 입상

④ ➡ 대가야 금동관 (고령 지산동 고분)

⑤ ➡ 신라 천마총의 천마도

👍 발해의 문화유산

주요 정답 키워드 # 영광탑 # 고구려 양식 계승

4. (가) 국가의 문화유산으로 옳은 것은? ▶ 42회

☐☐신문

제△△호 ○○○○년 ○○월 ○○일

☐(가)☐의 황후 묘지 발굴

순목황후묘 실측도

중국 지린성 허룽시 룽하이촌 룽터우산 고분군에서 ☐(가)☐이/가 황제국이었음을 보여주는 제3대 문왕의 부인 효의황후와 제9대 간왕의 부인 순목황후의 묘지(墓誌)가 발굴되었다. 이와 함께 고구려 양식을 계승한 것으로 보이는 금제 관식도 출토되었다.

①

②

③

④

⑤

한눈에 보는 해설 ⊕

정답 알아보기

(가) 국가 의 문화유산으로 옳은 것은?

발해

> ☐(가)☐의 황후 묘지 발굴
>
> 중국 지린성 허룽시 룽하이촌 룽터우산 고분군에서 ☐(가)☐이/가 황제국이었음을 보여주는 **제3대 문왕의 부인 효의황후와 제9대 간왕의 부인 순목황후의 묘지(墓誌)가 발굴**되었다. 이와 함께 **고구려 양식을 계승**한 것으로 보이는 금제 관식도 출토되었다.

③ 중국 길림성 장백진에 위치해 있는 발해 영광탑은 발해의 대표적인 전탑(벽돌탑)이다.

선지 분석하기

① ➡ 부여 정림사지 5층 석탑(백제)

② ➡ 경주 불국사 다보탑(통일 신라)

④ ➡ 개성 경천사지 10층 석탑(고려)

⑤ ➡ 서울 원각사지 10층 석탑(조선)

정답 ③

단기완성
한국사능력검정시험

PART

03

중세 사회

테마 14 고려의 후삼국 통일과 기틀 마련

고려 초기 주요 연표

900	후백제 건국
901	후고구려 건국
918	고려 건국
926	발해 멸망
935	신라 멸망
936	고려, 후삼국 통일
956	광종, 노비안검법 실시
958	광종, 과거 제도 실시
963	성종, 12목, 2성 6부 설치

신라 말(하대) 상황

1. 중앙
왕권 약화, 진골 귀족 세력 강화
➡ 왕위 쟁탈전 ➡ 가혹한 수취

2. 지방
· 농민: 민란 발생, 초적화
· 6두품: 지방 세력과 연결
· 호족의 대두: 반(半)독립적 세력 형성
· 선종의 유행, 풍수지리설의 도입, 도교(노장사상)의 유행

✳ 만부교 사건
태조 왕건이 거란의 친교 요구를 강력하게 거부한 사건

✧ 왕건 상 | 1993년 북한 개성 현릉(태조의 능) 보수 공사 중 발견. 머리에 쓴 관은 황제를 상징하는 통천관으로 고려가 황제 국가를 표방하였음을 알려 줌.

1 고려의 후삼국 통일 과정

1. 고려의 성립

(1) 왕건(王建)의 등장: 송악(개성)의 호족 출신 ➡ 예성강 유역의 해상 세력과 연합하여 세력을 강화 ➡ 궁예의 부하가 된 후 금성(나주), 진도 등을 차례로 점령
↳ 지방에서 성장한 반(半)독립적 세력

(2) 고려의 성립(918): 궁예를 몰아내고 철원에서 고려 건국(918) ➡ 송악(개성)으로 천도(919)
↳ 고구려의 후계자라는 의미

(3) 후삼국 통일 과정: 발해 멸망(926) ➡ 후백제의 신라 공격, 경애왕 살해(927) ➡ 공산(대구) 전투(후백제 vs 고려, 후백제 승리, 927) ➡ 고창(안동) 전투(후백제 vs 고려, 고려 승리, 930) ➡ 발해 왕자 대광현 귀순(934) ➡ 신라 경순왕, 고려에 항복(935) ➡ 견훤, 고려에 투항(936) ➡ 선산 일리천 전투(신검의 후백제 vs 고려, 고려 승리, 936) ➡ ∴ 고려의 후삼국 통일(936)

✧ 후삼국의 성립

2 고려의 기틀 마련(10~11C)

1. 태조(1대, 918~943): 개혁 정치

민생·안정책	조세 감면(1/10), 흑창 설치 ↳ 춘대추납의 빈민 구제 제도	
북진 정책	· 고구려 계승 이념을 토대로 북방 영토 확장 ➡ ∴ 태조 말년에 청천강까지 진출 · 서경(평양) 중시(➡ 북진 정책의 발판) · 거란에 대한 강경책(만부교 사건✳), 고구려계 발해 유민 포섭	
호족 정책	호족 회유책	중앙 관리로 수용, 정략결혼, 사성(賜姓) 정책, 지방 호족에게는 지방 자치 허용 ↳ 왕씨 성을 줌.
	호족 견제책	· 기인 제도: 지방 호족의 자제를 개경에 인질로 머무르게 함(**cf** 신라 상수리 제도). · 사심관 제도: 중앙 고관을 자기 출신지의 사심관으로 임명, 지방 호족과 연대책임지게 함.
왕권 안정책	훈요 10조, 『정계』·『계백료서』 ↗ 태조가 다음 왕들에게 내린 10개의 교훈 ↳ 태조가 새 왕조의 정치 도의와 신하들이 준수해야 할 절의에 대해 훈계한 책	
기타	연등회·팔관회 중시(숭불 정책), 역분전 지급(공신 지급, 경기 대상)	

2. 광종(4대, 949~975): 왕권 강화책

왕권 강화책	· 주현공부법(949): 주현 단위로 세금 징수 · 노비안검법(956): 불법으로 노비로 전락한 사람을 양인으로 환원시켜 준 제도 ➡ 귀족의 경제력 약화 · 과거 제도 실시(958): 후주의 귀화인 쌍기의 건의로 수용 ➡ 신·구 세력 교체 ➡ 귀족의 정치력 약화 · 공복 제정(960): 자(紫)·단(丹)·비(緋)·녹(綠)색으로 관리의 복색 구분 · 자주성 과시: 칭제건원(스스로 황제라 칭함), 독자적인 연호(광덕·준풍) 사용, 개경을 황도(皇都), 서경을 서도라 함.
민생 안정책	제위보 설치(963): 빈민 구제 기금
숭불 정책	승과 제도 실시, 균여를 통해 교종 통합 시도(귀법사 창건)
대외 정책	송과 국교 수립(962) ➡ 이후 독자적 연호 폐지, 송의 연호 사용

3. 성종(6대, 981~997): 유교적 중앙 집권 체제의 확립

유교 정치 체제의 지향	최승로의 시무 28조* 채택 ➡ 유교 정치에 입각한 중앙 집권 관료 체제 확립
중앙 정치 제도 정비	2성 6부의 중앙 관제 정비
지방 제도 정비	12목 설치 ➡ 지방관 파견(최초), 향리 제도 정비
교육 시설	국자감 설치(개경), 12목에 경학·의학박사 파견, 과거 제도 정비
민생 안정책	• 의창(춘대추납의 빈민 구제 제도, 전국 각 주에 설치) • 상평창(쌀 비축 ➡ 물가 조절, 개경·서경·12목에 설치)
기타	• 노비환천법: 양민이 된 구 노비 중 반정부적인 성향이 있거나 치안을 어지럽히는 자를 선별하여 다시 노비로 돌려놓는 제도 • 화폐: 최초의 독자적 화폐인 건원중보 주조, but 유통 실패

4. 현종(8대, 1009~1031): 지방 제도의 완성

지방 제도 개편	경기, 5도(일반적 행정 구역)와 양계(군사적 행정 구역) 설치
외교	• 거란의 침입: 2차-양규, 3차-강감찬의 귀주 대첩(1019) • 거란 침입 후 대책: 개경에 나성 축조 cf 천리장성 축조[덕종 2년(1033)~정종 10년(1044)]
기타	• 『7대 실록』 편찬(현존 ×) • 초조대장경 조판[현종 2년(1011)~선종 4년(1087?)]

5. 문종(11대, 1046~1083): 중앙 정치의 완성

경제 정책	• 경정 전시과 실시(1076): 현직 관료에게 수조권 지급 • 녹봉 제도 정비: 현직 관리에게 쌀, 보리, 베, 비단 등 현물 지급(1년에 2번) • 남경 설치: 한양에 남경 설치

한능검 꼭꼭 사료

고려 주요 사료

1. 태조의 기인 제도와 사심관 제도
• 건국 초에 향리의 자제를 뽑아 서울에 볼모로 삼고, 또한 출신지의 일에 대하여 자문에 대비하게 하였는데, 이를 기인이라 한다. 『고려사』
• 태조 18년 신라왕 김부(경순왕)가 항복해 오니 신라국을 없애고 경주라 하였다. (김)부로 하여금 경주의 사심이 되어 부호장 이하의 (임명을) 맡게 하였다. 『고려사』

2. 광종의 과거 제도
왕이 쌍기를 등용한 것을 옛 글대로 현인을 발탁함에 제한을 두지 않은 것이라 평가할 수 있을까. 쌍기가 인품이 있었다면 왕이 참소를 믿어 형벌을 남발하는 것을 왜 막지 못했는가. 과거를 설치하여 선비를 뽑은 일은 왕이 본래 문(文)을 써서 풍속을 변화시킬 뜻이 있는 것을 쌍기가 받들어 이루었으니 도움이 없다고는 할 수 없다. 『고려사』

3. 최승로의 시무 28조
7조 국왕이 백성을 다스림은 집집마다 가서 날마다 일을 보는 것이 아닙니다. …… 청컨대 외관을 두소서.
20조 불교를 행하는 것은 수신(修身)의 본(本)이요, 유교를 행하는 것은 치국(治國)의 근원(根源)입니다. 치국은 금일(今日)의 요무(要務)로서 금일은 지극히 가깝고 내생은 지극히 먼 것인데도, 가까움을 버리고 지극히 먼 것을 구함은 또한 잘못이 아니겠습니까?

✳ 최승로의 시무 28조 구조
1. 역대 왕들의 업적 평가(= 5조 치적평)
2. 앞으로의 정책 제시(= 시무 28조)
   • 유교를 정치 이념으로 채택['유교는 치국의 본, 불교는 수신의 본' ➡ 불교 행사 축소(연등회, 팔관회 일시 폐지)]
   • 지방관 파견 ➡ 호족 견제(호족의 향리화, 중앙 집권 도모)
   • 전제 왕권 규제 ➡ 문벌 귀족 정치 종기 도병마사, 식목도감, 대간 제도
3. 시무 28조 내용(22개 현존)
   • 왕의 과다한 보시(법이나 재물을 베풂) 제한
   • 중국과의 사사로운 무역 금지
   • 사찰의 고리대업 금지
   • 외관(지방관) 파견
   • 조회 시 백관의 공복 제도 확립(➡ 중국 및 신라의 제도에 의하여 공복 착용)
   • 예악(禮樂)을 비롯한 유교 도리는 중국 문물을 본받더라도 일상적인 의복 등은 고려의 풍속에 맞게 할 것
   • 연등회와 팔관회의 축소
   • 사찰 건립 제한
   • 토호의 가옥 규모 제한
   • 불경·불상의 금·은 제한
   • 공신의 등급에 따라 자손 등용
   • 불교의 종교적 기능과 유교의 치국적 기능 강조
   • 노비의 신분을 엄격히 규제 ➡ 노비환천법

✦ 건원중보

사료 돋보기

훈요 10조
태조 26년(943)에 대광 박술희에게 찬수한 것으로, 대통을 이을 후대 임금의 명심 사항을 제시한 것이다.
• 왕위 계승은 맏아들 세습을 원칙으로 하되 마땅하지 아니할 때는 형제 상속도 가능함.
• 우리나라는 풍습과 인성이 중국과 다르므로 중국 문화를 반드시 따를 필요가 없으며, 거란은 언어와 풍속이 다른 짐승과 같은 나라이므로 거란의 제도를 따르지 말 것
• 서경은 길지이니 순유(巡留)하여 안녕을 이루게 할 것
• 연등회와 하늘, 오악(五嶽), 대천(大川), 용신(龍神)을 섬기는 팔관회를 성실히 지킬 것
• 차현(車峴, 차령) 이남과 공주강(금강) 밖은 산지의 형세가 모두 거슬리는 방향으로 달리고 있으니 그곳 인심도 마땅히 그러할 것이다. 따라서 그 지역 인물은 조정에 등용하지 말 것
『고려사』, 『고려사절요』

🐾 출제 POINT
후백제 견훤과 후고구려 궁예의 활동 및 고려 초기 주요 왕의 업적을 묻는 자료 제시형 문제가 주로 출제된다.

👍 견훤의 업적

주요 정답 키워드 # 후당 # 오월에 사신 파견 # 금강 # 신검

1. (가) 인물에 대한 설명으로 옳은 것은? ▶38회

> ○ 넷째 아들 금강은 몸이 크고 지략이 많았다. (가) 이/가 특별히 그를 총애하여 왕위를 물려주려고 하였다. 그의 형 신검, 양검, 용검 등이 이를 알고서 걱정하고 번민하였다.
>
> ○ (가) 이/가 요청하여 말하기를, "늙은 신하가 멀리 바다를 건너 성군(聖君)의 교화에 투항하였으니, 바라건대 그 위엄에 기대어 역적인 아들을 베고자 할 뿐입니다."라고 하였다.

① 김흠돌의 반란을 진압하였다.
② 경주의 사심관으로 임명되었다.
③ 후당, 오월에 사신을 파견하였다.
④ 국호를 마진으로 바꾸고 철원으로 천도하였다.
⑤ 정계와 계백료서를 지어 관리의 규범을 제시하였다.

👍 궁예의 업적

주요 정답 키워드 # 광평성 # 마진 # 철원 천도

2. (가) 인물에 대한 설명으로 옳은 것은? ▶40회

> 남북이 공동 발굴을 추진하고 있는 비무장 지대 내 역사 유적으로, 강원도 철원의 태봉 옛 도성이 유력하다는 소식입니다. 이 도성은 태봉 왕의 이름을 따 흔히 (가) 도성으로 불리기도 합니다.

남북 공동 발굴 비무장 지대 내 유적, (가) 도성 유력

① 후당, 오월에 사신을 파견하였다.
② 광평성 등 각종 정치 기구를 마련하였다.
③ 일리천 전투에서 왕건의 고려군에게 패배하였다.
④ 정계와 계백료서를 지어 관리의 규범을 제시하였다.
⑤ 완도에 청해진을 설치하여 해상 무역을 전개하였다.

🔍 한눈에 보는 해설

정답 알아보기

(가) 인물에 대한 설명으로 옳은 것은?

견훤

> ○ 넷째 아들 금강은 몸이 크고 지략이 많았다. (가) 이/가 특별히 그를 총애하여 왕위를 물려주려고 하였다. 그의 형 신검, 양검, 용검 등이 이를 알고서 걱정하고 번민하였다. →견훤
>
> ○ (가) 이/가 요청하여 말하기를, "늙은 신하가 멀리 바다를 건너 성군(聖君)의 교화에 투항하였으니, 바라건대 그 위엄에 기대어 역적인 아들을 베고자 할 뿐입니다."라고 하였다. →태조 왕건 / →견훤의 첫째 아들 신검

③ 후백제를 세운 견훤은 남중국의 오월, 후당, 거란, 일본과의 외교 관계를 통해 국제적 지위를 높이고자 하였다.

선지 분석하기

① 김흠돌의 반란을 진압하였다. ➡ 신라 신문왕
② 경주의 사심관으로 임명되었다. ➡ 고려 태조 왕건 때 신라 마지막 왕 경순왕
④ 국호를 마진으로 바꾸고 철원으로 천도하였다. ➡ 후고구려 궁예
⑤ 정계와 계백료서를 지어 관리의 규범을 제시하였다. ➡ 고려 태조(왕건)

정답 ③

🔍 한눈에 보는 해설

정답 알아보기

(가) 인물에 대한 설명으로 옳은 것은?

궁예

> 남북이 공동 발굴을 추진하고 있는 비무장 지대 내 역사 유적으로, **강원도 철원의 태봉 옛 도성**이 유력하다는 소식입니다. 이 도성은 **태봉 왕**의 이름을 따 흔히 (가) 도성으로 불리기도 합니다.
> 궁예의 국호 변경: 후고구려 → 마진 → 태봉

② 후고구려를 건국한 궁예는 새로운 왕조의 면모를 갖추기 위하여 국정 최고 기구인 광평성을 중심으로 병부(군사 담당)·대룡부(국가 재정 담당) 등 중앙 관제를 마련하고 9관등제를 실시하였다.

선지 분석하기

① 후당, 오월에 사신을 파견하였다. ➡ 후백제 견훤
③ 일리천 전투에서 왕건의 고려군에게 패배하였다. ➡ 견훤의 장남 신검이 이끈 후백제군(936)
④ 정계와 계백료서를 지어 관리의 규범을 제시하였다. ➡ 고려 태조(왕건)
⑤ 완도에 청해진을 설치하여 해상 무역을 전개하였다. ➡ 신라 하대 장보고

정답 ②

👍 태조와 광종의 업적

주요 정답 키워드 # 흑창 / # 광종의 연호(광덕·준풍) # 쌍기

3. (가), (나) 왕이 실시한 정책으로 옳은 것은? ▶ 39회

> 백제의 견훤은 흉포하고 무도하며, 난을 일으키기를 좋아하여 임금을 죽이고 백성들에게 가혹하게 하였습니다. [(가)]께서 이를 듣고 잠을 자고 식사를 할 겨를도 없이 군사들을 이끌고 가서 토벌하여 마침내 위태로운 나라를 구하였으니, 그 옛 임금을 잊지 않고 기울어지고 위태로웠던 신라를 바로잡고 도우심이 또한 이러하였습니다. …… [(나)]께서는 정종의 고명(顧命)을 받으셨는데 …… 쌍기가 투탁하여 온 이후로는 문사(文士)를 존숭하고 중히 여겨 은혜를 베풀고 예우함이 과도하게 후하였습니다.

① (가) – 흑창을 설치하여 민생을 안정시켰다.
② (가) – 광덕, 준풍 등의 독자적인 연호를 사용하였다.
③ (나) – 12목을 설치하고 지방관을 파견하였다.
④ (나) – 상수리 제도를 실시하여 지방 세력을 통제하였다.
⑤ (가), (나) – 현직 관리에게 전지와 시지를 지급하였다.

👍 고려 성종의 업적

주요 정답 키워드 # 향리제 # 최승로의 시무 28조 # 경학박사·의학박사 파견

4. 다음 장면에 등장하는 왕이 추진한 정책으로 옳은 것은? ▶ 46회

> 몇 해 전에 설치한 12목에 경학박사와 의학박사를 각 1명씩 파견하여 지방의 인재를 가르치고 깨우칠 수 있도록 하라. 아울러 지방관들은 지역의 인재를 중앙으로 천거하도록 하여 이것을 항구적인 법식으로 삼도록 하라.

① 지방 세력 통제를 위해 향리제를 정비하였다.
② 주전도감을 설치하여 해동통보를 발행하였다.
③ 쌍기의 건의를 받아들여 과거제를 실시하였다.
④ 정계와 계백료서를 지어 관리의 규범을 제시하였다.
⑤ 국자감을 성균관으로 개칭하고 유학 교육을 강화하였다.

한눈에 보는 해설 ⊕

정답 알아보기
(가) 태조 왕건
(나) 광종
(가), (나) 왕이 실시한 정책으로 옳은 것은?

> 백제의 견훤은 흉포하고 무도하며, 난을 일으키기를 좋아하여 임금을 죽이고 백성들에게 가혹하게 하였습니다. [(가)]께서 이를 듣고 잠을 자고 식사를 할 겨를도 없이 군사들을 이끌고 가서 토벌하여 **마침내 위태로운 나라를 구하였으니**, 그 옛 임금을 잊지 않고 기울어지고 위태로웠던 신라를 바로잡고 도우심이 또한 이러하였습니다. …… [(나)]께서는 정종의 고명(顧命)을 받으셨는데 …… **쌍기가 투탁하여 온 이후로는 문사(文士)를 존숭하고 중히 여겨** 은혜를 베풀고 예우함이 과도하게 후하였습니다. ↳ 과거 제도 실시

① 태조 왕건은 민생을 안정시키기 위하여 춘대추납의 빈민 구제 제도인 흑창을 설치하였다.

선지 분석하기
② (가) – 광덕, 준풍 등의 독자적인 연호를 사용하였다. ➡ 고려 광종
③ (나) – 12목을 설치하고 지방관을 파견하였다. ➡ 고려 성종
④ (나) – 상수리 제도를 실시하여 지방 세력을 통제하였다. ➡ 지방 세력을 견제하기 위해 실시한 통일 신라의 인질 제도
⑤ (가), (나) – 현직 관리에게 전지와 시지를 지급하였다. ➡ 고려의 전시과 제도 중 문종의 경정 전시과

정답 ①

한눈에 보는 해설 ⊕

정답 알아보기
↳ 고려 성종
다음 장면에 등장하는 왕이 추진한 정책으로 옳은 것은?

> 몇 해 전에 설치한 **12목에 경학박사와 의학박사를 각 1명씩 파견**하여 지방의 인재를 가르치고 깨우칠 수 있도록 하라. 아울러 지방관들은 지역의 인재를 중앙으로 천거하도록 하여 이것을 항구적인 법식으로 삼도록 하라.

① 성종은 전국 12목에 지방관을 파견하였고, 향리 제도를 정비하여 지방 세력을 견제하였다.

선지 분석하기
② 주전도감을 설치하여 해동통보를 발행하였다. ➡ 고려 숙종
③ 쌍기의 건의를 받아들여 과거제를 실시하였다. ➡ 고려 광종
④ 정계와 계백료서를 지어 관리의 규범을 제시하였다. ➡ 고려 태조(왕건)
⑤ 국자감을 성균관으로 개칭하고 유학 교육을 강화하였다. ➡ 고려 공민왕

정답 ①

테마 15

통치 제도의 마련(중앙·지방·군사·과거 제도)

1 중앙 정치 제도

2성 6부	• 당의 3성 6부 영향 ➡ 2성 6부 운영 • 중서문하성: 최고 관청, 재신(2품 이상) + 낭사(3품 이하)로 구성 • 상서성(정책 집행)−6부(실제 정무 분담) 설치 • 6부 ┬ 이부(吏部): 문관 인사, 공훈 등에 관한 일 　　├ 병부(兵部): 무관 인사, 국방, 우역 등에 관한 일 　　├ 호부(戶部): 공부와 호구 조사, 전곡 등에 관한 일 　　├ 형부(刑部): 법률, 소송, 노비 등에 관한 일 　　├ 예부(禮部): 의례, 외교, 교육, 과거 등에 관한 일 　　└ 공부(工部): 토목, 건축, 도량형 등에 관한 일

중추원	• 왕명 출납, 군사 기밀, 왕실 호위 담당 • 추밀(군국기무, 2품 이상) + 승선(왕명 출납, 3품)으로 구성	송의 영향
삼사	화폐·곡식의 출납과 회계 담당 cf 조선의 삼사와 다름.	
어사대	시정 논의, 풍기 단속, 관리 감찰	
도병마사	• 국방 문제 등 국가 중대사를 결정한 합의 기구 • 중서문하성의 재신(2품 이상)과 중추원의 추밀(2품 이상)로 구성	
식목도감	법 제정이나 각종 시행 규정을 다루던 합의 기구(도병마사와 구성원 동일)	
대간	• 구성: 중서문하성의 낭사 + 어사대 • 권한: 간쟁(왕의 잘못 직언), 봉박(잘못된 왕명 돌려보냄), 서경(관리 임면 동의권)	

2 지방 정치 제도

1. 정비 과정

(1) 태조~경종: 지방 자치 허용

(2) 성종: 전국에 12목 설치, 지방관 파견 ➡ 현종: 경기*, 5도 양계 설치

5도	• 일반적 행정 구역: 경기 제외, 양광·경상·전라·서해·교주도 • 지방관: 안찰사* 파견 • 속군·속현 존재: 지방관이 파견된 주현보다 지방관이 파견 안 된 속군·속현이 더 많음. ➡ 실제 행정은 향리가 담당

양계	• 군사적 행정 구역(동계, 북계) • 지방관: 병마사 파견
3경	• 전기: 개경(개성), 서경(평양), 동경(경주) ➡ 후기: 개경, 서경, 남경(서울, 문종 때 설치) • 서경: 분사 제도(중앙 제도와 동일한 독립 기구) 설치
향·부곡·소	• 특수 행정 구역 • 일반 군현민보다 차별을 받으면서도 세금 부담은 더 많음. • 향·부곡: 농업 종사 • 소: 수공업 종사
향리	향촌 사회의 지배층인 토착 세력으로 실제 행정 업무 담당, 외역전 지급

📎 **분사 제도**

중앙 정부의 행정 기구에 비견되는 독립적 행정 기구로 서경에 설치 ➡ 묘청의 난을 계기로 독립성 폐지 ➡ 조위총의 난을 계기로 완전 붕괴, 토관직으로 격하

③ 군사 제도

중앙군	2군	국왕의 친위 부대(응양군·용호군)
	6위	• 수도와 국경 방비 • 좌우위·신호위·흥위위(개경과 국경 방비), 금오위(경찰 임무), 천우위(의장대), 감문위(궁궐 수비)
	중방	2군 6위의 상장군·대장군 구성, 무신 최고 합의 기구 ➡ 무신 정변 이후 권력의 중추 기구
지방군	5도	주현군[보승군, 정용군, 일품군(노역 부대)]
	양계	주진군(초군, 좌군, 우군) – 상비군

④ 과거 제도

종류	문과	• 제술과: 한문학으로 시험 ➡ 가장 중시 • 명경과: 유교 경전으로 시험
	잡과	기술관 등용, 의학·천문·음양지리 등
	승과	승려들에게 승계 지급, 선종시 + 교종시
	무과	없음. **cf** 무과는 공양왕 때(1392)에 처음 설치
응시 자격		• 법제적으로 양인 이상 가능, but 백정 농민은 대부분 잡과에 응시 • 천민, 승려의 자손 등은 과거 응시 제한
시행 시기		• 식년시: 3년마다 • 격년시: 부정기 시험
음서제		공신과 종실 자손, 5품 이상 고위 관료의 친속(아들, 손자, 외손자, 사위 등)에게 1인에 한하여 무시험 등용 제도 ➡ 요직 진출 가능

📎 **고려 군사 제도의 특징**

중앙군(정치적 성격, 군인전 지급)과 지방군(국방적 성격, 토지 지급 ×)의 2원적 구성

📎 **특수군**

광군	정종 때 거란 방어
별무반	• 숙종 때 윤관의 건의로 설치 • 신기군(기병), 신보군(보병), 항마군(승병)
삼별초	• 최우 집권 시 사병 집단으로 경찰·전투 등 공적 임무 수행 • 야별초 ➡ 좌별초·우별초 + 신의군(몽골에 포로로 잡혀갔다가 도망해 온 사람으로 구성)
연호군	• 우왕 때 왜구 대비 • 양·천 혼성 부대(조선 후기 속오군과 유사)

한능검 꼭꼭 사료 👆

고려의 향리

신라 말에 여러 읍의 '토인(土人)'이 그 읍을 다스리고 호령하였는데 고려가 통합한 뒤에 직호를 내리고 그 고을의 일을 맡아보게 하니 치민자(治民者)를 호장(戶長)이라 하였다. 그 자제는 수도에 머물게 하여 인질로 삼고 왕의 관리를 보내 감독케 하였는데, 성종 때 왕의 관리인 감읍자(監邑者)에게 호장을 통제케 하고, 드디어 강등하여 향리로 만들었다.

『연조귀감』

📎 **사료 돋보기** ✏️

고려의 향리

1. 중인 계층이며 신분상 세습이 가능
2. 호족들이 호장, 부호장의 칭호를 받으면서 향리층 형성
3. 외역전 지급, 과거 응시 가능
4. 속군·속현의 조세와 공물 징수, 노동력 징발 사무 담당(일품군 지휘)
5. 기인 제도, 사심관 제도로 통제

테마 15 실전문제

🐻 출제 POINT
지도와 사료 등의 관련 자료를 제시한 후 특정 제도의 성격을 묻는 문제가 주로 출제된다.

👍 중앙 정치 제도

주요 정답 키워드 # 서경권 행사 # 중서문하성 # 어사대 # 문하시중의 장

1. (가), (나) 기구에 대한 설명으로 옳은 것을 〈보기〉에서 고른 것은?

▶ 44회

이번에 (가) 의 수장인 문하시중의 자리에 오르셨다고 들었습니다. 영전을 축하드립니다.

고맙네. 자네가 (나) 에서 맡고 있는 어사대부 직책도 중요하니 열심히 하시게.

보기
- ㉠ (가) – 화폐, 곡식의 출납과 회계를 맡았다.
- ㉡ (가) – 국정을 총괄하는 최고 중앙 관서였다.
- ㉢ (나) – 원 간섭기에 도평의사사로 개편되었다.
- ㉣ (나) – 관리 임명에 대한 서경권을 행사하였다.

① ㉠, ㉡ ② ㉠, ㉢
③ ㉡, ㉢ ④ ㉡, ㉣
⑤ ㉢, ㉣

한눈에 보는 해설 🔍

정답 알아보기
→ (가) 중서문하성
→ (나) 어사대

(가), (나) 기구에 대한 설명으로 옳은 것을 〈보기〉에서 고른 것은?

- ○ 이번에 (가) 의 수장인 **문하시중**의 자리에 오르셨다고 들었습니다. 영전을 축하드립니다.
   ↳ 중서문하성의 장(長)
- ○ 고맙네. 자네가 (나) 에서 맡고 있는 **어사대부** 직책도 중요하니 열심히 하시게.
   ↳ 어사대의 정3품 관직

㉡ 중서문하성은 고려 최고의 정치 기구로 국정을 총괄하였다.
㉣ 어사대와 중서문하성의 낭사(5품 이하 관리)로 구성된 대간은 서경권(관리 임면권)을 가지고 있었다.

선지 분석하기
㉠ (가) – 화폐, 곡식의 출납과 회계를 맡았다. ➡ 삼사
㉢ (나) – 원 간섭기에 도평의사사로 개편되었다. ➡ 도병마사

정답 ④

👍 과거 제도

주요 정답 키워드 # 쌍기 # 음서 # 제술업 # 명경업

2. (가), (나) 제도에 대한 설명으로 옳은 것을 〈보기〉에서 고른 것은?

▶ 41회

(가) 제술업·명경업의 두 업(業)과 의업·복업(卜業)·지리업·율업·서업·산업(算業) …… 등의 잡업이 있었는데, 각각 그 업으로 시험을 쳐서 벼슬길에 나아가게 하였다. 『고려사』

(나) 무릇 조상의 공로[蔭]로 벼슬길에 나아가는 자는 모두 나이 18세 이상으로 제한하였다. 『고려사』

보기
- ㉠ (가) – 재가한 여자의 자손은 응시에 제한을 받았다.
- ㉡ (가) – 향리의 자제가 중앙 관직으로 진출하는 통로가 되었다.
- ㉢ (나) – 후주 출신 쌍기의 건의로 시작되었다.
- ㉣ (나) – 사위, 조카, 외손자에게 적용되기도 하였다.

① ㉠, ㉡ ② ㉠, ㉢
③ ㉡, ㉢ ④ ㉡, ㉣
⑤ ㉢, ㉣

한눈에 보는 해설 🔍

정답 알아보기
→ (가) 과거제
→ (나) 음서

(가), (나) 제도에 대한 설명으로 옳은 것을 〈보기〉에서 고른 것은?

→ 고려 과거 제도 중 문과 시험의 종류
(가) **제술업·명경업**의 두 업(業)과 의업·복업(卜業)·지리업·율업·서업·산업(算業) …… 등의 **잡업**이 있었는데, 각각 그 업으로 시험을 쳐서 벼슬길에 나아가게 하였다. → 과거 제도 중 잡과 시행 『고려사』

(나) 무릇 **조상의 공로[蔭]로 벼슬길에 나아가는 자**는 모두 나이 18세 이상으로 제한하였다. 『고려사』

㉡ 고려 시대의 향리는 과거에 응시하여 중앙 관리로 진출할 수 있었다.
㉣ 음서는 왕족이나 공신의 후손 및 5품 이상 관리의 친속(아들, 손자, 외손자, 사위, 동생, 조카)에게 1인에 한하여 과거를 거치지 않고서도 관리가 될 수 있게 해 준 제도이다.

선지 분석하기
㉠ (가) – 재가한 여자의 자손은 응시에 제한을 받았다. ➡ 조선 시대 과거 제도
㉢ (나) – 후주 출신 쌍기의 건의로 시작되었다. ➡ 과거 제도

정답 ④

👍 지방 정치 제도

3. (가)에 들어갈 내용으로 옳은 것은? ▶ 32회

① 경재소를 설치하여 유향소를 통제하였어요.
② 전국의 모든 군현에 지방관을 파견하였어요.
③ 상수리 제도를 실시하여 지방 세력을 견제하였어요.
④ 5소경을 설치하여 수도의 편재성을 보완하고자 하였어요.
⑤ 국경 지대에 병마사를 파견하여 적의 침입에 대비하였어요.

4. 다음 제도를 운영한 국가의 지방 통치에 대한 설명으로 옳은 것은? ▶ 35회

> 6위를 설치하였다. …… 6위에 직원(職員)과 장수를 배치하였다. 그 후에 응양군과 용호군 2군을 설치하였는데, 2군은 6위보다 지위가 높았다.

① 전국을 5경 15부 62주로 나누었다.
② 특수 행정 구역으로 향, 부곡, 소가 있었다.
③ 지방 장관으로 욕살, 처려근지 등을 두었다.
④ 상수리 제도를 실시하여 지방 세력을 견제하였다.
⑤ 수도의 위치가 치우친 것을 보완하기 위해 5소경을 설치하였다.

한눈에 보는 해설 ⊕

정답 알아보기 →고려의 지방 제도

(가)에 들어갈 내용으로 옳은 것은?

→ 고려의 지방 행정 조직
• 5도: 양광도, 경상도, 전라도, 서해도, 교주도
• 양계: 북계와 동계

⑤ 고려는 군사적 행정 구역인 양계(북계와 동계)에 병마사를 파견하였다.

선지 분석하기

① 경재소를 설치하여 유향소를 통제하였어요. ➡ 조선 전기
② 전국의 모든 군현에 지방관을 파견하였어요. ➡ 조선, 고려 시대에는 지방관이 파견되지 않은 속군·속현이 더 많이 존재
③ 상수리 제도를 실시하여 지방 세력을 견제하였어요. ➡ 통일 신라 인질 제도
④ 5소경을 설치하여 수도의 편재성을 보완하고자 하였어요. ➡ 통일 신라

한눈에 보는 해설 ⊕

정답 알아보기 → 고려

다음 제도를 운영한 국가의 지방 통치에 대한 설명으로 옳은 것은?

> → 고려의 중앙군(수도 경비와 국경 방어 담당)
> 6위를 설치하였다. …… 6위에 직원(職員)과 장수를 배치하였다. 그 후에 응양군과 용호군 2군을 설치하였는데, 2군은 6위보다 지위가 높았다.
> → 고려의 중앙군(왕의 친위대)

② 고려 시대에는 향(鄕)·소(所)·부곡(部曲)과 같은 특수 행정 구역이 존재하였는데, 이곳의 거주민들은 법제적으로 양인 신분이면서도 일반 군현의 양인보다 더 많은 세금을 부담하면서 천대받았다.

선지 분석하기

① 전국을 5경 15부 62주로 나누었다. ➡ 발해
③ 지방 장관으로 욕살, 처려근지 등을 두었다. ➡ 고구려
④ 상수리 제도를 실시하여 지방 세력을 견제하였다. ➡ 통일 신라
⑤ 수도의 위치가 치우친 것을 보완하기 위해 5소경을 설치하였다. ➡ 통일 신라

정답 ⑤

정답 ②

테마 16 문벌 귀족 사회의 성립과 무신 정권

1 고려 중기의 주요 왕

숙종	• 관학 진흥책: 국자감 안에 서적포 설치 → _{서적 간행 장려} → _{화폐 발행} • 화폐 정책: 의천의 주전론 채택, 주전도감 설치, 삼한통(중)보 · 해동통보 · 활구(은병) 주조 • 여진 정벌을 위해 특수군 별무반 설치(윤관 건의)
예종	• 관학 진흥책: 국학 안에 7재(전문 강좌) 설치, 양현고(장학 재단) 설치 • 복원궁(도교 사원) 설치 • 윤관의 여진 2차 정벌 ➡ 동북 9성 설치, but 1년 7개월 만에 여진에게 반환
인종	• 관학 진흥책: 경사 6학 설치 • 금의 사대 요구 응낙(1126) • 이자겸의 난(1126) · 묘청의 난(1135) 발생 • 김부식의 『삼국사기』 편찬(1145)

2 문벌 귀족의 형성과 성격

1. 형성 과정: 지방 호족이 과거나 특정 가문과 혼인 관계를 맺으면서 문벌 귀족을 형성

2. 특권: 음서 · 공음전 제도 같은 특권을 차지, 금에 대한 사대를 응락하면서 보수적인 모습을 띰.

3. 문벌 귀족 사회의 동요

(1) 이자겸의 난(인종, 1126)

배경	• 문벌 귀족의 모순 • 외척에 의한 왕권 약화: 왕실과의 혼인으로 경원 이씨의 권력 강화, 예종과 인종 때에 거듭 외척 형성
경과	이자겸이 척준경과 함께 '십팔자위왕(十八子爲王)'이라는 도참설 유포, 왕위 찬탈 시도 ➡ 인종이 척준경을 이용하여 이자겸 세력 진압

🐚 서경파와 개경파

구분	서경파	개경파
중심 인물	묘청, 정지상	김부식, 김인존(문벌 귀족)
지역	서경	개경
사상	풍수지리설, 불교	유교
대외 정책	북진 정책	사대 정책
주장	칭제건원론, 금국 정벌론	송에 이용당할 것을 우려, 사대 주장
역사 의식	고구려 계승 의식	신라 계승 의식

(2) 묘청의 난(인종, 1135)

배경	• 족벌과 지역 간의 갈등 심화 • 금과의 사대 외교에 불만 고조 • 서경 천도론 대두(서경에 대화궁 건립 주장)
경과	묘청 · 정지상 등이 국호를 대위국, 연호를 천개(天開), 군대를 천견충의군(天遣忠義軍)이라 하고 서경을 중심으로 난을 일으킴. ➡ 김부식에 의해 1년 만에 진압
결과	• 문신 위주의 문벌 귀족 체제 강화 • 서경: 분사 제도의 (독립성) 폐지 cf 신채호: "조선 일천년래 제일대 사건"(『조선사연구초』)이라고 평가

3 무신 정변과 무신 정권의 변천

1. 배경: 문신 우대, 무신 차별(군인전 몰수, 무학재 폐지 등)

2. 경과: 의종의 실정 ➡ 무신 정변 발발(정중부의 난, 1170) ➡ 의종 폐위, 명종 즉위

3. 무신 정권의 변천

1170	1174	1179	1183	1196	1219	1249	1257	1258	1268	1270	1271
이의방	정중부	경대승	이의민	최충헌	최우	최항	최의	김준	임연		임유무

중방		중방, 도방	중방	교정도감, 도방	교정도감, 정방, 서방,	교정도감, 정방					

• 연합 정권 • 사회 동요기	• 1인 독재 • 사회 안정기	무인 정권 몰락기

✦ 하층민의 동요

무신	특징	사회적 동요
이의방 · 정중부	도병마사 폐지 ➡ 중방 강화	• 反무신난: 김보당의 난(1173), 조위총의 난(1174), 귀법사 · 중광사의 봉기(1174) → 의종 복위 주장 / → 현으로 승격 • 민란: 공주 명학소의 망이 · 망소이의 난(1176)
경대승	도방 처음 설치	전주 관노의 난(1182)
이의민	천민 출신 무신	김사미 · 효심의 난(1193): 신라 부흥 운동
최충헌	• 교정도감 설치: 무신 최고 권력 기구화, 교정별감(장)을 최씨 일가가 세습, 중방 약화, 도방 강화(6번 도방) • 조계종 후원, 문인 이규보 발탁	→ 최충헌의 사노비 • 만적의 난(1198): 신분 해방 및 정권 탈취 주장 • 최광수의 난(1217): 고구려 부흥 운동
최우	• 정방 설치: 인사권 장악 • 서방 설치: 문신 등용 • 삼별초 조직, 도방 강화(내 · 외 도방) • 강화도 천도(1232): 몽골과 항쟁 • 문화적 사업: 『상정고금예문』을 금속 활자로 조판, 팔만대장경 조판	이연년의 난(1237): 백제 부흥 운동

한능검 꼭꼭 사료

1. 묘청의 서경 천도 운동
신(臣) 등이 서경의 임원역 땅을 보니 이는 음양가가 말하는 대화세(大華勢)입니다. 만약 궁궐을 세워 옮기시면 천하를 병합할 수 있을 것이요, 금나라가 폐백을 가지고 스스로 항복할 것이며, 36국이 다 신하가 될 것입니다.
『고려사』, 열전, 묘청

2. 만적의 난
신종 1년 최충헌의 사노인 만적은 개경 북산에 공·사노비를 소집하여 말하기를 "경계난(정중부의 난 + 김보당의 난) 이후 국가의 공경대부는 모두 천예(천민과 노비)에서 나왔다. 왕후장상이라고 어찌 처음부터 씨가 다를까 보냐. 때가 오면 누구든지 할 수 있는 것이다. 그러므로 우리는 각기 상전을 죽이고 노예 문적을 불살라 삼한에 천인이 없게 하자."라고 하여 반란을 꾸몄으나 실패하였다.
『고려사』, 최충헌전

최씨 정권의 세력 기반

정치	교정도감, 정방
군사	도방, 삼별초
경제	농장, 노비
문화	서방

최우와 인쇄 기술

1. 고려 인종 때 지은 『상정고금예문』을 고종 21년(1234, 최우 정권기)에 금속 활자로 찍었다는 기록이 『동국이상국집』에 남아 있음.
2. 『남명천화상송증도가(南明泉和尙頌證道歌)』 맨 뒤에 최우가 발문을 남김.

사료 돋보

신채호의 묘청의 서경 천도 운동에 대한 평가

묘청의 천도 운동에 대하여 역사가들은 단지 왕사(王師)가 반란한 적을 친 것으로 알았을 뿐인데 이는 근시안적인 관찰이다. 그 실상은 낭가와 불교 양가 대(對) 유교의 싸움이며, 국풍파 대 한학파의 싸움이며, 독립당 대 사대당의 싸움이며, 진취 사상 대 보수 사상의 싸움이니, 묘청은 전자의 대표요, 김부식은 후자의 대표였던 것이다. …… 만약 김부식이 패하고 묘청이 이겼더라면 조선사가 독립적·진취적으로 진전하였을 것이니, 이것이 어찌 일천년래 제일대 사건이라 하지 아니하랴. 『조선사연구초』

🐷 **출제 POINT**
고려 중기와 무신 정권 시기의 발전 과정을 묻는 문제가 주로 출제된다.

👍 고려 중기의 발전 과정

주요 정답 키워드 　# 묘청 　# 이자겸 　# 정중부 　# 망이·망소이

1. 밑줄 그은 '왕'의 재위 기간에 있었던 사실로 옳은 것은?　▶ 45회

> 백관을 소집하여 금을 섬기는 문제에 대한 가부를 의논
> 하게 하니 모두 불가하다고 하였다. 유독 이자겸, 척준경
> 만이 "금이 …… 정치를 잘하고 병력도 강성하여 날로 강
> 대해지고 있습니다. 또 우리와 서로 국경이 맞닿아 있어
> 섬기지 않을 수 없는 상황입니다. 게다가 작은 나라로서
> 큰 나라를 섬기는 것은 선왕의 도리이니, 사신을 보내 먼
> 저 예를 갖추어 찾아가는 것이 옳습니다."라고 하니 왕이
> 이 말을 따랐다.　　　　　　　　　　　　　　「고려사」

① 최충헌이 봉사 10조를 올렸다.
② 명학소의 망이·망소이가 봉기하였다.
③ 최무선의 건의로 화통도감이 설치되었다.
④ 강조가 정변을 일으켜 김치양을 제거하였다.
⑤ 묘청이 수도를 서경으로 옮길 것을 주장하였다.

2. (가)~(라)를 일어난 순서대로 옳게 나열한 것은?　▶ 44회

(가)
금국을 정벌하자고 주장하던 묘청이 서경 천도가 어려워지자 국호를 대위, 연호를 천개라 하며 서경에서 난을 일으켰다.

(나)
이자겸이 척준경과 더불어 반란을 일으켜 궁궐을 불태우고, 왕의 측근 세력들을 제거한 후 왕을 감금하였다.

(다)
왕이 보현원에 행차하였을 때, 정중부와 이의방을 비롯한 무신들이 다수의 문신을 제거하고 권력을 장악하였다.

(라)
공주의 명학소에서 망이, 망소이가 가혹한 수탈에 저항하여 무리를 모아 봉기하였다.

① (가) – (나) – (다) – (라)　　② (가) – (나) – (라) – (다)
③ (나) – (가) – (다) – (라)　　④ (나) – (가) – (라) – (다)
⑤ (다) – (가) – (나) – (라)

🔍 **한눈에 보는 해설** ⊕

정답 알아보기

　　　　　▶ 인종
밑줄 그은 '왕'의 재위 기간에 있었던 사실로 옳은 것은?

> 백관을 소집하여 **금을 섬기는** 문제에 대한 가부를 의논하게 하니 모두
> 불가하다고 하였다. 유독 **이자겸, 척준경**만이 "금이 …… 정치를 잘하고
> 병력도 강성하여 날로 강대해지고 있습니다. 또 우리와 서로 국경이 맞
> 닿아 있어 섬기지 않을 수 없는 상황입니다. 게다가 작은 나라로서 큰 나
> 라를 섬기는 것은 선왕의 도리이니, 사신을 보내 먼저 예를 갖추어 찾아
> 가는 것이 옳습니다."라고 하니 왕이 이 말을 따랐다.　　　「고려사」
> 　　　　　　　　　　　　　 ↳ 금에 대한 사대 응락

⑤ 인종 때 금에 대한 사대 응락을 하게되자, 묘청 등 서경파는 칭제건원을
주장하고 금국 정벌론을 내세우면서 서경 천도 운동을 주장하였다.

선지 분석하기

① 최충헌이 봉사 10조를 올렸다. ➡ 고려 명종(무신 집권기)
② 명학소의 망이·망소이가 봉기하였다. ➡ 고려 명종(무신 집권기)
③ 최무선의 건의로 화통도감이 설치되었다. ➡ 고려 우왕
④ 강조가 정변을 일으켜 김치양을 제거하였다. ➡ 고려 목종

정답 ⑤

🔍 **한눈에 보는 해설** ⊕

정답 알아보기

(가)~(라)를 일어난 순서대로 옳게 나열한 것은?

> **(가)** 금국을 정벌하자고 주장하던 **묘청이 서경 천도**가 어려워지자 국호
> 를 대위, 연호를 천개라 하며 **서경에서 난**을 일으켰다. ➡ 묘청의 난
>
> **(나)** **이자겸이 척준경과 더불어 반란**을 일으켜 궁궐을 불태우고, 왕의 측
> 근 세력들을 제거한 후 왕을 감금하였다. ➡ 이자겸의 난
>
> **(다)** 왕이 보현원에 행차하였을 때, **정중부와 이의방을 비롯한 무신들이**
> 다수의 **문신을 제거**하고 권력을 장악하였다. ➡ 무신 정변(일명 정중부의 난,
> 　경인의 난)
>
> **(라)** 공주의 명학소에서 **망이, 망소이**가 가혹한 수탈에 저항하여 무리를
> 모아 봉기하였다. ➡ 망이·망소이의 난

③ (나) 이자겸의 난(1126) ➡ (가) 묘청의 난(1135) ➡ (다) 무신 정변
(1170) ➡ (라) 망이·망소이의 난(1176)

정답 ③

👍 무신 집권기의 발전 과정

3. 다음 시나리오의 상황 이후에 전개된 사실로 옳은 것은? ▶ 32회

> **S# 17. 보현원으로 행차하는 길, 오문(五門) 앞**
>
> *왕의 명으로 수박희를 행하던 중, 대장군 이소응이 상대를 이기지 못하고 도망가자 문신 한뢰가 이소응을 막아선다.*
>
> 한뢰: (이소응의 뺨을 때리며) 대장군이란 자가 어찌 병사 한 명을 이기지 못하느냐?
>
> 이소응: (뺨을 맞고 계단 아래로 떨어져) 내가 젊은 문신에게 이런 수모를 당한단 말인가!
>
> 정중부: (성난 목소리로) 네 이놈 한뢰야! 이소응이 비록 무신이기는 하나 벼슬이 3품인데 어찌 이처럼 심하게 모욕하는 것이냐?

① 왕의 장인인 김흠돌이 반란을 도모하였다.

② 묘청이 칭제건원과 금국 정벌을 주장하였다.

③ 의종이 왕위에서 쫓겨나 거제도로 추방되었다.

④ 이자겸이 왕실의 외척이 되어 권력을 독점하였다.

⑤ 김부식이 서경의 반란군을 진압하기 위해 출정하였다.

4. (가), (나) 사이의 시기에 있었던 사실로 옳은 것은? ▶ 46회

> (가) 최우가 왕에게 아뢰어 속히 대전(大殿)에서 내려와 서쪽 강화도로 행차할 것을 청하였으나, 왕이 망설이고 결정하지 못하였다. 최우가 녹전거(祿轉車) 100여 대를 빼앗아 집안의 재물을 강화도로 옮기니, 수도가 흉흉하였다.　　『고려사절요』
>
> (나) 재추(宰樞)가 옛 수도로 다시 천도할 것을 회의하고 날짜를 정해 게시하였으나, 삼별초가 다른 마음을 품고 따르지 않으면서 함부로 부고(府庫)를 개방하였다.　　『고려사』

① 인사 행정을 담당하던 정방이 폐지되었다.

② 만적이 개경에서 신분 해방을 도모하였다.

③ 묘청이 중심이 되어 서경 천도를 주장하였다.

④ 정중부 등이 정변을 일으켜 권력을 장악하였다.

⑤ 외적의 침입을 받아 황룡사 구층 목탑이 소실되었다.

한눈에 보는 해설 ⊕

정답 알아보기　→ 무신 정변(1170)

다음 [시나리오의 상황] 이후에 전개된 사실로 옳은 것은?

> **S# 17. 보현원으로 행차하는 길, 오문(五門) 앞**
> → 무신 정변이 발생한 장소
> 의종→ 왕의 명으로 수박희를 행하던 중, 대장군 이소응이 상대를 이기지 못하 →주로 손을 써서 상대를 공격하거나 수련하는 전통 무예
> 고 도망가자 문신 한뢰가 이소응을 막아선다.
>
> 한뢰: (이소응의 뺨을 때리며) 대장군이라는 자가 어찌 병사 한 명을 이기지 못하느냐?
>
> 이소응: (뺨을 맞고 계단 아래로 떨어져) 내가 젊은 문신에게 이런 수모를 당한단 말인가!
>
> 정중부: (성난 목소리로) 네 이놈 한뢰야! 이소응이 비록 무신이기는 하나 벼슬이 3품인데 어찌 이처럼 심하게 모욕하는 것이냐?

③ 의종 24년(1170) 보현원에서 무신에 대한 차별 대우에 불만을 가진 정중부·이의방·이고 등이 반란을 일으켜 여러 문신을 살해하고 의종을 거제도로 귀양보낸 뒤 명종을 새로운 왕으로 세웠다.

선지 분석하기

① 왕의 장인인 김흠돌이 반란을 도모하였다. ➡ 김흠돌의 난(신라 신문왕, 681)

② 묘청이 칭제건원과 금국 정벌을 주장하였다. ➡ 묘청의 서경 천도 운동(인종, 1135)

④ 이자겸이 왕실의 외척이 되어 권력을 독점하였다. ➡ 고려 인종 때(1126)

⑤ 김부식이 서경의 반란군을 진압하기 위해 출정하였다. ➡ 묘청의 서경 천도 운동(인종, 1135)

정답 ③

한눈에 보는 해설 ⊕

정답 알아보기　(가) 강화 천도(1232)
　　　　　　　　(나) 개경 환도(1270)

[(가), (나) 사이의 시기]에 있었던 사실로 옳은 것은?

> (가) **최우**가 왕에게 아뢰어 속히 대전(大殿)에서 내려와 서쪽 강화도로 행차할 것을 청하였으나, 왕이 망설이고 결정하지 못하였다. 최우가 녹전거(祿轉車) 100여 대를 빼앗아 **집안의 재물을 강화도로 옮기니,** 수도가 흉흉하였다.　　『고려사절요』
>
> 　　　　　　　　　　　　→개경 천도
> (나) 재추(宰樞)가 **옛 수도로 다시 천도할 것을 회의하고 날짜를 정해 게시하였으나, 삼별초가 다른 마음을 품고 따르지 않으면서** 함부로 부고(府庫)를 개방하였다.　　『고려사』

⑤ 최우 집권기에 몽골의 침입에 대비하여 수도를 강화도로 옮겼던 시기에 몽골의 침입으로 황룡사 구층 목탑, 초조대장경(대구 부인사 소장) 등 많은 문화재가 불탔다.

선지 분석하기

① 인사 행정을 담당하던 정방이 폐지되었다. ➡ 고려 충선왕과 공민왕

② 만적이 개경에서 신분 해방을 도모하였다. ➡ 만적의 난(1198, 신종 원년)

③ 묘청이 중심이 되어 서경 천도를 주장하였다. ➡ 묘청의 서경 천도 운동(인종, 1135)

④ 정중부 등이 정변을 일으켜 권력을 장악하였다. ➡ 무신 정변(1170, 의종)

정답 ⑤

테마 17

고려의 대외 관계

10세기	11세기	12세기		13세기			14세기				
993	1019	1107	1126	1232	1251	1270	1356~	1388	1389	1391	1392
↑	↑	↑	↑	↑	↑	↑	↑	↑	↑	↑	↑
서희의 외교 담판	귀주 대첩 (강감찬)	윤관의 여진 정벌	금의 사대 요구 응락 (이자겸)	강화 천도	팔만대장경 완성	개경 환도	공민왕의 쌍성총관부 탈환	위화도 회군	쓰시마 정벌 (박위)	과전법 공포	조선 개창
거란(요)		여진(금)		몽골(원)				홍건적·왜구			

1 고려 전기의 대외 관계

1. **거란의 성장**: 거란 야율아보기의 부족 통합(916) ➡ 발해 멸망(926)
2. **북진 정책**: 태조 때 북진 정책을 기본 정책으로 삼음. ➡ 서경(평양) 개척, 만부교 사건*(942)으로 거란을 배격, 정종 때 광군(특수군) 설치
3. **기본 정책**: 송의 건국(960)이후 친송 북진 정책 ➡ 거란에 대해 적대적

2 거란의 침입과 격퇴

1차 침입(993, 성종 12년)	거란 장수 소손녕의 침입 ➡ 서희의 외교 담판 ➡ 강동 6주 확보
2차 침입(1010, 현종 1년)	강조의 정변*을 구실로 침입 ➡ 현종, 나주 피난 ➡ 양규 등이 격퇴 ➡ 현종의 친조를 조건으로 화의
3차 침입(1018, 현종 9년)	강감찬의 귀주 대첩(1019)으로 격퇴
결과	• 고려 · 송 · 요 세력의 균형 • 나성(개성) 및 천리장성(압록강 어귀~동해안 도련포) 축조, 초조대장경 조판, 『7대 실록』 편찬

➡ 몽골 2차 침입 때 소실
➡ 임진왜란 때 소실

◆ 강동 6주와 천리장성 | 강동 6주는 흥화진(의주), 용주(용천), 통주(선주), 철주(철산), 귀주(귀성), 곽주(곽산)

3 여진 정벌과 동북 9성: 회유·동화 정책 ➡ 여진의 남하로 충돌

여진 정벌	• 숙종 때 윤관의 1차 여진 정벌 ➡ 별무반(신기군, 신보군, 항마군) 조직 • 예종 때 윤관의 2차 여진 정벌 ➡ 동북 9성 축조(1107) but 9성 다시 돌려줌.
12세기	• 금 건국(1115) ➡ 고려에 사대 요구(1125) ➡ 고려 응락(1126) • 결과: 북진 정책 좌절, 귀족 사회 모순 격화

---

4 몽골의 침입과 항쟁

1. 몽골의 침입

강동의 역(1219)	몽골과의 첫 접촉
1차 침입(1231)	몽골 사신 저고여의 피살 사건을 구실로 침입 ➡ 귀주에서 박서의 저항, 충주 관노비와 초적들의 저항 ➡ 몽골과 강화
2차 침입(1232)	1232년 강화도로 천도(최우 지시) ➡ 몽골의 재침공 ➡ 승려 김윤후 지휘 아래 민병과 승군이 처인성에서 승리, 노비와 부곡민들도 저항(**cf** 처인부곡과 충주 다인철소가 각기 현으로 승격됨.)
이후 침입	• 이후 4차례 더 침입 • 몽골과 강화 맺자는 주화파 득세, 최씨 무신 정권 붕괴 ➡ 원종 때 대몽 강화(1259) ➡ 개경 환도(1270) ➡ 원의 내정 간섭, 부마국으로 전락

→ 도둑, 농민 저항군

2. 삼별초의 항쟁

삼별초의 저항 (1270~1273)	• 개경 환도에 대해 배중손의 지휘하에 삼별초 반발, 강화에서 봉기 • 승화후 온을 왕으로 추대, 진도에서 용장성을 쌓고 저항 ➡ 배중손 사망 후 제주도로 옮기고 김통정 지휘하에 항쟁 ➡ 여·원 연합군에 함락

🍂 안동 놋다리 밟기 놀이

공민왕과 왕비 노국 대장 공주가 안동으로 피난을 갔을 때 마침 개울을 건너게 되었는데 부녀자들이 나와 그 개울 위에 한 줄로 엎드려 서서 공주를 지나가게 한 일에서 이 놀이가 유래되었다고 함.

5 홍건적과 왜구의 침입

홍건적	1차	공민왕 8년(1359)	서경 함락 ➡ 이방실·이승경 등이 격퇴
	2차	공민왕 10년(1361)	개경 함락, 공민왕의 복주(안동) 피난 ➡ 이방실·이성계·최영·정세운 등이 격퇴
왜구	최영	우왕 2년(1376)	홍산 대첩(부여)
	최무선	우왕 6년(1380)	진포 대첩(금강)
	이성계	우왕 6년(1380)	황산 대첩(남원)
	정지	우왕 9년(1383)	관음포 대첩(남해)
	박위	창왕 1년(1389)	쓰시마 정벌

→ 안동 놋다리 밟기 놀이 유래
→ 최무선의 화통도감 설치, 화약 처음 사용

◈ 홍건적과 왜구의 격퇴

한능검 꼭꼭 사료 ✍

고려의 대외 관계

1. 서희의 외교 담판과 강동 6주
• 소손녕: 그대 나라는 신라 땅에서 일어났소. 고구려 땅은 우리의 소유인데 그대 나라가 침식하였고, 또 우리와 국경이 맞닿아 있는데도 바다를 넘어 송을 섬기고 있소. 그 때문에 오늘의 출병이 있게 된 것이니, 만일 땅을 바치고 국교를 맺으면 무사할 수 있을 것이오.
• 서희: 우리나라는 고구려를 계승하여 고려라 하고 평양에 도읍하였으니, 만일 영토의 경계를 따진다면 그대 나라의 동경이 모두 우리 경내(境內)에 있거늘 어찌 침식했다고 할 수 있겠소? 또한, 압록강의 내외도 우리의 경내인데, 지금 여진이 할거하여 그대 나라와 조빙을 통하지 못하고 있으니, 만약에 여진을 내쫓고 우리의 옛 땅을 되찾아 성보를 쌓고 도로가 통하면 조빙을 닦겠소.　　　　　　　　　『고려사절요』

2. 몽골과의 전쟁
김윤후는 고종 때의 사람으로 일찍이 중이 되어 백현원에 있었다. 몽골병이 이르자 윤후가 처인성으로 난을 피하였는데, 몽골의 원수 살리타가 와서 성을 치매 윤후가 이를 사살하였다. 왕은 그 공을 가상히 여겨 상장군의 벼슬을 주었으나 이를 사양하고 받지 않았다.　　　　　　　　　『고려사』

사료 돋보기 ✏

역대 국경선의 변경

㉮ 통일 신라~고려 건국 초: 대동강~원산만
㉯ 고려 태조 말: 청천강~영흥만
㉰ 고려 성종: 서희의 강동 6주
　 고려 덕종~정종: 천리장성 축조
㉱ 고려 후기 공민왕: 쌍성총관부 탈환
㉲ 조선 세종: 4군(압록강)~6진(두만강) 개척

🐷 출제 POINT
각 국가의 침입에 따른 고려의 대응 및 관련 사료를 제시한 순서 배열형 문제가 주로 출제된다.

👍 대거란 정책

주요 정답 키워드 # 서희 # 강동 6주 # 개경 나성

1. (가) 국가에 대한 고려의 대응으로 옳은 것은? ▶ 46회

> 소손녕이 서희에게 말하기를, "너희 나라는 신라 땅에서 일어났고, 고구려 땅은 우리 소유인데, 너희들이 침범해 왔다. 그리고 우리와 국경을 접하고 있는데도 바다를 넘어 송을 섬기기 때문에, 오늘의 출병이 있게 된 것이다. ……"라고 하였다. 서희가 말하기를, "그렇지 않다. 우리나라가 바로 고구려의 옛 땅이기 때문에, 국호를 고려라 하고 평양에 도읍하였다. 만일 국경 문제를 논한다면, ＿(가)＿의 동경(東京)도 모조리 우리 땅에 있는데, 어찌 [우리가] 침범해 왔다고 말하는가?"라고 하였다.
> 『고려사』

① 별무반을 보내 동북 9성을 축조하였다.
② 개경에 나성을 쌓아 침입에 대비하였다.
③ 최영을 중심으로 요동 정벌을 추진하였다.
④ 화통도감을 설치하여 화약과 화포를 제작하였다.
⑤ 쌍성총관부를 공격하여 철령 이북의 땅을 수복하였다.

한눈에 보는 해설 ⊕

정답 알아보기

거란 → (가) 국가 에 대한 고려의 대응으로 옳은 것은?

> 소손녕이 서희에게 말하기를, "너희 나라는 신라 땅에서 일어났고, 고구려 땅은 우리 소유인데, 너희들이 침범해 왔다. 그리고 우리와 국경을 접하고 있는데도 바다를 넘어 송을 섬기기 때문에, 오늘의 출병이 있게 된 것이다. ……"라고 하였다. 서희가 말하기를, "그렇지 않다. **우리나라가 바로 고구려의 옛 땅이기 때문에, 국호를 고려라 하고 평양에 도읍하였다.** 만일 국경 문제를 논한다면, ＿(가)＿의 동경(東京)도 모조리 우리 땅에 있는데, 어찌 [우리가] 침범해 왔다고 말하는가?"라고 하였다. 『고려사』

② 거란의 3차례의 침입을 물리친 이후에 고려는 강감찬의 건의로 개경에 나성을 쌓아 도성 수비를 강화하였으며, 국경선에 천리장성을 쌓았다.

선지 분석하기

① 별무반을 보내 동북 9성을 축조하였다. ➡ 예종 때 여진을 몰아낸 윤관의 활약
③ 최영을 중심으로 요동 정벌을 추진하였다. ➡ 우왕 때 명의 철령위 통보에 대한 우왕과 최영의 주장
④ 화통도감을 설치하여 화약과 화포를 제작하였다. ➡ 우왕 때 왜구의 침입에 대비한 최무선의 활약
⑤ 쌍성총관부를 공격하여 철령 이북의 땅을 수복하였다. ➡ 원의 쌍성총관부 설치(1258, 고종 45년)

정답 ②

👍 대여진 정책

주요 정답 키워드 # 금의 사대 요구 # 동북 9성 # 윤관 # 이자겸

2. 다음 상황 이후에 전개된 사실로 옳은 것은? ▶ 43회

> 여진이 이미 그 소굴을 잃자 보복하고자 맹세하며, 땅을 돌려 달라는 것을 빌미로 여러 추장들이 해마다 와서 다투었다. …… 또 개척한 땅이 크고 넓어서 9성 사이의 거리가 아득히 멀고, 골짜기가 험하고 깊어서 적들이 여러 차례 매복하여 오고가는 사람들을 노략질하였다. …… 이때에 이르러 왕이 여러 신하들을 모아 의논하여 끝내 9성을 여진에게 돌려주었으며, 전쟁에 쓰이는 도구와 군량을 내지(內地)로 옮기고 그 성에서 철수하였다.
> 『고려사』

① 강감찬이 귀주에서 외적을 격퇴하였다.
② 강조가 정변을 일으켜 왕을 폐위하였다.
③ 이자겸이 금의 사대 요구 수용을 주장하였다.
④ 서희가 외교 담판을 벌여 강동 6주를 획득하였다.
⑤ 부여성에서 비사성에 이르는 천리장성이 축조되었다.

한눈에 보는 해설 ⊕

정답 알아보기

동북 9성의 반환(1109) → 다음 상황 이후에 전개된 사실로 옳은 것은?

> 여진이 이미 그 소굴을 잃자 보복하고자 맹세하며, 땅을 돌려 달라는 것을 빌미로 여러 추장들이 해마다 와서 다투었다. …… 또 개척한 땅이 크고 넓어서 9성 사이의 거리가 아득히 멀고, 골짜기가 험하고 깊어서 적들이 여러 차례 매복하여 오고가는 사람들을 노략질하였다. …… 이때에 이르러 **왕이 여러 신하들을 모아 의논하여 끝내 9성을 여진에게 돌려주었으며,** 전쟁에 쓰이는 도구와 군량을 내지(內地)로 옮기고 그 성에서 철수하였다. 『고려사』

③ 예종 때 여진의 요구로 동북 9성을 돌려준 이후 인종 때 들어와 여진은 금을 건국하고 고려에게 사대 관계를 요구하였다. 당시 고려의 실권자였던 이자겸은 금의 사대 요구 수용을 주장하였다.

선지 분석하기

① 강감찬이 귀주에서 외적을 격퇴하였다. ➡ 거란의 3차 침입 때 강감찬의 귀주 대첩(1019)
② 강조가 정변을 일으켜 왕을 폐위하였다. ➡ 강조의 정변(1009)으로 거란의 2차 침입의 빌미 마련
④ 서희가 외교 담판을 벌여 강동 6주를 획득하였다. ➡ 거란의 1차 침입 때 서희의 외교 담판(993)
⑤ 부여성에서 비사성에 이르는 천리장성이 축조되었다. ➡ 요동 지역의 천리장성 축조(7세기 고구려 연개소문)

정답 ③

👍 대몽골 정책

주요 정답 키워드 # 김윤후 # 강화 천도 # 팔만대장경

3. (가) 국가의 침입에 대한 고려의 대응으로 옳지 않은 것은? ▶ 42회

○ [(가)]의 장수 합진과 찰랄이 군사를 거느리고 …… 거란을 토벌하겠다고 말하면서 화주, 맹주, 순주, 덕주의 4개 성을 공격하여 격파하고 곧바로 강동성으로 향하였다. …… 조충과 김취려가 합진, 완안자연 등과 함께 병사를 합하여 강동성을 포위하니 적들이 성문을 열고 나와 항복하였다. 『고려사』

○ [(가)]에서 조서를 보내 이르기를, "…… 너희들이 모의하여 [우리 사신] 저고여를 죽이고서는 포선만노의 백성들이 죽였다고 한 것이 세 번째 죄이다. ……"라고 하였다. 『고려사』

① 강화도로 도읍을 옮겨 항전하였다.

② 김윤후가 처인성 전투에서 활약하였다.

③ 화포를 이용하여 진포에서 대승을 거두었다.

④ 다인철소 주민들이 충주 지역에서 저항하였다.

⑤ 대장도감을 설치하여 팔만대장경판을 만들었다.

👍 고려의 대외 관계 순서

주요 정답 키워드 # 서희 # 양규 # 윤관 # 김윤후 # 최영

4. (가)~(라) 사건을 일어난 순서대로 옳게 나열한 것은? ▶ 32회

(가) 살례탑(살리타이)이 처인성을 공격하였다. 병란을 피해 성 안에 있던 한 승려가 활을 쏘아 살례탑을 죽였다.

(나) 윤관이 아뢰기를, "신이 여진에게 패배한 까닭은 그들은 기병이고 우리는 보병이어서 상대가 되지 않았기 때문입니다."라고 하였다. 이에 건의하여 비로소 별무반을 만들었다.

(다) 거란주(契丹主)가 직접 보병과 기병 40만 명을 거느리고 압록강을 건너 흥화진을 포위하자, 양규·이수화 등이 굳게 지키며 항복하지 않았다.

(라) 왜구가 연산의 개태사를 도륙하고 원수 박인계가 패하여 죽으니, 최영이 이를 듣고 자신이 출격할 것을 요청하였다.

① (가) - (나) - (다) - (라) ② (가) - (나) - (라) - (다)

③ (나) - (가) - (다) - (라) ④ (나) - (가) - (라) - (다)

⑤ (다) - (나) - (가) - (라)

한눈에 보는 해설 ⊕

정답 알아보기

(가) 국가의 침입에 대한 고려의 대응으로 옳지 않은 것은?

○ [(가)]의 장수 합진과 찰랄이 군사를 거느리고 …… **거란을 토벌**하겠다고 말하면서 화주, 맹주, 순주, 덕주의 4개 성을 공격하여 격파하고 곧바로 강동성으로 향하였다. …… 조충과 **김취려가 합진**, 완안자연 등과 함께 병사를 합하여 **강동성을 포위**하니 적들이 성문을 열고 **나와 항복**하였다. ↳강동의 역(1219, 몽골과의 첫 접촉) 『고려사』

○ [(가)]에서 조서를 보내 이르기를, "…… 너희들이 모의하여 [우리 사신] **저고여를 죽이**고서는 포선만노의 백성들이 죽였다고 한 것이 세 번째 죄이다. ……"라고 하였다. ↳몽골 사신 저고여 피살 사건(1225, 몽골 1차 침입의 원인) 『고려사』

③ 최무선이 화통도감을 설치하고 화포를 이용하여 진포에서 대승을 거둔 진포 대첩(1380)은 왜구와의 싸움이다.

선지 분석하기

①②④⑤ 모두 몽골과의 항쟁 기간에 있었던 사건이다.

한눈에 보는 해설 ⊕

정답 알아보기

(가)~(라) 사건을 일어난 순서대로 옳게 나열한 것은?

↳처인성 전투
(가) **살례탑(살리타이)이 처인성을 공격**하였다. 병란을 피해 성 안에 있던 한 승려가 활을 쏘아 살례탑을 죽였다.

(나) **윤관**이 아뢰기를, "신이 여진에게 패배한 까닭은 그들은 기병이고 우리는 보병이어서 상대가 되지 않았기 때문입니다."라고 하였다. 이에 건의하여 **비로소 별무반을 만들었다.** ↳별무반 조직

(다) **거란주(契丹主)**가 직접 보병과 기병 40만 명을 거느리고 압록강을 건너 **흥화진을 포위**하자, 양규·이수화 등이 굳게 지키며 **항복하지 않았다.** ↳흥화진 전투

(라) 왜구가 연산의 개태사를 도륙하고 원수 박인계가 패하여 죽으니, **최영이 이를 듣고 자신이 출격할 것을** 요청하였다. ↳홍산 대첩

⑤ (다) 흥화진 전투(1010, 거란의 2차 침입, 현종) ➡ (나) 윤관의 별무반 조직(1104, 숙종) ➡ (가) 처인성 전투(1232, 몽골의 2차 침입, 고종) ➡ (라) 홍산 대첩(1376, 왜구와의 싸움, 우왕)

정답 ③

정답 ⑤

테마 18

원 간섭기와 반원 자주 정책

📜 원의 내정 간섭

순마소	반원 인사 색출을 위한 감찰 기구
만호부	원의 군사 기구
다루가치	감찰관 ➡ 조세 징수와 내정 간섭
심양왕	만주 지역의 고려인을 통치하기 위하여 고려 왕족을 심양왕으로 임명 ➡ 고려 왕 견제
독로화(禿魯花, 뚤루게)	고려 세자가 인질로 원의 수도에 상주
경제적 수탈	결혼도감 설치(공녀 요구), 특산물 징발, 응방(매 징발) 설치 등

✳ 권문세족

형성	원(元)의 세력을 배경으로 혼인 관계를 통하여 세력 확대
특징	• 음서를 통해 신분 세습, 첨의부나 밀직사 등의 고위 관직 독점, 도평의사사 장악 • 대농장(토지 겸병)과 노비 소유

1 원 간섭기

1. 여·원 연합군의 일본 정벌

1차(1274, 충렬왕)	둔전 경략사 설치 ➡ 일본 원정 실패
2차(1281, 충렬왕)	정동행성 설치 ➡ 일본 원정 실패 이후 고려 내정 간섭 기구로 변화[장(長): 승상 - 고려 왕 임명]
영향	고려의 인적·물적 부담 증가

2. 영토의 축소

쌍성총관부 (1258~1356)	화주(영흥)에 설치, 철령 이북의 직속령화 ➡ 공민왕 때 탈환
동녕부 (1270~1290)	자비령 이북 차지, 서경에 설치 ➡ 충렬왕 때 반환
탐라총관부 (1273~1301)	삼별초의 항쟁 진압 후 제주도에 설치 ➡ 충렬왕 때 반환

❖ 원의 직할령

3. 관제의 변경: 2성 6부 ➡ 1부 4사

원 간섭 전		원 간섭 후	원 간섭 전	원 간섭 후
2성(중서문하성, 상서성)		첨의부	도병마사	도평의사사(도당)
6부	이부	전리사	중추원	밀직사
	예부		문하시중	첨의중찬
	호부	판도사	상서	판서
	병부	군부사	조(祖)·종(宗)	충○왕(王)
	형부	전법사	폐하·태자·짐	전하·세자·고
	공부	폐지		

2 고려의 반원 자주 정책

1. 충렬왕의 개혁(1274~1308): 전민변정도감 설치
└➤ 고려 후기 권세가들이 탈점한 토지나 노비를 되찾기 위해 설치된 임시 관청

2. 충선왕의 개혁(1298, 1308~1313)

정방 폐지	권문세족✳이 장악한 인사권 폐지 시도
사림원 설치	왕명의 출납과 문서를 작성하고, 인사 행정을 관장하는 중앙 관청 설치
만권당 설치	원의 수도 연경에 설치한 학술 연구 기관 ➡ 성리학, 조맹부체(송설체) 수용
재정 개혁	소금·철의 전매 사업 실시 ➡ 의염창 설치·각염법 시행, 농장에 징세
동성혼 결혼 금지	왕실 내 동성 결혼 금지(즉위 교서)

3. 충목왕의 개혁(1344~1348): 정치도감 설치, 권문세족의 토지·노비 개혁 시도

4. 공민왕의 개혁 정치(1351~1374)

배경	원 ➡ 명 교체기
반원 자주 정책	• 친원 세력 숙청: 기철* 등 친원파 세력 숙청 • 관제 복구: 2성 6부 복구, 정동행성 이문소 폐지 • 몽골풍 폐지: 몽골어, 체두변발 등 폐지 • 영토 수복: 쌍성총관부 탈환(1356), 요동 지방 공략(1차 최영, 2차 이성계), but 실패
왕권 강화 정책	• 정방 폐지: 권문세족이 지닌 인사권 박탈 • 전민변정도감 설치: 농장과 노비 제도 개혁, 신돈(승려) 등용 • 신진 사대부* 등용: 성균관 정비, 유학 교육 강화, 과거 제도 정비
개혁 정치 실패	• 대외적 요인: 원의 압력, 홍건적과 왜구의 잦은 침입 • 대내적 요인: 권문세족의 반발, 개혁 추진 세력(신진 사대부)의 미약, 공민왕 시해 ➡ 개혁 중단

✧ 공민왕의 영토 수복

3 고려의 멸망

1. 배경: 권문세족의 횡포로 사회 모순의 심화, 백성들의 생활이 어려움.

2. 신흥 무인 세력: 홍건적과 왜구의 침입을 물리치는 과정에서 이성계 등의 신흥 무인 세력 성장

3. 위화도 회군(1388): 우왕 때 명의 철령 이북 땅 요구(철령위 문제) ➡ 우왕과 최영의 요동 정벌 추진 ➡ 이성계는 반대('4불가론' 주장) ➡ 이성계의 위화도 회군(1388) ➡ 이성계의 실권 장악 ➡ 폐가입진 ➡ 전제 개혁 과전법 시행(1391) ➡ 정몽주 등 온건 개혁파 사대부 제거 ➡ 이성계, 국왕 즉위(1392), 조선 개창

↳ 우왕·창왕은 공민왕의 아들이 아니고 신돈의 자식이라고 주장

한능검 꼭꼭 사료

1. 공민왕의 반원 정책

공민왕이 원의 제도를 따라 변발(辮髮)을 하고 호복(胡服, 몽골의 옷차림)을 입고 전상(殿上)에 앉아 있었다. 이연종이 간하려고 문밖에서 기다리고 있었더니 왕이 사람을 시켜 물었다. (이연종이) 말하기를 "임금 앞에 나아가 직접 대면해서 말씀드리기를 바라나이다."라고 하였다. 이미 들어와서는 좌우(左右, 왕의 측근)를 물리치고 말하기를 "변발과 호복은 선왕(先王)의 제도가 아니오니 원컨대 전하께서는 본받지 마소서."라고 하니, 왕이 기뻐하면서 즉시 변발을 풀어 버리고 그에게 옷과 요를 하사하였다. 『고려사』

2. 이성계의 4불가론

1. 소국이 대국을 배반함은 불가하다[以小逆大其不可].
2. 여름철에 군사를 일으킴은 불가하다[夏月發兵其不可].
3. 거국적으로 원정할 경우 왜구 침입의 우려가 있어 불가하다[擧國遠征倭乘其虛].
4. 장마철이라 활이 녹슬고 대군이 질병에 걸릴 가능성이 있어 불가하다[時方暑雨弩弓解膠大軍疾疫].

PART ③

✱ 기철

기철은 누이동생이 원 순제의 황후가 되어 태자를 낳자, 기황후와 원을 등에 업고 친원파 세력을 결집하여 남의 토지를 빼앗는 등 횡포를 일삼음.

✱ 신진 사대부

출신	• 지방의 중소지주층 • 향리 출신
특징	• 과거를 통하여 정계 진출 • 성리학 수용(불교의 폐단 시정 추구) • 친명 정책

📖 원이 우리 문화에 끼친 영향

1. 두루마기 길이의 변화(원래 우리나라의 옷은 윗도리가 짧음.)
2. 설렁탕(몽골인들이 냇가에서 고기 부속물을 고아 먹던 슬루에서 유래)
3. 연지, 곤지, 족두리
4. 만두(이때부터 퍼짐.)
5. 소주(몽골인들이 페르시아에서 수입한 것이 전래됨.)
6. 말과 노새의 광범위한 이용, 우리말의 '~치', '수라'나 '진지'라는 말
7. 어린아이에게 '개똥이' 등의 더러운 이름을 붙여야 오래 산다는 풍습
8. 목화와 화약 전래
9. 새로운 성씨 생김[원나라 공주가 따라와 정착한 성씨, 연안 인(印)씨, 아산 장(蔣)씨, 원주 변(邊)씨 등].

🔖 사료 듬뿍 ➕ ✏️

공민왕과 노국 대장 공주

공민왕(31대, 재위: 1351~1374)은 12세에 원나라에 볼모로 끌려가 원나라 황족 위왕의 딸 노국 대장 공주와 정략결혼을 하면서 고려의 왕으로 즉위, 개혁을 시도함. 그러나 노국 대장 공주가 출산 과정에서 난산을 겪으며 사망에 이르자, 공민왕은 정사를 돌보지 않고 신돈을 기용하여 정사를 대신하게 하는 등 개혁 정치를 이어가지 못하였다고 평가받고 있음.

✧ 공민왕 부부 초상(국립 고궁 박물관)

테마 18 실전문제

🐻 출제 POINT

원 간섭기 사회 모습과 공민왕의 업적을 묻는 문제가 주로 출제된다.

👍 **원 간섭기의 사회 모습**

주요 정답 키워드 # 변발 # 호복 # 일본 원정 # 겁령구 # 사패

1. 다음 자료에 나타난 시기의 사실로 옳은 것은?
▶ 46회

> 흔도·홍다구·김방경이 일본의 세계촌 대명포에 이르러 통사 김저로 하여금 격문으로 이들을 회유하게 하였다. 김주정이 먼저 왜와 교전하자 여러 군사들이 모두 내려와 전투에 참여하였는데, 낭장 강언과 강사자 등이 전사하였다. 여러 군사가 일기도(一岐島)로 향할 때 수군 130명과 뱃사공 36명이 풍랑을 만나 행방을 잃었다.

① 왕조 교체를 예언하는 정감록이 유포되었다.
② 지배층을 중심으로 변발과 호복이 확산되었다.
③ 교정도감이 국정을 총괄하는 기구로 부상하였다.
④ 이자겸이 왕실의 외척이 되어 권력을 독점하였다.
⑤ 김사미와 효심이 가혹한 수탈에 저항하여 봉기하였다.

2. 다음 자료에 나타난 시기의 사회 모습으로 옳은 것은?
▶ 43회

> 공주의 겁령구* 등에게 성과 이름을 하사하였는데 홀랄대는 인후로, 삼가는 장순룡으로, 차홀대는 차신으로 하고 관직은 모두 장군으로 하였다. …… 첨의부에서 아뢰기를, "제국 대장 공주의 겁령구와 관료들이 좋은 땅을 많이 차지하여 산천으로 경계를 정하고 사패(賜牌)를 받아 조세를 납입하지 않으니, 청컨대 사패를 도로 거두소서."라고 하였다.
>
> *겁령구: 시종인

① 서얼이 통청 운동을 전개하였다.
② 웅천주 도독 김헌창이 반란을 일으켰다.
③ 만적이 개경에서 신분 해방을 도모하였다.
④ 변발과 호복이 지배층을 중심으로 유행하였다.
⑤ 망이·망소이가 가혹한 수탈에 저항하여 봉기하였다.

🔍 **한눈에 보는 해설**

정답 알아보기 → 원 간섭기

다음 자료에 나타난 시기 의 사실로 옳은 것은?

> 흔도·홍다구·김방경이 일본의 세계촌 대명포에 이르러 통사 김저로 하여금 격문으로 이들을 회유하게 하였다. **김주정이 먼저 왜와 교전하자 여러 군사들이 모두 내려와 전투에 참여하였는데**, 낭장 강언과 강사자 등이 전사하였다. 여러 군사가 일기도(一岐島)로 향할 때 수군 130명과 뱃사공 36명이 풍랑을 만나 행방을 잃었다. ➡ 여·원 연합군의 1차 일본 정벌

② 원 간섭기에 지배층(권문세족)을 중심으로 변발과 호복이 확산되었다.

선지 분석하기

① 왕조 교체를 예언하는 정감록이 유포되었다. ➡ 조선 후기
③ 교정도감이 국정을 총괄하는 기구로 부상하였다. ➡ 고려 무신 집권기(최충헌 집권기)
④ 이자겸이 왕실의 외척이 되어 권력을 독점하였다. ➡ 고려 중기(12세기 숙종·예종·인종)
⑤ 김사미와 효심이 가혹한 수탈에 저항하여 봉기하였다. ➡ 고려 무신 집권기(이의민 집권기, 1193)

정답 ②

🔍 **한눈에 보는 해설**

정답 알아보기 → 원 간섭기

다음 자료에 나타난 시기 의 사회 모습으로 옳은 것은?

> 공주의 겁령구 등에게 성과 이름을 하사하였는데 홀랄대는 인후로, 삼가는 장순룡으로, 차홀대는 차신으로 하고 관직은 모두 장군으로 하였다. …… **첨의부에서 아뢰기를, "제국 대장 공주의 겁령구와 관료들이**
> └ 원 간섭기의 행정 기관 └ 충렬왕의 비, 충선왕의 어머니
> 좋은 땅을 많이 차지하여 산천으로 경계를 정하고 **사패(賜牌)**를 받아 조세를 납입하지 않으니, 청컨대 사패를 도로 거두소서."라고 하였다.

④ 원 간섭기에 지배층인 권문세족 사이에서 변발·호복 등의 몽골풍이 유행하였다.

선지 분석하기

① 서얼이 통청 운동을 전개하였다. ➡ 조선 후기
② 웅천주 도독 김헌창이 반란을 일으켰다. ➡ 신라 하대(822)
③ 만적이 개경에서 신분 해방을 도모하였다. ➡ 무신 집권기(최충헌 집권기, 1198)
⑤ 망이·망소이가 가혹한 수탈에 저항하여 봉기하였다. ➡ 무신 집권기(정중부 집권기, 1176)

정답 ④

👍 공민왕의 업적

주요 정답 키워드 # 변발·호복 폐지 # 기철 숙청 # 신돈 # 노국 대장 공주 # 쌍성총관부 탈환

3. 다음 상황 이후에 일어난 사실로 옳은 것은? ▶ 45회

> 왕이 원의 제도를 따라 변발과 호복을 하고 전상(殿上)에 앉아 있었다. 이연종이 말하기를, "변발과 호복은 선왕의 제도가 아니옵니다. 원컨대 전하께서는 본받지 마소서."라고 하였다. 왕이 기뻐하며 즉시 변발을 풀고, 이연종에게 옷과 이불을 하사하였다.

① 대표적 친원 세력인 기철이 숙청되었다.
② 김윤후가 처인성에서 몽골군을 물리쳤다.
③ 정중부 등이 정변을 일으켜 권력을 장악하였다.
④ 최충이 9재 학당을 세워 유학 교육을 실시하였다.
⑤ 만적을 비롯한 노비들이 신분 해방을 도모하였다.

4. 밑줄 그은 '이 왕'의 재위 기간에 있었던 사실로 옳은 것은? ▶ 44회

> **그림으로 보는 한국사**   고려 시대
>
> 고려의 이 왕과 그의 부인인 노국 대장 공주를 그린 초상으로, 현재 국립 고궁 박물관에 소장되어 있다. 왕과 왕비가 서로 마주보듯 의자에 앉아 있는 모습으로 묘사되어 있는 점이 특징이다.

① 유인우, 이자춘 등이 쌍성총관부를 수복하였다.
② 나세, 심덕부 등이 진포에서 왜구를 격퇴하였다.
③ 좌별초, 우별초, 신의군의 삼별초가 조직되었다.
④ 서희가 외교 담판을 벌여 강동 6주를 획득하였다.
⑤ 명의 철령위 설치에 반발하여 요동 정벌이 추진되었다.

한눈에 보는 해설 ⊕

정답 알아보기 ➡ 고려 말 공민왕 집권기(1351~1374)
다음 상황 이후에 일어난 사실로 옳은 것은?

> ➡ 공민왕
> **왕**이 원의 제도를 따라 **변발과 호복**을 하고 전상(殿上)에 앉아 있었다. 이연종이 말하기를, "변발과 호복은 선왕의 제도가 아니옵니다. 원컨대 전하께서는 본받지 마소서."라고 하였다. **왕이 기뻐하며 즉시 변발을 풀고, 이연종에게 옷과 이불을 하사하였다.** ➡ 공민왕의 반원 정책

① 공민왕은 반원 정책의 일환으로 친원파인 기철 등을 숙청하였다.

선지 분석하기

② 김윤후가 처인성에서 몽골군을 물리쳤다. ➡ 몽골의 2차 침략(1232)
③ 정중부 등이 정변을 일으켜 권력을 장악하였다. ➡ 무신 정변(1170)
④ 최충이 9재 학당을 세워 유학 교육을 실시하였다. ➡ 고려 중기(문종)
⑤ 만적을 비롯한 노비들이 신분 해방을 도모하였다. ➡ 무신 집권기(최충헌 집권기, 1198)

정답 ①

한눈에 보는 해설 ⊕

정답 알아보기 ➡ 공민왕
밑줄 그은 '이 왕'의 재위 기간에 있었던 사실로 옳은 것은?

> ➡ 공민왕의 비(노국 공주)
> 고려의 이 왕과 그의 부인인 **노국 대장 공주**를 그린 초상으로, 현재 국립 고궁 박물관에 소장되어 있다. 왕과 왕비가 서로 마주보듯 의자에 앉아 있는 모습으로 묘사되어 있는 점이 특징이다.

① 공민왕은 반원 정책의 일환으로 유인우, 이자춘 등으로 하여금 쌍성총관부를 탈환하게 하였다(1356).

선지 분석하기

② 나세, 심덕부 등이 진포에서 왜구를 격퇴하였다. ➡ 진포 대첩(고려 우왕, 1380)
③ 좌별초, 우별초, 신의군의 삼별초가 조직되었다. ➡ 고려 무신 집권기(최우 집권기)
④ 서희가 외교 담판을 벌여 강동 6주를 획득하였다. ➡ 고려 전기(성종, 993)
⑤ 명의 철령위 설치에 반발하여 요동 정벌이 추진되었다. ➡ 고려 후기(우왕)

정답 ①

고려의 사회

1 고려의 신분 제도

귀족	• 문벌 귀족: 왕족과 5품 이상의 고위 관료, 음서와 공음 전받는 특권층, 개경 거주, 죄를 지으면 귀향형(본관지로 유배) • 지배 세력 변천: 문벌 귀족 ➡ 무신 세력 ➡ 권문세족 (친원파 관리)	
중류층	• 지배 기구의 하부 구조 담당 • 서리(중앙 관청 말단 서리), 남반(궁중 실무 관리), 향리(지방 행정 실무 담당), 군반(직업 군인으로 하급 장교) • 직역을 세습하며 이에 상응하는 전시과 토지를 받음.	
양민	• 백정 농민(대다수), 수공업자, 상인 등 • 조세 · 공납 · 역의 의무 • 향 · 부곡 · 소 주민(신량역천*): 군현민보다 하층 신분으로, 양민보다 많은 세금 부담, 이주 및 과거 제도 금지, 향 · 부곡(농업 종사), 소(수공업 종사)	
천민	대부분이 노비 – 매매 · 증여 · 상속의 대상, 일천즉천의 원칙(부모 중 한쪽이 노비면 자식도 노비)	
천민	공노비 (공공 기관에 속함, 60세가 되면 역 면제)	• 입역 노비: 궁중과 중앙 관청이나 지방 관아에서 잡역에 종사 • 외거 노비: 지방에 거주하면서 농업에 종사, 자기 토지 소유 가능
천민	사노비 (개인 또는 사원에 예속)	• 솔거 노비: 주인 집에 거주 • 외거 노비: 주인과 따로 살면서 일정량의 몸값 바침, 자기 토지 소유 가능

📎 고려와 조선의 백정
1. 고려: 직역이 없는 일반 농민
2. 조선: 도살업자

✱ 신량역천
법제상 양인이지만 직업이 천하여 천민으로 취급, 봉수간·염간·양수척·화척(도축업자)·진척(뱃사공)·재인(광대) 등

📎 노비의 구분
1. 소유 주체에 따라: 공노비와 사노비
2. 거주 형태에 따라: 솔거 노비와 외거 노비
3. 의무 형태에 따라: 입역 노비(공노비는 공역 노비, 사노비는 솔거 노비)와 납공 노비

(피라미드 도표)
왕족 귀족 / 중류층 (서리, 남반, 향리, 하급 장교) / 양민 (백정 농민, 상인, 수공업자) / 향 · 소 · 부곡 / 천민 (노비, 화척, 진척, 재인)
대가족 단위로 편제 | 지배층 / 피지배층
❖ 대가족 중심의 (부분적) 개방 사회

2 고려의 사회 시책

	사회 시책	농번기에 잡역 면제, 재해 시 조세 · 부역 감면
빈민 구제 기관	흑창(태조)	곡물을 비치했다가 흉년에 빈민 구제
	의창(성종)	흑창 개칭, 평시에 곡물 비치, 흉년에 빈민 구제, 고구려 진대법과 유사
	상평창(성종)	개경 · 서경 · 12목에 설치한 물가 안정 기관
	제위보(광종)	기금 마련 뒤 이자로 빈민 구제
의료 기관	동 · 서 대비원(문종)	개경에 설치하여 빈민 환자 치료 및 빈민 구휼
	혜민국(예종)	의약 전담, 빈민 환자에게 무료로 약 제공
	재해 대비 임시 기관	구제도감(예종, 질병 환자 치료 및 죽은 사람 매장 담당), 구급도감 등

3 고려의 법률과 풍습

법률	• 당률을 참작하여 제정, 대부분 관습법에 따름. 지방관의 재량권 행사(중요 사건 제외) • 반역죄 · 불효죄는 중죄, 5종(태 · 장 · 도 · 유 · 사형)의 형벌 시행 **cf** 귀향형: 일정 신분 이상의 사람이 죄를 지은 경우, 형벌로써 본관지로 보내는 귀향형 실시
민간 풍속	• 장례 · 제사: 토착 신앙 · 불교 · 도교 풍속 따름. • 향도(농민 공동 조직): 불교 신앙 조직, 매향 활동, 전기: 대규모 인력이 동원되는 불교 행사에 주도적 　↳ 향나무를 심는 행위 　역할 ➡ 후기: 마을 공동체 농민 조직 **cf** 사천매향비 • 혼인: 일부일처제, 데릴사위제 성행 **cf** 고려 전기 왕실에서는 동성혼 성행
국가 제전	• 불교 행사: 연등회, 팔관회 성행

연등회	팔관회
불교 행사	토착 신앙(도교) + 불교
전국적 행사	개경 · 서경
연초	연말(10월, 11월)
	공무역이 이루어짐.

• 성종: 환구단(하늘에 제사) 설치, 사직을 세워 지신과 오곡신에게 제사를 지냄.
• 숙종: 평양에 기자 사당을 세움, 기자를 교화의 임금으로 숭상
• 예종: 복원궁(도교 사원)을 세워 초제를 올림.

재산 상속과 여성의 지위	• 재산 상속 및 제사: 자녀 균분 상속 및 제사는 자녀가 돌아가면서 맡는 윤행(輪行)이 관행, 아들이 　없을 경우 딸이 제사 지냄. • 여성의 지위: 가정 안에서 비교적 높음, 여성 호주 가능, 호적에 연령순 기재, 사위 · 외손자에게 　음서 혜택, 여성의 재가 자유롭게 허용 및 재가할 경우 자식의 사회 진출에 차별없음.

📖 형벌의 종류

태형(笞刑)	10～50대의 볼기
장형(杖刑)	60～100대의 볼기
도형(徒刑)	1～3년의 징역 혹은 강제 노역
유형(流刑)	귀양
사형(死刑)	교수형, 참수형

✧ 밀양 박씨 송은 충숙공 박익(1332~1398) 묘 벽화 | 고려 말 조선 초 제사 의식과 복장 등의 생활 모습을 보여주는 고려 말 벽화

한능검 꼭꼭 사료 👆

1. 상평창
왕이 개경과 서경 및 12목에 상평창을 두고 명령을 내리기를, "해마다 풍흉에 따라 조적을 행하되, 백성에게 여유가 있을 때 조금씩 거두고, 백성에게 부족함이 있을 때 많이 푼다고 하니, 법에 따라 행하라."라고 하였다. 『고려사』

2. 향도
『미수기언』에 이르기를 "삼척에 매향안(埋香岸)이 있는데, '충선왕 2년(1310)에 향나무 2백 50그루를 묻었다.'고 하였다. …… 여기에서 향도라는 이름이 시작되었는데, 후에 이들이 상여를 메었다."고 하였다. …… 이들이 모일 때 승려와 속인이 마구 섞여 무리를 이루었다고 하니 향도의 시초는 불교로부터 이루어진 것이다. 『성호사설』

3. 자녀 균분 상속
어머니가 일찍이 재산을 나누어 줄 때 나익희에게는 따로 노비 40구를 남겨주었다. 나익희는 "제가 6남매 가운데 외아들이라 해서 어찌 사소한 것을 더 차지하여 여러 자녀들과 화목하게 하려 한 어머니의 거룩한 뜻을 더럽히겠습니까?" 하고 사양하자, 어머니가 옳게 여기고 그 말을 따랐다. 『고려사』

사료 톡톡 ➕ ✏️

향도의 매향 활동
매향은 본래 귀한 향이나 약재로 쓰이는 침향(沈香)을 만들기 위하여 향나무, 소나무, 참나무, 상수리나무 등을 오랫동안 갯벌에 묻어두는 것을 말함. 그러나 당시 매향은 단순히 침향을 얻기 위한 목적을 넘어 미륵불의 용화회(龍華會)에 공양할 침향을 마련하는 신앙 활동으로서 더 큰 의미가 있음.

✧ 사천 흥사리 매향비 | 1387년(우왕 13)에 향나무를 묻고 세운 것으로, 내세의 행운과 국태민안을 기원하는 내용을 담고 있음.

테마 19 실전문제

👍 고려의 사회 시책

주요 정답 키워드 # 구제도감 # 제위보

1. 다음 자료에 나타난 시기의 사회 모습으로 옳은 것은? ▶ 46회

> 왕이 명하기를, "개경 내의 백성들이 역질에 걸렸으니
> 마땅히 구제도감을 설치하여 이들을 치료하고, 또한 시
> 신과 유골은 거두어 묻어서 비바람에 드러나지 않게 할
> 것이며, 관리들을 나누어 보내 동북도와 서남도의 굶주
> 린 백성을 진휼하라."라고 하였다.

① 을파소의 건의로 진대법이 실시되었다.
② 기근에 대비하기 위해 구황촬요가 발간되었다.
③ 우리 풍토에 맞는 농법을 소개한 농사직설이 편찬되었다.
④ 국산 약재와 치료 방법을 정리한 향약집성방이 간행되
었다.
⑤ 기금을 모아 그 이자로 빈민을 도와주는 제위보가 운영되
었다.

👍 향도

주요 정답 키워드 # 불교 신앙 조직 # 마을 공동체

2. 다음 문화유산에 대한 탐구 활동으로 가장 적절한 것은? ▶ 17회

보물 제614호로 경상남도 사천시
곤양면 흥사리에 있다. 고려 우왕 13년
(1387)에 향나무를 묻고 세운 것으
로, 비문에는 내세의 행운, 왕의 만수
무강과 국태민안을 기원하는 내용이
담겨져 있다.

① 상평창의 역할을 알아본다.
② 도선비기의 내용을 파악한다.
③ 향교의 조직과 역할을 조사한다.
④ 도교의 제사 의식 과정을 정리한다.
⑤ 불교 신앙 조직의 활동을 찾아본다.

한눈에 보는 해설 ⊕

정답 알아보기
　　　　　　→ 고려
다음 자료에 나타난 시기 의 사회 모습으로 옳은 것은?

　　　　　　고려 시대 질병 환자의 치료 및 병사자의 매장을 담당하던 임시 기구 ←
> 왕이 명하기를, "개경 내의 백성들이 역질에 걸렸으니 마땅히 **구제도감**
> 을 설치하여 이들을 치료하고, 또한 시신과 유골은 거두어 묻어서 비바
> 람에 드러나지 않게 할 것이며, 관리들을 나누어 보내 동북도와 서남도
> 의 굶주린 백성을 진휼하라."라고 하였다.

⑤ 고려 광종 때 기금을 모아 그 이자로 빈민을 구제하는 제위보가 설치·
운영되었다.

선지 분석하기
① 을파소의 건의로 진대법이 실시되었다. ➡ 고구려 고국천왕
② 기근에 대비하기 위해 구황촬요가 발간되었다. ➡ 조선 명종
③ 우리 풍토에 맞는 농법을 소개한 농사직설이 편찬되었다. ➡ 조선 세종
④ 국산 약재와 치료 방법을 정리한 향약집성방이 간행되었다. ➡ 조선 세종

정답 ⑤

한눈에 보는 해설 ⊕

정답 알아보기
　　　　　　→ 사천 매향비(향도)
다음 문화유산 에 대한 탐구 활동으로 가장 적절한 것은?

보물 제614호로 경상남도 **사천시** 곤양면 흥사리
에 있다. 고려 우왕 13년(1387)에 **향나무를 묻고**
　　　　　　　　　　　→ 매향 활동
세운 것으로, 비문에는 내세의 행운, **왕의 만수**
무강과 국태민안을 기원하는 내용이 담겨져 있다.

⑤ 불교 신앙 조직인 향도의 활동을 찾아본다.

선지 분석하기
① 상평창의 역할을 알아본다. ➡ 고려의 물가 안정 기관(성종 설치)
② 도선비기의 내용을 파악한다. ➡ 신라 말 풍수지리설을 도입한 승려 도선의 풍수지리
　　관계 책
③ 향교의 조직과 역할을 조사한다. ➡ 고려와 조선의 중등 교육 기관
④ 도교의 제사 의식 과정을 정리한다. ➡ 고려의 초제(여러 신에게 복을 기원하는
　　의식) 행사 및 복원궁(도교 사원)을 조사

정답 ⑤

👍 귀족의 이해(신분제)

3. 밑줄 그은 인물들의 공통된 특징으로 옳은 것을 〈보기〉에서 고른 것은?　　　　　　　　　▶ 18회

> ○ 해주 최씨 가문의 <u>최충</u>은 문헌공도를 세워 인재 양성에 힘써서 해동공자로 불렸으며, 그의 가문은 십여 대에 걸쳐 여러 명의 재상을 배출하였다.
> ○ 파평 윤씨 가문의 <u>윤관</u>은 삼한공신의 칭호를 받은 윤신달의 후손으로 관직이 문하시중까지 올랐으며, 아들 여러 명도 고위 관직을 역임하였다.

> 【보기】
> ㉠ 공음전을 받아 경제적 혜택을 누렸다.
> ㉡ 유력 가문과 중첩된 혼인 관계를 맺었다.
> ㉢ 원의 지원을 배경으로 권력을 유지하였다.
> ㉣ 성리학을 수용하여 사상적 기반으로 삼았다.

① ㉠, ㉡　　　　　　② ㉠, ㉢
③ ㉡, ㉢　　　　　　④ ㉡, ㉣
⑤ ㉢, ㉣

👍 고려의 풍습

4. 다음 상황이 나타난 시기의 사회 모습으로 옳은 것은?　▶ 21회

> 이승장은 어려서 아버지를 여의었는데, 의붓아버지가 집이 가난하다며 공부를 시키려 하지 않았다. 하지만 어머니가 이를 반대하면서 "제가 먹고 사는 것 때문에 수절하지 못했음을 부끄럽게 여겼습니다. 그러나 아이가 다행히 학문에 뜻을 두고 있으니, 아이 아버지의 뒤를 따르게 하는 것이 마땅할 것입니다. 만약 그렇게 못한다면 제가 무슨 얼굴로 지하에서 전남편을 다시 보겠습니까?"라고 말하여, 공을 솔성재에 입학시켰다. …… 봄에 과거에 응시하여 김돈중의 문생으로 진사시에 2등으로 합격하였다.
> 　　　　　　　　　　　　　　　　　　이승장 묘지명

① 재산 상속에서 큰아들이 우대받았다.
② 문중을 중심으로 서원과 사우가 세워졌다.
③ 사위와 외손자에게도 음서의 혜택이 주어졌다.
④ 대를 잇기 위해 양자를 들이는 일이 일반화되었다.
⑤ 혼인 후에 곧바로 남자 집에서 생활하는 경우가 보편화되었다.

한눈에 보는 해설 ⊕

정답 알아보기 ▶ 문벌 귀족

밑줄 그은 **인물들** 의 공통된 특징으로 옳은 것을 〈보기〉에서 고른 것은?

> ○ 해주 최씨 가문의 **최충**은 문헌공도를 세워 인재 양성에 힘써서 해동공자로 불렸으며, 그의 가문은 **십여 대에 걸쳐 여러 명의 재상을 배출**하였다.
> ○ 파평 윤씨 가문의 **윤관**은 삼한공신의 칭호를 받은 윤신달의 후손으로 관직이 문하시중까지 올랐으며, **아들 여러 명도 고위 관직을 역임**하였다.

㉠ 공음전은 5품 이상 고급 관리에게 준 토지로 자손에게 세습할 수 있었다. 공음전과 더불어 음서제는 문벌 귀족의 특권이었다.
㉡ 문벌 귀족은 신분 유지를 위해 왕실이나 유력 가문과 중첩된 혼인 관계를 맺었다.

선지 분석하기

㉢ 원의 지원을 배경으로 권력을 유지하였다. ➡ 권문세족
㉣ 성리학을 수용하여 사상적 기반으로 삼았다. ➡ 신진 사대부

정답 ①

한눈에 보는 해설 ⊕

정답 알아보기　→ 고려 시대(여성의 재가가 자유로웠고 재가할 경우 자손에 대한 차별이 없었던 모습)

다음 상황이 나타난 **시기** 의 사회 모습으로 옳은 것은?

> 이승장은 어려서 아버지를 여의었는데, 의붓아버지가 집이 가난하다며 공부를 시키려 하지 않았다. 하지만 어머니가 이를 반대하면서 **"제가 먹고 사는 것 때문에 수절하지 못했음을 부끄럽게 여겼습니다. 그러나 아이가 다행히 학문에 뜻을 두고 있으니, 아이 아버지의 뒤를 따르게 하는 것이 마땅할 것입니다. 만약 그렇게 못한다면 제가 무슨 얼굴로 지하에서 전남편을 다시 보겠습니까?"**라고 말하여, 공을 솔성재에 입학시켰다.
> 　　　　　　　　　　　　　　↳ 최충이 설립한 9재 학당 중 하나
> …… 봄에 과거에 응시하여 **김돈중**의 문생으로 진사시에 2등으로 합격
> 　　　　　　　↳ 김부식의 아들
> 하였다.　　　　　　　　　　　　　　　　이승장 묘지명

③ 고려 시대에는 5품 이상 관리의 친속(아들, 손자, 외손자, 사위, 동생, 조카)에게 음서의 혜택이 주어졌다.

선지 분석하기

①②④⑤ 모두 조선 후기의 사회 모습이다.

정답 ③

테마 20 고려의 경제

1 고려의 경제 정책

1. 중농 정책

(1) 토지 중심의 경제: 국가 재정의 토대가 농업 ➡ 상대적으로 수공업 침체, 생산과 소비 활동 제약

(2) 토지와 호구 조사: 재정을 안정적으로 운영하기 위해 토지와 호구를 조사하여 토지 대장인 양안*과 호구 장부인 호적*을 작성 ➡ 이를 근거로 조세·공물·부역 등을 부과

2. 수취 제도와 재정 운영

(1) 수취 제도

조세	• 토지를 논과 밭으로 나누고 비옥도에 따라 3등급으로 나누어 부과 • 민전(개인 소유지): 생산량의 1/10 징수 • 조세는 조운을 통해 개경으로 운반 　┗ 바닷길이나 강을 통해 조세를 운반하는 제도
공납	• 중앙 관청에서 필요한 공물을 주현에 부과 ➡ 속현·향·부곡·소에도 할당, 향리들이 집집마다 부과·징수 ➡ 조세보다 큰 부담 • 종류: 상공, 별공
역	군역과 요역, 16~60세의 정남에게 부과

국가(관리)
조세 1/10
국·공유지　민전(개인 사유지)
지대 1/4　소작농　지대 1/2

(2) 재정 운영: 호부에서 호적과 양안 작성, 삼사*에서 화폐와 곡식의 출납·회계 등 재정의 수입과 관련된 사무 담당

3. 토지 제도(전시과)

역분전(태조)	개국 공신에게 충성도와 인품에 따라 지급(논공행상적), 경기 대상
시정 전시과 (976, 경종)	관등과 인품을 함께 반영하여 전·현직 관리(직산관)에게 지급
개정 전시과 (998, 목종)	관등만 기준으로 전·현직 관리에게 18등급 차등 지급 ➡ 산직(퇴직 관리) 지급액 감소
경정 전시과 (1076, 문종)	현직 관리에게만 지급 ➡ 무관 차별 개선, 지급액 감소 cf 녹봉제 실시: 근무하는 관청에서 1년에 두 번 쌀과 천을 받는 제도

┗ 전지(과전) + 시지(연료 채취지)
전시과 지급
• 전국적 규모
• 관직 복무와 직역의 대가로 수조권 지급(소유권 ×)
• 죽거나 퇴직 시 반납

4. 토지의 종류

공음전	5품 이상 관료에게 지급, 세습 가능 ➡ 음서제와 함께 귀족의 지위 강화
한인전	6품 이하 하급 관료 자제로서 관직에 오르지 못한 이에게 지급
군인전	군역(중앙군)의 대가로 지급 ➡ 군역이 세습될 경우 군인전도 세습
구분전	하급 관료나 군인의 유가족에게 지급
외역전	향리에게 향역의 대가로 지급 ➡ 향리직이 세습될 경우 외역전도 세습
기타	내장전(왕실의 경비 충당), 공해전(중앙과 지방의 관청 경비 충당), 사원전(사원 경비 충당)
민전	• 개인의 사유지 ➡ 매매·상속·임대 등이 가능 • 수확량의 1/10을 조세로 징수

✱ 양안(量案)
경작지의 소유자와 크기를 적은 토지 대장으로 20년마다 작성

✱ 호적(戶籍)
호구 장부로 부부를 중심으로 이루어진 가족을 등재하되, 때에 따라서 여러 세대의 가족이 한 호적에 기록되기도 함. 3년마다 작성함.

📖 공전(公田)과 사전(私田)의 두 개념
• 소유권 ┌ 공전(국가 소유)
　　　　└ 사전(개인 소유)
• 수조권 ┌ 공전(국가가 수조)
　　　　└ 사전(관리가 수조)

✱ 삼사
고려의 삼사는 화폐와 곡식의 출납을 담당하는 회계 기구, but 조선의 삼사는 언론·학술 기관으로 사간원, 사헌부, 홍문관을 말함.

📖 전시과의 붕괴

무신 집권기	전시과 붕괴 ➡ 농장의 발달
원 간섭기	농장의 확대 ➡ 녹과전 지급(경기 8현의 땅을 녹봉이 적은 관리에게 지급)
고려 말	신진 사대부의 대두 ➡ 농장 혁파, 급전도감 설치, 과전법 제정(1391, 공양왕)

2 고려의 경제생활

1. 귀족과 농민의 경제생활

귀족	• 경제 기반: 상속 토지, 노비, 전시과의 과전, 녹봉 • 권력과 고리대 이용 ➡ 농민의 토지 약탈, 사치 생활
농민	• 민전(개인 사유지) 경작, 국·공유지 및 타인 소유지 경작 • 진전(방치한 토지)과 황무지 개간 시 일정 기간 소작료와 조세 감면

2. 농업

전기	• 2년 3작의 윤작법 시작, 우경에 의한 심경법(밭 깊이갈이)의 일반화 ➡ 생산력 증가 • 시비법 발달(전기 녹비 ➡ 후기 퇴비) ➡ 휴경지 감소
후기	• 논농사: 직파법 ➡ 이앙법(모내기) 시작(남부 일부 지방) • 이암이 원의 농서인 『농상집요』 소개 • 문익점이 목화씨 전래

3. 수공업

┌→ 수공업자 명단

관청 수공업	공장안 작성, 왕실·국가 수요품 생산	전기 발달
소(所) 수공업	각종 수공업품 생산 ➡ 공물(별공)로 납부(금, 은, 철, 구리, 실, 옷감, 종이, 먹, 차, 생강 등 생산)	
사원 수공업	승려와 노비가 제품 생산(베, 모시, 기와, 술, 소금 등)	후기 발달
민간 수공업	가내 수공업(삼베, 모시, 명주 생산)	

4. 화폐 정책

성종	최초의 화폐(철전, 동전) 건원중보 제작, but 유통 실패
숙종	┌→ 우리나라 지형을 본떠서 은 1근으로 만든 고가의 화폐 삼한통보(중보), 해동통보(중보), 활구(은병) 등 동전 제작, but 유통 실패, 일부 관영 상점(서점, 다점 등)에서만 사용 **cf** 의천의 주전론, 주전도감 설치
공양왕	저화(최초의 지폐)

5. 대외 무역

송	가장 활발, 벽란도(국제항) 번성, 비단·책·약재 등 왕실과 귀족의 수요품 수입, 나전 칠기·화문석·인삼·종이·먹·붓 등 수출
거란, 여진	은·모피 등 수입, 농기구·식량 등 수출
일본	교류 가장 미비, 수은·황 등 수입, 식량·인삼·서적 등 수출
아라비아	수은·향료·산호 수입, 'Corea'라고 세계에 알려짐. **cf** 남송을 통해 무역이 이루어짐.
원	공·사무역 활발, but 금·은·소·말 등의 유출 심각

✦ 삼한통보   ✦ 활구(은병)

✦ 고려 전기의 대외 무역

한능검 꼭꼭 사료

1. 전시과
고려의 토지 제도는 대개 당나라 제도를 모방하여, 개간된 토지의 넓이를 총괄해서 그 기름지고 메마른 것을 나누어 문무백관에서부터 부병(府兵, 여기서는 중앙군 장교), 한인(閑人)에 이르기까지 과(科)에 따라 전지(田地)와 시지(柴地)를 주었는데, 이를 전시과라 한다. 죽은 후에는 모두 나라에 다시 바쳐야 했다. 『고려사』

2. 고려의 화폐 정책
내(목종) 선대의 조정에서는 이전의 법도와 양식을 따라서 조서를 반포하고 화폐를 주조하니 수년 만에 돈꿰미가 창고에 가득 차서 화폐를 통용할 수 있게 되었다. …… 문득 근본을 힘쓰는 마음을 지니고서 돈을 사용하는 길을 다시 정하니, 차와 술과 음식 등을 파는 점포들에서는 교역에 전과 같이 전폐를 사용하도록 하고, 그 밖에 백성들이 사사로이 서로 교역하는 데에는 임의로 토산물을 쓰도록 하라. 『고려사』

사료 들쏙

시정 전시과(976, 경종)

경종 원년 11월에 비로소 직관(職官)·산관(散官)의 각 품(品)의 전시과를 제정하였는데 관품(官品)의 높고 낮은 것은 논하지 않고 다만 인품(人品)만 가지고 전시과의 등급을 결정하였다. …… 자삼(紫衫) 이상은 18품(品)으로 나누었다. 1품 전지(田地)와 시지(柴地) 각각 110결, 2품 전지와 시지 각각 105결 …… 문반(文班) 단삼(丹衫) 이상은 10품으로 나누었다. …… 무반(武班) 단삼(丹衫) 이상은 5품으로 나누었다. …… 이하 잡직 관리(雜吏)에게도 각각 인품에 따라서 차이를 두고 나누어 주었다. 『고려사』

👍 고려의 토지 제도

주요 정답 키워드 # 인품과 공(관)복을 기준 # 전지와 시지 # 수조권

1. (가), (나)에 해당하는 토지 제도에 대한 설명으로 옳은 것을 〈보기〉에서 고른 것은? ▶ 40회

> (가) 경종 원년(976) 11월, 처음으로 직관(職官)과 산관(散官) 각 품의 전시과를 제정하였다.
>
> (나) 공양왕 3년(1391) 5월, 도평의사사가 글을 올려 과전을 주는 법을 정하자고 요청하니 왕이 따랐다.

보기

㉠ (가) - 전지와 시지를 지급하여 수취의 권리를 행사하게 하였다.
㉡ (가) - 관리의 사망 시 유가족에게 수신전과 휼양전을 지급하였다.
㉢ (나) - 지급 대상 토지를 원칙적으로 경기 지역에 한정하였다.
㉣ (나) - 관리의 인품과 공복을 기준으로 하여 토지를 지급하였다.

① ㉠, ㉡
② ㉠, ㉢
③ ㉡, ㉢
④ ㉡, ㉣
⑤ ㉢, ㉣

2. (가)~(다)에 대한 설명으로 옳지 않은 것은? ▶ 32회

> **사료로 보는 ○○ 시대 토지 제도의 변천**
>
> (가) 경종 원년, 처음으로 직관(職官)과 산관(散官) 각 품의 전시과(田柴科)를 제정하였다.
> (나) 목종 원년, 문무 양반 및 군인의 전시과를 개정하였다.
> (다) 문종 30년, 양반전시과를 다시 고쳐 정하였다.

① (가) - 인품과 공복을 기준으로 하였다.
② (나) - 관직을 기준으로 토지를 지급하였다.
③ (다) - 현직 관리를 중심으로 토지를 지급하였다.
④ (가), (나) - 경기 지역으로 한정하여 토지를 지급하였다.
⑤ (가), (나), (다) - 지급된 토지에 대한 수조권을 인정하였다.

한눈에 보는 해설 🔍

정답 알아보기
→ (가) (시정) 전시과
→ (나) 과전법

(가), (나)에 해당하는 토지 제도에 대한 설명으로 옳은 것을 〈보기〉에서 고른 것은?

> (가) 경종 원년(976) 11월, 처음으로 직관(職官)과 산관(散官) 각 품의 전시과를 제정하였다.
> (나) 공양왕 3년(1391) 5월, 도평의사사가 글을 올려 과전을 주는 법을 정하자고 요청하니 왕이 따랐다.

㉠ 시정 전시과는 관품과 인품을 반영하여 전·현직 관료에게 전국의 땅을 대상으로 전지(과전)와 시지(땔감)를 지급한 제도이다.
㉢ 과전법은 전·현직 관료를 대상으로 경기 지역에 한하여 토지를 지급한 제도이다.

선지 분석하기

㉡ (가) - 관리의 사망 시 유가족에게 수신전과 휼양전을 지급하였다.
➡ (나) 과전법(공양왕, 1391)
㉣ (나) - 관리의 인품과 공복(또는 관품)을 기준으로 하여 토지를 지급하였다. ➡ (가) 시정 전시과(경종, 976)

정답 ②

한눈에 보는 해설 🔍

정답 알아보기
→ (가) 시정 전시과(976, 경종)
→ (나) 개정 전시과(998, 목종)
→ (다) 경정 전시과(1076, 문종)

(가)~(다)에 대한 설명으로 옳지 않은 것은?

> **사료로 보는 ○○ 시대 토지 제도의 변천**
>
> (가) 경종 원년, 처음으로 직관(職官)과 산관(散官) 각 품의 전시과(田柴科)를 제정하였다.
> (나) 목종 원년, 문무 양반 및 군인의 전시과를 개정하였다.
> (다) 문종 30년, 양반전시과를 다시 고쳐 정하였다.

④ (가), (나) - 경기 지역으로 한정하여 토지를 지급하였다. ➡ 과전법(1391, 공양왕 3년)

cf 고려의 전시과는 전국의 토지를 대상으로 전지(과전)와 시지(임야)를 지급하였다.

정답 ④

👍 고려의 경제 활동

3. 다음 자료에 나타난 시기의 경제 상황으로 옳은 것은?   ▶43회

> 11월에 팔관회가 열렸다. [왕이] 신봉루에 들러 모든 관료에게 큰 잔치를 베풀었다. 그리고 다음 날 대회(大會)에서 또 술과 음식을 하사하고 음악을 관람하였다. …… 송의 상인과 탐라국도 특산물을 바쳤으므로 자리를 내주어 음악을 관람하게 하였는데, 이후에는 상례(常例)가 되었다.

① 집집마다 부경이라는 창고가 있었다.

② 경시서가 수도의 시전을 감독하였다.

③ 감자, 고구마 등의 구황 작물이 재배되었다.

④ 모내기법 등을 소개한 농가집성이 편찬되었다.

⑤ 국경 지대에서 개시 무역과 후시 무역이 이루어졌다.

4. (가) 화폐가 발행된 시기의 경제 상황으로 옳은 것은?   ▶41회

> 왕이 이르기를, "금과 은은 천지(天地)의 정수(精髓)이자 국가의 보물인데, 근래에 간악한 백성들이 구리를 섞어 몰래 주조하고 있다. 지금부터 (가) 에 모두 표지를 새겨 이로써 영구한 법식으로 삼도록 하라. 어기는 자는 엄중히 논하겠다."라고 하였다.
> 이때에 비로소 (가) 을/를 화폐로 쓰기 시작하였다. 그 제도는 은 1근으로 만들어 본국의 지형을 본뜨도록 하였으니, 속칭 활구라고 하였다.

① 왜관이 설치되어 일본과 무역하였다.

② 경시서가 수도의 시전을 감독하였다.

③ 보부상이 장시를 돌아다니며 활동하였다.

④ 광산을 전문적으로 경영하는 덕대가 나타났다.

⑤ 중강 개시와 후시를 통한 중국과의 교역이 활발하였다.

한눈에 보는 해설 🔍

정답 알아보기

다음 자료에 나타난 시기(→고려)의 경제 상황으로 옳은 것은?

> 11월에 팔관회가 열렸다. [왕이] 신봉루에 들러 모든 관료에게 큰 잔치를 베풀었다. 그리고 다음 날 대회(大會)에서 또 술과 음식을 하사하고 음악을 관람하였다. …… 송의 상인과 탐라국도 특산물을 바쳤으므로 자리를 내주어 음악을 관람하게 하였는데, 이후에는 상례(常例)가 되었다.

② 고려 시대에는 경시서를 두어 개경에 있는 시전 등의 불법적인 상행위를 감독하게 하였다.

선지 분석하기

① 집집마다 부경이라는 창고가 있었다. ➡ 고구려

③ 감자, 고구마 등의 구황 작물이 재배되었다. ➡ 조선 후기

④ 모내기법 등을 소개한 농가집성이 편찬되었다. ➡ 조선 후기

⑤ 국경 지대에서 개시 무역과 후시 무역이 이루어졌다. ➡ 조선 후기

정답 ②

한눈에 보는 해설 🔍

정답 알아보기

(가) 화폐(→은병(활구))가 발행된 시기(→고려)의 경제 상황으로 옳은 것은?

> 왕(→숙종)이 이르기를, "금과 은은 천지(天地)의 정수(精髓)이자 국가의 보물인데, 근래에 간악한 백성들이 구리를 섞어 몰래 주조하고 있다. 지금부터 (가) 에 모두 표지를 새겨 이로써 영구한 법식으로 삼도록 하라. 어기는 자는 엄중히 논하겠다."라고 하였다.
> 이때에 비로소 (가) 을/를 화폐로 쓰기 시작하였다. 그 제도는 **은 1근으로 만들어 본국의 지형을 본뜨도록 하였으니, 속칭 활구라고 하였다.** →은병(고액 화폐)

② 고려 시대에는 경시서를 두어 개경에 있는 시전 등의 불법적인 상행위를 감독하게 하였다.

선지 분석하기

① 왜관이 설치되어 일본과 무역하였다. ➡ 조선

③ 보부상이 장시를 돌아다니며 활동하였다. ➡ 조선 후기

④ 광산을 전문적으로 경영하는 덕대가 나타났다. ➡ 조선 후기

⑤ 중강 개시와 후시를 통한 중국과의 교역이 활발하였다. ➡ 조선 후기

정답 ②

테마 21 고려의 문화(1)

1 역사서

📎 역사 서술 체제

구분	서술 방법	대표적 사서
기전체	본기(本紀), 세가(世家), 지(志), 열전(列傳) 등으로 구분하는 정사체	『삼국사기』, 『고려사』 등
편년체	연·월·일별로 서술	『동국통감』, 『조선왕조실록』 등
기사본말체	사건의 발단과 결과를 실증적으로 기술	이긍익의 『연려실기술』 등
강목체	강(綱, 대의), 목(目, 세목)으로 나누어 서술	안정복의 『동사강목』 등

전기	『7대 실록』, 『고금록』 등
중기	『삼국사기』(김부식, 인종, 1145) – 현존 우리나라 최고(最古) 사서, 기전체, 『구삼국사』를 기본으로 서술 – 신라 역사 계승 의식 반영, 본기 28권, 연표 3권, 지 9권, 열전 10권 구성
후기	• 무신 정변 이후 민족적 자주 의식을 바탕으로 전통문화를 바르게 이해하려는 경향 대두 • 『동명왕편』(이규보, 명종, 1193): 고구려 건국 영웅인 동명왕의 업적을 칭송한 일종의 민족 서사시, 고구려 계승 의식 • 『해동고승전』(각훈, 고종, 1215): 삼국 불교사를 교종의 입장에서 저술 • 『삼국유사』(일연, 충렬왕, 1281?): 불교사 중심의 고대 설화나 야사 수록, 고유문화와 전통 중시, 단군을 우리 민족의 시조로 처음 기록 • 『제왕운기』(이승휴, 충렬왕, 1287) – 상권은 중국 역사를, 하권은 단군 건국 이야기로부터 우리나라 역대 왕의 업적을 7언시의 한시로 기록 – 우리 역사를 단군으로부터 서술하여 중국사와 대등하게 파악, 발해를 우리 역사로 처음 인식
말기	『사략』(이제현, 공민왕): 고려 태조~숙종까지 역사 정리, 성리학적 유교 사관 대두

2 유학

1. 유학의 발달

✱ 성리학
우주의 근원과 인간의 심성 문제를 철학적으로 규명하려는 새로운 학문으로 남송의 주희가 완성. 이단을 허용하지 않는 교조주의로, 차별적 정통과 대의명분을 중시함.

✦ 안향 영정(경북 영주 소수 서원 소장)

전기	• 성격: 자주적 유학 • 태조: 6두품 계열(최언위 등)을 등용 • 광종: 과거 제도 실시 • 성종: 유교 정치 이념 채택(최승로의 시무 28조 반영), 국자감과 향교 설치 ┌➤국립 대학 ┌➤지방 교육 담당
중기	• 보수적 유학: 대표 학자 – 김부식, 최충 등 • 최충(984~1068): 문종 때의 대표적 유학자, '해동공자'라는 칭송을 받음. ➡ 은퇴 후 개경에 9재 학당(문헌공도) 건립
후기	• 성리학*의 전래: 충렬왕 때 안향이 최초로 소개 ➡ 이제현(원의 만권당에서 활약) ➡ 이색(성균관에서 유학 교육) ➡ 정몽주, 정도전 등 신진 사대부에게 확산 • 고려 말 특징: 주희의 『소학』, 『주자가례』 보급 ➡ 형이상학적인 면보다는 일상생활과 관련 있는 실천적 기능이 강조

어린이들의 수신서 → 주희의 가례를 모아 편찬한 가정의례서

2. 교육 기구

📎 국자감의 구조

```
       ┌ 국자학  (3품 이상 귀족 자제 입학)
  3학 ─┤ 태학    (5품 이상)
       └ 사문학  (7품 이상)

       ┌ 율학
  잡학 ─┤ 산학   (8품 이하~ 양인 입학)
       └ 서학
```

성종	국자감(유학부+기술학부) 설치, 문신월과법 실시
사학 발달	문종 때 최충의 9재 학당(문헌공도) 실시를 계기로 개경에 사학 12도 융성 ➡ ∴ 관학 위축
관학 진흥책	• 숙종: 국자감에 서적포 설치(도서 간행) • 예종: 국자감을 국학으로 개칭, 국학에 전문 강좌 7재 설치, 양현고(장학 기금) 설치 • 인종: 경사 6학 정비, 7재 중 무학재 폐지 • 충렬왕: 섬학전 설치(안향 건의, 장학 기금), 국학을 성균관으로 개칭 • 공민왕: 성균관 부흥(순수 유교 교육 기관), 과거제 정비

문신월과법 관련: 중앙의 문신에게 매달 시 3편, 부 1편을 지어 바치게 하고, 지방 관리에게도 1년에 한 번씩 글을 지어 바치게 하여 관리의 질적 향상을 도모

3 종교

→ 유교는 치국의 도, 불교는 수신의 도(최승로의 시무 28조)

1. 불교

전기	• 태조: 훈요 10조에서 불교 숭상 강조, 연등회·팔관회 개최 강조 • 광종: 승과 제도 실시, 국사·왕사 제도 실시, 균여의 화엄종(북악파) 중심 종파 통합 시도 **cf** 균여의 향가('보현십원가') 작성 ➡ 불교의 대중화
중기	• 화엄종(왕실)과 법상종(귀족) 유행 → 문종의 아들 • 의천: 교종(화엄종 중심) 통합(흥왕사) ➡ 교종(화엄종)에 선종 통합, 해동 천태종 창시(국청사), 교관 겸수(敎觀兼修)* 주장, 원효의 화쟁 사상 계승, 왕실·귀족의 후원
무신 집권기	• 무신 정권의 조계종 후원 • 지눌: 불교 개혁 시도 ➡ 수선사 결사 조직(순천 송광사) ➡ 조계종 창시(순천 송광사), 선종 중심으로 교종 통합 ➡ 정혜쌍수(定慧雙修)*, 돈오점수(頓悟漸修)* 주장 • 혜심(조계종의 2대 교주): 유·불 일치설 주장 ➡ 성리학 수용의 사상적 토대 마련 • 요세: 천태종의 신앙 결사 운동 주장 ➡ 백련사 결사 조직(강진 만덕사), 참회 강조(법화신앙)
원 간섭기	• 불교의 권력화, 세속화 • 보우: 원의 임제종 도입(충목왕) ➡ 불교 개혁 시도(선종 9산 통합), 실패 • 신진 사대부: 불교 비판 **cf** 정도전의 『불씨잡변』

2. 도교와 풍수지리설

도교	• 초제 실시, 팔관회(도교 + 불교 + 토착 신앙) ➡ 민간 신앙으로 발전, 교단 성립 × • 예종 때 복원궁(도교 사원) 설치
풍수지리설	• 전기: 서경 길지설 ➡ 태조 왕건의 북진 정책, 묘청의 서경 천도 운동에 영향 • 중기 이후: 남경 길지설 ➡ 북진 정책 쇠퇴, 조선 한양 천도 합리화

한능검 꼭꼭 사료

1. 『삼국사기』 서문

성상 전하께서 …… "또한 그에 관한 옛 기록은 표현이 거칠고 졸렬하며 사건의 기록이 빠진 것이 있으므로, 이로 써 군주와 왕비의 착하고 악함, 신하의 충성됨과 사특함, 나랏일의 안전함과 위태로움, 백성의 다스려짐과 어지러 움을 모두 펴서 드러내어 권하거나 징계할 수 없다. 그러므로 마땅히 재능과 학문과 식견을 겸비한 인재를 찾아 권 위있는 역사서를 완성하여 만대에 전하여 빛내기를 해와 별처럼 하고자 한다."라고 하였습니다. …… 연표 3권, 본 기 28권, 지 9권, 열전 10권 등으로 ……

2. 의천

가만히 생각하면 성인이 가르침을 편 목적은 행(行)을 일으키려는 데 있는 것이므로, 입으로만이 아니라 몸으로 행 동하게 하려는 것이다. …… 정원법사는 "관(觀)을 배우지 않고 경(經)만 배우면 오주(五周)의 인과를 들었더라도 삼중의 성덕을 통하지 못하며, 경을 배우지 않고 관만 배우면 삼중(三重)의 성덕을 깨쳐도 오주의 인과는 분별하지 못한다. 그러므로 관도 배우지 않을 수 없고, 경도 배우지 않을 수 없다."고 하였다. 내가 교단에 마음을 다 쓰는 까 닭은 이 말에 깊이 감복하였기 때문이다. 『대각국사 문집』

3. 지눌

한마음[一心]을 깨닫지 못하고 한없는 번뇌를 일으키는 것이 중생인데 부처는 이 한마음을 깨달았다. 깨닫고 아니 깨달음은 오직 한마음에 달려 있으니 이 마음을 떠나 따로 부처를 찾을 것이 없다. …… 지금의 불교계를 보면 아 침저녁으로 행하는 일들이 비록 부처의 법에 의지하였다고 하나 자신을 내세우고 이익을 구하는 데 열중하며 세속 의 일에 골몰한다. 도덕을 닦지 않고 옷과 밥만 허비하니 비록 출가하였다고 하나 무슨 덕이 있겠는가? 하루는 같 이 공부하는 사람 10여 인과 약속하였다. 마땅히 명예와 이익을 버리고 산림에 은둔하여 같은 모임을 맺자. 항상 선을 익히고 지혜를 고르는 데 힘쓰고, 예불하고 경전을 읽으며 힘들여 일하는 것에 이르기까지 각자 맡은 바 임 무에 따라 경영한다. 인연에 따라 성품을 수양하고 평생을 호방하게 고귀한 이들의 드높은 행동을 좇아 따른다면 어찌 통쾌하지 않겠는가. 권수정혜결사문

📖 대각국사 의천의 주요 업적

1. 주전론 주장, 주전도감 설치
2. 해동 천태종 창시
3. 교장(속장경) 간행: 흥왕사, 교장 도감 설치
4. 주요 저서: 『천태사교의주』(천태 종 연구), 『대각국사 문집』

✳ 교관겸수(敎觀兼修)

교상(敎相)과 관심(觀心)의 양면을 의미하는 것으로, 교상은 이론을, 관심은 실천을 뜻함. 즉 교관겸수 는 이론과 실천을 다 같이 중요하 게 여긴다는 뜻

✳ 정혜쌍수(定慧雙修)

정(定)은 참선, 혜(慧)는 지혜(智慧) 로서 사물의 실상을 관조하여 의 혹을 끊고 정각(正覺)을 얻는 힘을 뜻함.

✳ 돈오점수(頓悟漸修)

돈오는 인간의 마음이 곧 부처의 마음이라는 것을 깨닫는 것, 점수 는 깨달은 뒤에도 꾸준히 수행해 야 한다는 의미

📖 도교의 발달 과정

1. 고구려: 강서 대묘의 사신도, 연 개소문이 장려
2. 백제: 산수문전, 사택지적비, 무 령왕릉 지석, 금동 대향로
3. 신라: 화랑도를 국선, 풍월도라 부름.
4. 통일 신라: 12지 신상, 말기에 은둔적 노장사상 유행
5. 고려: 민간 신앙으로 발전하여 초제 거행, 도사·도관 등장, 팔 관회
6. 조선 초기: 소격서를 설치하고 마니산 초제를 강조하여 민족의 식을 높이는 기능을 함.

사료 돋보기

『삼국유사』 서문

대저 옛 성인들은 예(禮)·악(樂)으 로써 나라를 흥륭시키고, 인의로 가르쳤으며, 괴상한 힘이나 난잡한 귀신을 말하지 아니하였다. 그러나 제왕들이 일어날 때는 …… 반드시 보통 사람보다 다른 것이 있은 뒤 에 큰 변란 있는 기회를 타서 대기 (大機)를 잡고 대업(大業)을 이루는 것이다. …… 삼국의 시조들이 모두 신기한 일로 태어났음이 어찌 괴 이하겠는가. 이것이 신이(神異)로써 다른 편보다 먼저 놓는 까닭이다.

👍 역사서

주요 정답 키워드 # 고조선 건국 이야기 # 김부식 # 이승휴

1. (가), (나) 역사서에 대한 설명으로 옳은 것은? ▶ 38회

(가)

1145년(인종 23)에 김부식 등이
왕명을 받아 편찬한 책으로 본기
28권, 지 9권, 표 3권, 열전 10권
으로 이루어져 있다.

(나)

1287년(충렬왕 13)에 이승휴가
펴낸 책으로 상권은 중국사, 하권은
우리나라 역사에 관한 내용으로
채워져 있다.

① (가) – 사초, 시정기 등을 바탕으로 실록청에서 편찬하였다.
② (가) – 불교사를 중심으로 고대의 민간 설화 등을 수록하였다.
③ (나) – 고조선의 건국 이야기가 수록되어 있다.
④ (나) – 유네스코 세계 기록 유산으로 등재되었다.
⑤ (가), (나) – 고구려 건국 시조의 일대기를 서사시 형태로 서술하였다.

한눈에 보는 해설 ⊕

정답 알아보기 ┌→ (가) 『삼국사기』
　　　　　　　└→ (나) 『제왕운기』

(가), (나) 역사서 에 대한 설명으로 옳은 것은?

(가) 1145년(인종 23)에 **김부식** 등이 왕명을 받아 편찬한 책으로 **본기
28권, 지 9권, 표 3권, 열전 10권**으로 이루어져 있다.
(나) 1287년(충렬왕 13)에 **이승휴**가 펴낸 책으로 **상권은 중국사, 하권은
우리나라 역사**에 관한 내용으로 채워져 있다.

③ 원 간섭기 충렬왕 때 편찬된 이승휴의 『제왕운기』와 일연의 『삼국유
사』에는 단군의 고조선 건국 이야기가 수록되어 있다.

선지 분석하기

① (가) – 사초, 시정기 등을 바탕으로 실록청에서 편찬하였다. ➡ 『조선
왕조실록』
② (가) – 불교사를 중심으로 고대의 민간 설화 등을 수록하였다. ➡ 일연의
『삼국유사』
④ (나) – 유네스코 세계 기록 유산으로 등재되었다. ➡ 『조선왕조실록』, 『훈민
정음 해례본』, 『승정원일기』, 『일성록』 등
⑤ (가), (나) – 고구려 건국 시조의 일대기를 서사시 형태로 서술하였다.
➡ 이규보의 『동명왕편』

정답 ③

👍 관학 진흥책

주요 정답 키워드 # 7재 # 관학 진흥책

2. 밑줄 그은 '정책'의 내용으로 옳은 것은? ▶ 43회

최근 최충의 9재 학당을 비롯한
사학 12도로 학생들이 모여들어
관학이 많이 위축되었다는군.

지공거 출신들이 세운 사학이 많아
과거 준비에 유리한 모양일세. 그래서
정부에서는 관학 진흥을 위한 정책을
마련한다고 들었네.

① 독서삼품과를 시행하였다.
② 초계문신제를 실시하였다.
③ 수도에 4부 학당을 두었다.
④ 전문 강좌인 7재를 개설하였다.
⑤ 경당을 설립하여 학문을 가르쳤다.

한눈에 보는 해설 ⊕

정답 알아보기 ┌→ 고려 중기의 관학 진흥책

밑줄 그은 '정책' 의 내용으로 옳은 것은?

최근 **최충의 9재 학당**을 비롯한
사학 12도로 학생들이 모여들어
관학이 많이 위축되었다는군.

┌→ 과거 출제 위원
지공거 출신들이 세운 사학이 많아
과거 준비에 유리한 모양일세. 그래서
정부에서는 **관학 진흥**을 위한 **정책**을
마련한다고 들었네.

④ 관학을 부흥시키기 위해 예종은 최충의 9재 학당을 모방한 7재를
설치하였고, 일종의 장학 재단인 양현고를 설치하였다.

선지 분석하기

① 독서삼품과를 시행하였다. ➡ 신라 원성왕
② 초계문신제를 실시하였다. ➡ 조선 정조
③ 수도에 4부 학당을 두었다. ➡ 조선
⑤ 경당을 설립하여 학문을 가르쳤다. ➡ 고구려(장수왕)

정답 ④

👍 의천

주요 정답 키워드　# 천태종　# 신편제종교장총록

3. (가) 인물에 대한 설명으로 옳은 것은? ▶ 41회

이것은 문종의 아들인 [(가)] 이/가 송·요·일본 등 동아시아 각지의 불교 서적을 수집하여 그 목록을 정리한 신편제종교장총록(新編諸宗敎藏總錄)의 일부입니다.

① 국청사를 중심으로 해동 천태종을 창시하였다.
② 법화 신앙에 중점을 둔 백련 결사를 주도하였다.
③ 정혜사를 결성하여 불교계를 개혁하고자 하였다.
④ 유불 일치설을 주장하여 심성의 도야를 강조하였다.
⑤ 승려들의 전기를 정리하여 해동고승전을 편찬하였다.

👍 지눌

주요 정답 키워드　# 정혜쌍수　# 돈오점수　# 송광사

4. (가)에 들어갈 내용으로 적절한 것은? ▶ 46회

여기는 순천시 조계산에 자리한 송광사입니다. 해인사, 통도사와 함께 우리나라 삼보사찰(三寶寺刹) 중 하나로, 16명의 국사를 배출하여 승보사찰(僧寶寺刹)로 불립니다. 이곳에서 [(가)]

① 일연이 삼국유사를 집필하였습니다.
② 원효가 금강삼매경론을 저술하였습니다.
③ 의천이 신편제종교장총록을 편찬하였습니다.
④ 지눌이 정혜쌍수와 돈오점수를 내세웠습니다.
⑤ 요세가 법화 신앙을 바탕으로 백련 결사를 이끌었습니다.

📖 한눈에 보는 해설 🔍

정답 알아보기

의천 ┃ (가) 인물 ┃에 대한 설명으로 옳은 것은?

이것은 **문종의 아들**인 [(가)] 이/가 송·요·일본 등 동아시아 각지의 불교 서적을 수집하여 그 목록을 정리한 **신편제종교장총록(新編諸宗敎藏總錄)**의 일부입니다.

① 의천은 흥왕사에서 화엄종을 중심으로 교종을 통합하였고, 이후 선종을 통합하기 위해 국청사를 창건하여 해동 천태종을 창시하였다.

선지 분석하기

② 법화 신앙에 중점을 둔 백련 결사를 주도하였다. ➡ 요세(천태종 승려)
③ 정혜사를 결성하여 불교계를 개혁하고자 하였다. ➡ 지눌(조계종 승려)
④ 유불 일치설을 주장하여 심성의 도야를 강조하였다. ➡ 혜심(조계종 승려)
⑤ 승려들의 전기를 정리하여 해동고승전을 편찬하였다. ➡ 각훈(화엄종 승려)

정답 ①

📖 한눈에 보는 해설 🔍

정답 알아보기

(가)에 들어갈 내용으로 적절한 것은?

　　　　　　　　　　　↱ 지눌이 수선사 결사 운동 전개
여기는 순천시 조계산에 자리한 **송광사**입니다. 해인사, 통도사와 함께 우리나라 삼보사찰(三寶寺刹) 중 하나로, 16명의 국사를 배출하여 승보사찰(僧寶寺刹)로 불립니다. 이곳에서 [(가)]

④ 지눌은 정혜쌍수와 돈오점수를 내세우면서 불교 개혁 운동(수선사 결사)을 전개하였다.

선지 분석하기

① 일연이 삼국유사를 집필하였습니다. ➡ 경북 군위 인각사
② 원효가 금강삼매경론을 저술하였습니다. ➡ 경주 분황사로 추정
③ 의천이 신편제종교장총록을 편찬하였습니다. ➡ 개경 흥왕사
⑤ 요세가 법화 신앙을 바탕으로 백련 결사를 이끌었습니다. ➡ 전남 강진 만덕사

정답 ④

테마 22 고려의 문화(2)

✱ 대장경
경(經, 부처님 설법), 율(律, 교단의 규범), 론(論, 승려나 학자의 해석)의 삼장으로 구분된 불교 경전 총서

✦ 재조대장경(팔만대장경)

✦ 『직지심체요절』 판틀의 복원품

1 인쇄술

목판 (대장경)✱	초조대장경	• 거란의 침입 때 간행 • 몽골의 2차 침입으로 소실
	교장	의천이 국내 · 송 · 요 · 일본 등에서 불경 수집 ➡ 불교 목록인 '신편제종교장총록' 작성 ➡ 흥왕사에 교장도감 설치
	재조대장경 (팔만대장경)	• 몽골 침입 때 간행 • 최우가 강화도에 대장도감 · 진주에 분사(대장)도감 설치 ┌→ 판각 담당 • 현재 합천 해인사 장경판전(15세기 건축)에 보관(유네스코 세계 기록 유산)
금속	『상정고금예문』 (1234, 고종 21년)	12세기 인종 때 쓴 의례서 ➡ 1232년 강화 천도 때 가지고 오지 못하자 최우의 지시로 금속 활자로 다시 간행(➡ 현존 ×, 이규보의 『동국이상국집』에 기사 수록)
	『직지심체요절』 (1377, 우왕 3년)	• 청주 흥덕사에서 발행 • 현존 최고(最古)의 금속 활자본(유네스코 세계 기록 유산, 프랑스 소장)

2 과학 기술

천문학	• 사천대 설치 • 당의 선명력(초기) ➡ 원의 수시력(충선왕) ➡ 명의 대통력(공민왕) 수용
의학	• 태의감에서 의학 교육 • 향약방(고려의 독자적 처방) • 『향약구급방』(고종, 1236~1251, 현존 우리나라에서 가장 오래된 의학서)
화약 무기	최무선의 화약 제조, 화통도감 설치(1377, 우왕 3년)

3 예술

1. 건축

전기		개경에 만월대 등 궁전, 현화사 · 흥왕사 등 사찰 건립 ➡ 현존 ×
후기	주심포 양식 지붕 머리와 기둥, 서까래 사이에 짜임새(포, 두공)가 기둥 위에만 있는 양식	• 봉정사 극락전: 현존하는 가장 오래된 목조 건축물, 맞배지붕 • 부석사 무량수전: 배흘림기둥, 팔작지붕 　cf 부석사 소조 아미타여래 좌상 • 수덕사 대웅전: 맞배지붕, 내부에 사실적 벽화
	다포 양식(원의 영향) 기둥뿐만 아니라 기둥 사이에도 공포를 짜 올리는 방식	성불사 응진전, 석왕사 응진전, 심원사 보광전 등 ➡ 조선 건축에 영향

✦ 맞배지붕

✦ 우진각지붕

✦ 팔작지붕

✦ 주심포(柱心包) 양식 　✦ 다포(多包) 양식

✦ 부석사 무량수전(경북 영주)

✦ 수덕사 대웅전(충남 예산)

2. 탑

전기	다각 다층탑 유행, 월정사 8각 9층 석탑(송의 영향)
후기	경천사지 10층 석탑(원의 영향, 대리석) ➡ 조선의 원각사지 10층 석탑(세조)에 영향
승탑	여주 고달사지 원종대사 혜진탑(8각 원당형) ➡ 정토사 흥법국사 실상탑·법천사 지광국사 현묘탑 등(특수 형태)

✧ 월정사 8각 9층 석탑 ✧ 경천사지 10층 석탑 ✧ 고달사지 원종대사 혜진탑 ✧ 정토사 흥법국사 실상탑 ✧ 법천사 지광국사 현묘탑

3. 불상

중앙 문화	부석사 소조 아미타여래 좌상: 고려 대표 불상, 신라 양식
지방 문화	• 논산 관촉사 석조 미륵보살 입상(은진미륵), 안동 이천동 마애여래 입상 등 ➡ 지역 특색이 드러난 거대한 불상 건립 • 기타: 하남 하사창동 철조 석가여래 좌상(또는 광주 춘궁리 철불)

✧ 부석사 소조 아미타여래 좌상(경북 영주) ✧ 관촉사 석조 미륵보살 입상(은진미륵) ✧ 안동 이천동 마애여래 입상 ✧ 광주 춘궁리 철불(국립 중앙 박물관)

4. 청자와 공예, 서화

→ 송나라 사신 서긍의 『고려도경』: 청자의 비색 극찬, but 상감법 언급 x

청자·공예	• 자기 공예: 순수 청자(전기) ➡ 상감 청자(후기) ➡ 원 간섭기 상감 청자 쇠퇴 • 금속 공예: 은입사 기술 발달(청동 향로, 청동 은입사 포류 수금문 정병) • 나전 칠기 공예 발달
서화	• 전기: 구양순체(탄연) ➡ 후기: 송설체(조맹부체, 이암)　→ 불경 그림 • 예성강도(이령), 천산대렵도(원대 북화 영향), 관음보살도, 사경화 유행

✧ 청자 칠보 투각 향로

✧ 청자 상감 운학문 매병

✧ 청동 은입사 포류 수금문 정병

✧ 천산대렵도

한능검 꽉꽉 사료

1. 재조대장경(팔만대장경)
옛적 현종 2년에 거란주(契丹主)가 크게 군사를 일으켜 와서 정벌하자, 현종은 남쪽으로 피난하였는데, 거란 군사는 오히려 송악성에 주둔하고 물러가지 않았습니다. 그러나 임금이 이에 여러 신하들과 함께 더할 수 없는 큰 서원을 발하였고 대장경 판본을 판각해 이룬 뒤에 거란 군사가 스스로 물러갔습니다. 그렇다면 대장경도 한가지고, 전후 판각한 것도 한가지고, 군신이 함께 서원한 것도 또한 한가지인데, 어찌 그때에만 거란 군사가 스스로 물러가고 지금의 달단(몽골)은 그렇지 않겠습니까?　이규보, 『동국이상국집』 19권, 대장각판군신기고문

2. 송나라 사람이 본 고려청자
고려 사람들은 도자기의 빛깔이 푸른 것을 비색이라 부른다. 근년에 와서 만드는 솜씨가 교묘하고 빛깔도 더욱 예뻐졌다.　『고려도경』

사료 돋보기

우리나라의 공예 발전 과정

신석기 토기 → 신라 토기 발해 자기 송 자기 → 고려 전기·중기 순수(비색) 청자 → 양·음각 청자 → 고려 후기 상감 청자 ➡ 15세기 분청사기 → 16세기 순백자 → 조선 후기 청화 백자(철사·진사) 달항아리

🐻 **출제 POINT**
주요 건축물과 불교 관련 유물을 화보를 통해 물어보는 문제가 주로 출제된다.

👍 고려의 문화유산

주요 정답 키워드 # 부석사 # 안동 봉정사 극락전

1. 다음 사진전에 전시될 사진으로 적절한 것을 〈보기〉에서 고른 것은?

▶ 32회

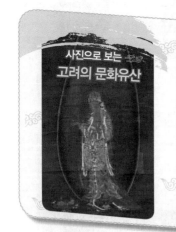

특별 사진전

찬란한 불교문화를 꽃피웠던 고려 시대의 문화유산 사진전을 개최하고자 합니다. 많은 분들의 관람 바랍니다.

■ 기간
2016년 ○○월 ○○일 ~ ○○월 ○○일
■ 장소
△△ 미술관 특별 전시실

보기

ⓒ
금동 연가 7년명 여래 입상

ⓛ
영주 부석사 소조 여래 좌상

ⓒ
하남 하사창동 철조 석가여래 좌상

ⓔ
금동 미륵보살 반가 사유상

① ㄱ, ㄴ　　② ㄱ, ㄷ　　③ ㄴ, ㄷ

④ ㄴ, ㄹ　　⑤ ㄷ, ㄹ

한눈에 보는 해설 ⊕

정답 알아보기 → 고려의 문화유산

다음 사진전에 전시될 사진 으로 적절한 것을 〈보기〉에서 고른 것은?

ⓛ
영주 부석사 소조 여래 좌상
(고려 전기 불상)

ⓒ
하남 하사창동 철조 석가여래 좌상
(또는 광주 춘궁리 불상, 고려 전기 불상)

선지 분석하기

ⓒ
금동 연가 7년명 여래 입상
➡ 고구려 불상

ⓔ
금동 미륵보살 반가 사유상
➡ 삼국 공통 출토 불상

정답 ③

---

2. (가)에 들어갈 문화유산으로 옳은 것은?

▶ 37회

문화유산 카드

(가)

• 종목: 국보 제15호
• 소재지: 경상북도 안동시
• 소개: 단층 맞배지붕의 주심포계 건물로 초석 위에는 배흘림기둥을 세웠다. 이 건물은 우리나라에 남아 있는 목조 건축물 중 가장 오래된 것으로 인정받고 있어 그 가치가 높다.

①
봉정사 극락전

②
수덕사 대웅전

③
쌍계사 대웅전

④
화엄사 각황전

⑤
전등사 대웅전

한눈에 보는 해설 ⊕

정답 알아보기

(가)에 들어갈 문화유산으로 옳은 것은?

(가)

• 종목: 국보 제15호
• 소재지: 경상북도 안동시
• 소개: 단층 맞배지붕의 **주심포계** 건물로 초석 위에는 **배흘림기둥**을 세웠다. 이 건물은 우리나라에 남아 있는 목조 **건축물 중 가장 오래된** 것으로 인정받고 있어 그 가치가 높다. → 1376년(우왕 2) 건립

① 봉정사 극락전

선지 분석하기

② 예산 수덕사 대웅전 ➡ 고려 후기 건축, 주심포 양식·맞배지붕
③ 화순 쌍계사 대웅전 ➡ 조선 후기(18세기) 건축
④ 구례 화엄사 각황전 ➡ 조선 후기(17세기) 건축
⑤ 강화 전등사 대웅전 ➡ 조선 후기(17세기) 건축

정답 ①

👍 과학 기술

3. (가)에 들어갈 내용으로 옳은 것을 〈보기〉에서 고른 것은?

▶ 44회

〈주제: ○○ 시대 과학 기술의 발달〉
△△ 모둠 발표

현존하는 가장 오래된 금속 활자본인 직지심체요절이 간행됐어요.

사천대에서 천체와 기상을 관찰했어요.

(가)

─ 보기 ─
㉠ 기기도설을 참고하여 거중기를 제작했어요.
㉡ 화통도감을 설치하여 화약과 화포를 제작했어요.
㉢ 우리의 약재를 소개한 향약구급방을 편찬했어요.
㉣ 농업 기술 혁신 방안을 제시한 임원경제지가 저술됐어요.

① ㉠, ㉡　　　　② ㉠, ㉢　　　　③ ㉡, ㉢

④ ㉡, ㉣　　　　⑤ ㉢, ㉣

4. (가)에 대한 설명으로 옳은 것은?

▶ 35회

이규보가 쓴 이 글은 최씨 무신 정권의 후원을 받아 제작된 (가) 의 조판 동기를 밝힌 것으로, 부처의 힘으로 외세를 물리치고자 하는 염원이 담겨 있습니다.

신통한 힘을 빌려 주어 완악한 오랑캐가 멀리 도망가서 다시는 우리 국토를 짓밟는 일이 없게 해 주십시오. 전쟁이 그치고 전국이 평안하며, …… 나라의 국운이 만세토록 유지되게 해 주소서.

① 자장의 건의로 만들어졌다.
② 현존하는 최고(最古)의 금속 활자본이다.
③ 유네스코 세계 기록 유산으로 등재되었다.
④ 현재 프랑스 국립 도서관에 보관되어 있다.
⑤ 불국사 삼층 석탑을 보수하는 과정에서 발견되었다.

🔍 한눈에 보는 해설

정답 알아보기 → 고려의 과학 기술

(가)에 들어갈 내용 으로 옳은 것을 〈보기〉에서 고른 것은?

〈주제: ○○ 시대 과학 기술의 발달〉
△△ 모둠 발표

현존하는 가장 오래된 금속 활자본인 **직지심체요절**이 간행됐어요.

사천대에서 천체와 기상을 관찰했어요.

(가)

㉡ 고려 말 우왕 때 최무선은 화약 무기의 필요성을 절감하고 화통도감을 설치하여 각종 화약 무기를 제조하였다.
㉢ 13세기 고려 고종 연간에 편찬된 『향약구급방』은 현존하는 가장 오래된 의서이다.

선지 분석하기

㉠ 기기도설을 참고하여 거중기를 제작했어요. ➡ 조선 후기, 정약용, 수원 화성 축조 때 사용
㉣ 농업 기술 혁신 방안을 제시한 임원경제지가 저술됐어요. ➡ 조선 후기, 서유구의 농업 백과사전

정답 ③

🔍 한눈에 보는 해설

정답 알아보기 → 팔만대장경(재조대장경)

(가) 에 대한 설명으로 옳은 것은?

이규보가 쓴 이 글은 **최씨 무신 정권의 후원**을 받아 제작된 (가) 의 조판 동기를 밝힌 것으로, **부처의 힘으로 외세를 물리치고자 하는 염원**이 담겨 있습니다.

신통한 힘을 빌려 주어 완악한 오랑캐가 멀리 도망가서 다시는 우리 국토를 짓밟는 일이 없게 해 주십시오. 전쟁이 그치고 전국이 평안하며, …… 나라의 국운이 만세토록 유지되게 해 주소서.

③ 부처의 힘으로 몽골 침략을 물리치고자 조판한 팔만대장경(재조대장경)은 2007년 유네스코 세계 기록 유산에 등재되었다.

선지 분석하기

① 자장의 건의로 만들어졌다. ➡ 황룡사 9층 목탑(신라 선덕 여왕)
② 현존하는 최고(最古)의 금속 활자본이다. ➡ 직지심체요절(고려 우왕, 유네스코 세계 기록 문화유산)
④ 현재 프랑스 국립 도서관에 보관되어 있다. ➡ 직지심체요절(고려 우왕, 유네스코 세계 기록 문화유산)
⑤ 불국사 삼층 석탑을 보수하는 과정에서 발견되었다. ➡ 무구 정광 대다라니경

정답 ③

단기완성
한국사능력검정시험

PART
04

근세 사회
(조선 전기)

테마 23 조선의 건국과 기틀 마련

1 조선의 건국

1. 조선 건국 과정

→ 원이 직속령으로 했던 철령 이북 지역

(1) 위화도 회군(1388): 명의 철령위 설치 요구 ➡ 우왕과 최영은 요동 수복 운동 주장, 이성계는 4불가론을 주장하면서 반대 ➡ 이성계의 위화도 회군(1388) 단행, 최영 제거

(2) 폐가입진(廢假立眞, 1389): 우왕과 창왕을 신돈의 자식이라 하여 폐출 ➡ 공양왕 옹립

(3) 과전법 실시(1391): 조준, 정도전 등의 건의로 전제 개혁 실시

(4) 조선 건국(1392): 정몽주를 선죽교에서 제거 ➡ 이성계의 국왕 즉위(1392)

└→ 고려 말 온건파 신진 사대부의 대표적 인물로, 이색의 문하에서 공부함.
　　고려 왕조를 지키기 위해 이성계 일파를 제거하려다 오히려 이방원에게 선죽교에서 죽임을 당함.

2 국가의 기틀 마련

1. 태조(1대, 1392~1398)

재상 중심의 정치 체제	정도전의 의견 수렴 ➡ 재상이 도평의사사의 판사를 겸하고 국정을 주도하는 재상 중심의 정치 체제 구현
국가 기틀 마련	국호 '조선' 제정(1393), 한양 천도(1394)
도읍의 기틀 마련	도성 안에 경복궁, 종묘 등 조성 cf 창덕궁(태종 건축), 창경궁(성종 건축), 경희궁, 경운궁(덕수궁) 배치
국가 정책 제시	숭유억불, 농본억상, 사대교린* 정책

◆ 조선의 궁궐 배치도

2. 정종(2대, 1398~1400)

→ 태조가 후비인 강씨 소생의 방석을 세자로 책봉하고 정도전 등으로 보필하게 하자, 이방원이 방석과 정도전 등을 제거한 사건

개경 천도	1차 왕자의 난으로 즉위 ➡ 개경 천도
의정부 설치	도평의사사를 의정부로 개편
2차 왕자의 난(1400)	왕위를 이방원(태종)에게 넘김.

└→ 태조의 넷째 아들 방간이 개국 공신 박포와 연합하여 이방원을 제거하려다 실패한 사건

3. 태종(3대, 1400~1418)

개국 공신 축출	정도전 제거(1차 왕자의 난), 박포 제거(2차 왕자의 난)
6조 직계제 채택	6조에서 의정부를 거치지 않고 곧바로 국왕에게 올려 재가를 받는 체제
왕권 강화 기구	승정원(왕명 출납 담당), 의금부(왕명에 의한 특별 재판소) 설치
대신 견제	중서문하성의 낭사를 사간원으로 독립
사병 폐지	개인의 사병 폐지
신문고 제도 실시	백성의 억울함을 왕에게 호소하여 풀어 주는 제도
국역 기반 마련	• 양전 사업 실시, 호적 제도 정비 ➡ 호패법 실시 └→ 16세 이상의 모든 남자에게 호패(일종의 신분증)를 발급 • 서얼차대법(서얼의 문과 응시 금지), 재가금지법(과부의 재가 금지 및 재가 이후 낳은 자식의 과거 응시 금지) 실시
기타	한양 재천도(1405), 계미자(조선 최초의 동활자) 주조, 창덕궁 창건, 『속육전』 간행, '혼일강리역대국도지도'(현존 동양 최고의 세계 지도) 제작, 동·서 활인서(유랑민 구제 기구) 설치 등

✦ 호패 | 신분에 따라 호패의 재질과 기재 내용이 다름.

4. 세종(4대, 1418~1450): 유교 정치의 실현['해동의 요순(堯舜)']

유교 정치 구현		• 의정부 서사제(재상 합의제) 채택: 맹사성, 황희 등 청렴한 재상 등용 ➡ 왕권과 신권의 조화 도모 • 집현전(학문 연구 기구) 설치: 경연 활성화 ↳ 왕과 학자대신이 학문을 연구하고 정책을 토론하는 제도
대외 관계	여진	최윤덕의 4군(압록강) 설치, 김종서의 6진(두만강) 설치 ➡ 현재 국경선 마련
	일본	• 강경책: 이종무의 쓰시마 토벌(1419, 세종 1년) • 회유책: 일본에 3포(부산포, 제포, 염포) 개항(1426, 세종 8년) ➡ 계해약조(1443, 세종 25년) 체결, 제한된 범위에서의 교류 허용
민생 안정책	조세 제도	↱ 그 해의 풍흉에 따라 최고 20두에서 최하 4두까지 납부 공법(연분 9등법, 전분 6등법) 실시 ↳ 토지의 비옥도에 따라 6등급으로 구분
	형벌 제도	금부삼복법(사형의 경우 3심제 시행) 실시, 사사로운 태형(신체 체벌형) 금지
	노비 완화책	• 유능한 인재 등용: 노비, 장인, 상인에게도 유외잡직(流外雜織)＊이라는 하급 전문직으로 나갈 수 있는 기회 제공(cf 장영실 등용) • 노비 출산 휴가 연장
민족 문화 발전		• 훈민정음 창제, 『칠정산』(역법서) · 『고려사』(세종~문종) · 『농사직설』(농서) · 『의방유취』(약학서) · 『삼강행실도』 등 편찬, 정간보(악보) 창안 • 과학 기구: 측우기(강우량 측정) · 혼천의(천체 관측) · 자격루(물시계) · 앙부일구(해시계) 등 제작, 경자자 · 갑인자 등 금속 활자 주조 ➡ 식자판을 조립하는 방법 창안 ➡ 인쇄량 2배 증가

＊ 유외잡직(流外雜織)
관품이 없는 하급 기술직

5. 세조(7대, 1455~1468)

왕권 강화책	↱ 사망한 관리의 부인이 재가하지 않은 경우 주던 토지 • 6조 직계제 부활, 집현전 · 경연 폐지, 공신 우대, 종친 등용, 『경국대전』 편찬 착수 • 직전법 실시(현직 관리에게만 수조권 지급, 수신전 · 휼양전 폐지) • 이시애의 난＊ 진압: 유향소 폐지(cf 성종 때 유향소 부활) ↳ 사망한 관리의 어린 자제에게 주던 토지
군사 제도 정비	5위제 정비, 보법 제정, 진관 체제(지역 단위 방위 체제) 실시
기타	간경도감(불경 간행 기구) 설치, 원각사지 10층 석탑 건립, 인지의(토지 측량 기구) 발명, 원상제(대리 서무제) 실시

🍃 계유정난(癸酉靖難, 1453)
문종이 죽고 12세의 단종(1452~1455)이 왕위에 오르면서 의정부 원로대신인 김종서 · 황보인 등에 의해 재상 중심 정치가 이루어지자, 세종의 둘째 아들인 수양 대군이 정변을 일으켜 김종서 · 황보인 등 의정부 대신들을 축출하고 권력을 장악한 사건

＊ 이시애의 난
이시애가 함경도 지방의 차별 및 중앙 집권화에 반발한 사건

6. 성종(9대, 1469~1494)

통치 체제의 확립	• 『경국대전』 완성 · 반포 • 홍문관 설치: 경연 및 학술 담당 • 사림파 등용(훈구파 견제), 유향소 부활, 도첩제(승려 출가 허가제) 폐지
기타	『동국통감』(고조선~고려의 역사서), 『동국여지승람』(인문지리서), 『국조오례의』, 『동문선』(역대 우리나라 한시 및 산문 수록), 『악학궤범』(음악 백과사전) 등 편찬

사료 돋보 ✚ ✎
정도전(1342~1398)

• 『조선경국전』(1394), 『경제문감』(1395) 등 저술, 정치 조직 및 행정안 제시 ➡ 재상 중심의 정치 추구
• 불교 비판: 『불씨잡변』(1394) ➡ 성리학을 통치 이념으로 확립
• 요동 수복 운동 추진: 『진도』 저술, 요동 수복 운동 계획
  cf 이방원과 조준은 반대
• 1차 왕자의 난(1398) 때 이방원에게 피살

한능검 꼭꼭 사료 👆

1. 정도전의 재상 중심의 정치
임금의 자질에는 어리석은 자질도 있고 현명한 자질도 있으며, 강력한 자질도 있고 유약한 자질도 있어서 한결같지 않으며 임금의 아름다운 점은 순종하고 나쁜 점은 바로잡으며, 옳은 일은 받들고 옳지 않은 것은 막아서 임금으로 하여금 가장 올바른 경지에 들게 해야 한다. 『조선경국전』

2. 세종의 공법
이제 계본(啓本)의 뜻이 본래 백성을 위하는 일에 관계되므로 나는 지나치다고 생각하지 아니한다. …… 내가 공법을 행하고자 한 것이 이제 20여 년이고, 대신들과 모의한 것도 이미 6년이었다. 공법을 이제 정하였으나 오히려 백성에게 불편이 있을까 염려하는 까닭으로, 이제 전라 · 경상도에만 행하여 그 편리한 여부를 시험하게 하였다. 『세종실록』

테마 23 실전문제

출제 POINT
조선의 건국 과정 및 정도전의 업적을 묻는 문제와 전기 주요 왕(세종, 성종, 세조 등)의 업적을 묻는 문제가 주로 출제된다.

👍 조선 건국 과정

주요 정답 키워드 　# 위화도 회군　# 과전법

1. (가), (나) 사이의 시기에 있었던 사실로 옳은 것은? ▶ 45회

> (가) 대군이 압록강을 건너서 위화도에 머물렀다. …… 태조가 여러 장수들에게 말하기를 "내가 글을 올려 …… 군사를 돌이킬 것을 청했으나, 왕도 살피지 아니하고, 최영도 늙고 정신이 혼몽하여 듣지 않았다." …… 태조가 회군한다는 소식을 듣고는 사람들이 다투어 밤낮으로 달려서 모여든 사람이 천여 명이나 되었다. 『태조실록』
>
> (나) [대소 신료들이] 왕위에 오를 것을 간절히 권하여, 태조가 마지못해 수창궁으로 행차하였다. 백관들이 서쪽 궐문에서 줄을 지어 맞이하니, 태조는 말에서 내려 걸어서 대전에 들어가 왕위에 올랐는데, 어좌(御座)를 피하고 기둥 안에 서서 여러 신하들의 하례를 받았다. 『태조실록』

① 녹읍을 폐지하고 관료전을 지급하였다.
② 조준 등의 건의로 과전법을 제정하였다.
③ 양지아문을 설치하여 양전 사업을 실시하였다.
④ 공로와 인품에 따라 역분전을 차등 지급하였다.
⑤ 직전법을 실시하여 현직 관리에게만 수조권을 지급하였다.

한눈에 보는 해설 ⊕

정답 알아보기
(가) 위화도 회군(1388)
(나) 이성계의 국왕 즉위(1392)

(가), (나) 사이의 시기에 있었던 사실로 옳은 것은?

> (가) 대군이 압록강을 건너서 위화도에 머물렀다. …… 태조가 여러 장수들에게 말하기를 "내가 글을 올려 …… 군사를 돌이킬 것을 청했으나, 왕도 살피지 아니하고, 최영도 늙고 정신이 혼몽하여 듣지 않았다." …… 태조가 회군한다는 소식을 듣고는 사람들이 다투어 밤낮으로 달려서 모여든 사람이 천여 명이나 되었다. 『태조실록』
>
> (나) [대소 신료들이] 왕위에 오를 것을 간절히 권하여, 태조가 마지못해 수창궁으로 행차하였다. 백관들이 서쪽 궐문에서 줄을 지어 맞이하니, 태조는 말에서 내려 걸어서 대전에 들어가 왕위에 올랐는데, 어좌(御座)를 피하고 기둥 안에 서서 여러 신하들의 하례를 받았다. 『태조실록』

② 위화도 회군(1388) 이후 새로운 왕조를 세우기 위한 첫 번째 사업으로 과전법을 제정하여 사대부 관료의 경제 기반을 마련하였다(1391, 공양왕).

선지 분석하기
① 녹읍을 폐지하고 관료전을 지급하였다. ➡ 신라 신문왕
③ 양지아문을 설치하여 양전 사업을 실시하였다. ➡ 대한 제국(고종)
④ 공로와 인품에 따라 역분전을 차등 지급하였다. ➡ 고려 태조
⑤ 직전법을 실시하여 현직 관리에게만 수조권을 지급하였다. ➡ 조선 세조

정답 ②

👍 정도전

주요 정답 키워드 　# 불씨잡변　# 조선경국전

2. (가) 인물에 대한 설명으로 옳은 것은? ▶ 38회

이 책은 　(가)　이/가 태조 이성계에게 지어 바친 법전으로, 경제육전과 경국대전의 모체가 되었다고 평가받는다. 이 책에서 재상 중심의 정치를 강조한 　(가)　은/는 도성의 축조 계획을 세우고, 새 궁궐의 이름을 경복궁이라고 짓는 등 국가의 기틀을 다지는 데 주도적인 역할을 하였다.

① 불씨잡변을 지어 불교를 비판하였다.
② 계유정난을 통해 정권을 장악하였다.
③ 일본에 다녀와서 해동제국기를 편찬하였다.
④ 기축봉사를 올려 명에 대한 의리를 내세웠다.
⑤ 성학십도에서 군주의 도를 도식으로 설명하였다.

한눈에 보는 해설 ⊕

정답 알아보기

정도전

　(가)　 인물에 대한 설명으로 옳은 것은?

　　　　　　　　　　　　　　　　　조선경국전

이 책은 　(가)　이/가 태조 이성계에게 지어 바친 **법전**으로, **경제육전과 경국대전의 모체가 되었다**고 평가받는다. 이 책에서 **재상 중심의 정치를 강조한** 　(가)　은/는 도성의 축조 계획을 세우고, 새 궁궐의 이름을 **경복궁**이라고 짓는 등 **국가의 기틀을 다지는 데 주도적인 역할**을 하였다.

① 정도전은 불교 비판서인 『불씨잡변』을 저술하여 성리학을 통치 이념으로 확립하였다.

선지 분석하기
② 계유정난을 통해 정권을 장악하였다. ➡ 조선 세조
③ 일본에 다녀와서 해동제국기를 편찬하였다. ➡ 신숙주(성종)
④ 기축봉사를 올려 명에 대한 의리를 내세웠다. ➡ 송시열(효종)
⑤ 성학십도에서 군주의 도를 도식으로 설명하였다. ➡ 이황(선조)

정답 ①

👍 세종의 업적

주요 정답 키워드 　# 계해약조　# 농사직설　# 훈민정음

3. 밑줄 그은 '이 왕'의 재위 기간에 있었던 사실로 옳은 것은?　▶ 43회

> 이 서사시는 조선의 건국 시조들을 찬양하고 왕조의 창업을 합리화한 것으로, 이 왕이 정인지, 권제 등에게 명하여 훈민정음으로 편찬하도록 하였습니다.

제1장
해동의 여섯 용이 나시어서
그 행동하신 일마다 모두 하늘이 내리신 복이시니
그러므로 옛날의 성인의 하신 일들과 부절을 합친
것처럼 꼭 맞으시니
......

제2장
뿌리가 깊은 나무는 아무리 센 바람에도 움직이지
아니하므로, 꽃이 좋고 열매도 많으니
......

① 훈련 교범인 무예도보통지가 편찬되었다.
② 전통 한의학을 정리한 동의보감이 간행되었다.
③ 최초로 100리 척을 사용한 동국지도가 제작되었다.
④ 우리 풍토에 맞는 농법을 소개한 농사직설이 간행되었다.
⑤ 각 도의 지리, 풍속 등이 수록된 동국여지승람이 편찬되었다.

한눈에 보는 해설 ⊕

정답 알아보기　▶ 세종

밑줄 그은 이 왕 의 재위 기간에 있었던 사실로 옳은 것은?

> → 용비어천가
> 이 서사시는 조선의 건국 시조들을 찬양하고 왕조의 창업을 합리화한 것으로, 이 왕이 정인지, 권제 등에게 명하여 훈민정음으로 편찬하도록 하였습니다.

→ 세종

제1장
해동의 여섯 용이 나시어서
그 행동하신 일마다 모두 하늘이 내리신 복이시니
그러므로 옛날의 성인의 하신 일들과 부절을 합친
것처럼 꼭 맞으시니

제2장
뿌리가 깊은 나무는 아무리 센 바람에도 움직이지
아니하므로, 꽃이 좋고 열매도 많으니
......

④ 세종 때 우리의 독자적인 농법을 최초로 정리한 『농사직설』을 간행하였다.

선지 분석하기

① 훈련 교범인 무예도보통지가 편찬되었다. ➡ 조선 정조
② 전통 한의학을 정리한 동의보감이 간행되었다. ➡ 조선 광해군 때 허준
③ 최초로 100리 척을 사용한 동국지도가 제작되었다. ➡ 조선 영조 때 정상기
⑤ 각 도의 지리, 풍속 등이 수록된 동국여지승람이 편찬되었다. ➡ 조선 성종 때 노사신 등

정답 ④

👍 세조의 업적

주요 정답 키워드 　# 직전법　# 이시애의 난　# 계유정난

4. (가) 왕에 대한 설명으로 옳은 것은?　▶ 40회

〈답사 안내 자료집〉

(가) 이/가 묻힌 광릉을 가다

◉ 광릉 이야기

　한명회, 권람 등과 함께 변란을 일으킨 후 왕위에 오른 (가) 은/는 육조 직계제를 실시하고 군제를 개편하는 등 왕권 강화에 노력하였다. 그는 자신의 무덤에 석실과 석곽을 마련하지 말라는 유언을 남겼는데, 이에 따라 내부는 석회다짐으로 막았고, 봉분 둘레에도 병풍석을 세우지 않았다. 이는 백성의 부담을 줄이기 위한 것으로 후대 왕릉 축조의 전범(典範)이 되었다.

① 4군 6진을 설치하여 북방 영토를 개척하였다.
② 대전회통을 편찬하여 통치 체제를 정비하였다.
③ 기유약조를 체결하여 일본과의 무역을 재개하였다.
④ 균역법을 시행하여 백성들의 군역 부담을 줄여주었다.
⑤ 직전법을 실시하여 현직 관리에게만 수조지를 지급하였다.

한눈에 보는 해설 ⊕

정답 알아보기

(가) 왕 에 대한 설명으로 옳은 것은?

→ 세조

> (가) 이/가 묻힌 광릉을 가다
> → 세조와 정희 왕후 윤씨의 능
> ◉ 광릉 이야기
> → 계유정난
> 한명회, 권람 등과 함께 변란을 일으킨 후 왕위에 오른 (가) 은/는 육조 직계제를 실시하고 군제를 개편하는 등 왕권 강화에 노력하였다. 그는 자신의 무덤에 석실과 석곽을 마련하지 말라는 유언을 남겼는데, 이에 따라 내부는 석회다짐으로 막았고, 봉분 둘레에도 병풍석을 세우지 않았다. 이는 백성의 부담을 줄이기 위한 것으로 후대 왕릉 축조의 전범(典範)이 되었다.

⑤ 과전법의 실시 이후 유가족에게 지급하는 수신전·휼양전의 세습으로 관료에게 지급할 토지가 부족해지자, 세조는 현직 관리에게만 수조권을 지급하는 직전법을 실시하였고 수신전과 휼양전을 없앴다.

선지 분석하기

① 4군 6진을 설치하여 북방 영토를 개척하였다. ➡ 조선 전기 세종
② 대전회통을 편찬하여 통치 체제를 정비하였다. ➡ 조선 후기 흥선 대원군
③ 기유약조를 체결하여 일본과의 무역을 재개하였다. ➡ 조선 후기 광해군
④ 균역법을 시행하여 백성들의 군역 부담을 줄여주었다. ➡ 조선 후기 영조

정답 ⑤

테마 24 통치 제도의 마련(중앙·지방·군사·과거 제도)

조선의 중앙 관제

- 의정부 — 영의정(정1품), 좌의정(정1품), 우의정(정1품)
- 6조 판서(정2품) — 이조, 호조, 예조, 병조, 형조, 공조
- 승정원
- 의금부
- 사헌부
- 사간원
- 홍문관
- 춘추관
- 포도청
- 한성부

왕권과 신권의 조화

왕권 강화책	王	왕권 및 관료의 횡포 견제
• 의금부 • 승정원 • 6조 직계제	의정부 ⇅ 6조	• 의정부의 합의 기능 • 삼사(사헌부, 사간원, 홍문관) • 언론·학술: 경연, 서연, 상소, 구언(求言), 순문(詢問) 등

1 중앙 정치 제도

의정부(정1품, 영의정)	최고 관부, 국정 총괄, 재상 합의		
6조(정2품, 판서)	이(吏)·호(戶)·예(禮)·병(兵)·형(刑)·공(工)조		
의금부(종1품, 판사)	왕명에 의한 특별 재판소		
승정원(정3품, 도승지)	왕명 출납		
사헌부(종2품, 대사헌)	관리 규찰, 풍속 교정, 서경권	대간: 간쟁권, 서경권을 가짐.	삼사
사간원(정3품, 대사간)	간쟁 기관, 서경권		
홍문관(정2품, 대제학)	궁중의 경서(經書)·사적(史籍) 관리, 문한(文翰) 처리 및 왕의 자문, 학술·경연 담당		
예문관(정3품, 대제학)	국왕 교서 작성	성균관(정3품, 대사성)	최고 교육 기관
춘추관(정2품, 지사)	역사 편찬	한성부(정2품, 판윤)	수도(서울)의 치안과 행정 담당

(사헌부 옆 주석) 왕이 5품 이하의 관리를 임면하거나 법률의 개폐 시 동의권을 행사하는 권한
(대간 아래 주석) 왕의 정치에 대해 비판할 수 있는 권한

2 지방 행정 조직

- 8도 (관찰사 종2품)
- 부(부윤 종2품) · 목(목사 정3품) · 군(군수 종4품) · 현(현령·현감 종5품·종6품)
- 면·리(통) (권농, 통주, 이정/5가작통법)
- 수령 → 향리(6방)
- 경재소 —유향소 통제→ 유향소(➡ 향청) / 향리 규찰

8도	전국을 8도로 구분, 행정·군사·사법권을 지닌 관찰사(감사, 도백, 방백) 파견 ➡ 수령 지휘·감독, 민생 순찰, 임기제(360일, 감영 근무)	
부·목·군·현	수령	• 부·목·군·현에 수령(목민관, 원님, 사또) 파견(참상관 임명) ➡ 조세와 공물 징수, 임기제(1,800일, 동헌 근무) • 수령 7사: 농업 장려, 교육 진흥, 재판 공정, 호구 증식, 부역 균등, 군대 정비, 치안 확보
	향리	6방에 소속, 수령의 행정 실무를 보좌(무보수 세습직), 과거 응시 가능
특수 행정 구역	유향소	수령을 보좌, 풍속 교정·향리 규찰·정령 시달·민정 대표 등을 수행하는 지방 자치 기구 ➡ 향촌의 덕망있는 인사들을 뽑아 운영[장(長): 좌수, 별감]
	경재소	지방의 유향소를 통제하기 위해 그 지역 출신의 중앙 관리로 구성한 중앙 기구

❖ 조선의 8도

역대 지방 행정 조직의 변천

구분	지방 조직(지방관)
고구려	5부(욕살)
백제	5방(방령)
신라	5주(군주)
통일 신라	9주(총관 ➡ 도독)
발해	15부(도독)
고려	5도(안찰사), 양계(병마사)
조선	8도(관찰사)

3 군사 제도

원칙	• 양인 개병, 병농 일치의 부병제 • 면제층 대상: 현직 관리, 학생 • 운영: 16~60세 양인 장정을 현역 군인인 정군(正軍)이 되거나 정군의 비용을 부담하는 보인(봉족)으로 편성
중앙군	5위
지방군	영진군 (cf 세조 때 진관 체제 지역 단위의 방위 체제로 구성)
특수군	잡색군: 전직 관리, 학생, 노비

4 교통·통신 제도

역원제	관청의 공문 전달과 공납물 수송, 국방상의 위기에 대처하기 위해 전국 주요 도로에 설치
조운제	강과 바다에서 선박을 이용하는 조운제는 지방에서 징수한 조세를 내륙의 수로와 바다의 해로를 이용하여 서울로 운반하는 제도
봉수제	국방상의 위기에 신속히 대처하기 위하여 높은 산정에 봉화대를 설치하고 밤에는 횃불로, 낮에는 연기로 변경의 정세를 중앙에 급히 전달하는 군사·통신 조직

5 교육 제도

초등 교육	서당(사립 학교)
중등 교육	4부 학당(중앙), 향교(지방 부, 목, 군, 현에 설치)
고등 교육	성균관(중앙)

6 과거 제도

소과(생진과)	• 생원과(유교 경전 시험)와 진사과(문장 시험) • 초시 ➡ 복시(백패 수여)
대과(문과)	• 초시: 생원·진사·성균관 유생 응시 • 복시: 초시 합격자(33명) **cf** 무과 28명 • 전시: 갑(3명), 을(7명), 병(23명)으로 등급 결정 ➡ 홍패 수여
무과	초시(200명) ➡ 복시(28명) ➡ 전시[갑과(3명)·을과(5명)·병과(20명)] ➡ 홍패 수여
잡과	• 종류: 역과(사역원), 의과(전의감), 음양과(관상감), 율과(형조) • 초시 ➡ 복시(백패 수여, 3품까지만 승진 가능) • 담당 부서: 해당 관청
특별 채용 제도	문음: 2품 이상 고급 관리의 자제 대상 - 무시험 관직 등용, 요직 진출 × **cf** 고려 때 음서 - 5품 이상, 요직 진출 ○

유학 교육과 과거 제도

한능검 꼭꼭 사료

1. 수령 칠사(七事)
평택현감 변징원이 하직하니, 임금께서 내전으로 불러 만나보고 묻기를 …… 임금께서 말하기를, "그대는 이미 수령을 지냈으니, 백성을 다스리는 데 무엇을 먼저 하겠는가?" 하니, 변징원이 대답하기를, "마땅히 칠사(七事)를 먼저 할 것입니다." 하였다. 임금께서 말하기를, "칠사라는 것은 무엇인가?" 하니, 변징원이 대답하기를, "농상(農桑, 농사와 양잠)을 성(盛)하게 하는 일, 학교를 일으키는 일, 소송을 간략하게 하는 일, 간활(奸猾, 간사하고 교활함)을 없애는 일, 군정(軍政)을 닦는 일, 호구를 늘리는 일, 부역을 고르게 하는 일이 바로 칠사입니다."라고 하였다.
『성종실록』

2. 유향소
이곳 사람들이 향중(鄕中)에서 권위를 남용하여 불의한 짓을 행하니, 그 폐단이 많았습니다. …… 간사한 아전을 견제하고 풍속을 바로잡는 것은 수령이 해야 할 일인데, 만약 모두 이곳에 위임한다면 수령은 할 일이 없지 않겠습니까?
『성종실록』

조선 시대 방어 체제의 변화

조선 초기 영진군 체제
↓
세조 이후 진관 체제
↓
16C 제승방략 체제
↓
왜란 중 진관 복구+속오군 체제

성균관의 구조
1. 명륜당(明倫堂): 유학을 강의하는 곳
2. 문묘(文廟): 공자를 모신 곳
   • 대성전(大聖殿): 공자의 위패를 봉안한 전각
   • 양무(兩廡): 선현에 대한 제사를 지내는 곳(동·서로 나뉨.)
3. 양재(兩齋): 유학생들의 기숙사 (동·서로 나뉨.)
4. 비천당(丕闡堂): 과거 시험장
5. 존경각(尊經閣): 도서관

사료 톡톡

성종 재위 시기 유향소 복립 운동
세조 말년(1468) 유향소와 수령이 결합하여 백성을 괴롭힌다는 이유로 유향소는 폐지됨. 이후 15C 말 김종직 일파가 향사례(鄕射禮), 향음주례(鄕飮酒禮) 보급 운동과 유향소 복립 운동을 전개하여 성종 19년(1488)에 부활됨.

헌납 김대가 아뢰기를, "백성을 괴롭힘은 향리보다 더한 자가 없는데, 수령도 반드시 다 어질 수는 없습니다. …… 유향소의 법은 매우 훌륭했습니다만 중간에 폐지하여 이러한 큰 폐단이 생겼으니, 다시 세우는 것이 어떻겠습니까?"라고 하였다.
『성종실록』

테마 24 실전문제

🐾 출제 POINT
조선의 각 중앙 정치 기관의 역할 및 지방 행정을 담당한 관찰사·수령·향리의 역할을 묻는
문제가 주로 출제된다.

👍 사헌부

주요 정답 키워드 # 서경권 # 백관의 규찰과 풍속 교정

1. 다음 자료에 해당하는 정치 기구에 대한 설명으로 옳은 것은?

▶ 43회

> 정치를 논하여 바르게 이끌고, 백관을 규찰하고, 풍속을
> 바로잡고, 원통하고 억울한 것을 풀어주고, 외람되고 거짓된
> 것을 금하는 등의 일을 관장한다. …… 집의 1명, 장령 2명,
> 지평 2명, 감찰 24명을 둔다.

① 수도의 치안과 행정을 주관하였다.
② 고려의 삼사와 같은 역할을 하였다.
③ 조광조를 비롯한 사림의 건의로 혁파되었다.
④ 임진왜란을 거치면서 국정 최고 기구로 성장하였다.
⑤ 5품 이하 관리의 임명 과정에서 서경권을 행사하였다.

👍 홍문관

주요 정답 키워드 # 경연 주관 # 언론 3사

2. (가)에 대한 설명으로 옳은 것은?

▶ 40회

> 이것은 영조가 세손을 데리고 ☐(가)☐ 에 거동하여 해당 관원들
> 에게 내린 사언시입니다. 집현전을 계승한 이 기구는 사진에서
> 보이듯이 옥당이라는 별칭으로 불리기도 하였습니다.

① 수도의 행정과 치안을 담당하였다.
② 고려의 삼사와 같은 기능을 수행하였다.
③ 실록을 보관하고 관리하는 업무를 관장하였다.
④ 왕에게 경서와 사서를 강론하는 경연을 주관하였다.
⑤ 국왕 직속 사법 기구로 반역죄, 강상죄 등을 처결하였다.

한눈에 보는 해설 🔍

정답 알아보기   ┌→사헌부

다음 자료에 해당하는 정치 기구에 대한 설명으로 옳은 것은?

> 정치를 논하여 바르게 이끌고, 백관을 규찰하고, 풍속을 바로잡고, 원통
> 하고 억울한 것을 풀어주고, 외람되고 거짓된 것을 금하는 등의 일을 관
> 장한다. …… 집의 1명, 장령 2명, 지평 2명, 감찰 24명을 둔다.

⑤ 사헌부는 사간원과 함께 5품 이하의 관리를 임면(임명과 면직)하거나
　법률의 개폐 시 동의권을 행사하는 서경권을 가지고 있었다.

선지 분석하기

① 수도의 치안과 행정을 주관하였다. ➡ 한성부
② 고려의 삼사와 같은 역할을 하였다. ➡ 호조
③ 조광조를 비롯한 사림의 건의로 혁파되었다. ➡ 소격서(도교 행사 담당 부서)
④ 임진왜란을 거치면서 국정 최고 기구로 성장하였다. ➡ 비변사

정답 ⑤

한눈에 보는 해설 🔍

정답 알아보기

(가)에 대한 설명으로 옳은 것은?

┌홍문관

> 이것은 영조가 세손을 데리고 ☐(가)☐ 에 거동하여 해당 관원들에게 내
> 린 사언시입니다. 집현전을 계승한 이 기구는 사진에서 보이듯이 옥당
> 이라는 별칭으로 불리기도 하였습니다.   └→ 홍문관의 별칭

④ 성종 때 만든 홍문관은 궁중의 서적을 관리하고 문서를 처리하였으
　며, 경서와 사서를 강론하는 경연을 주관하였다.

선지 분석하기

① 수도의 행정과 치안을 담당하였다. ➡ 한성부
② 고려의 삼사와 같은 기능을 수행하였다. ➡ 호조
③ 실록을 보관하고 관리하는 업무를 관장하였다. ➡ 춘추관
⑤ 국왕 직속 사법 기구로 반역죄, 강상죄 등을 처결하였다. ➡ 의금부

정답 ④

👍 지방 제도(지방관)

주요 정답 키워드 # 수령(지방의 행정·사법·군사권 행사)

3. (가), (나)에 대한 설명으로 옳은 것은?
▶ 42회

> 나는 8도의 부·목·군·현에 파견되는 (가) 입니다. 경국대전에 의하면 임기는 1,800일이고, 원칙적으로 상피제의 적용을 받고 있습니다.

> 나는 지방 관아에서 행정 실무를 담당하는 (나) 입니다. 고려 때와는 달리 요즘은 외역전도 지급받지 못하고 직무를 수행하고 있습니다. 우리들의 수장을 호장이라고도 부릅니다.

① (가) - 단안(壇案)이라는 명부에 등재되었다.

② (가) - 지방의 행정·사법·군사권을 행사하였다.

③ (나) - 감사, 도백으로도 불렸다.

④ (나) - 장례원(掌隷院)을 통해 국가의 관리를 받았다.

⑤ (가), (나) - 잡과를 통해 선발되었다.

👍 유향소

주요 정답 키워드 # 좌수와 별감 # 향리 감찰

4. (가)에 대한 설명으로 옳은 것은?
▶ 39회

> ○ 사헌부 대사헌 허응 등이 시무 7조를 올렸다. "…… 주·부·군·현에 각각 수령이 있는데, 향원(鄕愿) 가운데 일 삼기를 좋아하는 무리들이 (가) 을/를 설치하고, 아무 때나 무리지어 모여서 수령을 헐뜯고 사람을 올리고 내치고, 백성들을 핍박하는 것이 교활한 향리보다 심합니다. 원하건대, 모두 혁거(革去)하여 오랜 폐단을 없애소서." 『태종실록』

> ○ 헌납 김대가 아뢰기를, "백성을 괴롭힘은 향리보다 더한 자가 없는데, 수령도 반드시 다 어질 수는 없습니다. 그래서 백성이 편안하게 살 수 없는데, 비록 경재소가 있더라도 귀와 눈이 미치지 못하는 곳은 규명해 낼 수가 없습니다. …… (가) 의 법은 매우 훌륭했습니다만 중간에 폐지하여 이러한 큰 폐단이 생겼으니, 다시 세우는 것이 어떻겠습니까?"라고 하였다. 『성종실록』

① 좌수와 별감을 선발하여 운영되었다.

② 대성전을 세워 선현에 제사를 지냈다.

③ 옥당이라고 불리며 경연을 담당하였다.

④ 농민들로 구성된 공동 노동의 작업 공동체였다.

⑤ 매향(埋香) 활동 등 각종 불교 행사를 주관하였다.

한눈에 보는 해설

정답 알아보기

→ (가) 수령, (나) 향리

(가), (나)에 대한 설명으로 옳은 것은?

> 나는 8도의 **부·목·군·현에 파견되는** (가) 입니다. 경국대전에 의하면 임기는 1,800일이고, 원칙적으로 상피제의 적용을 받고 있습니다.

> 나는 지방 관아에서 **행정 실무를 담당**하는 (나) 입니다. 고려 때와는 달리 요즘은 외역전도 지급받지 못하고 직무를 수행하고 있습니다. 우리들의 수장을 **호장**이라고도 부릅니다.

② 수령은 지방의 행정·군사·사법권을 장악하여 농업 진흥, 교육 진흥, 치안 확보 등의 임무를 수행하였다.

선지 분석하기

① (가) - 단안(壇案)이라는 명부에 등재되었다. ➡ (나) 향리

③ (나) - 감사, 도백으로도 불렸다. ➡ 8도의 관찰사

④ (나) - 장례원(掌隷院)을 통해 국가의 관리를 받았다. ➡ 노비

⑤ (가), (나) - 잡과를 통해 선발되었다. ➡ 기술관이나 (나) 향리

정답 ②

한눈에 보는 해설

정답 알아보기

(가)에 대한 설명으로 옳은 것은?

유향소 →

> ○ 사헌부 대사헌 허응 등이 시무 7조를 올렸다. "…… 주·부·군·현에 각각 수령이 있는데, **향원(鄕愿) 가운데 일 삼기를 좋아하는 무리들이** (가) 을/를 설치하고, 아무 때나 무리지어 모여서 수령을 헐뜯고 사람을 올리고 내치고, 백성들을 핍박하는 것이 교활한 향리보다 심합니다. 원하건대, 모두 혁거(革去)하여 오랜 폐단을 없애소서." 『태종실록』

> ○ 헌납 김대가 아뢰기를, "백성을 괴롭힘은 향리보다 더한 자가 없는데, 수령도 반드시 다 어질 수는 없습니다. 그래서 백성이 편안하게 살 수 없는데, 비록 **경재소**가 있더라도 귀와 눈이 미치지 못하는 곳은 규명해 낼 수가 없습니다. …… (가) 의 법은 매우 훌륭했습니다만 중간에 폐지하여 이러한 큰 폐단이 생겼으니, 다시 세우는 것이 어떻겠습니까?"라고 하였다. → 유향소 통제 기구 『성종실록』

① 조선의 지방 자치 기구인 유향소는 향촌의 덕망 있는 인사들을 뽑아 장(長)인 좌수와 2명의 별감으로 구성되었다.

선지 분석하기

② 대성전을 세워 선현에 제사를 지냈다. ➡ 성균관, 향교[대성전은 문묘(공자묘)의 정전]

③ 옥당이라고 불리며 경연을 담당하였다. ➡ 홍문관

④ 농민들로 구성된 공동 노동의 작업 공동체였다. ➡ 두레

⑤ 매향(埋香) 활동 등 각종 불교 행사를 주관하였다. ➡ 고려의 향도

정답 ①

테마 25

사림의 대두와 붕당 정치

1 훈구파와 사림파

구분	훈구파(관학파)	사림파(사학파)
등장	세조 집권 이후 훈구파 대두	성종 때 김종직의 중앙 진출 이후 성장
출신 배경	성균관 · 집현전을 통해 양성	지방 사학을 통해 양성
정치적 주장	• 중앙 집권 추구 • 부국강병, 민생 안정 추구	• 향촌 자치 추구 • 유교적 이상 정치 추구
사상 정책	성리학 이외의 타 학문과 사상도 수용	성리학 중시, 성리학 이외의 학문과 사상을 이단으로 배격
경제 기반	농장을 소유한 대지주층	중소지주
주도 시기	15세기 민족 문화 발달	16세기 성리 철학 발달

🔖 사림의 계보

2 사림의 정치적 성장

1. 사림의 등용: 성종 때 훈구 세력을 견제하기 위해 사림파 등용 ➡ 주로 3사(사간원, 사헌부, 홍문관) 배치, 훈구파의 대토지 소유 현상 비판 ➡ 중종 때 사화 발생

2. 사화(士禍)의 발생

구분	발단	화를 입은 자
무오사화 (1498, 연산군 4년)	세조를 비난한 김종직의 '조의제문'을 김일손이 사초에 실은 일	김종직, 김일손 등 사림파
갑자사화 1504, 연산군 10년)	연산군의 척신들이 연산군의 생모인 폐비 윤씨의 사사 사건을 문제 삼음.	김굉필, 정여창 등 훈구파 및 사림파
기묘사화 (1519, 중종 14년)	중종반정(1506) 이후 등용된 조광조 등 사림의 급진적 혁신 정치에 대한 훈구파 공신의 반발	조광조, 김식 등 신진 사류
을사사화 (1545, 명종 원년)	인종의 외척(대윤)과 명종의 외척(소윤) 간의 권력 다툼	신진 사류 대윤파

🔖 사화와 붕당의 비교

구분	사화	붕당
성격	훈구파와 사림파의 대립	사림파 간의 대립
시기	16C 전반	16C 후반 이후
범위	중앙	전국적
양상	단기적 정쟁	장기적 정쟁

3. 조광조의 개혁 정치

사림 세력의 강화	• 위훈 삭제(僞勳削除) 주장: 중종반정 때 반정 공신으로 책봉된 100명 중 76명이 부당하게 공신에 책록되었음을 밝히고 부당한 공신 세력의 칭호와 토지 및 노비를 몰수하자고 주장 • 현량과 실시: 사림 천거제 주장
정통 성리학의 질서 추구	• 경연의 강화 • 향약의 실시: 『여씨향약』과 『소학』을 국문으로 번역 • 소격서 폐지: 도교 행사 중지
현실에 대한 개혁	• 방납의 폐단 시정: 수미법 주장 • 토지 제도 개혁

❸ 서원과 향약(테마 27 참고)

❹ 붕당의 출현

선조 때 김효원과 심의겸 간에 이조 전랑직*(3사 임명권, 후임자 추천권 보유)과 척신 정치* 처리 문제로 갈등 발생

구분	출신 배경	척신 정치 개혁	지지 인물	정치적 입장	학맥
동인	신진 사림	적극적	김효원	• 수기(修己) 강조 • 지배자의 도덕적 자기 절제	이황, 조식, 서경덕의 학문 계승
서인	기성 사림	소극적	심의겸	• 치인(治人)에 중점 • 제도 개혁을 통한 부국안민	이이, 성혼의 학문 계승

＊ 이조 전랑
이조 정랑(정5품)과 이조 좌랑(정6품)의 총칭으로, 이조에 있는 실무 부서. 이들은 3사의 관리 임명권과 자기 후임자 추천권(자대낭천권), 당하관 청직의 후보자를 추천하는 통청권도 가지고 있음.

＊ 척신(戚臣) 정치
명종 때 외척에 의해 주도된 정치 형태

한능검 꼭꼭 사료

1. 무오사화
꿈에 신인이 나타나, "나는 초나라 회왕 손심인데, 서초 패왕(항우)에게 살해되어 빈강에 묻혀있다." 하고는 홀연히 사라졌다. 나는 꿈에서 깨어 놀라며 이르기를, '역사를 상고해 보아도 시신이 강에 버려졌다는 말은 없으니, 정녕 항우가 사람을 시켜서 비밀리에 쳐 죽이고 그 시체를 물에 던진 것일까? 이는 알 수 없는 일이다.' 하였다. 드디어 글을 지어 그를 조문한다. 『연산군일기』

2. 조광조의 현량과 실시 주장
과거의 격식은 조종조에서도 각각 제도가 달랐으니 경서를 강독하기도 하고 강독하지 않기도 하였습니다. 지금 거론된 천거로 뽑는 일은 놀랄 일이 아닙니다. 처음에는 천거로 하면 덕행(德行)이 있는 자가 빠지지 않을 것이요, 또 책(策)으로 시험하면 그 재행(才行)을 볼 수 있을 것이니 이는 지극히 좋은 방법입니다. 『중종실록』

3. 을사사화
윤임은 화심(禍心)을 품고 오래도록 흉계를 쌓아 왔다. 처음에는 동궁(東宮)이 외롭다는 말을 주창하여 사림들 사이에 의심을 일으켰고, 중간에는 정유삼흉(丁酉三兇)의 무리와 결탁하여 국모를 해치려고 꾀하였고, …… 이에 윤임·유관·유인숙 세 사람에게는 사사(賜死)만 명한다. 『명종실록』

4. 동인·서인의 분당
김효원이 알성 과거에 장원으로 합격하여 (이조) 전랑의 물망에 올랐으나, 그가 윤원형의 문객이었다 하여 심의겸이 반대하였다. 그 후에 (심의겸의 동생) 심충겸이 장원 급제하여 전랑으로 천거되었으나, 외척이라 하여 효원이 반대하였다. 이때 양편 친지들이 각기 다른 주장을 내세우면서 서로 배척하여 동인·서인의 말이 여기서 비롯하였다. 『연려실기술』

사료 들백
퇴계 이황의 조광조 평가
정암(조광조)은 타고난 자질이 참으로 아름다웠으나 학문에 충실하지 못하여 시행한 것에 지나침이 있었기 때문에 결국 실패하고 말았다. …… 요순 시대의 임금과 백성같이 되게 하는 것이 아무리 군자의 뜻이라 하더라도 때와 역량을 헤아리지 못한다면 안되는 것이다. 기묘(己卯)의 실패는 여기에 있었다.

테마 25 실전문제

🐻 출제 POINT

사림파의 대표적 인물인 김종직과 조광조의 업적 및 사화의 발생 순서를 묻는 문제가 주로
출제된다.

👍 김종직

주요 정답 키워드 # 조의제문 # 제자 김굉필

1. 다음 검색창에 들어갈 인물에 대한 설명으로 옳은 것은? ▶ 45회

① 갑술환국으로 정계에서 축출되었다.
② 반정 공신의 위훈 삭제를 주장하였다.
③ 무오사화의 발단이 된 조의제문을 작성하였다.
④ 색경을 저술하여 농업 기술 발전에 이바지하였다.
⑤ 양명학을 연구하여 강화 학파 형성의 기초를 마련하였다.

한눈에 보는 해설 ⊕

정답 알아보기

다음 검색창에 들어갈 **인물**에 대한 설명으로 옳은 것은? ←김종직

| 검색 결과

조선 시대에 활동했던 문신 겸 학자로 **영남 학파의 종조(宗祖)**로 불린다. 호는 **점필재**이며, 성종의 신임을 받아 홍문관 부제학, 승정원 도승지, 이조 참판 등 요직을 두루 거쳤다. 그의 학통을 이은 사람으로는 **정여창, 김굉필, 김일손** 등이 있다.

| 관련 이미지

예림 서원 →김종직 추모 서원 (경남 밀양 소재)
추원재 →김종직 집터 (경남 밀양 소재)

③ 김종직의 문인인 김일손이, 김종직이 세조를 비방한 '조의제문'을 사초에 실어 훈구파의 반감을 산 것이 발단이 되어 무오사화(1498, 연산군)가 발생하였다.

선지 분석하기

① 갑술환국으로 정계에서 축출되었다. ➡ 숙종 때 갑술환국으로 남인 세력 축출
② 반정 공신의 위훈 삭제를 주장하였다. ➡ 중종 때 조광조의 주장
④ 색경을 저술하여 농업 기술 발전에 이바지하였다. ➡ 조선 후기 박세당
⑤ 양명학을 연구하여 강화 학파 형성의 기초를 마련하였다. ➡ 조선 후기 정제두

정답 ③

👍 조광조

주요 정답 키워드 # 소학 보급 # 현량과 실시 # 소격서 폐지

2. 밑줄 그은 '그'에 대한 설명으로 옳은 것은? ▶ 39회

이것은 위훈 삭제 등 개혁 정치를 추진하다가 훈구파의 반발로 유배되어 사사당한 그의 옛 자취가 기록된 비입니다.

① 사화의 발단이 된 조의제문을 작성하였다.
② 소학의 보급과 공납의 개선을 주장하였다.
③ 기축봉사를 올려 명에 대한 의리를 강조하였다.
④ 예안 향약을 시행하여 향촌 교화를 위해 노력하였다.
⑤ 사변록에서 유교 경전에 대한 독자적 해석을 시도하였다.

한눈에 보는 해설 ⊕

정답 알아보기

밑줄 그은 '**그**'에 대한 설명으로 옳은 것은? ←조광조

이것은 **위훈 삭제** 등 개혁 정치를 추진하다가 훈구파의 반발로 유배되어 사사당한 **그의** 옛 자취가 기록된 비입니다.

정암 조광조 선생 적려 유허비

② 조광조는 『소학』을 국문(한글)으로 번역하여 백성에게 유교 질서를 보급하였고, 공납제의 폐단 시정을 위해 수미법을 주장하였다.

선지 분석하기

① 사화의 발단이 된 조의제문을 작성하였다. ➡ 김종직
③ 기축봉사를 올려 명에 대한 의리를 강조하였다. ➡ 송시열
④ 예안 향약을 시행하여 향촌 교화를 위해 노력하였다. ➡ 이황
⑤ 사변록에서 유교 경전에 대한 독자적 해석을 시도하였다. ➡ 박세당

정답 ②

👍 사화

주요 정답 키워드   # 4대 사화의 순서 및 내용 파악!!

3. (가), (나) 사이의 시기에 있었던 사실로 옳은 것은? ▶38회

> (가) [임금이] 전지하기를, "…… 지금 김일손이 찬수한 사초에 부도한 말로써 선대의 일을 거짓으로 기록하고 또한 그의 스승 김종직의 조의제문을 실었도다. …… 대간, 홍문관으로 하여금 형을 의논하여 아뢰도록 하라."라고 하였다.
>
> (나) 대사헌 조광조 등이 아뢰기를, "…… 반정 때에 공이 있었다면 기록되어야 하겠으나, 이들은 또 그다지 공도 없습니다. 무릇 이들을 공신으로 중히 여기면 공(功)이 이(利)를 탐내게 되니 임금을 죽이고 나라를 빼앗는 일이 다 이것에서 비롯됩니다. 임금이 나라를 잘 다스리고자 한다면 먼저 이(利)의 근원을 막아야 합니다. ……"라고 하였다.

① 외척 간의 권력 다툼으로 윤임이 제거되었다.
② 인현 왕후가 폐위되고 남인이 권력을 장악하였다.
③ 공신 책봉에 불만을 품고 이괄이 반란을 일으켰다.
④ 이조 전랑 임명을 둘러싸고 사림이 동인과 서인으로 나뉘었다.
⑤ 폐비 윤씨 사사 사건의 전말이 알려져 김굉필 등이 처형되었다.

한눈에 보는 해설 ⊕

정답 알아보기
→ (가) 무오사화(1498, 연산군 4년)
→ (나) 기묘사화(1519, 중종 14년) 직전의 상황

(가), (나) 사이의 시기에 있었던 사실로 옳은 것은?

> (가) [임금이] 전지하기를, "…… 지금 **김일손**이 찬수한 사초에 부도한 말로써 선대의 일을 거짓으로 기록하고 또한 그의 스승 **김종직의 조의제문**을 실었도다. …… 대간, 홍문관으로 하여금 형을 의논하여 아뢰도록 하라."라고 하였다.
>
> (나) **대사헌 조광조** 등이 아뢰기를, "…… 반정 때에 공이 있었다면 기록되어야 하겠으나, 이들은 또 그다지 공도 없습니다. 무릇 이들을 공신으로 중히 여기면 공(功)이 이(利)를 탐내게 되니 임금을 죽이고 나라를 빼앗는 일이 다 이것에서 비롯됩니다. 임금이 나라를 잘 다스리고자 한다면 먼저 이(利)의 근원을 막아야 합니다. ……"라고 하였다.
> └▶ 조광조의 위훈 삭제 주장

⑤ 연산군 때 발생한 갑자사화(1504, 연산군 10년)에 대한 설명이다.

선지 분석하기
① 외척 간의 권력 다툼으로 윤임이 제거되었다. ➡ 을사사화(1545, 명종)
② 인현 왕후가 폐위되고 남인이 권력을 장악하였다. ➡ 기사환국(1689, 숙종)
③ 공신 책봉에 불만을 품고 이괄이 반란을 일으켰다. ➡ 이괄의 난(1624, 인조)
④ 이조 전랑 임명을 둘러싸고 사림이 동인과 서인으로 나뉘었다. ➡ 선조 재위 시기

정답 ⑤

👍 붕당의 형성

주요 정답 키워드   # 인조반정으로 집권   # 심의겸 지지

4. (가) 붕당에 대한 설명으로 옳지 않은 것은? ▶33회

> 김효원이 이조 전랑의 물망에 올랐을 때, 심의겸이 이전의 잘못을 지적하였다. 그 후에 심의겸의 동생 심충겸이 이조 전랑으로 천거되자, 이번에는 김효원이 나서 외척이라 하여 반대하였다. 이로 인해 양쪽으로 편이 갈라져 서로 배척하였는데, 김효원을 지지하는 사람들을 동인, 심의겸을 지지하는 사람들을 ___(가)___(으)로 부르기 시작했다.

① 광해군을 축출한 인조반정으로 집권하였다.
② 이이와 성혼의 문인을 중심으로 형성되었다.
③ 정여립 모반 사건을 빌미로 기축옥사를 주도하였다.
④ 선조 때 왕세자 책봉 문제로 정치적 입지가 약화되었다.
⑤ 효종 비의 사망 이후 전개된 예송의 결과 정국을 주도하였다.

한눈에 보는 해설 ⊕

정답 알아보기

(가) 붕당에 대한 설명으로 옳지 않은 것은?
← 서인

> 김효원이 **이조 전랑**의 물망에 올랐을 때, 심의겸이 이전의 잘못을 지적하였다. 그 후에 심의겸의 동생 심충겸이 이조 전랑으로 천거되자, 이번에는 김효원이 나서 외척이라 하여 반대하였다. 이로 인해 양쪽으로 편이 갈라져 서로 배척하였는데, 김효원을 지지하는 사람들을 동인, **심의겸을 지지하는 사람들**을 ___(가)___(으)로 부르기 시작했다.

⑤ 2차 예송 논쟁(효종 비의 사망 이후 이루어진 예송 논쟁) 결과 남인의 1년설이 채택되면서 남인이 정국을 주도하였다.

선지 분석하기
①②③④ 모두 서인에 대한 내용이다.

정답 ⑤

테마 26 조선의 대외 관계

📜 **사대(事大) 외교**

큰 나라를 받들어 섬긴다는 뜻으로, 서로의 독립성을 바탕으로 중국 연호를 쓰고 책봉을 받는 것을 전제로 중국과 조공 관계(무역)를 체결하는 외교임.

📜 **교린(交隣) 관계**

일본·여진에 대한 외교 정책으로, 회유책과 강경책을 동시에 쓰는 화전(和戰) 양면 정책을 추진함.

✦ 조선 초기의 대외 관계

1 조선 전기의 대외 관계 – 사대교린(事大交隣)

사대	명	조선 초(태조) 요동 정벌 준비, 여진과의 관계 등으로 대립 ➡ 태종 이후 교류 활발
교린 (화전양면책)	여진	• 강경책: 세종 때 압록강에 4군, 두만강에 6진 설치, 북방 사민 정책(태종~중종, 북방 이주 정책) 　cf 평안도·함경도 민심 수습책: 토관·잉류 제도 실시　┌→ 조세를 거두어 중앙에 보내지 않고 현지에서 사용하던 제도 • 회유책: 귀순 장려, 조공 무역 허용 등 └→ 평안도·함경도·제주도 지방 토착민에게 주던 특수한 향직
	일본	• 강경책: 이종무의 쓰시마섬 토벌(1419, 세종 1년) • 회유책: 3포 개항[부산포·제포(진해)·염포(울산), 1426, 세종 8년], 계해약조[1443, 세종 25년, 교역 범위 제한(세견선 50척, 세사미두 200석, 거류 왜인 60명)]
	동남아시아	류큐(유구), 시암, 자바 등과도 교류

2 임진왜란

1. 16세기 상황

중종	• 삼포왜란(1510, 중종 5년): 비변사 처음 설치(임시 기구) 　➡ 임신약조(1512, 중종 7년): 제포만 개항, 세견선·세사미두 반감 • 사량진왜변(1544, 중종 39년)
명종	• 정미약조(1547, 명종 2년): 규정 위반에 대한 벌칙 강화 • 을묘왜변(1555, 명종 10년): 국교 단절, 비변사의 상설 기구화

2. 임진왜란(1592)

✦ 임진왜란 때 관군과 의병의 활동

왜군의 북상	부산진(정발), 동래성(송상현) 격파, 충주 탄금대에서 신립 패배 ➡ 왜구의 한양 점령(선조는 평양 ➡ 이후 평양 함락 작전에 의주로 피난, 명에 원군 요청) 　cf 선조의 한양 귀환(1953. 10.)
수군(이순신)의 승리	옥포 해전 첫 승리 ➡ 사천(거북선 최초 이용)·당포·당항포 연승 ➡ 이순신의 한산도 대첩(남해 제해권 장악, 곡창 지대 수호)
의병의 승리	곽재우(의령), 조헌(옥천), 김천일(나주), 정문부(함경도 경성) 등
명의 지원·전열 정비	• 수군·의병의 승전, 명의 원군 ➡ 조·명 연합군의 평양성 탈환(1593), 권율의 행주 대첩 승리 • 훈련도감 설치(1593)·속오법 정비, 군사 강화
정유재란 (1597)	• 명과 일본의 휴전 회담 결렬 ➡ 왜군 재침입, 원균의 칠천량 전투 패배 • 조·명 연합군이 직산에서 일본군 격퇴(1597. 9.), 이순신의 명량 대첩 승리(1597. 9.) ➡ 도요토미 사망, 왜군 총철수 개시 ➡ 노량 대첩 승리, 이순신 전사(1598. 11.)

✦ 임진왜란 해전도

3. 임진왜란의 영향

양반 신분 매매 제도 →
아무것도 쓰여있지 않은 관직 수여증 →

국내	• 경제와 재정 궁핍, 납속 제도 및 공명첩 발급 • 문화재 손실: 불국사 · 경복궁 · 실록 보관 4대 사고(전주 사고 제외) 등 • 새로운 산물 전래: 일본을 통해 조총 · 담배 · 고추 · 호박 등 전래 • 허준의 『동의보감』 편찬(광해군 때)
국외	• 중국: 명 쇠퇴 ➡ 여진 흥기, 후금(1616) 건국 • 일본: 중세 문화 발달(인쇄술, 이황의 성리학 보급)

3 임진왜란 이후 일본과의 외교

1. 국교 재개(1607, 선조 40년): 에도 막부의 수교 간청으로 국교 재개, 조선 통신사 파견(1607~1811, 총 12회)

2. 기유약조 체결(1609, 광해군 원년): 부산포에 왜관 설치, 제한된 범위(세사미두 100석, 세견선 20척)에서 무역

4 광해군(1608~1623)

1. 대내 정책: 북인 등용, 전후 복구 사업 및 국방 강화, 『동의보감』 편찬, 5대 사고 정비

2. 대외 정책: 명과 후금 사이에서 실리적 중립 외교 추구(cf 강홍립)

5 인조반정(1623)

인조 즉위, 서인의 친명배금 외교 ➡ 두 차례의 호란 발생[1차 정묘호란(1627, 인조 5년) - 형제 관계, 2차 병자호란(1636, 인조 14년) - 군신 관계]

6 효종

1. 북벌론 전개: 서인 중심, 성리학적 명분상 전개 ➡ 실패, 서인의 군사적 기반 마련

2. 나선(러시아) 정벌: 청의 요구로 조선의 조총 부대가 출병

한능검 꼭꼭 사료

1. 세종의 대마도 정벌
왕은 이르노라. 무력만 일삼는 것은 성현이 경계하는 바이나 죄를 성토하기 위하여 군사를 일으키는 것은 부득이한 일이다. …… 쓰시마라는 섬은 본래 우리나라 땅인데 다만 협소하고 누추한 곳이어서 왜구(倭寇)가 거처하는 것을 들어주었던 것뿐이다. …… 지금 왜구가 제 마음대로 탐욕과 해독을 부려 백성들을 살육하고 스스로 하늘의 재앙을 부르니, 그래도 참고 이를 정벌하지 않는다면 나라에 사람이 있다고 하겠는가. 「동문선」, 정대마도교서

2. 이순신의 명량 대첩
신에게 전함이 아직 열두 척이 있습니다. 죽을 힘을 다하여 막아 싸우면 어찌 승리할 수가 없겠습니까. 전함이야 적지만 신은 죽지 않습니다. 적은 감히 우리를 업신여기지 못할 것입니다. 「난중일기」

임진왜란 3대첩
한산도 대첩(이순신), 진주 대첩(김시민), 행주 대첩(권율)

우리나라의 4대첩
살수 대첩(을지문덕), 귀주 대첩(강감찬), 한산도 대첩(이순신), 행주 대첩(권율)

본인의 이름을 적는 부분

❖ **공명첩** | 이름을 쓰지 않은 관직 수여증

사료 등록
이순신의 「난중일기」

충무공 이순신이 임진왜란 때 진중에서 쓴 일기로, 임진왜란 7년 동안의 상황을 가장 구체적으로 기록, 2013년 유네스코 세계 기록 문화유산에 등재됨.

테마 26 실전문제

🐾 **출제 POINT**
조선의 대여진 정책 및 임진왜란 순서를 묻는 문제가 주로 출제된다.

👍 조선 전기 대여진 관계

주요 정답 키워드 # 경성과 경원에 무역소 설치 # 북평관 # 조공 무역

1. 밑줄 그은 ㉠에 대한 조선의 대외 정책으로 옳은 것을 〈보기〉에서 고른 것은?

▶ 39회

이 작품은 야연사준도로 김종서가 ㉠두만강 일대에 흩어져 살던 야인들을 몰아내고 동북면의 6진을 개척한 뒤의 일화를 그린 것이다. 그림 속에는 연회 중 갑자기 화살이 날아와 큰 술병에 꽂히자, 다른 장수들은 겁을 먹었지만 김종서는 침착하게 연회를 진행하였다는 이야기가 묘사되어 있다.

보기
㉠ 강경책의 일환으로 대마도를 정벌하였다.
㉡ 경성과 경원에 무역소를 설치하여 회유하였다.
㉢ 초량에 왜관을 설치하고 개시 무역을 실시하였다.
㉣ 한양에 북평관을 개설하여 조공 무역을 허용하였다.

① ㉠, ㉡　　　　　② ㉠, ㉢
③ ㉡, ㉢　　　　　④ ㉡, ㉣
⑤ ㉢, ㉣

한눈에 보는 해설 ⊕

정답 알아보기

밑줄 그은 ~여진~ ㉠에 대한 조선의 대외 정책으로 옳은 것을 〈보기〉에서 고른 것은?

이 작품은 야연사준도로 김종서가 ㉠두만강 일대에 흩어져 살던 야인들을 몰아내고 **동북면의 6진**을 개척한 뒤의 일화를 그린 것이다. 그림 속에는 연회 중 갑자기 화살이 날아와 큰 술병에 꽂히자, 다른 장수들은 겁을 먹었지만 **김종서**는 침착하게 연회를 진행하였다는 이야기가 묘사되어 있다.

㉡㉣ 조선은 여진족의 귀순을 장려하기 위하여 관직·토지 등을 주어 조선 주민으로 동화시켰고, 국경 지대인 경성과 경원에 무역소를 두었으며, 서울에 오는 여진 사절을 위해 북평관을 두는 등 조공 무역을 허락하였다.

선지 분석하기

㉠ 강경책의 일환으로 대마도를 정벌하였다. ➡ 조선 전기 일본에 대한 정책(1419, 세종 원년)

㉢ 초량(부산)에 왜관을 설치하고 개시 무역을 실시하였다. ➡ 조선 후기 일본에 대한 정책(1609, 광해군)

정답 ④

👍 조선의 대외 관계

주요 정답 키워드 # 사대교린 # 명 # 여진 # 일본 # 시암·유구

2. 지도에 나타난 조선의 대외 관계에 대한 설명으로 옳지 않은 것은?

▶ 19회

< 조선 초기 대외 관계 >

① (가) – 조공·책봉 관계 속에서 실리를 도모하였다.
② (나) – 경성과 경원에 무역소를 설치하여 회유하였다.
③ (다) – 삼포를 개항하여 세견선의 입항을 허가하였다.
④ (라) – 연행사를 정기적으로 파견하여 교류하였다.
⑤ (마) – 조공 또는 진상의 형식으로 교역이 이루어졌다.

한눈에 보는 해설 ⊕

정답 알아보기

지도에 나타난 조선의 대외 관계에 대한 설명으로 옳지 않은 것은?

④ 연행사는 청에 파견된 정기 사절단이다.

선지 분석하기

① 명과는 표면적으로 사대 관계를 맺어 조공·책봉 관계 속에서 경제적·정치적 실리를 도모하였다.
② 여진과는 교린 정책을 추진하여 강경책과 함께 경원·경성에 무역소를 두는 회유책을 동시에 펼쳤다.
③ 일본과는 교린 정책을 추진하여 세종 원년(1419) 대마도를 토벌한 이후 세종 8년(1426) 3포(부산포, 제포, 염포)를 개항하고 개항장에 왜관을 설치하여 조공 무역을 허용하였다.
⑤ 류쿠(오키나와), 사이암(타이), 자바(인도네시아) 등 동남아시아와도 조공 및 진상의 형식으로 무역이 이루어졌다.

정답 ④

👍 임진왜란 전개 과정

주요 정답 키워드 # 평양성 탈환 # 한산도 대첩 # 권율의 행주 대첩 # 노량 대첩

3. 다음 일기의 훼손된 부분에 해당하는 시기의 사실로 옳은 것은?

▶ 45회

임진년 ○○월 ○○일

왕은 세자에게 평안북도 강계로 가서 혼란한 정국을 안정시키고 수습하라고 하였다. 그 후 왕은 의주로 향하였고 세자는 강계로 향하였다. 오늘부터 조선에는 두 개의 조정이 있게 되었다.

계사년 ○○월 ○○일

조·명 연합군이 평양성을 탈환했다는 소식이 분조(分朝)에 들려왔다. 평양성의 탈환은 전쟁의 국면을 전환하는 매우 값진 승리였다.

① 이순신이 한산도 대첩에서 승리하였다.

② 정발이 부산진성 전투에서 전사하였다.

③ 휴전 회담의 결렬로 정유재란이 시작되었다.

④ 명의 요청으로 강홍립의 부대가 파견되었다.

⑤ 정봉수와 이립이 의병을 이끌고 활약하였다.

4. (가)~(라)를 일어난 순서대로 옳게 나열한 것은?

▶ 37회

(가) 왜적이 대거 침략해 왔다. 부산진이 함락되면서 첨사(僉使) 정발이 전사하였다. 이어 동래부가 함락되면서 부사 송상현도 전사하였다. 『선조수정실록』

(나) 왜적이 총출동하여 추격하기에 한산 앞바다로 끌어냈다. 아군이 학익진을 펼쳐 …… 쳐부수니 왜적이 사기가 꺾이어 퇴각하였다. 여러 장수와 군졸들이 환호하며 뛸 듯이 기뻐하였다. 『선조실록』

(다) 권율이 행주에서 왜적을 대파하고, 고산 현감 신경희를 보내어 승전 소식을 아뢰었다. …… 신경희가 아뢰기를, "…… 그 지역에는 돌이 많아 모든 군사들이 앞다투어 돌을 던져 싸움을 도왔습니다."라고 하였다. 『선조실록』

(라) (이순신이) 노량에 도착하니 많은 왜적이 이르렀다. 불의에 진격하여 한참 혈전을 하던 중 이순신이 몸소 왜적에게 활을 쏘다가 왜적의 탄환에 가슴을 맞아 배 위에 쓰러졌다. …… 왜적이 마침내 대패하니 사람들은 모두 "죽은 이순신이 산 왜적을 물리쳤다."라고 하였다. 『선조실록』

① (가) - (나) - (다) - (라) ② (가) - (나) - (라) - (다)

③ (나) - (가) - (라) - (다) ④ (나) - (다) - (가) - (라)

⑤ (다) - (라) - (나) - (가)

한눈에 보는 해설 🔍

정답 알아보기

다음 일기의 훼손된 부분에 해당하는 시기의 사실로 옳은 것은?

○ 임진년 ○○월 ○○일
→ 선조 → 광해군
왕은 세자에게 평안북도 강계로 가서 혼란한 정국을 안정시키고 수습하라고 하였다. 그 후 **왕은 의주로 향하였고** 세자는 강계로 향하였다.
→ 선조의 의주 피난(1592. 5.)
오늘부터 조선에는 두 개의 조정이 있게 되었다.

○ 계사년 ○○월 ○○일
조·명 연합군이 평양성을 탈환했다는 소식이 분조(分朝)에 들려왔다.
→ 조·명 연합군의 평양성 탈환(1593. 1.)
평양성의 탈환은 전쟁의 국면을 전환하는 매우 값진 승리였다.

① 이순신이 한산도 대첩에서 승리하였다. ➡ 1592. 7.

선지 분석하기

② 정발이 부산진성 전투에서 전사하였다. ➡ 1592. 4.
③ 휴전 회담의 결렬로 정유재란이 시작되었다. ➡ 1597. 1.
④ 명의 요청으로 강홍립의 부대가 파견되었다. ➡ 광해군 때
⑤ 정봉수와 이립이 의병을 이끌고 활약하였다. ➡ 정묘호란(1627)

정답 ①

한눈에 보는 해설 🔍

정답 알아보기

(가)~(라)를 일어난 순서대로 옳게 나열한 것은?

(가) 왜적이 대거 침략해 왔다. **부산진이 함락**되면서 첨사(僉使) **정발이 전사**하였다. 이어 동래부가 함락되면서 부사 송상현도 전사하였다.
→ 정발의 부산진성 전투   → 이순신의 한산도 대첩 『선조수정실록』
(나) 왜적이 총출동하여 추격하기에 **한산 앞바다로 끌어냈다.** 아군이 학익진을 펼쳐 …… 쳐부수니 왜적이 사기가 꺾이어 퇴각하였다. 여러 장수와 군졸들이 환호하며 뛸 듯이 기뻐하였다. 『선조실록』
→ 권율의 행주 대첩
(다) **권율이 행주에서 왜적을 대파**하고, 고산 현감 신경희를 보내어 승전 소식을 아뢰었다. …… 신경희가 아뢰기를, "…… 그 지역에는 돌이 많아 모든 군사들이 앞다투어 돌을 던져 싸움을 도왔습니다."라고 하였다. 『선조실록』
→ 이순신의 노량 대첩
(라) **(이순신이) 노량에 도착**하니 많은 왜적이 이르렀다. 불의에 진격하여 한참 혈전을 하던 중 **이순신이 몸소 왜적에게 활을 쏘다가 왜적의 탄환에 가슴을 맞아 배 위에 쓰러졌다.** …… 왜적이 마침내 대패하니 사람들은 모두 "죽은 이순신이 산 왜적을 물리쳤다."라고 하였다.
『선조실록』

① (가) 정발의 부산진성 전투(1592. 4.) ➡ (나) 이순신의 한산도 대첩(1592. 7.) ➡ (다) 권율의 행주 대첩(1593. 2.) ➡ (라) 이순신의 노량 대첩(1598. 11.)

정답 ①

테마 27

조선 전기의 사회

1 조선의 신분 제도

신분 구조	양천제의 법제화: 양인과 천민으로 구분, 『경국대전』에 입각한 기본 신분 구조 ➡ but 16세기 현실적으로 반상제(양반, 중인, 상민, 천민)로 운영	
양반	• 15세기 문·무반(성취 신분) ➡ 16세기 사족(士族), 즉 그 가족이나 가문으로 확대(세습 신분) • 과거·음서(문음)·천거 등으로 고위직 독점	
중인	중인	• 서리, 향리, 기술관 등 • 직역 세습, 전문 기술·행정 담당 ➡ 문과 응시 가능, but 현실은 주로 잡과 응시
	중서(서얼)	양반의 첩의 자식 ➡ 문과 응시 ×
상민 (평민, 양인)	• 농민, 수공업자, 상인, 신량역천(양인 중 천역 담당 계층) • 법제적으로 과거 응시 가능, 조세·공납·역 의무	
천민	공·사노비, 백정, 무당, 창기, 광대 등	

2 조선 전기의 사회 정책

농민 생활 안정책	• 환곡: 춘대추납의 빈민 구제 제도, 15세기 의창 담당 ➡ 16세기 상평창 담당(모곡의 1/10 이자 징수) • 농민 안정책: 사창(향촌에서 양반들에 의해 자치적으로 운영된 농민 구제 제도) 운영 • 농민 통제책: 오가작통법(연대 책임제), 호패법(16~60세 모든 남자에게 준 일종의 신분증) ➡ 농민 이탈 통제
의료 시설	• 혜민국: 약재 판매 • 동·서 대비원: 수도권 내 환자 구제, 약재 판매 • 제생원: 지방민 구호·진료 • 동·서 활인서: 유랑자의 수용·구휼
양반 문벌 강화	• 예학: 종족 내부의 의례 강조, 유교주의적 가족 제도 확립 • 보학(족보): 종족의 종적 내력과 횡적 관계 확인
법률	• 형법: 『경국대전』 중심 + 『대명률』 참고 • 민법: 관습에 의거 　**cf** 가족 제도의 경우 『주자가례』 의거, 상속의 경우 '종법' 의거 • 반역죄·강상죄는 중죄, 연좌법 시행, 5종(태·장·도·유·사형)의 형벌 • 재판권: 지방관이 대개 스스로 처리 ➡ 중죄(유배형, 사형)의 경우 중앙으로 보냄.

3 서원과 향약

1. 서원

최초 서원	중종 때 풍기 군수 주세붕이 안향을 봉사하기 위해 세운 백운동 서원
최초 사액 서원	명종 때 이황의 건의로 백운동 서원이 소수 서원으로 사액(면세·면역 특권)
기능	선현의 제사, 사림 자제 교육, 유교 보급 ➡ 학문·교육의 지방적 확대, 지방 사족의 입지 강화

❖ 서원의 구조

15세기 양천제

16세기 반상제

📜 족보의 변화

1. 조선 전기: 내외 자손을 모두 기록하는 자손보 – 자녀의 구별 없이 출생순으로 기록
2. 조선 후기: 부계 친족만 기록하는 씨족보 – 아들을 먼저 기록하는 것이 보편화

📜 「안동 권씨 성화보」

1476년 간행된 현존하는 가장 오래된 족보

📜 고려와 조선의 법률

구분		고려	조선
법률	형법	당률을 참작한 71개 조와 보조 법률	성문법 중심(『경국대전』 중심+대명률 참고)
	민법	관습법 적용	관습에 의거 **cf** 가족 제도의 경우 『주자가례』 의거, 상속의 경우 '종법' 의거
중죄		반역죄, 불효죄	반역죄, 강상죄
재판권		지방관이 대개 스스로 처결	
형벌		태·장·도·유·사형	

2. 향약

성격	• 전통적 향촌 규약을 바탕으로 유교 질서에 입각한 삼강오륜의 윤리가 가미된 향촌 교화의 규약 ↳ 잘못한 일은 서로 꾸짖는다. ↳ 재난과 어려움은 서로 돕는다. • 공통 덕목: 덕업상권, 과실상규, 예속상교, 환난상휼 ↳ 좋은 일은 서로 권장한다. ↳ 올바른 예속은 서로 나눈다.
도입	중종 때 조광조가 여씨 향약 보급 시도
발전	선조 때 이황, 이이에 의해 우리 실정에 맞는 향약으로 발전 ➡ 사림의 향촌 통제력 강화

✧ 사림의 세력 기반(서원과 향약)

4 향촌 사회의 운영

정부	면리제	촌 단위의 몇 개 리(理)로 구성
	5가작통법	서로 이웃하고 있는 다섯 집을 하나의 통으로 묶고 통수를 두어 관리
촌락 공동체 조직	동계, 동약	사족들의 촌락민에 대한 사회 · 경제적 지배 강화 목적
	두레, 향도	촌락의 농민 공동체 조직

5 성리학적 사회 질서의 강화 - 예학과 보학의 보급

예학	성격	양반들이 성리학적 도덕 윤리를 강조하면서 신분 질서의 안정을 추구하고자 성립
	발달 배경	• 신분 질서 유지를 위해 상하 관계 중시 • 16C 중반 『주자가례』에 대한 학문 연구 본격화
	기본 덕목	가부장적 종법 질서 구현, 삼강오륜 강조
	발전	양 난으로 인하여 흐트러진 유교적 질서 회복 강조
	폐단	사림 간 정쟁의 구실로 이용, 사림의 향촌 사회 지배력 강화, 양반 문벌제도 강화
보학	성격	양반의 가족 재력을 기록하고 암기하는 학문(족보)
	발달 배경	사림 양반들의 문벌 형성, 신분적 우위 확보 의지
	기능	종족의 종적인 내력과 횡적인 종족 관계 강화
	결과	양반 문벌제도 강화

한능검 꼭꼭 사료

1. 서원

주세붕이 처음 서원을 세울 때 세상에서는 의심하였습니다. 주세붕은 뜻을 더욱 가다듬어 많은 비웃음을 무릅쓰고 비방을 물리쳐 지금까지 누구도 하지 못했던 장한 일을 이루었습니다. 아마도 하늘이 서원을 세우는 가르침을 동방에 일으켜 우리나라가 중국과 같게 되도록 하는 것인가 합니다. 사방에서 기뻐하고 사모하여 서로 다투어서 이를 본받게 될 것입니다. 진실로 선왕의 자취가 남고 향기가 뿌려져 있는 곳, 최충, 우탁, 정몽주, 길재, 김종직, 김굉필 같은 이가 살던 곳, 이런 곳은 모두 서원이 세워질 것입니다.

『퇴계전서』

2. 향약

가입을 청하는 자는 참가하기를 원하는 뜻을 반드시 단자에 자세히 적어서 모임이 있을 때에 진술하고, 사람을 시켜 약정에게 바치면 약정은 여러 사람에게 물어서 좋다고 한 다음에야 글로 답하고, 다음 모임에 참여하게 한다.

『율곡전서』

사료 듬뿍

서원(유네스코 세계 문화유산)

유네스코 세계 문화유산에 이름을 올린 '한국의 서원'은 풍기 군수 주세붕이 중종 38년(1543)에 '백운동 서원'이라는 명칭으로 건립한 최초의 사액 서원인 소수 서원(경북 영주, 안향 영정 봉안)을 비롯하여 도산 서원(경북 안동, 퇴계 이황 배향), 병산 서원(경북 안동, 류성룡 배향), 옥산 서원(경북 경주, 이언적 배향), 도동 서원(대구 달성, 김굉필 배향), 남계 서원(경남 함양, 정여창 배향), 필암 서원(전남 장성, 김인후 배향), 무성 서원(전북 정읍, 최치원 배향), 돈암 서원(충남 논산, 김장생 배향) 총 9곳임.

출제 POINT
각 신분의 특징과 조선 전기의 사회 모습을 묻는 문제가 주로 출제되었으며, 최근에는 서원의 특징을 묻는 문제도 출제된다.

👍 중인

주요 정답 키워드 # 시사 # 위항 문학 # 역관·의관 등

1. (가) 신분에 대한 설명으로 옳은 것은?
▶ 45회

① 소속 관청에 신공(身貢)을 바쳤다.
② 매매, 상속, 증여의 대상이 되었다.
③ 원칙적으로 과거에 응시할 수 없었다.
④ 장례원(掌隷院)을 통해 국가의 관리를 받았다.
⑤ 조선 후기 시사(詩社)를 조직해 위항 문학 활동을 하였다.

한눈에 보는 해설

정답 알아보기

(가) 신분 에 대한 설명으로 옳은 것은?

중인

⑤ 조선 후기 중인들의 문학 창작 활동이 활발해지면서 그들만의 문학 모임인 시사를 조직하였으며, 사대부와 서민 문학의 중간 형태인 위항 문학이 형성되었다.

선지 분석하기

① 소속 관청에 신공(身貢)을 바쳤다. ➡ 공노비
② 매매, 상속, 증여의 대상이 되었다. ➡ (공·사)노비
③ 원칙적으로 과거에 응시할 수 없었다. ➡ 천민, 서얼
④ 장례원(掌隷院)을 통해 국가의 관리를 받았다. ➡ 노비

정답 ⑤

👍 향리

주요 정답 키워드 # 행정 실무 # 수령 보좌 # 호방

2. 밑줄 그은 '피고인'에 대한 설명으로 옳은 것은?
▶ 24회

모의 재판 기소문

기소 이유

피고인은 호방으로 본래 임무를 망각하고 백성에게 해를 끼친 자로서 죄목은 다음과 같다.

1. 백성으로부터 세금을 거둘 때 법보다 더 거두어 남용하였다.
2. 양민을 불법으로 끌어다 남몰래 일을 시켰다.

이에 경국대전 형전에 의거하여 기소한다.

① 잡과를 통해 선발되었다.
② 관청에 신공(身貢)을 바쳤다.
③ 공음전을 경제적 기반으로 삼았다.
④ 사신을 수행하면서 통역을 담당하였다.
⑤ 토착 세력으로 지방에서 행정 실무를 맡았다.

한눈에 보는 해설

정답 알아보기

향리

밑줄 그은 '피고인' 에 대한 설명으로 옳은 것은?

모의 재판 기소문

기소 이유

피고인은 호방으로 본래 임무를 망각하고 백성에게 해를 끼친 자로서 죄목은 다음과 같다.
1. 백성으로부터 세금을 거둘 때 법보다 더 거두어 남용하였다.
2. 양민을 불법으로 끌어다 남몰래 일을 시켰다.
이에 경국대전 형전에 의거하여 기소한다.

⑤ 토착 세력인 향리는 6방(이방·호방 등)에 소속되어 지방 말단의 실질적 행정을 담당하였다.

선지 분석하기

① 잡과를 통해 선발되었다. ➡ 중인(기술관)
② 관청에 신공(身貢)을 바쳤다. ➡ 공노비
③ 공음전을 경제적 기반으로 삼았다. ➡ 고려 문벌 귀족(5품 이상 관료)
④ 사신을 수행하면서 통역을 담당하였다. ➡ 중인(역관)

정답 ⑤

👍 서원

주요 정답 키워드 # 국왕으로부터 현판과 노비 받음 # 주세붕

3. (가) 교육 기관에 대한 설명으로 옳은 것은? ▶ 39회

> 주세붕이 처음 (가) 을/를 세울 때 세상에서는 의심하였습니다. 주세붕은 뜻을 더욱 가다듬어 많은 비웃음을 무릅쓰고 비방을 물리쳐 지금까지 누구도 하지 못했던 장한 일을 이루었습니다. 아마도 하늘이 (가) 을/를 세우는 가르침을 동방에 흥하게 하여 [우리나라가] 중국과 같아지도록 하려는 것인가 봅니다.
>
> 「퇴계선생문집」

① 학술 연구 기구로 청연각이 설치되었다.
② 전국의 부·목·군·현에 하나씩 설립되었다.
③ 중앙에서 파견된 교수나 훈도가 지도하였다.
④ 유학을 비롯하여 율학, 서학, 산학을 교육하였다.
⑤ 국왕으로부터 현판과 함께 노비 등을 받기도 하였다.

👍 조선의 사회 모습

주요 정답 키워드 # 균분 상속 # 윤행

4. 다음 자료를 통해 추론할 수 있는 사회 모습으로 적절한 것을 〈보기〉에서 고른 것은? ▶ 17회

> 중종 23년(1528) 10월 10일, 딸들에게 작성해 준 유서
> 억달에게 노비와 전답도 많이 주었으며, 천첩 자식으로 봉사(奉祀)하는 것도 편치 않을 뿐만 아니라 생사도 알기 힘들다. …… 너희들은 비록 딸이라도 나의 골육으로 정리가 매우 중하기 때문에, 노비와 전답을 혈손 외에 다른 사람에게 주지 말고 너희들이 가지고서 우리 부부의 제사를 거행하라. 만일 불초한 자가 마음을 나쁘게 써서 분쟁하는 기미가 있거든 이 문서의 내용에 따라 관가에 고하여 바로 잡아라.
>
> 재주(財主) 진사 송○○ [수결(手決)]

보기

㉠ 혼인 풍습에서 시집살이가 보편화되었다.
㉡ 자녀에게 재산을 균분 상속하는 일이 많았다.
㉢ 부계 중심의 유교적 종법 질서가 확고해졌다.
㉣ 자녀들이 돌아가면서 제사를 맡아 지내는 일이 널리 행해졌다.

① ㉠, ㉡ ② ㉠, ㉢
③ ㉡, ㉢ ④ ㉡, ㉣
⑤ ㉢, ㉣

한눈에 보는 해썰 ⊕

정답 알아보기 →서원

(가) 교육 기관에 대한 설명으로 옳은 것은?

> 주세붕이 처음 (가) 을/를 세울 때 세상에서는 의심하였습니다. 주세붕은 뜻을 더욱 가다듬어 많은 비웃음을 무릅쓰고 비방을 물리쳐 지금까지 누구도 하지 못했던 장한 일을 이루었습니다. 아마도 하늘이 (가) 을/를 세우는 가르침을 동방에 흥하게 하여 [우리나라가] 중국과 같아지도록 하려는 것인가 봅니다.
>
> 「퇴계선생문집」

⑤ 조선 시대의 서원 중 국가로부터 현판과 함께 토지·노비·서적 등을 받는 사액 서원도 있었다.

선지 분석하기

① 학술 연구 기구로 청연각이 설치되었다. ➡ 고려 예종 때 설치
② 전국의 부·목·군·현에 하나씩 설립되었다. ➡ 조선의 향교
③ 중앙에서 파견된 교수나 훈도가 지도하였다. ➡ 조선의 향교
④ 유학을 비롯하여 율학, 서학, 산학을 교육하였다. ➡ 고려의 국자감

정답 ⑤

한눈에 보는 해썰 ⊕

정답 알아보기 →조선 전기

다음 자료를 통해 추론할 수 있는 사회 모습으로 적절한 것을 〈보기〉에서 고른 것은?

> 중종 23년(1528) 10월 10일, 딸들에게 작성해 준 유서
> 억달에게 노비와 전답도 많이 주었으며, 천첩 자식으로 봉사(奉祀)하는 것도 편치 않을 뿐만 아니라 생사도 알기 힘들다. …… 너희들은 비록 딸이라도 나의 골육으로 정리가 매우 중하기 때문에, 노비와 전답을 혈손 외에 다른 사람에게 주지 말고 너희들이 가지고서 우리 부부의 제사를 거행하라. 만일 불초한 자가 마음을 나쁘게 써서 분쟁하는 기미가 있거든 이 문서의 내용에 따라 관가에 고하여 바로 잡아라.
>
> 재주(財主) 진사 송○○ [수결(手決)]

㉡㉣ 고려부터 조선 전기에는 자녀 균분 상속과 함께 제사를 아들과 딸이 돌아가면서 지내는 윤행이 이루어졌다.

선지 분석하기

㉠ 혼인 풍습에서 시집살이가 보편화되었다(친영 제도). ➡ 조선 후기
㉢ 부계 중심의 유교적 종법 질서가 확고해졌다. ➡ 조선 후기

정답 ④

테마 28

조선 전기의 경제

1 조선의 경제 정책 – 중농 억상 정책

1. **농본주의 원칙**: 유교의 왕도 정치 이념에서는 민생 안정 중시 ➡ 농본주의 정책 추구
2. **상공업 규제**: 조선 초 국가의 통제 아래 규제 ➡ 16세기 이후 국가의 통제력 약화로 점차 성장

2 토지 제도의 변천

1. 과전법[고려 공양왕(1391), 급전도감 설치]

배경	권문세족의 농장 확대에 대한 재정 궁핍
내용	• 전·현직 관리 대상 수조권 지급 ➡ 1대 제한, 경기 지역으로 제한 ↳ 부인이 재혼하지 않을 경우 • 유가족: 수신전, 휼양전 지급, 1대 세습 허용 ↳ 자식이 어릴 경우
영향	국가 재정 안정, 사대부 관료의 경제 기반 마련, 농민 경제 안정

2. 직전법[세조(1466)]

배경	관료에게 지급할 토지 부족
내용	• 현직 관리에게만 지급 • 수신전, 휼양전 폐지
영향	국가의 토지 지배력 강화, but 현직 관료의 위기의식 초래 ➡ 가혹한 수취, 겸병, 농장 확대 현상 초래

3. 관수 관급제[성종(1470)]

배경	수조권자의 지나친 조세 징수
내용	국가가 관료의 직전에서 직접 수조(收租)하여 관료에게 지급
영향	국가의 토지 지배력 강화, but 현직 관료의 위기의식 초래 ➡ 농장 확대 가속

4. **직전법 폐지**: 16세기 명종 때(1556) 직전법 폐지, 현물 녹봉만 지급 ➡ 지주 전호제 강화

3 수취 제도의 정비

조세	• 수확량의 1/10 징수(1결당 30두), 조운 제도를 통해 운송 • 세종 때 공법 제정 ─전분 6등법: 토지의 비옥도에 따라 1결의 면적을 6등급으로 구분 ─연분 9등법: 풍흉의 정도에 따라 1결당 조세를 9등급(20두~4두)으로 나누어 징수

조운 제도

수납한 조세는 강가나 바닷가에 조창을 두어 여기에 모아 두었다가 전라도·충청도·황해도는 바닷길로, 강원도는 한강으로, 경상도는 낙동강과 한강을 통해 서울의 용산과 서강에 있는 경창으로 운송함. 평안도와 함경도는 국경에 가깝고, 특히 평안도는 사신의 내왕이 잦은 곳이라 하여 그 조세를 현지에서 군사비와 사신 접대비로 쓰도록 하는데 이를 잉류(仍留)라 함.

전분 6등의 1결당 면적

전분	면적(평방적)
1등전	227,527
2등전	268,324
3등전	324,900
4등전	413,449
5등전	570,025
6등전	912,025

연분 9등의 전세율

연분		1결당 전세율
상	상상년	20두
	상중년	18두
	상하년	16두
중	중상년	14두
	중중년	12두
	중하년	10두
하	하상년	8두
	하중년	6두
	하하년	4두

✧ 조선 시대의 조운로

공납	• 민호를 기준으로 현물로 부과 • 종류: 상공, 별공, 진상 ➡ 전세보다 부담이 더 큼. ➡ 16세기 방납의 폐단 야기 ➡ 16세기 조광조, 유성룡, 이이 등이 수미법 주장 **cf** 대동법 ⤷ 중간 상인이 대신 납부하고 대가를 요구하는 제도
역	• 양인 정남(16~60세)에게 부과 ⤷ 정군의 복무 비용 보조 • 군역: 정군과 보인으로 구성, 현직 관리·학생 면제 ➡ 16세기 중종 때 군적수포제 실시: 양인 장정 12개월 ⤷ 교대로 군사 복무 마다 군포 2필 징수 • 요역: 민호에서 정남의 수를 고려하여 징발, 성·왕릉·저수지 등의 공사에 동원 ➡ 성종 때 토지 8결당 1인 징발, 1년 중 6일 이내 동원

4 경제 활동

농업	• 농업 기술의 발달 ┌ 논: 남부 지방에 이앙법(모내기법) 보급 └ 밭: 농종법(밭이랑에 씨앗을 뿌리는 농법), 2년 3작의 윤작법 일반화 • 농서: 『농사직설』(세종, 우리 실정에 맞는 최초의 농서), 『금양잡록』(성종, 금양 지방의 농서)
수공업	관영 수공업 중심, 공장안(수공업자 명단) 작성
상업	• 시전 상인: 점포세·상세를 납부하는 대신 특정 상품의 독점 판매권 행사 ➡ 육의전* 번성 • 지방: 보부상(관허 상인) 활동 • 장시: 15세기 말 발생(전라도) ➡ 16세기 중엽 전국 확산
화폐	저화(지폐, 태종), 조선통보(세종) 등 발행 ➡ ∴ 유통 실패

한능검 꼭꼭 사료

1. 과전법
공양왕 3년(1391) 5월, 도평의사사가 글을 올려 과전을 지급하는 법을 정할 것을 요청하니 왕이 따랐다. …… 경기는 사방의 근본이니 마땅히 과전을 설치하여 사대부를 우대한다. 무릇 서울에 거주하여 왕실을 시위하는 자는 현·퇴직 자를 막론하고 과에 따라 과전을 받는다. 『고려사』

2. 관수 관급제
사람들이 한결같이 직전에 폐단이 있다고 합니다. …… 만약 관이 직접 직전세를 거두어 전주에게 준다면 백성들은 수납의 고통을 덜게 되고, 또한 지나치게 걷는 폐단도 없어지게 될 것입니다. 『성종실록』

3. 연분 9등법
각 도의 수전·한전의 소출 다소를 자세히 알 수가 없으니 공법(貢法)에서의 수세액을 규정하기가 어렵다. …… 상상 년에는 수전·한전 각기의 수확이 얼마며, 하하년에는 수전·한전 각기의 수확이 얼마인지를, 각 관의 관둔전에 대해 서도 과거 5년간의 파종 및 수확의 다소를 위와 같이 조사하여 보고토록 한다. 『세종실록』

4. 16세기 상황
임꺽정은 양주의 백정으로 성품이 교활하고 또 날래고 용맹했으며 그 무리 10여 명이 모두 날래고 빨랐다. …… 사신 (史臣)은 말한다. "도적이 성행하는 것은 수령의 가렴주구 탓이며 수령의 가렴주구는 재상이 청렴하지 못한 탓이다." 『명종실록』

🏷 16세기 수취 체제 문란

• 공납: 방납의 폐단 ➡ 16세기 수미법 주장(조광조, 유성룡, 이이 등)
• 군역의 폐단: 군역의 요역화 ➡ 방군수포제(수령 주도) ➡ 군적 수포제(중종, 양인 장정 1년마 다 베 2필 징수)
• 환곡의 폐단: 15세기 의창 담당 ➡ 16세기 상평창 담당(원곡의 1/10 이자 징수)
• 임꺽정의 난(명종) 등 도적의 횡행

✳ 육의전
비단, 무명, 삼베, 모시, 종이, 어물 취급

사료 듣뿍

직전법 실시에 대한 반발
신이 생각하기에 직전법은 국초 의 법이 아닙니다. 수신전·휼양전 을 폐지하고 직전법을 만드는 바 람에 지아비에게 신의를 지키려고 하는 자는 의지할 바를 잃게 되었 고, 어버이에게 효도하려는 자는 곤궁해져도 호소할 곳이 없게 되 었습니다. 이는 선왕(先王)의 어진 법과 아름다운 뜻을 하루 아침에 없앤 것입니다. 원컨대 전하께서 는 이 법을 혁파하고 수신전과 휼 양전을 회복하도록 하옵소서. 『세조실록』

PART 4

🐻 **출제 POINT**
토지 제도의 변천 과정과 각 시기별 경제 정책에 대한 문제가 주로 출제된다.

👍 토지 제도

주요 정답 키워드 # 수신전 # 휼양전 폐지 # 과전법

1. (가), (나) 사이의 시기에 있었던 사실로 옳은 것은? ▶ 43회

> (가) 도평의사사가 글을 올려 과전을 주는 법을 정하고자
> 요청하니 왕이 따랐다. …… 경기는 사방의 근원이니
> 마땅히 과전을 설치하여 사대부를 우대하였다. 무릇
> 경성에 살며 왕실을 보위하는 자는 현직 여부에 상관
> 없이 직위에 따라 과전을 받게 하였다.
>
> (나) 한명회 등이 아뢰기를, "직전(職田)의 세(稅)는 관
> (官)에서 거두어 관에서 주면 이런 폐단이 없을 것
> 입니다."라고 하였다. [대왕 대비가] 전지하기를, "직
> 전의 세는 소재지의 지방관으로 하여금 감독하여
> 거두어 주도록 하라."라고 하였다.

① 백성에게 정전을 지급하였다.
② 양전 사업을 실시하여 지계를 발급하였다.
③ 관등에 따라 관리에게 전지와 시지를 차등 지급하였다.
④ 개국 공신에게 인품, 공로를 기준으로 역분전을 지급하였다.
⑤ 수신전, 휼양전 등의 명목으로 세습되는 토지를 폐지하였다.

한눈에 보는 해설 ⊕

정답 알아보기

(가) 과전법 시행(1391, 고려 공양왕)
(나) 관수 관급제 실시(1470, 조선 성종)

(가), (나) 사이의 시기에 있었던 사실로 옳은 것은?

> (가) 도평의사사가 글을 올려 과전을 주는 법을 정하고자 요청하니 왕이
> 따랐다. …… 경기는 사방의 근원이니 마땅히 과전을 설치하여 사대
> 부를 우대하였다. 무릇 경성에 살며 왕실을 보위하는 자는 현직 여
> 부에 상관없이 직위에 따라 과전을 받게 하였다.
>
> (나) 한명회 등이 아뢰기를, "직전(職田)의 세(稅)는 관(官)에서 거두어 관
> 에서 주면 이런 폐단이 없을 것입니다."라고 하였다. [대왕 대비가] 전
> 지하기를, "직전의 세는 소재지의 지방관으로 하여금 감독하여 거두
> 어 주도록 하라."라고 하였다.

⑤ 조선 세조 때 직전법을 실시하여 현직 관리에게만 수조권을 주었고,
관리의 유가족에게 지급했던 세습되는 토지인 수신전·휼양전을 폐지
하였다.

선지 분석하기

① 백성에게 정전을 지급하였다. ➡ 신라 성덕왕
② 양전 사업을 실시하여 지계를 발급하였다. ➡ 대한 제국의 광무개혁
③ 관등에 따라 관리에게 전지와 시지를 차등 지급하였다. ➡ 고려 전시과
④ 개국 공신에게 인품, 공로를 기준으로 역분전을 지급하였다. ➡ 고려 태조

정답 ⑤

👍 시전 상인

주요 정답 키워드 # 금난전권 # 황국 중앙 총상회

2. (가) 상인에 대한 설명으로 옳은 것은? ▶ 38회

> 이곳은 조선 시대의 상점 터가 확인된 종로 피맛골 발굴 현장입니다.
> 조선 정부는 이 일대에 행랑을 지어 상가를 조성하고 [(가)]에게 빌려
> 주었습니다. [(가)] 중에는 육의전 상인이 대표적이었습니다.

① 혜상공국을 통해 보호받았다.
② 금난전권이라는 특권을 부여받았다.
③ 전국에 송방이라는 지점을 설치하였다.
④ 책문 후시를 통해 대청 무역을 주도하였다.
⑤ 포구에서 중개·금융·숙박업 등에 주력하였다.

한눈에 보는 해설 ⊕

정답 알아보기

시전 상인

(가) 상인에 대한 설명으로 옳은 것은?

> 이곳은 조선 시대의 상점 터가 확인된 종로 피맛골 발굴 현장입니다. 조
> 선 정부는 이 일대에 행랑을 지어 상가를 조성하고 [(가)]에게 빌려 주
> 었습니다. [(가)] 중에는 육의전 상인이 대표적이었습니다.

② 관허 상인인 시전 상인(육의전 포함)은 금난전권(난전, 즉 잡상인을
금지할 수 있는 권한)이라는 특권을 가지고 있었다.

선지 분석하기

① 혜상공국을 통해 보호받았다. ➡ 혜상공국은 1883년 세워진 보부상 보호 단체
③ 전국에 송방이라는 지점을 설치하였다. ➡ 조선 후기 개성의 송상
④ 책문 후시를 통해 대청 무역을 주도하였다. ➡ 조선 후기 책문 후시(중국 요동 지
역에 있는 사무역)에서 의주의 만상 및 개성의 송상등이 활동함
⑤ 포구에서 중개·금융·숙박업 등에 주력하였다. ➡ 조선 후기 객주·여각

정답 ②

👍 세종 때의 경제 정책

주요 정답 키워드 　# 농사직설 　# 공법(연분 9등법, 전분 6등법)

3. 밑줄 그은 '왕'이 실시한 정책으로 옳은 것은? ▶ 39회

이번에 정초와 변효문이 새로운 농서를 편찬했다는군.

우리 풍토에 맞는 농법을 보급하기 위한 서적을 편찬하라는 왕의 명을 받들었다고 하네.

① 결작을 징수하여 재정 부족 문제에 대처하였다.
② 연분 9등법을 시행하여 수취 체제를 정비하였다.
③ 기유약조를 체결하여 일본과의 무역을 재개하였다.
④ 설점수세제를 시행하여 민간의 광산 개발을 허용하였다.
⑤ 직전법을 실시하여 현직 관리에게만 수조권을 지급하였다.

한눈에 보는 해설 🔍

정답 알아보기 ←세종

밑줄 그은 '**왕**'이 실시한 정책으로 옳은 것은?

이번에 **정초와 변효문**이 새로운 농서를 편찬했다는군.

우리 풍토에 맞는 농법을 보급하기 위한 서적을 편찬하라는 왕의 명을 → 「농사직설」 받들었다고 하네.

② 세종은 풍흉에 따라 최고 20두에서 최하 4두까지 납부하게 하는 연분 9등법을 실시하였다.

선지 분석하기

① 결작을 징수하여 재정 부족 문제에 대처하였다. ➡ 영조의 균역법
③ 기유약조를 체결하여 일본과의 무역을 재개하였다. ➡ 광해군
④ 설점수세제를 시행하여 민간의 광산 개발을 허용하였다. ➡ 효종
⑤ 직전법을 실시하여 현직 관리에게만 수조권을 지급하였다. ➡ 세조

정답 ②

👍 조운 제도

주요 정답 키워드 　# 경창 　# 바닷길

4. 지도와 관련하여 당시 상황을 옳게 설명한 것은? ▶ 4회

① 조창은 대부분 육상 교통로가 시작되는 내륙 지방에 설치되어 있었다.
② 평안도와 함경도에서 거둔 조세는 육상 교통로를 통해 서울로 옮겼다.
③ 경상도에서 거둔 조세는 모두 낙동강을 통해 바닷가로 운송되었다.
④ 강원도에서 거둔 조세는 주로 한강을 통해 한성의 경창으로 수송되었다.
⑤ 제주도는 토지가 척박하여 조세를 거두지 않았으므로 조운의 대상이 아니었다.

한눈에 보는 해설 🔍

정답 알아보기

④ 강원도에서 거둔 조세는 소양강창(춘천)과 흥원창(원주)에 모았다가 한강을 통해 경창으로 수송되었다.

선지 분석하기

① 조창은 대부분 육상 교통로가 시작되는 내륙 지방에 설치되어 있었다.
➡ 조창은 강가나 바닷가에 설치
② 평안도와 함경도에서 거둔 조세는 육상 교통로를 통해 서울로 옮겼다.
➡ 평안도, 함경도, 제주도는 조세를 거두어 서울로 보내지 않고 자체적으로 사용하는 잉류 지역
③ 경상도에서 거둔 조세는 모두 낙동강을 통해 바닷가로 운송되었다.
➡ 낙동강을 거쳐 남한강을 통해 서울로 운송
⑤ 제주도는 토지가 척박하여 조세를 거두지 않았으므로 조운의 대상이 아니었다. ➡ 제주도는 조세를 거두어 서울로 보내지 않고 자체적으로 사용하는 잉류 지역

정답 ④

조선의 문화(1)

1 한글의 창제

✧ 훈민정음(언해본)

창제	세종 때 집현전 안에 정음청 설치, 훈민정음 반포(1446)
보급	• '용비어천가'(훈민정음으로 쓰인 최초의 작품, 왕실의 덕을 찬양), '월인천강지곡'(부처님의 덕을 찬양), '석보상절'(석가모니 일대기) 등 간행 • 행정 실무에 이용: 서리 채용 시험(이과)에 훈민정음을 시험 보도록 함.

2 역사서

『고려사』	정인지 (세종~문종)	• 고려 왕조의 역사를 자주적 입장에서 재정리 • 고려 말 사실 왜곡(우왕, 창왕) • 기전체, 본기 대신 세가(46권) 편찬
『동국통감』	서거정 (성종)	• 단군 조선에서 고려 말까지의 역사 정리[최초의 통사(通史)] • 외기(삼한 이전)-삼국기-신라기-고려기

3 조선왕조실록

의의	• 태종 때 『태조실록』 편찬, 태조~철종 때까지 25대 역대 왕들의 실록을 편찬 • 조선 시대 연구의 1차 자료(1997년 유네스코 세계 기록 유산 등재)
방법	• 왕 사후에 춘추관에 실록청 설치, 편년체 **cf** 국왕은 절대 열람 × ➡ 『국조보감』* 편찬 • 기본 자료: 사관의 사초(史草)와 시정기(時政記)+보조 자료(일성록, 승정원일기, 의정부등록, 비변사등록 등) ↳ 사관이 날마다 일어나는 역사적 사실을 기록한 문서 ↳ 1760년부터 1910년까지 국왕의 동정과 국정에 관한 제반 사항을 수록한 기록
보관	세종 때 4대 사고 설치 ➡ 임진왜란 때 소실(전주 사고 제외) ➡ 광해군 때 5대 사고 정비 ↳ 서울 춘추관 · 충주 · 성주 · 전주

4 지도와 지리서

✧ 혼일강리역대국도지도의 우리 나라와 중국(➡ 일본 류코쿠 대학 소장)

	제작 목적: 부국강병, 중앙 집권 국가 주도
지도	• 혼일강리역대국도지도(태종): 현존 동양 최고 세계 지도, 아라비아 지도학의 영향을 받은 원나라의 세계 지도를 참고하여 한반도와 일본 지도를 첨가, 현재 일본 소장(필사본) **cf** 아메리카 대륙 × • 동국지도(세조, 양성지): 과학 기구(인지의, 규형)를 이용한 최초의 실측 지도
지리서	• 『신찬팔도지리지』(세종) • 『세종실록지리지』(단종): 단군의 건국 이야기, 독도 등 기록 • 『동국여지승람』(성종): 군현의 연혁, 지세 등 기록

5 윤리서와 법전

윤리서	• 『삼강행실도』(세종): 삼강의 모범이 되는 충신 · 효자 · 열녀들의 행실을 그림으로 그리고 이에 설명을 붙임. • 『국조오례의』(세종~성종): 국가의 여러 행사에 필요한 5례[길(吉, 제사), 흉(凶, 장례), 가(嘉, 관 · 혼), 빈(賓, 빈객), 군(軍, 군대 의식)] 기록 • 『이륜행실도』(중종): 어른과 아이, 친구 간의 도리에 관한 일을 그림으로 먼저 그리고 한글과 한문으로 설명
법전	『경국대전』(세조~성종): 조선의 기본 법전, 이전 · 호전 · 예전 · 병전 · 형전 · 공전의 6전으로 구성

6 성리학의 발달: 16세기 사림의 대두로 관념적인 이기론(理氣論)으로 발달

1. 주리론과 주기론의 비교

주리론	• 도덕적·원리적·관념적 세계 중시, 사회 규범 중시, 신분 질서 옹호 • 향촌 중소지주적 경제 기반을 지닌 사림이 발전, 이언적(선구) ➡ 이황(집대성)
주기론	• 경험적·현실적·물질적 세계 중시, 정치·경제·국방의 개혁과 참여 주장 • 정치적으로 소외된 불우한 사림이 주류, 서경덕(선구)·조식 ➡ 이이(집대성)

2. 이황과 이이

이황	이이
주리론 집대성	주기론 집대성
• 주자의 이기이원론을 더욱 발전 • 『심경(心經)』 중시, 경(敬, 도덕) 강조	주기론적 입장에서 관념적 도덕 세계와 경험적 현실 세계 중시(일원론적 이기이원론 주장)
도덕적 행위의 근거로서 인간의 심성을 중시(➡ 이기호발설)	이황에 비하여 상대적으로 기의 역할 강조(➡ 기발이승설)
『주자서절요』, 『이학통록』, 『전습록변』 등 └➔ 양명학 비판서	다양한 개혁 방안 제시: 『동호문답』, 『만언봉사』, 『격몽요결』, ┌➔ 수미법 주장 ┌➔ 성리학 입문서 『기자실기』 등 └➔ 10만 양병설
『성학십도』 ➡ 군주 스스로 성학을 따를 것을 제시	『성학집요』 ➡ 현명한 신하가 성학을 군주에게 가르쳐 그 기질을 변화시켜야 함을 주장
김성일, 유성룡 등으로 이어져서 영남학파 형성	조헌, 김장생 등으로 이어져서 기호학파 형성
예안 향약 cf 안동 도산 서원	해주·서원 향약 cf 파주 자운 서원

📖 퇴계 이황(1501~1570)

34세에 문과에 급제하여 관직 생활을 시작하였지만 곧 모친상을 당해 삼년상을 치름. 이후 관직에 복귀하였으나 을사사화 등으로 조정이 어지러워지자 이내 관직 생활의 뜻을 접고, 1546년 40대 중반의 나이에 향리로 퇴거하여 학문 연구에 전념. 이후 경상도 풍기군수로 있으면서 주세붕이 창설한 백운동 서원에 대한 사액을 청원하여 백운동 서원이 조선 왕조 최초의 사액 서원인 '소수 서원'이 됨.

✦ 『성학십도』(이황)

📖 율곡 이이(1536~1584)

1536년 아버지 이원수와 어머니 신사임당 사이에서 출생. 1558년에 장원 급제한 것을 시작으로 과거를 9번 보았는데 모두 장원 급제해서 '구도장원공'이라 불림. 또한 율곡 이이는 호조좌랑을 시작으로 중요 관직을 여러 번 사사받음.

PART ④

한능검 꼭꼭 사료

1. 『고려사』 서문
책을 편찬하면서 범례는 사마천의 『사기』를 따랐고, 기본 방향은 직접 왕에게 물어서 결정하였습니다. '본기'라고 하지 않고 '세가'라고 한 것은 대의명분의 중요성을 보인 것입니다. 신우, 신창을 세가에 넣지 않고 열전으로 내려놓은 것은 왕위를 도적질한 사실을 엄히 밝히려 한 것입니다.

2. 『동국통감』 서문
우리 동방은 단군으로부터 기자를 지나 삼한에 이르기까지 증거할 만한 기록이 없고 삼국 시대에 이르러서야 겨우 국사가 있었지만, 매우 간략한데다가 근거 없고 옳지 못한 말들까지 끼었습니다. …… 삼가 삼국 이하의 여러 역사를 뽑고 중국사를 채집하였으며, 편년체를 취하여 사실을 기록하였습니다.

3. 『삼강행실도』
천하의 떳떳한 다섯 가지가 있는데 삼강이 그 수위에 있으니, 실로 삼강은 경륜의 큰 법이요, 일만 가지 교화의 근본이며 원천입니다. …… 우리 주상께서 측근의 신하에게 이렇게 명하셨다. "간혹 훌륭한 행실과 높은 절개가 있어도, 풍속 습관에 옮겨져서 보고 듣는 자의 마음을 흥기시키지 못하는 일도 또한 많다. 내가 그중 특별히 남달리 뛰어난 것을 뽑아서 그림과 찬을 만들어 중앙과 지방에 나누어 주고, …… " …… 이를 『삼강행실도』라고 이름을 하사하시고, 주자소로 하여금 인쇄하여 길이 전하게 하였다.

4. 『경국대전』
우리 조종(祖宗)의 심후하신 인덕과 크고 아름다운 규범이 훌륭한 전장(典章)에 퍼졌으니, 이는 경제육전의 원전(元典)·속전(續典)과 등록(謄錄)이며, 또 여러 번 내린 교지가 있어 법이 아름답지 않은 것은 아니지만, 관리들이 재주가 없고 어리석어 제대로 받들어 행하지 못한다. 이는 진실로 법의 과목이 너무 복잡하고 앞뒤가 맞지 않아 하나로 크게 정해지지 않았기 때문이다. 이제 손익을 헤아리고 회통할 것을 산정하여 만대의 성법을 만들고자 한다.

사료 듬뿍 ➕ ✐

조선의 시기별 법전 편찬

조선경국전	태조(정도전)
경제육전	태조
속육전	태종
경국대전	세조~성종
속대전	영조
대전통편	정조
대전회통	고종
육전조례	고종

🐾 출제 POINT
조선왕조실록과 같은 주요 역사서의 특징과 이황·이이 등 주요 유학자의 사상 및 그들이 활동한 시기의 특징을 묻는 문제가 주로 출제된다.

👍 역사서(조선왕조실록)

주요 정답 키워드 # 춘추관 # 태조~철종 # 편년체 사서

1. (가)~(마)에 대한 설명으로 옳은 것은? ▶ 44회

> **한국사 과제 안내문**
>
> ■ 다음에 제시된 조선의 관찬 기록물 중 하나를 선택하여 보고서를 제출하시오.
>
> | | |
> |---|---|
> | • 조보 ·· | (가) |
> | • 일성록 ·· | (나) |
> | • 비변사등록 ······································ | (다) |
> | • 승정원일기 ······································ | (라) |
> | • 조선왕조실록 ···································· | (마) |
>
> ■ 조사 방법: 문헌 조사, 인터넷 검색 등
> ■ 제출 기간: 2019년 ○○월 ○○일~○○월 ○○일
> ■ 분량: A4 용지 3장 이상

① (가) – 유네스코 세계 기록 유산으로 등재되었다.
② (나) – 광해군 때부터 기록되기 시작하였다.
③ (다) – 국왕의 비서 기관에서 발행한 관보이다.
④ (라) – 정조가 세손 시절부터 쓴 일기에서 유래하였다.
⑤ (마) – 춘추관 관원들이 편찬 업무에 참여하였다.

👍 세종의 문화적 업적

주요 정답 키워드 # 한글 창제 # 갑인자 # 삼강행실도

2. 밑줄 그은 '왕'의 재위 기간에 있었던 사실로 옳은 것은? ▶ 29회

> 설총이 이두를 제작한 본뜻은 백성을 편리하게 하려 함이 아니겠느냐. 만일 그것이 백성을 편리하게 한 것이라면 지금의 언문(諺文)도 백성을 편리하게 하려는 것이다. 너희들이 설총은 옳다 하면서 왕이 하는 일은 그르다 하니 어찌된 것이냐. …… 내가 만일 언문으로 삼강행실(三綱行實)을 번역하여 민간에 반포하면 어리석은 백성이 모두 쉽게 깨달아서 충신·효자·열녀가 반드시 많이 나올 것이다.

① 청의 요청으로 조총 부대를 파견하였다.
② 법령을 정비하여 경국대전을 완성하였다.
③ 갑인자를 주조하여 활자 인쇄술을 발전시켰다.
④ 청과의 국경선을 정하는 백두산정계비를 세웠다.
⑤ 군역의 부담을 줄여주기 위해 균역법을 시행하였다.

한눈에 보는 해설🔍

정답 알아보기

(가)~(마)에 대한 설명으로 옳은 것은?

⑤ 『조선왕조실록』은 왕이 죽으면, 평상시에 사관이 작성한 사초와 시정기 등을 토대로 춘추관 관원들이 참여한 실록청에서 편찬되었다. ➡ 유네스코 세계 기록 문화유산(ㅇ)

선지 분석하기

① (가) 조보는 조정의 소식을 알리는 관보(官報)로 국가에서 발행한 신문 성격의 문서 ➡ 유네스코 세계 기록 문화유산(x)
② (나) 일성록은 정조가 세손 시절부터 기록한 일기에서 시작되어 1760년(영조 36)부터 1910년까지 주로 국왕의 동정과 국정을 기록한 것 ➡ 유네스코 세계 기록 문화유산(ㅇ)
③ (다) 비변사등록은 조선 중·후기의 국가 최고 회의 기구인 비변사의 기록 ➡ 유네스코 세계 기록 문화유산(x)
④ (라) 승정원일기는 국왕의 비서 기관인 승정원에서 기록한 일지 ➡ 유네스코 세계 기록 문화유산(ㅇ)

정답 ⑤

한눈에 보는 해설🔍

정답 알아보기
└→ 세종
밑줄 그은 '왕'의 재위 기간에 있었던 사실로 옳은 것은?

> 설총이 이두를 제작한 본뜻은 백성을 편리하게 하려 함이 아니겠느냐. 만일 그것이 백성을 편리하게 한 것이라면 지금의 언문(諺文)도 백성을 편리하게 하려는 것이다. 너희들이 설총은 옳다 하면서 왕이 하는 일은 그르다 하니 어찌된 것이냐. …… 내가 **만일 언문으로 삼강행실(三綱行實)을 번역하여 민간에 반포**하면 어리석은 백성이 모두 쉽게 깨달아서 충신·효자·열녀가 반드시 많이 나올 것이다. ➡ 삼강행실도(세종)

③ 세종 때 갑인자라는 동활자를 만들어 인쇄 기술을 발전시켰다.

선지 분석하기

① 청의 요청으로 조총 부대를 파견하였다. ➡ 효종 때 나선(러시아) 정벌
② 법령을 정비하여 경국대전을 완성하였다. ➡ 성종
④ 청과의 국경선을 정하는 백두산정계비를 세웠다. ➡ 숙종(1712)
⑤ 군역의 부담을 줄여주기 위해 균역법을 시행하였다. ➡ 영조

정답 ③

👍 이황

주요 정답 키워드 # 성학십도 # 일본의 성리학 발전 # 사단칠정 논쟁

3. 다음 검색창에 들어갈 인물의 활동으로 옳은 것은? ▶ 43회

◈ 한국사 인물 통합 검색

검색어 ▼ [   ] ▼ [검색]

【검색 결과】

○ 생몰: 1501년~1570년

○ 호: 퇴계(退溪), 퇴도(退陶) 등

○ 생애
- 단양 군수, 풍기 군수, 성균관 대사성 등을 역임함.
- 백운동 서원의 사액을 조정에 건의함.
- 기대승과 사단칠정 논쟁을 전개함.
- 예안 향약을 시행함.

○ 인터넷

① 양명학을 연구하여 강화 학파를 형성하였다.

② 명에 대한 의리를 내세워 기축봉사를 올렸다.

③ 군주의 도를 도식으로 설명한 성학십도를 지었다.

④ 다양한 개혁 방안을 제시한 동호문답을 저술하였다.

⑤ 재상 중심의 정치를 강조한 조선경국전을 편찬하였다.

👍 이이

주요 정답 키워드 # 선조 # 동인과 서인으로 분화 # 격몽요결

4. (가) 인물이 활동한 시기에 있었던 사실로 옳은 것은? ▶ 39회

격몽요결

이 책은 (가) 이/가 성리학을 처음 배우는 학도들의 입문서로 저술한 것이다. 서문에 의하면 제자들에게 뜻을 세우고 몸을 삼가며, 부모를 봉양하고 손님을 접대하는 방법을 가르치고자 지었다고 한다. 총 10장으로 구성되어 있으며, 덕행과 지식의 함양을 위하여 여러 차례 간행되었다.

① 광해군이 중립 외교를 추진하였다.

② 사림이 동인과 서인으로 분화되었다.

③ 경기도에 한해서 대동법이 실시되었다.

④ 폐비 윤씨 사사 사건을 빌미로 사화가 발생하였다.

⑤ 자의 대비의 복상 문제를 둘러싸고 예송이 전개되었다.

PART ❹

한눈에 보는 해설 ⊕

정답 알아보기

→ 이황

다음 검색창에 들어갈 |인물|의 활동으로 옳은 것은?

◈ 한국사 인물 통합 검색

검색어 ▼ [   ] [검색]

【검색 결과】

○ 생몰: 1501년~1570년

○ 호: **퇴계(退溪)**, 퇴도(退陶) 등

○ 생애
- 단양 군수, 풍기 군수, 성균관 대사성 등을 역임함.
- **백운동 서원의 사액을 조정에 건의함.**
- **기대승과 사단칠정 논쟁을 전개함.**
- **예안 향약**을 시행함.

○ 인터넷

③ 이황은 『성학십도』를 통해 군주 스스로 성학을 따를 것을 제시하였다.

선지 분석하기

① 양명학을 연구하여 강화 학파를 형성하였다. ➡ 정제두

② 명에 대한 의리를 내세워 기축봉사를 올렸다. ➡ 송시열

④ 다양한 개혁 방안을 제시한 동호문답을 저술하였다. ➡ 이이

⑤ 재상 중심의 정치를 강조한 조선경국전을 편찬하였다. ➡ 정도전

정답 ③

한눈에 보는 해설 ⊕

정답 알아보기

→ 이이, 16세기 후반 명종~선조 재위기 활동

(가) 인물이 활동한 시기 에 있었던 사실로 옳은 것은?

격몽요결

→ 격몽요결

이 책은 (가) 이/가 성리학을 처음 배우는 학도들의 입문서로 저술한 것이다. 서문에 의하면 제자들에게 뜻을 세우고 몸을 삼가며, 부모를 봉양하고 손님을 접대하는 방법을 가르치고자 지었다고 한다. 총 10장으로 구성되어 있으며, 덕행과 지식의 함양을 위하여 여러 차례 간행되었다.

② 선조 때 이조 전랑직 문제와 척신 처리 문제로 사림이 동인과 서인으로 분열되었다.

선지 분석하기

① 광해군이 중립 외교를 추진하였다. ➡ 17세기 초

③ 경기도에 한해서 대동법이 실시되었다. ➡ 17세기 초 광해군(1609)

④ 폐비 윤씨 사사 사건을 빌미로 사화가 발생하였다. ➡ 갑자사화(1504, 연산군)

⑤ 자의 대비의 복상 문제를 둘러싸고 예송이 전개되었다. ➡ 1차 기해예송 (1659, 현종)과 2차 갑인예송(1674, 현종)

정답 ②

조선의 문화(2)

1 과학 기술의 발달

✧ 앙부일구(해시계)

✧ 자격루(물시계)

✧ 천상열차분야지도 각석
(국립 고궁 박물관 소장)

✧ 종묘

✧ 사직단

천문 · 과학 기구	• 천체 관측 기구: 혼의, 간의 • 시간 측정 기구: 자격루(물시계, 경복궁), 앙부일구(해시계) • 토지 측량 기구: 인지의 · 규형(세조 때) • 천상열차분야지도 각석(태조): 고구려 천문도 바탕
역법	『칠정산』(세종): 원의 수시력 · 명의 대통력 + 아라비아의 회회력 바탕 ➡ 우리나라 최초로 한양(서울) 기준으로 천체 운동 계산
의학	• 『향약집성방』(세종): 우리 풍토에 맞는 약재 · 치료법 개발 • 『의방유취』(세종): 의학 백과사전 • 『동의보감』(광해군): 허준이 쓴 의서(유네스코 세계 기록 문화유산)
인쇄술	• 태종: 주자소 설치, 계미자 주조 • 세종: 경자자 · 갑인자 주조, 식자판을 조립하는 방법 창안 ➡ 인쇄 능률 2배 향상
병서 · 무기	• 『진도』(태조), 『총통등록』(세종), 『병장도설』(성종), 『동국병감』(문종) ↳ 요동 수복 계획의 일환으로 편찬 ↳ 군사 훈련 지침서 ↳ 화포의 제작 · 사용법을 그림과 함께 한글로 자세히 기록 ↳ 고조선에서 고려 말까지의 전쟁사 수록 • 태종 때 최해산의 활약(화포, 신기전 제작), 거북선 · 비거도선(소형 전투선) 제조
농서 편찬	『농사직설』(세종): 우리 풍토에 맞는 기술 · 품종 개발

2 건축 · 그림 · 공예 · 문학

건축	15세기	• 궁궐 · 성곽 · 학교 등 공공건물 중심 • 특징: 건물 크기 법적 규제(신분 질서 유지, 사치 방지) • 숭례문(국보 제1호), 해인사 장경판전(유네스코 세계 문화유산), 원각사지 10층 석탑(국보 제2호) 등
	16세기	서원 건축 중심 ➡ 주택+정자+사원 양식(유네스코 세계 문화유산)

✧ 숭례문(국보 제1호)

✧ 해인사 장경판고

✧ 해인사 장경판고 수다라장전 입면 상세도 | 장경판고 중 남쪽 건물인 수다라장전은 통풍을 위해 창의 크기를 남쪽과 북쪽을 서로 다르게 함.

✧ 원각사지 10층 석탑
(국보 제2호)

그림	15세기	• 중국 화풍의 선택적 수용, 독자적 화풍 개발 • 안견의 '몽유도원도', 강희안의 '고사관수도' 등
	16세기	• 다양한 화풍, 사군자, 산수화 • 신사임당의 '초충도', 이상좌의 '송하보월도' 등
공예	15세기	분청사기
	16세기	(순)백자
문학	15세기	→ 시, 소설, 수필 등의 문학 작품 • 집권 양반 담당(훈구파: 사장 중시) • 서거정의 『동문선』: 우리나라 역대 시문 중 우수한 것만 발췌
	16세기	집권 양반 저조(사림파: 경학 중시) ➡ 다른 계층 담당, 내용 다양[서경덕, 윤선도(오우가) 등]

✧ 분청사기 철화어문 병   ✧ 순백자병

✧ 몽유도원도(안견) | 안평 대군이 꿈속에 본 도원을 그리게 한 그림(일본 덴리 대학 소장)

✧ 고사관수도(강희안)

✧ 초충도(신사임당)

✧ 송하보월도(이상좌)

한능검 꼭꼭 사료

1. 『칠정산』 서문
왕께서 정흠지, 정초, 정인지 등에게 명하여 중국 역법을 연구하여 묘리를 터득하게 하였다. 자세히 규명되지 않는 것은 왕께서 몸소 판단을 내리시어 모두가 분명히 밝혀지게 되었다. 또 태음통궤(달의 운행 도수를 추산하는 법을 기록한 책)와 태양통궤(태양의 운행 도수를 추산하는 법을 기록한 책)를 중국에서 얻었는데 그 법이 이것과 약간 달랐다. 이를 바로잡아서 내편을 만들었다.

2. 『동문선』 서문
우리나라(조선)는 여러 임금이 대를 이어 백 년이나 인재를 길렀다. 그동안 나온 인물들이 모든 정성을 다하여 문장을 지었다. 이 문(文)이 살아 있는 듯 용솟음치니 옛날 어떤 문(文)에 못지 않다. 이것은 바로 우리의 문(文)이다. 송·원의 문(文)이 아니고 한·당의 문(文)도 아니다. 바로 우리나라의 문(文)이다.

3. 윤선도의 오우가
내 버디 몇치나 ᄒ니 水石(수석)과 松竹(송죽)이라.
東山(동산)의 ᄃᆞᆯ 오르니 긔 더옥 반갑고야.
두어라 이 다숫밧긔 ᄯᅩ 더ᄒᆞ�p 머엇ᄒᆞ리.

사료 돋보기

**조선의 천문학자 이순지
(1406~1465)**

• 세종 때 문신, 천문·역법학자
• 산학, 천문, 풍수 등에 조예가 깊었고, 세종의 명으로 정인지, 김담 등과 함께 자주적 역법서인 『칠정산』 내·외편 저술
• 세종 때 이루어진 모든 천문 기구와 교재의 제작·간행에 참여·총괄함.

테마 30 실전문제

🐷 출제 POINT

출제 빈도가 높은 파트는 아니나, 조선 전기 과학 기술의 발전 및 예술 작품의 특징을 고르는 문제가 출제된다.

👍 과학 기술의 발전

주요 정답 키워드 # 역법서(칠정산) # 장영실 # 앙부일구

1. (가)에 들어갈 내용으로 옳은 것은?
▶ 42회

① 기기도설을 참고하여 거중기를 설계하였다.
② 최초로 100리척 축척법을 사용하여 지도를 만들었다.
③ 홍역에 관한 국내외 자료를 종합하여 의서를 편찬하였다.
④ 한양을 기준으로 천체 운동을 계산한 역법서를 저술하였다.
⑤ 체질에 따라 처방을 달리해야 한다는 사상 의학을 확립하였다.

한눈에 보는 해설 ⊕

정답 알아보기

(가)에 들어갈 내용으로 옳은 것은?

④ 이순지는 세종의 명으로 정인지, 김담 등과 함께 한양을 기준으로 천체 운동을 계산한 역법서인 『칠정산』을 저술하였다.

선지 분석하기

① 기기도설을 참고하여 거중기를 설계하였다. ➡ 정조 때 정약용
② 최초로 100리척 축척법을 사용하여 지도를 만들었다. ➡ 영조 때 정상기의 '동국지도'
③ 홍역에 관한 국내외 자료를 종합하여 의서를 편찬하였다. ➡ 정조 때 정약용의 『마과회통』
⑤ 체질에 따라 처방을 달리해야 한다는 사상 의학을 확립하였다. ➡ 고종 때 이제마의 『동의수세보원』

정답 ④

👍 조선 전기의 건축물

주요 정답 키워드 # 선농단 # 종묘 # 사직단

2. (가)~(마)에 대한 설명으로 옳은 것은?
▶ 44회

① (가) - 역대 국왕과 왕비의 신주를 모신 곳이다.
② (나) - 촉의 장수인 관우를 제사지내는 사당이다.
③ (다) - 흥선 대원군이 집권한 시기에 혁파되었다.
④ (라) - 대성전과 명륜당을 중심으로 구성되어 있다.
⑤ (마) - 국왕이 신농, 후직에게 풍년을 기원하던 곳이다.

한눈에 보는 해설 ⊕

정답 알아보기

(가)~(마)에 대한 설명으로 옳은 것은?

⑤ 선농단은 임금이 풍년을 기원하기 위해 농경에 관계되는 신농, 후직에게 제사지내던 곳이다.

선지 분석하기

① (가) 사직단 - 토지신과 곡물신에게 제사를 지내는 장소
② (나) 종묘 - 역대 국왕과 왕비의 신주를 모신 사당(유네스코 세계 문화유산)
③ (다) 문묘 - 공자와 그의 제자들을 모신 사당으로 대성전과 명륜당을 중심으로 구성됨.
④ (라) 동관왕묘 - 중국 관우에게 제사지내는 사당

정답 ⑤

👍 조선 전기 문화유산

주요 정답 키워드 # 원각사지 10층 석탑(원나라 탑 양식) # 대리석탑

3. (가)에 해당하는 문화유산으로 옳은 것은? ▶ 44회

문화유산 발표 대회

이것은 조선 전기의 석탑으로, 국보 제2호입니다. 원나라 탑 양식의 영향을 받았으며, 화려한 조각이 돋보이는 석탑입니다.

(가)

①   ②   ③

④   ⑤

한눈에 보는 해설 ⊕

정답 알아보기

(가)에 해당하는 문화유산으로 옳은 것은?

(가)

이것은 조선 전기의 석탑으로, **국보 제2호**입니다. **원나라 탑 양식의 영향**을 받았으며, 화려한 조각이 돋보이는 석탑입니다.

① 원각사지 10층 석탑(세조 때 조성, 고려 후기 경천사지 10층 석탑을 모방하여 만든 대리석탑, 종로 탑골 공원 위치)

선지 분석하기

② ➡ 부여 정림사지 5층 석탑(백제)
③ ➡ 경주 불국사 다보탑(신라)
④ ➡ 양양 진전사지 3층 석탑(신라)
⑤ ➡ 익산 미륵사지 석탑(백제)

정답 ①

👍 분청사기

주요 정답 키워드 # 회청색의 도자기

4. (가)에 들어갈 문화유산으로 옳은 것은? ▶ 27회

(가)

회색이나 회흑색의 태토(胎土) 위에 맑게 거른 백토로 표면을 분장한 뒤 유약을 씌워 구운 도자기이다. 백토 분장은 그 자체가 무늬를 나타내는 기법이기도 하며, 그 외의 기법으로는 백토로 분장한 후 선을 새겨 무늬를 나타내거나, 배경이 되는 부분의 백토를 긁어내어 하얗게 무늬만을 남기는 방법 등도 있다.

처음으로   ◄   나가기

① ② ③ ④ ⑤

한눈에 보는 해설 ⊕

정답 알아보기

(가)에 들어갈 문화유산으로 옳은 것은?

(가)

회색이나 회흑색의 태토(胎土) 위에 맑게 거른 **백토로 표면을 분장한 뒤 유약을 씌워 구운 도자기**이다. 백토 분장은 그 자체가 무늬를 나타내는 기법이기도 하며, 그 외의 기법으로는 백토로 분장한 후 선을 새겨 무늬를 나타내거나, 배경이 되는 부분의 백토를 긁어내어 하얗게 무늬만을 남기는 방법 등도 있다.

① 분청사기(보물 제1455호) ➡ 조선 전기 도자기

선지 분석하기

②   ③   ④   ⑤

➡ 청자 참외 모양 병 (고려)
➡ 청자 상감 운학문 매병 (고려)
➡ 청화 백자 매죽 항아리 (조선 후기)
➡ 백자 달 항아리 (조선 후기)

정답 ①

단기완성
한국사능력검정시험

근대 태동기
(조선 후기)

통치 체제의 변화와 붕당 정치의 전개

조선 후기 주요 연표

- 1659 기해예송
- 1674 갑인예송
- 1680 경신환국
- 1689 기사환국
- 1708 대동법 전국 시행
- 1712 백두산정계비 건립
- 1725 탕평교서 발표
- 1750 균역법 실시
- 1801 신유박해
- 1811 홍경래의 난
- 1862 임술 농민 봉기

① 조선 후기 통치 체제의 개편

1. 비변사: 중앙 정치 제도의 변화

(1) 설치: 삼포왜란(1510, 중종 5년)을 계기로 처음 설치 ➡ 여진과 일본의 침입에 대비한 임시 기구

(2) 상설 기구화: 을묘왜변(1555, 명종 10년)을 계기로 상설 기구로 변화

(3) 국가 최고 기구화

문무 최고 합의 기구	임진왜란을 계기로 문무 고위 관리들의 합의 기관으로 강화 ➡ 국방은 물론 외교·재정·사회·인사 문제 등 처리
구성원	3정승·5조 판서(공조 판서 제외) 등 국가의 주요 관원 참여
영향	왕권 약화, 의정부와 6조의 기능 약화 cf 19세기 흥선 대원군에 의해 비변사 폐지

2. 군사 제도

(1) 중앙군의 개편: 5군영 설치

구분	설치 시기	임무	특징	편제	경제 기반
훈련도감	임진왜란 중 (선조, 1593)	수도 방어	• 중앙군의 핵심 군영 • 유성룡의 건의로 설치 • 장번 급료병 (직업 군인, 용병제)	삼수병[포수(총), 사수(활), 살수(창)]	• 삼수미세(1결당 2.2두) • 보(군포)
어영청	인조반정 이후 (인조, 1623)	수도 방어	북벌의 본영 (효종 때)	지방군의 번상 (기·보병)	보(군포)
총융청	이괄의 난 이후 (인조, 1624)	경기 일대 방어	북한산성에 설치	경기 속오군	경비 자담
수어청	정묘호란 이후 (인조, 1626)	남한산성과 주변 방어	남한산성에 설치	경기 속오군	경비 자담
금위영	숙종(1682)	수도 방어	5군영 체제 완성	지방군의 번상 (기·보병)	보(군포)

조선 전·후기의 군사 제도 비교

구분	전기	후기
중앙군	5위	5군영
지방군	영진군	속오군
특수군	잡색군	
전국적 방위 체제	〈15세기〉 진관 체제 ➡ 〈16세기〉 제승방략 체제	〈임란 중〉 진관 복구 + 속오군 체제

✳ 속오법

명장 척계광의 『기효신서』에 나오는 군대 조직법으로, 5명을 1오(伍)로 편성한 것. 조선 후기의 중앙군과 지방군이 모두 이에 따라 조직됨.

(2) 지방군의 개편: 속오군 설치

편제	양반에서부터 아래로는 노비에 이르기까지 모두 속오군으로 편제 ➡ 속오법✳에 의해 훈련
운영	평상시에는 생업에 종사하면서 향촌을 지키다가, 유사시에 전투에 동원될 수 있도록 조직·운영
방어 체제	진관 체제 복구 + 속오군 체제

2 붕당 정치의 전개

구분	붕당 성립기		붕당 정치기	환국기		탕평 정치기		세도 정치기
시기	선조 ❶	광해군 ❷	인조 ❸·효종 ❹·현종 ❺	숙종 ❻❼❽ cf 명목상의 탕평책	경종	영조 cf 완론 탕평책	정조 cf 준론 탕평책	순조·헌종·철종
붕당의 분열	❶ ┌ 동인 ┌ 북인 ❷ │ └ 남인 ❺ ❼ └ 서인 ❸❹❻❽ ┌ 노론 └ 소론							

1. 선조

(1) 붕당 발생: 이조 전랑직 문제와 척신 정치* 청산 문제를 둘러싸고 동인(김효원을 영수로 하는 신진 사림)과 서인(심의겸을 추종하는 기성 사림)으로 분당(分黨)

→ 5품에 해당되는 이조의 관직, 3사 임명권과 후임자 추천권을 갖고 있음.

→ 전주 출신의 정여립이 일부 동인 사림과 연결되어 역모를 일으킨 사건 → 정철이 세자 책봉을 왕에게 건의한 것을 문제 삼아 정철 일파를 몰아낸 사건

(2) 정여립 모반 사건(1589)과 서인 정철의 건저의 사건(1591)을 계기로 서인에 대한 처벌을 둘러싸고 동인은 북인(강경파: 조식·서경덕계)과 남인(온건파: 이황계)으로 분열

2. 광해군: 북인(조식 추앙) 집권 ➡ 계축옥사*(1613)로 인조반정(1623)의 빌미 마련

→ 청과 후금 사이에 실리적 중립 외교 추진

3. 인조

(1) 서인 집권: 서인과 남인의 공존 관계 유지 ➡ 친명배금 외교 추진 ➡ 호란 발생

cf 1차 정묘호란(형제 관계 수립), 2차 병자호란(군신 관계 수립)

(2) 새로운 군영 설치: 어영청·총융청·수어청 등의 군영을 설치하고 권력 기반을 확보

4. 효종

(1) 북벌론 강화: 효종은 청에 인질로 잡혀갔던 수모를 설욕하기 위해 적극적인 북벌 운동을 계획, 어영청을 2만 명으로 확대

(2) 산림*의 등용: 서인 송시열·송준길 등 충청도 지역의 젊은 산림 인사를 대거 등용함과 동시에 허적·허목·윤선도 같은 남인 인사도 등용

5. 현종: 예송 논쟁(차남으로 왕위에 오른 효종을 정통으로 보느냐에 관한 서인과 남인의 예법에 대한 논쟁) 전개

기해예송 (1차, 1659)	효종이 죽자 효종의 계모인 자의 대비의 상복 입는 기간을 둘러싸고 논쟁 발생 ➡ 서인은 1년설, 남인은 3년설을 주장 ➡ ∴ 서인의 1년설(기년설) 채택
갑인예송 (2차, 1674)	효종의 왕비가 죽자 자의 대비의 상복 입는 기간을 놓고 다시 논쟁 발생 ➡ 서인은 9개월설(대공설), 남인은 1년설(기년설)을 주장 ➡ ∴ 남인의 1년설 채택

한능검 꼭꼭 사료

1. 비변사의 기능 강화

김익희가 상소하였다. "요즈음 비변사가 큰일이건 작은 일이건 모두 취급합니다. 의정부는 한갓 겉 이름만 가지고, 6조는 할 일을 모두 빼앗기고 말았습니다. 이름은 변방의 방비를 담당하는 것[備邊]이라고 하면서 과거에 대한 판정이나 비빈 간택까지도 모두 여기서 합니다." 『효종실록』

2. 1차 예송 논쟁(기해예송)

예조가 아뢰기를, "자의 왕대비께서 선왕의 상에 입어야 할 복제를 결정해야 하는데, 어떤 사람은 삼년복을 입어야 한다고 하고 어떤 사람은 기년복(期年服)을 입어야 한다고 하니 어떻게 결정해야 할지 모르겠습니다."라고 하였다. 이에 국왕은 여러 대신에게 의견을 물은 다음 기년복으로 결정하였다. 『현종실록』

서인과 남인의 정치사상 비교

구분	서인	남인
정치	신권 중심의 정치	•왕권 중심의 정치 •3사의 정책 비판기능강조
학문	•주자 성리학의 절대화[4서(四書) 중시] •율곡(이이) 학파	•주자 성리학의 상대화[6경(六經) 중시] •퇴계(이황) 학파
대표 인물	송시열, 송준길	허적, 허목, 윤선도

* 척신 정치
명종 때 외척에 의해 주도된 정치

* 계축옥사(1613)
새로운 왕위 옹립 가능성을 배제하기 위하여 영창 대군(선조의 열네번째 아들이자 인목 대비의 아들)과 임해군(광해군의 친형)을 제거하고 계모인 인목 대비를 서궁(西宮)에 유폐시킨 사건

* 산림
시골에 은거해 있던 학덕 높은 학자 가운데 국가의 부름을 받아 특별대우를 받던 인물

사료 돋보기

비변사의 특징
•중앙과 지방의 군국 기무를 도맡아 관할하는 기구이다.
•도제조는 현임 또는 전임 의정이 의례 겸하며, 제조는 재신으로 변경의 사정에 밝은 자를 겸임하게 하고, 정원은 없다.
•이·호·예·병 4조 판서 및 강화 유수는 상례로 겸임케 하며, 유사당상 3명은 제조로서 군무를 아는 사람을 상주하여 임명한다.
•낭청은 12명인데 3명은 문신이요, 1명은 병조의 무비사 낭청이 겸임하고, 8명은 무신으로 한다.
 『만기요람』

테마 ③ 실전문제

🐻 출제 POINT
조선 후기 정치 체제의 변화(비변사, 군사 제도)와 예송 논쟁과 관련한 붕당 정치의 전개 과정을 묻는 문제가 자주 출제된다.

👍 비변사

주요 정답 키워드 # 세도 정치 시기에 외척의 세력 기반 # 임진왜란 이후 기능 확대

1. (가)에 대한 설명으로 옳은 것을 〈보기〉에서 고른 것은? ▶ 40회

변방의 일은 병조가 주관하는 것입니다. …… 그런데 근래 변방 일을 위해 (가) 을/를 설치했고, 변방에 관계되는 모든 일을 실제로 다 장악하고 있습니다. …… 혹 병조 판서가 참여하는 경우가 있기는 하지만 도리어 지엽적인 입장이 되어버렸고, 참판 이하의 당상관은 전혀 일의 내용을 모르고 있습니다. …… 청컨대 혁파하소서.

보기
㉠ 왕명 출납을 맡은 왕의 비서 기관이었다.
㉡ 임진왜란 이후 조직과 기능이 확대되었다.
㉢ 조광조를 비롯한 사림의 건의로 혁파되었다.
㉣ 세도 정치 시기에 외척의 세력 기반이 되었다.

① ㉠, ㉡   ② ㉠, ㉢
③ ㉡, ㉢   ④ ㉡, ㉣
⑤ ㉢, ㉣

한눈에 보는 해설 🔍

정답 알아보기

(가) 에 대한 설명으로 옳은 것을 〈보기〉에서 고른 것은?

비변사 →

변방의 일은 병조가 주관하는 것입니다. …… 그런데 근래 **변방 일을 위해** (가) **을/를 설치**했고, 변방에 관계되는 모든 일을 실제로 다 장악하고 있습니다. …… 혹 병조 판서가 참여하는 경우가 있기는 하지만 도리어 지엽적인 입장이 되어버렸고, 참판 이하의 당상관은 전혀 일의 내용을 모르고 있습니다. …… 청컨대 혁파하소서.

㉡㉣ 비변사는 중종 때(1510) 삼포왜란을 계기로 설치된 임시 군무 협의 기구이다. 이후 을묘왜변을 계기로 상설 기구가 되었고, 임진왜란 때 문무 고위 관리들의 합의 기관으로 확대되었다. 19세기에는 세도 정치의 중심 기구 역할을 하였으나, 흥선 대원군에 의해 기능이 축소(➡폐지)되었다.

선지 분석하기

㉠ 왕명 출납을 맡은 왕의 비서 기관이었다. ➡ 승정원
㉢ 조광조를 비롯한 사림의 건의로 혁파되었다. ➡ 소격서(도교 행사 기구)

정답 ④

👍 훈련도감

주요 정답 키워드 # 급료를 받는 상비군 # 삼수병(포수, 살수, 사수)

2. (가) 군사 조직에 대한 설명으로 옳은 것은? ▶ 38회

[왕이] 비망기로 전교하였다. "…… 적의 난리를 겪는 2년 동안 군사 한 명을 훈련시키거나 무기 하나를 수리한 것이 없이, 명의 군대만을 바라보며 적이 제 발로 물러가기만을 기다렸으니 불가하지 않겠는가. …… 과인의 생각에는 따로 (가) 을/를 설치하여 합당한 인원을 차출해서 장정을 뽑아 날마다 활을 익히기도 하고 조총을 쏘기도 하여 모든 무예를 훈련시키도록 하고 싶으니, 의논하여 처리하라."라고 하였다.

① 수원 화성에 외영을 두었다.
② 국경 지대인 양계에 설치되었다.
③ 후금과의 항쟁 과정에서 창설되었다.
④ 급료를 받는 상비군이 주축을 이루었다.
⑤ 응양군과 용호군으로 구성된 친위 부대였다.

한눈에 보는 해설 🔍

정답 알아보기 → 훈련도감

(가) 군사 조직 에 대한 설명으로 옳은 것은?

임진왜란 →

[왕이] 비망기로 전교하였다. "…… **적의 난리를 겪는 2년 동안** 군사 한 명을 훈련시키거나 무기 하나를 수리한 것이 없이, 명의 군대만을 바라보며 적이 제 발로 물러가기만을 기다렸으니 불가하지 않겠는가. …… 과인의 생각에는 따로 (가) 을/를 설치하여 합당한 인원을 차출해서 장정을 뽑아 날마다 **활을 익히기도** 하고 **조총을 쏘기도** 하여 모든 무예를 훈련시키도록 하고 싶으니, 의논하여 처리하라."라고 하였다.
사수 →   → 포수

④ 훈련도감에 소속된 군인들[포수(총), 사수(활), 살수(창)로 구성된 삼수병]은 일정한 급료를 받고 모집된 상비군으로 직업 군인의 성격을 띠고 있다.

선지 분석하기

① 수원 화성에 외영을 두었다. ➡ 장용영(조선 정조)
② 국경 지대인 양계에 설치되었다. ➡ 주진군(고려)
③ 후금과의 항쟁 과정에서 창설되었다. ➡ 어영청, 총융청, 수어청(조선 후기)
⑤ 응양군과 용호군으로 구성된 친위 부대였다. ➡ 2군(고려의 중앙군)

정답 ④

👍 남인

주요 정답 키워드 # 이언적과 이황의 제자 # 예송 논쟁

3. (가) 붕당에 대한 설명으로 옳은 것은? ▶ 44회

> 홍문관에서 아뢰기를, "윤국형은 우성전과 유성룡의 심복이며 또한 이성중과 한 집안 사람입니다. 당초 신묘 연간에 양사에서 정철을 탄핵할 때에 옥당은 여러 날 동안이나 거론하지 않았습니다. …… 유성룡이 다시 재상이 되자 윤국형 등이 선비들을 구별하여 자기들에게 붙는 자를 [(가)](이)라 하고, 뜻을 달리하는 자를 북인이라 하여 결국 당쟁의 실마리를 크게 열어 놓았습니다. 이처럼 유성룡이 사당(私黨)을 키우고 사류(士類)를 배척하는 데에 모두 윤국형 등이 도왔던 것입니다."라고 하였다.

① 광해군 시기에 국정을 이끌었다.
② 경신환국으로 정권을 장악하였다.
③ 이언적과 이황의 제자들이 주류를 이루었다.
④ 기해예송에서 자의 대비의 기년복을 주장하였다.
⑤ 정여립 모반 사건을 내세워 기축옥사를 주도하였다.

한눈에 보는 해설 🔍

정답 알아보기

남인 ┐
[(가) 붕당]에 대한 설명으로 옳은 것은?

> 홍문관에서 아뢰기를, "윤국형은 우성전과 유성룡의 심복이며 또한 이성중과 한 집안 사람입니다. 당초 신묘 연간에 양사에서 **정철을 탄핵**할 때에 옥당은 여러 날 동안이나 거론하지 않았습니다. …… 유성룡이 다시 재상이 되자 윤국형 등이 선비들을 구별하여 자기들에게 붙는 자를 [(가)](이)라 하고, **뜻을 달리하는 자를 북인**이라 하여 결국 당쟁의 실마리를 크게 열어 놓았습니다. 이처럼 **유성룡이 사당(私黨)을 키우고 사류(士類)를 배척**하는 데에 모두 윤국형 등이 도왔던 것입니다."라고 하였다.

→ 정철의 건저의 사건

③ 남인은 주로 이언적·이황 계열의 사림으로, 유성룡·김성일이 주축이 되어 이루어졌다.

선지 분석하기

① 광해군 시기에 국정을 이끌었다. ➡ 북인
② 경신환국으로 정권을 장악하였다. ➡ 서인
④ 기해예송에서 자의 대비의 기년복을 주장하였다. ➡ 서인
└→ 1년 상복 착용
⑤ 정여립 모반 사건을 내세워 기축옥사를 주도하였다. ➡ 서인

정답 ③

👍 예송 논쟁

주요 정답 키워드 # 서인과 남인 사이 발생

4. (가)에 대한 설명으로 옳은 것은? ▶ 43회

현종 때 일어난 [(가)]에 대해 말씀해 주십시오.

[(가)]은/는 효종 사후 인조의 계비인 자의 대비의 복상 기간을 두고 벌어진 논쟁입니다.

① 사림과 훈구의 갈등이 원인이 되었다.
② 서인과 남인 사이에 발생한 전례 문제이다.
③ 북인이 정국을 주도하던 시기에 전개되었다.
④ 외척 세력인 대윤과 소윤의 대립으로 일어났다.
⑤ 동인이 남인과 북인으로 분열되는 결과를 가져왔다.

한눈에 보는 해설 🔍

정답 알아보기

→ 기해예송
[(가)]에 대한 설명으로 옳은 것은?

현종 때 일어난 [(가)]에 대해 말씀해 주십시오.

[(가)]은/는 효종 사후 인조의 계비인 자의 대비의 복상 기간을 두고 벌어진 논쟁입니다.

② 예송 논쟁은 효종의 계모인 자의 대비의 상복 착용 기간에 대한 서인과 남인의 논쟁이다.

선지 분석하기

① 사림과 훈구의 갈등이 원인이 되었다. ➡ 사화
③ 북인이 정국을 주도하던 시기에 전개되었다. ➡ 광해군 재위 시기
④ 외척 세력인 대윤과 소윤의 대립으로 일어났다. ➡ 을사사화(1545)
⑤ 동인이 남인과 북인으로 분열되는 결과를 가져왔다. ➡ 정여립 모반 사건 (1589)과 정철의 건저의 사건(1591)

정답 ②

PART 5

숙종·영조·정조의 탕평책과 19세기 세도 정치

└→ '탕평'이란 용어는 『서경(書經)』 홍범조의 '王道蕩蕩 王道平平'에서 비롯되었는데, 왕도는 동양 사회의 기본적 정치 원리로서, 임금은 항상 치우침이 없이 공평해야 한다는 것임.

🔖 조선 후기 각 왕의 탕평책

숙종	처음 실시, 능력 중심의 인사 관리 강조 ➡ 숙종의 편당(偏黨)적인 조처와 노론 중심의 일당 전제화로 명목상의 탕평책
영조	당파의 시비를 가리지 않고 어느 당파든 온건하고 타협적인 인물을 등용하여 왕권에 순종시키는 데 주력하는 완론 탕평책
정조	당파의 시시비비(是是非非)를 철저하게 가리는 적극적인 준론 탕평책

1 숙종

1. 붕당 정치의 변질, 환국의 전개

경신환국 (1680, 숙종 6년)	• 원인: 남인 허적의 기름 천막 사건, 서인의 역모설 • 결과: 남인 실각, 서인 집권, 서인의 일당 전제 정치 ➡ 서인의 분열(노론 vs 소론)
기사환국 (1689, 숙종 15년)	• 원인: 장희빈 소생의 세자(후에 경종) 책봉을 서인 송시열 등이 반대 • 결과: 서인 축출, 남인 집권 **cf** 송시열 처형
갑술환국 (1694, 숙종 20년)	• 원인: 서인(노론, 소론)의 폐비 민씨(인현 왕후) 복위 운동 전개 ➡ 남인의 탄압 • 결과: 남인 축출, 서인 집권

2. 개혁 정치

개혁 시도	대동법의 전국적 실시(평안도·함경도 제외), 상평통보 유통
백두산정계비 건립(1712)	백두산 정상에 정계비를 세워 청나라와 조선 간의 영토 경계선을 확정
독도	에도 막부와 협상하여 왜인의 울릉도·독도 출입 금지를 보장받음. **cf** 안용복이 대마도주로부터 독도가 조선 영토라는 서계를 받아옴(1696).
민족의식 강조	이순신 사당에 '현충(顯忠)'이라는 시호를 내림.

🔖 영조 때 발생한 주요 사건

1. 이인좌의 난(1728, 영조 4년): 소론 강경파와 남인 일부가 경종의 죽음에 영조와 노론이 관계되었다고 하면서 영조의 탕평책에 반대하여 일으킨 사건

2. 나주 괘서 사건(1755, 영조 31년): 영조를 비난한 소론 윤지의 모역 사건. 이를 계기로 소론계 명문 가문과 학자들이 처벌됨.

✦ 청계천 준설 기념 행사(1760)

✦ 규장각(창덕궁 주합루)

2 영조

완론 탕평책	'탕평교서' 발표, 온건하고 타협적인 인물 등용, 당파를 초월한 탕평파 육성, 탕평비 건립 but 이인좌의 난(1728), 나주 괘서 사건(소론·남인 강경파) 발생 ➡ ∴ 노론 주도
왕권 강화책	• 산림의 존재 부정, 서원 정리(붕당 근거지) • 이조 전랑의 권한 약화 • 병권의 병조 귀속
개혁 시도	• 균역법 실시: 양인 장정의 군포 액수를 2필에서 1필로 반감 • 노비공감법: 노비의 공역 부담 절감 • 노비종모법 실시: 노비의 신분을 모계의 신분쪽으로 확정 • 신문고 제도 부활 및 격쟁·상언(上言) 활성화 • 청계천 준설 • 형벌 제도 개선
편찬 사업	『동국문헌비고』(홍봉한, 한국학 백과사전), 『속대전』(법전), 동국지도(정상기, 백리척 최초 고안) 등

3 정조

└→ 사도 세자의 죽음을 애도했던 세력

준론 탕평책	당파의 시비(是非)를 적극적으로 가리는 적극적 탕평책 추진 ➡ 시파 등용
왕권 강화책	• 규장각(학술 기구), 장용영(국왕 친위 부대) 설치 • 초계문신 제도 실시: 37세 이하 관리 재교육, 규장각에서 위탁 교육, 40세에 졸업 • 지방 통제 강화(어사 제도 강화), 수령의 권한 강화(향약 주관) • 수원 화성 축조[대유둔전(국영 농장) 경영]

개혁 시도	• 신해통공 실시(1791): 육의전을 제외한 시전 상인의 금난전권 혁파 • 공장안(장인 등록제) 폐지 • 서얼에 대한 차별 완화: 규장각 검서관에 일부 서얼 등용(이덕무, 박제가, 서이수, 유득공 등) • 문체반정: 고(古)문체 사용, 서울 노론계의 신문체 억압 • 중국과 서양의 과학 기술 수용
편찬 사업	『대전통편』(법전), 『일성록』(정조가 세손 때부터 쓰기 시작, 이후 규장각 관원들이 기록한 국정 일기, 유네스코 기록 문화유산), 『홍재전서』(정조의 시문집) 등

4 19세기 세도 정치의 권력 구조와 폐단

권력 구조	• 소수 유력 가문이 정치 주도 • 권력이 비변사에 집중, 3사의 언론 기능 완전 상실
순조 (1800~1834)	• 노론 벽파의 정국 주도 ➡ 규장각 출신 인물 축출, 장용영 혁파, 훈련도감 장악, 천주교 박해(신유박해, 1801) ➡ 실학 위축, 정약용(강진)·정약전(흑산도) 유배 • 공노비(납공 노비) 해방(1801) • 일본과 국교 단절(1811) • 홍경래의 난 발생(1811): 19세기 최초의 민란
헌종 (1834~1849)	풍양 조씨 집권
철종 (1849~1863)	• 안동 김씨 집권 • 신해허통(1851): 서얼의 청요직 진출 완전 허용 • 동학 발생(1860): 경주 몰락 양반 최제우 창시 • 임술민란(1862): 진주 민란 계기, 전국적 발생 ➡ 삼정이정청 설치

✦ 정조 대왕 능행도

✦ 원행을묘정리의궤(시흥환어행렬도)

첫째 날: 창덕궁을 출발해서 시흥에 도착하다.
둘째 날: 시흥을 출발해서 화성에 도착하다.
셋째 날: 향교 대성전을 참배하고 과거를 실시하다.
넷째 날: 현륭원을 참배하고 장용영의 군사를 조련시키다.
다섯째 날: 혜경궁 홍씨의 회갑 잔치를 베풀다.
여섯째 날: 노인을 위로하는 잔치를 베풀다.
일곱째 날: 화성을 출발해서 시흥에 도착하다.
여덟째 날: 시흥을 출발해서 창덕궁에 도착하다.

『원행을묘정리의궤』

한능검 꾁꾁 사료

1. 경신대환국
궐내에 보관하던 기름 먹인 장막을 허적이 다 가져갔음을 듣고 임금이 노하여, "궐내에서 쓰는 장막을 마음대로 가져가는 것은 한명회도 못하던 짓이다." 하고 말하였다. 시종에게 알아보게 하니, 잔치에 참석한 서인은 몇 사람뿐이었고, 허적의 당파가 많아 기세가 등등하였다고 아뢰었다. 이에 임금이 남인을 제거할 결심을 하였다. …… 허적이 잡혀오자 임금이 모든 관직을 삭탈하였다.
『연려실기술』

2. 영조의 탕평교서
우리나라는 본래 치우쳐 있고 작아서 사람을 쓰는 방법 역시 넓지 못한데, 요즈음에 이르러서는 사람을 임용하는 곳이 모두 당목(黨目) 가운데 사람이었으니, 이와 같이 하고도 천리(天理)의 공(公)에 합하여 온 세상의 마음을 복종시킬 수 있겠는가? 지난해까지 함께 벼슬하였던 조정이 지금은 왜 전과 같지 않은가? …… 피차가 서로를 공격하여 공언(公言)이 막혀지고 역당(逆黨)으로 지목하면 옥석(玉石)이 구분되지 않을 것이니, 저가 나를 공격하는 데에서 그 장차 가려서 하겠는가, 가리지 않고 하겠는가?
『영조실록』

3. 정조의 정책
왕은 행차 때면 길에 나온 백성들을 불러 직접 의견을 들었다. 또한, 척신 세력을 제거하여 정치의 기강을 바로잡았고, 당색을 가리지 않고 어진 이들을 모아 학문을 장려하였다. 침전에는 '탕탕평평실(蕩蕩平平室)'이라는 편액을 달았으며, "하나의 달빛이 땅 위의 모든 강물에 비치니 강물은 세상 사람들이요, 달은 태극이며 그 태극은 바로 나다." 라고 하였다.

사료 돋보기

영조의 탕평비

周而不比(주이불비),
乃君子之公心(내군자지공심)
比而不周(비이불주),
寔小人之私意(식소인지사의)

원만하고 편벽되지 않음은
곧 군자의 공정한 마음이요,
편벽해 원만하지 않음은
바로 소인의 사사로운 마음이다.

테마 32 실전문제

👍 숙종

주요 정답 키워드 # 송시열 # 원자의 명호 # 희빈 장씨 # 환국

1. 다음 상황 이후에 전개된 사실로 옳은 것은?
▶ 45회

> 임금이 말하기를, "송시열은 산림(山林)의 영수로서 나라의 형세가 험난한 때에 감히 원자의 명호를 정한 것이 너무 이르다고 하였으니, 삭탈 관작하고 성문 밖으로 내쳐라. 반드시 송시열을 구하려는 자가 있겠지만, 그런 자는 비록 대신이라 하더라도 용서하지 않을 것이다."라고 하였다.

① 공신 책봉 문제로 이괄의 난이 일어났다.
② 정여립 모반 사건으로 옥사가 발생하였다.
③ 허적과 윤휴 등 남인들이 대거 축출되었다.
④ 북인이 서인과 남인을 배제하고 권력을 장악하였다.
⑤ 인현 왕후가 폐위되고 희빈 장씨가 왕비로 책봉되었다.

👍 환국

주요 정답 키워드 # 경신년 옥사 # 희빈 장씨 소생의 원자 책봉 문제 # 환국

2. 다음 상황 이후에 전개된 사실로 옳은 것은?
▶ 42회

> 인평 대군의 아들 여러 복(복창군·복선군·복평군)이 본래 교만하고 억세었는데, 임금이 초년에 자주 병을 앓았으므로 그들이 몰래 못된 생각을 품고 바라서는 안 될 자리를 넘보았다. …… 남인에 붙어서 윤휴와 허목을 스승으로 삼고 …… 그들이 허적의 서자 허견을 보고 말하기를, "임금에게 만약 불행한 일이 생기면 너는 우리를 후사로 삼게 하라. 우리는 너에게 병조 판서를 시킬 것이다."라고 하였다. …… 이 때 김석주가 남몰래 그 기미를 알고 경신년 옥사를 일으켰다.
> 『연려실기술』

① 자의 대비의 복상 문제로 예송이 전개되었다.
② 정여립 모반 사건으로 서인이 정국을 주도하였다.
③ 이괄의 난이 일어나 반란군이 도성을 장악하였다.
④ 북인이 서인과 남인을 배제한 채 정국을 독점하였다.
⑤ 희빈 장씨 소생의 원자 책봉 문제로 환국이 발생되었다.

한눈에 보는 해설 ⊕

정답 알아보기

다음 상황 이후에 전개된 사실로 옳은 것은?

> ┌→기사환국(1689)
> 임금이 말하기를, "송시열은 산림(山林)의 영수로서 나라의 형세가 험난한 때에 감히 원자의 명호를 정한 것이 너무 이르다고 하였으니, 삭탈 관작하고 성문 밖으로 내쳐라. 반드시 송시열을 구하려는 자가 있겠지만, 그런 자는 비록 대신이라 하더라도 용서하지 않을 것이다."라고 하였다.

⑤ 숙종이 장희빈의 소생 윤(후에 경종)을 세자로 책봉하는 과정에서 서인이 반대하자 서인을 축출하고 남인을 재등용한 기사환국(1689, 숙종 15년)의 결과, 인현 왕후는 폐위되고 희빈 장씨가 왕비로 승격되었다.

선지 분석하기

① 공신 책봉 문제로 이괄의 난이 일어났다. ➡ 인조 때(1624)
② 정여립 모반 사건으로 옥사가 발생하였다. ➡ 기축옥사(1589)
③ 허적과 윤휴 등 남인들이 대거 축출되었다. ➡ 경신환국(1680)
④ 북인이 서인과 남인을 배제하고 권력을 장악하였다. ➡ 광해군 때

한눈에 보는 해설 ⊕

정답 알아보기 ┌→경신환국(1680, 숙종 6년)

다음 **상황** 이후에 전개된 사실로 옳은 것은?

> ┌→인조의 셋째 아들
> 인평 대군의 아들 여러 복(복창군·복선군·복평군)이 본래 교만하고 억세었는데, 임금이 초년에 자주 병을 앓았으므로 그들이 몰래 못된 생각을 품고 바라서는 안 될 자리를 넘보았다. …… 남인에 붙어서 윤휴와 허목을 스승으로 삼고 …… 그들이 허적의 서자 허견을 보고 말하기를, "임금에게 만약 불행한 일이 생기면 너는 우리를 후사로 삼게 하라. 우리는 너에게 병조 판서를 시킬 것이다."라고 하였다. …… 이때 김석주가 남몰래 그 기미를 알고 **경신년 옥사**를 일으켰다.
> 『연려실기술』
> └→경신환국(1680)

⑤ 희빈 장씨 소생의 원자 책봉 문제로 발생한 환국은 기사환국(1689, 숙종 15년)이다.

선지 분석하기

① 자의 대비의 복상 문제로 예송이 전개되었다. ➡ 현종 때
② 정여립 모반 사건으로 서인이 정국을 주도하였다. ➡ 선조 때
③ 이괄의 난이 일어나 반란군이 도성을 장악하였다. ➡ 인조 때(1624)
④ 북인이 서인과 남인을 배제한 채 정국을 독점하였다. ➡ 광해군 때

정답 ⑤

정답 ⑤

👍 영조

주요 정답 키워드 # 탕평비 # 균역법 # 청계천 준설 # 이인좌의 난

3. (가) 왕의 재위 기간에 있었던 사실로 옳은 것은? ▶ 46회

통정공 무신일기

이 책은 이승원이 무신난(戊申亂)의 전개 과정을 기록한 일기로, 경상도 거창에서 반란군을 이끌던 정희량 세력의 활동 내용 등이 기록되어 있다. 무신난은 이인좌, 정희량 등이 세제(世弟)였던 [(가)]의 즉위 과정에 의혹을 제기하며 일으킨 반란이다.

① 허적과 윤휴 등 남인들이 대거 축출되었다.
② 박규수의 건의로 삼정이정청이 설치되었다.
③ 자의 대비의 복상 문제로 예송이 전개되었다.
④ 붕당의 폐해를 경계하기 위한 탕평비가 건립되었다.
⑤ 왕조의 통치 규범을 재정비한 대전통편이 편찬되었다.

👍 정조

주요 정답 키워드 # 초계문신제 # 규장각 # 장용영 # 수원 화성

4. 밑줄 그은 '이 왕'의 업적으로 옳은 것은? ▶ 45회

이곳 만석거(萬石渠)는 이 왕이 수원 화성을 건립하면서 축조한 수리 시설 중 하나입니다. 수갑(水閘) 및 수도(水道)를 만든 기술의 혁신성, 백성들의 식량 생산에 이바지 한 점, 풍경의 아름다움 등 역사 문화적 가치를 인정받아 2017년 세계 관개 시설물 유산으로 등재되었습니다.

① 집현전을 계승한 홍문관을 설치하였다.
② 군역의 부담을 줄이고자 균역법을 제정하였다.
③ 초계문신제를 실시하여 문신들을 재교육하였다.
④ 붕당의 폐해를 경계하기 위해 탕평비를 건립하였다.
⑤ 삼정의 문란을 해결하기 위해 삼정이정청을 설치하였다.

한눈에 보는 해설 ⊕

정답 알아보기

(가) 왕의 재위 기간에 있었던 사실로 옳은 것은?

영조

이 책은 이승원이 **무신난(戊申亂)**의 전개 과정을 기록한 일기로, 경상 → 이인좌의 난
도 거창에서 반란군을 이끌던 정희량 세력의 활동 내용 등이 기록되어 있다. **무신난은 이인좌**, 정희량 등이 세제(世弟)였던 [(가)]의 즉위 과정에 의혹을 제기하며 일으킨 반란이다.

④ 영조는 이인좌의 난을 진압한 후 성균관 입구에 탕평비를 세우고 붕당 정치의 폐해를 근절하기 위해 노력하였다.

선지 분석하기

① 허적과 윤휴 등 남인들이 대거 축출되었다. ➡ 경신환국(1680, 숙종)
② 박규수의 건의로 삼정이정청이 설치되었다. ➡ 임술민란 당시(철종)
③ 자의 대비의 복상 문제로 예송이 전개되었다. ➡ 현종
⑤ 왕조의 통치 규범을 재정비한 대전통편이 편찬되었다. ➡ 정조

한눈에 보는 해설 ⊕

정답 알아보기

밑줄 그은 '이 왕'의 업적으로 옳은 것은? → 정조

이곳 만석거(萬石渠)는 이 왕이 **수원 화성**을 건립하면서 축조한 수리 시설 중 하나입니다. 수갑(水閘) 및 수도(水道)를 만든 기술의 혁신성, 백성들의 식량 생산에 이바지 한 점, 풍경의 아름다움 등 역사 문화적 가치를 인정받아 2017년 세계 관개 시설물 유산으로 등재되었습니다.

③ 정조는 붕당의 비대화를 막고 자신의 권력과 정책을 뒷받침하기 위하여 37세 이하 당하관 중 젊고 재능 있는 문신들을 의정부에서 뽑아 규장각에 위탁 교육을 시키고 40세가 되면 졸업시키는 초계문신 제도를 실시하였다.

선지 분석하기

① 집현전을 계승한 홍문관을 설치하였다. ➡ 조선 성종
② 군역의 부담을 줄이고자 균역법을 제정하였다. ➡ 조선 영조
④ 붕당의 폐해를 경계하기 위해 탕평비를 건립하였다. ➡ 조선 영조
⑤ 삼정의 문란을 해결하기 위해 삼정이정청을 설치하였다. ➡ 조선 철종

정답 ④

정답 ③

조선 후기의 대외 관계

1 호란

1. 정묘호란(1627, 인조 5년)

✧ 정묘호란과 병자호란

원인	• 인조반정(1623) 이후 서인의 친명배금 외교 • 명의 철산 가도(椵島) 사건(1623, 인조 1년): 명의 장군 모문룡이 요동 탈환을 위해 철산 가도에 도독부를 설치하고 주둔 • 이괄의 난(1624, 인조 2년): 인조반정 이후 논공행상에 불만을 품은 이괄이 반란 ➡ 잔여 세력들이 후금에 투항, 인조반정의 부당함을 호소하면서 조선 정벌 요청
경과	• 광해군을 위해 보복한다는 명분으로 후금 침입 ➡ 정봉수(용골산성), 이립(의주) 등 의병 발생 • 인조, 강화도로 피신
결과	조선의 패배, 형제 관계 체결

2. 병자호란(1636, 인조 14년)

원인	• 후금은 국호를 청이라 고치고 황제를 칭하면서 조선에 군신 관계를 요구 • 조정의 의견(척화파와 주화파) 대립 ➡ 척화 주전론 우세
경과	세자빈 강씨, 원손(元孫), 둘째 아들 봉림 대군(후에 효종), 셋째 아들 인평 대군은 강화도로 피신, 인조와 소현 세자는 남한산성으로 피신하여 45일간 항전
결과	• 삼전도(현재 서울 송파)에서 굴욕적인 강화 체결 ➡ 군신 관계 체결 • 두 왕자(소현 세자·봉림 대군)와 척화파 주동 삼학사(홍익한·윤집·오달제), 수많은 백성들이 청에 압송 ➡ 환향녀 문제 발생

✧ 삼전도비 | 병자호란 때 청 태종이 조선을 침략하고 이를 기념하기 위해 세운 비로, 뒷면은 몽골 문자와 만주 문자, 앞면은 한자로 되어 있음.

✧ 김준룡 장군 전승지 및 비 | 김준룡은 병자호란 당시 남한산성으로 피난한 국왕을 구하기 위해 근왕병을 이끌고 광교산에서 항전함.

📎 **척화파(斥和派)와 주화파(主和派)**

구분	척화파	주화파
입장	주전론 (主戰論)	강화론 (講和論)
주장	무력 응징	외교 담판
성격	대의명분 존중, 화이론 (華夷論)	실리 중시, 내정 개혁 치중
인물	김상헌, 3학사 (홍익한, 오달제, 윤집) 등	최명길

📎 **소현 세자의 업적**

소현 세자는 청나라에 인질로 억류되어 있으면서 조선인 포로의 속환 문제와 청나라의 조선에 대한 병력 지원 요구 등 여러 정치·경제적 현안을 맡아 처리함. 베이징에 있을 때에는 독일의 예수회 선교사이자 천문학자인 아담 샬과 교류하며 천구의와 천문서, 천주상 등을 선물로 받음.

📎 **숙종의 북벌론과 만동묘·대보단**

숙종 때 청의 정세를 이용하여 윤휴를 중심으로 북벌의 움직임이 제기되기도 하였으나 실천에 옮기지는 못함. 또한, 멸망한 명나라 황실의 제사를 지내기 위해 1704년(숙종 30) 창덕궁 금원 옆에 대보단을 설치하여 명의 태조·신종·의종의 제사를 받들었으며, 1703년(숙종 29) 명나라 황제의 신위를 모신 사당인 만동묘를 청주에 건립함. 만동묘는 1865년(고종 2) 흥선 대원군이 철폐했으나 1874년(고종 11)에 부활함.

2 왜란·호란 이후의 대외 관계

1. 청

북벌론	17세기 효종 때 추진, 성리학적 명분상 주장, but 효종의 죽음으로 실패, 서인의 정권 유지 수단으로 이용 **cf** 효종 때 청의 요청으로 나선(러시아) 정벌: 변급(1차, 1654)·신유(2차, 1658) 등 조총 부대 원병 나감.
북학론	18세기 후반 진보적 지식인들이 청의 문화 중 이로운 것을 수용하자고 주장
간도 문제	백두산정계비 건립(숙종, 1712) ➡ 19세기 간도 귀속 문제 야기 **cf** 토문강에 대한 해석 차이: 청-두만강, 조선-송화강 상류 ➡ 간도 협약(1909, 일본과 청 체결)으로 청의 영토로 귀속

2. 일본

조·일 국교 재개 (1607, 선조 40년)	• 에도 막부의 국교 재개 요청 • 조선 통신사 파견(1607~1811, 총 12회): 에도 막부의 요청으로 파견, 비정기 사절
기유약조 (1609, 광해군 2년)	부산포에 왜관 설치, 제한 무역 허용(세사미두 100석, 세견선 20척)
독도 문제	숙종 때 안용복이 일본에 가서 대마도주로부터 울릉도와 독도가 조선 영토임을 확인받음.

✦ 백두산정계비(그래픽 복원도)

✦ 통신사의 행로

✦ 통신사 행렬도(국사 편찬 위원회 소장) | 1711년(숙종 37)에 파견된 통신사 행렬도 중 정사(正使)의 행렬 부분

사료 돋보기 ✚ ✎

병자호란의 항복 조건
• 조선은 청나라의 신하국으로서 예를 지킨다.
• 명나라와 국교를 끊고 명나라의 연호를 쓰지 않는다.
• 소현 세자와 봉림 대군, 대신들의 아들을 인질로 보낸다.
• 청나라가 명나라를 정벌할 때 조선은 지원군을 보낸다.
• 조선인 포로가 도망쳐 오면 청나라로 보낸다.
• 조선은 성곽을 보수하거나 새로 쌓지 않는다.
• 2년 뒤부터 청나라에 조공을 보낸다.

한능검 꼭꼭 사료 👆

1. 광해군의 중립 외교
명이 임진왜란 때 나라를 다시 세워준 은혜는 만세토록 잊을 수 없다. 선왕(선조)이 즉위하여 40년 동안 지성으로 사대(事大)하여 평생 등을 서쪽(중국 쪽)으로 대고 앉은 적이 없었다. 광해군은 배은망덕하여 천명의 두려움을 모르고 음흉하게 <u>두 마음을 품어 오랑캐에게 정성을 바쳐</u> 기미년 오랑캐를 칠 싸움에 이르러 장수에게 "정세를 보아 항배를 정하라."라고 일렀다. 우리 삼한 예의의 나라로 하여금 오랑캐와 짐승의 지경으로 돌아가게 하였으니 통탄해 본들 어찌 말을 다하겠는가?　　　　　　　『광해군일기』

2. 주화론과 척화론
• 최명길의 주화론: <u>자기의 힘을 헤아리지 아니하고 경망하게 큰소리를 쳐서 오랑캐들의 노여움을 도발, 마침내는 백성이 도탄에 빠지고 종묘와 사직에 제사 지내지 못하게 된다면 그 허물이 이보다 클 수 있겠습니까.</u>　　『지천집』
• 윤집의 척화론: <u>차라리 나라가 없어질지라도 의리는 저버릴 수 없습니다.</u> …… 어찌 차마 화의를 주장하는 것입니까.　　『인조실록』

3. 독도 - 동해에 있는 울릉도 외 일도(독도)를 지적 편찬에 넣을 것인가에 대한 품의
울릉도를 관할로 할 것인가에 대해 시마네 현으로부터 별지와 같은 질의가 있어서 조사해본 결과, 울릉도는 1692년 조선인이 입도한 이후 별지 서류에서 요약 정리한 바, 1696년 정월 제1호 구정부(막부)의 평의, 제2호 역관에의 통보서, 제3호 조선에서 온 서한, 제4호 이에 대한 우리나라(일본)의 답서 및 보고서 등과 같이, <u>우리나라(일본)와 관계없는 곳이라고 들었습니다.</u>　　일본 내무성이 태정관(일본 최고 권력 기관)에 올린 품의서(1877. 3. 17.)

4. 대한 제국 칙령 제41호
제1조 울릉도를 울도로 개칭하여 강원도에 부속하고 도감을 군수로 개정하여 관제 중에 편입하고 <u>군등(君等)은 5등으로 할 것</u>
제2조 군청 위치는 태하동으로 정하고 구역은 울릉 전도(全島)와 죽도(竹島)·석도(石島)를 관할할 것
　　　　　　　　　　　　　　　　　　『고종실록』(1900. 10. 25.)

PART 5

테마 ③③ 실전문제

🐝 출제 POINT
병자호란의 전개 과정 및 주요 사건의 순서, 조선 통신사 파견의 특징을 묻는 문제가 주로 출제된다.

👍 **호란**

主요 정답 키워드 # 김상용 강화도 순절 # 김준룡 전승비 # 삼전도비 # 최명길

1. 다음 교서가 발표된 전쟁 기간에 있었던 사실로 옳은 것은? ▶46회

> 과인이 덕이 부족하여 이같은 불운을 만나 오랑캐의 침략을 받았다. 지난 정묘년에는 변란이 생겼을 때에 임시방편으로 강화를 허락하여 치욕을 감수하였다. 지금 오랑캐가 황제를 참칭(僭稱)하고 우리나라를 업신여기므로 천하의 대의를 위해 그 사신을 배척하였다가 이 같은 환란을 만났다. 이제 화의는 이미 끊어졌고 오로지 결전이 있을 뿐이다. …… 저 오랑캐가 외로운 형세로 깊숙이 들어왔으니, 사방의 원병이 이어 달려 오고 하늘이 돕는다면 우리는 이길 것이다.

① 김상용이 강화도에서 순절하였다.
② 정문부가 길주에서 의병을 이끌었다.
③ 조·명 연합군이 평양성을 탈환하였다.
④ 정봉수와 이립이 용골산성에서 항전하였다.
⑤ 포수, 사수, 살수로 구성된 훈련도감이 설치되었다.

2. 다음 자료를 활용한 탐구 활동으로 가장 적절한 것은? ▶43회

> 최명길이 아뢰기를, "종묘사직의 존망이 호흡하는 사이에 달려 있어 해볼 만한 일이 없으니, 청컨대 혼자 말을 타고 달려가서 적장을 보고 까닭 없이 군사를 발동하여 몰래 깊이 쳐들어온 뜻을 묻겠습니다. 오랑캐가 만일 다시 신의 말을 듣지 않고 신을 죽인다면 신은 마땅히 말발굽 아래에서 죽을 것이요, 다행히 서로 이야기가 되면 잠시라도 그들의 칼날을 멈추게 할 것이니, 한성 가까운 곳에서 방어할 만한 땅은 남한산성만한 데가 없으니, 청컨대 전하께서는 [도성의] 수구문을 통해 나가신 후 서둘러 산성으로 옮기시어 일의 추이를 보소서."라고 하였다. 『연려실기술』

① 삼별초의 이동 경로를 찾아본다.
② 통신사의 활동 내용을 살펴본다.
③ 위화도 회군의 결과를 알아본다.
④ 계해약조의 체결 과정을 조사한다.
⑤ 삼전도비의 건립 배경을 파악한다.

한눈에 보는 해설 ⊕

정답 알아보기

└▶병자호란(1636)
다음 교서가 발표된 전쟁 기간에 있었던 사실로 옳은 것은?

└▶정묘호란(1627)
> 과인이 덕이 부족하여 이같은 불운을 만나 **오랑캐의 침략**을 받았다. 지난 **정묘년에는 변란이 생겼을 때**에 임시방편으로 강화를 허락하여 치욕을 감수하였다. 지금 **오랑캐가 황제를 참칭(僭稱)**하고 우리나라를 업신여기므로 천하의 대의를 위해 그 사신을 배척하였다가 이 같은 환란을 만났다. 이제 화의는 이미 끊어졌고 오로지 결전이 있을 뿐이다. …… 저 오랑캐가 외로운 형세로 깊숙이 들어왔으니, 사방의 원병이 이어 달려 오고 하늘이 돕는다면 우리는 이길 것이다.

① 김상용은 병자호란 때 왕족을 시종하고 강화도로 갔다가, 이듬해 강화성이 함락되자 화약에 불을 질러 자결하였다.

선지 분석하기

② 정문부가 길주에서 의병을 이끌었다. ➡ 임진왜란(1592)
③ 조·명 연합군이 평양성을 탈환하였다. ➡ 임진왜란(1592)
④ 정봉수와 이립이 용골산성에서 항전하였다. ➡ 정묘호란(1627)
⑤ 포수, 사수, 살수로 구성된 훈련도감이 설치되었다. ➡ 임진왜란 계기(1593)

정답 ①

한눈에 보는 해설 ⊕

정답 알아보기

다음 자료를 활용한 탐구 활동으로 가장 적절한 것은?

> **최명길**이 아뢰기를, "종묘사직의 존망이 호흡하는 사이에 달려 있어 해볼 만한 일이 없으니, 청컨대 혼자 말을 타고 달려가서 적장을 보고 까닭 없이 군사를 발동하여 몰래 깊이 쳐들어온 뜻을 묻겠습니다. 오랑캐가 만일 다시 신의 말을 듣지 않고 신을 죽인다면 신은 마땅히 말발굽 아래에서 죽을 것이요, 다행히 서로 이야기가 되면 잠시라도 그들의 칼날을 멈추게 할 것이니, **한성 가까운 곳에서 방어할 만한 땅은 남한산성만한 데가 없으니**, 청컨대 전하께서는 [도성의] 수구문을 통해 나가신 후 서둘러 산성으로 옮기시어 일의 추이를 보소서."라고 하였다.
> └▶병자호란 당시 남한산성으로 피난   『연려실기술』

⑤ 삼전도비는 병자호란 때 청 태종이 조선을 침략하고 이를 기념하기 위해 세운 비이다.

선지 분석하기

① 삼별초의 이동 경로를 찾아본다. ➡ 고려의 대몽 항쟁
② 통신사의 활동 내용을 살펴본다. ➡ 일본에 조선 문물 전파
③ 위화도 회군의 결과를 알아본다. ➡ 조선 건국 과정
④ 계해약조의 체결 과정을 조사한다. ➡ 세종 때 일본과 제한 무역 체결

정답 ⑤

👍 조선 통신사

주요 정답 키워드 | # 문화 교류 # 19세기까지 파견 # 막부의 요청

3. (가)에 대한 설명으로 옳은 것은? ▶ 41회

조선과 에도 막부를 잇는 사절단. (가)
소개 | 사이버체험관 | 자료실 | 자유게시판

📁 일본 자료

한국 자료
▶일본 자료
2017년 유네스코 세계
기록유산 등재 자료

오와리번의 응대

조선인이 좋아하는 사슴 고기를 제공하기 위해 6월에 2,500명의 몰이꾼이 나무 우리를 위에서 떨어뜨려 잡는 포획 방식으로 사슴 16마리를 생포하였다. …… 시문창화와 서화의 휘호를 청하러 찾아오는 사람들로 혼잡했는데, 조선의 문인들은 한숨도 못 자고 붓을 내려놓을 틈조차 없는 형편으로 그 끈기가 가히 칭찬할 만하다. 나도 글씨와 그림을 받았다.

(출처: 하급 무사 아사히 시게아키의 일기)

① 매년 정기적으로 파견되었다.
② 다녀온 여정을 연행록으로 남겼다.
③ 하정사, 성절사, 천추사 등이 있었다.
④ 사절 왕래를 위하여 북평관을 개설하였다.
⑤ 19세기 초까지 파견되어 문화 교류의 역할을 하였다.

한눈에 보는 해설 ⊕

정답 알아보기

조선 통신사

(가)에 대한 설명으로 옳은 것은?

조선과 에도 막부를 잇는 사절단. (가)
소개 | 사이버체험관 | 자료실 | 자유게시판

📁 일본 자료

한국 자료
▶일본 자료
2017년 유네스코 세계
기록유산 등재 자료

오와리번의 응대

조선인이 좋아하는 사슴 고기를 제공하기 위해 6월에 2,500명의 몰이꾼이 나무 우리를 위에서 떨어뜨려 잡는 포획 방식으로 사슴 16마리를 생포하였다. …… 시문창화와 서화의 휘호를 청하러 찾아오는 사람들로 혼잡했는데, 조선의 문인들은 한숨도 못 자고 붓을 내려놓을 틈조차 없는 형편으로 그 끈기가 가히 칭찬할 만하다. 나도 글씨와 그림을 받았다.

(출처: 하급 무사 아사히 시게아키의 일기)

↳조선 통신사 행렬도

⑤ 일본의 막부 장군이 교체될 때 그 권위를 국제적으로 보장받기 원하는 일본 측의 요청으로 파견된 통신사는 1607~1811년까지 12회 파견되었다.

선지 분석하기

① 매년 정기적으로 파견되었다. ➡ 조천사(명)·연행사(청)
② 다녀온 여정을 연행록으로 남겼다. ➡ 연행사(청)
③ 하정사, 성절사, 천추사 등이 있었다. ➡ 중국에 보낸 사절단
④ 사절 왕래를 위하여 북평관을 개설하였다. ➡ 여진의 사신을 접대하기 위해 한양에 설치

정답 ⑤

👍 사건 순서

주요 정답 키워드 | # 병자호란 # 백두산정계비 # 나선 정벌 # 이괄의 난

4. (가), (나) 사이의 시기에 있었던 사실로 옳은 것은? ▶ 40회

(가) 정묘년 때 맹약을 잠시라도 지켜서 몇 년이나마 화(禍)를 늦춰야 합니다. 그 사이 어진 정치를 베풀어 민심을 수습하며 성을 쌓고 군량을 비축해야 합니다. 또 방어를 더욱 튼튼히 하고 군사를 집합시켜 일사불란하게 해야 합니다. 그런 다음 적의 허점을 노리는 것이 우리로서는 최상의 계책일 것입니다. 『지천집』

(나) 오라총관 목극등이 …… 국경을 정하기 위하여 백두산에 이르렀다. 우리나라에서는 접반사 박권, 함경도 순찰사 이선부, 역관 김경문 등을 보내어 응접하게 하였다. …… 목극등이 중천(中泉)의 물줄기가 나뉘는 위치에 앉아서 말하기를, "이곳이 분수령이라 할 수 있다."라고 하고, 그곳에 경계를 정하고 돌을 깎아서 비를 세웠다. 『만기요람』

① 조총 부대가 파견되어 러시아 군대와 교전하였다.
② 명의 요청에 따라 강홍립이 이끄는 부대가 파병되었다.
③ 후금의 침입에 대비하여 이괄이 평안도에 주둔하였다.
④ 용골산성에서 정봉수와 이립이 의병을 이끌고 항전하였다.
⑤ 포수, 살수, 사수의 삼수병으로 구성된 훈련도감이 설치되었다.

한눈에 보는 해설 ⊕

정답 알아보기
(가) 병자호란(1636) 당시의 주화론
(나) 백두산 정계비 건립(1712, 숙종)

(가), (나) 사이의 시기에 있었던 사실로 옳은 것은?

(가) **정묘년 때 맹약**을 잠시라도 지켜서 몇 년이나마 화(禍)를 늦춰야 합니다. 그 사이 어진 정치를 베풀어 민심을 수습하며 성을 쌓고 군량을 비축해야 합니다. 또 방어를 더욱 튼튼히 하고 군사를 집합시켜 일사불란하게 해야 합니다. 그런 다음 적의 허점을 노리는 것이 우리로서는 최상의 계책일 것입니다. 『지천집』

(나) **오라총관 목극등**이 …… 국경을 정하기 위하여 **백두산**에 이르렀다. 우리나라에서는 접반사 박권, 함경도 순찰사 이선부, 역관 김경문 등을 보내어 응접하게 하였다. …… 목극등이 중천(中泉)의 물줄기가 나뉘는 위치에 앉아서 말하기를, "이곳이 분수령이라 할 수 있다."라고 하고, 그곳에 **경계를 정하고 돌을 깎아서 비를 세웠다.**

↳백두산정계비 『만기요람』

① 효종 때 러시아 세력의 침략으로 위협을 느낀 청이 정벌군의 파견을 요청하자, 조선에서는 변급(1차, 1654), 신유(2차, 1658) 등 두 차례에 걸쳐 조총 부대를 보냈다(나선 정벌).

선지 분석하기

② 명의 요청에 따라 강홍립이 이끄는 부대가 파병되었다. ➡ 광해군
③ 후금의 침입에 대비하여 이괄이 평안도에 주둔하였다. ➡ 이괄의 난(1624, 인조)
④ 용골산성에서 정봉수와 이립이 의병을 이끌고 항전하였다. ➡ 정묘호란(인조)
⑤ 포수, 살수, 사수의 삼수병으로 구성된 훈련도감이 설치되었다. ➡ 임진왜란 계기(1593, 선조)

정답 ①

테마 34 조선 후기의 경제 변화

1 수취 체제의 개편

1. 배경: 왜란과 호란으로 농촌 사회 붕괴 ➡ 수취 체제의 개편 필요

2. 전세: 영정법의 시행

내용	풍흉에 관계 없이 1결당 미곡 4두로 고정
결과	전세율 인하, but 당시 대다수가 소작농이었기에 실질적으로 농민에게는 큰 도움 못 됨.

3. 공납: 대동법의 시행(선혜청 담당)

개편 배경	방납의 폐단으로 농민 부담 가중 ↳ 공납을 대신 납부하는 것
내용	민호(호구)에게 토산물(현물)을 부과·징수하던 공납(상공)을 토지 결수에 따라 쌀[米]로 징수, 산간 지역은 삼베나 무명[布]·동전[錢]으로 징수
실시 과정	광해군 때 이원익 주장, 경기도 처음 실시 ➡ 한백겸 확대 실시 주장 ➡ 효종 때 김육이 충청도, 전라 도에 대동법 실시 주장 ➡ 숙종 때 전국 실시(잉류 지역 제외)
결과	양반 지주의 부담 증가, 농민 부담 감소, 국가 재정 안정
영향	• 공인(공납 청부업자)의 대두: 도고(독점적 도매업자) 발달, 상품 화폐 경제의 발달 촉진 • 새로운 상업 도시의 출현: 삼랑진(경상도), 강경(충청도), 원산(함경도) 등 쌀의 집산지 ➡ 새로운 상업 도시화
한계	• 진상, 별공 등의 현물 징수 존속 • 지주가 소작농에게 대동세 전가

4. 군역: 균역법의 시행(균역청 담당)

개편 배경	16세기 군적수포제 실시로 인한 군포 부담의 증가 ➡ 인징(이웃사람에게 징수)·족징(친척에게 징 수)·백골징포(이미 죽은 사람에게 징수)·황구첨정(어린아이에게도 군포 징수) 등 폐단 야기
내용	• 양인: 12개월마다 군포 1필 징수(감포론) • 부족분 보충: 선무군관세와 결작 마련, 잡세(어장세·염전세·선박세)를 균역청에서 징수 　일부 상류층에게 군포 1필 징수 ↙　↳ 지주에게 1결당 2두 징수
결과	농민의 부담 절감, 국가 재정 안정

2 조선 후기의 경제 생활

1. 농업

농법의 변화	• 이앙법(논), 견종법(밭)의 전국적 확대 • 결과: 광작(경작지 확대) 유행 ➡ 농민의 계층 분화(일부 부농층의 대두, 다수 소작농의 몰락 ➡ 도시나 광산으로 이동, 임노동자화됨.)
지대의 변화	타조법(1/2 병작반수, 지주에게 유리, 관행) ➡ 도조법(1/3 계약 지대, 소작농에게 유리)의 일부 등장
작물의 변화	• 상품 작물의 재배: 곡물, 목화, 채소, 담배, 약초 등 • 구황 작물의 재배: 고구마(18세기 일본에서 도입), 감자(19세기 청에서 도입)

📜 조선 전·후기의 수취 제도 비교

구분	전기	후기
전세	연분 9등법(세종): 풍흉에 따라 1결당 최고 20두~4두 징수 전분 6등법(세종): 토지의 비옥도를 6등급으로 구분	영정법(인조): 풍흉 무관, 1결당 4두 징수
공납	민호 단위, 현물 징수	대동법: 토지 결수 단위, 쌀(포·전) 징수
군역	군적수포제: 양인 장정 12 개월마다 베 2필 징수	균역법: 양인 장정 12개월마다 베 1필 징수, 보충액 징수

✦ 대동세의 징수와 운송

📜 공인(貢人)

• 대동법 실시로 등장
• 왕실과 관청의 수요품을 조달하 는 어용 특허 상인

📜 조선 후기 다양한 농서

17세기 『농가집성』(신속, 이앙법 강조) ➡ 18세기 『색경』(박세당), 『산림경제』(홍만선), 『해동농서』(서 호수) ➡ 19세기 『임원경제지』(서 유구) 등

2. 상업 및 대외 무역

관상	• 중앙: 시전 상인, 공인(대동법 실시 결과 출현한 관허 상인) • 지방: 보부상(장시에서 활동한 행상)

사상	• 한양: 이현(동대문), 칠패(남대문), 종루 등 사상 대두, 경강상인(한강 중심)
	• 지방: 개성(송상), 평양(유상), 의주(만상), 동래(내상) 등 지방 도시에서 사상들의 활동 활발
	• 포구 상업의 활발: 선상(경강상인), 객주 · 여각 등이 활동
	    ↳ 상품의 매매 · 운송 · 보관 · 숙박 · 금융업 등 담당
	• 도고(독점적 도매상인) 등장
	  cf 정조의 신해통공(1791): 육의전을 제외한 시전 상인의 금난전권 폐지

장시	15세기 말, 전라도에서 처음 발생 ➡ 16세기, 전국 개설 ➡ 후기, 전국 1,000여 개 개설, 일부 상설 시장으로 변화
대외 무역	• 청: 국경 무역 – 개시(공무역) · 후시(사무역) 설치 **예** 중강 개시, 중강 후시, 책문 후시 등 • 일본: 부산에 왜관 개시 · 후시 설치

✦ 조선 후기의 상업과 무역 활동

3. 수공업과 광업, 화폐

수공업	• 관장제 수공업 약화, 납포장(세금을 내는 자유 수공업자) 증가 • 선대제 수공업: 대상인이 물주가 되어 영세한 수공업자 지배 ➡ 조선 후기 보편적 현상 **cf** 정조의 공장안 폐지

광업	• 효종의 설점수세제 실시로 사채 허용
	  ↳ 국가가 비용을 대어 광산 지역에 제련장과 부대 시설을 포함한 점(店)을 설치하고
	    그 경영을 민간에게 맡기는 대신, 채취한 광물의 일부를 국가에 납세하도록 하는 제도
	• 광산의 경영 형태 변화: 18세기 후반 분업화 · 협업화 현상 대두[덕대(전문 경영인) 대두]

화폐	• 인조(17C): 상평통보 처음 주조 ➡ 실패 • 효종(17C): 상평통보 재주조 ➡ 실패 • 숙종(18C): 상평통보 전국적 유통 ➡ 전황 현상 발생(화폐의 퇴장 현상) **cf** 폐전론(중농학파 실학자 이익 주장), 용전론(중상학파 실학자 박지원 주장) • 흥선 대원군(19C): 당백전(고액 화폐, 경복궁 중건 비용) 주조 ➡ 물가 상승, 경제 혼란

✦ 대장간(김홍도)

✦ 상평통보

PART ⑤

한능검 꼭꼭 사료 👆

1. 대동법

선혜청을 설치하였다. 처음에 영의정 이원익이 제의하기를 "각 고을의 진상(進上)과 공물(貢物)이 각급 관청의 방납인에 의해 저지되어, 한 물건의 값이 3, 4배 혹은 수십, 수백 배까지 되어 그 폐해가 극심하고 특히 경기 지방은 더욱 그러합니다. 지금 마땅히 별도로 1청(廳)을 설치하여 매년 봄가을로 백성에게서 쌀을 거두되, 토지 1결마다 2번에 걸쳐 8두(斗)씩 거두어 본청(本廳)에 수납하게 하고, 본청은 그때의 물가 시세를 보아 쌀로써 방납인에게 지급하여 수시로 무역해서 납부하게 하소서."라고 하니 임금이 이에 따랐다. 이때 왕의 교지 중에 선혜(宣惠)라는 말이 있어 이로써 청(廳)의 이름을 삼았다.

『광해군일기』

2. 균역법

나라의 100여 년에 걸친 고질 병폐로서 가장 심한 것은 양역(良役)이다. …… 혹 한 집안에 아비와 아들, 할아비와 손자가 군적에 한꺼번에 기록되어 있거나 혹은 3, 4명의 형제가 한꺼번에 군포를 납부해야 하며, 또한 이웃의 이웃이 견책당하고, 친척의 친척이 징수를 당하고, 어린아이는 젖 밑에서 군정에 편성되고, 죽은 자는 지하에서 징수를 당하며, 한 사람이 도망하면 열 집이 보존되지 못하니, 비록 좋은 재상과 현명한 수령이라도 역시 어찌할 바를 모른다.

『영조실록』

사료 돋보기 ✚ ✎

대동법에 대한 반대 의견

강원도에는 대동법을 싫어하는 이가 없는데, 충청도와 전라도에는 좋아하는 이와 싫어하는 이가 있습니다. 왜 그렇겠습니까? 강원도에는 토호가 없으나 충청도 · 전라도에는 토호가 있기 때문입니다. 특히 전라도에 싫어하는 이가 더 많은데 이는 토호가 더 많은 까닭입니다. 이렇게 볼 때 단지 토호들만 싫어할 뿐, 백성들은 대동법을 보고 모두 기뻐합니다.

『포저집』

👍 대동법

주요 정답 키워드 # 이원익 # 미곡 # 선혜청 # 공인

1. 밑줄 그은 '이 법'에 대한 설명으로 옳은 것은? ▶ 38회

> 좌의정 이원익의 건의로 <u>이 법</u>을 비로소 시행하여 백성의 토지에서 미곡을 거두어 서울로 옮기게 했는데, 먼저 경기에서 시작하고 드디어 선혜청을 설치하였다. …… 우의정 김육의 건의로 충청도에도 시행하게 되었으며 …… 황해도 관찰사 이언경의 상소로 황해도에도 시행하게 되었다. 『만기요람』

① 양반에게도 군포를 납부하게 하였다.

② 풍흉에 따라 9등급으로 나누어 전세를 부과하였다.

③ 어장세, 염전세, 선박세를 거두어 군사비로 충당하였다.

④ 재정 부족 문제를 해결하기 위해 지주에게 결작을 징수하였다.

⑤ 관청에 필요한 물품을 납부하는 공인이 등장하는 배경이 되었다.

👍 균역법

주요 정답 키워드 # 군포 감소 # 어염세·선박세 # 선무군관포

2. 밑줄 그은 '대책'의 내용으로 옳은 것을 〈보기〉에서 고른 것은? ▶ 41회

임금께서 군포를 기존의 절반인 1필로 줄이는 법을 시행한다더군.

그렇다면 세입이 감소할 텐데 이를 보충하기 위해 마련된 대책이 무엇인지 궁금하네.

> 보기
>
> ㉠ 양전 사업을 실시하여 지계를 발급하였다.
>
> ㉡ 어염세, 선박세를 국가 재정으로 귀속시켰다.
>
> ㉢ 선무군관에게 1년에 1필의 군포를 징수하였다.
>
> ㉣ 수신전, 휼양전 등의 명목으로 세습되는 토지를 폐지하였다.

① ㉠, ㉡   ② ㉠, ㉢   ③ ㉡, ㉢

④ ㉡, ㉣   ⑤ ㉢, ㉣

한눈에 보는 해설 ⊕

정답 알아보기 →대동법

밑줄 그은 '이 법'에 대한 설명으로 옳은 것은?

> →광해군 때
> 좌의정 **이원익**의 건의로 <u>이 법</u>을 비로소 시행하여 백성의 **토지에서**
> **미곡을 거두어** 서울로 옮기게 했는데, 먼저 경기에서 시작하고 드디어
> **선혜청**을 설치하였다. …… 우의정 **김육**의 건의로 충청도에도 시행하게
> └→대동법 담당 기관   └→효종 때
> 되었으며 …… 황해도 관찰사 이언경의 상소로 황해도에도 시행하게
> 되었다. 『만기요람』

⑤ 대동법 실시 결과 왕실과 관청의 수요품을 조달하는 어용 특허 상인인 공인이 등장하게 되었다.

선지 분석하기

① 양반에게도 군포를 납부하게 하였다. ➡ 호포제(흥선 대원군)

② 풍흉에 따라 9등급으로 나누어 전세를 부과하였다. ➡ 연분 9등법(세종)

③ 어장세, 염전세, 선박세를 거두어 군사비로 충당하였다. ➡ 균역법(영조)

④ 재정 부족 문제를 해결하기 위해 지주에게 결작을 징수하였다. ➡ 균역법(영조)

정답 ⑤

한눈에 보는 해설 ⊕

정답 알아보기 →균역법 시행에 따른 재정 보충 방법

밑줄 그은 '대책'의 내용으로 옳은 것을 〈보기〉에서 고른 것은?

> ○ 임금께서 **군포**를 기존의 절반인 1필로 줄이는 법을 시행한다더군.
> └→영조   └→균역법
> ○ 그렇다면 세입이 감소할텐데 이를 보충하기 위해 마련된 <u>대책</u>이 무엇인지 궁금하네.

㉡㉢ 절감된 군포의 수입을 보충하기 위해 일부 특권층에서 선무군관세라는 명목으로 군포 1필을 징수하였으며, 지주에게 결작이라는 이름으로 1결당 2두를 징수하였다. 또한 각 아문이나 궁방에서 징수하던 어세, 염세, 선(박)세를 균역청에서 징수하였다.

선지 분석하기

㉠ 양전 사업을 실시하여 지계를 발급하였다. ➡ 광무개혁
    └→근대적 토지 소유권 문서

㉣ 수신전, 휼양전 등의 명목으로 세습되는 토지를 폐지하였다. ➡ 직전법(세조)

정답 ③

👍 조선 후기 경제 상황

주요 정답 키워드 # 상품 작물 재배 # 이앙법 확산 # 광작 # 설점수세제

3. 다음 대화가 이루어진 시기의 경제 상황으로 옳지 않은 것은? ▶46회

어제 송파장에서 산대놀이를 봤는데, 탈을 쓴 놀이꾼들의 춤과 소리가 신명나더군.

나도 봤네. 송파 나루를 순시 하던 수어청 병사들도 흥겹게 보고 있더군.

① 담배, 면화 등이 상품 작물로 재배되었다.
② 경기 지역에 한하여 과전법이 실시되었다.
③ 국경 지대에서 개시 무역과 후시 무역이 이루어졌다.
④ 모내기법의 확산으로 벼와 보리의 이모작이 성행하였다.
⑤ 설점수세제의 시행으로 민간의 광산 개발이 활기를 띠었다.

👍 조선 후기 상인

주요 정답 키워드 # 송상(송방) # 만상(청과의 무역) # 경강상인(한강)

4. (가), (나)에 대한 설명으로 가장 적절한 것은? ▶44회

조선 후기에 활동한 상인에 대해 말해 볼까요?

개성 상인인 (가) 은/는 사개치부법이라는 회계법을 고안했어요.

(나) 은/는 한강을 무대로 정부의 세곡 운송을 주도했고, 강상(江商)이라 불리기도 했어요.

① (가) – 혜상공국을 통해 정부의 보호를 받았다.
② (가) – 전국 각지에 송방이라는 지점을 설치하였다.
③ (나) – 책문 후시를 통해 청과의 무역을 주도하였다.
④ (나) – 금난전권을 행사해 사상의 활동을 억압하였다.
⑤ (가), (나) – 근대적 상회사인 대동 상회를 설립하였다.

한눈에 보는 해설 ⊕

정답 알아보기   ┌─ 조선 후기

다음 대화가 이루어진 시기 의 경제 상황으로 옳지 않은 것은?

어제 송파장에서 산대놀이를 봤는데, 탈을 쓴 놀이꾼들의 춤과 소리가 신명나더군.

나도 봤네. 송파 나루를 순시 하던 수어청 병사들도 흥겹게 보고 있더군.

② 고려 후기 농장 확대로 인한 토지 소유의 불균형을 해결하기 위해 혁명파 신진 사대부 정도전, 조준 등의 주장으로 과전법이 시행되었다 (고려 공양왕, 1391).

정답 ②

한눈에 보는 해설 ⊕

정답 알아보기   (가) 송상, (나) 경강상인

(가), (나) 에 대한 설명으로 적절한 것은?

조선 후기에 활동한 상인에 대해 말해 볼까요?

개성 상인인 (가) 은/는 사개치부법이라는 회계법을 고안했어요.

(나) 은/는 한강을 무대로 정부의 세곡 운송을 주도했고, 강상(江商)이라 불리기도 했어요.

② 송상은 전국에 송방이라는 지점을 설치하여 인삼을 재배·판매하였다.

선지 분석하기

① (가) – 혜상공국을 통해 정부의 보호를 받았다. ➡ 혜상공국은 1883년에 설치된 보부상 특혜 단체
③ (나) – 책문 후시를 통해 청과의 무역을 주도하였다. ➡ 만상(의주)
④ (나) – 금난전권을 행사해 사상의 활동을 억압하였다. ➡ 시전 상인
⑤ (가), (나) – 근대적 상회사인 대동 상회를 설립하였다. ➡ 평안도 상인들이 1883년 대동 상회 설립

정답 ②

PART 5

조선 후기의 사회 변화

1 조선 후기 사회 구조의 변동

1. 신분제의 동요

16세기

양반 → 일당 전제화로 다수 몰락
(향반 · 잔반)

중인 → 서얼의 신분 상승·납속

상민 → 농민 분화(부농·임노동자)

천민(노비) → 군공·도망
공노비(납공 노비) 해방

조선 후기

양반 ─ 증가 / 계층 분화 ─ 권반 / 향반 / 잔반

중인

상민 ─ 감소

노비

신분제의 동요	양반 수 증가, 상민 · 노비 수 감소
중간 계층의 신분 상승 운동	• 서얼: 정조 때 유득공, 이덕무, 박제가 등 일부 서얼 출신을 규장각 검서관으로 등용 ➡ 철종 때 신해허통으로 서얼의 청요직 진출 완전 허용됨. • 중인: 철종 때 대규모 소청 운동 전개 ➡ 실패

2. 조선 후기 향촌 질서와 농민층의 변화

양반의 향촌 지배 약화	• 양반의 권위 약화 • 사족들의 지위 강화 노력: 촌락 단위의 동약 실시, 문중 서원 · 사우 남설, 동성 마을 형성
부농 계층의 대두	• 경제력을 바탕으로 공명첩과 납속을 통한 부농층의 신분 상승 ➡ 부농층은 사족들의 향촌 지배권에 도전 • 부농층과 향권의 결합 ➡ 수령 및 향리 세력 성장, 향회 기능 변화 ➡ 농민 수탈 • 향전: 신향(새롭게 양반이 된 부농층)과 구향(기존 양반)의 기득권 싸움

3. 가족 제도의 변화

사림의 향촌 지배
➡ 『주자가례』와 향약 보급 계기

구분	(고려~) 조선 전기	조선 후기
생활 윤리	전통적 생활 윤리	성리학적 생활 윤리 보급(민간 신앙 · 풍습을 음사로 규정)
가족 제도	부계 · 모계가 함께 영향	부계 위주 형태
혼인 형태	남귀여가혼(데릴사위제)	친영 제도(혼례 후 남자 집에서 생활)
재산 상속	남녀 균분 상속	장자 중심 상속
제사 담당	자녀 윤회 봉사	장자 봉사 cf 아들이 없으면 양자 입양
여성 지위	가정 내 지위가 비교적 높음. cf 조선 태종: 여성 재가 금지, 서얼 차별	남존여비

📎 조선 후기의 노비 완화책

1. 영조 7년(1731): 노비종모법 확정(『속대전』 명시)
2. 정조 2년(1778): 노비추쇄법 폐지
3. 순조 1년(1801): 공노비(납공 노비) 66,067명 해방
4. 고종 23년(1886): 노비의 신분 세습제 폐지
5. 고종 31년(1894): 갑오개혁 ➡ 공·사노비제 완전 폐지

📎 중인들의 역사서

고문비략	최성환(중인 출신)
이향견문록	유재건(서리 출신)
호산외기	조희룡(중인의 역사)
규사	이진택(서얼의 역사)
연조귀감	이진흥(향리의 역사)
희조일사	이경민(서민)

② 사회 변혁의 움직임

1. 사회 불안과 예언 사상의 대두: 비기(『정감록』), 예언 사상, 무격·미륵 신앙 성행

2. 천주교의 전파

수용 과정	17세기 청을 통해 서양 학문으로 수용 ➡ 18세기 후반 일부 남인이 신앙으로 수용 ➡ 여성, 불우한 계급에게 확산
정부의 탄압	• 원인: 인간 평등 주장과 조상에 대한 제사 부정 • 신해박해(정조, 1791): 윤지충이 어머니 제사에 신주를 불태움. ➡ 윤지충 등 사형, 이승훈(최초 세례 교인) 유배 • 신유박해(순조, 1801): 이승훈·정약종·주문모 사형, 정약용·정약전 유배, 황사영 백서 사건 • 병인박해(고종, 1866): 프랑스 신부 9명과 수많은 천주교 신자 박해 ➡ 병인양요의 원인

천주교도 황사영이 북경에 있는 프랑스 신부에게
보낸 편지로 종교의 자유를 위해 프랑스 함대의 파견 요청

3. 동학

창시	경주 몰락 양반 최제우 창시(1860) ➡ 서학에 반대, but 종합적 성격(유교＋불교＋도교＋샤머니즘＋천주교도 일부 수용)
내용	마음속 천주를 모심. 인내천, 시천주 ➡ 인간 평등, 후천개벽 ➡ 조선 왕조 부정, 보국안민 ➡ 반외세 사람이 곧 하늘 나라를 구하고 백성을 구하자
정부의 탄압	어리석은 백성을 더욱 어리석게 만든 죄 혹세무민을 이유로 최제우 사형 ➡ 2대 교주 최시형이 충청도 보은을 근거지로 『동경대전』과 『용담유사』를 펴내고, 교리와 교단[포접제(抱接制)]을 정비 동학 경전 동학 포교용 한글 가사집

4. 민란의 발생

배경	전정, 군정, 환곡 19세기 세도 정치의 문란, 관리의 부정과 탐학, 삼정 문란
홍경래의 난 (순조, 1811)	• 원인: 세도 정치의 폐단, 서북 지역에 대한 차별 반대 • 경과: 몰락 양반 홍경래의 지휘 아래 몰락 농민, 중소 상인, 광산 노동자 합세 ➡ 청천강 이북 지역 장악 ➡ 5개월 만에 진압
임술민란 (철종, 1862)	• 배경: 지배층의 부정과 탐학 • 경과: 진주 민란 계기(경상 우병사 백낙신의 횡포), 유계춘이 주도 ➡ 전국적 발생 • 결과: 삼정의 문란을 시정하기 위해 삼정이정청 설치, but 개혁 실패

✦ 『천주실의』| 원래 마테오 리치가 한문으로 지은 천주교 교리서로 모든 사람이 이해하기 쉽도록 18C에 한글로 옮김.

📙 **서학과 동학의 박해 요인**
1. 서학: 인간 평등, 전례 문제
2. 동학: 인간 평등, 운수 사상
   (➡ 조선 왕조 부정)

📙 **동학의 교주**
1. 동학 1대 교주: 최제우
2. 동학 2대 교주: 최시형
3. 동학 3대 교주: 손병희(천도교로 개칭, 1905)

✦ 19세기의 농민 봉기

한능검 꼭꼭 사료

1. 조선 후기 신분제의 동요
근래 아전의 풍속이 나날이 변하여 하찮은 아전이 길에서 양반을 만나도 절을 하지 않으려 한다. 아전의 아들·손자로서 아전의 역을 맡지 않은 자가 고을 안의 양반을 대할 때 맞먹듯이 너 나하며 자(字)를 부르고 예의를 차리지 않는다.

『목민심서』

2. 군정의 문란
시아버지 죽어서 이미 상복 입었고 / 갓난아기 배냇물도 안 말랐는데 삼대의 이름이 군적에 실리다니. / 달려가서 억울함을 호소해도 / 범 같은 문지기 버티어 있고 이정이 호통하여 단벌 소만 끌려갔네. / 남편 문득 칼을 갈아 방 안으로 뛰어들자 붉은 피 자리에 낭자하구나. / 스스로 한탄하네. 아이 낳은 죄로구나.   정약용, '애절양(哀絶陽)'

3. 임술민란
임술년 2월 19일 진주민 수만 명이 머리에 흰 수건을 두르고 손에는 나무 몽둥이를 들고 무리를 지어 진주 읍내에 모여 서리들의 가옥 수십 호를 불사르고 부숴서 그 움직임이 결코 가볍지 않았다. 병사가 해산시키고자 장시에 나가니 흰 수건을 두른 백성들이 당 위에서 그를 빙 둘러싸고는 백성의 재물을 횡령한 죄목, 아전들이 세금을 포탈하고 강제로 징수한 일들을 면전에서 여러 번 문책하는데 그 능멸하고 핍박함이 조금도 거리낌이 없었다.   『임술록』

사료 듬뿍

홍경래의 격문
평서 대원수는 급히 격문을 띄우노니 관서의 부로와 자제와 공·사 천민들은 모두 이 격문을 들으라. 무릇 관서는 성인 기자의 옛 터요, 단군 시조의 옛 근거지로서 의관(衣冠), 유교 문화를 생활화하는 사람)이 급제하고 문물이 아울러 발달한 곳이다. 그러나 조정에서는 관서를 버림이 분토와 다름없다. …… 지금 임금이 나이가 어려 권세 있는 간신배가 그 세를 날로 떨치고 김조순·박종경의 무리가 국가 권력을 오로지 갖고 노니 어진 하늘이 재앙을 내린다. …… 이제 격문을 띄워 먼저 열부군후에게 알리노니, 절대로 동요하지 말고 성문을 활짝 열어 우리 군대를 맞으라.

🐻 출제 POINT
서학(천주교)과 동학의 전래 과정 및 성격, 19세기 빈번히 발생한 농민 봉기의 전개 과정을
묻는 문제가 주로 출제된다.

👍 중인

주요 정답 키워드 # 소청 운동 # 시사 # 위항 문학

1. (가) 신분에 대한 설명으로 옳은 것은? ▶ 40회

이항견문록

이 책은 (가) 출신인 유재건이 지은 인물 행적기로, 위항 문학 발달에 크게 기여하였다. (가) 은/는 자신들의 신분에 따른 사회적인 차별에 불만이 많았는데, 시사(詩社)를 조직하는 등의 문예 활동을 통해 스스로의 위상을 높이고자 하였다. 책의 서문에는 이항(里巷)*에 묻혀 있는 유능한 인사들의 행적을 기록하여 세상에 널리 알리고자 이 책을 썼다고 밝히고 있다.

*이항: 마을의 거리

① 매매, 증여, 상속의 대상이 되었다.
② 장례원을 통해 국가의 관리를 받았다.
③ 공장안에 등록되어 수공업 제품 생산을 담당하였다.
④ 양인이지만 천역을 담당하는 신량역천으로 분류되었다.
⑤ 관직 진출 제한을 없애달라는 소청 운동을 전개하였다.

👍 천주교

주요 정답 키워드 # 황사영 # 의민단 # 서학

2. (가) 종교에 대한 설명으로 옳은 것은? ▶ 46회

이것은 황사영이 쓴 백서입니다. 백서에는 (가) 에 대한 정부의 탄압 상황과 신앙의 자유를 얻기 위해 외국 군대의 출병을 요청하는 내용 등이 쓰여 있습니다.

① 개벽, 신여성 등의 잡지를 발행하였다.
② 하늘에 제사 지내는 초제를 거행하였다.
③ 동경대전과 용담유사를 경전으로 삼았다.
④ 박중빈을 중심으로 새생활 운동을 추진하였다.
⑤ 만주에서 의민단을 조직하여 독립 전쟁을 전개하였다.

한눈에 보는 해설 ⊕

정답 알아보기

조선 후기 중인 계층이 주도한 한문학 형태로, 사대부와 서민 문학의 중간 형태

중인 → (가) 신분에 대한 설명으로 옳은 것은?

이 책은 (가) 출신인 유재건이 지은 인물 행적기로, **위항 문학 발달**에 크게 기여하였다. (가) 은/는 자신들의 신분에 따른 사회적인 차별에 불만이 많았는데, **시사(詩社)**를 조직하는 등의 문예 활동을 통해 스스로의 위상을 높이고자 하였다. 책의 서문에는 이항(里巷)에 묻혀 있는 유능한 인사들의 행적을 기록하여 세상에 널리 알리고자 이 책을 썼다고 밝히고 있다.

⑤ 19세기 철종 때 중인 계층은 관직 진출 제한을 없애달라는 대규모 소청 운동을 전개하였으나 성공하지는 못했다.

선지 분석하기

① 매매, 증여, 상속의 대상이 되었다. ➡ 노비
② 장례원을 통해 국가의 관리를 받았다. ➡ 노비
③ 공장안에 등록되어 수공업 제품 생산을 담당하였다. ➡ 수공업자
④ 양인이지만 천역을 담당하는 신량역천으로 분류되었다. ➡ 조례(중앙 관청 잡역 근무), 일수(지방 관청 잡역 근무), 나장(형사 업무), 역졸(역에 근무), 조군(조운 근무), 봉군(봉수대 근무) 등

정답 ⑤

한눈에 보는 해설 ⊕

정답 알아보기

천주교 → (가) 종교에 대한 설명으로 옳은 것은?

이것은 황사영이 쓴 백서입니다. 백서에는 (가) 에 대한 **정부의 탄압** 상황과 **신앙의 자유**를 얻기 위해 외국 군대의 출병을 요청하는 내용 등이 쓰여 있습니다.

⑤ 1919년 천주교도들은 만주에 항일 운동 단체인 의민단을 조직하고 무력 투쟁을 전개하였다.

선지 분석하기

① 개벽, 신여성 등의 잡지를 발행하였다. ➡ 일제 강점기 천도교의 활동
② 하늘에 제사 지내는 초제를 거행하였다. ➡ 도교
③ 동경대전과 용담유사를 경전으로 삼았다. ➡ 동학
④ 박중빈을 중심으로 새생활 운동을 추진하였다. ➡ 1932년 발생한 원불교의 활동

정답 ⑤

👍 동학

주요 정답 키워드 # 시천주 # 동경대전 # 최제우

3. (가) 종교에 대한 설명으로 옳은 것은? ▶ 44회

○○신문

○○○○년 ○○월 ○○일

최제우, 경주에서 체포

경상도 일대를 중심으로 교세를 확장하고 있던 (가) 의 교주 최제우가 23명의 제자들과 함께 경주에서 체포되었다. 체포 후 대구의 감영으로 이송되어 현재 문초가 진행되고 있으며, 혹세무민의 죄가 적용되어 효수에 처해질 것으로 보인다.

① 배재 학당을 세워 신학문 보급에 기여하였다.
② 마음속에 한울님을 모시는 시천주를 강조하였다.
③ 일제의 통제에 맞서 사찰령 폐지 운동을 펼쳤다.
④ 간척 사업을 추진하고 새생활 운동을 전개하였다.
⑤ 제사와 신주를 모시는 문제로 정부의 탄압을 받았다.

한눈에 보는 해설

정답 알아보기

동학

(가) 종교 에 대한 설명으로 옳은 것은?

→동학의 창시자
최제우, 경주에서 체포

경상도 일대를 중심으로 교세를 확장하고 있던 (가) 의 **교주 최제우가 23명의 제자들과 함께 경주에서 체포**되었다. 체포 후 대구의 감영으로 이송되어 현재 문초가 진행되고 있으며, 혹세무민의 죄가 적용되어 효수에 처해질 것으로 보인다.

② 동학은 마음속의 천주(한울님)를 모시는 시천주(侍天主)와 사람이 곧 하늘이라는 인내천(人乃天) 사상을 강조하였다.

선지 분석하기

① 배재 학당을 세워 신학문 보급에 기여하였다. ➡ 개신교(아펜젤러)
③ 일제의 통제에 맞서 사찰령 폐지 운동을 펼쳤다. ➡ 불교
④ 간척 사업을 추진하고 새생활 운동을 전개하였다. ➡ 원불교
⑤ 제사와 신주를 모시는 문제로 정부의 탄압을 받았다. ➡ 천주교

정답 ②

👍 임술민란

주요 정답 키워드 # 박규수(안핵사) # 삼정이정청 # 백낙신 # 유계춘

4. (가) 사건에 대한 설명으로 옳은 것은? ▶ 42회

이곳은 유계춘의 무덤입니다. 그는 경상 우병사 백낙신의 탐학과 향리들의 횡포에 맞서 농민들과 함께 (가) 을/를 일으켰습니다. 이를 계기로 농민 봉기가 삼남 지방으로 확산되었습니다.

① 청의 군대에 의해 진압되었다.
② 최제우가 동학을 창시하는 계기가 되었다.
③ 왕이 도성을 떠나 공산성으로 피란하였다.
④ 남접과 북접이 연합하여 조직적으로 전개되었다.
⑤ 사건의 수습을 위해 박규수가 안핵사로 파견되었다.

한눈에 보는 해설

정답 알아보기
→진주 민란(1862)

(가) 사건 에 대한 설명으로 옳은 것은?

→진주 민란의 주동자   →진주 민란의 원인
이곳은 유계춘의 무덤입니다. 그는 **경상 우병사 백낙신의 탐학과 향리들의 횡포**에 맞서 농민들과 함께 (가) 을/를 일으켰습니다. 이를 계기로 **농민 봉기가 삼남 지방으로 확산**되었습니다.
→임술 농민 봉기

⑤ 임술민란 당시 안핵사로 파견된 박규수는 민란의 원인이 삼정의 문란에 있다고 보고 그 수습책으로 삼정이정청의 설치를 주장하였다.

선지 분석하기

① 청의 군대에 의해 진압되었다. ➡ 임오군란(1882), 갑신정변(1884) 때 상황
② 최제우가 동학을 창시하는 계기가 되었다. ➡ 동학은 1860년 창시
③ 왕이 도성을 떠나 공산성으로 피란하였다. ➡ 이괄의 난(1624) 때 상황
④ 남접과 북접이 연합하여 조직적으로 전개되었다. ➡ 동학 농민 운동(1894) 당시 2차 봉기 상황

정답 ⑤

조선 후기의 문화(1)

1 성리학의 변화

＊ 남인 윤휴의 개혁 사상

1. 숙종 초기 북벌론과 군사력 강화 주장
2. 지패법(종이로 만든 신분증) 건의
3. 주자와 다른 유교 경전 해석 시도

성리학의 절대화	의리 명분론 강조, 주자 중심의 성리학 절대화(송시열 중심)	
성리학의 비판	윤휴＊, 박세당(『사변록』) 등 유교 경전에 대해 주자와 다른 해설 제시 ➡ 성리학자들에게 사문난적으로 몰림.	
호락논쟁 – 노론 내부의 사상 논쟁	호론 (충청도 노론)	인물성이론(人物性異論) 주장: 기(氣)의 특수성 강조, 기존의 신분 질서 유지 기능, 북벌론 주장 ➡ 19세기 위정척사 사상으로 계승
	낙론 (서울 · 경기 노론)	인물성동론(人物性同論) 주장: 이(理)의 보편성 강조, 조선 후기의 사회 변화 수용, 18세기 북학파 실학사상 ➡ 개화사상으로 계승

유교에서 교리를 어지럽히고 사상에 어긋나는 행동을 하는 사람

인간과 사물의 본성이 다르다는 주장

인간과 사물의 본성이 같다는 주장

붕당의 학통과 성향

2 양명학

사상	지행합일(知行合一)의 실천성을 중시
수용 과정	16세기 중종 때 명에서 수용, 이황이 『전습록변』에서 양명학을 이단으로 규정 ➡ 18세기 경기 지방의 소론 계열과 왕의 불우한 종친, 서얼들에게 확산 ➡ 정제두를 중심으로 강화학파 형성, but 가학(家學)으로 계승
계승	한말 이건창, 박은식(『유교구신론』), 정인보 등 국학자에게 계승

3 사회 개혁론(실학)의 대두

1. 중농학파(경세치용 학파)

유형원	• 저서: 『반계수록』 등 • 균전론: 관리, 선비, 농민 등에게 차등 있게 토지 재분배 주장
이익 (성호 학파 형성)	• 저서: 『성호사설』, 『곽우록』 등 • 한전론: 한 가정의 생활을 유지하는 데 필요한 일정한 토지를 영업전으로 하고, 영업전은 법으로 매매 금지, 나머지 토지는 자유 매매 허용 • 나라의 6좀 제시: 양반 문벌제도, 노비 제도, 과거 제도, 기교(사치와 미신 숭배 등), 승려, 게으름 • 고리대와 화폐의 폐단 비판 ➡ 폐전론 주장 • 붕당론: 밥그릇 싸움 ➡ 양반의 수와 특권 제한 주장

| 정약용 | • 신유박해(1801) 때 전라도 강진으로 유배 ➡ 500여 권의 『여유당전서』 저술
• 저서: 『목민심서』, 『경세유표』, 『흠흠신서』
    ┗ 지방관이 지켜야 할 도리 제시   ┗ 형벌 제도의 개혁 방안
             ┗ 중앙 정치 제도의 개혁 방안   ┗ 국가가 장기적으로 토지를 사들여 가난한 농민에게 분배, 지주의 토지는 병작 농민에게 골고루 소작
• 여전제(일종의 공동 농장 제도) 제시 ➡ 이후 정전제로 수정
• 백성의 이익과 의사가 적극 반영되는 정치 제도의 개선 방안 제시
• 기타: 수원 화성 설계(거중기 사용), 한강 주교(배다리) 설계, '애절양'(삼정의 문란을 비판한 한시), 『아방강역고』(역사 지리서) · 『마과회통』(종두법 연구) 등 저술 |

2. 중상학파(이용후생학파 · 북학파)

유수원	• 저서: 『우서』 ┗ 우리나라와 중국의 문물 비교, 정치 · 경제 · 사회 · 문화 전반에 걸친 개혁안 제시 • 국가 조정하에 상공업 진흥 ➡ 사 · 농 · 공 · 상의 직업적 평등화, 전문화 주장
홍대용	• 저서: 『임하경륜』, 『의산문답』, 『담헌연기』 등 • 균전제 주장: 성인 남자에게 2결 지급 • 지전설 주장: 『의산문답』에서 지구의 1일 1회전설 주장 ➡ 성리학적 세계관 비판
박지원	• 저서: 『열하일기』, 『과농소초』 등 • 한전제: 지주의 토지 소유 제한 주장 • 청과의 통상 강조, 수레와 선박의 이용, 화폐 유통의 필요성 주장 • 양반 문벌제도의 비생산성 비판(『허생전』, 『호질』, 『양반전』 등)
박제가	• 저서: 『북학의』 • 청과의 통상 강화, 수레와 선박의 이용, 절약보다 소비 권장

한능검 꼭꼭 사료

1. 윤휴
천하의 많은 이치를 어찌하여 주자만 알고 나는 모른단 말인가. 주자가 다시 태어난다면 내 학설을 인정하지 않겠지만 공자나 맹자가 다시 태어난다면 내 학설이 승리하게 될 것이다.
『백호집』

2. 정약용의 여전제
이제 농사짓는 사람은 토지를 갖고 농사짓지 않는 사람은 토지를 갖지 못하게 하려면 여전제를 실시하여야 한다. 산골짜기와 시냇물의 지세를 기준으로 구역을 획정하여 경계를 삼고, 그 경계선 안에 포괄되어 있는 지역을 1여로 한다. …… 1여마다 여장을 두며 무릇 1여의 인민이 공동으로 경작하게 한다. …… 여민들이 농경하는 경우 여장은 매일 개개인의 노동량을 장부에 기록하여 두었다가 가을이 오면 오곡의 수확물을 모두 여장의 집에 가져온 다음 분배한다.
『여유당전서』

3. 홍대용의 지전설
천체가 운행하는 것이나 지구가 자전하는 것은 그 세가 동일하니, 분리해서 설명할 필요가 없다. 생각건대 9만 리의 둘레를 한 바퀴 도는데 이처럼 빠르며, 저 별들과 지구와의 거리는 겨우 반경(半徑)밖에 되지 않는데도 오히려 몇 천만 억의 별들이 있는지 알 수가 없다. 하물며 은하계 밖에도 또 다른 별들이 있지 않겠는가!
『의산문답』

4. 박지원의 상공업 진흥
이제 사람들이 진실로 오랑캐를 물리치려면 중화의 법을 모조리 배워서 먼저 우리나라의 유치한 문화를 열어서 밭갈이부터 공업과 상업에 이르기까지 배우지 않음이 없으며, 남이 열을 한다면 우리는 백을 하여 먼저 우리 인민들에게 이롭게 한 다음에 …… 비로소 중국에는 아무것도 볼 것이 없더라도 이를 수 있겠다.
『열하일기』

5. 박제가의 소비론
대체로 재물을 비유하건대, 샘[井]과 같은 것이다. 퍼내면 차고, 버려두면 말라 버린다. 그러므로 비단옷을 입지 않아서 나라에 비단 짜는 사람이 없게 되면 여공이 쇠퇴하고, 쭈그러진 그릇을 싫어하지 않아 공장(工匠)의 일이 없게 되면 기예가 망하게 되고, 농사가 황폐해지면 농법을 잃게 되므로 결국 사 · 농 · 공 · 상의 4민이 모두 곤궁해져서 서로 구제할 수 없게 된다.
『북학의』

✦ 정약용의 거중기 | 수원 화성 축조 때 사용

중농학파와 중상학파

구분	중농학파	중상학파 (북학파)
공통점	• 재야의 지식인 ➡ 현실 미 반영 • 성격: 실증적, 민족적, 근대 지향적, 피지배층 입장 반영 • 목표: 민생 안정, 부국강병	
차이점	• 농업 중심 ➡ 토지 제도 자체의 개혁 중시 • 남인 계열 (농촌 거주, 근경 남인)	• 상공업 중심 ➡ 토지 제도 보다는 농업 기술상의 개혁 중시 • 노론 계열(도시 거주, 북학파, 낙론)

사료 들쑥

정약용이 주장한 지방관의 도리
백성을 위해서 목(牧, 지방관)이 존재하는가? 백성이 목(牧)을 위해 태어났는가? 백성들은 곡식과 피륙을 내어 목(牧)을 섬기고, 백성들은 수레와 말을 내어 추종하면서 목(牧)을 보내고 맞이하며, 백성들은 고혈(膏血, 기름과 피)과 진수(津髓, 침과 골수)를 모두 짜내어 목(牧)을 살찌게 하니, 백성들이 목(牧)을 위해서 태어난 것인가? 아니다. 목(牧)이 백성을 위해서 존재하는 것이다. 옛적에는 백성만이 있었을 뿐이니 어찌 목(牧)이 존재하였을 것인가.
『여유당전서』

PART 5

테마 36 실전문제

출제 POINT
주요 실학자의 사상 및 조선 후기 사상의 변화 과정을 묻는 문제가 주로 출제된다.

👍 사상의 변화

주요 정답 키워드 # 호락논쟁 # 양명학 # 사문난적 # 윤휴

1. 다음은 조선 후기 사상의 변화에 대한 논문의 목차이다. (가)~(라)에 대한 설명으로 옳은 것을 〈보기〉에서 모두 고른 것은? ▶4회

```
┌─────────────────────────────────────────┐
│           사상계의 새로운 변화            │
│                                           │
│  1. 배경: 성리학의 절대화 및 형식화 ······(가) │
│  2. 새로운 사상의 수용                    │
│     (1) 양명학의 수용 ·················(나) │
│     (2) 천주교의 전파 ·················(다) │
│  3. 동학의 발생 ·······················(라) │
└─────────────────────────────────────────┘
```

보기
(가) – 윤휴, 박세당 등이 노론에 의해 사문난적으로 몰렸다.
(나) – 인간과 사물의 본성에 관한 호락논쟁이 벌어졌다.
(다) – 유교의 제사 의식을 거부하여 탄압을 받았다.
(라) – 시천주, 인내천 사상을 강조하였다.

① (가), (나) ② (나), (다)
③ (가), (다), (라) ④ (나), (다), (라)
⑤ (가), (나), (다), (라)

한눈에 보는 해설 🔍

정답 알아보기
다음은 조선 후기 사상의 변화에 대한 논문의 목차이다. (가)~(라)에 대한 설명으로 옳은 것을 〈보기〉에서 모두 고른 것은?

(가) 윤휴와 박세당 등은 주자 중심의 성리학의 절대화 및 형식화에 반대하여 주자와 다른 유교 경전 해석을 시도하였으나, 노론에 의해 사문난적이라고 규탄을 받았다.
(다) 천주교는 유교 제사 의식을 거부하였고 모든 인간이 천주 앞에 평등하며 내세에서의 영생을 약속하는 등 유교적 봉건 질서에도 위협을 주었기 때문에 탄압을 받았다.
(라) 동학의 기본 사상으로, 마음속의 천주(한울님)를 모실 때[시천주(侍天主)] 사람이 곧 하늘[인내천(人乃天)]이 된다고 보았다.

선지 분석하기
(나) 인간과 사물의 본성에 관한 호락논쟁이 벌어졌다. ➡ 노론 내부의 성리학 논쟁

정답 ③

👍 윤휴

주요 정답 키워드 # 사문난적 # 북벌론 # 경신환국

2. 다음 검색창에 들어갈 인물의 활동으로 옳은 것은? ▶41회

① 사화의 발단이 된 조의제문을 작성하였다.
② 청의 정세 변화를 계기로 북벌을 주장하였다.
③ 반계수록에서 토지 제도 개혁론을 제시하였다.
④ 양반전을 지어 양반의 허례와 무능을 지적하였다.
⑤ 충청도 지역까지 대동법의 확대 실시를 건의하였다.

한눈에 보는 해설 🔍

정답 알아보기
다음 검색창에 들어갈 인물의 활동으로 옳은 것은?
┌→ 윤휴
다음 검색창에 들어갈 인물 의 활동으로 옳은 것은?

② 청나라에서 일어난 정치적 반란을 보고 천재일우의 기회로 판단한 윤휴는 현종·숙종 초기에 북벌을 주장하였다.

선지 분석하기
① 사화의 발단이 된 조의제문을 작성하였다. ➡ 김종직(세조)
③ 반계수록에서 토지 제도 개혁론을 제시하였다. ➡ 유형원
④ 양반전을 지어 양반의 허례와 무능을 지적하였다. ➡ 박지원
⑤ 충청도 지역까지 대동법의 확대 실시를 건의하였다. ➡ 김육(효종)

정답 ②

👍 정약용

주요 정답 키워드 # 경세유표 # 여전제 # 목민심서 # 거중기

3. 다음 주장을 펼친 인물에 대한 설명으로 옳은 것은? ▶ 41회

> 이제 농사를 짓는 사람은 전지(田地)를 얻게 하고 농사를 짓지 않는 사람은 전지를 얻지 못하게 하고자 한다면, 여전(閭田)의 법을 시행하여 나의 뜻을 이룰 수 있을 것이다. 무엇을 여전이라 하는가? 산골짜기와 천원(川原)의 형세로써 나누어 경계로 삼아 그 안을 여(閭)라 한다. …… 여에는 여장(閭長)을 두고 무릇 한 여의 전지는 그 여의 사람들로 하여금 다 함께 경작하게 한다. …… 추수 때에는 …… 그 양곡을 나누는데, 먼저 국가에 세를 내고 그 다음은 여장의 봉급을 주고, 그 나머지를 가지고 장부에 의해, 일한 만큼 (여민에게) 분배한다. 「전론」

① 의산문답에서 중국 중심의 세계관을 비판하였다.
② 동의수세보원을 저술하여 사상 의학을 확립하였다.
③ 우서에서 사농공상의 직업적 평등과 전문화를 주장하였다.
④ 경세유표를 저술하여 국가 제도의 개혁 방향을 제시하였다.
⑤ 북학의에서 재물을 우물에 비유하여 절약보다 소비를 권장하였다.

👍 홍대용

주요 정답 키워드 # 지전설 # 무한우주론 # 의산문답

4. 다음 글을 쓴 인물에 대한 설명으로 옳은 것은? ▶ 42회

> 중국은 서양에 대해서 경도의 차이가 1백 80도에 이르는데, 중국 사람은 중국을 정계(正界)로 삼고 서양을 도계(倒界)로 삼으며, 서양 사람은 서양을 정계로 삼고 중국을 도계로 삼는다. 그러나 실제에 있어서는 하늘을 이고 땅을 밟는 사람은 지역에 따라 모두 그러하니, 횡(橫)이나 도(倒)할 것 없이 다 정계다. 「의산문답」

① 지전설과 무한우주론을 주장하였다.
② 남북국이라는 용어를 처음 사용하였다.
③ 북한산비가 진흥왕 순수비임을 고증하였다.
④ 서얼 출신으로 규장각 검서관에 등용되었다.
⑤ 여전론을 통해 마을 단위 토지 분배와 공동 경작을 주장하였다.

한눈에 보는 해설 ⊕

정답 알아보기
→정약용
다음 주장을 펼친 인물에 대한 설명으로 옳은 것은?

이제 농사를 짓는 사람은 전지(田地)를 얻게 하고 농사를 짓지 않는 사람은 전지를 얻지 못하게 하고자 한다면, **여전(閭田)의 법**을 시행하여 나의 뜻을 이룰 수 있을 것이다. 무엇을 여전이라 하는가? 산골짜기와 천원(川原)의 형세로써 나누어 경계로 삼아 그 안을 **여(閭)**라 한다. …… **여에는 여장(閭長)을 두고 무릇 한 여의 전지는 그 여의 사람들로 하여금 다 함께 경작하게 한다.** …… 추수 때에는 …… 그 양곡을 나누는데, 먼저 국가에 세를 내고 그 다음은 여장의 봉급을 주고, 그 나머지를 가지고 장부에 의해, 일한 만큼 (여민에게) 분배한다. 「전론」

정약용의 여전론
(공동 농장 제도)

④ 정약용은 『경세유표』를 저술하여 중앙 정치 제도의 개혁 방안을 제시하고, 서양 과학 기술을 수용하기 위한 이용감의 설치를 주장하였다.

선지 분석하기
① 의산문답에서 중국 중심의 세계관을 비판하였다. ➡ 홍대용
② 동의수세보원을 저술하여 사상 의학을 확립하였다. ➡ 이제마
③ 우서에서 사농공상의 직업적 평등과 전문화를 주장하였다. ➡ 유수원
⑤ 북학의에서 재물을 우물에 비유하여 절약보다 소비를 권장하였다.
➡ 박제가

정답 ④

한눈에 보는 해설 ⊕

정답 알아보기
→홍대용
다음 글을 쓴 인물에 대한 설명으로 옳은 것은?

중국은 서양에 대해서 경도의 차이가 1백 80도에 이르는데, 중국 사람은 중국을 정계(正界)로 삼고 서양을 도계(倒界)로 삼으며, 서양 사람은 서양을 정계로 삼고 중국을 도계로 삼는다. 그러나 **실제에 있어서는 하늘을 이고 땅을 밟는 사람은 지역에 따라 모두 그러하니, 횡(橫)이나 도(倒)할 것 없이 다 정계다.** 「의산문답」

중국적 세계관 비판

① 홍대용은 『의산문답』에서 실옹과 허자의 문답 형식을 빌려 지전설과 지구가 우주의 중심이 아니라는 무한우주론을 주장하여 성리학적 세계관을 비판하였다.

선지 분석하기
② 남북국이라는 용어를 처음 사용하였다. ➡ 유득공의 『발해고』
③ 북한산비가 진흥왕 순수비임을 고증하였다. ➡ 김정희
④ 서얼 출신으로 규장각 검서관에 등용되었다. ➡ 박제가, 이덕무, 유득공 등
⑤ 여전론을 통해 마을 단위 토지 분배와 공동 경작을 주장하였다. ➡ 정약용

정답 ①

테마 37 조선 후기의 문화(2)

1 역사학: 민족적, 자주적, 실증적 역사서의 출현

동사(東史) – 이종휘(영조)	• 기전체: 최초로 '단군 본기'를 설정 • 단군 조선~고려까지 서술(통사): 단군 조선-기자 조선-삼한-부여-고구려-발해로 이어지는 역사 인식 제시
동사강목 – 안정복(영조~정조)	• 단군 조선~고려까지 서술(통사) • 삼한 정통론 제시: 단군 조선-기자 조선-삼한(마한)-(통일)신라-고려를 정통으로 인식 ➡ 중국 중심의 역사관 탈피
발해고 – 유득공(정조)	통일 신라와 발해를 남북국 시대로 최초 규정
연려실기술 – 이긍익(정조)	조선의 정치와 문화를 실증적·객관적으로 서술(기사본말체)
해동역사 – 한치윤(순조)	• 기전체: 단군 조선에서 고려까지 서술(통사) • 500여 종의 외국 자료를 인용하여 국사 인식의 폭 확대

✧ 곤여만국전도(마테오 리치)

2 과학 기술의 발달

배경	17세기 중국으로부터 '곤여만국전도'(마테오 리치) 도입 ➡ 조선인의 세계관이 보다 확대
천문	• 지전설: 김석문(최초 수용), 홍대용(무한우주론) 주장 • 19세기 최한기: 『명남루총서』에서 광학, 파동 이론, 기온 측정, 우주 체계 등의 이론과학에 이르기까지 광범위한 분야를 다룸.
지리	• 지도 제작 목적: 경제상·문화상 호기심, 개인 주도 • 동국지도(정상기, 영조): 최초로 백리척 고안 • 대동여지도(김정호, 철종): '매방 10리' 표시, 목판본 ➡ 지도의 대중화 시도
의학	• 17세기: 『동의보감』(허준)-전통 한의학 체계적 정리, 중국·일본에서도 간행(유네스코 세계 기록 문화유산) • 18세기: 『마과회통』(정약용)-박제가와 종두법 연구 • 19세기: 『동의수세보원』(이제마)-체질에 따른 사상 의학 제시

✧ 대동여지도(김정호)

3 문학과 예술의 새경향

1. 건축

17세기	금산사 미륵전, 화엄사 각황전, 법주사 팔상전(현존 가장 오래된 목조 5층탑) ➡ 모두 규모가 큰 다층 건물, 내부는 하나로 통하는 구조
18세기	수원 화성(정약용 설계, 거중기 사용)
19세기	흥선 대원군의 경복궁 복원

✧ 법주사 팔상전(충북 보은)

2. 문학

한문학	사회 비판적 한문학의 대두: 박지원의 「양반전」·「허생전」·「호질」 등, 정약용의 「애절양」
서민 문학	• 한글 소설: 홍길동전(허균), 춘향전(작자 미상) 등 • 사설시조 유행: 서민들의 소박한 감정을 사실적으로 묘사 • 판소리·가면극 성행
중인(위항) 문학	중인의 사회·경제적 지위 향상 증거 ➡ 시사(詩社) 조직

✧ 화성성역의궤 | 조선 시대 화성 (수원) 성곽 축조에 대한 경위와 제도, 의식 등을 수록한 책

3. 그림 및 도자기

진경산수화	중국의 남종 문인화를 우리의 고유 산수에 맞추어 토착화시킨 진경산수화 출현 ➡ 겸재 정선 개척, '인왕제색도'와 '금강전도' 등
풍속화	조선 후기의 사회 · 경제적 새로운 변화를 그리는 화풍 대두 • 김홍도(도화서 출신, 전문 화가): 서민의 일상적 그림, 정조 관련 기록화 그림. ➡ '서당도' 등 • 신윤복(문인화가): 주로 도회지 양반의 풍류 생활, 부녀자의 풍습, 남녀 사이의 애정 등을 그림. ➡ '단오풍정' 등
서양 화법	18세기 말 원근법, 명암법 등 서양 화법 도입 ➡ 강세황의 '영통골 입구도' 등
19세기	실학적 화풍이 시들고, 복고적 화풍이 다시 유행 ➡ 김정희의 '세한도', 장승업의 '삼인문년도' 등
민화	서민의 기복적 염원 그림, 해 · 달 · 꽃 · 동물 · 물고기 등 표현, 작자 미상
청화 백자	흰 바탕에 푸른 색깔로 그림을 그린 청화 백자 유행

✧ 인왕제색도(정선)

✧ 금강전도(정선)

✧ 서당도(김홍도)

✧ 단오풍정(신윤복)

✧ 영통골 입구도(강세황)

✧ 세한도(김정희)

✧ 까치호랑이(작가 미상)

✧ 청화 백자

한능검 꼭꼭 사료

1. 유득공의 발해 인식

부여씨(백제)가 망하고 고씨(고구려)가 망한 다음, 김씨(신라)가 남방을 차지하고 대씨(발해)가 북방을 차지하여 발해라 하였으니, 이것을 <u>남북국</u>이라 한다. 남북국에는 남북국의 사서가 있었을 텐데, 고려가 편찬하지 않은 것은 잘못이다. 저 대씨가 어떤 사람인가? 바로 고구려 사람이다. 그들이 차지하고 있던 땅은 어떤 땅인가? 바로 고구려 땅이다.

『발해고』

2. 애절양(哀絶陽)

갈밭 마을 젊은 여인 울음도 서러워라.
현문 향해 울부짖다 하늘 보고 호소하네.
군인 남편 못 돌아옴은 있을 법도 한 일이나
예로부터 남절양은 들어 보지 못했노라.
<u>시아버지 죽어서 이미 상복 입었고</u>
<u>갓난아기 배냇물도 안 말랐는데 삼대의 이름이 군적에 실리다니.</u>
달려가서 억울함을 호소하려도
범 같은 문지기 버티어 있고 이정이 호통하여 단벌 소만 끌려갔네.
남편 문득 칼을 갈아 방 안으로 뛰어들자 붉은 피 자리에 낭자하구나.
스스로 한탄하네. 아이 낳은 죄로구나.

정약용, 『여유당전서』

사료 돋보기 ✏️

후대인의 발해사 연구

발해사는 18세기의 실학자들과 20세기의 민족 사학자들에 의해 본격적으로 우리 역사로 연구되기 시작. 특히 <u>유득공</u>은 『발해고』에서 처음으로 발해를 한국사의 체계에 넣어 통일 신라와 발해를 '남북국 시대'로 인식해야 한다는 논리를 제시. 19세기에는 김정호가 대동여지도를 편찬한 이후 자세한 설명을 붙인 『대동지지(大東地志)』에서도 '남북국'이라는 용어를 사용

PART 5

출제 POINT

조선 후기 그림과 건축물의 특징을 알고 해당 문화유산의 화보를 직접 고르는 문제가 주로 출제된다.

👍 법주사 팔상전

주요 정답 키워드 # 조선 유일 목탑

1. (가)에 들어갈 문화유산으로 옳은 것은?
▶ 45회

국보 제55호인 (가) 은 현존하는 유일의 조선 시대 목탑으로 임진왜란 때 불타 없어졌는데, 인조 때 다시 조성된 것입니다.

① 마곡사 대웅보전

② 금산사 미륵전

③ 화엄사 각황전

④ 무량사 극락전

⑤ 법주사 팔상전

한눈에 보는 해설 ⊕

정답 알아보기

(가)에 들어갈 문화유산으로 옳은 것은?

국보 제55호인 (가) 은 현존하는 유일의 조선 시대 목탑으로 임진 왜란 때 불타 없어졌는데, 인조 때 다시 조성된 것입니다.

⑤ 우리나라에서 가장 오래된 목조 5층 탑인 법주사 팔상전은 17세기 대 표적인 건축물로, 규모가 큰 다층 건물이며 내부는 하나로 통하는 구 조를 가지고 있다.

TIP 시험에 꼭 나오는 탑
- 익산 미륵사지 석탑: 백제탑, 현존 최고의 목조탑 양식의 석탑
- 부여 정림사지 5층 석탑: 백제탑, 소정방의 평제탑
- 불국사 3층 석탑: 통일 신라 대표 3층 석탑, '무구 정광 대다라니경' 발견
- 양양 진전사지 3층 석탑: 통일 신라 말 석탑, 선종의 영향
- 월정사 8각 9층 석탑: 고려 전기, 송의 영향
- 경천사지 10층 석탑: 고려 후기, 원의 영향, 대리석 ➡ 원각사지 10층 석탑(조선 세조)에 영향

정답 ⑤

👍 김정희

주요 정답 키워드 # 추사체 # 금석과안록 # 북한산비

2. 다음 인물에 대한 설명으로 옳은 것은?
▶ 39회

역사 인물 카드
- 생몰: 1786년~1856년
- 호: 추사(秋史), 완당(阮堂) 등
- 출신지: 충청남도 예산
- 주요 활동
  - 역대 서체를 연구하여 추사체 창안
  - 제주도 유배 생활 중 세한도를 그림.
  - 옹방강, 완원 등 청의 학자들과 교류

① 거중기를 제작하여 수원 화성 건설에 이용하였다.
② 양반전을 지어 양반의 허례와 무능을 풍자하였다.
③ 최초로 100리 척을 활용한 동국지도를 제작하였다.
④ 북학의를 저술하여 수레와 배의 이용을 권장하였다.
⑤ 금석과안록에서 북한산비가 진흥왕 순수비임을 고증하였다.

한눈에 보는 해설 ⊕

정답 알아보기

→김정희
다음 인물에 대한 설명으로 옳은 것은?

역사 인물 카드
- 생몰: 1786년~1856년
- 호: **추사(秋史), 완당(阮堂)** 등
- 출신지: 충청남도 예산
- 주요 활동
  - 역대 서체를 연구하여 **추사체 창안**
  - 제주도 유배 생활 중 **세한도**를 그림.
  - 옹방강, 완원 등 청의 학자들과 교류

⑤ 김정희는 청에서 금석학을 연구하여 『금석과안록』을 저술하고, 북한 산비가 진흥왕 순수비임을 고증하였다.

선지 분석하기
① 거중기를 제작하여 수원 화성 건설에 이용하였다. ➡ 정약용
② 양반전을 지어 양반의 허례와 무능을 풍자하였다. ➡ 박지원
③ 최초로 100리 척을 활용한 동국지도를 제작하였다. ➡ 정상기
④ 북학의를 저술하여 수레와 배의 이용을 권장하였다. ➡ 박제가

정답 ⑤

👍 그림

주요 정답 키워드 # 정선 # 풍속화 # 김홍도 # 신윤복

3. 다음 특별전에 전시될 그림으로 가장 적절한 것은? ▶43회

① ② ③

④ ⑤

4. (가)에 들어갈 그림으로 가장 적절한 것은? ▶39회

① ②

③ ④

⑤

한눈에 보는 해설

정답 알아보기

다음 특별전에 전시될 그림으로 가장 적절한 것은? ←김홍도의 작품

◈ 단원 특별전 ◈

우리 미술관에서는 풍속화, 산수화, 기록화, 초상화 등 다양한 분야에서 뛰어난 작품을 남긴 단원의 예술 세계를 만날 수 있는 특별전을 마련하였습니다. ←김홍도의 호

③ ➡ 김홍도의 '타작도'

선지 분석하기

① ➡ 김득신의 '파적도'(18세기 풍속화)

② ➡ 신사임당의 '초충도'(16세기)

④ ➡ 정선의 '인왕제색도'(18세기 진경산수화)

⑤ ➡ 김정희의 '세한도'(19세기)

정답 ③

정답 알아보기

(가)에 들어갈 그림으로 가장 적절한 것은? ←신윤복의 작품

◈ 혜원 특별전 ◈

조선 후기 풍속화의 주제와 화풍을 발전시킨 혜원의 작품을 만날 수 있는 특별전을 마련하였습니다. ←신윤복의 호

③ ➡ 신윤복의 '월하정인'

선지 분석하기

① ➡ 김득신의 '노상알현도'(18세기)

② ➡ 김홍도의 '무동'(18세기)

④ ➡ 김준근의 '발괄이'(19세기)

⑤ ➡ 유숙의 '수계도권'(19세기)

정답 ③

단기완성

한국사능력검정시험

PART

06

근대 사회
발전기

테마 38 흥선 대원군의 정책과 외세의 침입

📜 1860~1880년대 주요 연표

- 1863 ○ 흥선 대원군 집권
- 1866 ○ 병인박해, 제너럴셔먼호 사건, 병인양요
- 1868 ○ 오페르트 도굴 사건
- 1871 ○ 신미양요
- 1875 ○ 운요호 사건
- 1876 ○ 강화도 조약 체결
- 1882 ○ 조·미 수호 통상 조약, 임오군란
- 1884 ○ 갑신정변
- 1885 ○ 거문도 사건
- 1889 ○ 함경도 방곡령 실시

✧ 흥선 대원군(이하응, 1820~1898)

📜 대원군

국왕이 아들이나 형제 없이 승하하면, 가까운 왕족이 양자로 들어가 왕위를 계승함. 이때 국왕의 친아버지를 대원군이라고 함. 흥선 대원군은 영조의 5대손으로 둘째 아들 명복(命福)이 국왕으로 즉위하면서 10년 동안 권력을 행사함.

✧ 당백전

📜 흥선 대원군의 정책에 대한 양반층의 불만 요인

1. 서원 철폐
2. 호포제 실시
3. 원납전의 강제 징수
4. 양반들의 묘지림 벌목

📜 영조와 흥선 대원군의 공통점

1. 서원 정리
2. 군역 개혁 예 균역법, 호포제
3. 법전 정비 예 『속대전』, 『대전회통』

1 흥선 대원군(1863~1873)의 개혁 정책

배경	세도 정치로 인한 국정 혼란과 민생 파탄, 서양 세력의 침투로 인한 위기의식 고조
왕권 강화책	• 비변사 축소(➡ 폐지), 의정부(정무 담당)·삼군부(군사 담당) 부활 ➡ 정치와 군사의 분리 • 법전 편찬: 『대전회통』, 『육전조례』 • 경복궁 중건: 원납전(기부금)·통행세·심도포량미(1결당 1두) 징수, 당백전(고액 화폐) 남발, 양반의 묘지림 벌목 • 고른 인재 등용

민생 안정책	• 삼정의 개혁
	  ┌ 전정: 토지 겸병 금지, 은결 찾아내 조세 수입 증대, 부분적 양전 사업
	  ├ 군정: 호포제 실시(양반에게도 군포 징수)
	  └ 환곡: 사창제로 전환
	• 만동묘와 서원 대폭 정리(47개만 남김.) ➡ 유생들의 반발
	  ┗ 임진왜란 때 조선을 도와준 데 대한 보답으로 당시 황제였던 명의 신종을 기리기 위해 조선 숙종 대에 세운 사당

납부층 양인 (15%)
면제층 노비 (36%)
총 3,100호
면제층 양반 (49%)
✧ 호포제 실시 전(1792)

노비 (7%)
면제층 관리 (19%)
총 3,137호
납부층 양인·양반 (74%)
✧ 호포제 실시 후(1872)

2 흥선 대원군의 통상 수교 거부 정책과 양요

병인박해 (1866. 1.)	천주교에 대한 대대적 탄압 ➡ 프랑스 선교사 9명, 수천 명의 천주교도 처형
제너럴셔먼호 사건 (1866. 7.)	미국 상선 제너럴셔먼호가 대동강 건너와 통상 요구 ➡ 평양 군민이 배를 불태워 침몰(당시 평양 감사: 박규수)
병인양요 (1866. 9.)	• 병인박해를 구실로 프랑스가 강화도 침략 ➡ 문수산성(한성근), 정족산성(양헌수)에서 프랑스 군 격퇴 • 프랑스군이 퇴각 중 강화도 외규장각 도서 등 문화재 약탈(cf 2011년 5년 단위의 임대 형식으로 『조선왕조의궤』 반환)
오페르트 도굴 사건 (1868)	독일 상인 오페르트가 충남 덕산의 남연군(흥선 대원군의 아버지) 묘를 도굴하려다가 실패 ➡ 서양 세력에 대한 반감 고조
신미양요 (1871)	제너럴셔먼호 사건을 구실로 미국이 강화도 침략 ➡ 어재연 부대가 광성보와 갑곶 등에서 맞서 싸움. ➡ 미군이 어재연 장군 부대의 수자기 약탈(cf 2007년 장기 임대 방식으로 반환)
척화비 건립	"서양 오랑캐가 침범하여 싸우지 않음은 곧 화의하는 것이요, 화의를 주장함은 나라를 파는 것이다[洋夷侵犯 非戰則和 主和賣國 戒我萬年子孫 丙寅作辛未立]."라는 내용의 척화비를 전국에 건립

✧ 문호 개방 이전의 열강의 조선 침투

✧ 병인양요와 신미양요

✧ 어재연 장군기

✧ 척화비

한능검 꼭꼭 사료

1. 흥선 대원군의 인재 등용

대원군이 집권한 후 어느 공회 석상에서 음성을 높여 여러 재신을 향해 말하기를, "나는 천리를 끌어다 지척을 삼겠으며, 태산을 깎아 내려 평지를 만들고, 또한 남대문을 3층으로 높이려 하는데 여러 공들은 어떠시오?"라고 물었다. …… 대개 천리지척이라는 말은 종친을 높인다는 뜻이요, 남대문 3층이란 말은 남인을 천거하겠다는 뜻이요, 태산을 평지로 만들겠다는 말은 노론을 억압하겠다는 의사이다.

황현, 『매천야록』

2. 경복궁 타령

에 ― 헤이야 얼널널거리고 방에 흥애로다.
을축년 4월 초 3일에 경복궁 새 대궐 짓는 데 헛방아 찧는 소리. ……
남문 열고 바라 둥당치니 계명산천에 달이 살짝 밝았네.
경복궁 역사가 언제나 끝나 그리던 가족을 만나 볼까.

3. 호포제의 시행

나라 제도로서 인정(人丁)에 대한 세를 신포라 하였는데, 충신과 공신의 자손에게는 모두 신포가 면제되어 있었다. 대원군은 이를 수정하고자 동포라는 법을 제정하였다. …… 이 때문에 예전에는 면제되던 자라도 신포를 바치지 않을 수 없게 되었다. 조정의 관리들이 이 법의 시행을 저지하고자 하여, "만일 이와 같이 하면 국가에서 충신과 공신을 포상하고 장려하는 후한 뜻이 자연히 사라지게 됩니다."라고 하였다. 대원군은 이를 듣지 않으면서, "충신과 공신이 이룩한 사업도 종사와 백성을 위한 것이었다. 지금 그 후손이 면세를 받기 때문에 일반 평민이 법에 정한 세금보다 무거운 부담을 지게 된다면 충신의 본뜻이 아닐 것이다." 하여 단연 그 법을 시행하였다.

박제형, 『근세조선정감』

4. 흥선 대원군의 서원 철폐

백성을 해치는 자는 공자가 다시 살아난다고 하여도 내가 용서 못한다. 하물며 서원은 우리나라의 선유(先儒)에 제사 지내는 곳인데 어찌 이런 곳이 도적이 숨는 곳이 되겠느냐?

서원 철폐 당시 흥선 대원군의 말

5. 오페르트 도굴 사건

너희 나라와 우리나라 사이에는 원래 왕래도 없었고, 은혜를 입거나 원수를 진 일도 없다. 이번 덕산 묘지에서 저지른 사건은 사람으로서 차마 할 수 있는 일이겠는가? 또한, 방비가 없는 것을 엿보아 몰래 들이닥쳐 소동을 일으키며, 무기를 빼앗고 백성들의 재물을 강탈하는 것도 사리로 볼 때, 어찌 할 수 있는 일이겠는가? 이런 사태에서 우리나라 신하와 백성은 있는 힘을 다하여 한 마음으로 네놈들과 같은 하늘을 이고 살 수 없다는 것을 다짐할 뿐이다.

『고종실록』 1868. 4. 23.

사료 듣뿍

프랑스의 『조선왕조의궤』 약탈

1866년 병인양요 때 프랑스군이 강화도 외규장각에서 약탈해 간 191종 298책 중 1권(런던 도서관으로 유출)을 제외한 297권의 『조선왕조의궤』는 파리 국립 도서관에서 소유. 2010년 한·프 정상 회담에서 5년마다 계약을 갱신하는 영구 임대 형식으로 반환하기로 합의하였고 그 결과 2011년에 드디어 우리나라로 반환됨. 이 중 30권은 어람용 유일본으로 사료적·예술적 가치가 뛰어남.

🐻 출제 POINT
흥선 대원군의 정책 및 병인양요와 신미양요의 전개 과정을 묻는 문제가 주로 출제된다.

👍 흥선 대원군

주요 정답 키워드 # 서원·만동묘 철폐 # 사창제 # 호포제 # 최익현 상소

1. (가) 인물이 추진한 정책으로 옳은 것은? ▶ 43회

나라 안의 서원과 사묘(祠廟)를 모두 철폐하고 남긴 것은 48개소에 불과하였다. …… 만동묘는 철폐한 후 그 황묘위판(皇廟位版)은 북원*의 대보단으로 옮겨 봉안하였다. …… 서원을 창설할 때에는 매우 좋은 뜻으로 시작하였지만 오랜 세월이 흐르는 동안 날로 폐단이 심하였다. …… 그러므로 서원 철폐령을 내린 것을 어찌 막을 수 있겠는가? 그 일이 [(가)] (으)로부터 나온 것이라고 해서 모두 비방할 일은 아니다. 「매천야록」

*북원: 창덕궁 금원

① 나선 정벌을 위해 조총 부대를 파견하였다.
② 청과의 경계를 정한 백두산정계비를 세웠다.
③ 신유박해로 수많은 천주교인들을 처형하였다.
④ 대전통편을 편찬하여 통치 체제를 정비하였다.
⑤ 환곡의 폐단을 시정하고자 사창제를 실시하였다.

2. (가), (나) 사이의 시기에 있었던 사실로 옳은 것은? ▶ 47회

(가) 왕이 창덕궁 인정전에서 즉위하였다. 그때 나이가 12살이었기 때문에 [신정]익황후가 수렴청정을 하였다. 친아버지인 흥선군을 높여 대원군으로 삼아 모든 정사에 참여하게 하고 신하의 예와는 달리 대우하였다. 「대한계년사」

(나) 최익현이 상소를 올려 대원군의 잘못을 탄핵하기를, "만약 그 자리가 아닌데도 국정에 관여하는 자는 단지 그 지위와 자리의 녹을 중요하게 여기기 때문입니다."라고 하였다. 왕이 너그러운 비답을 내려 특별히 그를 호조 참판에 발탁하고 총애하였다. …… 대원군이 분노하여 양주 직곡으로 물러나자 권력은 모두 민씨의 손아귀에 들어갔다. 「대한계년사」

① 사창제가 실시되었다.   ② 속대전이 편찬되었다.
③ 장용영이 설치되었다.   ④ 계해약조가 체결되었다.
⑤ 백두산정계비가 건립되었다.

한눈에 보는 해설 ⊕

정답 알아보기
(가) 인물이 추진한 정책으로 옳은 것은?

→서원 철폐
나라 안의 서원과 사묘(祠廟)를 모두 철폐하고 남긴 것은 48개소에 불과하였다. …… 만동묘는 철폐한 후 그 황묘위판(皇廟位版)은 북원의 대보단으로 옮겨 봉안하였다. …… 서원을 창설할 때에는 매우 좋은 뜻으로 시작하였지만 오랜 세월이 흐르는 동안 날로 폐단이 심하였다. …… 그러므로 서원 철폐령을 내린 것을 어찌 막을 수 있겠는가? 그 일이 [(가)] (으)로부터 나온 것이라고 해서 모두 비방할 일은 아니다. 「매천야록」

홍선 대원군

⑤ 흥선 대원군은 삼정 중 폐단이 가장 심했던 환곡제를 없애고 사창제를 실시하여 농민 부담을 줄였다.

선지 분석하기
① 나선 정벌을 위해 조총 부대를 파견하였다. ➡ 조선 효종
② 청과의 경계를 정한 백두산정계비를 세웠다. ➡ 조선 숙종
③ 신유박해로 수많은 천주교인들을 처형하였다. ➡ 조선 순조
④ 대전통편을 편찬하여 통치 체제를 정비하였다. ➡ 조선 정조

정답 ⑤

한눈에 보는 해설 ⊕

정답 알아보기
(가) 흥선 대원군 집권(1863)
(나) 흥선 대원군 하야, 고종 친정(1873)
(가), (나) 사이의 시기에 있었던 사실로 옳은 것은?

(가) 왕이 창덕궁 인정전에서 즉위하였다. 그때 나이가 12살이었기 때문에 [신정]익황후가 수렴청정을 하였다. 친아버지인 흥선군을 높여 대원군으로 삼아 모든 정사에 참여하게 하고 신하의 예와는 달리 대우하였다. 「대한계년사」

(나) 최익현이 상소를 올려 대원군의 잘못을 탄핵하기를, "만약 그 자리가 아닌데도 국정에 관여하는 자는 단지 그 지위와 자리의 녹을 중요하게 여기기 때문입니다."라고 하였다. 왕이 너그러운 비답을 내려 특별히 그를 호조 참판에 발탁하고 총애하였다. …… 대원군이 분노하여 양주 직곡으로 물러나자 권력은 모두 민씨의 손아귀에 들어갔다. 「대한계년사」

① 흥선 대원군은 삼정 중 폐단이 가장 심했던 환곡제를 없애고 사창제를 실시하여 농민 부담을 줄였다.

선지 분석하기
② 속대전이 편찬되었다. ➡ 조선 영조
③ 장용영이 설치되었다. ➡ 조선 정조
④ 계해약조가 체결되었다. ➡ 조선 세종
⑤ 백두산정계비가 건립되었다. ➡ 조선 숙종

정답 ①

👍 병인양요

주요 정답 키워드 # 병인박해 # 의궤 # 양헌수

3. (가) 사건의 원인으로 옳은 것은? ▶ 47회

□□신문

제△△호   ○○○○년 ○○월 ○○일

프랑스에서 의궤 모사본 발견

프랑스에서 1900년 전후에 제작된 것으로 추정되는 의궤 모사본이 발견되었다. 국외 소재 문화재 재단은 (가) 당시 프랑스군이 약탈한 외규장각 의궤 중 '헌종대왕국장도감의궤'와 '효현왕후국장도감의궤'를 프랑스인이 베껴 그린 것으로 보이는 모사본을 발견하였다고 밝혔다.

헌종대왕국장도감의궤 모사본

① 고종이 국외 중립을 선언하였다.
② 함경도 관찰사가 방곡령을 선포하였다.
③ 오페르트가 남연군 묘를 도굴하려 하였다.
④ 위안스카이가 이끄는 군대가 조선에 상륙하였다.
⑤ 병인박해로 천주교 선교사와 신자들이 처형되었다.

👍 신미양요

주요 정답 키워드 # 어재연 # 척화비 # 제너럴셔먼호

4. 다음 서신이 교환된 이후에 전개된 사실로 옳은 것은? ▶ 46회

대원군 귀하
남의 무덤을 파는 것은 예의가 없는 행동이지만 무력을 동원하여 백성을 도탄에 빠뜨리는 것보다 낫기 때문에 하는 수 없이 그렇게 하였소. …… 귀국의 안위가 귀하의 처리에 달려 있으니 좋은 대책을 강구하는 것이 어떻겠소.

영종 첨사 회답
너희들이 이번 덕산 묘소에서 저지른 변고야말로 어찌 인간의 도리상 차마 할 수 있는 일이 겠는가? …… 따라서 우리나라 신하와 백성은 있는 힘을 다하여 너희와는 같은 하늘을 이고 살 수 없다는 것을 맹세한다.

① 어재연 부대가 광성보에서 항전하였다.
② 외규장각의 의궤가 국외로 약탈되었다.
③ 평양 관민이 제너럴셔먼호를 불태웠다.
④ 로즈 제독의 함대가 양화진을 침입하였다.
⑤ 양헌수 부대가 정족산성에서 프랑스군을 격퇴하였다.

한눈에 보는 해설 ⊕

정답 알아보기 → 병인양요(1866)

(가) 사건 의 원인으로 옳은 것은?

> **프랑스에서 의궤 모사본 발견**
> 프랑스에서 1900년 전후에 제작된 것으로 추정되는 의궤 모사본이 발견되었다. 국외 소재 문화재 재단은 (가) 당시 **프랑스군이 약탈한 외규장각 의궤** 중 '헌종대왕국장도감의궤'와 '효현왕후국장도감의궤'를 프랑스인이 베껴 그린 것으로 보이는 모사본을 발견하였다고 밝혔다.

⑤ 9명의 프랑스 신부와 수천 명의 신도들을 처형한 병인박해(1866)로 인해 병인양요가 발생하였고 이때 프랑스가 『조선왕조의궤』를 약탈해 갔다.

선지 분석하기

① 고종이 국외 중립을 선언하였다. ➡ 거문도 사건(1885) 당시
② 함경도 관찰사가 방곡령을 선포하였다. ➡ 방곡령(1889)
③ 오페르트가 남연군 묘를 도굴하려 하였다. ➡ 1868년
④ 위안스카이가 이끄는 군대가 조선에 상륙하였다. ➡ 임오군란(1882) 당시

정답 ⑤

한눈에 보는 해설 ⊕

정답 알아보기 → 오페르트 도굴 사건(1868)

다음 서신이 교환된 이후 에 전개된 사실로 옳은 것은?

> **대원군 귀하**
> 남의 무덤을 파는 것은 예의가 없는 행동이지만 무력을 동원하여 백성을 도탄에 빠뜨리는 것보다 낫기 때문에 하는 수 없이 그렇게 하였소. …… 귀국의 안위가 귀하의 처리에 달려 있으니 좋은 대책을 강구하는 것이 어떻겠소.

> **영종 첨사 회답**
> 너희들이 이번 **덕산 묘소에서 저지른 변고**야말로 어찌 인간의 도리상 차마 할 수 있는 일이겠는가? …… 따라서 우리나라 신하와 백성은 있는 힘을 다하여 너희와는 같은 하늘을 이고 살 수 없다는 것을 맹세한다.

① 어재연 부대가 광성보에서 항전하였다. ➡ 신미양요(1871)

선지 분석하기

② 외규장각의 의궤가 국외로 약탈되었다. ➡ 병인양요(1866)
③ 평양 관민이 제너럴셔먼호를 불태웠다. ➡ 제너럴셔먼호 사건(1866)
④ 로즈 제독의 함대가 양화진을 침입하였다. ➡ 병인양요(1866)
⑤ 양헌수 부대가 정족산성에서 프랑스군을 격퇴하였다. ➡ 병인양요(1866)

정답 ①

PART 6

외세와의 조약 및 불평등성

테마 39

1 강화도 조약과 개항

1. 배경

흥선 대원군의 하야	만동묘·서원 철폐에 대한 유생들의 반발 ➡ 최익현의 대원군 하야 상소(계유상소) ➡ 고종의 친정 체제 수립(1873)
개화론의 대두	박규수, 오경석, 유홍기 등 통상 개화론자들의 개항의 필요성 주장

2. 강화도 조약(조·일 수호 조규, 1876)

배경	운요호 사건(1875)[*]을 빌미로 일본이 조선에 대해 문호 개방 강요		
	조항	**주요 내용**	**의미**
내용	1관	조선국은 자주의 나라, 일본과 평등한 권리 가짐.	조선에 대한 청의 종주권 부정
	4관·5관	조선국은 부산 외에 두 곳을 개항하고, 일본인이 왕래 통상함을 허가[부산(1876), 원산(1880), 인천(1883) 개항]	경제적(부산), 군사적(원산), 정치적(인천) 침략 목적
	7관	일본국의 항해자가 자유로이 해안을 측량하도록 허가	해안 측량권 인정
	10관	일본국 인민이 조선국 지정의 각 항구에 머무르는 동안에 죄를 범한 것은 모두 일본 관원이 심판함.	치외 법권 인정
의의	조선이 외국과 맺은 최초의 근대적 조약, but 불평등 조약		
후속 조약	• 조·일 수호 조규 부록(1876. 8.): 개항장에서 일본 상인의 활동 범위(간행이정)를 사방 10리 이내로 제한, 개항장에서 일본 화폐 허용, 일본 외교관의 국내 여행 허용 • 조·일 무역 규칙(통상 장정, 1876. 8.): 일본의 수출입 상품에 대한 무관세, 무항세, 양곡의 무제한 유출 ➡ 1883년 개정 조·일 통상 장정: 수출입 상품에 대한 관세(10%), 최혜국 대우 규정, 방곡령 조항 제시 cf 1882년 조·미 수호 통상 조약의 영향		

※ 7관 의미 옆 세로 병합: 해안 측량권 인정·치외 법권 인정 ➡ 결정적 자주권 침해

3. 조·미 수호 통상 조약(1882)

배경	『조선책략』[*]의 영향, 청의 알선		
	조항	**주요 내용**	**의미**
내용	1관	제3국이 한쪽 정부에 부당하게 또는 억압적으로 행동할 때 다른 한쪽 정부는 원만한 타결을 위해 주선함.	거중 조정 규정
	2관	체결국은 각각 외교 대표를 상호 교환하여 양국의 수도에 주재시킴.	• 초대 공사 푸트(Foote) 부임 • 보빙사 파견(1883) ➡ 박정양을 미국 공사로 파견(1887)
	4관	치외 법권은 잠정적으로 함.	치외 법권 인정 ➡ 불평등 조약

최익현의 계유상소(1873)

지금의 국사를 보건대, 폐단이 없는 것이 없으며 …… 다만 그중에 더욱 현저하고 큰 것을 든다면 화양동의 만동묘를 철거한 것은 군신의 윤리가 무너진 것이요, 서원의 혁파는 사제(師弟) 간의 의리가 끊어진 것이며, 죽은 자가 양자를 간 것은 부자(父子) 간의 윤리가 문란해진 것이며, …… 거기에다가 토목 공사와 원납전 따위까지 덧붙여 서로 안팎이 되어서 백성의 재앙이 되고 나라의 화란이 되는 근본이 된 지 지금 몇 해가 되었으니, 이것이 선왕(先王)의 옛 법을 변경하고 천하의 윤리를 무너뜨린 것이 아니고 무엇이겠습니까?

『면암집』

✽ 운요호 사건

군함 운요호를 강화도 초지진에 접근시켜 조선 측의 포격을 유도하였고, 영종도를 습격한 사건

✽ 『조선책략』

청나라 외교인 황쭌셴의 저서로, 2차 수신사 김홍집이 가지고 와서 1880년에 고종에게 바친 책. 러시아를 막기 위해 '친중국(親中國), 결일본(結日本), 연미방(聯美邦)' 할 것을 주장함.

5관	무역을 목적으로 조선국에 오는 미국 상인 및 상선은 모든 수출입 상품에 대하여 관세를 지불해야 함.	관세 협정 체결
14관	조약을 체결한 뒤에 통상 무역 상호 교류 등에서 본 조약에 부여되지 않은 어떠한 권리나 특혜를 다른 나라에 허가할 때에는 자동적으로 미국 관민에게도 똑같이 주어짐.	최혜국 대우 ➡ 불평등 조약
의의	서구 국가와 맺은 최초의 조약(협정 관세 · 최혜국 대우, 거중 조정 조항 포함)	

📎 최혜국 대우
통상·항해 조약 등에서 한 나라가 어떤 외국에 부여하고 있는 가장 유리한 대우를 상대국에도 부여하는 일

4. 여러 나라와의 수교

(1) 서양

청의 중재	미국(1882), 영국(1883), 독일(1883), 프랑스(1886, 천주교의 선교 인정 문제로 지연)	불평등 조약 (치외 법권, 최혜국 대우 인정)
직접 수교	러시아(1884, 청과 일본의 견제로 지연)	

(2) 청: 조·청 상민 수륙 무역 장정[1882. 8. 23.(음)·10. 14.(양)]

배경	임오군란을 계기로 내정 간섭을 강화한 청이 조선에 대한 경제적 침략을 강화하기 위해 체결
내용	조선이 청의 속방(屬方)이라는 것을 명시, 치외 법권, 청 상인의 내지 통상권, 연안 어업권 등을 규정
영향	최초 내지 통상권 허용 ➡ 조선 상인(객주, 여각, 보부상 등)의 활동 위축, 청 상인과 일본 상인 간의 무역 경쟁 심화

한능검 꼭꼭 사료

1. 연미론(聯美論)의 대두

오늘날 조선의 급선무는 러시아를 막는 일보다 더 급한 것이 없다. 러시아를 막는 책략은 어떠한가. 중국과 친하고 일본과 맺고 미국과 이어짐으로써 자강을 도모할 따름이다. …… 미국의 강성함은 유럽의 여러 대지와 더불어 동서양 사이에 끼어 있기 때문에 항상 약소한 자를 돕고 공의(公儀)를 유지하여 유럽 사람에게 함부로 악한 짓을 못하게 하고 있다.

황쭌센, 『조선책략』

2. 강화도 조약의 불평등 경제 조약

제4관 조선국은 부산 외에 두 개 항구를 개항하고 일본인이 왕래 통상함을 허가한다.
제7관 조선국은 일본국의 항해자가 자유로이 해안을 측량하도록 허가한다.
제9관 양국 관리는 양국 인민의 자유로운 무역 활동에 일체 간섭하지 않는다.
제10관 일본국 인민이 조선국이 지정한 각 항구에서 죄를 범할 경우 일본국 관원이 재판한다.

3. 조·청 상민 수륙 무역 장정[1882. 8. 23.(음)·10. 14.(양)]

오직 이번에 체결하는 장정은 중국이 속방을 후대하는 뜻에서 나온 것인 만큼 다른 각국과 일체 균점(均霑)하는 예와 다르다.

제4조 조선 상민(商民)은 베이징에 있는 자를 제외하고는 규정에 따라 교역을 할 수 있도록 한다. 또한, 중국 상민이 조선의 양화진과 서울에 들어가 행상을 하거나 영업소를 차릴 수 있도록 하되, 여러 물건을 모아서 내륙 지방에 운반하여 점포를 차려 놓고 팔 경우는 지방관의 허가를 받도록 한다.

사료 듬뿍 ➕ ✏

강화도 조약의 후속 조치

1. 조·일 수호 조규 부록(1876. 8.)
제4관 금후 부산항에 있어서는 일본국 인민이 통행할 수 있는 도로의 이정은 방파제로부터 기산하여 동서 남북 각 직경 10리(조선리법에 의한다)로 정한다.

2. 개정 조·일 통상 장정(1883)
제37조 만약 조선국에 가뭄·수해·병란(兵亂) 등의 일이 있어 국내 식량 결핍을 우려하여 조선 정부가 잠정적으로 양미(糧米)의 수출을 금지하고자 할 때에는, 반드시 먼저 1개월 전에 지방관이 일본 영사관에 통고해야 한다. 또한, 그러한 시기를 미리 항구의 일본 상민에게 예고하여 그대로 준수해야 한다.

PART ⑥

🐻 출제 POINT
강화도 조약 및 개항 초기 외세와의 불평등 조약의 내용을 묻는 문제가 주로 출제된다.

👍 강화도 조약

주요 정답 키워드 # 부산 외 2곳의 항구 개항 # 운요호 사건 # 조·일 수호 조규의 후속 조치

1. 밑줄 그은 '조약'에 대한 설명으로 옳은 것은?
▶ 43회

이번에 우리 측 대표 신헌과 일본 측 대표 구로다가 조약을 체결했다는군.

그렇다네. 작년에 일어났던 운요호 사건을 빌미로 일본이 요구했다더군.

① 방곡령을 선포할 수 있는 조항을 명시하였다.
② 메가타가 재정 고문으로 부임하는 근거가 되었다.
③ 외국에 대한 최혜국 대우를 처음으로 규정하였다.
④ 부산 외 2곳에 개항장이 설치되는 결과를 가져왔다.
⑤ 고종이 헤이그에 특사를 파견하여 부당성을 알리고자 하였다.

2. (가), (나) 조약에 대한 설명으로 옳은 것은?
▶ 45회

> (가) 제7관 일본국 인민은 본국의 현행 여러 화폐로 조선국 인민이 소유한 물품과 교환할 수 있으며, 조선국 인민은 그 교환한 일본국의 여러 화폐로 일본국에서 생산한 여러 가지 상품을 살 수 있다.
>
> (나) 제6칙 조선국 항구에 거주하는 일본 인민은 양미와 잡곡을 수출, 수입할 수 있다.

① (가) – 임오군란을 계기로 체결되었다.
② (가) – 최혜국 대우를 처음으로 규정하였다.
③ (나) – 조선책략의 영향으로 체결되었다.
④ (나) – 거중 조정에 대한 내용을 포함하였다.
⑤ (가), (나) – 조·일 수호 조규의 후속 조치로 체결되었다.

한눈에 보는 해설 ⊕

정답 알아보기 → 강화도 조약(1876)

밑줄 그은 '조약'에 대한 설명으로 옳은 것은?

이번에 우리 측 대표 신헌과 일본 측 대표 구로다가 조약을 체결했다는군.

그렇다네. 작년에 일어났던 운요호 사건을 빌미로 일본이 요구했다더군.
→ 강화도 조약의 원인

④ 강화도 조약이 체결된 후 부산(1876), 원산(1880), 인천(1883)이 개항되었다.

선지 분석하기

① 방곡령을 선포할 수 있는 조항을 명시하였다. ➡ 개정 조·일 통상 장정(1883)
② 메가타가 재정 고문으로 부임하는 근거가 되었다. ➡ 제차 한·일 협약(1904)
③ 외국에 대한 최혜국 대우를 처음으로 규정하였다. ➡ 조·미 수호 조약(1882)
⑤ 고종이 헤이그에 특사를 파견하여 부당성을 알리고자 하였다. ➡ 고종은 을사늑약(1905)의 부당성을 알리기 위해 1907년 헤이그에 특사 파견

정답 ④

한눈에 보는 해설 ⊕

정답 알아보기 → (가) 조·일 수호 조규 부록(1876)
(나) 조·일 통상 장정(조·일 무역 규칙, 1876)

(가), (나) 조약에 대한 설명으로 옳은 것은?

> (가) 제7관 일본국 인민은 본국의 현행 여러 화폐로 조선국 인민이 소유한 물품과 교환할 수 있으며, 조선국 인민은 그 교환한 일본국의 여러 화폐로 일본국에서 생산한 여러 가지 상품을 살 수 있다. ➡ 개항장 내 일본 화폐 유통 허용
>
> (나) 제6칙 조선국 항구에 거주하는 일본 인민은 양미와 잡곡을 수출, 수입할 수 있다. ➡ 양곡의 무제한 유출 허용

⑤ 강화도 조약의 후속 조치로 간행이정을 10리로 정하고 일본 화폐의 유통을 허용한 조·일 수호 조규 부록(1876)과 일본의 수출입 상품에 대한 무관세 및 무항세와 양곡의 무제한 유출 등이 허용된 조·일 통상 장정(또는 조·일 무역 규칙, 1876)이 체결되었다.

선지 분석하기

① (가) – 임오군란을 계기로 체결되었다. ➡ 조·청 상민 수륙 무역 장정(1882), 제물포 조약(1882)
② (가) – 최혜국 대우를 처음으로 규정하였다. ➡ 조·미 수호 통상 조약(1882)
③ (나) – 조선책략의 영향으로 체결되었다. ➡ 조·미 수호 통상 조약(1882)
④ (나) – 거중 조정에 대한 내용을 포함하였다. ➡ 조·미 수호 통상 조약(1882)

정답 ⑤

👍 조·미 수호 통상 조약

주요 정답 키워드 # 서양 국가와 맺은 최초 조약 # 최혜국 대우 # 거중 조정

3. 다음 조약에 대한 설명으로 옳은 것은?　▶ 41회

> 제1관 사후 대조선국 군주와 대미국 대통령과 아울러 그 인민은 각각 모두 영원히 화평하고 우호를 다진다. 만약 타국이 어떤 불공평하게 하고 경시하는 일이 있으면 통지를 거쳐 반드시 서로 도와주며 중간에서 잘 조정해 두터운 우의와 관심을 보여준다.
> ⋮
> 제14관 현재 양국이 의논해 정한 이후 대조선국 군주가 어떤 혜택·은전의 이익을 타국 혹은 그 나라 상인에게 베풀면 …… 미국과 그 상인이 종래 점유하지 않고 이 조약에 없는 것 또한 미국 관민이 일체 균점하도록 승인한다.

① 양곡의 무제한 유출 조항을 포함하고 있다.
② 외국 상인의 내지 통상권을 최초로 규정하였다.
③ 청의 알선으로 서양 국가와 맺은 최초의 조약이다.
④ 스티븐스가 외교 고문으로 부임하는 계기가 되었다.
⑤ 부산, 원산, 인천에 개항장이 설치되는 결과를 가져왔다.

한눈에 보는 해설 🔍

정답 알아보기　→ 조·미 수호 통상 조약(1882)
다음 조약에 대한 설명으로 옳은 것은?

> 제1관 **사후 대조선국 군주와 대미국 대통령과 아울러 그 인민은 각각 모두 영원히 화평하고 우호를 다진다.** 만약 타국이 어떤 불공평하게 하고 경시하는 일이 있으면 통지를 거쳐 반드시 서로 도와주며 중간에서 잘 조정해 두터운 우의와 관심을 보여준다.
> ⋮
> 제14관 현재 양국이 의논해 정한 이후 대조선국 군주가 어떤 혜택·은전의 이익을 타국 혹은 그 나라 상인에게 베풀면 …… 미국과 그 상인이 종래 점유하지 않고 이 조약에 없는 것 또한 미국 관민이 일체 균점하도록 승인한다.

③ 조·미 수호 통상 조약은 러시아를 견제하기 위한 청의 알선으로 체결되었다.

선지 분석하기
① 양곡의 무제한 유출 조항을 포함하고 있다. ➡ 조·일 무역 규칙(1876)
② 외국 상인의 내지 통상권을 최초로 규정하였다. ➡ 조·청 상민 수륙 무역 장정(1882)
④ 스티븐스가 외교 고문으로 부임하는 계기가 되었다. ➡ 제1차 한·일 협약(1904)
⑤ 부산, 원산, 인천에 개항장이 설치되는 결과를 가져왔다. ➡ 강화도 조약(1876)

정답 ③

👍 조·청 상민 수륙 무역 장정

주요 정답 키워드 # 임오군란 # 내지 통상권

4. 다음 조약이 맺어진 배경으로 가장 적절한 것은?　▶ 44회

> 제1조 중국 상무위원은 개항한 조선의 항구에 주재하면서 본국의 상인을 돌본다. …… 중대한 사건을 맞아 조선 관원과 임의로 결정하기가 어려울 경우 북양 대신에게 청하여 조선 국왕에게 공문서를 보내 처리하게 한다.
> 제2조 중국 상인이 조선 항구에서 개별적으로 고소를 제기할 일이 있을 경우 중국 상무위원에게 넘겨 심의 판결한다. 이밖에 재산 문제에 관한 범죄 사건에 조선 인민이 원고가 되고 중국 인민이 피고일 때에도 중국 상무위원이 체포하여 심의 판결한다.

① 영국이 거문도를 불법 점령하였다.
② 청·일 전쟁에서 일본이 승리하였다.
③ 구식 군인들이 임오군란을 일으켰다.
④ 시전 상인들이 철시 투쟁을 전개하였다.
⑤ 운요호가 강화도에 접근하여 무력 시위를 벌였다.

한눈에 보는 해설 🔍

정답 알아보기　→ 조·청 상민 수륙 무역 장정(1882)
다음 조약이 맺어진 배경으로 가장 적절한 것은?

> 제1조 **중국 상무위원은 개항한 조선의 항구에 주재하면서 본국의 상인을 돌본다.** …… 중대한 사건을 맞아 조선 관원과 임의로 결정하기가 어려울 경우 북양 대신에게 청하여 조선 국왕에게 공문서를 보내 처리하게 한다.
> 제2조 **중국 상인이 조선 항구에서 개별적으로 고소를 제기할 일이 있을 경우 중국 상무위원에게 넘겨 심의 판결한다.** 이밖에 재산 문제에 관한 범죄 사건에 조선 인민이 원고가 되고 중국 인민이 피고일 때에도 중국 상무위원이 체포하여 심의 판결한다.

③ 조·청 상민 수륙 무역 장정은 구식 군인들이 일으킨 임오군란(1882)의 결과로 맺은 조약이다.

선지 분석하기
① 영국이 거문도를 불법 점령하였다. ➡ 거문도 사건(1885)
② 청·일 전쟁에서 일본이 승리하였다. ➡ 청·일 전쟁(1895)
④ 시전 상인들이 철시 투쟁을 전개하였다. ➡ 조·청 상민 수륙 무역 장정(1882)의 체결 결과
⑤ 운요호가 강화도에 접근하여 무력 시위를 벌였다. ➡ 강화도 조약(1876)의 체결 배경

정답 ③

PART 6

정부의 개화 정책 및 위정척사 사상

1 정부의 개화 정책

1. 개화사상의 대두

동양 삼국의 개화사상

조선	개화사상	동도서기 (東道西器)
청	양무운동	중체서용 (中體西用)
일본	문명개화론	화혼양재 (和魂洋才)

시대적 배경	청과 일본의 문호 개방
사상적 배경	북학파 실학 사상 계승 + 청의 양무운동과 일본의 문명개화론의 영향

→ 중국의 전통적인 제도는 유지, 서양의 근대적 기술을 받아들이자.

→ 서양의 기술뿐만 아니라 제도와 사상, 그리고 문화까지 받아들이자.

개화파의 형성 및 발전 과정

18세기	1860년대	1870년대 초	1880년대 (개화사상의 2원화)		1890년대
북학 사상	**통상 개화론**	**개화사상**	**온건 개화파 (동도서기론)**	**급진 개화파 (문명개화론)**	**독립 협회**
박지원 홍대용 박제가 이덕무	박규수 오경석 유홍기 이동인	김윤식 김홍집 김옥균 박영효 어윤중	김윤식·김홍집· 어윤중	김옥균·박영효· 홍영식·서광범	국권·민권 수호 운동
			청의 양무운동 모델(전제 군주제)	일본의 문명개화론 모델(입헌 군주제) ➡ 갑신정변	

✲ 통리기무아문(1880~1882)
1880년(고종 17) 12월 청나라 제도를 본떠 조직한 관청으로 군국 기밀과 일반 정치를 두루 맡아봄. 1882년 6월 임오군란을 계기로 대원군이 재집권하자 폐지됨.

✲ 별기군
- 1881년에 설치된 신식 군대
- 일본 교관을 초빙
- 양반 자제 100명을 사관생도화
- 임오군란 원인 중의 하나로, 군란을 계기로 폐지됨.

2. 정부의 개화 정책

관제 개편

군제 개편

	제도 개편	• 관제 개편: 통리기무아문✲(1880~1882)과 산하에 12사 설치 • 군제 개편: 5군영 ➡ 2영(무위영·장어영), 별기군✲(신식 군대) 창설(일본식 군사 훈련)
해외 시찰단	수신사 (일본)	• 1차(1876): 강화도 조약 체결 후 일본의 요청으로 김기수 등 파견 ➡ 귀국 후 김기수는 『일동기유』, 『수신사일기』 저술 • 2차(1880): 김홍집 등 파견, 황쭌셴(청의 외교관)의 『조선책략』을 들여옴. • 3차(1882): 임오군란 직후 사죄사로 박영효, 서광범 등 파견
	조사 시찰단 (1881, 일본)	박정양, 어윤중, 홍영식, 유길준 등 총 62명 파견(일명 신사 유람단)
	영선사 (1881, 청)	김윤식 인솔하에 38명의 학도와 장인(匠人)을 톈진으로 파견, 청의 무기 제조법과 근대적 군사 제도 학습 ➡ 경비 부족으로 1년 만에 입국 ➡ 기기창(근대적 무기 제조 공장) 설치
	보빙사 (1883, 미국)	조·미 수호 통상 조약 체결 후 민영익, 홍영식, 서광범, 유길준 등이 파견되어 미국 아서 대통령 접견 ➡ 신식 우편 제도 및 농업 기술 등 수용

◇ 보빙사

2 위정척사 운동

→ 정학(正學)과 정도(正道)를 지키고 사학(邪學)과 이단을 물리친다는 뜻

1. 위정척사 사상의 대두

시대적 배경	정부의 개화 정책과 외세의 침략에 대해 유생층이 반발
사상적 배경	성리학을 수호, 성리학 이외의 모든 종교와 사상을 배격 ➡ 유생 · 양반 중심

2. 전개 과정

1860년대	통상 반대 운동, 척화 주전론 ➡ 흥선 대원군의 통상 수교 거부 정책 뒷받침(이항로, 기정진)
1870년대	개항 불가론, 왜양일체론(최익현의 '개항 반대 5불가소')
1880년대	• 정부의 개화 정책 추진 반대 ➡ 홍재학의 만언 척사소(1881) • 『조선책략』 유포 반발 ➡ 이만손의 영남 만인소(1881, 청은 섬기던 나라, 일본은 우리에게 매여 있던 나라, 미국은 본래 모르던 나라, 러시아는 우리와 혐의가 없는 나라임을 주장)
1890년대	일본의 침략에 저항하는 항일 의병 운동으로 계승(을미의병, 1895, 유인석, 기우만 등)
한계	시대적 과제 제시 못함, 성리학적 세계관에서 벗어나지 못함.

✧ 보빙사가 미국 대통령을 만남.

📖 **최익현(1833~1906)**

1. 1873년 대원군의 서원 철폐 항의 상소 올림.
2. 1876년 강화도 조약 당시 개항 반대 5불가소 ➡ 흑산도 유배
3. 1895년 을미사변 당시 청토역복의제소(請討逆復衣制疏) 올림.
4. 1905년 을사조약 당시 을사 5적(五賊) 처단을 주장한 청토오적소(請討五賊疏)를 올리고 의병 봉기 ➡ 대마도 감금(순국)

한능검 ✓✓ 사료 ✋

1. 개화사상
외국의 교(敎)는 사(邪)로서 마땅히 멀리해야 하지만, 그 기(器)는, 즉 리(利)로서 가히 이용후생의 바탕이 될 것인즉, 농·상·의약·배·수레 등의 종류는 어찌 이를 꺼려서 멀리하겠는가?　　　『일성록』, 고종 19년 9월 5일, 곽기락의 상소

2. 최익현의 왜양일체론에 대한 5불가소
일단 강화를 맺으면 물자를 교역하게 되는데 저들의 상품은 모두 음사기완한 것이고 또 수공업품이므로 무한한 것이나, 우리의 물화는 필수품이며 땅에서 생산되는 유한한 것이므로 이내 우리는 황폐해질 것이다.

3. 이만손의 영남 만인소
수신사 김홍집이 가져와 유포한 황쭌셴의 사사로운 책자를 보노라면 어느새 털끝이 일어서고 쓸개가 떨리며 울음이 복받치고 눈물이 흐릅니다.
중국은 우리가 신하로서 섬기는 바이며 해마다 옥과 비단을 보내는 수레가 요동과 계주를 이었습니다. …… 이제 무엇을 더 친할 것이 있겠습니까?
일본은 우리에게 매여 있던 나라입니다. …… 만약 그들이 우리의 허술함을 알고 충돌을 자행할 경우 이를 제지할 길이 없게 되는 것입니다.
미국은 우리가 본래 모르던 나라입니다. 갑자기 황쭌셴의 종용을 받고 우리 스스로가 끌어들인다면, 그들이 풍랑을 헤치고 험한 바닷길을 건너와 우리를 괴롭히고 우리의 재산을 약탈하거나, 저들이 우리의 약점을 잡아 어려운 청을 강요한다면 이를 어찌 감당하겠습니까?
러시아는 본래 우리와는 혐의(嫌疑)가 없는 나라입니다. 공연히 남의 이간을 듣고 우리의 위신을 손상시키거나 원교를 핑계로 근린을 배척하다가 만에 하나 환란이 일어나면 장차 이를 어찌하겠습니까?

사료 듬뿍 ⊕ ✎

황쭌셴의 『조선책략』

조선 땅덩어리는 실로 아시아의 요충을 차지하고 있어 형세가 반드시 다투게 마련이며, …… 그렇다면 오늘날 조선의 책략은 러시아를 막는 일보다 더 급한 것이 없을 것이다. 러시아를 막는 책략은 어떠한가? 중국과 친하고, 일본과 맺고, 미국과 이어짐으로써 자강을 도모할 따름이다.

PART ⑥

테마 40 실전문제

출제 POINT

개화 정책을 위해 설치한 기구의 특징과 『조선책략』 유포 이후의 상황을 묻는 문제가 주로 출제된다.

👍 통리기무아문

주요 정답 키워드 # 별기군 # 영선사 # 개화 정책 총괄 부서 # 12사

1. 다음 서술형 평가의 답안에 들어갈 내용으로 옳은 것은? ▶ 42회

서술형 평가
○학년 ○○반 이름: ○○○

◎ 밑줄 그은 '이 기구'에서 추진한 정책을 서술하시오.

이 기구는 변화하는 국내외 정세에 대응하고 개화 정책을 총괄하기 위해 1880년에 설치되었다. 소속 부서로 외교 업무를 담당하는 사대사와 교린사, 중앙과 지방의 군사를 통솔하는 군무사, 외국고가의 통상에 관한 일을 맡는 통상사, 외국어 번역을 맡은 어학사, 재정 사무를 담당한 이용사 등 12사가 있었다.

답안
---

① 재판소를 설치하여 사법권을 독립시켰다.
② 미국과 합작하여 한성 전기 회사를 설립하였다.
③ 5군영을 2영으로 축소하고 별기군을 창설하였다.
④ 재정 문제를 해결하기 위해 당백전을 주조하였다.
⑤ 교육 입국 조서를 반포하고 외국어 학교 관제를 마련하였다.

한눈에 보는 해설 ⊕

정답 알아보기
다음 서술형 평가의 답안에 들어갈 내용으로 옳은 것은?

◎ 밑줄 그은 '이 기구'에서 추진한 정책을 서술하시오.

←통리기무아문 이 기구는 변화하는 국내외 정세에 대응하고 개화 정책을 총괄하기 위해 1880년에 설치되었다. 소속 부서로 외교 업무를 담당하는 사대사와 교린사, 중앙과 지방의 군사를 통솔하는 군무사, 외구고가의 통상에 관한 일을 맡는 통상사, 외국어 번역을 맡은 어학사, 재정 사무를 담당한 이용사 등 12사가 있었다.

답안
---

③ 정부의 개혁 기구인 통리기무아문에서는 5군영을 무위영, 장어영의 2영으로 통합·개편하였으며, 신식 군대의 양성을 위하여 별도로 별기군을 창설하였다.

선지 분석하기
① 재판소를 설치하여 사법권을 독립시켰다. ➡ 제2차 갑오개혁(1895)
② 미국과 합작하여 한성 전기 회사를 설립하였다. ➡ 대한 제국(1898) 시기
④ 재정 문제를 해결하기 위해 당백전을 주조하였다. ➡ 흥선 대원군 재위 시기
⑤ 교육 입국 조서를 반포하고 외국어 학교 관제를 마련하였다. ➡ 제2차 갑오개혁(1895)

정답 ③

👍 해외 시찰단

주요 정답 키워드 # 영선사(기기창 설립) # 보빙사(미국 대통령 접견)

2. (가), (나) 사절단에 대한 설명으로 옳은 것은? ▶ 43회

나는 (가) (으)로서 학생과 기술자를 인솔하여 청으로 가서 전기, 화학 등 선진 과학 기술을 배우게 하고, 우리나라와 미국과의 조약 체결에 관한 일을 이홍장과 협의하였습니다.

나는 미국 공사의 부임에 대한 답례와 양국의 친선을 위해 파견된 (나) 의 전권대신으로 홍영식, 서광범 등과 미국 대통령 아서를 접견하고 국서와 신임장을 제출하였습니다.

① (가) – 귀국할 때 조선책략을 가지고 들어왔다.
② (가) – 무기 제조 공장인 기기창 설립의 계기를 마련하였다.
③ (나) – 보고 들은 내용을 해동제국기로 남겼다.
④ (나) – 해국도지, 영환지략을 들여와 국내에 소개하였다.
⑤ (가), (나) – 암행어사 형태로 비밀리에 파견되었다.

한눈에 보는 해설 ⊕

정답 알아보기 (가) 영선사(1881) (나) 보빙사(1883)

(가), (나) 사절단에 대한 설명으로 옳은 것은?

나는 (가) (으)로서 학생과 기술자를 인솔하여 청으로 가서 전기, 화학 등 선진 과학 기술을 배우게 하고, 우리나라와 미국과의 조약 체결에 관한 일을 이홍장과 협의하였습니다.

나는 미국 공사의 부임에 대한 답례와 양국의 친선을 위해 파견된 (나) 의 전권대신으로 홍영식, 서광범 등과 미국 대통령 아서를 접견하고 국서와 신임장을 제출하였습니다.

② (가) – 영선사로 파견된 일행은 소기의 성과를 거두지 못하고 1년 만에 귀국하였다. 그러나 이들의 활동을 계기로 서울에 근대 무기 제조 공장인 기기창(1883)이 세워지게 되었다.

선지 분석하기
① (가) – 귀국할 때 조선책략을 가지고 들어왔다. ➡ 2차 수신사(김홍집, 1880)
③ (나) – 보고 들은 내용을 해동제국기로 남겼다. ➡ 신숙주(성종)
④ (나) – 해국도지, 영환지략을 들여와 국내에 소개하였다. ➡ 역관 오경석의 활동
⑤ (가), (나) – 암행어사 형태로 비밀리에 파견되었다. ➡ 조사 시찰단(일본, 1881)

정답 ②

👍 『조선책략』 유포 이후의 상황

주요 정답 키워드   # 영남 만인소   # 조·미 수호 통상 조약

3. 다음 가상 대화 이후 전개된 사실로 옳은 것을 〈보기〉에서 고른 것은?

▶ 47회

현재 조선에 가장 시급한 외교 사안이 무엇이라고 생각하십니까?

러시아를 막는 것입니다. 이를 위해서는 중국을 가까이 하고, 일본과 관계를 공고히 하며, 미국과 연계하여 자강을 도모해야 합니다.

김홍집   황준헌

〈보기〉

㉠ 운요호 사건이 일어났다.
㉡ 전국에 척화비가 건립되었다.
㉢ 이만손 등이 영남 만인소를 올렸다.
㉣ 조·미 수호 통상 조약이 체결되었다.

① ㉠, ㉡   ② ㉠, ㉢
③ ㉡, ㉢   ④ ㉡, ㉣
⑤ ㉢, ㉣

4. 다음 상소가 올려진 이후의 사실로 옳은 것은?

▶ 39회

진실로 황준헌의 말처럼 러시아가 비록 병탄할 힘과 침략할 뜻이 있다고 해도, 장차 만 리 밖의 구원을 앉아 기다리면서 홀로 가까운 오랑캐들과 싸우겠습니까? 이야말로 이해 관계가 뚜렷한 것입니다. 지금 조정은 어찌 백해무익한 일을 해서 러시아 오랑캐에게는 없는 마음을 갖게 하고, 미국에게는 일도 아닌 것을 일로 삼게 하여 오랑캐를 불러 들이려 합니까?

① 조·미 수호 통상 조약이 체결되었다.
② 어재연 부대가 광성보에서 항전하였다.
③ 운요호가 강화도 초지진을 공격하였다.
④ 프랑스군이 외규장각 도서를 약탈하였다.
⑤ 제2차 수신사 김홍집이 조선책략을 들여왔다.

한눈에 보는 해설 🔍

정답 알아보기 → 『조선책략』 유포(1880)

다음 [가상 대화 이후] 전개된 사실로 옳은 것을 〈보기〉에서 고른 것은?

현재 조선에 가장 시급한 외교 사안이 무엇이라고 생각하십니까?

러시아를 막는 것입니다. 이를 위해서는 중국을 가까이 하고, 일본과 관계를 공고히 하며, 미국과 연계하여 자강을 도모해야 합니다. ← 『조선책략』의 주요 내용

김홍집   황준헌

㉢ 이만손 등의 영남 만인소 ➡ 1881년
㉣ 조·미 수호 통상 조약 체결 ➡ 1882년

선지 분석하기

㉠ 운요호 사건이 일어났다. ➡ 1875년
㉡ 전국에 척화비가 건립되었다. ➡ 1871년

정답 ⑤

한눈에 보는 해설 🔍

정답 알아보기 → 영남 만인소(1881)

다음 [상소]가 올려진 이후의 사실로 옳은 것은?

진실로 **황준헌**의 말처럼 러시아가 비록 병탄할 힘과 침략할 뜻이 있다고 해도, 장차 만 리 밖의 구원을 앉아 기다리면서 홀로 가까운 오랑캐들과 싸우겠습니까? 이야말로 이해 관계가 뚜렷한 것입니다. 지금 조정은 어찌 백해무익한 일을 해서 러시아 오랑캐에게는 없는 마음을 갖게 하고, 미국에게는 일도 아닌 것을 일로 삼게 하여 오랑캐를 불러 들이려 합니까?

① 조·미 수호 통상 조약 체결 ➡ 1882년

선지 분석하기

② 어재연 부대가 광성보에서 항전하였다. ➡ 신미양요(1871)
③ 운요호가 강화도 초지진을 공격하였다. ➡ 운요호 사건(1875)
④ 프랑스군이 외규장각 도서를 약탈하였다. ➡ 병인양요(1866)
⑤ 제2차 수신사 김홍집이 조선책략을 들여왔다. ➡ 『조선책략』 유포(1880), 영남 만인소가 쓰여진 원인임.

정답 ①

PART ⑥

임오군란과 갑신정변

1 임오군란(1882)

배경		· 구식 군대에 대한 차별 대우: 13개월치 봉급 미지급, 별기군 우대 · 도시 빈민층의 불만: 일본의 쌀 대량 매입 ➡ 국내 쌀값 폭등 등
전개 과정		· 구식 군인들이 봉기를 일으킴. ➡ 일본 공사관 습격, 도시 빈민도 합세, 궁궐 침입, 민비는 충주로 피신 ➡ 흥선 대원군 재집권, 별기군·통리기무아문 폐지 등 개화 정책 무효화 · 민씨 세력의 재집권: 민씨 정권의 청군 파병 요청 ➡ 청군의 군란 진압 및 흥선 대원군을 청에 압송 ➡ 민씨 일파 재집권
결과	청	· 내정 간섭 강화: 군대 주둔, 고문 파견[마젠창(세무·행정 고문)·묄렌도르프(외교 고문)] · 조·청 상민 수륙 무역 장정 체결(1882): 조선에 대한 청의 종주권[속방(屬邦)] 명시, 치외 법권, 청 상인의 내지 통상 허용
	일본	· 제물포 조약(1882): 일본 공사관의 경비병 주둔 허용, 배상금 지급, 3차 수신사 박영효 파견 · 조·일 수호 조규(부록) 속약(1882): 일본 상인의 활동 범위 개항장 사방 50리, 2년 뒤 100리로 확대

2 1880년대 개화운동의 두 방향: 온건 개화파와 급진 개화파

구분	대표 인물	개화의 모델	개혁의 방법
온건 개화파 (사대당)	김홍집, 김윤식, 어윤중 등 + 민씨 정권	청의 양무운동	· 점진적 개혁 ➡ 동도서기론 · 청과 사대 관계 주장 · 당오전 주조 주장
급진 개화파 (개화당)	김옥균, 박영효, 홍영식, 서광범 등 소장파 관료들	일본의 메이지 유신	· 급진적인 개혁 ➡ 문명개화론 · 청의 간섭을 물리쳐 자주독립 · 일본 차관 도입 주장

✦ 갑신정변의 주역들 | 왼쪽부터 박영효, 서광범, 서재필, 김옥균

✦ 갑신정변 전개 과정

3 갑신정변(1884): 위로부터의 개혁

배경	친청 세력의 개화파 탄압, 청·프 전쟁으로 조선 내 청군 일부 철수, 일본 공사의 지원 약속
전개 과정	우정국 축하연에서 사대당 요인들 살해 ➡ 왕과 왕비를 경우궁으로 이동[수조의 생모 사당] ➡ 김옥균·박영효·홍영식(우정총판)·서광범 등을 중심으로 개화당 정부 수립, 14개조 개혁 요강 발표 ➡ 청군의 개입(창덕궁 공격) ➡ 개화당 홍영식·박영교 등 피살, 김옥균·박영효·서광범·서재필 등은 일본 망명
14개조 개혁 주요 요강	· 청에 잡혀간 흥선 대원군 귀국, 청에 대한 사대 폐지 · 신분제 폐지 및 능력에 따른 인재 등용, 내시부 폐지 · 지조법(조세) 개혁, 규장각 폐지, 근대적 경찰 제도(순사) 도입 · 혜상공국(보부상 특혜 기관) 폐지 · 재정 기관을 호조로 일원화 · 내각 권한 강화(입헌 군주제): 의정부·6조 외 불필요한 기관 폐지, 의정부에서 정령 의결 및 반포

결과	• 청의 내정 간섭 강화 • 한성 조약(조 · 일, 1885): 일본에 배상금 지불, 일본 공사관 신축 비용 부담 • 톈진 조약(청 · 일, 1885): 조선에서 청 · 일 양국군 철수, 장차 조선에 파병할 경우 상대국에게 미리 통보(일본은 청과 동등하게 조선에 대한 파병권 획득)
의의와 한계	• 의의: 전제 군주제를 입헌 군주제로 바꾸려는 정치 개혁을 최초로 시도, 봉건적 신분 제도 타파 주장, 위로부터의 개혁 운동 • 한계: 일반 민중의 지지 미약, 외세에 의존, 토지 제도 개혁 ×

4 갑신정변 이후의 국내외 정세

국내외 상황	• 러시아의 남하 정책: 조 · 러 통상 조약(1884) 체결 • 거문도 사건(1885~1887): 영국은 러시아의 남하를 저지하기 위해 거문도를 점령
중립화론 대두	┌→ 한반도 영세 중립화 건의 부들러(독일 영사), 유길준 등 중립국 주장 └→ 중국의 주재하에 영 · 프 · 러 · 일 등 강대국이 보장하는 한반도의 중립론을 주장
방곡령 사건 (1889)	일본의 경제적 침략 본격: 지나친 곡물 유출 ➡ 함경도와 황해도 지방에서는 곡물 수출을 금하는 방곡령을 선포, but 개정 조 · 일 통상 장정(1883)에 의해 실패 └→ 1개월 전에 상대국에 예고해야 하는 조 · 일 통상 장정의 규정을 위배했다는 절차상 문제를 트집잡음.

✦ 한반도를 둘러싼 외세의 각축

📎 갑신정변 실패 이후 주도 세력의 활동

김옥균은 10년간 일본에서 망명 생활을 하면서 일본과의 협력을 모색하였고, 상하이로 이홍장을 만나러 갔다가 자객 홍종우에게 암살당함. 박영효 · 서광범 · 서재필은 1885년 미국으로 건너갔고, 1894년 박영효와 서광범은 귀국하여 2차 갑오개혁에 참여함.

한능검 꼭꼭 사료

1. 임오군란
군졸들은 먼저 교동 이최응의 집을 부수고 벌벌 떨고 있는 이최응을 죽였다. 군병들은 다시 살아날까 염려하여 긴 창으로 항문을 찔러 창날이 머리와 뺨에 나오는 것을 확인하고서야 멈추었다. 그리고 나서 '장안의 민가 놈은 다 죽이겠다.'고 호언하면서 민겸호, 민태호, 민규호, 민두호, 민영익, 민치서, 민치상, 민영목, 민창식을 종로로 끌고 나와 난자하여 죽였다.
『저상일월』

2. 제물포 조약
제4관 흉도들의 포악한 행동으로 인하여 일본국이 입은 손해와 공사(公使)를 호위한 육해군의 비용 중에서 50만 원을 조선국에서 보충[塡補]한다(매년 10만 원씩 지불하여 5개년에 걸쳐 청산한다).
제5관 일본 공사관에 군사 약간을 두어 경비를 서게 한다(병영을 설치하거나 고치는 일은 조선국이 맡는다. 조선의 군사와 백성이 규약을 지킨 지 1년이 되어 일본 공사가 직접 경비가 필요치 않다고 할 때에는 군사를 철수해도 무방하다).
제6관 조선국 특파 대관이 국서를 가지고 일본국에 사과한다.

3. 톈진 조약
제1조 청국은 조선에 주둔한 군대를 철수한다. 일본국은 공사관 호위를 위해 조선에 주재한 병력을 철수한다.
제3조 앞으로 만약 조선에 변란이나 중대 사건이 일어나 청 · 일 두 나라나 어떤 한 국가가 파병을 하려고 할 때에는 마땅히 그에 앞서 쌍방이 문서로서 알려야 한다. 그 사건이 진정된 뒤에는 즉시 병력을 전부 철수시킨다.

4. 유길준의 중립국 구상
우리나라가 아시아의 중립국이 되는 것은 러시아를 막는 중요한 계기가 될 것이며, 또 아시아의 대국들이 서로 균형을 이루는 정략도 될 것이다. …… 오직 중립 한 가지만이 진실로 우리나라를 지키는 방책이지만, 이를 우리가 먼저 제창할 수 없으니, 중국이 이를 맡아서 처리해 주도록 청하는 것이 좋을 듯하다.
『유길준 전서』

사료 듬뿍 ✚ ✎

한성 조약(1885. 1.) – 갑신정변 이후 체결

제1조 조선국은 국서를 일본에 보내 사의를 표명한다.

제2조 해를 입은 일본인 유족과 부상자에게 보상금을 지불하고 상인의 재물이 훼손 · 약탈된 것을 보전하여 조선국에서 11만 원을 지불한다.

제5조 일본 호위병의 영사는 공관 부지를 택하여 정하고, 임오 속약(제물포 조약) 제5관에 따라 시행한다.
『고종실록』

PART 6

출제 POINT
임오군란과 갑신정변의 특징 및 전개 과정을 묻는 문제가 주로 출제된다.

👍 사건 순서

주요 정답 키워드 # 통리기무아문 설치 # 임오군란 # 갑신정변 # 거문도 점령

1. (가)~(라)를 일어난 순서대로 옳게 나열한 것은? ▶ 43회

(가) 의정부에서 아뢰기를, "아문을 설치하는 일에 대해서 이 미 연석에서 하교하셨으니 …… 신들이 충분히 상의한 다음 설치하기에 합당한 것을 절목으로 써서 드립니다." 라고 하니 [왕이] 알았다고 답하였다. 【절목】1. 아문의 호 칭은 통리기무아문으로 한다.

(나) 대원군에게 군국사무를 처리하라는 명이 내려지자 대원 군은 궐내에서 거처하며 …… 5군영의 군사 제도를 복구 하라는 명령을 내려 군량을 지급하도록 하였다. 그리고 난병들은 물러가라는 명을 내리고 대사면령을 내렸다.

(다) 민영익이 우영사로서 우정국 낙성연에 참가하였다가 흉 도 여러 명이 휘두른 칼에 맞아 당상 위로 돌아와 쓰 러졌다. …… 왕이 경우궁으로 거처를 옮기자 각 비빈 과 동궁도 황급히 따라갔다.

(라) 김윤식이 영국 총영사 아스톤에게 거문도를 점거한 지 3개월이 경과하였을 뿐 아니라 우리나라 조야의 여론 이 비등하고 있으므로 속히 섬을 점거하고 있는 군대 를 철수시킬 것을 요청하였다.

① (가) – (나) – (다) – (라)   ② (가) – (나) – (라) – (다)
③ (나) – (가) – (다) – (라)   ④ (나) – (가) – (라) – (다)
⑤ (다) – (나) – (가) – (라)

한눈에 보는 해설 ⊕

정답 알아보기

(가)~(라)를 일어난 순서대로 옳게 나열한 것은?

(가) 의정부에서 아뢰기를, "**아문을 설치**하는 일에 대해서 이미 연석에 서 하교하셨으니 …… 신들이 충분히 상의한 다음 설치하기에 합 당한 것을 절목으로 써서 드립니다."라고 하니 [왕이] 알았다고 답 하였다. 【절목】1. 아문의 호칭은 **통리기무아문**으로 한다.

(나) **대원군**에게 군국사무를 처리하라는 명이 내려지자 대원군은 궐내 에서 거처하며 …… **5군영의 군사 제도를 복구**하라는 명령을 내려 **군량을 지급**하도록 하였다. 그리고 **난병들은 물러가라는 명**을 내 리고 대사면령을 내렸다.

(다) 민영익이 우영사로서 **우정국 낙성연**에 참가하였다가 흉도 여러 명 이 휘두른 칼에 맞아 당상 위로 돌아와 쓰러졌다. …… **왕이 경우 궁으로 거처를 옮기자 각 비빈과 동궁도 황급히 따라갔다.**

(라) 김윤식이 **영국** 총영사 아스톤에게 **거문도**를 점거한 지 3개월이 경 과하였을 뿐 아니라 우리나라 조야의 여론이 비등하고 있으므로 속히 섬을 점거하고 있는 군대를 철수시킬 것을 요청하였다.

① (가) 통리기무아문 설치(1880) ➡ (나) 임오군란(1882) ➡ (다) 갑신정 변(1884) ➡ (라) 거문도 사건(1885)

정답 ①

👍 임오군란

주요 정답 키워드 # 제물포 조약(일본 공사관에 경비병 주둔) # 청의 내정 간섭 시작

2. 다음 자료에 나타난 사건에 대한 설명으로 옳은 것은? ▶ 46회

난군(亂軍)이 궐을 침범하였다는 소식을 들었다. 이때에 나라 재정이 고갈되어 각 영이 군인에게 지급할 봉급을 몇 개월 동안 지급하지 못하였다. 영에 소속된 군인이 어 느 날 밤에 부대를 조직하고 갑자기 궐내로 진입하여 멋 대로 난리를 일으켰다. 중전의 국상(國喪)이 공포되자 선 생은 가평 관아로 달려가 망곡례를 행하였다. 얼마 후 국상이 와전되어 사실이 아님을 알고, 군중과는 달리 상 복을 입지 않고 집 밖으로 나가지 않았다. 『성재집』

① 통감부의 방해와 탄압으로 실패하였다.
② 통리기무아문이 설치되는 배경이 되었다.
③ 홍범 14조를 개혁의 기본 방향으로 제시하였다.
④ 일본 공사관에 경비병이 주둔하는 계기가 되었다.
⑤ 김기수가 수신사로 일본에 파견되는 결과를 가져왔다.

한눈에 보는 해설 ⊕

정답 알아보기

다음 자료에 나타난 사건에 대한 설명으로 옳은 것은? →임오군란(1882)

난군(亂軍)이 궐을 침범하였다는 소식을 들었다. 이때에 나라 재정이 고갈되어 각 영이 군인에게 지급할 봉급을 몇 개월 동안 지급하지 못 하였다. 영에 소속된 군인이 어느 날 밤에 부대를 조직하고 갑자기 궐 내로 진입하여 멋대로 난리를 일으켰다. 중전의 국상(國喪)이 공포되 자 선생은 가평 관아로 달려가 망곡례를 행하였다. 얼마 후 국상이 와 전되어 사실이 아님을 알고, 군중과는 달리 상복을 입지 않고 집 밖으 로 나가지 않았다. 『성재집』

④ 임오군란 이후 체결된 제물포 조약(1882)에서 일본에게 배상금을 지 급하고, 일본 공사관에 경비병 주둔을 허용하였다.

선지 분석하기

① 통감부의 방해와 탄압으로 실패하였다. ➡ 통감부 설치(1906)
② 통리기무아문이 설치되는 배경이 되었다. ➡ 통리기무아문 설치(1880)
③ 홍범 14조를 개혁의 기본 방향으로 제시하였다. ➡ 갑오개혁(1894)
⑤ 김기수가 수신사로 일본에 파견되는 결과를 가져왔다. ➡ 1차 수신사 파견(1876)

정답 ④

👍 갑신정변

3. (가) 사건에 대한 설명으로 옳은 것은? ▶ 45회

역사 동영상 제작 계획안

개화당, 새로운 세상을 꿈꾸다

■ 기획 의도

근대적 개혁을 추구하였던 ▢ (가) ▢을/를 다큐멘터리 형식의 동영상으로 제작하여 그 역사적 의미를 살펴본다.

■ 장면별 구성 내용
- ■ 박규수의 사랑방에 젊은이들이 모인 장면
- ■ 우정총국 개국 축하연 때 거사 장면
- ■ 거사 실패 후 주요 인물이 일본으로 망명하는 장면

① 김옥균, 박영효 등이 주도하였다.

② 김기수를 수신사로 일본에 파견하였다.

③ 구본신참에 입각한 개혁을 추진하였다.

④ 개화 정책을 총괄하는 통리기무아문을 설치하였다.

⑤ 개혁의 기본 방향을 제시한 홍범 14조를 반포하였다.

4. 밑줄 그은 '개혁'에 대한 설명으로 옳은 것을 〈보기〉에서 고른 것은? ▶ 44회

외무성 아시아국장 카프니스트 백작님께

요즘 상하이에 거주하는 유럽인들이 조선인 망명자 살해 사건으로 들썩이고 있습니다. 그는 일본인들의 협력을 기반으로 새로운 질서를 마련하기 위해 청·프 전쟁이 벌어진 틈을 타서 자기의 뜻을 펼치기 시작하였습니다. 이에 [정변을 일으켜] 기존의 대신들을 대부분 몰아내고, 스스로 참판에 오르는 등 새로운 관료 조직을 구성하였습니다. 그러나 일본에 대한 뿌리 깊은 증오심으로 조선 민중은 일본인들의 협력을 전제로 한 그의 개혁에 적대감을 갖게 되었습니다. ……　베이징 주재 러시아 공사 보르

보기

㉠ 집강소를 중심으로 시행되었다.

㉡ 토지의 균등 분배를 추진하였다.

㉢ 청의 군사 개입으로 실패하였다.

㉣ 국가 재정을 호조로 일원화하고자 하였다.

① ㉠, ㉡　　② ㉠, ㉢　　③ ㉡, ㉢

④ ㉡, ㉣　　⑤ ㉢, ㉣

한눈에 보는 해설 ⊕

정답 알아보기

→ 갑신정변(1884)

▢ (가) 사건 ▢에 대한 설명으로 옳은 것은?

개화당, 새로운 세상을 꿈꾸다

■ 기획 의도

근대적 개혁을 추구하였던 ▢ (가) ▢을/를 다큐멘터리 형식의 동영상으로 제작하여 그 역사적 의미를 살펴본다.

■ 장면별 구성 내용
- ■ **박규수의 사랑방**에 젊은이들이 모인 장면
- ■ **우정총국 개국 축하연** 때 **거사** 장면
- ■ **거사 실패** 후 주요 인물이 **일본으로 망명**하는 장면

① 갑신정변(1884)은 민씨 일파의 친청 수구 정책과 개화파 탄압에 대한 반발로서 김옥균, 박영효 등이 일으킨 것이다.

선지 분석하기

② 김기수를 수신사로 일본에 파견하였다. ➡ 1차 수신사 파견(1876)

③ 구본신참에 입각한 개혁을 추진하였다. ➡ 광무개혁(1897)

④ 개화 정책을 총괄하는 통리기무아문을 설치하였다. ➡ 통리기무아문 설치(1880)

⑤ 개혁의 기본 방향을 제시한 홍범 14조를 반포하였다. ➡ 2차 갑오개혁(1895)

정답 ①

정답 알아보기

→ 갑신정변(1884)

밑줄 그은 '개혁'에 대한 설명으로 옳은 것을 〈보기〉에서 고른 것은?

외무성 아시아국장 카프니스트 백작님께

→ 1894년 김옥균 암살 사건

요즘 상하이에 거주하는 유럽인들이 **조선인 망명자 살해 사건**으로 들썩이고 있습니다. **그**는 일본인들의 협력을 기반으로 새로운 질서를 마련하기

↳ 김옥균

위해 청·프 전쟁이 벌어진 틈을 타서 자기의 뜻을 펼치기 시작하였습니다. 이에 [정변을 일으켜] 기존의 대신들을 대부분 몰아내고, 스스로 참판에

↳ 갑신정변

오르는 등 **새로운 관료 조직을 구성**하였습니다. 그러나 일본에 대한 뿌리 깊은 증오심으로 조선 민중은 일본인들의 협력을 전제로 한 그의 **개혁**에 적대감을 갖게 되었습니다. ……　베이징 주재 러시아 공사 보르

㉢ 갑신정변은 청나라 군대가 왕궁(창덕궁)을 포위하여 일본군과의 총격전 끝에 왕을 구출함으로써 3일만에 실패하게 되었다.

㉣ 갑신정변 세력들은 14개조 개혁 요강에서 모든 재정은 호조에서 일원화할 것을 주장하였다.

선지 분석하기

㉠ 집강소를 중심으로 시행되었다. ➡ 동학 농민 운동(폐정 개혁안 12개조)

㉡ 토지의 균등 분배를 추진하였다. ➡ 동학 농민 운동(폐정 개혁안 12개조)

정답 ⑤

동학 농민 운동과 갑오개혁

1 동학 농민 운동(1894)

→ 동학 교조 최제우의 억울함을 풀어 달라는 동학교도의 운동

1. 교조 신원 운동

전개 과정	1차 삼례 집회(1892) ➡ 2차 서울 복합 상소(1893) ➡ 3차 보은 집회(1893, 정치적·사회적 각성)

2. 동학 농민 운동 전개 과정

제1기 (고부 민란, 1894. 1.)	고부 군수 조병갑의 탐학, 전봉준 봉기 ➡ 10여 일 만에 해산
제2기 (1차 농민 봉기, 1894. 3.)	• 안핵사 이용태의 편파적 민란 처리 원인 ➡ 고부, 백산(호남 창의소 조직, 4대 강령·격문 발표), 태인 등 봉기 ➡ 황토현 전투 ➡ 장성 황룡촌 전투[경군(京軍)과 접전] ➡ 전주 점령 • 보국안민, 제폭구민의 기치를 내걸었던 시기 • 정부의 두 가지 반응 ┌ 동학군에게 휴전 제의 ➡ 전주 화약 체결(5월 8일) └ 청군에게 진압 요구 ➡ 청군, 아산만 상륙(5월 5일~5월 17일) ➡ 일본군, 인천 상륙(5월 6일~5월 9일) ➡ 일본의 경복궁 점령(6월 21일) ➡ 청·일 전쟁 발발(6월 23일) ➡ 1차 갑오개혁 실시(6월 25일)
제3기 (폐정 개혁안 실천기, 1894. 5.)	정부와 전주 화약 체결, 집강소 설치(전라도) ➡ 폐정 개혁안을 실천에 옮긴 시기 ↳ 지방의 행정과 치안을 담당하는 민정 기관
제4기 (재봉기, 1894. 9.)	• 정부의 개혁(교정청) 부진, 일본의 내정 간섭 강화 • 삼례 재봉기 ➡ 논산 집결 ➡ 공주 우금치에서 패배 **cf** 전봉준 – 순창에서 검거
성격	• 반봉건: 노비 문서 소각, 토지 평균 분작 등 요구 • 반외세: 척(斥)왜양 주장
의의와 한계	• 의의: 갑오개혁에 일부 영향, 농민군 잔여 세력이 의병 운동에 가담 • 한계: 다양한 지지 기반 확보 미흡, 근대 사회 건설을 위한 구체적 방안 미비

2 갑오개혁(1·2차)

1. 1차 갑오개혁(1894)

내각	→ 초정부적 회의 기구 → 친일 내각 군국기무처 설치, 1차 김홍집 내각, 흥선 대원군 섭정	
정치·행정	• 정부와 왕실 사무 분리 • 6조제 ➡ 8아문제 • 과거제 폐지	• 중국 연호 폐지 ➡ 개국 기년 사용 • 경무청 신설 • 문무관 차별 폐지
경제	• 도량형 통일 • 조세 금납제	• 재정 일원화(탁지아문) • 은 본위제 채택
사회	• 공·사노비제 혁파 • 조혼 금지	• 연좌제 폐지 • 과부 재가 허용

그림 설명 (좌측 상단)

✦ 고부 농민 봉기 때 사발통문

✦ 동학 농민 운동의 전개

일본군의 궁성 침범 1894. 6. 21.
1894. 5. 6. 일본군 상륙 ○한성 ○인천
1894. 5. 5. 청군 상륙
○수원
○천안
우금치 전투 1894. 11.
○청주
○공주 ○옥천
논산 남북접 집결 1894. 10.
고부 민란 1894. 1. 10. ○전주 전주 화약 1894. 5. 8.
○태인 ○정읍
○장성 ○남원
전봉준 체포 1894. 12. 2.
○영광 ○함평 ○순창
○나주

→ 동학군의 1차 봉기
┈┈➤ 동학군의 2차 봉기
✕ 싸움터

📋 폐정 개혁 12개조

1. 동학도는 정부와의 원한을 씻고 서정에 협력한다.
2. 탐관오리는 그 죄상을 조사하여 엄징한다.
3. 횡포한 부호(富豪)를 엄징한다.
4. 불량한 유림과 양반의 무리를 징벌한다.
5. 노비 문서를 소각한다.
6. 7종의 천인 차별을 개선하고 백정이 쓰는 평량갓은 없앤다.
7. 청상과부의 개가를 허용한다.
8. 무명의 잡세는 일체 폐지한다.
9. 관리 채용에 지벌(地閥)을 타파하고 인재를 등용한다.
10. 왜와 통하는 자는 엄징한다.
11. 공사채를 물론하고 기왕의 것을 무효로 한다.
12. 토지는 평균하여 분작한다.

2. 2차 갑오개혁(1895)

2차 김홍집 내각	청 · 일 전쟁에서 일본의 승세 ➡ 군국기무처 폐지, 흥선 대원군 축출 ➡ 홍범 14조(최초의 근대적 헌법) 발표 ➡ 2차 김홍집 · 박영효 연립 내각 구성, 2차 갑오개혁 실시 ➡ 삼국 간섭(1895)으로 일본 세력 약화, 개혁 중단	
정치 · 행정	• 내각제 시행 • 8도제 ➡ 23부제 • 궁내부 내장원 신설	• 8아문제 ➡ 7부제 • 사법권과 행정권 분리(재판소 설치) • 훈련대 · 시위대 설치
교육	고종의 교육 입국 조서 발표 ➡ 한성 사범 학교 설립, 외국어 학교 관제 발표	

3 시모노세키 조약 체결(1895)

청·일 전쟁에서 일본의 승리 ➡ 시모노세키 조약 체결로 일본의 요동반도와 타이완 차지

4 삼국 간섭(1895)

러시아·프랑스·독일이 협동하여 일본에 간섭, 일본은 요동반도를 청에 반환, 친러파 득세

5 을미사변과 을미개혁(1895)

을미사변		명성 황후 시해 사건 발생(친러 세력 축출) ➡ 제4차 김홍집 내각에서 개혁 추진 ➡ 아관 파천으로 개혁 중단
을미개혁	정치 · 행정	• '건양' 연호 사용 • 친위대(중앙) · 진위대(지방) 설치
	사회 · 교육	단발령 실시, 태양력 사용, 종두법 실시(지석영), 소학교령 제정, 우편 제도 실시

한능검 꼭꼭 사료

1. 전봉준의 격문
우리가 의(義)를 들어 이에 이름은 그 본의가 다른 데 있지 아니하고, 창생을 도탄에서 건지고 국가를 반석 위에다 두고자 함이다. 안으로는 탐학한 관리의 머리를 베고, 밖으로는 횡포한 강적의 무리를 구축하고자 함이다. 양반과 호강의 앞에서 고통을 받는 민중들과 방백과 수령의 밑에서 굴욕을 받는 소리(小吏)들은 우리와 같이 원한이 깊은 자이다. 조금도 주저치 말고 이 시각으로 일어서라. 만일 기회를 잃으면 후회해도 미치지 못하리라. 『동학사』

2. 전봉준 장군에 대한 공초 기록
다음의 문답은 "내 백성을 위해서 힘을 다하였는데 사형을 받을 이유가 있는가?"라고 큰소리로 부르짖었던 녹두 장군 전봉준에 대한 공초(죄인이 범죄 사실을 진술한 것) 기록의 일부를 발췌한 것이다. ……
문: 다시 봉기한 것은 무슨 이유인가?
답: 그 후에 들으니, 귀국이 개화라 일컫고 처음부터 일언반구의 말도 없이 군대를 거느리고 우리의 서울로 쳐들어와 밤중에 왕궁을 공격하여 임금을 놀라게 하였다하기로, 초야의 사민이 충국 애국지심으로 분개함을 이기지 못하여 의병을 규합하고 일본인과 접전하여 이 사실을 일차로 묻고자 함이었다.

3. 군국기무처
첫째, 군국의 근무 및 일체의 사무 개혁을 담당한다.
둘째, 군국의 기무는 본처에서 의결한 후, 뜻을 품어 시행한다.
셋째, 의원의 수는 10인 이상 20인 이하로 정한다.
넷째, (직권에 대해서는) 군국(軍國)에 관한 사무는 일단 모두 회의에 올려 상의한다.
경장장정존안(更張章程存案), 개국 503년

4. 단발령
1895년 11월 고종은 비로소 머리를 깎고 내외의 신하와 백성들에게 명하여 모두 머리를 깎도록 하였다. …… 머리를 깎으라는 명령이 내려지니 곡성이 하늘을 진동하고 사람들은 분노해서 목숨을 끊으려 하였다. 황현, 『매천야록』

홍범 14조

1. 청에 의존하려는 생각을 버리고 자주독립의 기초를 세운다.
2. 왕실 전범(典範)을 제정하여 왕위 계승의 법칙과 종친과 외척과의 구별을 명확히 한다.
3. 임금은 각 대신과 의논하여 정사를 행하고, 종실(宗室), 외척의 내정 간섭을 용납하지 않는다.
4. 왕실 사무와 국정 사무를 나누어 서로 혼동하지 않는다.
5. 의정부(議政府) 및 각 아문(衙門)의 직무, 권한을 명백히 규정한다.
6. 납세는 법으로 정하고 함부로 세금을 징수하지 아니한다.
7. 조세의 징수와 경비 지출은 모두 탁지아문(度支衙門)의 관할에 속한다.
8. 왕실의 경비는 솔선하여 절약하고 이로써 각 아문과 지방관의 모범이 되게 한다.
9. 왕실과 관부(官府)의 1년 회계를 예정하여 재정의 기초를 확립한다.
10. 지방 제도를 개정하여 지방 관리의 직권을 제한한다.
11. 총명한 젊은이들을 파견하여 외국의 학술, 기예를 견습시킨다.
12. 장교를 교육하고 징병을 실시하여 군제의 근본을 확립한다.
13. 민법, 형법을 제정하여 인민의 생명과 재산을 보전한다.
14. 문벌을 가리지 않고 인재 등용의 길을 넓힌다.

사료 돋보기

독립 서고문

2차 갑오개혁(1894~1895) 당시 고종은 종묘에 나가 독립 서고문을 바치고 홍범 14조를 발표함.

종묘에 나가서 참배하였다. 세자도 따라가서 의식을 거행하였다. "감히 역대 임금들의 신령 앞에 고합니다. …… 이제부터는 다른 나라에 기대지 않고 국운을 융성하게 하여 백성의 복리를 증진함으로써 자주 독립의 터전을 튼튼히 할 것입니다. 그 방도는 낡은 습관에 얽매이지 말고 안일한 버릇에 파묻히지 말며, 우리 조상의 큰 계책을 공손히 따르고 세상 형편을 살펴 내정을 개혁하여 오래 쌓인 폐단을 바로 잡는 것입니다. 이제 14개 조목의 큰 규범을 하늘에 있는 우리 조상의 신령 앞에 고합니다."

PART 6

테마 42 실전문제

🐻 출제 POINT
동학 농민 운동의 전개 과정과 각 시기별 갑오개혁의 내용을 묻는 문제가 주로 출제된다.

👍 동학 농민 운동

주요 정답 키워드 # 보국안민 # 전주 화약 # 전봉준 # 백산 격문 # 집강소 # 공주 우금치

1. 밑줄 그은 '이 운동'에서 제기된 주장으로 옳은 것은?　▶ 24회

 학술 대회 안내

　우리 연구회에서는 올해로 120주년을 맞은 이 운동의 성격과 의의를 조명하기 위해 학술 대회를 개최하고자 합니다.

- **발표 주제**
  - 백산 격문에 나타난 반봉건적 성격
  - 집강소의 폐정 개혁 활동 분석
  - 공주 우금치 전투의 전개 과정

- **날짜** : 2014년 ○○월 ○○일
- **장소** : ○○대학교 대강당

① 국가 재정은 탁지부에서 전담해야 한다.
② 원수부를 설치하여 국방을 강화해야 한다.
③ 러시아의 절영도 조차 요구를 거부해야 한다.
④ 관민이 협력하여 전제 황권을 공고히 해야 한다.
⑤ 노비 문서를 소각하고 백정의 평량갓을 없애야 한다.

한눈에 보는 해설 ⊕

정답 알아보기
→동학 농민 운동(1894)
밑줄 그은 '이 운동'에서 제기된 주장으로 옳은 것은?

> 우리 연구회에서는 올해로 120주년을 맞은 이 운동의 성격과 의의를 조명하기 위해 학술 대회를 개최하고자 합니다.
>
> ■ 발표 주제
> • 백산 격문에 나타난 반봉건적 성격
> • 집강소의 폐정 개혁 활동 분석
> • 공주 우금치 전투의 전개 과정

⑤ 동학 농민군은 폐정 개혁 12개조에서 노비 문서 소각, 7종의 천인 차별 개선 및 백정이 쓰는 평량갓 없애기 등을 주장하였다.

선지 분석하기
① 국가 재정은 탁지부에서 전담해야 한다. ➡ 독립 협회의 헌의 6조(1898)
② 원수부를 설치하여 국방을 강화해야 한다. ➡ 대한 제국의 원수부 설치(1899)
③ 러시아의 절영도 조차 요구를 거부해야 한다. ➡ 독립 협회의 주장
④ 관민이 협력하여 전제 황권을 공고히 해야 한다. ➡ 독립 협회의 헌의 6조(1898)

정답 ⑤

2. (가) 시기에 있었던 사실로 옳은 것은?　▶ 43회

① 정부와 농민군 사이에 전주 화약이 체결되었다.
② 교조 신원을 요구하는 삼례 집회가 개최되었다.
③ 농민군이 황토현 전투에서 관군에게 승리하였다.
④ 사태 수습을 위해 이용태가 안핵사로 파견되었다.
⑤ 전봉준이 농민들을 이끌고 고부 관아를 습격하였다.

한눈에 보는 해설 ⊕

정답 알아보기

(가) 시기에 있었던 사실로 옳은 것은?

① 전주 화약 ➡ 1894. 5.

선지 분석하기
② 교조 신원을 요구하는 삼례 집회가 개최되었다. ➡ 1892, 1차 교조 신원 운동
③ 농민군이 황토현 전투에서 관군에게 승리하였다. ➡ 1894. 4.
④ 사태 수습을 위해 이용태가 안핵사로 파견되었다. ➡ 1894. 1.
⑤ 전봉준이 농민들을 이끌고 고부 관아를 습격하였다. ➡ 1894. 1.

정답 ①

👍 1차 갑오개혁

주요 정답 키워드 # 군국기무처 # 공사 노비법 혁파 # 과거제 폐지

3. 밑줄 그은 '개혁'의 내용으로 옳지 않은 것은? ▶ 47회

> 얼마 전에 정부가 교정청을 폐지하고 군국기무처를 설치하여 대대적인 개혁을 단행했다는군.

> 은본위제 채택을 포함한 여러 안건을 처리했다고 들었네.

① 과거제를 폐지하였다.
② 연좌제를 금지하였다.
③ 공사 노비법을 혁파하였다.
④ 과부의 재가를 허용하였다.
⑤ 건양이라는 연호를 채택하였다.

👍 사건 순서

주요 정답 키워드 # 아관 파천 # 단발령 # 을미사변

4. (가)~(다)를 일어난 순서대로 옳게 나열한 것은? ▶ 47회

> (가) 왕이 경복궁을 나오니 이범진, 이윤용 등이 러시아 공사관으로 옮기게 하였다. 김홍집 등이 군중에게 잡혀 살해되자 유길준, 장박 등은 도주하였다.
>
> (나) 오늘 대군주 폐하께서 내리신 조칙에서 "짐이 신민(臣民)에 앞서 머리카락을 자르니, 너희들은 짐의 뜻을 잘 본받아 만국과 나란히 서는 대업(大業)을 이루라."라고 하셨다.
>
> (다) 광화문을 통해 들어온 일본 병사들은 건청궁으로 침입하였다. …… 일본 장교는 흉악한 일본 자객들이 왕후를 수색하는 것을 도왔다. 자객들은 여러 방을 샅샅이 뒤졌고 마침내 왕후를 찾아내어 시해하였다.

① (가) - (나) - (다)   ② (가) - (다) - (나)
③ (나) - (가) - (다)   ④ (나) - (다) - (가)
⑤ (다) - (나) - (가)

한눈에 보는 해설 ⊕

정답 알아보기 ▶1차 갑오개혁(1894)

밑줄 그은 **'개혁'**의 내용으로 옳지 않은 것은?

> 얼마 전에 정부가 교정청을 폐지하고 **군국기무처를 설치**하여 대대적인 개혁을 단행했다는군.

> **은본위제 채택**을 포함한 여러 안건을 처리했다고 들었네.

⑤ 을미개혁(1895) 때 건양이라는 연호가 제정되었다. 갑오개혁(1894)에서는 중국 연호를 폐지하고 개국이라는 연호를 사용하게 하였다.

TIP **고종의 연호 변천**
갑오개혁(개국) ➡ 을미개혁(건양) ➡ 대한 제국(광무)

한눈에 보는 해설 ⊕

정답 알아보기

(가)~(다)를 일어난 순서대로 옳게 나열한 것은?

> (가) **왕이 경복궁을 나오니 이범진, 이윤용 등이 러시아 공사관으로 옮기게 하였다.** 김홍집 등이 군중에게 잡혀 살해되자 유길준, 장박 등은 도주하였다.
>
> (나) 오늘 대군주 폐하께서 내리신 조칙에서 **"짐이 신민(臣民)에 앞서 머리카락을 자르니,** 너희들은 짐의 뜻을 잘 본받아 만국과 나란히 서는 대업(大業)을 이루라."라고 하셨다.
>
> (다) 광화문을 통해 들어온 일본 병사들은 건청궁으로 침입하였다. …… **일본 장교는 흉악한 일본 자객들이 왕후를 수색하는 것을 도왔다. 자객들은 여러 방을 샅샅이 뒤졌고 마침내 왕후를 찾아내어 시해하였다.**

⑤ (다) 을미사변(1895. 8.) ➡ (나) 을미개혁 중 단발령(1895. 11.) ➡ (가) 아관 파천 (1896)

정답 ⑤

정답 ⑤

PART ⑥

테마 43 독립 협회와 대한 제국, 독도와 간도

✱ **아관 파천**
러시아 공사 베베르의 협조를 얻어 1896년 2월 11일 국왕과 왕세자의 거처를 극비리에 정동에 있던 러시아 공사관으로 옮긴 사건

📖 **서재필(1864~1951)**

📖 **헌의 6조**

1. 외국인에게 의지하지 말고 관민이 한마음으로 힘을 합하여 전제 황권을 견고하게 할 것
2. 외국과의 이권에 관한 계약과 조약은 각 대신과 중추원 의장이 합동 날인하여 시행할 것
3. 국가 재정은 탁지부에서 전관하고 예산과 결산을 국민에게 공포할 것
4. 중대 범죄를 공판하되 피고에게 철저히 설명하여 죄를 스스로 인정한 후 시행할 것
5. 칙임관(최고위 관료층)을 임명할 때에는 정부에 그 뜻을 물어서 중의에 따를 것
6. (갑오개혁 이후 제정된) 장정을 반드시 지킬 것

📖 **원구단**

• 기능: 하늘에 제사 지내는 것
• 기원: 초기 국가 제천 행사
• 고려: 원구제 제도화
• 조선 초: 원구제 필요 시 거행
• 1456년: 원구단 설치 ➡ 이후 폐지
• 대한 제국: 원구단 부활
　　　　　(황제 즉위식 거행)
• 1913년: 원구단 철거

1 독립 협회(1896~1898)

창립	• 을미사변과 단발령에 대한 반발(을미의병) ➡ 아관 파천✱(1896. 2.) ➡ 러시아 등 열강의 이권 침탈 본격화 ➡ 서재필 귀국 후 독립신문 창간(1896. 4.), 독립 협회 창립(1896. 7.) • 진보적 지식인(서재필, 윤치호, 장지연, 남궁억 등) + 도시 시민층 등 광범위한 사회 구성원 ➡ 근대적 시민 단체
활동	• 자강 개혁 · 자주 국권 · 자유 민권 운동 전개 • 영은문 자리에 독립문 건립, 모화관을 독립관으로 개수 • 만(관)민 공동회(1898) 개최, 박정양의 진보 내각 구성 ➡ 헌의 6조 결의, 의회식 중추원 관제 반포 • 이권 수호 운동: 러시아의 절영도 조차 저지, 한 · 러 은행 폐쇄, 프랑스의 광산 채굴권 요구 좌절
해산	중추원 관제 반포 ➡ 보수 세력의 모함 ➡ 황국 협회(1898, 보부상 단체)를 이용하여 만민 공동회 습격 ➡ 독립 협회 해산
의의	민중을 대상으로 자주 국권 운동 전개, 민중에게 민권 의식 전파 ➡ 근대적 · 자주적 민중 운동(애국 계몽 운동의 효시)
한계	사회 진화론에 따른 제국주의 침략 인정, 동학 농민 운동과 항일 의병 등에 대해 초기에 부정적 입장, 공화정 제시 안함.

✧ 독립문 | 중국 사신을 맞던 영은문 자리에 세움.

2 대한 제국(1897)의 광무개혁

배경	• 아관 파천(1896) 1년만에 고종의 경운궁(덕수궁) 환궁(1897) 　➡ 국호 '대한 제국', 연호 '광무', 환(원)구단에서 황제 즉위식 거행(1897. 10.) • 개혁 방향: 구본신참(舊本新參, 옛 것을 근본으로 새 것을 참고한다.) ➡ 동도서기적 개화파 등용
정치	• 전제 황권 강화 • 대한국 국제 제정(1899): 교정소 설치(1897, 황제 직속 입법 기구) ➡ 황제권의 무한함 선포 • 관제 개편: 지방 23부 ➡ 13도, 중추원(황제 자문 기구) 설치
군사	원수부 설치(1899), 황제가 육해군 통솔
경제	• 양전 사업 실시: 양지아문(1898), 지계아문(1901) 설치 ➡ 지계 발급(근대적 토지 소유권 마련) ➡ 러 · 일 전쟁으로 실패 • 식산흥업 정책 추진, 상공업 진흥책(공장 · 회사 설립), 전화 가설, 철도 부설 등 근대 시설 도입 • 궁내부 내장원 강화, 금 본위제 시도
사회	실업 학교 · 의학교 · 외국어 학교 설립, 유학생 파견, 파리 만국 박람회 참가(1900)
의의	외세 간섭을 배제한 자주적 입장에서 추진된 근대적 개혁, 근대적 국가로의 전환 시도
한계	보수적 개혁(전제 군주권 강화, 독립 협회 탄압), 열강의 간섭으로 실패

✧ 지계

3 대한 제국의 간도와 독도

간도	간도 관리사 파견(1903): 1900년 러시아가 간도를 점령하자, 1902년 이범윤을 간도 시찰원으로 파견(이후 간도 관리사로 임명), 간도를 함경도 행정 구역으로 포함, 현지에서 포병 양성 및 조세 징수 **cf** 간도 협약(간도에 관한 청·일 협정, 1909): 일제는 만주의 안봉선 철도 부설권과 푸순 광산 채굴권을 얻는 대가로 간도를 청의 영토로 인정

독도		대한 제국 칙령 제41호(1900. 10. 25.): 울릉도를 울도군으로 승격, 독도 편입 **cf** 일본의 독도 강탈(1905. 2.)	
	독도 관련 기록	『삼국사기』	지증왕 때 이사부의 우산국(울릉도, 독도) 복속 사실 기록
		『고려사』	우산국이 왕건에게 내조(來朝)와 함께 방물을 바친 기사와, 1156년(의종 11년) 동해 가운데 울릉도가 있는데 이곳에 주현을 설치한 때도 있다고 기록됨.
		『세종실록지리지』	울릉도와 독도를 강원도 울진현 소속으로 구분
		『신증동국여지승람』	독도가 그려진 최초의 지도인 '팔도총도' 수록
		『번례집요』	1693년(숙종 19년) 동래 어부 안용복이 일본 대마도 도주로부터 독도와 울릉도가 조선 영토라는 서계를 받아온 기록이 나옴.

한능검 꼭꼭 사료

1. 아관 파천

지난해 9월부터 반역 도배들이 집요하게 나를 압박해 오고 있다. 최근에는 단발령으로 일어난 전국적 시위의 혼란을 틈타 나와 내 아들을 살해할지 모른다는 두려움에 떨고 있다. 나는 내 아들과 함께 이러한 위급한 상황에서 벗어나 러시아 공관에서 보호받기를 바란다. 나를 구출할 수 있는 다른 수단이란 없다. 나는 두 공사가 나에게 피신처를 마련해 줄 것을 간곡히 당부하는 바이다.

2. 대한 제국의 지계 발급

제2조 전답·산림·천택·가옥을 매매·양도하는 경우 관계(官契)를 반납한다.
제3조 소유주가 관계를 받지 않거나, 저당 잡힐 때 관허가 없으면 모두 몰수한다.
제4조 대한 제국 인민 외 소유주가 될 권리가 없고, 외국인에게 명의를 빌려주거나 사사로이 매매·저당·양도할 경우 법에 따라 처벌한다.　　　　　　　　　　　　　　　　　　　순창군훈령총등

3. 대한국 국제

제1조 대한국은 세계 만국이 공인한 자주독립 제국이다.
제2조 대한국의 정치는 만세불변의 전제 정치이다.
제3조 대한국 대황제는 무한한 군권을 누린다.
제4조 대한국 신민이 군권을 침해하면 신민의 도리를 잃은 자로 간주한다.
제5조 대한국 대황제는 육·해군을 통솔한다.
제6조 대한국 대황제는 법률을 제정하여 그 반포와 집행을 명하고 대사, 특사, 감형, 복권 등을 명한다.
제7조 대한국 대황제는 행정 각 부의 관제를 정하고 행정상 필요한 칙령을 발한다.
제8조 대한국 대황제는 문무관리의 출척 및 임면권을 가진다.
제9조 대한국 대황제는 각 조약 체결 국가에 사신을 파견하고 선전, 강화 및 제반 조약을 체결한다.

사료 돋보기

간도 관리사 파견

내부대신 임시 대리 의정부 참정 김규홍이 제의하였다. "북간도는 우리나라와 청 사이에 끼인 지역입니다. 지금까지 수백 년 동안 그대로 비어 있었습니다. 수십 년 전부터 북쪽 변경의 고을 백성들이 이주하여 농사를 지어먹고 살고 있는 사람이 이제 수만 호에 수십만 명이나 됩니다. …… 간도 백성들이 바라는 대로 <u>시찰관 이범윤을 그대로 관리로 임명하여 간도에 머물며 사무를 맡아보게 하십시오.</u> 그들의 생명과 재산을 보호하여, 조정에서 간도 백성들을 염려하며 보살펴 주려는 뜻이 있음을 보여 주는 것이 어떻겠습니까." 고종이 승인하였다. 『고종실록』

PART 6

🐷 출제 POINT
독립 협회의 활동 및 대한 제국의 광무개혁을 묻는 문제가 주로 출제된다.

👍 **독립 협회**

주요 정답 키워드 # 중추원 개편을 통한 의회 설립 # 러시아 절영도 조차 저지 # 공화 정치 체제 모함

1. (가) 단체에 대한 설명으로 옳은 것은? ▶ 46회

> 발신: V. 콜랭 드 플랑시(서울 주재 프랑스 공사)
> 수신: 아노토(프랑스 외무부 장관)
>
> 서울에서 러시아 교관들과 재정 고문의 체류를 반대하려는 움직임이 점점 거세졌습니다. 이를 주도하는 [(가)]을/를 따라서 전 국민이 같은 입장을 취하였고 길거리에서 모임을 갖고 있습니다. 10일에 유명한 상인의 주재하에 약 8,000명이 대로에 모여 러시아 장교들과 알렉세예프에 대한 송환을 외부 대신에게 어떻게 요구할 것인가에 대한 토론이 이루어졌습니다. 박수가 터지는 가운데 의견이 만장일치로 결정되었습니다.

① 만세보를 발행하여 민중 계몽에 힘썼다.
② 일본의 황무지 개간권 요구를 저지하였다.
③ 중추원 개편을 통한 의회 설립을 추진하였다.
④ 독립운동 자금 마련을 위해 독립 공채를 발행하였다.
⑤ 대성 학교와 오산 학교를 설립하여 인재를 양성하였다.

2. (가) 단체의 활동으로 옳은 것은? ▶ 43회

> 11월 4일 밤, 조병식 등은 건의소청 및 도약소의 잡배들로 하여금 광화문 밖의 내국 조방 및 큰길가에 익명서를 붙이도록 하였다. …… 익명서는 "[(가)]이/가 11월 5일 본관에서 대회를 열고, 박정양을 대통령으로, 윤치호를 부통령으로, 이상재를 내부대신으로 …… 임명하여 나라의 체제를 공화 정치 체제로 바꾸려 한다."라고 꾸며서 폐하께 모함하고자 한 것이다. 「대한계년사」

① 일본의 황무지 개간권 요구를 저지하였다.
② 러시아의 절영도 조차 요구에 반대하였다.
③ 고종의 강제 퇴위 반대 운동을 전개하였다.
④ 계몽 서적 출판을 위해 태극 서관을 설립하였다.
⑤ 일본에게 진 빚을 갚자는 국채 보상 운동을 주도하였다.

한눈에 보는 해설 ⊕

정답 알아보기

(가) 단체에 대한 설명으로 옳은 것은?
독립 협회

> 발신: V. 콜랭 드 플랑시(서울 주재 프랑스 공사)
> 수신: 아노토(프랑스 외무부 장관)
>
> 서울에서 **러시아 교관들과 재정 고문의 체류를 반대**하려는 움직임이 점점 거세졌습니다. 이를 주도하는 [(가)]을/를 따라서 전 국민이 같은 입장을 취하였고 길거리에서 모임을 갖고 있습니다. **10일에 유명한 상인의 주재하에 약 8,000명이 대로에 모여 러시아 장교들과 알렉세예프에 대한 송환을 외부 대신에게 어떻게 요구할 것인가에 대한 토론이** 만민 공동회 이루어졌습니다. 박수가 터지는 가운데 의견이 만장일치로 결정되었습니다.

③ 독립 협회는 국권 수호 운동과 민권 보장 운동을 전개하였으며, 중추원 개편을 통한 의회 설립을 추진하였다.

선지 분석하기

① 만세보를 발행하여 민중 계몽에 힘썼다. ➡ 천도교
② 일본의 황무지 개간권 요구를 저지하였다. ➡ 보안회
④ 독립운동 자금 마련을 위해 독립 공채를 발행하였다. ➡ 대한민국 임시 정부
⑤ 대성 학교와 오산 학교를 설립하여 인재를 양성하였다. ➡ 신민회

정답 ③

한눈에 보는 해설 ⊕

정답 알아보기

(가) 단체의 활동으로 옳은 것은?
독립 협회

> 11월 4일 밤, 조병식 등은 건의소청 및 도약소의 잡배들로 하여금 광화문 밖의 내국 조방 및 큰길가에 익명서를 붙이도록 하였다. …… 익명서는 "[(가)]이/가 11월 5일 본관에서 대회를 열고, **박정양을 대통령으로, 윤치호를 부통령으로, 이상재를 내부대신으로** …… 임명하여 나라의 체제를 **공화 정치 체제로 바꾸려 한다.**"라고 꾸며서 폐하께 모함하고자 한 것이다. 「대한계년사」

② 러시아가 저탄소 설치를 위해 부산 절영도(현재 영도)의 조차를 요구하자, 독립 협회는 관민 공동회를 개최하여 러시아의 요구를 좌절시켰다.

선지 분석하기

① 일본의 황무지 개간권 요구를 저지하였다. ➡ 보안회
③ 고종의 강제 퇴위 반대 운동을 전개하였다. ➡ 대한 자강회
④ 계몽 서적 출판을 위해 태극 서관을 설립하였다. ➡ 신민회
⑤ 일본에게 진 빚을 갚자는 국채 보상 운동을 주도하였다. ➡ 국채 보상 기성회

정답 ②

👍 대한 제국

주요 정답 키워드 # 대한국 국제 # 황제 # 이범윤 파견 # 지계 발급

3. (가), (나) 사이의 시기에 볼 수 있는 모습으로 가장 적절한 것은? ▶ 45회

> (가) 천지에 고하는 제사를 지냈다. 왕태자가 배참하였다. 예를 마친 뒤 의정부 의정 심순택이 백관을 거느린 채 무릎을 꿇고 아뢰기를, "제례를 마쳤으므로 황제의 자리에 오르소서."라고 하였다. …… 임금이 두 번 세 번 사양하다가 옥새를 받고 황제의 자리에 올랐다. 「고종실록」
>
> (나) 이제 본소(本所)에서 대한국 국제(國制)를 잘 상의하고 확정하여 보고하라는 조칙을 받들어서, 감히 여러 사람들의 의견을 수집하고 공법(公法)을 참조하여 국제 1편을 정함으로써, 본국의 정치는 어떤 정치이고 본국의 군권은 어떤 군권인가를 밝히려 합니다. 「고종실록」

① 영화 아리랑을 관람하는 교사
② 관민 공동회에서 연설하는 백정
③ 육영 공원에서 영어를 배우는 학생
④ 경부선 기차를 타고 부산으로 가는 기자
⑤ 근우회가 주최한 강연회에 참석하는 노동자

4. (가) 시기에 실시된 정책으로 옳은 것은? ▶ 42회

> 이 어진은 황룡포를 입은 고종의 모습을 그린 것입니다. 본래 조선의 왕은 홍룡포를 입었는데, 고종은 황룡포를 입고 황제 즉위식을 올린 후 새로운 국호인 [(가)] 을/를 선포하였습니다.

① 이범윤을 간도 관리사로 임명하였다.
② 김윤식을 청에 영선사로 파견하였다.
③ 건양이라는 독자적인 연호를 사용하였다.
④ 행정 기구를 6조에서 8아문으로 개편하였다.
⑤ 공사 노비법을 혁파하고 과거제를 폐지하였다.

한눈에 보는 해설 ⊕

정답 알아보기
(가) 대한 제국 수립(1897)
(나) 대한국 국제 반포(1899)

(가), (나) 사이의 시기에 볼 수 있는 모습으로 가장 적절한 것은?

> (가) 천지에 고하는 제사를 지냈다. 왕태자가 배참하였다. 예를 마친 뒤 의정부 의정 심순택이 백관을 거느린 채 무릎을 꿇고 아뢰기를, "제례를 마쳤으므로 황제의 자리에 오르소서."라고 하였다. …… 임금이 두 번 세 번 사양하다가 옥새를 받고 황제의 자리에 올랐다. └▸고종 「고종실록」
>
> (나) 이제 본소(本所)에서 대한국 국제(國制)를 잘 상의하고 확정하여 보고하라는 조칙을 받들어서, 감히 여러 사람들의 의견을 수집하고 공법(公法)을 참조하여 국제 1편을 정함으로써, 본국의 정치는 어떤 정치이고 본국의 군권은 어떤 군권인가를 밝히려 합니다. 「고종실록」

② 관민 공동회에서 백정 출신 박성춘의 연설 ➡ 1898년

선지 분석하기

① 영화 아리랑을 관람하는 교사 ➡ 1926년
③ 육영 공원에서 영어를 배우는 학생 ➡ 1886년
④ 경부선 기차를 타고 부산으로 가는 기자 ➡ 경부선 개통(1905)
⑤ 근우회가 주최한 강연회에 참석하는 노동자 ➡ 근우회의 활동(1927~1931)

정답 ②

한눈에 보는 해설 ⊕

정답 알아보기
▸대한 제국(1897~1910)

(가) 시기에 실시된 정책으로 옳은 것은?

> 이 어진은 황룡포를 입은 고종의 모습을 그린 것입니다. 본래 조선의 왕은 홍룡포를 입었는데, 고종은 황룡포를 입고 황제 즉위식을 올린 후 새로운 국호인 [(가)] 을/를 선포하였습니다.

① 대한 제국 정부는 1902년 간도를 함경도 행정 구역으로 포함시키고 이범윤을 (북변)간도 시찰원으로 파견하였으며 이후 간도 관리사로 임명하였다.

선지 분석하기

② 김윤식을 청에 영선사로 파견하였다. ➡ 1881년
③ 건양이라는 독자적인 연호를 사용하였다. ➡ 을미개혁(1895)
④ 행정 기구를 6조에서 8아문으로 개편하였다. ➡ 갑오개혁(1894)
⑤ 공사 노비법을 혁파하고 과거제를 폐지하였다. ➡ 갑오개혁(1894)

정답 ①

테마 44 국권 피탈 과정 및 우리의 저항(의병 운동, 애국 계몽 운동)

1 국권 피탈 과정

📎 일제의 한국 독점을 인정한 제국주의적 조약

조약명	시기	당사국	내용
영·일 동맹 (1차)	1902. 1.	일본과 영국	러시아에 대한 군사적 동맹으로, 영국의 청에서의 이권과 일본의 한국에서의 이권 존중
가쓰라·태프트 밀약	1905. 7.	일본과 미국	미국의 필리핀 지배와 일본의 한국 지배 인정
영·일 동맹 (2차)	1905. 8.	일본과 영국	영국의 인도 지배와 일본의 한국 지배 인정
포츠머스 강화 조약	1905. 9.	일본과 러시아	일본은 한국에 대한 지배권을 국제적으로 묵인받고 요동반도를 영유하여 대륙 침략의 발판을 마련하였으며 사할린 남부를 차지

✧ 헤이그 특사(1907) | 왼쪽부터 이준, 이상설, 이위종

조약명	시기	내용
러·일 전쟁 발발 직전: 대한 제국-국외 중립 선포(1904. 1. 21.)		
한·일 의정서	1904. 2.	대한 제국의 국외 중립 파기, 러시아와 맺은 모든 조약 파기, 군사 요지 점령
제1차 한·일 협약	1904. 8.	고문 정치[재정 고문: 메가타(일본), 외교 고문: 스티븐슨(미국)] cf 1908년 장인환·전명운의 스티븐슨 암살(미국)
제2차 한·일 협약 [을사조(늑)약]	1905. 11.	외교권 박탈, 통감부 설치 cf 덕수궁 중명전에서 체결 cf 민영환 자결
한·일 신협약 (정미 7조약)	1907. 7.	차관 정치(행정권 박탈)
군대 해산	1907. 8.	군사권 박탈
기유각서	1909. 7.	사법권 박탈
경찰권 이양	1910. 6.	경찰권 박탈
한·일 병합 조약 (경술국치)	1910. 8. 29.	국권 박탈, 총독부 설치, 일본은 한국을 영토로 편입하면서도 일본 헌법을 적용하지 않았고, '조선'이라는 지역으로 지정 cf 한·일 병합 조약의 불법성: 순종의 서명 빠짐, 칙명지보(행정 결제용 옥새) 사용 cf 황현, 이근주 등 자결

2 을사조약에 대한 우리의 저항

대표 저항	조약 폐기 상소(조병세, 이상설 등), 자결 순국(민영환), 5적 암살단 조직(나철, 오기호), 장지연의 '시일야방성대곡'(황성신문)
고종	• 조약 무효 선언: 『대한매일신보』에 친서를 발표하여 황제가 을사조약에 서명하지 않았음을 밝히면서 이 조약이 무효임을 선언 • 워싱턴 특사 파견(1905): 헐버트를 몰래 미국에 보내어 미국의 외교적 지원을 호소 • 헤이그 특사 파견(1907): 이상설·이준·이위종을 네덜란드의 헤이그 제2회 만국 평화 회의에 파견 ➡ 을사조약의 불법성과 일제의 무력적 침략 행위의 부당성을 호소

3 항일 의병 운동

을미의병 (1895)	• 을미사변과 단발령 계기 • 유인석, 이소응, 허위 등 유생층＋일반 농민, 동학 농민군 • 고종의 단발령 철회와 해산 권고 조칙으로 자진 해산
을사의병 (1905)	• 을사조약 계기 • 민종식(홍성), 최익현(태인 ➡ 순창), 신돌석(평민 의병장, 일월산 중심) 등
정미의병 (1907)	• 고종의 강제 퇴위와 군대 해산 계기 • 시위대 대대장 박승환의 자결, 해산 군인들의 합류 ➡ 의병의 전국적 확산
서울 진공 작전 (1908)	13도 창의군 결성(이인영, 허위, 1907. 12.) ➡ 서울 진공 작전(1908) 전개, 실패 cf 서울 주재 각국 영사관에 의병을 국제법상 교전 단체로 승인해 줄 것을 요구, 독립군임을 강조 cf 일본의 남한 대토벌 작전(1909)
안중근의 거사(1909)	만주 하얼빈 역에서 침략의 원흉인 이토 히로부미를 사살

4 애국 계몽 운동

성격	사회 진화론의 영향 ➡ 근대화와 실력 양성 강조
보안회 (1904)	일본의 황무지 개척권 요구 저지
대한 자강회 (1906)	• 전국에 지회 설치, 『대한 자강회 월보』 간행, 교육과 산업 진흥 • 고종 강제 퇴위 반대, 한·일 신협약 반대, 일진회 규탄 ➡ 해산(1907)
신민회 (1907)	• 국권 회복·공화 정체의 국민 국가 수립을 위한 비밀 결사 단체 • 안창호, 양기탁, 이동휘 등 참여 • 민족 교육: 대성 학교(평양), 오산 학교(정주) 건립 • 경제 자립: 태극서관(대구), (도)자기 회사(평양) • 해외 독립군 기지 건설: 서간도 삼원보(이시영), 밀산부 한흥동(이상설) • 105인 사건(1911)을 계기로 활동 중단 ➡ 이후 안창호가 미국에서 흥사단(1913) 조직

◈ 대한 자강회 월보

한능검 꼭꼭 사료

1. 시일야방성대곡(是日也放聲大哭)
이 조약이 성립하지 않음은 상상컨대 이토가 스스로 알 수 있을 바이거늘, 오호라 개돼지 새끼만도 못한 소위 우리 정부 대신이라는 작자들이 영리에 어둡고, 위협에 떨어서 이를 따르고 달갑게 나라를 파는 도적이 되어, 사천 년 강토와 오백 년 종사를 남에게 바치고 이천만 국민을 남의 노예로 만들었으니 저들 개돼지 새끼만도 못한 외부대신 박제순 및 각 대신은 족히 책망할 것도 없으려니와 …… 무슨 면목으로 강경하신 황상 폐하를 대하며 무슨 면목으로 이천만 동포를 대하겠느냐.
아! 원통하고도 분하도다. 우리 이천만 남의 노예가 된 동포여! 살았는가? 죽었는가? 단군 기자 조선 이래 사천 년 국민정신이 하룻밤 사이에 별안간 멸망하고 멈추었는가? 아! 원통하고 원통하도다. 동포여! 동포여!

장지연, 『황성신문』(1905. 11. 18.)

2. 을사의병
작년 10월에 저들이 한 행위는 오랜 옛날에도 일찍이 없던 일로서, 억압으로써 한 조각의 종이에 조인하여 500년 전해 오던 종묘사직이 드디어 하룻밤에 망하였으니, 천지신명도 놀라고 조종(祖宗)의 영혼도 슬퍼하였다. …… 자기 나라 임금을 죽이고 다른 나라 임금까지 침범한 이등박문은 마땅히 세계 여러 나라가 함께 토벌해야 할 역적이다. …… 우리 의병 군사의 올바름을 믿고, 적의 강대함을 두려워하지 말자. 이에 격문을 돌리니 도와 일어나라.　　최익현의 격문

3. 해외 동포에게 드리는 격문
동포들이여! 우리는 함께 뭉쳐 우리의 조국을 위해 헌신하여 우리의 독립을 되찾아야 한다. 우리는 야만 일본 제국의 잘못과 광란에 대해서 전 세계에 호소해야 한다. 간교하고 잔인한 일본 제국주의자들은 인류의 적이요, 진보의 적이다. 우리는 모두 일본놈들과 그들의 첩자, 그들의 동맹인과 야만스런 제국주의 군인을 모조리 죽이는 데 힘을 다해야 한다.　　대한 관동 창의대장 이인영

4. 안중근의 『동양평화론』
오늘날, 서양 세력이 동양으로 점차 밀려오는 환난을 동양 인종이 일치단결해서 온 힘을 다하여 방어해야 하는 것이 제일 상책임은 어린아이일지라도 익히 아는 바이다. 그런데 무슨 까닭으로 일본은 이러한 순리의 형세를 돌아보지 않고 같은 인종인 이웃 나라를 약탈하고 우의를 끊어, 스스로 도요새가 조개를 쪼려다 부리를 물리는 형세를 만들어 어부에게 둘 다 잡히기를 기다리는 듯하는가?

5. 신민회 취지서
신민회는 무엇을 위해 일어남이뇨? 민습(民習)의 완고 부패에 신사상이 시급하며, 민습의 우미(愚迷)에 신교육이 시급하며, 열심의 냉각에 신제창이 시급하며, 원기의 쇠퇴에 신수양(新修養)이 시급하며, 도덕의 타락에 신윤리가 시급하며, 문화의 쇠퇴에 신학술이 시급하며, 실업의 초췌에 신모범이 시급하며, 정치의 부패에 신개혁이 시급이라. …… 간단히 말하면 오직 신정신을 불러 깨우쳐서 신단체를 조직한 후에 신국을 건설할 뿐이다.

사료 등록

민영환(1861~1905)

1905년 을사조약 체결 후 조병세 등 백관들과 함께 조약 파기와 5적의 처단을 요구, 국운과 대세가 기운 것을 깨닫고 45세 나이로 2천만 동포와 각국 공사에게 보내는 유서를 남기고 순국 자결로써 항거

민영환의 유서
아아, 나라와 국민의 치욕이 여기에 이르렀으니, 우리 국민은 장차 생존 경쟁의 속에서 전멸할 것인가? 그러나 살려고 하는 자는 반드시 죽게 되고 죽음을 기하는 자는 살아 나갈 길이 필연코 있을 것이니, 국민 여러분이 이 이치에 어두우리까. 영환 이 몸이 죽음으로써 황은(皇恩)에 보답하고 이천만 형제 동포 여러분께 사죄하나니, 영환 이 몸이 비록 죽는다 하나 영혼은 살아 있어 반드시 국민 제군을 지하에서 도울 것이다.

국권 피탈 과정

주요 정답 키워드 # 헤이그 특사 # 한·일 의정서 # 한·일 신협약

1. (가), (나) 조약 사이의 시기에 있었던 사실로 옳은 것은? ▶ 42회

> (가) 제4조 …… 대한 제국 정부는 대일본 제국 정부의 행동이 용이하도록 충분한 편의를 제공한다. 대일본 제국 정부는 …… 군사 전략상 필요한 지점을 수시로 사용할 수 있다.
>
> (나) 제2조 한국 정부의 법령 제정 및 중요한 행정상 처분은 미리 통감의 승인을 거칠 것
> ⋮
> 제5조 한국 정부는 통감이 추천하는 일본인을 한국 관리에 임명할 것

① 안중근이 하얼빈에서 이토 히로부미를 사살하였다.
② 의병 진압을 위한 '남한 대토벌' 작전이 전개되었다.
③ 일본이 경복궁을 점령하고 내정 개혁을 요구하였다.
④ 헤이그에서 열린 만국 평화 회의에 특사가 파견되었다.
⑤ 영국군이 러시아를 견제하기 위해 거문도를 불법 점령하였다.

2. 다음 자료에 나타난 사건 이후의 사실로 옳은 것은? ▶ 45회

> 해산 결의 이틀 전 오전에 군부 대신과 하세가와 대장이 통감부에 모여 현재 한국 군대를 해산하기로 결정한 결과로, 같은 날 오후 9시 40분에 총리와 법부 대신이 황제에게 아뢴 후에 조칙을 반포하였더라. 대한매일신보

① 민영환, 조병세 등이 자결로써 항거하였다.
② 13도 창의군이 서울 진공 작전을 전개하였다.
③ 메가타가 주도한 화폐 정리 사업이 시작되었다.
④ 고종이 헤이그 만국 평화 회의에 특사를 파견하였다.
⑤ 구식 군대가 난을 일으켜 일본 공사관을 습격하였다.

한눈에 보는 해설 ⊕

정답 알아보기
(가) 한·일 의정서(1904)
(나) 한·일 신협약(정미 7조약, 1907)

(가), (나) 조약 사이의 시기에 있었던 사실로 옳은 것은?

> (가) 제4조 …… 대한 제국 정부는 대일본 제국 정부의 행동이 용이하도록 충분한 편의를 제공한다. 대일본 제국 정부는 …… 군사 전략상 필요한 지점을 수시로 사용할 수 있다.
>
> (나) 제2조 한국 정부의 법령 제정 및 중요한 행정상 처분은 미리 통감의 승인을 거칠 것
> ⋮
> 제5조 한국 정부는 통감이 추천하는 일본인을 한국 관리에 임명할 것

④ 고종은 을사늑약의 부당성을 세계에 호소하기 위해 1907년 헤이그 만국 평화 회의에 특사를 파견하였다.

선지 분석하기
① 안중근이 하얼빈에서 이토 히로부미를 사살하였다. ➡ 1909년
② 의병 진압을 위한 '남한 대토벌' 작전이 전개되었다. ➡ 1909년
③ 일본이 경복궁을 점령하고 내정 개혁을 요구하였다. ➡ 갑오개혁(1894)
⑤ 영국군이 러시아를 견제하기 위해 거문도를 불법 점령하였다. ➡ 거문도 사건(1885~1887)

정답 ④

한눈에 보는 해설 ⊕

정답 알아보기
→1907년 군대 해산
다음 자료에 나타난 |사건| 이후의 사실로 옳은 것은?

> 해산 결의 이틀 전 오전에 군부 대신과 하세가와 대장이 통감부에 모여 현재 한국 군대를 해산하기로 결정한 결과로, 같은 날 오후 9시 40분에 총리와 법부 대신이 황제에게 아뢴 후에 조칙을 반포하였더라. 대한매일신보

② 13도 창의군의 서울 진공 작전 ➡ 1908년

선지 분석하기
① 민영환, 조병세 등이 자결로써 항거하였다. ➡ 1905년
③ 메가타가 주도한 화폐 정리 사업이 시작되었다. ➡ 1905년
④ 고종이 헤이그 만국 평화 회의에 특사를 파견하였다. ➡ 1907년
⑤ 구식 군대가 난을 일으켜 일본 공사관을 습격하였다. ➡ 임오군란(1882)

정답 ②

👍 신민회

주요 정답 키워드 #삼원보 # 신흥 무관 학교 # 태극서관 # 안창호

3. (가) 단체에 대한 설명으로 옳은 것은?   ▶ 45회

> [가]은/는 안창호, 양기탁, 이승훈이 중심이 되어 조직한 비밀 결사 단체로, 국권을 회복한 뒤 공화 정체의 국가를 수립하고자 하였다. 이를 위해서는 실력 양성에 온 힘을 쏟아야 한다고 규정하고 무엇보다 국민을 새롭게 할 것을 주장하였다.

① 연통제를 통해 독립운동 자금을 모았다.
② 일제의 황무지 개간권 요구를 저지하였다.
③ 중추원 개편을 통해 의회 설립을 추진하였다.
④ 복벽주의를 내세우며 의병 전쟁을 준비하였다.
⑤ 남만주 삼원보에 독립운동 기지를 건설하였다.

👍 항일 의병

주요 정답 키워드 # 허위 # 서울 공격(서울 진공 작전)

4. 다음 사건이 일어난 시기를 연표에서 옳게 고른 것은?   ▶ 31회

> 군사장(허위)은 미리 군비를 신속히 정돈하여 철통과 같이 함에 한 방울의 물도 샐 틈이 없는지라. 이에 전군에 명령을 전하여 일제히 진군을 재촉하여 동대문 밖으로 진군하였다. 대군은 긴 뱀의 형세로 천천히 전진하게 하고, 3백 명을 인솔하고 선두에 서서 동대문 밖 삼십 리 되는 곳에 나아가 전군이 모이기를 기다려 일거에 서울을 공격하여 들어가기로 계획하였다. 전군이 모여드는 시기가 어긋나고 일본군이 갑자기 진격하는지라. 여러 시간을 격렬히 사격하다가 후원군이 이르지 않으므로 그대로 퇴진하였더라.

1894	1899	1904	1905	1907	1910
(가)	(나)	(다)	(라)	(마)	
갑오 개혁	대한국 국제 반포	한·일 의정서	을사 늑약	정미 7조약	국권 피탈

① (가)   ② (나)   ③ (다)
④ (라)   ⑤ (마)

한눈에 보는 해설 ⊕

정답 알아보기

신민회 → (가) 단체에 대한 설명으로 옳은 것은?

> [가]은/는 **안창호, 양기탁, 이승훈이 중심이 되어 조직한 비밀 결사 단체**로, 국권을 회복한 뒤 **공화 정체의 국가를 수립**하고자 하였다. 이를 위해서는 실력 양성에 온 힘을 쏟아야 한다고 규정하고 무엇보다 국민을 새롭게 할 것을 주장하였다.

⑤ 신민회는 이시영·이회영을 중심으로 서간도(남만주) 삼원보에 신한 민촌을 건설하고 경학사(1911)를 조직하였으며, 신흥 무관 학교(1919)를 세웠다.

선지 분석하기

① 연통제를 통해 독립운동 자금을 모았다. ➡ 대한민국 임시 정부
② 일제의 황무지 개간권 요구를 저지하였다. ➡ 보안회
③ 중추원 개편을 통해 의회 설립을 추진하였다. ➡ 독립 협회
④ 복벽주의를 내세우며 의병 전쟁을 준비하였다. ➡ 독립 의군부

한눈에 보는 해설 ⊕

정답 알아보기
→ 서울 진공 작전(1908)
다음 사건이 일어난 시기를 연표에서 옳게 고른 것은?

> **군사장(허위)**은 미리 군비를 신속히 정돈하여 철통과 같이 함에 한 방울의 물도 샐 틈이 없는지라. 이에 전군에 명령을 전하여 일제히 진군을 재촉하여 동대문 밖으로 진군하였다. 대군은 긴 뱀의 형세로 천천히 전진하게 하고, 3백 명을 인솔하고 선두에 서서 동대문 밖 삼십 리 되는 곳에 나아가 전군이 모이기를 기다려 일거에 **서울을 공격하여 들어가기로 계획**하였다. 전군이 모여드는 시기가 어긋나고 일본군이 갑자기 진격하는지라. 여러 시간을 격렬히 사격하다가 후원군이 이르지 않으므로 그대로 퇴진하였더라.

⑤ 1907년 12월 의병 연합 부대인 13도 창의군을 결성하고 1908년 1월 서울 진공 작전을 전개하였으나 실패하였다.

정답 ⑤

정답 ⑤

열강의 경제적 침탈과 경제적 구국 운동

1 일본과 청의 경제 침략

✧ 한성의 청과 일본 상인 거류지

개항 초기 (1876~1882)	일본 상인의 무역 독점 – 조·일 수호 조규 부록(1876): 거류지 중계 무역(간행이정 10리) – 조·일 통상 장정(1876): 일본 수출입 상품에 대한 무관세 및 무항세, 양곡의 무제한 유출
1880년대 [임오군란(1882) 이후] – 청·일 간의 상권 침탈 경쟁 심화	• 일본 – 조·일 수호 조규(부록)[1882. 7. 17.(음력)·8. 30.(양력)]: 내륙 진출 허용(간행이정 50리 ➡ 2년 뒤 100리) – 개정 조·일 통상 장정(1883): 수출입 상품의 관세 규정(10%의 수입세·선박세), 최혜국 대 우 규정, 방곡령 조항 제시 • 청: 조·청 상민 수륙 무역 장정[1882. 8. 23.(음력)·10. 14.(양력)] – 양화진 개방, 내지 통상 권 최초 확보 ➡ 일본 상인과 경쟁
청·일 전쟁(1894) 이후	일본 상인의 조선 시장 독점

2 열강의 경제 이권 침탈

1. **배경**: 청·일 전쟁 이후 이권 탈취, 금융 지배, 차관 제공 등 제국주의적 경제 침탈 단계 ➡ 아관 파
천을 계기로 본격화[**근거** 최혜국 대우 조약]

2. **이권 침탈 내용**

국가	연도	이권 내용
러시아	1896	경원·종성의 광산 채굴권, 울릉도·압록강 유역 삼림 채벌권
미국	1896	경인선 철도 부설권(➡ 일본에 양도), 운산 금광 채굴권, 서울의 전기·수도 시설권
프랑스	1896	경의선 철도 부설권(➡ 재정 부족으로 대한 철도 회사에 환수 ➡ 러·일 전쟁 중 일본으 로 양도, 1906년 완성)
독일	1897	강원도 당현 금광 채굴권
영국	1900	평안도 은산 금광 채굴권
일본	1897	경인선 철도 부설권 인수(⬅ 미국)
	1898	경부선 철도 부설권
	1900	충청도 직산 금광 채굴권
	1904	경원선 철도 부설권, 경의선 철도 부설권 인수

✧ 열강의 이권 침탈

3. 일본의 금융 지배 및 차관 제공

금융 지배	재정 고문 메가타의 화폐 개혁(1905): 일본 제일은행권이 법정 통화로 채택, 금 본위제 ➡ 기존 화폐 교환이 제대로 안 됨. 한국 상공업자 몰락
일본의 차관 제공	• 청 · 일 전쟁 이후: 일본은 조세 징수권과 해관세 수입을 담보로 차관 제공 • 러 · 일 전쟁 이후: 화폐 정리, 시설 개간의 명목으로 차관 제공

3 경제적 구국 운동

방곡령 시행 (1889)	• 원인: 일본 상인의 농촌 시장 침투, 지나친 곡물 반출로 인한 쌀값 폭등, 조선 관권의 저항(함경도, 황해도) • 결과: 개정 조 · 일 통상 장정(1883)의 규정 근거 ➡ 실패, 방곡령 철회 · 배상금 지불
상권 수호 운동	• 원인: 개항 초기 외국 상인의 활동 범위는 개항장으로부터 10리 이내로 제한(거류지 무역) ➡ 1880년대 내지 통상 허용 ➡ 청국 상인과 일본 상인의 상권 침탈 경쟁 치열 • 상권 수호 시위: 서울 상인들 철시, 시전 상인들의 황국 중앙 총상회 조직(1898)
황무지 개간권 반대 운동	• 보안회(1904): 일본의 황무지 개간권 요구 철거 ➡ 성공 • 농광 회사(1904): 민간 실업인들이 세운 황무지 개간 회사
국채 보상 운동 (1907)	• 배경: 일본의 차관 제공 • 전개: 대구에서 김광제 · 서상돈 등에 의해 시작 ➡ 전국 확산, 국채 보상 기성회 중심 • 결과: 일제 통감부의 탄압으로 좌절 **cf** 국채 보상 운동 기록물: 유네스코 기록 문화유산 등재(2017)

✦ 경제적 자주권 수호 운동

한능검 꼭꼭 사료

1. 메가타의 화폐 정리 사업
제3조 구 백동화의 품질, 무게, 인상(印象), 모양이 소재가치와 액면가가 일치하는 화폐[正貨]로 인정받을 만한 것은 한 개당 금(金) 1전 9리의 비율로 새로운 화폐로 교환한다. 이 기준에 합당하지 않은 부정 백동화는 개당 금 1전의 가격으로 정부에서 사들인다. 만약 매수를 원하지 않는 경우 정부에서 절단하여 돌려준다. 단, 형태나 품질이 조악하여 화폐로 인정할 수 없는 것은 사들이는 대상으로 포함하지 않는다.

2. 상권 수호 운동
근일 외국인이 내지의 각부 각군 요지에 점포와 가옥을 사서 장사를 하고 또 전답을 구입한다고 하니 이는 외국과 통상에도 없는 것이요 외국인들이 내지에 와서 점포를 열어 장사를 하고 전답을 사들이면 대한 인민의 상권이 외국인에게 모두 돌아가고 …… 우리나라 각부 각군 지방에 잡거하는 외국 상인을 모두 철거하게 하고 가옥과 전답 구매를 일체 엄금하여 대한 인민의 상업을 흥왕하게 하여 달라. 『독립신문』

3. 국채 보상 국민 대회의 취지문
지금은 우리들이 정신을 새로이 하고 충의를 떨칠 때이니, 국채 1,300만 원은 바로 우리 한(韓) 제국의 존망에 직결된 것이라. …… 그러므로 이 국채를 갚는 방법으론 2,000만 인민들이 3개월 동안 흡연을 금하고, 그 대금으로 한 사람이 매달 20전씩 거둔다면 1,300만 원을 모을 수 있으며, 만일 그 액수가 미달할 때에는 1환, 10환, 100환의 특별 모금을 해도 될 것이다. 『대한매일신보』(1907. 2. 21.)

사료 듬뿍

국채 보상 운동
"우리가 일용에 무익한 연초를 3개월 기한으로 끊고 그 비용으로 각자 1원씩만 모으면 전국 인구에 담배 피우지 않는 부녀자를 제하여도 1천 2백만 원이 될 것이니 국채를 갚음이 어찌 걱정이랴." 하니 이에 만장 일치로 박수갈채하고 각자 주머니를 풀어 의연금을 내니, 고취하는 소리 소나기에 물이 넘쳐 흐르듯 하더라.

장지연, 『대한 자강회 월보』 제9호

✦ 국채 보상 운동 기념비(대구)

테마 45 실전문제

🐾 출제 POINT
근대 개항기 경제 상황 및 국채 보상 운동의 특징을 묻는 문제가 주로 출제된다.

👍 국채 보상 운동

주요 정답 키워드 # 금주·금연을 통한 차관 갚기 # 국채 보상 기성회

1. (가)~(라)에 들어갈 내용으로 옳은 것을 〈보기〉에서 고른 것은? ▶ 39회

〈수행 평가 보고서〉

경제적 구국 운동

이름: ○○○

1. 배경: 아관 파천 이후 심화된 외세의 경제 침탈에 맞서 경제적 구국 운동이 전개되었다.
2. 주요 사례

단체	활동 내용
독립 협회	(가)
황국 중앙 총상회	(나)
보안회	(다)
국채 보상 기성회	(라)

보기

㉠ (가) – 대동 상회, 장통 상회를 설립하였다.
㉡ (나) – 러시아의 절영도 조차 요구를 저지하였다.
㉢ (다) – 일제의 황무지 개간권 요구를 철회시켰다.
㉣ (라) – 금주·금연을 통한 차관 갚기 운동을 전개하였다.

① ㉠, ㉡   ② ㉠, ㉢   ③ ㉡, ㉢
④ ㉡, ㉣   ⑤ ㉢, ㉣

2. (가), (나)는 경제 위기를 극복하기 위한 운동이다. 이에 대한 설명으로 옳은 것만을 〈보기〉에서 모두 고른 것은? ▶ 11회

구분	(가)	(나)
연도	1907년	1997년
배경	차관 도입	외환 부족
목표액	1,300만 원	250억 달러 상당의 금 모으기
모금액	약 18만 7천 원	21억 7천만 달러 상당

보기

㉠ (가)는 국채 보상 기성회를 중심으로 전개되었다.
㉡ (가)는 독립신문의 적극적인 홍보로 성과를 거두었다.
㉢ (나)는 IMF의 관리 체제에서 벗어나기 위해 전개되었다.
㉣ (가), (나)는 전국에서 각계각층이 참여하였다.

① ㉠, ㉡   ② ㉠, ㉢   ③ ㉠, ㉡, ㉢
④ ㉠, ㉢, ㉣   ⑤ ㉡, ㉢, ㉣

한눈에 보는 해설 ⊕

정답 알아보기

(가)~(라)에 들어갈 내용으로 옳은 것을 〈보기〉에서 고른 것은?

〈수행 평가 보고서〉

경제적 구국 운동

이름: ○○○

1. 배경: 아관 파천 이후 심화된 외세의 경제 침탈에 맞서 경제적 구국 운동이 전개되었다.
2. 주요 사례

단체	활동 내용
독립 협회	(가)
황국 중앙 총상회	(나)
보안회	(다)
국채 보상 기성회	(라)

㉢ 보안회(1904)는 러·일 전쟁 당시 토지 약탈을 목적으로 일제가 황무지 개간권을 요구하자, 이에 반대 운동을 전개하였다.
㉣ 국채 보상 기성회(1907)는 경제적 자주권을 지키기 위해 금주·금연을 통한 차관 갚기 운동인 국채 보상 운동을 전개하였다.

선지 분석하기

㉠ (가) – 대동 상회, 장통 상회를 설립하였다. ➡ 1880년대 일부 상인들이 상회사 설립
㉡ (나) – 러시아의 절영도 조차 요구를 저지하였다. ➡ 독립 협회의 활동

정답 ⑤

한눈에 보는 해설 ⊕

정답 알아보기

(가) 국채 보상 운동
(나) 금 모으기 운동

(가), (나)는 경제 위기를 극복하기 위한 운동이다. 이에 대한 설명으로 옳은 것만을 〈보기〉에서 모두 고른 것은?

구분	(가)	(나)
연도	1907년	1997년
배경	차관 도입	외환 부족
목표액	1,300만 원	250억 달러 상당의 금 모으기
모금액	약 18만 7천 원	21억 7천만 달러 상당

㉠ (가) – 김광제, 서상돈 등의 발의로 대구에서 시작된 국채 보상 운동은 국채 보상 기성회를 중심으로 전국으로 확산되어 진행되었다.
㉢ (나) – 1997년 국제 통화 기금(IMF)을 극복하기 위해 대대적인 금 모으기 운동이 전개되어 단기간에 엄청난 양의 금을 모았다.
㉣ (가), (나) – 국채 보상 운동과 금 모으기 운동은 나라의 경제적 위기를 극복하기 위해 전국에서 각계각층이 참여하였다.

선지 분석하기

㉡ (가)는 독립신문(1896~1899)의 적극적인 홍보로 성과를 거두었다.
➡ 국채 보상 운동(1907)은 대한매일신보(1904~1910)의 홍보로 성과를 거둠.

정답 ④

👍 보부상

주요 정답 키워드 # 황국 협회 # 독립 협회의 활동 방해

3. 다음은 어떤 상인과 관련된 정부 기구의 변화를 나타낸 것이다. 이 상인의 활동으로 옳은 것은?

▶ 4회

혜상공국 (惠商公局)	➡	상리국 (商理局)	➡	농상아문 (農商衙門)	➡	상무사 (商務社)

① 관리와 결탁하여 대동미 수송을 전담하였다.

② 수송, 위탁, 중계, 대부업 등을 주요 업무로 하였다.

③ 황국 협회에 가입하여 독립 협회의 활동을 방해하였다.

④ 송도부기라고 하는 독자적 장부 기록법을 사용하였다.

⑤ 일제 강점 이후 조선 총독부의 비호하에 영향력을 행사하였다.

👍 화폐 정리 사업

주요 정답 키워드 # 메가타 # 구 백동화 # 차관 도입

4. 밑줄 그은 '이 사업'에 대한 설명으로 옳은 것을 〈보기〉에서 고른 것은?

▶ 28회

역사 신문

제△△호 　　　　　　　　　　1905년 ○○월 ○○일

오늘부터 신화폐로 교환해야

정부는 지난 6월 발표한 탁지부령 제1호에 근거하여 구 백동화를 일본의 제일 은행권으로 교환하는 작업을 오늘부터 실시한다고 발표했다. 이 사업을 주도한 인물은 일본 정부가 추천한 재정 고문 메가타로 알려져 추진 배경에 의구심이 증폭된다.

보기

㉠ 화폐 주조를 위해 전환국이 설립되었다.

㉡ 통화량이 줄어들어 국내 상인들이 타격을 입었다.

㉢ 황국 중앙 총상회가 중심이 되어 반대 운동을 전개하였다.

㉣ 일본에서 차관이 도입되어 정부의 재정 예속화를 심화시켰다.

① ㉠, ㉡　　　　② ㉠, ㉢　　　　③ ㉡, ㉢

④ ㉡, ㉣　　　　⑤ ㉢, ㉣

한눈에 보는 해설 ⊕

정답 알아보기 ▶보부상

다음은 어떤 상인 과 관련된 정부 기구의 변화를 나타낸 것이다. 이 상인의 활동으로 옳은 것은?

혜상공국 (惠商公局)	➡	상리국 (商理局)	➡	농상아문 (農商衙門)	➡	상무사 (商務社)

③ 보부상 단체인 황국 협회(1898)는 참정대신 조병식 등의 보수 세력들이 주동이 되어 독립 협회에 대항하기 위해 조직된 단체이다.

선지 분석하기

① 관리와 결탁하여 대동미 수송을 전담하였다. ➡ 경강상인

② 수송, 위탁, 중계, 대부업 등을 주요 업무로 하였다. ➡ 선상, 객주, 여각

④ 송도부기라고 하는 독자적 장부 기록법을 사용하였다. ➡ 송상

⑤ 일제 강점 이후 조선 총독부의 비호하에 영향력을 행사하였다. ➡ 보부상은 독립운동에 일조함.

정답 ③

한눈에 보는 해설 ⊕

정답 알아보기 ▶화폐 정리 사업(1905)

밑줄 그은 '이 사업'에 대한 설명으로 옳은 것을 〈보기〉에서 고른 것은?

오늘부터 신화폐로 교환해야

정부는 지난 6일 발표한 탁지부령 제1호에 근거하여 구 백동화를 일본의 제일 은행권으로 교환하는 작업을 오늘부터 실시한다고 발표했다. 이 사업을 주도한 인물은 일본 정부가 추천한 재정 고문 메가타로 알려져 추진 배경에 의구심이 증폭된다.

㉡ 화폐 정리 사업 과정에서 질이 나쁜 백동화나 적은 금액은 교환해 주지 않아서 상공업자와 농민들이 큰 피해를 입었다.

㉣ 화폐 정리 사업의 결과 우리나라 은행은 몰락하거나 자주성을 잃게 되었고, 화폐 정리 사업에 필요한 자금을 일본 차관으로 조달하여 대한 제국은 거액의 국채를 떠안게 되었다.

선지 분석하기

㉠ 화폐 주조를 위해 전환국이 설립되었다. ➡ 전환국 설치(1883)

㉢ 황국 중앙 총상회가 중심이 되어 반대 운동을 전개하였다. ➡ 시전 상인들이 서울에서 황국 중앙 총상회를 조직하여 외국인의 불법적인 내륙 상업 활동을 엄단할 것을 요구하며 상권 수호 운동 전개

정답 ④

테마 46 근대 문화의 형성

✦ 1887년 경복궁 내 건청궁과 향원정에 전등이 켜진 모습을 그린 그림

✦ 서울의 전차(1899)

✦ 명동 성당(1898)

✦ 덕수궁 석조전(1910)

1 근대 시설의 수용

각종 시설		연대	내용
인쇄	박문국	1883	최초의 근대적 인쇄소(➡ 『한성순보』 발행)
통신	전신	1885	서울~인천(청), 서울~의주 간 전신 가설(청)
	전화	1898	경운궁(덕수궁) 내
	전등	1887	경복궁 내 가설
	우편	1895	갑신정변으로 중단 ➡ 1895년 우정국 재개
		1900	만국 우편 연합 가입, 파리 만국 박람회 참석
화폐	전환국	1883	화폐 주조
무기	기기창	1883	근대식 무기 공장(영선사)
교통	철도 경인선	1896	최초의 철도, 미국인 모스 부설권 획득 ➡ 1897년 일본 기공 ➡ 1899년 완성
	철도 경의선	1896	프랑스 부설권 획득 ➡ 재정 부족으로 대한 철도 회사에 환수 ➡ 러·일 전쟁 중 일본으로 양도 ➡ 1906년 완성
	철도 경부선	1898	일본 부설권 획득 ➡ 1901년 기공 ➡ 1905년 개통
	전차 서대문~청량리	1899	콜브란(미국)과 황실이 합작한 한성 전기 회사, 1898년 전차 공사 시작 ➡ 1899년 전차 개통
의료 기관	광혜원	1885	최초의 근대식 병원(알렌) ➡ 제중원으로 개칭
	광제원	1900	국립 병원, 종두법 보급(지석영)
	세브란스 병원	1904	미국인 에비슨 건립
	대한 의원	1907	의료 요원 양성소
건축	독립문(프랑스 개선문, 1897), 명동 성당(1898, 중세 고딕 양식), 덕수궁 석조전(1910, 중세 르네상스 양식)		

2 언론

✦ 「한성순보」

신문	발행인	활동
한성순보(1883~1884)	박문국	• 우리나라 최초의 신문(관보), 순한문 • 갑신정변의 실패로 폐간 ➡ 한성주보로 부활(1886)
한성주보(1886~1888)	박문국	• 최초의 국한문 혼용(주간 신문) • 최초 상업 광고 기재
독립신문(1896~1899)	독립 협회	• 최초의 근대적 민간지 • 한글판과 영문판
황성신문(1898~1910)	남궁억, 장지연	• 국한문 혼용 신문, 개신 유학자 등 지식인 대상 • 장지연의 '시일야방성대곡' – 애국적 논설로 유명
제국신문(1898~1910)	이종일	• 중류 이하의 대중과 부녀자 대상 • 순한글판 일간지
대한매일신보(1904~1910)	양기탁, 베델(영)	• 순한글, 국한문, 영문 등 3종류로 발행 • 을사조약 이후 항일 운동의 선봉 • 국채 보상 운동에 적극적 활동, 을사조약의 부당성을 폭로한 고종 친서 발표
기타	경향신문(1906~1910, 천주교), 만세보(1906~1907, 천도교)	

3 교육

1880년대	원산 학사(1883)	최초의 근대적 사립 학교(학문+무술)
	동문학(1883)	최초의 근대적 영어 강습 기관(정부)
	육영 공원(1886)	최초의 근대적 관립 학교(상류층 자제)
2차 갑오개혁기		교육 입국 조서(1895): 신교육 실시 천명 ➡ 소학교, 중학교, 사범 학교, 외국어 학교 등 각종 관립 학교 설립
사립 학교		• 선교사 건립: 배재학당(1885, 아펜젤러), 이화학당(1886, 스크랜턴), 경신학교(1886, 언더우드) 등 • 민족지사 건립: 보성학교(이용익, 1905), 오산학교(이승훈, 1907), 대성학교(안창호, 1907), 서전서숙(북간도, 이상설, 1906) 등

4 국학·종교의 변화

1. 국학

국사	• 장지연, 신채호, 박은식 등이 근대 계몽 사학 성립, 구국 위인전 · 외국 흥망사, 국민 계몽 • 신채호: 「독사신론」(1908), 「이순신전」, 「을지문덕전」 등 위인전 ↳ 민족주의 사학으로의 방향 제시 • 박은식: 「천개소문전」, 「안중근전」 등 • 최남선 · 박은식: 조선 광문회 설립
국어	국문 연구소 설립(지석영, 주시경, 1907)

2. 종교

유교	박은식의 「유교구신론」(1909) ➡ 유교의 개혁 주장
불교	한용운의 「조선불교유신론」(1913) ➡ 불교의 자주성 회복 및 개혁 주장
천주교	고아원, 양로원 등을 통한 선교 활동, 경향신문(1906) 간행
개신교	의료 및 교육 활동을 통한 선교 활동
천도교	손병희가 동학을 천도교로 개창(1905), 만세보(1906) 간행
대종교	나철 등이 단군 신앙을 발전시켜 대종교(1909) 창시 ➡ 국권 강탈 이후 만주에서 항일 운동의 선봉에 섬. ↳ 1911년 중광단 조직 → 북로 군정서로 개편

📖 문예의 발달

• 신소설: 이인직의 「혈의 누」, 이해조의 「자유종」, 안국선의 「금수회의록」(1908) 등
• 신체시: 최남선의 '해에게서 소년에게' 발표(잡지 「소년」)
• 신극: 원각사(최초 서양식 극장, 1908)에서 신극 공연

✦ 안국선의 「금수회의록」

🖊 사료 듬뿍

여성 통문

1898년 서울의 북촌 부인들을 중심으로 찬양회가 조직되어 우리나라 최초의 여권 운동을 전개함. 찬양회는 독립신문과 황성신문에 여성의 참정권, 직업권, 교육권을 주장하는 '여성 통문(1898)'을 발표하였으며, 여성 계몽을 위한 연설회와 토론회를 개최하였고, 여성 교육을 위해 관립 여학교 설립을 추진하였으나 여의치 않자 1899년 우리나라 최초의 사립 여학교인 순성 여학교를 설립함.

한능검 꼭꼭 사료 👆

1. 여성 통문
하나님이 세계 인생을 낳으실 때에 사나이나 여편네나 사람은 다 한가지라. 여자도 남자의 학문을 교육받고 여자도 남자와 동등권을 가져 인생에 당한 사업을 다 각기 하는 것이 당연한 도리거늘, …… 총명이 한갓 남자에게만 있는 것이 아니라 여자도 또한 총명한 재질인즉, 여자도 학문과 동등권을 가져 남자를 더욱 이롭게 도울지라. 그리한다면, 남녀간에 고락을 한가지로 하고 사업을 같이 하며 생애를 고르게 하여 나라가 더 부강하고 집안이 태평할 터이니, 그럴 지경이면 어찌 아름답지 아니하리오.
「독립신문」(1898. 1. 4.)

2. 원산 학사
덕원(원산) 부사 정현석이 장계를 올립니다. 신이 다스리는 이곳 읍은 해안의 요충지에 있고 아울러 개항지가 되어 소중함이 다른 곳에 비할 바가 못 됩니다. 개항지를 빈틈없이 운영해 나가는 방도는 인재를 선발하여 쓰는 데 달려 있고, 인재 선발의 요체는 교육에 있습니다. 그러므로 학교를 설립하여 연소하고 총명한 자를 뽑아 교육하고자 합니다.
「덕원부계록」

3. 박은식의 「유교구신론」
유교가 끝내 불교나 기독교와 같이 세계에 대발전을 하지 못함은 무슨 까닭이뇨. 나는 외람됨을 무릅쓰고 3대 문제를 들어 개량 구신의 의견을 바치노라. 첫째는 유교가 인민 사회에 보급할 정신이 부족함이요, 둘째는 내가 동몽(童蒙)을 찾는 것이 아니라 동몽이 나를 찾도록 하는 것이요, 셋째는 주자학을 전적으로 숭상함이라.

테마 46 실전문제

👍 근대 시설

주요 정답 키워드 # 경인선 개통 # 원산 학사 설립 # 명동 성당 완공 # 전환국 설치

1. (가)~(마) 시기에 일어난 역사적 사실로 옳은 것은? ▶ 26회

1876	1882	1889	1896	1904	1907
	(가)	(나)	(다)	(라)	(마)
강화도 조약	임오 군란	함경도 방곡령 선포	아관 파천	한·일 의정서 체결	국채 보상 운동

① (가) – 전환국이 설치되어 화폐 발행이 시작되었다.
② (나) – 고딕 양식의 명동 성당이 완공되었다.
③ (다) – 최초의 상업 광고가 실린 한성주보가 발행되었다.
④ (라) – 서울과 인천 사이에 철도가 최초로 개통되었다.
⑤ (마) – 덕원 지방의 관민들이 원산 학사를 설립하였다.

2. (가), (나) 사이의 시기에 볼 수 있는 모습으로 적절하지 않은 것은? ▶ 40회

> (가) 본 덕원부는 해안의 요충지에 위치해 있고 아울러 개항지입니다. 이곳을 빈틈없이 미리 대비하는 방도는 인재를 선발하여 쓰는 데 있고, 그 핵심은 가르치고 기르는 데 있습니다. 그래서 원산사(元山社)에 학교를 설치하였습니다.
>
> (나) 경인 철도 회사에서 어제 개업 예식을 거행하는데 …… 화륜거 구르는 소리는 우레 같아 천지가 진동하고 기관차 굴뚝 연기는 반공에 솟아오르더라. 수레를 각기 방 한 칸씩 되게 만들어 여러 수레를 철구로 연결하여 수미상접하게 이었는데, 수레 속은 상·중·하 3등으로 수장하여 그 안에 배포한 것과 그 밖에 치장한 것은 이루 형언할 수 없더라.

① 전신선을 가설하는 인부
② 이화 학당에서 공부하는 학생
③ 제중원에서 치료를 받고 있는 환자
④ 한성 전기 회사 창립을 협의하는 관리
⑤ 대한매일신보의 기사를 읽고 있는 교사

한눈에 보는 해설 ⊕

정답 알아보기

(가)~(마) 시기에 일어난 역사적 사실로 옳은 것은?

1876	1882	1889	1896	1904	1907
	(가)	(나)	(다)	(라)	(마)
강화도 조약	임오 군란	함경도 방곡령 선포	아관 파천	한·일 의정서 체결	국채 보상 운동

④ 경인선 개통 ➡ 1899년

선지 분석하기

① (가) – 전환국이 설치되어 화폐 발행이 시작되었다. ➡ 1883년
② (나) – 고딕 양식의 명동 성당이 완공되었다. ➡ 1898년
③ (다) – 최초의 상업 광고가 실린 한성주보가 발행되었다. ➡ 1886년
⑤ (마) – 덕원 지방의 관민들이 원산 학사를 설립하였다. ➡ 1883년

정답 ④

한눈에 보는 해설 ⊕

정답 알아보기
↳ (가) 원산 학사 설립(1883)
(나) 경인선 개통(1899)

(가), (나) 사이의 시기에 볼 수 있는 모습으로 적절하지 않은 것은?

> (가) 본 덕원부는 해안의 요충지에 위치해 있고 아울러 개항지입니다. 이곳을 빈틈없이 미리 대비하는 방도는 인재를 선발하여 쓰는 데 있고, 그 핵심은 가르치고 기르는 데 있습니다. 그래서 원산사(元山社)에 학교를 설치하였습니다. ↳ 원산 학사(1883)
>
> ↳ 경인선 개통(1899)
> (나) 경인 철도 회사에서 어제 개업 예식을 거행하는데 …… 화륜거 구르는 소리는 우레 같아 천지가 진동하고 기관차 굴뚝 연기는 반공에 솟아오르더라. 수레를 각기 방 한 칸씩 되게 만들어 여러 수레를 철구로 연결하여 수미상접하게 이었는데, 수레 속은 상·중·하 3등으로 수장하여 그 안에 배포한 것과 그 밖에 치장한 것은 이루 형언할 수 없더라.

⑤ 대한매일신보 ➡ 1904~1910년

선지 분석하기

① 전신선을 가설하는 인부 ➡ 1885년 가설
② 이화 학당에서 공부하는 학생 ➡ 1886년 설립
③ 제중원에서 치료를 받고 있는 환자 ➡ 1885년 건립
④ 한성 전기 회사 창립을 협의하는 관리 ➡ 1898년 창립

정답 ⑤

👍 근대 시설

주요 정답 키워드 # 원산(학)사 # 근대적 시설

3. 다음 글이 작성된 이후의 사실로 옳지 않은 것은? ▶ 38회

> 본 [덕원]부는 해안의 요충지에 위치해 있고 아울러 개항지입니다. 이곳을 빈틈없이 잘 운영해 나가는 방도는 인재를 선발하여 쓰는 데 있고 그 핵심은 가르치고 기르는 데 있습니다. 그래서 원산사(元山社)에 글방을 설치하였습니다.
> **덕원 부사 정현석의 장계**

① 국한문 혼용체의 황성신문이 발간되었다.
② 교원 양성을 위해 한성 사범 학교가 설립되었다.
③ 헐버트, 길모어 등이 육영 공원 교사로 초빙되었다.
④ 근대 기술을 배우기 위해 청에 영선사 일행이 파견되었다.
⑤ 교육의 기본 방향을 제시한 교육 입국 조서가 반포되었다.

👍 근대 언론

주요 정답 키워드 # 한성순보(최초의 신문) # 독립신문(영문판)
대한매일신보(양기탁과 베델, 국채 보상 운동 지원, 총독부 기관지)

4. (가)~(마)에 대한 설명으로 옳은 것은? ▶ 37회

① (가) – 정부에서 발행하는 순한문 신문이었다.
② (나) – 국채 보상 운동을 적극적으로 후원하였다.
③ (다) – 외국인이 읽을 수 있도록 영문으로도 발행되었다.
④ (라) – 국권 피탈 후 총독부의 기관지로 전락하였다.
⑤ (마) – 최초로 상업 광고가 게재되었다.

한눈에 보는 해설 ⊕

정답 알아보기 ┌→원산 학사 설치(1883)

다음 글이 작성된 이후 의 사실로 옳지 않은 것은?

> ┌→원산
> 본 [덕원]부는 해안의 요충지에 위치해 있고 아울러 개항지입니다. 이곳을 빈틈없이 잘 운영해 나가는 방도는 인재를 선발하여 쓰는 데 있고 그 핵심은 가르치고 기르는 데 있습니다. 그래서 **원산사(元山社)**에 글방을 설치하였습니다.
> **덕원 부사 정현석의 장계**

④ 청에 영선사 파견 ➡ 1881년

선지 분석하기
① 국한문 혼용체의 황성신문이 발간되었다. ➡ 황성신문(1898~1910)
② 교원 양성을 위해 한성 사범 학교가 설립되었다. ➡ 1895년
③ 헐버트, 길모어 등이 육영 공원 교사로 초빙되었다. ➡ 육영 공원 설립(1886)
⑤ 교육의 기본 방향을 제시한 교육 입국 조서가 반포되었다. ➡ 고종의 교육 입국 조서 반포(1895)

한눈에 보는 해설 ⊕

정답 알아보기

(가)~(마)에 대한 설명으로 옳은 것은?

① 우리나라 최초의 신문(관보)인 한성순보는 1883년에 박문국에서 10일에 한 번 한문으로 발행되었으나, 갑신정변의 실패로 1884년에 폐간되었다.

선지 분석하기
② (나) – 국채 보상 운동을 적극적으로 후원하였다. ➡ 대한매일신보, 황성신문, 제국신문, 만세보 등
③ (다) – 외국인이 읽을 수 있도록 영문으로도 발행되었다. ➡ 독립신문, 대한매일신보
④ (라) – 국권 피탈 후 총독부의 기관지로 전락하였다. ➡ 대한매일신보는 총독부 기관지인 매일신보(1910)로 전락함.
⑤ (마) – 최초로 상업 광고가 게재되었다. ➡ 한성주보

정답 ④

정답 ①

한국사능력검정시험

PART 07

민족
독립운동기

일제의 식민 통치

✦ 무단 통치 | 제복과 칼을 착용한 관리들

✱ 안악 사건(1910)
안명근이 서간도에 무관 학교를 설립하기 위해 국내에서 모금 활동을 벌인 것을 일제가 데라우치 총독을 암살하기 위한 군자금을 모금한다고 날조하여 수많은 민족 지도자를 검거한 사건

✱ 105인 사건(1911)
일제가 안명근의 데라우치 총독 암살 미수 사건을 구실로 신민회 회원들을 체포, 신민회 활동 중지됨.

✦ 조선 총독부의 검열·삭제 지시에 의해 절반 가까운 지면이 비어 있는 상태로 발행된 신문

1 조선 총독부 설치

1. **역할:** 식민 통치의 중추 기관

2. **조선 총독의 권한:** 일본 현역 대장으로 임명, 행정권·입법권·사법권을 장악하고 군대를 통솔 ➡ 일본 내각의 통제를 받지 않은 채 일본 국왕에 직속되어 전권을 위임받음.

3. **중추원:** 총독부 자문 기구 ➡ 친일파 회유, 의장(일본인)의 허락 없이 발언 금지

✦ 조선 총독부 | 일제는 남산에 있던 총독부 청사를 1926년 경복궁 근정전 앞에 새로 지음. 이는 1995년 역사 바로 세우기 정책으로 철거됨.

2 1단계 무단 통치(1910~1919)

정치	• 헌병 경찰 통치: 헌병이 경찰의 업무를 대행 ➡ 독립운동가를 색출·처단 • 태형령 제정(1912): 태형 제도 부활, 조선인에게만 적용 • 제복과 칼 착용: 일반 관리, 학교 교원 등도 제복과 칼 착용 • 기본권 박탈: 우리 민족의 언론·집회·출판·결사의 자유 박탈 • 무단 탄압: 안악 사건✱(1910), 105인 사건✱(1911) ➡ 신민회 해체(1911)

경제	• 토지 조사 사업[1910~1918, 토지 조사령(1912) 공포]
	  – 목적: 근대적 토지 소유권 제도 확립, but 토지 약탈 및 지주층 회유
	  – 방법: 기한부 신고제, 증거주의 ➡ 절차 복잡
	  – 결과: 농민의 관습적 경작권 부정(지주 권리만 인정) ➡ 소작농 증가, 전 농토의 40% 탈취[미신고 토지, 공공 기관 소유 토지, 소유권자가 불분명한 토지 ➡ 조선 총독부에 귀속 ➡ 동양 척식 주식회사(1908) 담당, 일본인에게 싼 값에 불하]
	• 회사령(1910, 허가제): 회사 설립 시 총독의 허가를 받도록 함. ➡ 한국인의 기업 활동 억제

문화	1차 조선 교육령(1911): 민족적 사립 학교 억제

3 2단계 문화 통치(1919~1931)

정치	• 배경: 3·1 운동 계기로 통치 방식 변화, 문화 통치로 전환 ➡ but 기만적 유화 정책, 친일파 양성 • 문화 통치의 본질: 보통 경찰제 ➡ but 경찰수와 장비 더욱 증가, 문관 총독 임명 허용 ➡ but 실제로는 문관 총독 ✕ • 치안 유지법 제정(1925): 사회주의자 단속 구실 ➡ but 독립운동가 탄압 목적
경제	• 산미 증식 계획(1920~1935) 실시: 일제의 공업화 추진에 따라 부족한 식량을 한국에서 착취하려는 정책 ➡ 한국 농민은 쌀 수탈뿐만 아니라 증산에 투입된 모든 비용(수리 조합비, 비료 대금, 곡물 운반비 등)도 부담 ➡ 1934년 중단 • 회사령 개정(또는 폐지, 1920, 신고제), 관세령 폐지(1923)
문화	• 2차 조선 교육령(1922): 보통학교(6년), 3면 1교, 대학 설립 허용 ➡ but 우리 민족의 민립 대학 설립 운동 탄압, 일제의 경성 제국 대학 설립(1924) • 신문 발행 허가: 조선일보, 동아일보 간행 ➡ but 검열·삭제·압수 등 탄압

4 3단계 민족 말살 통치(1931~1945)

정치	• 중 · 일 전쟁을 계기로 국가 총동원령(1938) 발표
	    ↳ '내'는 내지인 일본을, '선'은 조선을 가리킴. 즉 일본과 조선은 한 몸이라는 뜻
	• 내선일체, 황국 신민 서사✱ 암송, 궁성 요배, 신사 참배, 일본식 성명 강요, 국어 · 국사 교육 금지
	    ↳ 궁왕이 사는 곳(동경)을 향해 절을 하는 것
	• 독립운동가 탄압: 조선 사상범 보호 관찰법(1936) 및 조선 사상범 예방 구금령(1941) 제정
	• 언론 탄압: 조선일보와 동아일보 폐간(1940)
	• 병참 기지화 정책: 지원병 제도(1938), 징용제(1939), 근로 보국대(1941), 학도 지원병 제도(1943), 징병제
	  (1943), 정신대 근무령(1944) 등 인적 수탈

경제	↳ 남쪽은 목화 재배, 북쪽은 양 사육 • 남면북양 정책, 농촌 진흥 운동 • 물적 수탈: 주요 산업 통제법(1937), 산미 증식 계획 재실시(1939), 총동원 물자 사용 수용령(1939), 공 출제(쌀, 금속제 등), 배급제 등
문화	• 3차 조선 교육령(1938): 보통학교를 심상소학교(1938)로 개편, 이후 국민학교로 개칭(1941), 조선어 수 의(선택) 과목으로 채택 • 4차 조선 교육령(1943): 군부에 의한 교육 통제

✱ 황국 신민 서사(아동용, 성인용)
"우리들은 대일본 제국의 신민이다. 우리들은 마음을 합하여 천황 폐하에게 충의를 다한다."는 황국 신민 서사를 일본어로 외우도록 강요함.

❖ 일본어 사용을 강요하는 포스터 | "훌륭한 병사를 배출하기 위해 국어(일본어) 생활을 실행합시다."

❖ 전쟁터에 강제로 끌려간 한국인 일본군 위안부

❖ 강제 공출된 금속류

한능검 꼭꼭 사료 👆

1. 태형령(1912)

제2조 100원 이하의 벌금 또는 과료에 처할 자 중 다음 각 호에 해당할 때는 그 정상에 따라 태형에 처할 수 있다.

    1. 조선 내에 일정한 주소를 가지고 있지 않을 때

    2. 무산자라고 인정될 때

제11조 태형은 감옥 또는 즉결 관서에서 비밀리에 집행한다.

제13조 본령은 조선인에 한하여 적용한다.

2. 토지 조사령(1912)

제4관 토지 소유자는 조선 총독이 정하는 기간 내에 주소·씨명, 명칭 및 소유지의 소재, 지목, 자번호(字番號), 사표(四標), 등급, 지적, 결수(結數)를 임시 토지 조사국장에게 신고해야 한다. 단, 국유지는 보관 관청이 임시 토지 조사국장에게 통지해야 한다.

3. 문화 정치의 기만성

조선 문제 해결의 성공 여부는 친일 인물을 많이 얻는 데 있으므로 친일 민간인에게 편의와 원조를 주어 수재 교육의 이름 아래 많은 친일 지식인을 긴 안목으로 키운다.

사이토 마코토 총독, 『조선 민족 운동(3·1 운동)에 대한 대책』(1920)

4. 국가 총동원령(1938)

정부는 전시에 국가 총동원상 필요할 때는 칙령이 정하는 바에 따라 ……

제4조 제국 신민을 징용하여 총동원 업무에 종사하게 할 수 있다.

제7조 노동 쟁의의 예방 혹은 해결에 관하여 필요한 명령을 내리거나 작업소의 폐쇄, 작업 혹은 노무의 중지, 기타의 노동 쟁의에 관한 행위의 제한 혹은 금지를 행할 수 있다.

제8조 물자의 생산·수리·배급·양도·기타의 처분, 사용·소비·소지 및 이동에 관하여 필요한 명령을 내릴 수 있다.

제20조 신문지, 기타 출판물의 게재에 대하여 제한 또는 금지를 행할 수 있다.

사료 돋보기 ➕ ✏️

치안 유지법(1925)

1925년 일제가 천황제를 유지하고, 사회주의 운동이 확산되는 것을 막기 위하여 제정한 법령으로, 독립운동을 탄압하는 대표적인 수단으로 활용됨.

제1조 국체를 변혁하거나 또는 사유 재산 제도를 부인하는 것을 목적으로 결사를 조직하거나 또는 사정을 알고 이에 가입한 자는 10년 이하의 징역 또는 금고에 처한다. 전향의 미수죄는 이를 벌한다.

🐷 **출제 POINT**
각 시기별 일제의 식민 통치 내용을 묻는 문제기 주로 출제된다.

👍 무단 통치 시기

주요 정답 키워드 # 태형령 # 헌병 경찰제 # 토지 조사 사업 # 회사령 # 1차 조선 교육령

1. (가)에 들어갈 내용으로 옳은 것은? ▶39회

학습 내용 정리

1910년대 일제의 통치
1. 정치
　- 헌병 경찰제 실시
　- 조선 태형령 제정 ✕
2. 경제
　- 토지 조사 사업 시행
　- 삼림령, 어업령, 조선 광업령 발표
3. 사회
　- 언론·출판·집회·결사의 자유 박탈
　- _____(가)_____

① 국민 교육 헌장 발표
② 경성 제국 대학 설립
③ 한성 사범 학교 관제 마련
④ 소학교 명칭을 국민학교로 변경
⑤ 보통학교 수업 연한을 4년으로 함

한눈에 보는 해설 ⊕

정답 알아보기
　　　　　　　→무단 통치 시기 사건
(가) 에 들어갈 내용으로 옳은 것은?

1910년대 일제의 통치
　　　　　↳무단 통치 시기
1. 정치
　– 헌병 경찰제 실시
　– 조선 태형령 제정
2. 경제
　– 토지 조사 사업 시행
　– 삼림령, 어업령, 조선 광업령 발표
3. 사회
　– 언론·출판·집회·결사의 자유 박탈
　– _____(가)_____

⑤ 일제는 1차 조선 교육령(1911)을 발표하여 보통학교 수업 연한을 4년 으로 하였다.

선지 분석하기
① 국민 교육 헌장 발표 ➡ 1968년
② 경성 제국 대학 설립 ➡ 1924년(문화 통치 시기)
③ 한성 사범 학교 관제 마련 ➡ 1895년(2차 갑오개혁)
④ 소학교 명칭을 국민학교로 변경 ➡ 1941년(민족 말살 통치 시기)

정답 ⑤

2. 밑줄 그은 '이 시기'에 볼 수 있는 일제의 정책으로 옳은 것은? ▶44회

이 그림은 토지 조사 사업이 진행되던 이 시기에 총독부가 조선에 대한 식민 통치를 미화하고, 그 실적을 선전하기 위해 개최한 조선 물산 공진회의 회의장 전경을 그린 것입니다. 그림에는 경복궁 일부를 헐어내고 물산 공진회장으로 조성한 모습이 그대로 드러나 있는데, 이는 일제가 조선의 정통성과 존엄성을 훼손하려는 의도였습니다.

① 국가 총동원법을 제정하여 인력과 물자를 수탈하였다.
② 도 평의회, 부·면 협의회 등의 자문 기구를 설치하였다.
③ 재정 고문 메가타의 주도 아래 화폐 정리 사업을 실시하였다.
④ 회사 설립 시 총독의 허가를 받도록 하는 회사령을 적용하였다.
⑤ 독립운동을 탄압하기 위해 조선 사상범 보호 관찰령을 공 포하였다.

한눈에 보는 해설 ⊕

정답 알아보기
　　　　　　→1910~1918년(토지 조사 사업이 진행된 무단 통치 시기)
밑줄 그은 '이 시기' 에 볼 수 있는 일제의 정책으로 옳은 것은?

이 그림은 **토지 조사 사업이 진행**되던 이 시기에 총독부가 조선에 대한 식민 통치를 미화하고, 그 실적을 선전하기 위해 개최한 조선 물산 공진회의 회의장 전경을 그린 것입니다. 그림에는 경복궁 일부를 헐어 내고 물산 공진회장으로 조성한 모습이 그대로 드러나 있는데, 이는 일제가 조선의 정통성과 존엄성을 훼손하려는 의도였습니다.

④ 일제는 1910년에 회사령을 발표하여 한국에서의 기업 설립을 허가제 로 하였고, 허가 조건을 위배했을 경우에는 총독이 사업의 금지와 기 업의 해산을 명할 수 있게 규정하였다.

선지 분석하기
① 국가 총동원법을 제정하여 인력과 물자를 수탈하였다. ➡ 1938년
② 도 평의회, 부·면 협의회 등의 자문 기구를 설치하였다. ➡ 1920년대
③ 재정 고문 메가타의 주도 아래 화폐 정리 사업을 실시하였다. ➡ 1905년
⑤ 독립운동을 탄압하기 위해 조선 사상범 보호 관찰령을 공포하였다.
➡ 1936년

정답 ④

👍 문화 통치 시기

주요 정답 키워드 # 치안 유지법 # 민족 분열 # 친일파

3. 다음 대책이 발표된 이후 일제가 시행한 정책으로 옳은 것은? ▶42회

> **1. 친일 단체 조직의 필요**
> …… 암암리에 조선인 중 …… 친일 인물을 물색케 하고, 그 인물로 하여금 …… 각기 계급 및 사정에 따라 각종의 친일적 단체를 만들게 한 후, 그에게 상당한 편의와 원조를 제공하여 충분히 활동토록 할 것
>
> ⋮
>
> **1. 농촌 지도**
> …… 조선 내 각 면에 ○재회 등을 조직하고 면장을 그 회장에 추대하고 여기에 간사 및 평의원 등을 두어 유지(有志)가 단체의 주도권을 잡고, 그 단체에는 국유 임야의 일부를 불하하거나 입회를 허가하는 등 당국의 양해 하에 각종 편의를 제공할 것 「사이토 마코토 문서」

① 한국인에 한해 적용되는 조선 태형령이 공포되었다.
② 사회주의 운동을 탄압하기 위한 치안 유지법이 마련되었다.
③ 기한 내에 토지를 신고하게 하는 토지 조사령이 제정되었다.
④ 헌병대 사령관이 치안을 총괄하는 경무총감부가 신설되었다.
⑤ 회사 설립 시 총독의 허가를 얻도록 하는 회사령이 발표되었다.

👍 민족 말살 통치 시기

주요 정답 키워드 # 중·일 전쟁 이후 # 조선 사상범 예방 구금령

4. 밑줄 그은 '시기'의 일제의 통치 정책으로 옳은 것은? ▶47회

① 미쓰야 협정을 체결하였다.
② 토지 조사 사업을 실시하였다.
③ 경성 제국 대학을 설립하였다.
④ 헌병 경찰 제도를 시행하였다.
⑤ 조선 사상범 예방 구금령을 공포하였다.

한눈에 보는 해설

정답 알아보기 ─ 일제의 문화 통치(민족 분열 정책)

다음 대책 이 발표된 이후 일제가 시행한 정책으로 옳은 것은?

> **1. 친일 단체 조직의 필요**
> …… 암암리에 조선인 중 …… 친일 인물을 물색케 하고, 그 인물로 하여금 …… 각기 계급 및 사정에 따라 각종의 친일적 단체를 만들게 한 후, 그에게 상당한 편의와 원조를 제공하여 충분히 활동토록 할 것
>
> ⋮
>
> **1. 농촌 지도**
> …… 조선 내 각 면에 ○재회 등을 조직하고 면장을 그 회장에 추대하고 여기에 간사 및 평의원 등을 두어 유지(有志)가 단체의 주도권을 잡고, 그 단체에는 국유 임야의 일부를 불하하거나 입회를 허가하는 등 당국의 양해 하에 각종 편의를 제공할 것 「사이토 마코토 문서」
> └제3대 조선 총독

② 3·1 운동 이후 사회주의가 급격히 보급되자, 일제는 무정부주의자와 사회주의자를 단속한다는 구실로 치안 유지법을 공포하였다(1925). 그러나 이 법은 사회주의자뿐만 아니라 민족주의 사상을 지닌 독립 운동가들을 탄압하는 데에도 이용되었다.

선지 분석하기
① 한국인에 한해 적용되는 조선 태형령이 공포되었다. ➡ 무단 통치 시기(1912)
③ 기한 내에 토지를 신고하게 하는 토지 조사령이 제정되었다. ➡ 무단 통치 시기(1912)
④ 헌병대 사령관이 치안을 총괄하는 경무총감부가 신설되었다. ➡ 무단 통치 시기
⑤ 회사 설립 시 총독의 허가를 얻도록 하는 회사령이 발표되었다. ➡ 무단 통치 시기(1910)

정답 ②

정답 알아보기 ─ 1930~1940년대 민족 말살 통치 시기

밑줄 그은 시기 의 일제의 통치 정책으로 옳은 것은?

⑤ 일제는 민족 말살 통치 시기에 독립운동가들을 재판 없이 구금할 수 있는 조선 사상범 예방 구금령(1941)을 공포하였다.

선지 분석하기
① 미쓰야 협정을 체결하였다. ➡ 문화 통치 시기(1925)
② 토지 조사 사업을 실시하였다. ➡ 무단 통치 시기(1910~1918)
③ 경성 제국 대학을 설립하였다. ➡ 문화 통치 시기(1924)
④ 헌병 경찰 제도를 시행하였다. ➡ 무단 통치 시기

정답 ⑤

테마 48 민족의 저항(1): 1910년대 국내·외 민족 운동, 3·1 운동

1 1910년대 민족 운동

1. 국내

📌 독립 의군부의 활동
• 총독부, 각국 공사, 일본 정부에 국권 반환 요구서 제출
• 일군 철병에 관한 전국민의 투서 운동 실시
• 전국에 태극기 게양

독립 의군부 (1912~1914)	의병장 임병찬이 고종의 밀명을 받고 조직, 복벽주의, 국권 반환 요구서 발송
	↳ 일제에 병합당하기 이전의 조선과 같이 국왕이 통치하는 나라를 세우자는 입장
대한 광복회 (1915~1918)	박상진 · 김좌진 주도, 공화정 주장, 독립 전쟁을 위한 군자금 모집, 만주에 독립군 기지 건설
기타	조선 국권 회복단(1915), 조선 산직 장려계(1915), 송죽회(1913) 등
	↳ 비밀 여성 단체

2. 국외

✳ 서전서숙과 명동학교
서전서숙은 이상설 등이 1906년 만주에 설립한 최초의 신학문 민족 교육 기관으로, 역사와 지리 등의 신학문을 가르침. 1908년 만주 북간도에 세워진 명동학교는 1906년 설립되었다가 1년 만에 폐교된 서전서숙의 민족 교육 정신을 계승한 것

간도	• 삼원보(서간도): 이회영 등 신민회 인사 중심, 자치 기구 경학사(➡ 부민단) 설치, 신흥 강습소(1911) ➡ 신흥 무관 학교로 발전(1919) ↳ 대종교 중심의 군사 조직 • 북간도: 중광단(1911) ➡ 북로 군정서로 발전(1919), 서전서숙✳, 명동학교✳ 설립 • 북만주: 밀산부에 독립운동 기지 한흥동 설치
중국 본토	• 신한 혁명당(1915, 신규식 · 박은식): 대동단결 선언(1917, 공화주의 표방) • 신한 청년단(1918): 1919년 파리 강화 회의에 김규식 파견
연해주	• 13도 의군(1910): 의병장 출신 유인석, 홍범도 등 조직 • 성명회(1910): 이상설, 유인석 등 중심 • 권업회(1911): 권업신문 발행(신채호) • 대한 광복군 정부(1914): 권업회가 조직, 정통령(이상설) · 부통령(이동휘)으로 하는 정부 형태 • 대한 국민 의회(1919): 전로 한족회 중앙 총회가 조직
미주	대한인 국민회(1910, 이승만), 흥사단(1913, 안창호), 대조선 국민군단(1914, 박용만) cf 숭무 학교(1910, 이근영, 멕시코)
일본	조선 청년 독립단(1919): 유학생 중심, 2 · 8 독립 선언서 발표

✧ 만주와 연해주의 독립운동 기지

2 3·1 운동(1919)

📷 3·1 운동의 상징 유관순(1902~1920)

개신교 집안에서 출생, 이화 학당에서 공부. 1919년 3 · 1 운동이 일어나자 만세 운동을 벌임. 유관순은 이화 학당이 휴교하자 고향으로 내려와 아우내 장터에서 만세 시위를 주도하다가 체포되어, 모진 고문으로 1920년 19세 나이에 순국함.

배경	• 윌슨의 민족 자결주의 원칙, but 패전국 식민지에만 적용(일본 승전국)
	 • 국외 독립운동
	   – 대동단결 선언(1917, 중국 상하이): 공화주의를 표방한 임시 정부 수립 제시
	   – 대한(무오) 독립 선언(1919, 만주, 조소앙 작성): 무장 독립 투쟁 노선을 선언한 최초의 독립 선언서
	   – 2 · 8 독립 선언(1919, 일본): 조선 청년 독립단이 동경 기독교 청년회관에서 발표
	 • 고종의 서거

전개 과정	• 33인의 민족 대표단 구성: 독립 선언서(최남선) · 공약 3장(한용운) 작성 ➡ 비폭력 · 비타협 · 비협조의 원칙 • 전개: 민족 대표단 33인은 태화관에서 독립 선언 발표 ➡ 학생과 시민이 탑골 공원에서 시위, 서울과 평양, 의주, 원산 등 전국 확산 ➡ 농촌 및 산간벽지로 확산, 농민들의 적극 참여 • 일제의 탄압: 화성 제암리 학살 사건* 등 민간인 학살
영향	• 민족 주체성 확인 및 독립 의지 천명 • 일제의 통치 방식 변화(무단 통치 ➡ 문화 통치) • 대한민국 임시 정부 수립 계기 • 무장 독립 투쟁의 본격화 • 해외에 영향: 중국의 5 · 4 운동, 인도의 비폭력 · 무저항 운동 등 반제국주의 운동에 영향

✦ 3·1 운동 참가 인원 및 피해 상황

✦ 3·1 운동의 봉기 지역

✳ 화성 제암리 학살 사건
1919년 4월 15일 일본군이 경기도 화성 제암리에서 15세 이상의 남자들을 교회에 모이게 한 후 밖에서 문을 잠그고 무차별 사격을 가한 후 교회에 불을 질러 23명을 학살하고 이웃 마을에 가서 또 6명을 살해한 사건

✧ 제암리 학살 현장

한능검 꼭꼭 사료

1. 이회영 형제들의 '노블레스 오블리주'
8월 초에 여러 형제분이 같이 모여서 같이 만주로 갈 준비를 하였다. 비밀리에 땅과 집을 한꺼번에 처분하니 얼마나 어려우리요. 그때만 해도 여러 형제분 집은 예전 대갓집이 그렇듯이 종살이를 하는 사람이 수없이 많았고, …… 우리 집 어른(이회영)은 옛날 범절을 따지지 않고 위아래 구분 없이 뜻만 같으면 악수하여 동지로 대접하였다. …… 1만여 석의 재산과 가옥을 모두 팔고 경술년(1910) 12월 30일에 큰집, 작은집이 함께 압록강을 건너 떠났다.
이은숙, 『민족 운동가 아내의 수기, 서간도 시종기』

2. 대동단결 선언(1917)
융희 황제가 삼보(토지, 인민, 정치)를 포기한 8월 29일은 바로 우리 동지가 삼보를 계승한 8월 29일이요, 그간에 한 순간도 멈춘 적이 없음이라. 우리 동지는 완전한 상속자니 저 황제권이 소멸한 때가 곧 민권이 발생할 때요, 구한국 최후의 날은 곧 신한국 최초의 날이다. …… 따라서 경술년 융희 황제의 주권 포기는 곧 우리 국민 동지에 대한 묵시적 선위니, 우리 동지는 당연히 삼보를 계승하여 통치할 특권이 있고 대통을 상속할 의무가 있도다.

3. 무오 독립 선언서(대한 독립 선언서, 1919)
우리 대한 동족 남매와 온 세계 우방 동포여! 우리 대한은 완전한 자주독립과 신성한 평등 복리로 우리 자손들에게 대대로 전하게 하기 위하여, 여기 이민족 전제의 학대와 억압을 벗어나서 대한 민주의 자립을 선포하노라. …… 이천만 형제자매여, 궐기하라. 독립군! 독립군은 일제히 천지를 바르게 한다. 한 번 죽음은 사람이 피할 수 없는 것이나, 개돼지와도 같은 삶을 누가 바라겠는가. 살신성인하면 이천만 동포는 같이 부활할 것이다.

4. 인도인의 눈으로 본 3·1 운동
'고요한 아침의 나라'라는 뜻을 지닌 조선은 일본의 총칼 아래 민족정신을 무참하게 유린당했다. 일본은 처음 얼마간 근대적인 개혁을 실시했으나 곧이어 마각을 드러냈고, 조선 민족은 독립의 항쟁을 줄기차게 계속했다. 그중에서도 중요한 것은 1919년의 독립 만세 운동이었다. 조선의 청년들은 맨주먹으로 적에 항거하여 용감히 투쟁했다. 3·1 운동은 조선 민족이 단결하여 자유와 독립을 찾으려고 수없이 죽어가고, 일본 경찰에 잡혀가서 모진 고문을 당하면서도 굴하지 않았던 숭고한 독립운동이었다.
네루, 『세계사편력』

사료 듣뿍

기미 독립 선언서(1919)
오등(吾等)은 이에 아(我) 조선의 독립국임과 조선인의 자주민임을 선언하노라. 차(此)로써 세계만방에 고(告)하야 인류 평등의 대의(大義)를 극명하며, 차(此)로써 자손만대에 고(誥)하야 민족자존의 정권을 영유(永有)케 하노라. 반만년 역사의 권위를 장(仗)하야 이를 선언함이며, 이천만 민중의 성충(誠忠)을 합(合)하야 이를 포명(佈明)함이며, 민족의 항구여일(恒久如一)한 자유 발전을 위하야 차(此)를 주장함이며, 인류적 양심의 발로에 기인한 세계 개조의 대기운에 순응 병진(順應并進)하기 위하야 이를 제기함이니, 시(是)는 천(天)의 명명(明命)이며, 시대의 대세이며, 전 인류 공존동생권의 정당한 발동이라, 천하 하물(天下何物)이던지 차(此)를 저지 억제치 못할지니라.

• 공약 3장
1. 금일 오인의 차거(此擧)는 정의, 인도, 생존, 존영을 위하는 민족의 요구이니, 오직 자유적 정신을 발휘할 것이요, 결코 배타적 감정으로 일주(逸走)하지 말라.
1. 최후의 일인까지, 최후의 일각까지 민족의 정당한 의사를 쾌히 발표하라.
1. 일체의 행동은 가장 질서를 존중하야, 오인의 주장과 태도로 하여금 어디까지든지 광명정대하게 하라.

조선 건국 4252년 3월 조선 민족 대표

테마 48 실전문제

🐝 출제 POINT
독립 의군부와 대한 광복회 같은 1910년대 활동한 독립운동 단체와 3·1 운동의 전개 과정을 묻는 문제가 주로 출제된다.

👍 독립 의군부

주요 정답 키워드 | # 국권 반환 요구서 | # 임병찬 | # 고종의 밀지

1. (가) 단체에 대한 설명으로 옳은 것은? ▶ 46회

이것은 임병찬의 순지비(殉趾碑)입니다. 임병찬은 스승인 최익현과 함께 의병을 일으켰다가 체포되어 쓰시마 섬으로 끌려갔습니다. 유배에서 돌아와 의병 봉기를 도모하던 중 고종의 밀지를 받아 [(가)]을/를 조직하였습니다.

① 정우회 선언의 영향으로 결성되었다.
② 일제가 꾸며낸 105인 사건으로 해체되었다.
③ 일제가 치안 유지법을 적용하여 탄압하였다.
④ 백산 상회를 통해 독립운동 자금을 마련하였다.
⑤ 국권 반환 요구서를 조선 총독에게 제출할 것을 계획하였다.

👍 대한 광복회

주요 정답 키워드 | # 박상진 | # 공화 정체 국가 건설

2. (가) 단체에 대한 설명으로 옳은 것은? ▶ 45회

이것은 총사령 박상진이 이끌었던 [(가)] 소속의 김한종 의사 순국 기념비입니다. 김한종 의사는 이 단체의 충청도 지부장으로, 군자금 모금을 방해한 아산의 도고 면장인 박용하 처단을 주도하였습니다. 일제 경찰에 체포되어 박상진과 함께 대구 형무소에서 순국하였습니다. 1963년 건국 훈장 독립장이 추서되었습니다.

① 공화 정체의 국가 건설을 지향하였다.
② 대한민국 임시 정부의 주도로 결성되었다.
③ 봉오동에서 일본군을 상대로 승리를 거두었다.
④ 구미 위원부를 설치하여 외교 활동을 전개하였다.
⑤ 중국군과 함께 영릉가 전투에서 큰 전과를 올렸다.

한눈에 보는 해설 ⊕

정답 알아보기 → 독립 의군부(1912~1914)
(가) 단체 에 대한 설명으로 옳은 것은?

이것은 **임병찬**의 순지비(殉趾碑)입니다. 임병찬은 스승인 최익현과 함께 의병을 일으켰다가 체포되어 쓰시마 섬으로 끌려갔습니다. 유배에서 돌아와 의병 봉기를 도모하던 중 **고종의 밀지를 받아** (가) 을/를 조직하였습니다.

⑤ 임병찬이 세운 독립 의군부는 총독부와 각국 공사, 일본 정부에 국권 반환 요구서를 제출하였다.

선지 분석하기
① 정우회 선언의 영향으로 결성되었다. ➡ 정우회 선언(1926) 결과 신간회(1927) 결성
② 일제가 꾸며낸 105인 사건으로 해체되었다. ➡ 신민회(1907~1911)
③ 일제가 치안 유지법을 적용하여 탄압하였다. ➡ 치안 유지법은 1925년 제정
④ 백산 상회를 통해 독립운동 자금을 마련하였다. ➡ 대한민국 임시 정부

정답 ⑤

한눈에 보는 해설 ⊕

정답 알아보기 → 대한 광복회(1915~1918)
(가) 단체 에 대한 설명으로 옳은 것은?

이것은 **총사령 박상진**이 이끌었던 (가) 소속의 김한종 의사 순국 기념비입니다. 김한종 의사는 이 단체의 충청도 지부장으로, 군자금 모금을 방해한 **아산의 도고 면장인 박용하 처단**을 주도하였습니다. 일제 경찰에 체포되어 박상진과 함께 대구 형무소에서 순국하였습니다. 1963년 건국 훈장 독립장이 추서되었습니다.

① 대한 광복회는 근대 공화 정치를 목표로 혁신 유림들이 주도하였다.

선지 분석하기
② 대한민국 임시 정부의 주도로 결성되었다. ➡ 한인 애국단, 한국 광복군 등
③ 봉오동에서 일본군을 상대로 승리를 거두었다. ➡ 홍범도의 대한 독립군 등
④ 구미 위원부를 설치하여 외교 활동을 전개하였다. ➡ 대한민국 임시 정부
⑤ 중국군과 함께 영릉가 전투에서 큰 전과를 올렸다. ➡ 조선 혁명군

정답 ①

👍 대한 광복군 정부

주요 정답 키워드 # 이상설(정통령) # 이동휘(부통령)

3. (가)~(마) 단체에 대한 설명으로 옳은 것은? ▶42회

한국사 과제 안내문

◼ 다음 국외 독립운동 단체 중 하나를 선택하여 보고서를 제출하시오.

- 간민회 ·· (가)
- 부민단 ·· (나)
- 신한 청년당 ······································ (다)
- 대한인 국민회 ··································· (라)
- 대한 광복군 정부 ···························· (마)

◼ 조사 방법: 문헌 조사, 인터넷 검색 등
◼ 제출 기간: 2019년 ○○월 ○○일~○○월 ○○일
◼ 분량: A4 용지 3장 이상

---

① (가) – 샌프란시스코에 중앙 총회를 두었다.
② (나) – 숭무 학교를 설립하여 독립군을 양성하였다.
③ (다) – 권업신문을 발행하여 민족 의식을 고취하였다.
④ (라) – 2·8 독립 선언서를 작성하여 발표하였다.
⑤ (마) – 이상설과 이동휘를 정·부통령으로 선임하였다.

한눈에 보는 해설 ⊕

정답 알아보기

(가)~(마) 단체에 대한 설명으로 옳은 것은?

한국사 과제 안내문

◼ 다음 국외 독립운동 단체 중 하나를 선택하여 보고서를 제출하시오.
- 간민회 ····························· (가) 북간도
- 부민단 ····························· (나) 남만주
- 신한 청년당 ······················ (다) 상하이
- 대한인 국민회 ···················· (라) 미주
- 대한 광복군 정부 ················· (마) 연해주

◼ 조사 방법: 문헌 조사, 인터넷 검색 등
◼ 제출 기간: 2019년 ○○월 ○○일~○○월 ○○일
◼ 분량: A4 용지 3장 이상

---

⑤ (마) – 대한 광복군 정부(1914)는 연해주 신한촌에서 이상설과 이동휘를 정·부통령으로 하여 조직된 최초의 임시 정부이다.

선지 분석하기

① (가) – 샌프란시스코에 중앙 총회를 두었다. ➡ 대한인 국민회(미주)
② (나) – 숭무 학교를 설립하여 독립군을 양성하였다. ➡ 멕시코
③ (다) – 권업신문을 발행하여 민족 의식을 고취하였다. ➡ 권업회(연해주)
④ (라) – 2·8 독립 선언서를 작성하여 발표하였다. ➡ 조선 청년 독립단(도쿄)

정답 ⑤

👍 3·1 운동

주요 정답 키워드 # 민족 대표 33인 # 제암리 학살 사건 # 대한민국 임시 정부 수립의 계기

4. 다음 자료에 나타난 민족 운동에 대한 설명으로 옳은 것은? ▶47회

문: 오늘 종로 1가 사거리 큰 길에서 모인 동기를 진술하라.

답: 나는 어제 오후 5시 무렵 경성부 남대문로에 있었는데, 자동차에서 뿌린 독립 선언서를 습득하였다. 나는 그 선언서를 읽고 우리 조선국이 독립되었다고 생각하고 기쁨을 참지 못하였다. 그래서 오늘 오후 1시 무렵 종로 1가 사거리 큰 길 중앙에서 독립 만세를 큰 소리로 계속 외쳤더니 5백 명 가량의 군중이 내 주위에 모여 들었고, 함께 모자를 흔들면서 만세를 계속 부르며 행진하였다.

문: 그 선언서의 내용을 진술하라.

답: 우리 조선이 독립국임과 조선인이 자주민인 것을 선언함 등의 내용이었다. 그리고 조선 민족 대표자 33인의 성명을 기재하고 있었다. ○○○ 신문조서

---

① 사회주의 세력의 주도 아래 계획되었다.
② 대한민국 임시 정부 수립의 계기가 되었다.
③ 일제가 105인 사건을 조작하여 탄압하였다.
④ 한국인 학생과 일본인 학생 간의 충돌에서 비롯되었다.
⑤ 배우자 가르치자 다 함께 브나로드 등의 구호를 내세웠다.

한눈에 보는 해설 ⊕

정답 알아보기 ➡ 3·1 운동(1919)

다음 자료에 나타난 민족 운동 에 대한 설명으로 옳은 것은?

문: 오늘 종로 1가 사거리 큰 길에서 모인 동기를 진술하라.
답: 나는 어제 오후 5시 무렵 경성부 남대문로에 있었는데, 자동차에서 뿌린 **독립 선언서**를 습득하였다. 나는 그 선언서를 읽고 우리 조선국이 독립되었다고 생각하고 기쁨을 참지 못하였다. 그래서 오늘 오후 1시 무렵 종로 1가 사거리 큰 길 중앙에서 독립 만세를 큰 소리로 계속 외쳤더니 5백 명 가량의 군중이 내 주위에 모여 들었고, 함께 모자를 흔들면서 만세를 계속 부르며 행진하였다.
문: 그 선언서의 내용을 진술하라.
답: 우리 조선이 독립국임과 조선인이 자주민인 것을 선언함 등의 내용이었다. 그리고 조선 민족 대표자 33인의 성명을 기재하고 있었다. ○○○ 신문조서

---

② 1919년 3·1 운동 결과 통합적인 독립운동 기구의 필요성이 제기되면서 대한민국 임시 정부가 수립되었다.

선지 분석하기

① 사회주의 세력의 주도 아래 계획되었다. ➡ 3·1 운동은 종교계 인사들을 중심으로 준비
③ 일제가 105인 사건을 조작하여 탄압하였다. ➡ 신민회
④ 한국인 학생과 일본인 학생 간의 충돌에서 비롯되었다. ➡ 광주 학생 항일 운동(1929)
⑤ 배우자 가르치자 다 함께 브나로드 등의 구호를 내세웠다. ➡ 동아일보의 브나로드 운동(1931)

정답 ②

민족의 저항(2): 대한민국 임시 정부

테마 **49**

1 대한민국 임시 정부

1. 수립 및 활동

✧ 임시 정부의 통합

배경	• 3 · 1 운동 계기로 통합 정부의 필요성 대두 • 한성 정부(법통), 상하이 임시 정부, 대한 국민 의회(연해주) 등 여러 정부를 상하이 대한민국 임시 정부로 통합(1919. 9.)
구성	• 임시 의정원 구성 ➡ 국호 '대한민국', 민주 공화제 표명, 대한민국 임시 헌장 발표 • 임시 의정원(입법) · 국무원(행정) · 법원(사법)으로 구성된 3권 분립 • 대통령 – 이승만, 국무총리 – 이동휘, 경무국장 – 김구
주요 활동	• 연통제 설치: 국내외를 연결하는 비밀 행정 조직 • 교통국 설치: 정보의 수집 · 분석 · 교환과 연락 업무 • 군자금 조달: 만주의 이륭양행(아일랜드인 조지 루이스 쇼* 운영), 부산의 백산 상회, 독립(애국) 공채 발행, 의연금 모금 • 외교 활동: 파리 강화 회의(김규식 파견), 구미 위원부(미국, 이승만) • 문화: 임시 정부 기관지로 독립신문 간행, 사료 편찬소에서 『한 · 일 관계 사료집』 간행 • 한인 애국단 조직(1931): 김구 조직, 이봉창의 일본 국왕 폭살 기도(1932), 윤봉길의 상하이 훙커우 공원 의거(1932)

✱ 조지 루이스 쇼

아일랜드계 영국인으로, 중국의 안동(지금의 단둥)에서 이륭양행이라는 무역 회사를 운영하면서, 상하이에서 수립된 대한민국 임시 정부가 국내외의 연락을 위해 교통 사무국을 설치할 수 있도록 도와줌.

✧ 독립 공채(애국 공채)

2. 국민 대표 회의

배경	이승만의 '국제 연맹 위임 통치론'으로 갈등
내용	국민 대표 회의(1923) 소집: 창조파(신채호, 박용만 등)와 개조파(안창호, 여운형)의 의견 갈등으로 결렬 ↗ 임시 정부의 조직만 개조할 것을 주장 ↘ 임시 정부를 해체하고 만주나 연해주로 옮겨가 새로운 정부 수립 주장
결과	회의 결렬 ➡ 창조파와 개조파의 임시 정부 탈퇴, 현상유지파(김구, 이동녕)는 1925년 이승만을 해임 ↗ 국민 대표 회의 반대하고 임시 정부를 그대로 유지할 것을 주장 ➡ 박은식을 제2대 대통령으로 추대, 박은식 사망(1925)으로 국무령 중심의 내각 책임제로 헌법 개정

3. 헌정 지도 체제의 변화

구분	정부 형태
제1차(1919. 9.)	대통령 지도제(대통령: 이승만, 국무총리: 이동휘)
제2차 개헌(1925)	국무령 중심의 내각 책임 지도제로 전환(국무령: 김구)
제3차 개헌(1927)	국무 위원 중심제인 집단 지도 체제로 바꾼 후 14년간 유지
제4차 개헌(1940)	주석 중심제인 주석 지도 체제로 전환(주석: 김구)
제5차 개헌(1944)	주석 · 부주석 중심 체제로 전환하여 민족의 광복 때까지 유지(주석: 김구, 부주석: 김규식)

4. 1940년 충칭(중경) 이동

한국 독립당 조직(1940)	한국 국민당(김구, 1935), 한국 독립당(조소앙), 조선 혁명당(지청천) 3당 통합 ➡ 임시 정부의 기초 정당 한국 독립당(1940) 창당
건국 강령 반포(1941)	조소앙의 삼균주의를 바탕으로 독립을 위한 건국 강령 반포 ↳ 정치·경제·교육의 균등 주장
한국 광복군 창설(1940)	• 중국 국민당의 협조 및 군사력 보강 ➡ 한국 광복군 조직(1940) • 좌우 합작 시도: 1942년 사회주의 계열인 조선 민족 혁명당의 조선 의용대(김원봉) 합류 • 한국 광복군의 활약: 대일(1941)·대독(1942) 선전 포고 ➡ 영국군의 요청으로 미얀마·인도 전선에 연합군으로서의 참전(1943) ➡ 총사령관 지청천, 지대장 이범석 등이 미국 전략 정보처(O.S.S., 현 CIA의 전신)와 협력하여 국내 진입 작전 계획(1945년 9월 예정), but 일본의 패망으로 실현 못함.

✧ 임시 정부의 이동 경로

✧ 한국 광복군

🔖 한능검 꼭꼭 사료 👆

1. 대한민국 임시 헌장 선포문(1919. 4. 11.)

신인(神人)의 일치로, 중외(中外)가 협응하여, 서울에서 일어난 지 30여 일 만에 평화적 독립을 300여 주에 광복하고, 국민의 신임으로 완전히 다시 조직한 임시 정부는 항구적이고 완전한 자주독립의 복리에 우리 자손 만민에게 대대로 계승케 하기 위하여 임시 의정원의 결의로 임시 헌장을 선배포한다.

제1조 대한민국은 민주 공화제로 한다.

제2조 대한민국은 임시 정부가 임시 의정원의 결의에 따라 통치한다.

2. 국민 대표 회의(1923)

국민의 대단결, 이것은 오늘날 독립운동의 성패의 갈림길이며, 우리 운동의 절실한 문제는 오직 여기에서 해결할 것이다. 이에 본 주비회(籌備會)는 시세의 움직임과 민중의 요구에 따라 과거의 모든 착잡한 문제를 해결하고 미래의 완전하고 확실한 방침을 세워서, 우리들의 독립운동이 다시 통일되어 조직적으로 진행되도록 하고자 한다. 이에 국민 대표 회의 소집 사항도 주비하여 책임을 지고 성립시킨 것이다.　　　　국민 대표 회의 준비 위원회 선언서

3. 김구의 나의 소원

네 소원이 무엇이냐 하고 하느님이 내게 물으시면, 나는 서슴지않고 "내 소원은 대한 독립이오." 하고 대답할 것이다. 그 다음 소원은 무엇이냐 하면, 나는 또 "우리나라의 독립이오." 할 것이요, 또 그 다음 소원이 무엇이냐 하는 세 번째 물음에도, 나는 더욱 소리를 높여서 "나의 소원은 우리나라 대한의 완전한 자주독립이오." 하고 대답할 것이다.

『백범일지』

출제 POINT
임시 정부의 성립 과정 및 시기별 주요 활동에 관한 문제가 주로 출제된다.

👍 임시 정부의 활동

주요 정답 키워드 # 삼균주의에 바탕을 둔 건국 강령 발표

1. 다음 공보가 발표된 이후 대한민국 임시 정부의 활동으로 옳은 것은?
▶46회

> **대한민국 임시 정부 공보 제42호**
>
> ● 3월 18일 임시 의정원에서 임시 정부 대통령 이승만 각하를 임시 헌법 제21조 제14항에 의하여 탄핵하고 심판에 회부하다.
> ● 3월 23일 임시 의정원에서 임시 정부 대통령 이승만 각하를 심판, 면직하다.
> ● 3월 23일 임시 의정원에서 박은식 각하를 임시 헌법 제12조에 의하여 임시 정부 대통령으로 선거하다.

① 삼균주의에 바탕을 둔 건국 강령을 발표하였다.
② 무장 투쟁을 위해 육군 주만 참의부를 조직하였다.
③ 독립군 비행사 양성을 위해 한인 비행 학교를 설립하였다.
④ 국민 대표 회의를 개최하여 독립운동의 방향을 논의하였다.
⑤ 파리 강화 회의에 대표단을 파견하여 외교 활동을 전개하였다.

👍 국민 대표 회의

주요 정답 키워드 # 1923년 시기를 꼭 기억하자!

2. 다음 선언서가 발표된 시기를 연표에서 옳게 고른 것은?
▶45회

> 본 국민 대표 회의는 이천만 민중의 공정한 뜻에 바탕을 둔 국민적 대회합으로 최고의 권위를 지녀 …… 독립을 완성하기를 기도하고 이에 선언하노라. …… 본 대표 등은 국민이 위탁한 사명을 받들어 국민적 대단결에 힘쓰며 독립운동이 나아갈 방향을 확립하여 통일적 기관 아래서 대업을 완성하고자 하노라.

1919	1925	1931	1935	1940	1945
	(가)	(나)	(다)	(라)	(마)
대한민국 임시 정부 수립	박은식 대통령 취임	한인 애국단 조직	한국 국민당 창당	김구 주석 취임	8·15 광복

① (가)　② (나)　③ (다)　④ (라)　⑤ (마)

한눈에 보는 해설 ⊕

정답 알아보기 → 2차 개헌(1925)

다음 [공보가 발표]된 이후 대한민국 임시 정부의 활동으로 옳은 것은?

> **대한민국 임시 정부 공보 제42호**
>
> ● 3월 18일 임시 의정원에서 임시 정부 대통령 **이승만 각하를 임시 헌법 제21조 제14항에 의하여 탄핵하고 심판에 회부**하다.
> ● 3월 23일 임시 의정원에서 **임시 정부 대통령 이승만 각하를 심판, 면직**하다.
> ● 3월 23일 임시 의정원에서 **박은식 각하를 임시 헌법 제12조에 의하여 임시 정부 대통령으로 선거**하다.

① 대한민국 임시 정부가 조소앙의 삼균주의를 바탕으로 대한민국 건국 강령을 발표한 것은 1941년의 일이다.

선지 분석하기

② 무장 투쟁을 위해 육군 주만 참의부를 조직하였다. ➡ 1923년
③ 독립군 비행사 양성을 위해 한인 비행 학교를 설립하였다. ➡ 1920년
④ 국민 대표 회의를 개최하여 독립운동의 방향을 논의하였다. ➡ 1923년
⑤ 파리 강화 회의에 대표단을 파견하여 외교 활동을 전개하였다. ➡ 1919년

정답 ①

한눈에 보는 해설 ⊕

정답 알아보기 → 국민 대표 회의(1923)

다음 [선언서가 발표된 시기]를 연표에서 옳게 고른 것은?

> 본 **국민 대표 회의**는 이천만 민중의 공정한 뜻에 바탕을 둔 국민적 대회합으로 최고의 권위를 지녀 …… 독립을 완성하기를 기도하고 이에 선언하노라. …… 본 대표 등은 국민이 위탁한 사명을 받들어 국민적 대단결에 힘쓰며 독립운동이 나아갈 방향을 확립하여 통일적 기관 아래서 대업을 완성하고자 하노라.

① 임시 정부 내부의 갈등을 조정하기 위하여 국민 대표 회의가 1923년에 개최되었다.

정답 ①

👍 1940년대 임시 정부

3. 다음 선언문 발표 이후 일어난 사실로 옳은 것은? ▶47회

> 한국 국민당, 조선 혁명당, 한국 독립당은 각각 자기 당을 해소(解消)하고 새로 한국 독립당을 창립하였음을 중외(中外) 각계에 정중히 선언한다.
> 동지 동포들! 우리 3당이 1당을 조직하게 된 최대 이유는 다음과 같다. 첫째, 원래 3당의 당의(黨義), 당강(黨綱), 당책(黨策)으로든지 독립운동의 의식으로든지 역사적 혁명 노선으로든지 3당 서로가 1당을 세울 만한 통일적 가능성을 충족하게 내포하였던 것이다. 둘째, 수 3년 내로 3당 통일의 예비 행동이 점차로 성숙되었던 것이다. …… 마침내 우리 민족 해방 운동의 역사적 임무를 달성하려면 각계각층의 협력 합작을 통하여 비로소 총동원될 것은 누구도 부인하지 못할 명확한 결론이므로, 가까운 장래에 각방(各方)의 정성 단결이 확립되어야 우리의 광복 대업이 속히 이루어질 것으로 믿는다.

① 김규식이 파리 강화 회의에 대표로 파견되었다.
② 참의부, 신민부, 정의부가 만주 지역에 성립되었다.
③ 윤봉길이 상하이 홍커우 공원에서 의거를 일으켰다.
④ 삼균주의에 입각한 대한민국 건국 강령이 발표되었다.
⑤ 독립운동의 방략을 논의하기 위한 국민 대표 회의가 개최되었다.

4. 다음 공고가 발표된 이후 대한민국 임시 정부의 활동으로 옳은 것은? ▶43회

> **임시 정부 포유문**
>
> 1. 본 정부는 이번 제32회 임시 의정원 회의에 임시 약헌 개정으로 제출하여 임시 정부의 조직 기구를 변경하였으니 …… 국무 위원회 주석과 국무 위원을 모두 의회에서 선출하여 종전에 국무 위원끼리 주석을 호선하던 제도를 폐하였다. 또 국무 위원회 주석은 일반 국무를 처리함에는 총리격을 가졌고, 그 외 정부를 대표하며 국군을 총감하는 권리를 설정하였으니 이 방면으로는 국가 원수격을 가지게 되었다.

① 파리 강화 회의에 독립 청원서를 제출하였다.
② 삼균주의에 바탕을 둔 건국 강령을 발표하였다.
③ 무장 투쟁을 위해 육군 주만 참의부를 조직하였다.
④ 국민 대표 회의를 열어 독립운동의 방향을 논의하였다.
⑤ 임시 사료 편찬회를 두어 한·일 관계 사료집을 간행하였다.

한눈에 보는 해설 ⊕

정답 알아보기 →한국 독립당 재창당(1940)

다음 선언문 발표 이후 일어난 사실로 옳은 것은?

> 한국 국민당, 조선 혁명당, 한국 독립당은 각각 자기 당을 해소(解消)하고 **새로 한국 독립당을 창립**하였음을 중외(中外) 각계에 정중히 선언한다.
> 동지 동포들! 우리 3당이 1당을 조직하게 된 최대 이유는 다음과 같다. 첫째, 원래 3당의 당의(黨義), 당강(黨綱), 당책(黨策)으로든지 독립운동의 의식으로든지 역사적 혁명 노선으로든지 3당 서로가 1당을 세울 만한 통일적 가능성을 충족하게 내포하였던 것이다. 둘째, 수 3년 내로 3당 통일의 예비 행동이 점차로 성숙되었던 것이다. …… 마침내 우리 민족 해방 운동의 역사적 임무를 달성하려면 각계각층의 협력 합작을 통하여 비로소 총동원될 것은 누구도 부인하지 못할 명확한 결론이므로, 가까운 장래에 각방(各方)의 정성 단결이 확립되어야 우리의 광복 대업이 속히 이루어질 것으로 믿는다.

④ 1941년 대한민국 임시 정부는 조소앙의 삼균주의를 바탕으로 대한민국 건국 강령을 발표하였다.

선지 분석하기

① 김규식이 파리 강화 회의에 대표로 파견되었다. ➡ 1919년
② 참의부, 신민부, 정의부가 만주 지역에 성립되었다. ➡ 1923~1925년
③ 윤봉길이 상하이 홍커우 공원에서 의거를 일으켰다. ➡ 1932년
⑤ 독립운동의 방략을 논의하기 위한 국민 대표 회의가 개최되었다. ➡ 1923년

정답 ④

한눈에 보는 해설 ⊕

정답 알아보기 →1940년

다음 공고가 발표된 이후 대한민국 임시 정부의 활동으로 옳은 것은?

> 임시 정부 포유문
>
> 1. 본 정부는 이번 제32회 임시 의정원 회의에 임시 약헌 개정으로 제출하여 임시 정부의 조직 기구를 변경하였으니 …… 국무 위원회 주석과 국무 위원을 모두 의회에서 선출하여 종전에 국무 위원끼리 주석을 호선하던 제도를 폐하였다. 또 국무 위원회 주석은 일반 국무를 처리함에는 총리격을 가졌고, 그 외 정부를 대표하며 국군을 총감하는 권리를 설정하였으니 이 방면으로는 국가 원수격을 가지게 되었다.

제4차 개헌(1940)

② 1941년 대한민국 임시 정부는 조소앙의 삼균주의를 바탕으로 대한민국 건국 강령을 발표하였다.

선지 분석하기

① 파리 강화 회의에 독립 청원서를 제출하였다. ➡ 1919년
③ 무장 투쟁을 위해 육군 주만 참의부를 조직하였다. ➡ 1923년
④ 국민 대표 회의를 열어 독립운동의 방향을 논의하였다. ➡ 1923년
⑤ 임시 사료 편찬회를 두어 한·일 관계 사료집을 간행하였다. ➡ 1919년

정답 ②

테마 50

민족의 저항(3): 무장 독립운동

1 1920년대 무장 독립운동

✽ 훈춘 사건
1920년 봉오동에서 패한 일본은 만주 마적들을 매수하여 훈춘의 일본 영사관을 공격하여 일본인을 죽이게 함. 일본은 마적들의 정체를 중국·한국인 무력 단체로 조작·발표한 뒤, 일본 영사관 및 거류민을 보호한다는 구실로 중국의 승인 없이 대규모 병력을 불법 출동시켜 훈춘 지역의 한인들을 대량 학살함.

📖 독립운동가 김좌진(1889~1930)
- 1918년 만주 망명, 무오 독립 선언서에 서명
- 1919년 북로 군정서 총사령관
- 1920년 청산리 대첩 지휘
- 1920년 대한 독립 군단 결성 주도
- 1925년 신민부 설립 주도
- 1927년 민족 유일당 운동 참가, 혁신 의회에 가담

✧ 독립군의 자유시 이동

봉오동 전투 (1920. 6.)	봉오동을 기습한 일본군 1개 대대 병력 공격 ➡ 대한 독립군(홍범도), 북로 군정서군(김좌진), 국민회군(안무) 등 연합하여 승리 cf 일본은 이후 훈춘 사건✽ 조작
청산리 대첩 (1920. 10.)	훈춘 사건을 명분으로 1만 5천 명의 일본군이 청산리 공격 ➡ 북로 군정서군(김좌진), 대한 독립군(홍범도) 등 연합, 6일간 10여 차례 전투(백운평 전투, 완루구 전투, 어랑촌 전투, 천보산 전투, 고동하 전투 등)에서 일본군 격파
간도 참변 (1920. 10.)	일제가 간도에 사는 한국인을 무차별 학살한 사건 ➡ 독립군은 밀산부 한흥동으로 이동, 대한 독립 군단 조직(서일, 1920. 12.) ➡ 일본의 추격을 피해 소련으로 이동
자유시 참변 (1921)	러시아 적색군을 도와 내전에 참여 ➡ 러시아 적색군의 무장 해제 요구, 이에 반발하는 독립군을 공격 ➡ 만주로 다시 귀환(cf 홍범도 – 러시아 잔존)
독립군의 재정비 (3부의 성립)	• 육군 주만 참의부(1923): 임시 정부 직속, 압록강 건너편 지역 • 정의부(1924): 남만주 일대 • 신민부(1925): 소련 영토에서 되돌아온 독립군 중심, 북만주 일대 ➡ 구성: 민주적 민정 기관 + 군정 기관
미쓰야 협정(1925)	한국 독립군 탄압을 위해 일제 총독부 경무국장 미쓰야와 만주 군벌 장쭤린이 체결한 협정
해외 민족 유일당 운동	• 전민족 유일당 촉성회파(북만주): 혁신 의회(1928) 조직 ➡ 한국 독립당, 한국 독립군(지청천) 조직 • 전민족 유일당 협의회파(남만주): 국민부(1929) 조직 ➡ 조선 혁명당, 조선 혁명군(양세봉) 조직

✧ 무장 독립군의 대일 항전

2 1930~1940년대 무장 투쟁

1. 만주: 만주 사변(1931) 계기로 한·중 연합 작전 전개

한국 독립군(지청천)	중국 호로군과 연합 ➡ 쌍성보 전투(1932), 사도하자 전투(1933), 대전자령 전투(1933), 동경성 전투(1933) 등
조선 혁명군(양세봉)	중국 의용군과 연합 ➡ 영릉가 전투(1932), 흥경성 전투(1933) 등
1930년대 중반 변화	• 1930년대 중반 일본군의 대토벌 작전, 중국군의 사기 저하, 한·중 양군의 의견 대립 등으로 약화 ➡ 대부분 중국 본토로 이동, 한국 광복군 창설(1940)에 참여 • 1930년대 만주: 중국 공산당의 동북 항일 연군(1936) 개편, 조국 광복회 조직 ➡ 보천보 전투(1937)

✧ 1930년대 무장 독립 전쟁

동북 항일 연군 소속 조선인 유격대의 국내 진입 작전 (함경도 갑산면 보천보의 일본 시설 습격)

220 7편_ 민족 독립운동기

2. 중국 본토

조선 의용대(1938)	조선 민족 혁명당 조직(한커우, 1938), 중국 국민당 정부 지원하에 창설된 중국 관내 최초의 한인 무장 부대
대한민국 임시 정부 (충칭)	한국 국민당(1935) 조직 ➡ 충칭 이동(1940): 한국 독립당(1940)·한국 광복군 조직(1940) ➡ 대일(1941)·대독(1942) 선전 포고 ➡ 인도·미얀마 전선 참가 (1943) ➡ 국내 진입 작전 계획(1945. 9.) cf 1942년 김원봉의 조선 의용대 합류
조선 의용군(1942)	조선 의용대의 김두봉이 연안의 중국 공산당과 결합 ➡ 조선 독립 동맹(1942) 결성, 군사 조직으로 조선 의용군 조직 + 중국 팔로군과 화북 지역에서 항일 전쟁 ➡ 해방 후 북한 인민군

✧ 조선 의용대의 변화

3 의열 투쟁

의열단	• 1919년 김원봉, 윤세주 등이 만주 길림성에서 조직 • 의열단 선언서: 신채호의 「조선 혁명 선언」(1923) • 활동: 부산 경찰서 투탄 의거(1920, 박재혁), 밀양 경찰서 투탄 의거(1920, 최수봉), 조선 총독부 투탄 의거(1921, 김익상), 상하이 황포탄에서 일본 육군 대장 암살 시도(1922, 김익상, 오성륜, 이종암), 종로 경찰서 투탄 의거(1923, 김상옥), 일본 궁성(이중교) 투탄 의거 (1924, 김지섭), 조선 식산 은행·동양 척식 회사 투탄 의거(1926, 나석주) • 1926년 중국 국민당의 황포 군관 학교 입교 • 조선 혁명 간부 학교(1932) 창립 ➡ 민족 혁명당(1935) 결성 ➡ 우한(한커우) 이동, 조선 의용대(1938) 결성
한인 애국단	• 1931년 김구가 상하이에서 조직 • 활동: 일본 히로히토 국왕 폭살 기도(1932, 이봉창), 상하이 훙커우 공원 투탄 의거(1932, 윤봉길) ➡ 중국 국민당의 임시 정부 지원 강화 계기
기타	• 강우규(1919): 사이토 총독 폭살 기도, 대한 노인단 소속 • 육삼정 의거(1933): 이강훈·원심창·백정기의 흑색 공포단

✧ 한인 애국단원이었던 이봉창 의사가 거사를 앞두고 찍은 사진으로, 가슴의 선서문에는 "조국의 독립과 자유를 위해 적의 우두머리를 처단하겠다." 라는 글이 쓰여 있음.

✧ 윤봉길 의사가 한인 애국단장 김구와 찍은 사진

한능검 꼭꼭 사료

1. 조선 혁명 선언(신채호 작성)
이상의 이유에 의하여 우리는 '외교', '준비' 등의 미몽을 버리고 민중 직접 혁명의 수단을 취함을 선언하노라. 혁명의 길은 파괴로부터 개척할지니라. 그러나 파괴만 하려고 파괴하는 것이 아니라, 건설하려고 파괴하는 것이니, 만일 건설할 줄을 모르면 파괴할 줄도 모를지며, 파괴할 줄을 모르면, 건설할 줄도 모를지니라. …… 왜? '조선'이란 그 위에 '일본'이란 이민족, 그것이 전제(專制)하여 있으니, 이민족 전제의 밑에 있는 조선은 고유의 조선이 아니니, 고유의 조선을 발견하기 위하여 다른 민족 통치를 파괴함이니라.

2. 윤봉길 의사가 어린 두 아들에게 남긴 유언
너희도 만일 피가 있고 / 뼈가 있다면 / 반드시 조선을 위해 / 용감한 투사가 되어라. / 태극의 깃발을 높이 드날리고 / 나의 빈 무덤 앞에 찾아와 / 한 잔의 술을 부어 놓아라. / 그리고 너희들은 아비 없음을 슬퍼하지 마라. / 사랑하는 어머니가 있으니 ……

3. 한국 독립군의 활동
아군은 사도하자에 주둔 병력을 증강시키면서 훈련에 여념이 없었다. 새벽에 적군은 황가둔에서 이도하 방면을 거쳐 사도하로 진격하여 왔다. 그런데 적군은 아군이 세운 작전대로 함정에 들어왔고, 이에 일제히 포문을 열어 급습함으로써 적군은 응전할 사이도 없이 격파되었다.

4. 한국 광복군 창설 선언문
대한민국 임시 정부는 대한민국 원년(1919) 정부가 공포한 군사 조직법에 의거하여 중화민국 총통 장개석 원수의 특별 허락으로 중화민국 영토 내에 광복군을 조직하고, 대한민국 22년(1940) 9월 17일 한국 광복군 총사령부를 창설함을 이에 선언한다.

사료 돋보기

조선 혁명군의 활동

얼음이 풀린 소자강은 수심이 깊었다. 게다가 얼음 덩어리가 뗏목처럼 흘러내렸다. 하지만 이 강을 건너지 못하면 영릉가로 쳐들어갈 수 없었다. 밤 12시 정각까지 영릉가에 들어가 공격을 알리는 신호탄을 올려야만 했다. 양세봉 사령관은 전사들에게 소자강을 건너라고 명령하고 나서 자기부터 먼저 강물에 뛰어들었다.

『봉화』(중국 조선족 발자취 총서)

PART 7

👻 출제 POINT
시기별 무장 독립운동의 전개 과정을 묻는 문제 및 의열 활동에 대한 문제가 출제된다.

👍 청산리 대첩 이후 사건

주요 정답 키워드 # 미쓰야 협정 # 자유시 이동

1. 다음 사건이 일어난 이후의 사실로 옳은 것을 〈보기〉에서 고른 것은? ▶ 46회

천수평에서 북로 군정서의 기습 공격을 받아 참패한 일본 군은 그들을 추격하여 어랑촌으로 들어갔다. 어랑촌 전투 는 해가 질 때까지 계속되었는데, 북로 군정서는 지형적 이점을 활용하여 일본군의 공격을 효과적으로 방어하였 다. 교전 중 독립군 연합 부대가 합류하였고, 치열한 접전 끝에 일본군에 큰 승리를 거두었다.

보기
㉠ 13도 창의군이 서울 진공 작전을 추진하였다.
㉡ 일제가 중국 군벌과 미쓰야 협정을 체결하였다.
㉢ 일제가 이른바 남한 대토벌 작전을 전개하였다.
㉣ 독립군이 전열을 정비하기 위해 자유시로 이동하였다.

① ㉠, ㉡
② ㉠, ㉢
③ ㉡, ㉢
④ ㉡, ㉣
⑤ ㉢, ㉣

한눈에 보는 해설 ⊕

정답 알아보기
→ 청산리 대첩(1920. 10.)
다음 **사건**이 일어난 이후의 사실로 옳은 것을 〈보기〉에서 고른 것은?

천수평에서 북로 군정서의 기습 공격을 받아 참패한 일본군은 그들을 추격하여 **어랑촌**으로 들어갔다. **어랑촌 전투**는 해가 질 때까지 계속되 었는데, 북로 군정서는 지형적 이점을 활용하여 일본군의 공격을 효과 적으로 방어하였다. 교전 중 독립군 연합 부대가 합류하였고, 치열한 접전 끝에 일본군에 큰 승리를 거두었다.

㉡ 미쓰야 협정 ➡ 1925년
㉣ 자유시 이동 ➡ 1921년

선지 분석하기
㉠ 13도 창의군이 서울 진공 작전을 추진하였다. ➡ 1908년
㉢ 일제가 이른바 남한 대토벌 작전을 전개하였다. ➡ 1909년

정답 ④

👍 의열단

주요 정답 키워드 # 김원봉 # 황푸 군관 학교 입학 # 나석주 # 동양 척식 주식회사에 폭탄 투척

2. (가) 단체에 대한 설명으로 옳은 것은? ▶ 43회

김창숙은 동년 음력 3월 중순에 상하이에 도착하여 본 래부터 친분이 있는 (가) 의 간부 김원봉, 유우근, 한 봉근 등을 만나 여러 가지로 의논하였다. …… (가) 의 단원인 나석주를 조선에 잠입시켜 동양 척식 주식회 사, 조선 식산 은행 등에 폭탄을 던지고 권총을 난사하 여 인명을 살상케 하였다는 것인데, 김창숙은 나석주가 조선에 건너가서 암살할 자로 영남의 부호 장모, 하모, 권모 등을 지적한 일까지 있었다고 한다.

① 태평양 전쟁 발발 이후에 조직되었다.
② 고종의 밀지를 받아 결성된 비밀 단체였다.
③ 만민 공동회를 열어 민권 신장을 추구하였다.
④ 일제가 조작한 105인 사건으로 큰 타격을 입었다.
⑤ 단원 일부가 황푸 군관 학교에 입학해 군사 훈련을 받았다.

한눈에 보는 해설 ⊕

정답 알아보기
→ 의열단
(가) 단체에 대한 설명으로 옳은 것은?

김창숙은 동년 음력 3월 중순에 상하이에 도착하여 본래부터 친분이 있는 (가) 의 간부 **김원봉**, 유우근, 한봉근 등을 만나 여러 가지로 의 논하였다. …… (가) 의 **단원인 나석주**를 조선에 잠입시켜 **동양 척식 주식회사, 조선 식산 은행 등에 폭탄을 던지고** 권총을 난사하여 인명을 살상케 하였다는 것인데, 김창숙은 나석주가 조선에 건너가서 암살할 자로 영남의 부호 장모, 하모, 권모 등을 지적한 일까지 있었다고 한다.

⑤ 의열단은 1920년대 후반부터 개인 의열 투쟁에 한계를 느끼고 조직 적 무장 투쟁 노선으로 전환하였다. 이에 1926년 의열단 단원들은 국민당의 황푸(푸) 군관 학교에 입학하여 정식 군사 교육을 받았다.

선지 분석하기
① 태평양 전쟁 발발 이후에 조직되었다. ➡ 의열단 조직 - 1919년, 태평양 전쟁 - 1941년
② 고종의 밀지를 받아 결성된 비밀 단체였다. ➡ 독립 의군부(1912)
③ 만민 공동회를 열어 민권 신장을 추구하였다. ➡ 독립 협회(1896)
④ 일제가 조작한 105인 사건으로 큰 타격을 입었다. ➡ 신민회(1907)

정답 ⑤

👍 한국 독립군

주요 정답 키워드 # 대전자령 전투 # 지청천

3. 밑줄 그은 '이 부대'의 활동으로 옳은 것은? ▶44회

> 이 건물은 승은문으로, 총사령 지청천이 이끈 이 부대가 길림 자유군과 연합하여 만주국 군대를 격파한 쌍성보 전투의 현장입니다.

① 동북 항일 연군으로 개편되어 유격전을 전개하였다.
② 대전자령 전투에서 일본군을 상대로 승리를 거두었다.
③ 간도 참변 이후 조직을 정비하고 자유시로 이동하였다.
④ 홍범도 부대와 연합하여 청산리에서 일본군과 교전하였다.
⑤ 조선 혁명당의 군사 조직으로 남만주 지역에서 활약하였다.

한눈에 보는 해설

정답 알아보기 →한국 독립군

밑줄 그은 '이 부대'의 활동으로 옳은 것은?

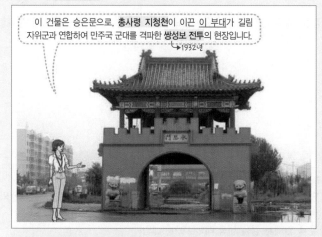

> 이 건물은 승은문으로, **총사령 지청천**이 이끈 이 부대가 길림 자유군과 연합하여 만주국 군대를 격파한 **쌍성보 전투**의 현장입니다. →1932년

② 한국 독립군은 만주 사변(1931) 이후 중국 호로군과 연합하여 쌍성보 전투(1932)·대전자령 전투(1933)·사도하자 전투(1933)·동경성 전투(1933)에서 승리하였다.

선지 분석하기

① 동북 항일 연군으로 개편되어 유격전을 전개하였다. ➡ 동북 인민 혁명군
③ 간도 참변 이후 조직을 정비하고 자유시로 이동하였다. ➡ 대한 독립 군단
④ 홍범도 부대와 연합하여 청산리에서 일본군과 교전하였다. ➡ 김좌진의 북로 군정서 등
⑤ 조선 혁명당의 군사 조직으로 남만주 지역에서 활약하였다. ➡ 조선 혁명군

정답 ②

👍 한국 광복군

주요 정답 키워드 # 대한민국 임시 정부 산하 부대 # 충칭 # 국내 진공 작전

4. (가) 군대에 대한 설명으로 옳은 것은? ▶44회

> 이것은 대한민국 임시 정부 산하의 (가) 총사령부 건물로, 지난 3월 이곳 충칭의 옛 터에 복원되었습니다. 과거 임시 정부가 중국의 도움으로 (가) 을/를 창설하였듯이, 오늘날 이 총사령부 건물도 양국의 노력으로 세울 수 있었습니다.

① 김좌진의 지휘 아래 활동하였다.
② 자유시 참변으로 큰 타격을 입었다.
③ 미국과 연계하여 국내 진공 작전을 계획하였다.
④ 중국 관내(關內)에서 결성된 최초의 한인 무장 부대였다.
⑤ 중국 호로군과 연합 작전을 통해 항일 전쟁을 전개하였다.

한눈에 보는 해설

정답 알아보기 →한국 광복군

(가) 군대에 대한 설명으로 옳은 것은?

> 이것은 **대한민국 임시 정부 산하**의 (가) 총사령부 건물로, 지난 3월 이곳 **충칭**의 옛 터에 복원되었습니다. 과거 임시 정부가 중국의 도움으로 →한국 광복군이 창설된 곳
> (가) 을/를 창설하였듯이, 오늘날 이 총사령부 건물도 양국의 노력으로 세울 수 있었습니다.

③ 대한민국 임시 정부의 한국 광복군은 중국 주둔 미국 전략 정보국(OSS)과 합작하여 1945년 9월 국내 진공 작전을 계획하였으나 일본의 패망으로 실현되지 못하였다.

선지 분석하기

① 김좌진의 지휘 아래 활동하였다. ➡ 북로 군정서군
② 자유시 참변으로 큰 타격을 입었다. ➡ 대한 독립 군단(1920)
④ 중국 관내(關內)에서 결성된 최초의 한인 무장 부대였다. ➡ 조선 의용대 (1938)
⑤ 중국 호로군과 연합 작전을 통해 항일 전쟁을 전개하였다. ➡ 한국 독립군 (1930)

정답 ③

PART 7

경제적·사회적 저항 운동

1 경제적 저항 운동

1. 민족주의 계열

민족 기업	지주 · 서민 출신 민족 기업 설립, 민족 금융업 성장 ➡ 일제의 탄압으로 위축
물산 장려 운동	• 배경: 회사령 철폐(1920)와 관세령 철폐 움직임 cf 관세령 철폐(1923) • 전개: 평양에서 조만식이 조선 물산 장려회 발기(1920) ➡ 서울에서 조선 물산 장려회 조직(1923) ➡ 전국 확산 • 실천 요강: '내 살림 내 것으로'라는 구호 아래 국산품 애용과 병행하여 소비 절약을 통한 민족 경제의 자립 도모 • 결과: 일제의 방해, 일부 자본가와 상인의 폭리 추구로 토산물 가격 상승, 사회주의 계열의 비판

✦ 국산품 애용 선전 광고
(경성 방직 주식회사)

2. 사회주의 계열

농민 운동	• 배경: 토지 조사 사업, 산미 증식 계획 등 일본의 경제 약탈 정책, 일본인 지주와 조선인 친일 지주의 약탈 등 • 성격: 초기 – 생존권 투쟁 ➡ 후기 – 항일 민족 운동 • 전개: 조선 농민 총동맹 결성(1927) ➡ 1930년대 더욱 격렬해짐. • 대표 농민 운동: 암태도 소작 쟁의(1923~1924), 동양 척식 주식회사 농장 소작 쟁의(1924)
노동 운동	• 배경: 식민지 공업화에 따른 가혹한 노동 조건 • 성격: 초기 – 생존권 투쟁 ➡ 후기 – 항일 민족 운동 • 전개: 조선 노동 총동맹 결성(1927) ➡ 1930년대 절정 ➡ 일제의 가혹한 탄압으로 1930년대 후반 감소 • 대표 노동 운동: 서울(경성) 고무 공장 여성 노동자들의 아사 동맹(1923), 원산 노동자 총파업(1929), 평양 평원 고무 공장 강주룡의 고공 농성(1931)

✦ 암태도 소작 쟁의(1923)

✦ 평양 평원 고무 공장 노동자
강주룡의 고공 투쟁(1931)

2 사회적 저항 운동

1. 민족주의 계열

민립 대학 설립 운동	• 배경: 2차 조선 교육령(1922)에서 대학 설립 허용 • 전개: 이상재 중심으로 민립 대학 기성 준비회(1922) 결성 ➡ '한민족 1,000만이 한 사람 1원씩'이라는 구호 아래 모금 운동 전개 • 결과: 일제의 방해로 좌절 ➡ 일제가 경성 제국 대학(1924) 설립
문맹 퇴치 운동	• 야학: 1920년대 활발하게 전개, 한글 보급 • 문자 보급 운동: 1930년대 조선일보 주도, "아는 것이 힘, 배워야 산다."라는 구호 아래 전개 • 브나로드 운동(1931~1934): 동아일보 주도 　↳ 브나로드(Vnarod)란 러시아어로 '민중 속으로'라는 뜻
소년 운동	• 천도교 계열의 방정환이 '어린이날'(5월 1일) 제정 • 조선 소년 연합회 조직 • 중 · 일 전쟁 이후 일제의 탄압으로 중단

✦ 브나로드 운동 광고(동아일보)

2. 사회주의 계열

여성 운동	• 사회주의 사상의 영향으로 의식 변화, 여성 해방 강조 • 근우회: 1927년 신간회 자매단체로 결성
형평 운동	1923년 백정 이학찬과 진주 백정들이 조선 형평사 설립, 신분 해방과 민족 차별 철폐 주장
신경향파 문학의 대두	사회주의 영향으로 문학의 사회적 기능 강조 ➡ 조선 프롤레타리아 예술가 동맹[카프(KAPF)] 결성 (1925)

✧ 형평 운동

● 민족주의 운동과 사회주의 운동의 비교

구분	경제적 · 사회적 운동	문화 운동
민족주의 운동	• 실력 양성 운동(물산 장려 운동) • 소년 운동(천도교)	• 문맹 퇴치 운동 　－조선일보의 문자 보급 운동 　－동아일보의 브나로드 운동(1931~1934) • 국학 운동
사회주의 운동	대중 운동(청년 · 학생 운동, 농민 · 노동 운동)	신경향파 문학(KAPF 조직)

한능검 꼭꼭 사료

1. 물산 장려회 궐기문

내 살림 내 것으로.

보아라, 우리의 먹고 입고 쓰는 것이 거의 다 우리의 손으로 만든 것이 아니었다.

이것이 제일 세상에 무섭고 위태한 일인 줄을 오늘에야 우리는 깨달았다.

피가 있고 눈물이 있는 형제자매들아,

우리가 서로 붙잡고 서로 의지하여 살고서 볼 일이다.

입어라, 조선 사람이 짠 것을,

먹어라, 조선 사람이 만든 것을,

써라, 조선 사람이 지은 것을,

조선 사람, 조선 것

2. 제2차 조선 교육령(1922)

1. 보통학교의 수업 연한을 4년에서 6년으로, 고등 보통학교는 4년에서 5년으로 연장한다.

2. 조선인과 일본인의 공학을 원칙으로 한다.

3. 조선 형평사 취지문

공평(公平)은 사회의 근본이고 애정은 인류의 본령이다. 지금까지 조선의 백정은 어떠한 지위와 압박을 받아 왔던가? …… 그러한 까닭으로 우리는 계급을 타파하고 모욕적 칭호를 폐지하여 우리도 참다운 인간이 되는 것을 기하자는 것이 우리의 주장이다.

4. 조선 민립 대학 설립 기성회의 발기 취지서(1923)

우리의 운명을 어떻게 개혁할까? 정치냐, 외교냐, 산업이냐? 물론 이와 같은 일이 모두 필요하도다. 그러나 그 기초가 되고 요건이 되며, 가장 시급한 일이 되고 가장 먼저 해결할 필요가 있으며, 가장 힘 있고, 필요한 수단은 교육이 아니면 아니 된다. …… 민중의 보편적 지식은 보통 교육으로도 가능하지만 심오한 지식과 학문은 고등 교육이 아니면 불가하며, 사회 최고의 비판을 구하며 유능한 인물을 양성하려면 …… 오늘날 조선인이 세계 문화 민족의 일원으로 남과 어깨를 견주고 우리의 생존을 유지하며 문화의 창조와 향상을 기도하려면, 대학의 설립이 아니고는 다른 방도가 없도다.

사료 듬뿍

소년 운동 선언(1923)

첫째, 어린이를 재래의 압박으로부터 해방하여 그들에 대한 완전한 인격적 대우를 허하게 하라.

둘째, 어린이를 재래의 경제적 압박으로부터 해방하여 만 14세 이하의 그들에 대한 무상, 유상의 노동을 폐지하게 하라.

셋째, 어린이 그들이 고요히 배우고 즐거이 놀기에 족한 각양의 가정, 사회적 시설을 행하게 하라.

👍 물산 장려 운동

주요 정답 키워드 # '조선 사람 조선 것' # 평양 # 물산 장려회

1. (가) 민족 운동에 대한 설명으로 옳은 것은? ▶ 40회

> [(가)]에 대한 반대 측 의견을 종합하건대 크게 두 가지 논점이 있는 것 같다. 하나는 일본인 측이나 또는 관청의 일부분에서 일종의 일본 제품 배척 운동으로 간주하고 불온한 사상이라고 공격하는 것이다. 또 하나는 소위 사회주의자 중 일부 논객이 주장하는 것인데, [(가)]은/는 유산 계급의 이익을 위한 것이며 무산 계급에는 아무 관련이 없으니 유산 계급만의 운동으로 남겨 버리자는 것이다. **동아일보**

① 조선 노동 총동맹의 주도로 추진되었다.
② 진주에서 시작되어 전국으로 확산되었다.
③ 국민의 성금을 모아 국채를 갚고자 하였다.
④ 조선 사람 조선 것이라는 구호를 내세웠다.
⑤ 농민 단체를 결성하여 소작 쟁의를 전개하였다.

한눈에 보는 해설 ⊕

정답 알아보기 → 물산 장려 운동(1923)

[(가) 민족 운동]에 대한 설명으로 옳은 것은?

> [(가)]에 대한 반대 측 의견을 종합하건대 크게 두 가지 논점이 있는 것 같다. 하나는 일본인 측이나 또는 관청의 일부분에서 **일종의 일본 제품 배척 운동**으로 간주하고 불온한 사상이라고 공격하는 것이다. 또 하나는 소위 **사회주의자 중 일부 논객**이 주장하는 것인데, [(가)]은/는 **유산 계급의 이익**을 위한 것이며 무산 계급에는 아무 관련이 없으니 유산 계급만의 운동으로 남겨 버리자는 것이다. **동아일보**

④ 물산 장려 운동(1923)은 '내 살림 내 것으로', '조선 사람 조선 것'이라는 구호를 내세웠다.

선지 분석하기
① 조선 노동 총동맹의 주도로 추진되었다. ➡ 노동 운동
② 진주에서 시작되어 전국으로 확산되었다. ➡ 형평 운동
③ 국민의 성금을 모아 국채를 갚고자 하였다. ➡ 국채 보상 운동
⑤ 농민 단체를 결성하여 소작 쟁의를 전개하였다. ➡ 농민 운동

정답 ④

👍 소년 운동

주요 정답 키워드 # 천도교 세력 중심 # 어린이

2. 다음 자료에 나타난 사회 운동에 대한 설명으로 옳은 것은? ▶ 47회

> **어린 동무들에게**
> • 돋는 해와 지는 해를 반드시 보기로 합시다.
> • 어른에게는 물론이고 당신들끼리도 서로 존대하기로 합시다.
> • 뒷간이나 담벽에 글씨를 쓰거나 그림 같은 것을 그리지 말기로 합시다.
> • 길가에서 떼를 지어 놀거나 유리 같은 것을 버리지 말기로 합시다.
> • 꽃이나 풀을 꺾지 말고, 동물을 사랑하기로 합시다.
> • 전차나 기차에서는 어른에게 자리를 사양하기로 합시다.
> • 입은 꼭 다물고 몸은 바르게 가지기로 합시다.
> – 1923년 5월 1일 어린이날 기념 선전문 –

① 통감부의 탄압으로 중단되었다.
② 김광제, 서상돈 등이 주도하였다.
③ 서당 규칙을 제정하는 계기가 되었다.
④ 천도교 세력이 중심이 되어 추진하였다.
⑤ 평양에서 시작하여 전국으로 확산되었다.

한눈에 보는 해설 ⊕

정답 알아보기 → 소년 운동

다음 자료에 나타난 [사회 운동]에 대한 설명으로 옳은 것은?

> 어린 동무들에게
> • 돋는 해와 지는 해를 반드시 보기로 합시다.
> • 어른에게는 물론이고 당신들끼리도 서로 존대하기로 합시다.
> • 뒷간이나 담벽에 글씨를 쓰거나 그림 같은 것을 그리지 말기로 합시다.
> • 길가에서 떼를 지어 놀거나 유리 같은 것을 버리지 말기로 합시다.
> • 꽃이나 풀을 꺾지 말고, 동물을 사랑하기로 합시다.
> • 전차나 기차에서는 어른에게 자리를 사양하기로 합시다.
> • 입은 꼭 다물고 몸은 바르게 가지기로 합시다.
> 1923년 5월 1일 어린이날 기념 선전문

④ 1922년 방정환이 이끄는 천도교 서울 지부 소년회에서 '어린이날'을 선포하고 1923년 5월 1일을 '어린이날'로 정하였다.

선지 분석하기
① 통감부의 탄압으로 중단되었다. ➡ 통감부는 1910년 폐지되었으므로, 시기상 맞지 않음.
② 김광제, 서상돈 등이 주도하였다. ➡ 국채 보상 운동
③ 서당 규칙을 제정하는 계기가 되었다. ➡ 서당 규칙은 1918년 제정되었으므로, 시기상 맞지 않음.
⑤ 평양에서 시작하여 전국으로 확산되었다. ➡ 물산 장려 운동

정답 ④

👍 노동 운동

주요 정답 키워드 # 원산 노동자 총파업 # 강주룡의 고공 농성 # 조선 노동 총동맹 # 아사 동맹

3. 다음 성명서가 발표된 이후의 사실로 옳은 것은? ▶ 41회

> 금반 우리의 노동 정지는 다만 국제 통상 주식회사 원산 지점이 계약을 무시하고 부두 노동 조합 제1구에 대하여 노동을 정지시킨 것으로 인하여 각 세포 단체가 동정을 표한 것뿐이다. 그러므로 결코 동맹 파업을 행한 것은 아니다. 그럼에도 불구하고 재향 군인회, 소방대가 출동한다 하여 온 도시를 경동케 함은 실로 이해할 수 없는 현상이니 …… 또한 원산 상업 회의소가 우리 연합회 회원과 그 가족 만여 명을 비(非) 시민과 같이 보는 행동을 감행하고 있는 것이 사실임으로 …… 상업 회의소에 대하여 입회 연설회를 개최할 것을 요구하였다. **동아일보**

① 조선 노동 총동맹과 조선 농민 총동맹이 성립되었다.
② 경성 고무 여자 직공 조합이 아사 동맹을 결성하였다.
③ 노동자 강주룡이 을밀대 지붕에서 고공 농성을 전개하였다.
④ 전국 단위의 노동 운동 단체인 조선 노동 공제회가 조직되었다.
⑤ 백정에 대한 차별 철폐를 요구하는 조선 형평사가 창립되었다.

4. 다음 대화에 나타난 사건에 대한 설명으로 옳은 것은? ▶ 39회

① 조선 노동 총동맹 결성으로 이어졌다.
② 원산 총파업이 일어나는 계기가 되었다.
③ 대한매일신보 등 언론 단체들이 참여하였다.
④ 임금 삭감 반대, 노동 조건 개선을 주장하였다.
⑤ 백정에 대한 사회적 차별 철폐를 목적으로 하였다.

한눈에 보는 해설 ⊕

정답 알아보기 →원산 노동자 총파업(1929)

다음 성명서 가 발표된 이후의 사실로 옳은 것은?

> 금반 우리의 노동 정지는 다만 국제 통상 주식회사 원산 지점이 계약을 무시하고 부두 노동 조합 제1구에 대하여 노동을 정지시킨 것으로 인하여 각 세포 단체가 동정을 표한 것뿐이다. 그러므로 결코 동맹 파업을 행한 것은 아니다. 그럼에도 불구하고 재향 군인회, 소방대가 출동한다 하여 온 도시를 경동케 함은 실로 이해할 수 없는 현상이니 …… 또한 원산 상업 회의소가 우리 연합회 회원과 그 가족 만여 명을 비(非) 시민과 같이 보는 행동을 감행하고 있는 것이 사실임으로 …… 상업 회의소에 대하여 입회 연설회를 개최할 것을 요구하였다. **동아일보**

③ 노동자 강주룡이 을밀대 지붕에서 고공 농성을 전개하였다. ➡ 1931년

선지 분석하기

① 조선 노동 총동맹과 조선 농민 총동맹이 성립되었다. ➡ 1927년
② 경성 고무 여자 직공 조합이 아사 동맹을 결성하였다. ➡ 1923년
④ 전국 단위의 노동 운동 단체인 조선 노동 공제회가 조직되었다. ➡ 1920년
⑤ 백정에 대한 차별 철폐를 요구하는 조선 형평사가 창립되었다. ➡ 1923년

한눈에 보는 해설 ⊕

정답 알아보기 →강주룡의 고공 농성(1931)

다음 대화에 나타난 사건 에 대한 설명으로 옳은 것은?

④ 강주룡은 1931년 평양 고무 공업조합이 임금 삭감, 근무 시간 연장, 정리해고를 단행하자 파업을 주도하여 임금 인하를 막아 냈다.

선지 분석하기

① 조선 노동 총동맹 결성으로 이어졌다. ➡ 1927년
② 원산 총파업이 일어나는 계기가 되었다. ➡ 1929년
③ 대한매일신보 등 언론 단체들이 참여하였다. ➡ 국채 보상 운동(1907)
⑤ 백정에 대한 사회적 차별 철폐를 목적으로 하였다. ➡ 형평 운동

정답 ③

정답 ④

PART 7

테마 52

사회적 민족 운동과 민족 유일당 운동

1 사회적 민족 운동

✦ 6·10 만세 운동

✦ 1920년 이후의 동맹 휴학 건수

6 · 10 만세 운동 (1926)	• 배경: 식민지 교육에 대한 반발과 학생 의식의 성장 • 전개: 사회주의 계열의 시위 계획 발각 ➡ 순종의 인산일에 학생 단체가 대규모 만세 시위 전개 + 대중들의 호응 • 의의: 민족 유일당 운동의 계기, 학생 운동 고양
광주 학생 항일 운동 (1929)	• 배경: 학생 운동의 조직화, 식민지 교육에 대한 반발 • 전개: 광주에서 한 · 일 학생 간 충돌 ➡ 광주 지역 학생들의 대규모 시위 ➡ 신간회 등 여러 사회단체들의 지지, 전국 확산 • 의의: 3 · 1 운동 이후 최대 규모의 민족 운동

2 민족 유일당 운동과 신간회(1927~1931)

✦ 광주 학생 항일 운동 기념탑 (광주 북구)

1. 3·1 운동 이후 민족주의의 분열

타협적 민족주의	1920년대 중반 민족 개량주의자(이광수, 최린 등)들이 일제의 허용 범위 내에서 자치권을 얻자고 주장
비타협적 민족주의	타협적 민족주의를 비판하고 사회주의 세력과의 연대 모색(이상재, 안재홍)

✱ 신간회
'신간출고목(新幹出古木, 고목에서 새로운 가지가 솟는다.)'에서 명칭을 취하여 신간회라고 함.

2. 신간회✱(1927~1931)

배경	• 타협적 민족 운동의 대두[자치 · 참정론의 대두, 이광수의 『민족적 경륜』(1924)] • 중국의 1차 국 · 공 합작(1924), 6 · 10 만세 운동(1926) • 민족주의 진영에서의 사회주의와의 연대 모색(조선 민흥회, 1926) • 사회주의 진영에서의 '비타협적 민족주의와의 협동 전선 구축' 선언(정우회 선언, 1926) 계기
결성	• 민족 유일당, 민족 협동 전선 구호 아래 이상재(회장), 홍명희(부회장), 안재홍 등 결성 ➡ 개인 본위 조직 단체 • 조직 구성: 중앙 본부 – 민족주의자, 지방 의회 – 사회주의자

특징	• 합법 단체, 좌우 합작 단체 • 기본 강령: 민족의 대동단결, 정치·경제적 각성, 기회주의 배격
활동	• 광주 학생 항일 운동(1929) 진상 보고를 위한 민중 대회 개최 계획 ➡ 실패 • 사회 운동 전개: 한국인 본위의 교육 실시, 착취 기관 철폐, 여성의 법률적·사회적 차별 폐지, 수재민 구호 운동, 재만 동포 운동 등 • 농민·노동·학생 운동의 지원: 소작·노동 쟁의, 동맹 휴학 지도 • 전국 순회강연: 민족의식 고취, 일제의 잔악성 규탄
해소	• 일제의 탄압, 내부 계열 간의 이념 대립 • 중앙 본부의 일부 민족주의자들에게 자치론자들을 포용하려는 우경화 경향이 나타남. • 코민테른의 노선 변화(통일 전선 강화 ➡ 적색노조론)
의의	민족주의자와 사회주의자들이 처음으로 민족 연합 전선을 구축하여 독립운동 전개
근우회	• 결성: 1927년 신간회 자매단체로 결성 • 강령: '조선 여자의 공고한 단결을 도모함', '조선 여자의 지위 향상을 도모함' • 활동: 국내와 일본, 간도 등에 수십 개의 지회를 두고 강연회, 부인 강좌, 야학 등을 통해 여성 노동자의 조직화와 여성 계몽에 노력

✦ 신간회 결성을 축하하는 삽화 (1928. 1.)

✦ 신간회 해소를 주장한 책의 표지

한능검 꼭꼭 사료

1. 광주 학생 항일 운동 때의 격문
학생 대중이여, 궐기하라! / 검거된 학생은 우리 손으로 탈환하자.
언론·결사·집회·출판의 자유를 획득하라. / 식민지 교육 제도를 철폐하라.
조선인 본위의 교육 제도를 확립하라. / 용감한 학생, 대중이여!
최후까지 우리의 슬로건을 지지하라. / 그리고 궐기하라.
전사여, 힘차게 싸워라.

2. 정우회 선언
우리가 승리를 향해 나아가기 위해서는 현실적으로 가능한 모든 조건을 충분히 이용하지 않으면 안될 것이며, 민족주의 세력에 대해서도 그것이 타락하지 않는 한 적극적으로 제휴하여, 대중의 개량적 이익을 위해서도 종래의 소극적인 태도를 버리고 세차게 싸워야 할 것이다.

3. 신간회 창립 당시 강령(1927. 2.)
• 우리는 정치·경제적 각성을 촉진함.
• 우리는 단결을 공고히 함.
• 우리는 기회주의를 일체 부인함.

4. 근우회 창립 취지문
인류 사회는 많은 불합리를 생산하는 동시에 그 해결을 우리에게 요구해 마지않는다. 여성 문제는 그중의 하나이다. 세계는 이 요구에 응하여 분연하게 활동하고 있다. 세계 자매는 수천 년래의 악몽에서 깨어나 우리 앞에 가로막고 있는 모든 질곡을 분쇄하기 위하여 싸워 온 지 이미 오래이다. …… 우리는 운동상 실천에서 배운 것이 있으니 우리가 실지로 우리 자체를 위하여 우리 사회를 위하여 분투하려면, 우선 조선 자매 전체의 역량을 공고히 단결하여 운동을 전반적으로 전개하지 아니하면 아니 된다. 일어나라! 오너라! 단결하자! 분투하자! 조선 자매들아! 미래는 우리의 것이다.

사료 돋보기

6·10 만세 운동 때의 격문

조선 민중아! 우리의 철천지원수는 자본·제국주의 일본이다. 이천만 동포야! 죽음을 각오하고 싸우자. 만세 만세 조선 독립 만세
• 조선은 조선인의 조선이다.
• 학교의 용어는 조선어로
• 학교장은 조선 사람이어야 한다.
• 동양 척식 회사를 철폐하자.
• 일본인 물품을 배격하자.
• 8시간 노동제를 실시하라.
• 동일 노동 동일 임금
• 소작제를 4·6제로 하고 공과금을 지주가 납부한다.
• 소작권은 이동하지 못한다.
• 일본인 지주의 소작료는 주지 말자.

👍 신간회

주요 정답 키워드 # 민족 유일당 운동의 일환으로 창립 # 광주 학생 항일 운동 지원

1. (가) 단체에 대한 설명으로 옳은 것은?　　　▶ 42회

> 지난 3일 전남 광주에서 일어난 고보학생 대 중학생의 충돌 사건에 대하여 종로에 있는 　(가)　 본부에서는 제19회 중앙상무집행위원회의 결의로 장성·송정·광주 세 지회에 대하여 긴급 조사 보고를 지령하는 동시에 사태의 진전을 주시하고 있던 바, 지난 8일 밤 중요 간부들이 긴급 상의한 결과, 사건 내용을 철저히 조사하고 구금된 학생들의 석방도 교섭하기 위하여 중앙집행위원장 허헌, 서기장 황상규, 회계 김병로 세 최고 간부를 광주까지 특파하기로 하고 9일 오전 10시 특급 열차로 광주에 향하게 하였다더라.
>
> 　　　　　　　　　　　　　　　　　　　동아일보

① 조선 혁명 선언을 활동 지침으로 삼았다.
② 민족 유일당 운동의 일환으로 창립되었다.
③ 조선학 운동을 전개하여 여유당전서를 간행하였다.
④ 조소앙의 삼균주의를 기초로 기본 강령을 발표하였다.
⑤ 대성 학교와 오산 학교를 세워 민족 교육을 전개하였다.

2. (가) 단체에 대한 설명으로 옳은 것은?　　　▶ 45회

> 　(가)　은/는 '우리는 정치적, 경제적, 사회적 각성을 촉진함', '우리는 단결을 공고히 함', '우리는 일체 기회주의를 부인함'이라는 3대 강령 하에서 탄생되어 금일까지 140개 지회의 39,000여 명의 회원을 포함한 단체가 되었다.
>
> 　　　　　　　　　　　　　　　　　　　「동광」

① 민족 유일당 운동의 일환으로 결성되었다.
② 이상설, 이동휘를 정·부통령에 선임하였다.
③ 일제가 조작한 105인 사건으로 조직이 해체되었다.
④ 조선 총독부에 국권 반환 요구서를 발송하려 하였다.
⑤ 오산 학교와 대성 학교를 세워 민족 교육을 실시하였다.

한눈에 보는 해설 ⊕

정답 알아보기

(가) 단체에 대한 설명으로 옳은 것은?

신간회

> ┌→광주 학생 항일 운동(1929)
> 지난 3일 전남 광주에서 일어난 고보학생 대 중학생의 충돌 사건에 대하여 종로에 있는 　(가)　 본부에서는 제19회 중앙상무집행위원회의 결의로 장성·송정·광주 세 지회에 대하여 긴급 조사 보고를 지령하는 동시에 사태의 진전을 주시하고 있던 바, 지난 8일 밤 중요 간부들이 긴급 상의한 결과, 사건 내용을 철저히 조사하고 구금된 학생들의 석방도 교섭하기 위하여 중앙집행위원장 허헌, 서기장 황상규, 회계 김병로 세 최고 간부를 광주까지 특파하기로 하고 9일 오전 10시 특급 열차로 광주에 향하게 하였다더라.　　동아일보

② 국내에서 민족 유일당 운동이 전개되어 신간회, 근우회가 결성되었다.

선지 분석하기

① 조선 혁명 선언을 활동 지침으로 삼았다. ➡ 의열단
③ 조선학 운동을 전개하여 여유당전서를 간행하였다. ➡ 정인보, 안재홍 등이 조선학 운동(1934) 전개
④ 조소앙의 삼균주의를 기초로 기본 강령을 발표하였다. ➡ 대한민국 임시 정부
⑤ 대성 학교와 오산 학교를 세워 민족 교육을 전개하였다. ➡ 신민회

정답 ②

한눈에 보는 해설 ⊕

정답 알아보기

(가) 단체에 대한 설명으로 옳은 것은?

신간회

> ┌→신간회 강령
> 　(가)　은/는 '우리는 정치적, 경제적, 사회적 각성을 촉진함', '우리는 단결을 공고히 함', '우리는 일체 기회주의를 부인함'이라는 3대 강령 하에서 탄생되어 금일까지 140개 지회의 39,000여 명의 회원을 포함한 단체가 되었다.　　「동광」

① 국내에서 민족 유일당 운동이 전개되어 신간회, 근우회가 결성되었다.

선지 분석하기

② 이상설, 이동휘를 정·부통령에 선임하였다. ➡ 대한 광복군 정부
③ 일제가 조작한 105인 사건으로 조직이 해체되었다. ➡ 신민회
④ 조선 총독부에 국권 반환 요구서를 발송하려 하였다. ➡ 독립 의군부
⑤ 오산 학교와 대성 학교를 세워 민족 교육을 실시하였다. ➡ 신민회

정답 ①

👍 근우회

주요 정답 키워드 # 신간회와 연계 # 여성의 권익

3. (가) 단체에 대한 설명으로 옳은 것은? ▶ 16회

> [(가)] **창립 취지문**
>
> 인류 사회는 많은 불합리를 생산하는 동시에, 그 해결을 우리에게 요구해 마지않는다. 여성 문제는 그중의 하나이다. …… 우리는 운동상 실천으로부터 배운 것이 있으니, 우리가 실지로 우리 자체를 위하여, 우리 사회를 위하여 분투하려면 우선 조선 자매 전체의 역량을 공고히 단결하여 운동을 전반적으로 전개하지 아니하면 아니 된다. 일어나라! 오너라! 단결하자! 분투하자! 조선의 자매들아! 미래는 우리의 것이다.
>
> 1927년 5월

① 6·10 만세 운동을 후원하였다.

② 조선 여자 교육회의 결성에 영향을 주었다.

③ 통감부의 방해와 탄압을 받아 해산되었다.

④ 국채를 갚기 위한 모금 운동에 참여하였다.

⑤ 신간회와 연계하여 여성의 권익을 옹호하였다.

한눈에 보는 해설

정답 알아보기
→ 근우회(1927~1931)
(가) 단체에 대한 설명으로 옳은 것은?

> [(가)] **창립 취지문**
>
> 인류 사회는 많은 불합리를 생산하는 동시에, 그 해결을 우리에게 요구해 마지않는다. 여성 문제는 그중의 하나이다. …… 우리는 운동상 실천으로부터 배운 것이 있으니, 우리가 실지로 우리 자체를 위하여, 우리 사회를 위하여 분투하려면 우선 **조선 자매 전체의 역량을 공고히 단결하여 운동을 전반적으로 전개하지 아니하면 아니 된다.** 일어나라! 오너라! 단결하자! 분투하자! **조선의 자매들아! 미래는 우리의 것이다.**
>
> 1927년 5월

⑤ 1927년 신간회의 자매단체로 창립된 근우회는 여성 계몽 활동과 함께 여성 노동자의 권익 옹호에 앞장섰다.

선지 분석하기

① 6·10 만세 운동을 후원하였다. ➡ 근우회 창립-1927년, 6·10 만세 운동 - 1926년

② 조선 여자 교육회의 결성에 영향을 주었다. ➡ 조선 여자 교육회 결성(1920)

③ 통감부의 방해와 탄압을 받아 해산되었다. ➡ 통감부는 1910년까지 존재

④ 국채를 갚기 위한 모금 운동에 참여하였다. ➡ 국채 보상 운동(1907)

정답 ⑤

👍 사건 순서

주요 정답 키워드 # 6·10 만세 운동 # 광주 학생 항일 운동

4. (가), (나) 격문이 작성된 사이의 시기에 있었던 사실로 옳은 것은? ▶ 44회

> (가) 왕조의 마지막 군주였던 창덕궁 주인이 53세의 나이로 지난 4월 25일에 서거하였다. …… 지금 우리 민족의 통곡과 복상은 군주의 죽음 때문이 아니고 경술년 8월 29일 이래 사무친 슬픔 때문이다. …… 슬퍼하는 민중들이여! 하나가 되어 혁명 단체 깃발 밑으로 모이자! 금일의 통곡복상의 충성과 의분을 모아 우리들의 해방 투쟁에 바치자!
>
> (나) 조선 청년 대중이여! 궐기하라. 제국주의적 침략에 대한 반항적 투쟁으로서 광주 학생 사건을 지지하고 성원하라. …… 저들은 소위 사법 경찰을 총동원하여 광주 조선 학생 동지 400여 명을 참혹한 철쇄에 묶어 넣었다. 여러분! 궐기하라! 우리들이 흘리는 선혈의 마지막 한 방울까지 조선 학생의 이익과 약소민족의 승리를 위하여 항쟁적 전투에 공헌하라!

① 김상옥이 종로 경찰서에 폭탄을 투척하였다.

② 동아일보를 중심으로 브나로드 운동이 전개되었다.

③ 고액 소작료에 반발하여 암태도 소작 쟁의가 발생하였다.

④ 사회주의 세력의 활동 방향을 밝힌 정우회 선언이 발표되었다.

⑤ 일제가 데라우치 총독 암살 미수 사건을 계기로 105인 사건을 날조하였다.

한눈에 보는 해설

정답 알아보기
(가) 6·10 만세 운동(1926)
(나) 광주 학생 항일 운동(1929)
(가), (나) 격문이 작성된 사이의 시기에 있었던 사실로 옳은 것은?

> →순종
> (가) 왕조의 마지막 군주였던 창덕궁 주인이 53세의 나이로 지난 **4월 25일**에 서거하였다. …… 지금 우리 민족의 통곡과 복상은 군주의 죽음 때문이 아니고 경술년 8월 29일 이래 사무친 슬픔 때문이다. …… 슬퍼하는 민중들이여! 하나가 되어 혁명 단체 깃발 밑으로 모이자! 금일의 통곡복상의 충성과 의분을 모아 우리들의 해방 투쟁에 바치자!
>
> →광주 학생 항일 운동(1929)
> (나) 조선 청년 대중이여! **궐기하라.** 제국주의적 침략에 대한 반항적 투쟁으로서 **광주 학생 사건을 지지하고 성원하라.** …… 저들은 소위 사법 경찰을 총동원하여 광주 조선 학생 동지 400여 명을 참혹한 철쇄에 묶어 넣었다. 여러분! 궐기하라! 우리들이 흘리는 선혈의 마지막 한 방울까지 조선 학생의 이익과 약소민족의 승리를 위하여 항쟁적 전투에 공헌하라!

④ 사회주의 세력의 활동 방향을 밝힌 정우회 선언이 발표되었다. ➡ 1926년

선지 분석하기

① 김상옥이 종로 경찰서에 폭탄을 투척하였다. ➡ 1923년

② 동아일보를 중심으로 브나로드 운동이 전개되었다. ➡ 1931~1934년

③ 고액 소작료에 반발하여 암태도 소작 쟁의가 발생하였다. ➡ 1923년

⑤ 일제가 데라우치 총독 암살 미수 사건을 계기로 105인 사건을 날조하였다. ➡ 1911년

정답 ④

PART 7

테마 53

민족 문화 수호 운동

＊ 만선 사관
한국사가 만주 지역의 역사 변화에 직접적인 영향을 받아 왔다는 사관

＊ 임나일본부설
일본의 야마토[大和] 정권이 4C 후반 한반도 남부 지역에 진출하여 신라와 백제로부터 조공을 받았고, 특히 가야에는 일본부(日本府)라는 기관을 두어 6C 중엽까지 직접 지배하였다는 설

＊ 정인보(1893~1950)

- 신채호의 민족 사관을 계승·발전
- 「5천 년간 조선의 얼」을 「동아일보」에 연재, 이를 「조선사연구」로 간행, 얼 사상 강조
- 광개토 대왕비문을 연구하여 일본의 왜곡된 고대사 연구를 수정

＊ 안재홍(1891~1965)

- 1916년 상하이로 망명하여 이회영·신채호 등이 조직한 동제사에서 활동, 1942년 조선어 학회 사건으로 옥고를 치르기도 함.
- 1945년 건국 준비 위원회 부위원장에 임명, 이후 국민당 결성, 1947년 과도 입법 의원이 되고 미군정청 민정 장관에 임명됨. 정부 수립 후 무소속으로 2대 국회 의원에 당선되었으나 1950년 납북됨.
- 고대사 연구에 몰두하여 식민 사관 극복에 노력, 해방 이후 '신민족주의와 신민주주의' 주장
- 저서: 「조선상고사감」 등

◆ 조선어 학회 회원들

1 역사

1. 일제의 식민 사관

(1) 일제는 민족의 긍지와 유대감을 심어 주는 우리의 민족사를 그들의 식민 통치에 유리한 방향으로 왜곡

이론	내용	근거
타율성론	우리 민족의 역사는 주체적으로 발전하지 못하고 주변 국가에 종속되어 전개되었다는 주장	사대 외교, 만선 사관＊
		지정학적 숙명론, 임나일본부설＊
정체성론	우리 민족의 역사는 오랫동안 정체되고 발전하지 못하였다는 주장	봉건제 결여
당파성론	우리의 민족성은 분열성이 강하여 항상 내분하여 싸웠다는 주장	붕당 정치

(2) 조선사 편수회 조직(1925): 총독부 산하 연구 기관으로, 한국사를 왜곡·서술, 「조선사」 편찬

2. 우리 역사의 수호

(1) 민족주의 사학

성격	우리 문화의 우수성과 한국사의 주체적 발전을 강조
박은식	민족 혼을 강조, 「한국통사」, 「한국독립운동지혈사」 등
신채호	민족정신으로 낭가사상을 강조, 「조선사연구초」(1925), 「조선상고사」(1931) 등
조선학 운동 (1934)	다산 정약용 서거 100주기를 맞이하여 1934년에 시작된 조선학 운동은 (신)민족주의 사학자인 정인보, 문일평, 안재홍, 백남운 등이 주도 ➡ 정인보＊('얼' 강조), 문일평[조선심(心)], 안재홍＊(신민족주의와 신민주주의)

(2) 사회 경제 사학

성격	일제의 정체성 이론에 대응하여 사적 유물론에 입각하여 한국사의 세계사적 보편성 강조
백남운	「조선사회경제사」·「조선봉건사회경제사」에서 한국사도 고대 노예 사회와 중세 봉건 사회를 거쳐 발전해 왔음을 주장

(3) 실증주의 사학

성격	문헌 고증을 통해서 있었던 사실 그대로를 밝혀내는 것에 목적을 둠.
진단 학회 (1934)	청구 학회를 중심으로 한 일본 어용 학자들의 왜곡된 한국학 연구에 반발 ➡ 이윤재, 이병도, 손진태 등이 진단 학회를 조직하여 실증 사관을 표방, 「진단 학보」 발간, 1942년 진단 학회 사건으로 해산

2 국어 연구

조선어 연구회 (1921)	• 주시경의 국문 연구소(1907)의 전통 계승 • 한글의 연구와 더불어 강습회·강연회를 통하여 한글 보급에 노력 • 잡지 「한글」 간행, 한글 기념일 '가갸날' 제정
조선어 학회 (1931)	• 최현배, 이윤재 등이 조직 • 한글 맞춤법 통일안과 표준어의 제정, 「우리말 큰사전」의 편찬 시도 • 조선어 학회 사건(1942)으로 해산

③ 교육과 종교 활동

민족 교육	• 사립 학교, 종교 계통의 학교, 개량 서당, 강습소, 야학 등 • 민립 대학 설립 운동(1922): 이상재 등이 조선 교육회 조직 후 전개 ➡ 실패, 일제의 경성 제국 대학 설립 • 문맹 퇴치 운동: 조선일보의 문자 보급 운동, 동아일보의 브나로드 운동(1931~1934), 조선어 연구회(1921) ➡ 조선어 학회(1931~1942)
종교 활동	• 개신교: 신사 참배 거부 운동 • 천주교: 사회 사업 확대, 『경향』 출간, 항일 운동 단체인 의민단 조직 • 천도교: 제2의 3 · 1 운동 계획(1922), 청년 · 여성 · 어린이 운동 전개, 평등사상 보급, 야학 운영 • 대종교: 적극적인 무장 항일 투쟁(무장 단체인 중광단 ➡ 북로 군정서군 결성) • 불교: 한용운의 조선 불교 유신회 결성 ➡ 일제의 사찰령* 반대, 만(卍)당 결성 • 원불교: 개간 사업과 저축 운동 전개, 남녀평등, 허례허식 폐지 등 새생활 운동 전개

④ 문예 활동

문학	• 1910년대: 계몽적 성격, 이광수의 『무정』 • 1920년대: 사회주의, 신경향파 문학[카프(KAPF) 문학] • 1930년대: 순수 문학, 친일 문학(최남선, 이광수), 저항 문학(윤동주, 이육사)
음악	창가 유행, 애국가(안익태), 봉선화(홍난파)
미술	안중식(동양화), 고희동 · 이중섭(서양화)
연극	토월회(1923) ➡ 극예술 연구회(1931)
영화	나운규의 '아리랑'(1926)

한능검 꼭꼭 사료

1. 박은식
<u>나라는 형체이고 역사는 정신이다.</u> 지금 한국의 형체는 무너졌으나 정신이 멸하지 않으면 형체는 부활할 때가 있을 것이다. …… 대개 국교(國教) · 국학 · 국어 · 국문 · 국사는 혼(魂)에 속하는 것이요, 전곡 · 군대 · 성지 · 함선 · 기계 등은 백(魄)에 속하는 것이므로 혼의 됨됨은 백에 따라 죽고 사는 것이 아니다. 그러므로 국교와 국사가 망하지 않으면 그 나라도 망하지 않는 것이다. 『한국통사』

2. 신채호의 역사 인식
역사란 무엇이뇨. 인류 사회의 아(我)와 비아(非我)의 투쟁이 시간에서 발전하여 공간까지 확대되는 심적 활동의 상태의 기록이니, 세계사라 하면 세계 인류의 그리되어 온 상태의 기록이며, 조선사라 하면 조선 민족이 그리되어 온 상태의 기록이니라. 그리하여 아에 대한 비아의 접촉이 많을수록 비아에 대한 아의 투쟁이 더욱 맹렬하여 인류 사회의 활동이 휴식할 사이가 없으며, 역사의 전도가 완결될 날이 없다. 그러므로 <u>역사는 아와 비아의 투쟁의 기록이니라.</u> 『조선상고사』

3. 백남운의 사회 경제 사학
우리 조선의 역사적 발전의 전 과정은 지리적인 조건, 인종적인 골상, 문화 형태의 외형적 특징 등 다소의 차이를 인정한다 하더라도, 외관상 특수성이 다른 문화 민족의 역사적인 발전 법칙과 구별되어야 할 독자적인 것은 아니며, <u>세계 사적인 일원적 역법칙에 의해 다른 제 민족과 거의 같은 발전 과정을 거쳐 왔던 것이다.</u> 『조선사회경제사』

✱ 일제의 사찰령
1911년 일제는 사찰령을 공포하여 총독이 사찰의 병합과 재산 관리를 하도록 허가함.

✦ '아리랑'의 나운규(조선 키네마 주식회사 제작)

✦ 안중식의 어해도

✦ 이중섭의 소

사료 듣뿍

일제의 『조선사』 편찬 요지
조선인은 다른 식민지의 야만적이고 반개화적인 민족과 달라서 문자 해독에 있어서는 문명인에 떨어지지 않는다. 따라서 예로부터 전해오는 책도 많고, 또 새로운 저술도 적지 않다. …… 헛되이 독립군의 옛 공을 떠올리게 하는 폐단이 있다. …… 『한국통사』라고 하는 재외 조선인의 저서는 진상을 깊이 밝히지 않고 함부로 망령된 주장을 펴고 있다. 이들 역사책이 인심을 어지럽히는 해독은 헤아릴 수 없다.

PART 7

👍 역사학의 발전

주요 정답 키워드 # 박은식 # 신채호 # 정인보 # 조선학 운동

1. (가)~(마)에 들어갈 내용으로 옳은 것은?
▶ 46회

〈수행 평가 보고서〉

1. 주제: 민족 문화 수호를 위한 노력
2. 내용: 일제의 역사 왜곡과 동화(同化) 정책에 맞서 우리의 말과 역사를 지키고자 헌신한 인물들의 활동에 대하여 조사하였다.

인물	활동
신채호	(가)
백남운	(나)
정인보	(다)
이윤재	(라)
최현배	(마)

① (가) – 잡지 한글의 간행을 주도하였다.
② (나) – 한글 맞춤법 통일안 제정에 참여하였다.
③ (다) – 민족의 얼을 강조하고 조선학 운동을 추진하였다.
④ (라) – 애국심 고취를 위해 을지문덕전을 집필하였다.
⑤ (마) – 조선사회경제사에서 식민 사학의 정체성론을 반박하였다.

한눈에 보는 해설 ⊕

정답 알아보기

(가)~(마)에 들어갈 내용으로 옳은 것은?

〈수행 평가 보고서〉

1. 주제: 민족 문화 수호를 위한 노력
2. 내용: 일제의 역사 왜곡과 동화(同化) 정책에 맞서 우리의 말과 역사를 지키고자 헌신한 인물들의 활동에 대하여 조사하였다.

인물	활동
신채호	(가)
백남운	(나)
정인보	(다)
이윤재	(라)
최현배	(마)

③ (다) – 정인보는 민족의 얼을 강조하고 조선학 운동을 추진하였다.

선지 분석하기

① (가) – 잡지 한글의 간행을 주도하였다. ➡ 이윤재
② (나) – 한글 맞춤법 통일안 제정에 참여하였다. ➡ 이윤재, 최현배
④ (라) – 애국심 고취를 위해 을지문덕전을 집필하였다. ➡ 신채호
⑤ (마) – 조선사회경제사에서 식민 사학의 정체성론을 반박하였다. ➡ 백남운

정답 ③

2. (가), (나)를 주장한 인물에 대한 설명으로 옳은 것을 〈보기〉에서 고른 것은?
▶ 16회

(가) 옛사람이 이르기를 나라는 멸할 수 있으나 역사는 멸할 수 없다고 하였으니, 대개 나라는 형체이고 역사는 정신이기 때문이다. 지금 우리나라의 형체는 허물어졌으나 정신만은 살아남아야 할 것이다.

(나) 역사란 무엇이뇨. 인류 사회의 아(我)와 비아(非我)의 투쟁이 시간부터 발전하며 공간부터 확대하는 심적 활동의 기록이니, 세계사라 하면 세계 인류의 그리되어 온 상태의 기록이며 조선사라 하면 조선 민족의 그리되어 온 상태의 기록이니라.

보기

㉠ (가) – 진단 학회를 창립하고 진단 학보를 발행하였다.
㉡ (가) – 양명학에 토대를 두고 유교구신론을 주장하였다.
㉢ (나) – 유물 사관을 바탕으로 사회 경제 사학을 확립하였다.
㉣ (나) – 국민 대표 회의에서 새로운 정부 수립을 주장하였다.

① ㉠, ㉡   ② ㉠, ㉢   ③ ㉡, ㉢
④ ㉡, ㉣   ⑤ ㉢, ㉣

한눈에 보는 해설 ⊕

정답 알아보기
→ (가) 박은식, (나) 신채호

(가), (나)를 주장한 인물 에 대한 설명으로 옳은 것은?

(가) 옛사람이 이르기를 나라는 멸할 수 있으나 역사는 멸할 수 없다고 하였으니, 대개 나라는 형체이고 역사는 정신이기 때문이다. 지금 우리나라의 형체는 허물어졌으나 정신만은 살아남아야 할 것이다.
↳ 박은식의 『한국통사』   → 신채호의 『조선상고사』

(나) 역사란 무엇이뇨. 인류 사회의 아(我)와 비아(非我)의 투쟁이 시간부터 발전하며 공간부터 확대하는 심적 활동의 기록이니, 세계사라 하면 세계 인류의 그리되어 온 상태의 기록이며 조선사라 하면 조선 민족의 그리되어 온 상태의 기록이니라.

㉡ 박은식은 1909년 「유교구신론」을 발표하여, 주자 중심의 유학을 비판하고 양명학의 지행합일과 사회 진화론의 진보 원리를 조화시킨 대동 사상과 대동교를 주창하였다.

㉣ 신채호, 박용만 등 창조파는 국민 대표 회의에서 임시 정부를 해체하고 연해주로 옮겨가 새로운 정부를 수립하자고 주장하였다.

선지 분석하기

㉠ (가) – 진단 학회를 창립하고 진단 학보를 발행하였다. ➡ 이병도, 손진태 등
㉢ (나) – 유물 사관을 바탕으로 사회 경제 사학을 확립하였다. ➡ 백남운

정답 ④

👍 시기별 문화 발달

주요 정답 키워드 　# 아리랑　# 카프(KAPF)　# 원각사　# 손기정

3. 다음 영화가 처음 개봉되었던 당시에 볼 수 있는 모습으로 가장 적절한 것은? ▶ 43회

이 사진은 나운규가 감독·주연을 맡아 제작한 영화의 장면과 제작진의 모습입니다. 단성사에서 개봉된 이 영화는 식민 지배를 받던 한국인의 고통스런 삶을 표현한 작품입니다.

① 카프(KAPF)에서 활동하는 신경향파 작가
② 원각사에서 은세계 공연을 관람하는 학생
③ 육영 공원에서 영어를 가르치는 미국인 교사
④ 전차 개통식에 참여하는 한성 전기 회사 직원
⑤ 손기정 선수의 올림픽 우승 소식을 보도하는 기자

👍 종교

주요 정답 키워드 　# 천도교(잡지 개벽)　# 대종교(중광단)

4. (가), (나)에 들어갈 내용으로 옳은 것은? ▶ 42회

일제 강점기 종교계의 저항

불교	천도교	대종교
조선 불교 유신회를 조직하여 사찰령 철폐 운동을 전개하였다.	(가)	(나)

① (가) – 의민단을 조직하여 무장 투쟁을 전개하였다.
② (가) – 잡지 개벽을 발행하여 민족 의식을 고취하였다.
③ (나) – 경향신문을 발간하여 민중 계몽에 힘썼다.
④ (나) – 배재 학당을 세워 신학문 보급에 기여하였다.
⑤ (가), (나) – 을사오적을 처단하기 위해 자신회를 결성하였다.

한눈에 보는 해설🔍

정답 알아보기

다음 영화가 처음 개봉되었던 당시 →1926년 에 볼 수 있는 모습으로 가장 적절한 것은?

이 사진은 **나운규**가 **감독·주연**을 맡아 제작한 **영화**의 장면과 제작진의 모습입니다. → 아리랑(1926) 단성사에서 개봉된 이 영화는 식민 지배를 받던 한국인의 고통스런 삶을 표현한 작품입니다.

① 카프(KAPF)에서 활동하는 신경향파 작가 ➡ 1925~1935년

선지 분석하기

② 원각사에서 은세계 공연을 관람하는 학생 ➡ 원각사(1908~1909)
③ 육영 공원에서 영어를 가르치는 미국인 교사 ➡ 육영 공원(1886~1894)
④ 전차 개통식에 참여하는 한성 전기 회사 직원 ➡ 전차 개통식(1899)
⑤ 손기정 선수의 올림픽 우승 소식을 보도하는 기자 ➡ 1936년

정답 ①

한눈에 보는 해설🔍

정답 알아보기

(가), (나)에 들어갈 내용으로 옳은 것은?

일제 강점기 종교계의 저항

불교	천도교	대종교
조선 불교 유신회를 조직하여 사찰령 철폐 운동을 전개하였다.	(가)	(나)

② 천도교는 『개벽』, 『신여성』 등의 잡지를 발간하여 평등사상을 보급하고 민족 의식을 높였다.

선지 분석하기

① (가) – 의민단을 조직하여 무장 투쟁을 전개하였다. ➡ 천주교
③ (나) – 경향신문을 발간하여 민중 계몽에 힘썼다. ➡ 천주교
④ (나) – 배재 학당을 세워 신학문 보급에 기여하였다. ➡ 개신교
⑤ (가), (나) – 을사오적을 처단하기 위해 자신회를 결성하였다. ➡ 대종교
(나철, 오기호)

정답 ②

단기완성
한국사능력검정시험

PART

08

현대 사회

8·15 광복과 해방 공간의 주요 사건

1 광복 직전의 건국 준비 활동

1. 건국 준비 활동

대한민국 임시 정부(충칭)	민족주의 계열의 독립운동 단체들을 한국 독립당(1940)으로 통합, 대한민국 건국 강령 제정(1941, 조소앙의 삼균주의 채택)
조선 독립 동맹(연안, 1942)	김두봉 결성, 조선 의용군 조직 ➡ 북한 인민군(연안파)에 참여
조선 건국 동맹(국내, 1944)	여운형 주도, 민족 연합 전선 ➡ 해방 직후 조선 건국 준비 위원회 조직(여운형+안재홍)
공통점	민주 공화국 수립

2. 8·15 광복
(1) 한국 독립의 구체적 논의

카이로 회담(1943. 11.)	미·영·중, 적당한 시기에(in due course) 한국의 독립 결의
얄타 회담(1945. 2.)	미·영·소, 소련의 대일전 참가 결정
포츠담 회담(1945. 7.)	미·영·중 + 소, 카이로 선언의 한국 독립 재확인 **cf** 회담 당일은 미·영·중 참석, 소련은 이후 참석

✦ 한국 관계 국제 회의

(2) 8·15 광복(1945): 국내외에서 끊임없이 전개해 온 민족의 독립 투쟁의 결실, 2차 세계 대전에서 연합군의 승리

(3) 국토의 분단과 미·소 군정(軍政)의 실시: 한반도에 남아 있던 일본군의 무장 해제를 구실로 미국의 38도선 제안을 소련이 수용

2 광복 직후의 정치 상황

1. 조선 건국 준비 위원회(1945. 8. 15.)

결성	중도 좌파 여운형, 중도 우파 안재홍 등 좌우 연합, but 송진우, 김성수 등의 민족주의 우익 세력은 불참
활동	• 치안대 설치, 북한 지역 포함 145개 지부 조직 • 조선 인민 공화국 수립(1945. 9.): 박헌영 등 조선 공산당 계열이 실권 장악 ➡ 일부 세력 탈퇴, 미군정의 불인정

2. 군정 후(後) 남·북한 정세
(1) 여러 정당 구성

한국 민주당(송진우·김성수)	미군정 연결, 임시 정부 지지, 건국 준비 위원회 반대
독립 촉성 중앙 협의회	이승만 회장 추대, 초기 각 정당 및 200여 개 단체 참여, 공동 투쟁·공동 노선 결의 ➡ 친일파 문제 갈등 야기 ➡ 박헌영(조선 공산당) 이탈
한국 독립당(김구)	남·북한 통일 정부 수립 운동
조선 공산당(박헌영)	좌익 박헌영 조직(이후 남조선 노동당으로 개편)

🍃 여운형이 조선 총독에게 요구한 5개 조항

1. 전국적으로 정치범·경제범을 즉시 석방할 것
2. 서울의 3개월분 식량을 확보할 것
3. 치안 유지와 건국 활동을 위한 정치 운동에 대하여 절대로 간섭하지 말 것
4. 학생과 청년을 조직·훈련하는 데 간섭하지 말 것
5. 노동자와 농민을 건국 사업에 동원하는 데 대하여 절대로 간섭하지 말 것

(2) 미군정(1945~1948)

군정 선포	우익 세력 지원, 신한 공사 설립, 충칭의 대한민국 임시 정부와 조선 인민 공화국 부정
1기(1945~1947)	직접 통치기
2기(1947~1948)	남조선 과도 입법 의원 구성(➡ 남조선 과도 정부, 의장-김규식, 민정 장관-안재홍)

3. 모스크바 3국 외상 회의(1945. 12.)

내용	• 미국 · 영국 · 소련의 외상 회의 • 내용: 임시 민주 정부 수립, 미 · 소 공동 위원회 설치, 미 · 영 · 중 · 소의 최고 5년간 신탁 통치 실시 등
우리의 반응	• 신탁 통치 반대 국민 총동원 위원회 조직: 반탁 운동 전개 • 우익(이승만 · 김구): 반탁 • 좌익: 반탁 ➡ 찬탁 운동으로 선회

✦ 반탁 운동(1945. 12.)

4. 미 · 소 공동 위원회

1차 미 · 소 공동 위원회 (1946. 3.)	서울 덕수궁 석조전에서 임시 정부 수립을 위한 미 · 소 공동 위원회를 개최 ➡ 미 · 소 간 입장 차이로 결렬(**cf** 미국의 주장: 모든 정치 단체를 정부 수립에 참여, 소련의 주장: 신탁 통치를 지지하는 정치 단체만 정부 수립에 참여)
이승만의 정읍 발언 (1946. 6.)	남한만 단독 정부 수립 주장
좌우 합작 운동	• 김규식 · 안재홍(중도 우파), 여운형(중도 좌파)의 좌우 합작 위원회 구성(1946. 7.) 및 좌우 합작 7원칙 발표(1946. 10.) • 미군정의 좌우 합작 운동 지원 **cf** 좌우 합작 7원칙에 대한 각 세력의 반응: 김구의 한국 독립당 – 지지, 이승만계 – 조 건부 찬성(반대), 한국 민주당과 조선 공산당 – 반대
2차 미 · 소 공동 위원회 (1947. 5.)	트루먼 독트린*으로 동서 냉전 시작 ➡ 2차 미 · 소 공동 위원회 결렬
여운형 암살(1947. 7.)	좌우 합작 운동 실패

✱ **트루먼 독트린**
공산 세력의 위협에 저항하고 있는 자유민을 미국이 도울 것이라 천명한 정책. 이에 따라 미국은 그리스를 원조하여 그리스의 공산 반란을 진압하고, 터키의 공산화를 막기 위해 터키에도 원조를 제공함.

사료 듬뿍➕🖉
좌우 합작 7원칙의 구체적 내용
1. 조선의 민주 독립을 보장한 3상 회의 결정에 의하여 남북을 통한 좌우 합작으로 민주주의 임시 정부를 수립할 것
2. 미 · 소 공동 위원회의 속개를 요청하는 공동 성명을 발할 것
3. 토지 개혁에 있어서 몰수, 유조건 몰수, 체감 매상 등으로 토지를 농민에게 무상으로 분배하며, 시가지의 기지 및 대건물을 적정 처리하며, 중요 산업을 국유화하며, 사회 노동법령 및 정치적 자유를 기본으로 지방 자치제의 확립을 속히 실시하며, 통화 및 민생 문제 등을 급속히 처리하며, 민주주의 건국 과업 완수에 매진할 것
4. 친일파 · 민족 반역자를 처리할 조례를 본 합작 위원회의 입법 기구에 제안하여 입법 기구로 하여금 심의 · 결정하여 실시하게 할 것
5. 남북을 통하여 현 정권하에서 검거된 정치 운동자의 석방에 노력하며, 아울러 남북 좌우의 테러적 행동을 일체 즉시로 제지하도록 노력할 것
6. 입법 기구에 있어서는 일체 그 기능과 구성 방법, 운영을 본 합작 위원회에서 작성하여 적극적으로 실행을 기도할 것
7. 전국적으로 언론 · 집회 · 결사 · 출판 · 교통 · 투표 등 자유를 절대 보장하도록 노력할 것

한능검 꼭꼭 사료 🖐️

1. 대한민국 임시 정부의 건국 강령
제3장 건국
2. 삼균 제도를 골자로 한 헌법을 실시하여 정치·경제·교육의 민주적 시설로 실제상 균형을 도모하며, 전국의 토지와 대생산 기관의 국유가 완성되고 전국의 학령 아동 전체가 고급 교육의 무상 교육이 완성되고 보통 선거 제도가 구속 없이 완전히 실시되어 ……

2. 신탁 통치 반대 국민 총동원 위원회의 반탁 시위 선언문
카이로·포츠담 선언과 국제 헌장으로 세계에 공약한 한국의 독립은 이번에 모스크바에서 열린 3국 외상 회의의 신탁 관리 결의로써 수포로 돌아갔으니, 다시 우리 3천만은 영예로운 피로써 자주독립을 이루지 않으면 안 될 단계에 들어섰다. 동포여! 8·15 이전과 이후, 피차의 과오와 마찰을 청산하고자 우리 정부 밑에 뭉치자. 그리하여 그 지도하에 3천만의 모든 힘을 발휘하여 신탁 관리제를 배격하는 국민운동을 전개하자. 그리고 완전한 자주독립을 이루는 날까지 3천만 전 민족은 최후의 피 한 방울이 다하도록 항쟁할 것을 선언한다.

3. 이승만의 정읍 발언(1946. 6. 3.)
이제 우리는 무기 휴회된 미·소 공동 위원회가 재개될 기색도 보이지 않으며 통일 정부를 고대하나 여의케 되지 않으니, 우리는 남방만이라도 임시 정부, 혹은 위원회 같은 것을 조직하여 38 이북에서 소련이 철퇴하도록 세계 공론에 호소하여야 될 것이니, 여러분도 결심하여야 할 것입니다. 국사 편찬 위원회, 「자료 대한민국사 II」

4. 좌우 합작 7원칙 발표(1946. 10. 4.)
조선의 좌우 합작은 민족 독립의 단계요, 남북 통일의 관건인 점에 있어서 3천만 민족의 지상 명령이며 국제 민주화의 필연적 요청이었음에도 불구하고 저간의 복잡다단한 내외 정세로 오랫동안 파란곡절을 거듭해 오던 바, 10월 4일 좌우 대표가 회담한 결과 좌측의 5원칙과 우측의 8원칙을 절충하여 7원칙을 결정하였다. 이에 다음과 같은 합작 원칙과 입법 기구에 대한 요망을 작성하여 발표한다.

👍 미·소 공동 위원회 및 주요 사건

주요 정답 키워드 # 덕수궁 석조전 # 임시 정부 수립

[1~2] 다음 자료를 읽고 물음에 답하시오. ▶ 47회

(가) 모스크바 삼상 회의에서 결정한 조선에 관한 제3조 제2항에 의거하여 구성된 ⑤ 이/가 3천만의 큰 희망 속에 20일 드디어 덕수궁 석조전에서 출범하였다. 조선의 진로를 좌우하는 중대한 관건을 쥐고 있는 만큼 그 추이는 자못 3천만 민중의 주목을 받고 있다.

(나) 조선인이 다 아는 것과 같이 ⑤ 이/가 난관에 봉착함으로 인하여 미국 측은 조선의 독립과 통일 문제를 유엔 총회에 제출하였다. 그리고 대다수의 세계 각국은 41대 6으로 이 문제를 유엔 총회에 상정시키기로 가결하였다. …… 조선인에게 권고하고 싶은 것은 이 중요한 시간에 유엔 총회가 조선 문제를 해결할 수 있다는 믿음을 가지고 평화를 애호하는 세계의 모든 국가가 모인 유엔 총회의 결정을 전적으로 지지하여야 할 것이다.

1. ⑤ 기구에 대한 설명으로 옳은 것은?

① 반공을 국시로 내건 혁명 공약을 발표하였다.

② 정치인들의 활동을 규제하고, 언론 기관을 통폐합하였다.

③ 정수의 3분의 1에 해당하는 국회 의원 선출권을 행사하였다.

④ 조선 인민 공화국을 수립하고 전국 각 지역에 인민 위원회를 조직하였다.

⑤ 임시 민주 정부 수립을 위한 협의에 참여할 단체의 범위를 두고 논쟁하였다.

2. (가), (나) 사이의 시기에 있었던 사실로 옳은 것은?

① 김구, 김규식 등이 남북 협상에 참석하였다.

② 반민족 행위 특별 조사 위원회가 구성되었다.

③ 좌우 합작 위원회에서 좌우 합작 7원칙을 발표하였다.

④ 유상 매수, 유상 분배 원칙의 농지 개혁법이 제정되었다.

⑤ 우리나라 최초의 보통 선거인 5·10 총선거가 실시되었다.

한눈에 보는 해설 🔍

[1~2] 다음 자료를 읽고 물음에 답하시오.

(가) **모스크바 삼상 회의에서 결정한** 조선에 관한 제3조 제2항에 의거하여 구성된 ⑤ 이/가 3천만의 큰 희망 속에 20일 드디어 **덕수궁 석조전에서 출범**하였다. 조선의 진로를 좌우하는 중대한 관건을 쥐고 있는 만큼 그 추이는 자못 3천만 민중의 주목을 받고 있다.

(나) 조선인이 다 아는 것과 같이 ⑤ 이/가 난관에 봉착함으로 인하여 미국 측은 **조선의 독립과 통일 문제를 유엔 총회에 제출**하였다. 그리고 대다수의 세계 각국은 41대 6으로 이 문제를 유엔 총회에 상정시키기로 가결하였다. …… 조선인에게 권고하고 싶은 것은 이 중요한 시간에 유엔 총회가 조선 문제를 해결할 수 있다는 믿음을 가지고 평화를 애호하는 세계의 모든 국가가 모인 **유엔 총회의 결정을 전적으로 지지하여야 할 것이다.**

정답 알아보기 ┌→ 미·소 공동 위원회

1. ⑤ **기구** 에 대한 설명으로 옳은 것은?

⑤ 1차 미·소 공동 위원회(1946. 3.) 당시 소련은 신탁 통치 결정을 지지하는 정치 단체만 미·소 공동 위원회와의 협의 대상으로 참여시키자고 주장하였고, 미국은 모든 정치 단체의 참여를 주장하였다.

선지 분석하기

① 반공을 국시로 내건 혁명 공약을 발표하였다. ➡ 5·16 군사 정변 세력

② 정치인들의 활동을 규제하고, 언론 기관을 통폐합하였다. ➡ 전두환 정부

③ 정수의 3분의 1에 해당하는 국회 의원 선출권을 행사하였다. ➡ 유신 정부(박정희)

④ 조선 인민 공화국을 수립하고 전국 각 지역에 인민 위원회를 조직하였다. ➡ 조선 건국 준비 위원회(1945. 9.)

정답 알아보기 ┌→ (가) 미·소 공동 위원회 출범(1946. 3.)
        (나) 2차 미·소 공동 위원회(1947. 5.)

2. (가), (나) 사이의 시기에 있었던 사실로 옳은 것은?

③ 좌우 합작 위원회에서 좌우 합작 7원칙을 발표하였다. ➡ 좌우 합작 위원회(1946. 7.), 좌우 합작 7원칙 발표(1946)

선지 분석하기

① 김구, 김규식 등이 남북 협상에 참석하였다. ➡ 1948. 4.

② 반민족 행위 특별 조사 위원회가 구성되었다. ➡ 1948. 9.

④ 유상 매수, 유상 분배 원칙의 농지 개혁법이 제정되었다. ➡ 1949년 제정, 1950년 부분 수정·실시

⑤ 우리나라 최초의 보통 선거인 5·10 총선거가 실시되었다. ➡ 1948. 5.

정답 1. ⑤ 2. ③

👍 좌·우 합작 위원회

주요 정답 키워드 # 여운형 # 7원칙

3. 밑줄 그은 '위원회'에 대한 설명으로 옳은 것은? ▶37회

> 본 위원회는 합작 원칙에 합의하여 다음 사항을 알립니다.
> 첫째, 모스크바 3국 외상 회의 결정에 의하여 좌우 합작으로 민주주의 임시 정부를 수립할 것 ......
> 셋째, 토지 개혁에 있어 몰수, 유조건 몰수, 체감 매상 등으로 토지를 농민에게 무상으로 분여할 것 ......

① 통일 정부 구성을 위한 남북 협상을 추진하였다.
② 유엔 감시하에 치러진 남북한 총선거에 참여하였다.
③ 여운형, 김규식 등 중도 세력을 중심으로 결성되었다.
④ 반민족 행위 처벌을 위한 특별 조사 위원회의 활동을 방해하였다.
⑤ 귀속 재산 처리법을 제정하여 일본인들이 남기고 간 재산을 처리하였다.

한눈에 보는 해썰

정답 알아보기

밑줄 그은 '위원회'에 대한 설명으로 옳은 것은? (좌우 합작 위원회)

> 본 위원회는 합작 원칙에 합의하여 다음 사항을 알립니다.
> 첫째, 모스크바 3국 외상 회의 결정에 의하여 **좌우 합작으로 민주주의 임시 정부를 수립할 것** (좌·우 합작 7원칙) ......
> 셋째, 토지 개혁에 있어 몰수, 유조건 몰수, 체감 매상 등으로 토지를 **농민에게 무상으로 분여할 것** ......

③ 중도 좌파 여운형과 중도 우파 김규식을 중심으로 하는 좌우 합작 위원회(1946. 7.)가 구성되어 좌우 합작 7원칙을 발표(1946. 10.)하고 좌우 합작 운동을 적극 추진하였다.

선지 분석하기

① 통일 정부 구성을 위한 남북 협상을 추진하였다. ➡ 김구와 김규식
② 유엔 감시하에 치러진 남북한 총선거에 참여하였다. ➡ 남북한 총선거는 무산됨.
④ 반민족 행위 처벌을 위한 특별 조사 위원회의 활동을 방해하였다. ➡ 이승만 정부
⑤ 귀속 재산 처리법을 제정하여 일본인들이 남기고 간 재산을 처리하였다. ➡ 이승만 정부

정답 ③

👍 사건 순서

주요 정답 키워드 # 좌우 합작 위원회 # 모스크바 3국 외상 회의 # 남북 협상

4. (가)~(다)를 발표된 순서대로 옳게 나열한 것은? ▶41회

> (가)
> 1. 조선의 민주 독립을 보장한 삼상 회의 결정에 의하여 남북을 통한 좌우 합작으로 민주주의 임시 정부를 수립할 것 ⋮
> 4. 친일파 민족 반역자를 처리할 조례를 본 합작 위원회에서 입법 기구에 제안하여 입법 기구로 하여금 심리 결정하여 실시케 할 것

> (나)
> 3. ...... 공동 위원회의 제안은 최고 5년 기한의 4개국 신탁 통치 협약을 작성하기 위해 미·영·소·중 4국 정부가 공동 참작할 수 있도록 조선 임시 정부와 협의한 후 제출되어야 한다.

> (다)
> 3. 외국 군대가 철퇴한 이후 하기(下記) 제 정당·단체들은 공동 명의로써 전 조선 정치 회의를 소집하여 조선 인민의 각층각계를 대표하는 민주주의 임시 정부가 즉시 수립될 것이며 ......
> 4. 상기 사실에 의거하여 본 성명서에 서명한 제 정당·사회단체들은 남조선 단독 선거의 결과를 결코 인정하지 않으며 지지하지 않을 것이다.

① (가) - (나) - (다)
② (가) - (다) - (나)
③ (나) - (가) - (다)
④ (나) - (다) - (가)
⑤ (다) - (나) - (가)

한눈에 보는 해썰

정답 알아보기

(가)~(다)를 발표된 순서대로 옳게 나열한 것은?

> (가)
> 1. 조선의 민주 독립을 보장한 삼상 회의 결정에 의하여 남북을 통한 **좌우 합작으로 민주주의 임시 정부를 수립**할 것 (좌·우 합작 7원칙) ⋮
> 4. 친일파 민족 반역자를 처리할 조례를 본 합작 위원회에서 입법 기구에 제안하여 입법 기구로 하여금 심리 결정하여 실시케 할 것

> (나)
> 3. ...... 공동 위원회의 제안은 최고 5년 기한의 4개국 신탁 통치 협약을 작성하기 위해 **미·영·소·중 4국 정부가 공동 참작할 수 있도록 조선 임시 정부와 협의한 후 제출되어야 한다.**

> (다)
> 3. 외국 군대가 철퇴한 이후 하기(下記) 제 정당·단체들은 공동 명의로써 전 조선 정치 회의를 소집하여 조선 인민의 각층각계를 대표하는 민주주의 임시 정부가 즉시 수립될 것이며 ......
> 4. **상기 사실에 의거하여 본 성명서에 서명한 제 정당·사회단체들은 남조선 단독 선거의 결과를 결코 인정하지 않으며 지지하지 않을 것이다.**

③ (나) 모스크바 3국 외상 회의 결정서(1945. 12.) ➡ (가) 좌우 합작 7원칙(1946. 10.) ➡ (다) 남북 제 정당·사회단체 공동 성명회(1948. 4.)

정답 ③

대한민국 정부 수립과 6·25 전쟁

✧ 남북 협상을 위해 38도선에 선 김구(1948. 4.)

✧ 5·10 총선거

✧ 대한민국 정부 수립 경축식

1 대한민국 정부 수립

한국 문제 UN 상정	미국의 한국 문제 UN 상정(1947. 9.) ➡ 유엔 한국 임시 위원단 구성(1948) ➡ 남북 총선거를 통한 통일 정부 수립 결정 ➡ 소련 반대 ➡ UN 소총회 최종 결정(남한만 총선)
남북 협상 (1948. 4.)	김구·김규식 등 단독 정부 수립 반대(김구의 '삼천만 동포에게 읍고함') 및 남북 협상 제안 ➡ 남북 지도자 연석회의 개최(평양, 김구·김규식·김일성·김두봉·조소앙·안재홍 등 695명 참가, but 이승만, 송진우, 김성수 불참) ➡ 결과: 실패, 단독 정부 수립 반대 주장 ➡ 좌우익의 대립 격화(제주 4·3 사건, 여수·순천 10·19 사건)
남한 단독 총선거 (1948. 5. 10.)	• 최초 민주 보통 선거에 의한 남한만의 단독 총선거 실시(선거권 – 만 21세 이상) • 좌익(남조선 노동당), 김구와 김규식 등 남북 협상파 ➡ 단독 선거 반대 및 불참
대한민국 정부 수립	• 5·10 총선거로 선출된 의원들이 제헌 국회 구성(임기 2년) • 헌법 제정(1948. 7.): 임시 정부 법통 계승, 3권 분립의 대통령 중심제, 단원제, 국회 간접 선거에 의한 대통령 선출 등의 민주 공화국 헌법 제정 • 대한민국 정부 수립 선포(8. 15.): 제헌 국회에서 간접 선거 통해 대통령에 이승만, 부통령에 이시영 선출 • 1948년 12월 유엔 총회에서 한반도 유일의 합법 정부로 승인

대한 독립 촉성 국민회(이승만계) 55석(27.5%)
한국 민주당 29석(14.5%)
기타 13석(6.5%)
총 200석
무소속 85석(42.5%)
대동 청년당(지청천계) 12석(6%)
조선 민족 청년단(이범석계) 6석(3%)

✧ 제헌 국회 소속 정당별 의석수

2 제헌 국회의 활동

반민족 행위 처벌법 제정 (1948. 9.)	• 목적: 민족정기를 세우고 친일파 청산 • 내용: 친일 행위를 한 사람들의 처벌과 공민권 제한 등 • 실행: 반민족 행위 특별 조사 위원회 설치 ➡ 친일 혐의를 받았던 주요 인사들 조사 • 반공 정책을 우선시했던 이승만 정부의 소극적 태도로 1949년 종료
농지 개혁법 제정 (1949)	• 목적: 농민들에게 토지 배분 • 내용: 3정보를 상한으로 하고, 그 이상의 농지를 유상 매수, 농민에게 3정보 한도에서 유상 분배, 농민은 5년간 현물(수확량의 30%)로 땅값을 상환 • 한계: 농지만 대상(산림, 임야 제외)

3 6·25 전쟁

배경	미국이 극동 방위선에서 한반도를 제외한다는 발표(애치슨 라인, 1950. 1.)
경과	전쟁 발발(1950. 6. 25.) ➡ 유엔, 북한의 남침을 불법으로 규정, 16개국 유엔군 파견 결정 ➡ 북한군의 서울 점령, 한강 인도교 폭파(6. 28.) ➡ 유엔 지상군 부산으로 상륙(7. 1.) ➡ 한국 작전 지휘권, 유엔군 총사령관에 위임(7. 16.) ➡ 낙동강 저지선까지 후퇴 ➡ 인천 상륙 작전(9. 15.) ➡ 서울 수복(9. 28.) ➡ 국군, 38도선 돌파(10. 1.) ➡ 국군, 평양 탈환(10. 19.), 압록강 진격 ➡ 중국군 개입(10. 25.) ➡ 흥남 철수(12. 15.) ➡ 서울 재함락(1951. 1. 4.) ➡ 거창 양민 학살 사건(2. 11.) ➡ 유엔군 총사령관, 북한 측에 정전 회담 제의(6. 30.) ➡ 휴전 회담 본회의 시작(개성, 7. 10.) ➡ 거제도 공산 포로 폭동 발생(1952. 5. 7.) ➡ 포로 교환 협정 조인(1953. 6. 8.) ➡ 이승만 정부, 거제도 반공 포로 2만 5천 명 석방(6. 18.) ➡ 판문점에서 휴전 협정 조인(7. 27.) ➡ 한·미 상호 방위 조약 체결(1953. 10.)

휴전 회담	쟁점	유엔군 측	공산군 측
	휴전 방식	선휴전, 후협상	선협상, 후휴전
	군사 분계선	38선 북방의 어느 선	38선 기준
	포로 송환	개별 자유 송환	전원 강제 송환

제네바 회담 (1954. 4.)	• 휴전 협정에 의하여 유엔 참전 16개국과 중국·소련·북한 등 공산 측 3개국이 제네바에 모여 한국 통일 문제를 토의한 최초의 정치 회담 • 남한: 북한으로부터 중공군 철수, 유엔 감시하 북한만의 자유 선거 실시 • 북한: 유엔을 포함한 모든 외세를 배제한 자유 선거 실시, 전 조선위원회 구성, 6개월 이내 전 외국군 철수

✦ 애치슨 라인

✦ 흥남 철수(1950)

✦북한군 남침(1950. 6.~9.) ✦국군·유엔군 반격(1950. 9.~10.) ✦중국군 개입(1950. 10.~1951. 1.) ✦전선 고착·휴전(1951. 1.~1953. 7.)

한능검 꼭꼭 사료

1. 김구의 '삼천만 동포에게 읍고함'(1948. 2. 10.)

한국이 있어야 한국 사람이 있고, 한국 사람이 있고야 민주주의도 공산주의도 또 무슨 단체도 있을 수 있는 것이다. 그러면 우리의 자주독립적 통일 정부를 수립하려는 이때에 있어서 어찌 개인이나 자기의 집단의 사리사욕에 탐하여 국가 민족의 백년대계를 그르칠 자가 있으랴? …… 마음속의 38선이 무너지고야 땅 위의 38선도 철폐될 수 있다. …… 현시에 있어서 나의 단일한 염원은 삼천만 동포와 손을 잡고 통일된 조국의 달성을 위하여 공동 분투하는 것뿐이다. 이 육신을 조국이 수요한다면 당장에라도 제단에 바치겠다. 나는 통일된 조국을 건설하려다가 38선을 베고 쓰러질지언정 일신에 구차한 안일을 취하여 단독 정부를 세우는 데는 협력하지 아니하겠다.

국사 편찬 위원회, 「자료 대한민국사」

2. 반민족 행위 처벌법 규정

제1조 일본 정부와 통모하여 한·일 합병에 적극 협력한 자, 한국의 주권을 침해하는 조약 또는 문서에 조인한 자와 모의한 자는 사형 또는 무기 징역에 처하고, 그 재산과 유산의 전부 혹은 2분의 1 이상을 몰수한다.

제3조 일본 치하 독립운동자나 그 가족을 악의로 살상·박해한 자 또는 이를 지휘한 자는 사형·무기 또는 5년 이상의 징역에 처하고 그 재산의 전부 혹은 일부를 몰수한다.

사료 들썩

남북 제정당·사회단체 공동 성명서(1948. 4. 30.)

외국 군대가 철퇴한 이후 아래의 제정당 단체들은 공동 명의로서 전 조선 정치 회의를 소집하여 조선 인민의 각층각계를 대표하는 민주주의 임시 정부가 즉시 수립될 것이며, 국가의 일체 정권은 정치·경제·문화생활의 일체 책임을 지게 될 것이다. 이 정부는 그 첫 과업으로 일반적·직접적·평등적 비밀 투표로써 통일적 조선 입법 기관을 선거할 것이며, 선거된 입법 기관은 조선 헌법을 제정하여 통일적 민주 정부를 수립하여야 할 것이다.

PART 8

🐷 출제 POINT
제헌 국회의 활동 및 6·25 전쟁의 전개 과정을 묻는 문제가 주로 출제된다.

👍 **사건 순서**

주요 정답 키워드 # 유엔 총회 # 남북 협상 # 5·10 총선거

1. 다음 결의문이 채택된 시기를 연표에서 옳게 고른 것은? ▶ 46회

총회가 당면하고 있는 한국 문제는 근본적으로 한국민 자체의 문제이며 그 자유와 독립에 관련된 문제이므로 …… 총회는 한국 대표가 한국 주재 군정 당국에 의하여 지명된 자가 아니라 한국민에 의하여 실제로 정당하게 선출된 자라는 것을 감시하기 위하여, 조속히 유엔 한국 임시 위원단을 설치하여 한국에 주재케 하고, 이 위원단에게 한국 전체를 여행·감시·협의할 수 있는 권한을 부여할 것을 결의한다.

1945.8.	1945.12.	1946.3.	1946.10.	1947.5.	1948.8.
(가)	(나)	(다)	(라)	(마)	
8·15 광복	모스크바 3국 외상 회의 개최	제1차 미·소 공동 위원회 개최	좌우 합작 7원칙 발표	제2차 미·소 공동 위원회 개최	대한민국 정부 수립

① (가) ② (나) ③ (다)
④ (라) ⑤ (마)

2. (가), (나) 사이의 시기에 있었던 사실로 옳은 것은? ▶ 44회

(가) 나의 연령이 이제 70하고도 3인 바 나에게 남은 것은 금일 금일하는 여생이 있을 뿐이다. 이제 새삼스럽게 재물을 탐내며 영예를 탐낼 것이냐? 더구나 외군 군정 하에 있는 정권을 탐낼 것이냐? …… 나는 통일된 조국을 건설하려다가 38선을 베고 쓰러질지언정 일신에 구차한 안일을 취하여 단독 정부를 세우는 데는 협력하지 아니하겠다.

(나) 이 민국은 기미 3월 1일에 우리 13도 대표들이 서울에 모여서 국민 대회를 열고 대한 독립 민주국임을 세계에 공포하고 임시 정부를 건설하여 민주주의의 기초를 세운 것입니다. …… 이 국회는 전 민족을 대표한 국회이며 이 국회에서 탄생되는 민국 정부는 완전한 한국 전체를 대표한 중앙 정부임을 이에 또한 공포하는 바입니다.

① 우리나라 최초의 보통 선거인 5·10 총선거가 실시되었다.
② 남한만의 단독 정부 수립을 주장한 정읍 발언이 제기되었다.
③ 여운형이 중심이 되어 조선 건국 준비 위원회를 조직하였다.
④ 좌우 합작 위원회가 결성되어 좌우 합작 7원칙에 합의하였다.
⑤ 민족주의 정당을 중심으로 독립 촉성 중앙 협의회가 결성되었다.

🔍 **한눈에 보는 해설** ⊕

정답 알아보기
유엔 총회 결의문
다음 **결의문**이 채택된 시기를 연표에서 옳게 고른 것은?

→유엔 총회
총회가 당면하고 있는 한국 문제는 근본적으로 한국민 자체의 문제이며 그 자유와 독립에 관련된 문제이므로 …… 총회는 한국 대표가 한국 주재 군정 당국에 의하여 지명된 자가 아니라 한국민에 의하여 실제로 정당하게 선출된 자라는 것을 감시하기 위하여, 조속히 **유엔 한국 임시 위원단을 설치**하여 한국에 주재케 하고, 이 위원단에게 한국 전체를 여행·감시·협의할 수 있는 권한을 부여할 것을 결의한다.

⑤ 1947년 11월 유엔 총회에서 한반도 총선 실시를 위해 유엔 한국 임시 위원단의 파견을 결정하였다.

정답 ⑤

🔍 **한눈에 보는 해설** ⊕

정답 알아보기
(가) 김구의 '삼천만 동포에게 읍고함'(1948. 2.)
(나) 제헌 국회 개회사(1948. 5.)

(가), (나) 사이의 시기에 있었던 사실로 옳은 것은?

(가) 나의 연령이 이제 70하고도 3인 바 나에게 남은 것은 금일 금일하는 여생이 있을 뿐이다. 이제 새삼스럽게 재물을 탐내며 영예를 탐낼 것이냐? 더구나 외군 군정 하에 있는 정권을 탐낼 것이냐? …… 나는 통일된 조국을 건설하려다가 38선을 베고 쓰러질지언정 일신에 구차한 안일을 취하여 단독 정부를 세우는 데는 협력하지 아니하겠다.

(나) 이 민국은 기미 3월 1일에 우리 13도 대표들이 서울에 모여서 국민 대회를 열고 대한 독립 민주국임을 세계에 공포하고 임시 정부를 건설하여 민주주의의 기초를 세운 것입니다. …… 이 국회는 전 민족을 대표한 국회이며 이 국회에서 탄생되는 민국 정부는 완전한 한국 전체를 대표한 중앙 정부임을 이에 또한 공포하는 바입니다.

① 5·10 총선거 실시 ➡ 1948. 5. 10.

선지 분석하기
② 남한만의 단독 정부 수립을 주장한 정읍 발언이 제기되었다. ➡ 1946. 6.
③ 여운형이 중심이 되어 조선 건국 준비 위원회를 조직하였다. ➡ 1945. 8.
④ 좌우 합작 위원회가 결성되어 좌우 합작 7원칙에 합의하였다. ➡ 1946. 10.
⑤ 민족주의 정당을 중심으로 독립 촉성 중앙 협의회가 결성되었다. ➡ 1945. 10.

정답 ①

👍 제헌 의회

주요 정답 키워드 # 5·10 총선거 # 반민족 행위 특별 조사 위원회 설치 # 농지 개혁법

3. 밑줄 그은 '국회'에 대한 설명으로 옳은 것은? ▶ 42회

> 지난 5·10 총선을 통해 구성된 국회가 반민족 행위자를 처벌할 수 있는 법안을 통과시켰습니다. 이 법의 적용을 받는 자는 한·일 합방에 협력한 자, 한국의 주권을 침해하는 데 도움을 준 자, 일본 치하 독립운동자가 그 가족을 살상·박해한 자 등입니다. 아울러 반민족 행위를 예비 조사하기 위해 특별 조사 위원회를 설치하기로 했습니다.

① 민의원, 참의원의 양원으로 운영되었다.

② 한·미 자유 무역 협정(FTA)을 비준하였다.

③ 초대 대통령에 한해 중임 제한을 철폐하였다.

④ 유상 매수·유상 분배 원칙의 농지 개혁법을 제정하였다.

⑤ 의원 정수 3분의 1이 통일 주체 국민 회의에서 선출되었다.

👍 6·25 전쟁

주요 정답 키워드 # 전개 과정을 확실히 파악하자!!

4. 밑줄 그은 '이 작전'이 실행된 시기를 연표에서 옳게 고른 것은? ▶ 39회

> 친애하는 ○○○ 귀하
>
> …… 말씀하신 대로 인천항은 많은 난점을 안고 있습니다. 이곳은 좁은 단일 수로로 대규모 함정의 진입이 불가능하고, 적이 기뢰를 매설할 경우 많은 피해가 예상됩니다. 이와 같은 어려운 조건 때문에 적군도 이 작전이 불가능하다고 판단할 것입니다. 하지만 바로 그 점이 적을 기습할 수 있는 충분한 요소라고 확신합니다. 우리는 이 작전으로 많은 인적·물적·시간적 손실을 최소화시킬 수 있을 것입니다.

1950년 6월		북한군 남침
	(가)	
1950년 7월		대전 함락
	(나)	
1950년 9월		서울 탈환
	(다)	
1950년 12월		흥남 철수
	(라)	
1951년 7월		휴전 회담 시작
	(마)	
1953년 7월		정전 협정 체결

① (가) ② (나) ③ (다)

④ (라) ⑤ (마)

한눈에 보는 해설 ⊕

정답 알아보기 → 제헌 국회

밑줄 그은 '국회'에 대한 설명으로 옳은 것은?

> 지난 **5·10 총선**을 통해 구성된 **국회**가 반민족 행위자를 처벌할 수 있는 **법안**을 통과시켰습니다. 이 법의 적용을 받는 자는 한·일 합방에
> └▶반민족 행위 처벌법
> 협력한 자, 한국의 주권을 침해하는 데 도움을 준 자, 일본 치하 독립운동자나 그 가족을 살상·박해한 자 등입니다. 아울러 **반민족 행위**를 **예비 조사**하기 위해 **특별 조사 위원회**를 설치하기로 했습니다.

④ 제헌 국회(1948~1950)가 제정한 대표적인 법안은 농지 개혁법과 반민족 행위 처벌법이다. 농지 개혁법은 3정보를 상한으로 그 이상의 농지를 국가가 유상 매수하고 농민에게 3정보 한도 내에서 유상 분배하는 방식으로 제정하였다.

선지 분석하기

① 민의원, 참의원의 양원으로 운영되었다. ➡ 4·19 혁명(1960) 이후 3차 개헌 경과 국회

② 한·미 자유 무역 협정(FTA)을 비준하였다. ➡ 이명박 정부(2011)

③ 초대 대통령에 한해 중임 제한을 철폐하였다. ➡ 2차 개헌인 사사오입 개헌 (1954)

⑤ 의원 정수 3분의 1이 통일 주체 국민 회의에서 선출되었다. ➡ 7차 개헌인 유신 헌법(박정희 정부)

정답 ④

한눈에 보는 해설 ⊕

정답 알아보기 → 유엔군의 인천 상륙 작전(1950. 9.)

밑줄 그은 '이 작전'이 실행된 시기를 연표에서 옳게 고른 것은?

> 친애하는 ○○○ 귀하
>
> …… 말씀하신 대로 **인천항**은 많은 난점을 안고 있습니다. 이곳은 좁은 단일 수로로 대규모 함정의 진입이 불가능하고, 적이 기뢰를 매설할 경우 많은 피해가 예상됩니다. 이와 같은 어려운 조건 때문에 적군도 **이 작전**이 불가능하다고 판단할 것입니다. 하지만 바로 그 점이 **적을 기습할 수 있는 충분한 요소**라고 확신합니다. 우리는 **이 작전**으로 많은 인적·물적·시간적 손실을 최소화시킬 수 있을 것입니다.

② 인천 상륙 작전 ➡ 1950. 9. 15.

정답 ②

민주주의 시련과 발전(1)

✽ 삼백 비리

몇몇 기업들이 정부의 특혜 속에 삼백 산업(밀가루, 설탕, 면화)을 일으켜 재벌로 성장하고 정치 자금을 제공한 일을 말함.

✽ 사사오입(四捨五入)

재적 203명 중 찬성 135표, 반대 60표, 기권 7표로 개헌 정족수인 136표에 1표가 미달되자 자유당은 국회 의원 재적 203명의 3분의 2는 135.333……으로 소수점 4 이하는 반올림이 안 되어 135명이 정족수가 된다고 주장함.

✽ 죽산(竹山) 조봉암(1898~1959)

일제 강점기부터 공산주의 활동에 가담, 독립운동을 전개함. 제헌 국회와 2대 국회 의원 선거에서 당선, 이승만 정부에서 초대 농림부 장관을 역임함. 2007년 과거사 정리 위원회에서는 "진보당 사건은 이승만 정부에서 정적 조봉암을 제거하기 위한 비인도적, 반인권적 인권 유린이자 정치 탄압"이라고 결론을 내린 후 "유가족에게 국가가 사과하고 피해 구제와 명예 회복을 위한 적절한 조치를 취할 것"을 권고함.

✦ 3·15 마산 시위(1960)

📜 **4·19 혁명의 주요 일지**

1960. 2. 28. 대구 학생 의거
　　　 3. 15. 3·15 마산 의거
　　　 4. 11. 김주열 시신 발견
　　　 4. 18. 고대 학생들의 시위
　　　 4. 19. 시위 학생과 시민들에게 발포
　　　 4. 25. 대학 교수들의 시국 선언문 발표
　　　 4. 26. 이승만 사임

1 이승만 정부(1948~1960)

경제 정책	• 농지 개혁(1949년 제정, 1950년 실시): 유상 매수, 유상 분배(3정보 한도) • 1950년대 미국의 원조 경제 ➡ 소비재와 소비재 산업의 원료 중심의 원조, 삼백(三白) 산업(밀가루, 설탕, 면화) 중심 **cf** 삼백 비리✽ 발생
반공 정책	• 반공 정책과 북진 통일 주장 • 국가 보안법 제정(1949), 거제도 반공 포로 석방(1953. 6.), 한·미 상호 방위 조약(1953. 10.) 체결
장기 집권 시도	**발췌 개헌** **(1차 개헌, 1952)** • 배경: 2대 국회 의원 선거(1950. 5.)에서 정부에 비판적인 무소속 출마자들이 대거 당선 • 과정: 임시수도 부산에서 자유당 조직(1951. 12.) ➡ 대통령 직선제 정부안과 내각 책임제 국회안을 발췌·혼합한 '발췌 개헌안'을 강제로 통과 　➥ 제대로 시행되지 않음. • 내용: 대통령 직선제, 국회 양원제
	사사오입✽ 개헌 **(2차 개헌, 1954)** • 배경: 이승만의 장기 집권 목적 • 내용: 초대 대통령의 중임 제한(3선 금지 조항) 철폐
	진보당 사건 **(1958. 1.)** • 배경: 3대 대통령 선거(1956. 5.)에서 대통령에 이승만이, 부통령에 민주당의 장면이 선출. but 조봉암(진보당)이 유효 득표의 30%(2위)를 차지하는 돌풍 일으킴. • 내용: 조봉암✽의 평화 통일론을 빌미 ➡ 간첩죄로 처형[진보당 사건(1958. 1.)] • 진보 세력 탄압: 신국가 보안법 제정(1958. 12. 대공사찰과 언론 통제 강화), 경향신문 폐간(1959)
4·19 혁명 (1960)	• 3·15 부정 선거(1960): 1960년 정·부통령 선거에서 이기붕을 부통령으로 당선시키기 위해 대대적인 부정 선거 자행 • 과정: 3·15 마산 의거 ➡ 김주열의 죽음 ➡ 3·15 부정 선거 규탄 시위의 확산(4. 19.) ➡ 경찰 발포, 계엄령 선포 ➡ 대학 교수단의 시국 선언문 발표(4. 25.), 미국의 퇴진 권유 ➡ 이승만의 하야(4. 26.) • 결과: 허정 과도 정부 수립 ➡ 3차 개헌 실시(내각 책임제와 국회 양원제) 　　　　　　　　　　　　　　　　➥ 민의원, 참의원 구성

2 장면 내각(1960~1961)

성립	허정 과도 정부 구성 ➡ 총선에서 민주당 압승 ➡ 국회에서 윤보선 대통령(4대 대통령)과 장면 국무총리 선출
주요 정책	경제 개발 5개년 계획 수립, but 실시 못함[➡ 5·16 군정에서 실시(1962)].
통일 정책	• 정부: '선건설 후통일' 주장, 소극적　'가자 북으로, 오라 남으로'라는 구호를 외치며 남북 학생 회담 환영 및 통일 촉진 궐기 대회를 엶. • 학생·혁신 세력: 남북 학생 회담 제안(1961), 중립화 통일론 주장
한계	민주당 내의 갈등 심화 ➡ 5·16 군사 정변(1961)으로 중단

3 박정희 정부(1963~1972)

출범	• 1963년 5대 대통령 선거를 통해 당선 • 정치: 강력한 대통령 중심제, 단원제 국회 • 경제: '조국의 근대화, 민족 중흥' ➡ 급속한 경제 성장 정책 실시
주요 정책	• 제1차(1962~1966)·제2차(1967~1971) 경제 개발 5개년 계획 • 베트남 국군 파병(1964~1973): 미국의 요청으로 파병, 미국은 한국군의 추가 파병에 대한 군사적·경제적 보상 조치로 브라운 각서(1966)* 채택 • 한·일 국교 정상화(1965): 김종필·오히라 회담(1962)* ➡ 6·3 시위(굴욕적 한·일 회담 반대, 1964) ➡ 계엄령 선포, 한·일 협정 체결 • 국민 교육 헌장·향토 예비군 창설(1968) • 새마을 운동(1970~), 경부 고속 도로 개통(1970) • 3선 개헌(6차 개헌, 1969): 대통령 3회 연임 허용
통일 정책	7·4 남북 공동 성명(1972): 자주적·평화적·민족적 대단결, 남북 조절 위원회 설치

4 유신 정부(1972~1979)

유신 헌법	• 전국에 비상계엄령 선포, 국회 해산, 정치 활동 금지 ➡ 7차 개헌(유신 헌법, 1972) 발표 • 대통령의 초법적 지위 강화: 긴급 조치권, 국회 해산권, 국회 의원 1/3 직접 임명권(유신 정우회), 대법원장 임명권 ➡ ∴ 일명 한국적 민주주의 • 장기 집권: 통일 주체 국민 회의에서 간접 선거로 대통령 선출(임기 6년, 연임 제한 철폐)
주요 정책	• 제3차(1972~1976)·제4차(1977~1981) 경제 개발 5개년 계획 • 학도 호국단, 민방위단 결성(1975) • 100억 달러 수출 달성(1977)
반(反) 유신 운동	김대중 납치 사건(1973), 민청학련 사건(1974), 인혁당 재건위 사건(1974), 3·1 민주 구국 선언(1976), YH 사건(1979), 부·마 항쟁(1979), 야당 당수 김영삼 국회 의원 제명(1979) ➡ 10·26 사태(1979) cf 긴급 조치 1호(1974)

＊ 브라운 각서(1966)

제5조 1965년 5월에 대한민국에 대하여 이미 약속한 바 있는 1억 5천만 달러 AID 차관에 추가하여 …… 대한민국의 경제 발전을 지원하기 위하여 추가 AID 차관을 제공한다.

＊ 김종필·오히라 회담(1962)

• 일제 35년간의 지배에 대한 보상으로 일본은 3억 달러를 10년간 걸쳐서 지불하되 그 명목은 '독립 축하금'으로 한다.
• 경제 협력의 명분으로 정부 간의 차관 2억 달러를 3.5%, 7년 거치 20년 상환이라는 조건으로 10년간 제공하며 민간 상업 차관으로 1억 달러를 제공한다.
• 독도 문제를 국제 사법 재판소에 이관한다.

✧ 6·3 시위

진복기(정의당) 122,914표 (1%)
기타 61,576표 (0.5%)
김대중(신민당) 5,395,900표 (45.2%)
총 투표 12,417,816
박정희(민주 공화당) 6,342,828표 (53.2%)

✧ 7대 대통령 선거 후보자별 득표율

한능검 꼭꼭 사료

1. 서울대학교 학생회의 4월 혁명 선언문

상아의 진리탑을 박차고 거리에 나선 우리는 질풍과 같은 역사의 조류에 자신을 참여시킴으로써 이성과 진리 그리고 자유의 대학 정신을 현실의 참담한 박토에 뿌리려 하는 바이다. …… 관료와 경찰은 민주를 위장한 가부장적 전제 권력의 하수인으로 발 벗었다. 민주주의 이념의 최저의 공리인 선거권마저 권력의 마수 앞에 농단되었다.

2. 대학 교수단의 시국 선언문

3·15 선거는 불법 선거이다. 공명선거에 의하여 정·부통령 선거를 다시 실시하라.

3. 한·일 기본 조약(1965. 6. 22.)

대한민국과 일본국은 양국 국민 관계의 역사적 배경을 고려하며, 선린(善隣) 관계 및 주권 상호 존중의 원칙에 입각한 양국 간 관계의 정상화를 상호 희망함을 고려하고, 양국의 공통 복지 및 공동 이익을 증진하고 국제 평화 및 안전을 유지하는 데 양국이 국제 연합 헌장의 원칙에 합당하게 긴밀히 협력함이 중요하다는 것을 인식하고, 1951년 9월 8일 샌프란시스코 시에서 서명된 일본국과의 평화 조약 관계 규정 및 1948년 12월 12일 국제 연합 총회에서 채택된 제 195(Ⅲ)호를 상기하며 본 기본 관계에 관한 조약을 체결하기로 결정한다.

사료 듣뿍

장면 내각의 시정 방침(1960. 8.)

1. 일본과의 국교 정상화 및 유엔 감시하의 남·북한 자유 선거에 의한 통일 달성
2. 관료 제도의 합리화와 공무원 재산 등록 및 경찰 중립화를 통한 민주주의의 구현
3. 부정 선거의 원흉과 발포 책임자, 부정·불법 축재자 처벌
4. 외자 도입과 경제 원조 확대를 통한 경제 개발 계획 추진
5. 군비 축소와 군의 정예화 추진을 통한 국방력 강화 및 군의 정치적 중립

PART ⑧

👍 이승만 정부

주요 정답 키워드 # 위수령 # 4·19 혁명 # 3·15 부정 선거

1. 다음 법령이 제정된 정부 시기의 사실로 옳은 것은? ▶ 41회

> 제1조 본령은 육군 군대가 영구히 일지구에 주둔하여 당해 지구의 경비, 육군의 질서 및 군기의 감시와 육군에 속하는 건축물 기타 시설의 보호에 임함을 목적으로 한다.
> ⋮
> 제12조 위수 사령관은 재해 또는 비상사태에 제하여 지방 장관으로부터 병력의 청구를 받았을 때에는 육군 총참모장에게 상신하여 그 승인을 얻어 이에 응할 수 있다. 전항의 경우에 있어서 사태 긴급하여 육군 총참모장의 승인을 기다릴 수 없을 때에는 즉시 그 요구에 응할 수 있다. 단, 위수 사령관은 지체 없이 이를 육군 총참모장에게 보고하여야 한다.

① 5년 단임의 대통령 직선제 개헌이 이루어졌다.

② 부정 선거에 항거하는 4·19 혁명이 전국 각지에서 일어났다.

③ 호헌 철폐와 독재 타도 등의 구호를 내세운 시위가 전개되었다.

④ 치안본부 대공 분실에서 박종철 고문 치사 사건이 발생하였다.

⑤ 신군부의 계엄 확대와 무력 진압에 저항하는 시위가 벌어졌다.

한눈에 보는 해설 🔍

정답 알아보기 →이승만 정부(1948~1960)

다음 법령이 제정된 정부 시기의 사실로 옳은 것은?

→위수령(1950)

> 제1조 본령은 육군 군대가 영구히 일지구에 주둔하여 당해 지구의 경비, 육군의 질서 및 군기의 감시와 육군에 속하는 건축물 기타 시설의 보호에 임함을 목적으로 한다.
> 제12조 위수 사령관은 재해 또는 비상사태에 제하여 지방 장관으로부터 병력의 청구를 받았을 때에는 육군 총참모장에게 상신하여 그 승인을 얻어 이에 응할 수 있다. 전항의 경우에 있어서 사태 긴급하여 육군 총참모장의 승인을 기다릴 수 없을 때에는 즉시 그 요구에 응할 수 있다. 단, 위수 사령관은 지체 없이 이를 육군 총참모장에게 보고하여야 한다.

② 4·19 혁명 ➡ 1960년

선지 분석하기

① 5년 단임의 대통령 직선제 개헌이 이루어졌다. ➡ 전두환 정부(9차 개헌, 6월 민주 항쟁의 결과)

③ 호헌 철폐와 독재 타도 등의 구호를 내세운 시위가 전개되었다. ➡ 전두환 정부(6월 민주 항쟁)

④ 치안본부 대공 분실에서 박종철 고문 치사 사건이 발생하였다. ➡ 전두환 정부(6월 민주 항쟁의 원인 중 하나)

⑤ 신군부의 계엄 확대와 무력 진압에 저항하는 시위가 벌어졌다. ➡ 전두환 정부(5·18 광주 민주화 운동)

정답 ②

👍 장면 내각

주요 정답 키워드 # 윤보선 대통령 # 내각 책임제(3차 개헌) # 민의원 # 참의원

2. 밑줄 그은 '헌법'이 적용된 시기에 있었던 사실로 옳은 것은? ▶ 46회

> 민주당의 윤보선 의원이 국회에서 208표를 얻어 대통령에 당선되었습니다. 내각 책임제를 골자로 개정된 헌법에 따라 선출된 윤보선 대통령은 국가의 원수로서 나라를 대표하고, 국무총리 지명권과 긴급 재정 처분권, 그리고 국군 통수권 등의 권한을 가지며 임기는 5년입니다.

① 반민족 행위 처벌법이 제정되었다.

② 통일 주체 국민 회의가 조직되었다.

③ 2년 임기의 국회 의원이 선출되었다.

④ 조봉암을 중심으로 진보당이 창당되었다.

⑤ 국회가 민의원, 참의원의 양원으로 운영되었다.

한눈에 보는 해설 🔍

정답 알아보기 →3차 개헌(1960) - 허정 과도 정부

밑줄 그은 '헌법'이 적용된 시기에 있었던 사실로 옳은 것은?

> 민주당의 윤보선 의원이 국회에서 208표를 얻어 대통령에 당선되었습니다. 내각 책임제를 골자로 개정된 헌법에 따라 선출된 윤보선 대통령은 국가의 원수로서 나라를 대표하고, 국무총리 지명권과 긴급 재정 처분권, 그리고 국군 통수권 등의 권한을 가지며 임기는 5년입니다.
> →3차 개헌(1960)

⑤ 4·19 혁명 이후 이승만의 대통령직 사퇴로 수립된 허정 과도 정부는 의원 내각제와 양원제(참의원, 민의원)를 골자로 하는 3차 개헌을 단행하였다.

선지 분석하기

① 반민족 행위 처벌법이 제정되었다. ➡ 1948년(제헌 국회)

② 통일 주체 국민 회의가 조직되었다. ➡ 1972년(유신 정부)

③ 2년 임기의 국회 의원이 선출되었다. ➡ 1948년(제헌 국회)

④ 조봉암을 중심으로 진보당이 창당되었다. ➡ 1956년(이승만 정부)

정답 ⑤

👍 사건 순서

3. (가), (나) 사이의 시기에 있었던 사실로 옳은 것은? ▶ 38회

> (가) 반민족 행위 특별 조사 위원회(반민 특위)가 본격적으로 친일 청산에 나서자, 친일 경력이 있던 일부 경찰과 친일파들은 '공산당과 싸우는 애국지사를 잡아 간 반민 특위 위원은 공산당'이라며 시위를 벌였다. 대통령은 특별 담화를 발표하고, 공산당과 내통했다는 구실로 반민 특위 소속 국회 의원들을 구속하였다.
>
> (나) 자유당은 당시 대통령에 한하여 중임 제한을 적용하지 않는다는 내용을 골자로 하는 개헌을 추진하였다. 그해 11월, 개헌안은 의결 정족수에 1명이 부족하여 부결되었는데, 사사오입의 논리를 내세워 개헌안이 다시 통과된 것으로 번복하였다.

① 정부 형태가 내각 책임제로 바뀌었다.
② 장기 독재를 가능하게 한 유신 헌법이 공포되었다.
③ 평화 통일론을 주장한 진보당의 조봉암이 구속되었다.
④ 임시 수도 부산에서 대통령 직선제 개헌안이 통과되었다.
⑤ 여당 부통령 후보 당선을 위한 3·15 부정 선거가 자행되었다.

4. (가), (나) 문서가 작성된 사이의 시기에 있었던 사실로 옳은 것은? ▶ 45회

> (가)
> 1. 무상 원조에 대해 한국 측은 3억 5천만 달러, 일본 측은 2억 5천만 달러를 주장한 바 3억 달러를 10년에 걸쳐 공여하는 조건으로 양측 수뇌에게 건의함.
> ⋮
> 3. 수출입 은행 차관에 대해 …… 양측 합의에 따라 국교 정상화 이전이라도 협력하도록 추진할 것을 양측 수뇌에게 건의함.
>
> (나)
> 제1조 양 체약 당사국 간에 외교 및 영사 관계를 수립한다.
> 제2조 1910년 8월 22일 및 그 이전에 대한 제국과 일본 제국 간에 체결된 모든 조약 및 협정이 이미 무효임을 확인한다.
> ⋮

① 한·미 상호 방위 조약이 체결되었다.
② 6·3 시위가 전개되고 비상 계엄령이 선포되었다.
③ 경찰이 반민족 행위 특별 조사 위원회를 습격하였다.
④ 평화 통일론을 주장한 진보당의 조봉암이 구속되었다.
⑤ 유상 매수, 유상 분배 원칙의 농지 개혁법이 제정되었다.

한눈에 보는 해설 ⊕

정답 알아보기
(가) 반민족 행위 특별 조사 위원회(1948~1949)
(나) 사사오입 개헌(1954)

[(가), (나) 사이의 시기]에 있었던 사실로 옳은 것은?

> (가) **반민족 행위 특별 조사 위원회(반민 특위)**가 본격적으로 친일 청산에 나서자, 친일 경력이 있던 일부 경찰과 친일파들은 '공산당과 싸우는 애국지사를 잡아 간 반민 특위 위원은 공산당'이라며 시위를 벌였다. 대통령은 특별 담화를 발표하고, 공산당과 내통했다는 구실로 반민 특위 소속 국회 의원들을 구속하였다.
> └▶ 사사오입 개헌(1954)
> (나) 자유당은 **당시 대통령에 한하여 중임 제한을 적용하지 않는다는 내용을 골자로 하는 개헌**을 추진하였다. 그해 11월, 개헌안은 의결 정족수에 1명이 부족하여 부결되었는데, 사사오입의 논리를 내세워 개헌안이 다시 통과된 것으로 번복하였다.

④ 임시 수도 부산에서 대통령 직선제 개헌안이 통과되었다. ➡ 발췌 개헌 (1차 개헌, 1952)

선지 분석하기
① 정부 형태가 내각 책임제로 바뀌었다. ➡ 3차 개헌(1960)
② 장기 독재를 가능하게 한 유신 헌법이 공포되었다. ➡ 7차 개헌(1972)
③ 평화 통일론을 주장한 진보당의 조봉암이 구속되었다. ➡ 진보당 사건(1958)
⑤ 여당 부통령 후보 당선을 위한 3·15 부정 선거가 자행되었다. ➡ 3·15 부정 선거(1960)

정답 ④

한눈에 보는 해설 ⊕

정답 알아보기
(가) 김종필·오히라 비밀 회담(1962)
(나) 한·일 협정(1965)

[(가), (나) 문서]가 작성된 사이의 시기에 있었던 사실로 옳은 것은?

> (가)
> 1. **무상 원조에 대해 한국 측은 3억 5천만 달러, 일본 측은 2억 5천만 달러를 주장한 바 3억 달러를 10년에 걸쳐 공여하는 조건으로 양측 수뇌에게 건의함.**
> ⋮
> 3. 수출입 은행 차관에 대해 …… 양측 합의에 따라 국교 정상화 이전이라도 협력하도록 추진할 것을 양측 수뇌에게 건의함.
>
> (나)
> 제1조 양 체약 당사국 간에 외교 및 영사 관계를 수립한다.
> 제2조 **1910년 8월 22일 및 그 이전에 대한 제국과 일본 제국 간에 체결된 모든 조약 및 협정이 이미 무효임을 확인한다.**
> ⋮

② 6·3 시위가 전개되고 비상 계엄령이 선포되었다. ➡ 박정희 정부(1964)

선지 분석하기
① 한·미 상호 방위 조약이 체결되었다. ➡ 이승만 정부(1953)
③ 경찰이 반민족 행위 특별 조사 위원회를 습격하였다. ➡ 이승만 정부(1949)
④ 평화 통일론을 주장한 진보당의 조봉암이 구속되었다. ➡ 진보당 사건(1958)
⑤ 유상 매수, 유상 분배 원칙의 농지 개혁법이 제정되었다. ➡ 이승만 정부(1949)

정답 ②

테마 57

민주주의 시련과 발전(2)

✧ 5·18 광주 민주화 운동

📖 대한민국 헌법 개헌 과정

제헌 헌법 (1948)	대통령 중심제(4년, 대통령 간선제)
1차(1952) 발췌 개헌	대통령 직선제, 국회 양원제
2차(1954) 사사오입 개헌	초대 대통령에 대한 중임 제한 철폐
3차(1960)	• 내각 책임제, 국회 양원제(민·참의원) • 대통령 간선제, 대통령이 국무총리 지명
4차(1960)	3·15 부정 선거 관련자와 반(反)민주 행위자 처벌을 위한 개헌 실시
5차(1962)	• 대통령 중심제(4년)·직선제 • 국회 단원제 및 무소속 금지
6차(1969)	대통령 3선 개헌
7차(1972)	• 대통령 중심제(6년, 종신 집권 가능) • 대통령에게 강력한 권한 부여: 긴급 조치, 국회 해산권 등 • 통일 주체 국민 회의 신설 ➡ 대통령 선출 (간선제)
8차(1980)	• 대통령 중심제(7년 단임) • 대통령 선거인단 ➡ 대통령 선출(간선제)
9차(1987)	• 대통령 중심제(5년 단임) ➡ 직선제 • 대통령 권한 축소: 비상 조치권, 국회 해산권 폐지

✧ 6월 민주 항쟁

❶ 전두환 정부(1981~1988)

1. 신군부의 등장과 5·18 광주 민주화 운동

신군부의 출범	10·26 사태(1979)로 계엄령 선포, 통일 주체 국민 회의에서 최규하 대통령 선출 ➡ 12·12 사태(전두환, 노태우 등 신군부의 군권·정치적 실권 장악, 1979)
서울의 봄 (1980. 5.)	시민·학생의 유신 헌법 폐지, 전두환 퇴진, 계엄 해제 요구 ➡ 서울역 평화 행진 ➡ 신군부 비상계엄령 전국 확대, 정치 활동 금지, 김대중 등 주요 민주 인사 구속
5·18 광주 민주화 운동 (1980)	민주화를 요구하는 대규모 시위 발생 ➡ 계엄군의 과잉 진압 **cf** 5·18 광주 민주화 운동 기록물 – 유네스코 세계 기록 문화유산 등재
전두환 정부 출범	• 신군부 세력의 활동: 국가 보위 비상 대책 위원회 구성, 사실상의 군정 실시, 언론 통폐합, 삼청 교육대 운영 • 8차 개헌(1980): 간선제, 7년 단임제 ➡ 대통령 선거인단에서 전두환 선출, 전두환 정부 출범, 복지 사회 건설·정의 사회 구현 표방

2. 전두환 정부

주요 정책	• 해외여행 자유화·야간 통행금지 전면 해제(1981), 프로 야구 출범, 서울 아시아 경기 대회 개최(1986) • 공직자 윤리법 발표(1983), 남북 이산가족 방문단 및 예술 공연단의 교환 방문(1985), 정치 활동 피규제자를 단계적 해금[**cf** 신한 민주당 창당(1985)], 일부 학생·교수의 복학·복직 허용, 학도 호국단 폐지, 중·고생의 교복 자율화 조치 등
6월 민주 항쟁 (1987)	• 민주화 운동 탄압: 박종철 고문 사망 사건, 전두환 대통령의 4·13 호헌 조치 • '호헌 철폐, 민주 헌법 쟁취, 독재 타도'를 외치는 시위가 민주 헌법 쟁취 국민운동 본부 주관으로 전국적으로 발생 ➡ 민주 정의당 대표 노태우의 6·29 선언(1987) 발표, 여·야 합의 개헌(5년 단임의 대통령 직선제)

❷ 노태우 정부(1988~1993)

출범	6·29 민주화 선언(1987, 6월 민주 항쟁에서 주장한 국민의 민주화 요구 수렴) ➡ 대통령 직선제 개헌 선언, 제13대 대통령 선거로 노태우 정부 출범
주요 정책	• 북방 외교: 헝가리(1989)·폴란드(1989)·소련(1990)·중국(1992)과 수교 • 통일 정책: 7·7 선언(1988), 한민족 공동체 통일 방안(1989), 남북한 UN 동시 가입(1991), 남북 기본 합의서(1991), 한반도 비핵화 공동 선언(1992) • 제24회 서울 올림픽 개최(1988), 3당 합당[1990, 민주 정의당(노태우), 통일 민주당(김영삼), 신민주 공화당(김종필) ➡ 민주 자유당 통합], 지방 자치제 부분 실시(1991) **cf** 전교조 결성(1989), but 불법 단체 규정

3 김영삼 정부(1993~1998)

출범	제14대 대통령 선거 ➡ 김영삼 정부 출범
주요 정책	• 공직자 재산 등록제(1993), 금융 실명제(1993), 우루과이 라운드(UR) 협정 타결(1993), 지방 자치제 전면 실시(1995), 경제 협력 개발 기구(OECD) 가입(1996) • 역사 바로 세우기(1995): 구 조선 총독부 청사 철거, 경복궁 복원, 12·12 사태와 5·18 광주 민주화 운동 재평가 등 • 국제 통화 기금(IMF) 구제 사태 발생(1997)

4 김대중 정부(1998~2003)

출범	외환 위기 속에서 제15대 대통령 선거 ➡ 김대중 정부 출범
주요 정책	• 금강산 관광 사업 시행(1998), 전교조 합법화(1999) • 6·15 남북 공동 선언(2000), 경의선 철도 복원(2000) 및 개성 공업 지구 제정(2002), 이산가족 방문단 교환 • 국제 통화 기금(IMF) 구제 탈퇴

5 노무현 정부(2003~2008)

출범	제16대 대통령 선거 ➡ 노무현 정부 출범
주요 정책	• 과거사 진상 위원회 설치, 친일파 명단 공개 • 10·4 남북 정상 회담(2007), 경의선 시범 운행(2007)

🔖 국가 기념일 지정 민주화 운동

시기	명칭
1948년	4·3 희생자 추념일(제주 4·3 사건)
1960년	2·28 민주 운동 기념일(대구, 4·19 혁명)
1960년	3·8 민주 의거 기념일(대전, 4·19 혁명)
1960년	3·15 의거 기념일[창원(구 마산), 4·19 혁명]
1960년	4·19 혁명 기념일
1979년	부·마 항쟁 기념일
1980년	5·18 광주 민주화 운동 기념일(광주)
1987년	6·10 민주 항쟁 기념일

한능검 꼭꼭 사료

1. 유신 헌법
제39조 대통령은 통일 주체 국민 회의에서 토론 없이 무기명 투표로 선거한다.
제40조 통일 주체 국민 회의는 국회 의원 정수의 3분의 1에 해당하는 수의 국회 의원을 선거한다.
제47조 대통령의 임기는 6년으로 한다.
제59조 대통령은 국회를 해산할 수 있다.

2. 5·18 광주 민주화 운동
우리는 왜 총을 들 수밖에 없었는가? 그 대답은 너무나 간단합니다. 너무나 무자비한 만행을 더 이상 보고 있을 수만 없어서 너도 나도 총을 들고 나섰던 것입니다. …… 그러나 정부 당국에서는 17일 야간에 계엄령을 확대 선포하고 일부 학생과 민주 인사, 정치인을 도무지 믿을 수 없는 구실로 불법 연행했습니다. …… 그러나 아! 이럴 수가 있단 말입니까? 계엄 당국은 18일 오후부터 공수 부대를 대량 투입하여 시내 곳곳에서 학생, 젊은이들에게 무차별 살상을 자행하였으니! ……

3. 6·10 국민 대회 선언(1987)
오늘 우리는 전 세계 이목이 우리를 주시하는 가운데 40년 독재 정치를 청산하고 희망찬 민주 국가를 건설하기 위한 거보를 전 국민과 함께 내딛는다. 미래요 소망인 꽃다운 젊은이를 야만적인 고문으로 죽여 놓고 그것도 모자라서 뻔뻔스럽게 국민을 속이려 했던 현 정권에게 국민의 분노가 무엇인지를 분명히 보여 주고, 국민적 여망인 개헌을 일방적으로 파기한 4·13 폭거를 철회시키기 위한 민주 장정을 시작한다.

4. 6·29 선언(1987) 발표
오늘 저는 각계각층이 서로 사랑하고 화합하여 이 나라의 국민임을 자랑스럽게 여기고, 정부 역시 국민들로부터 슬기와 용기와 진정한 힘을 얻을 수 있는 위대한 조국을 건설해야 한다는 비장한 각오로 역사와 국민 앞에 서게 되었습니다.

사료 돋보기 ➕

6·29 선언(1987)의 주요 내용

첫째, 여·야 합의하에 조속히 대통령 직선제로 개헌하고 새 헌법에 의한 대통령 선거를 통해 1988년 2월 평화적 정부 이양을 실현하도록 해야겠습니다.
둘째, 직선제 개헌이라는 제도의 변경뿐만 아니라, 이의 민주적 실천을 위하여는 자유로운 출마와 공정한 경쟁이 보장되어 국민의 올바른 심판을 받을 수 있는 내용으로 대통령 선거법을 개정하여야 한다고 봅니다.
셋째, 우리 정치권은 물론 모든 분야에 있어서의 반목과 대결이 과감히 제거되어 국민적 화해와 대단결을 도모하여야 합니다. 그러한 의미에서 저는 그 과거가 어떠하였든 간에 김대중 씨도 사면 복권되어야 한다고 생각합니다.

🐻 출제 POINT
각 시기별 정부의 정책 및 헌법 개헌의 순서를 묻는 문제가 주로 출제된다.

👍 전두환 정부

주요 정답 키워드 # 직선제 개헌 청원 서명 운동 # 신한 민주당 # 5·18 광주 민주화 운동 # 야간 통행금지 # 프로 야구 출범

1. 밑줄 그은 '총선' 이후의 사실로 옳은 것은? ▶ 47회

이번 총선에서는 김대중, 김영삼이 이끈 신한 민주당이 돌풍을 일으켜 창당 한 달 만에 제1야당으로 급부상했군.

여당인 민주 정의당과 정부의 권위주의적 통치에 대한 반발과 민주화를 요구하는 시민들의 열망이 표출된 것 같아.

政治版圖 바꿨다

新民, 제1野黨으로

① 의원 내각제를 골자로 하는 개헌이 이루어졌다.
② 3·15 부정 선거로 여당 부통령 후보가 당선되었다.
③ 신군부에 의해 비상 계엄이 전국으로 확대 선포되었다.
④ 직선제 개헌을 청원하는 1천만 명 서명 운동이 전개되었다.
⑤ 긴급 조치 철폐를 요구하는 3·1 민주 구국 선언이 발표되었다.

2. 다음 기사 내용이 보도된 정부 시기의 사실로 옳은 것을 〈보기〉에서 고른 것은? ▶ 41회

□□신문

제△△호   ○○○○년 ○○월 ○○일

야간 통행 금지 해제

오는 1월 5일 24시를 기하여, 지난 37년간 지속되어 온 야간 통행 금지가 전국적으로 해제될 예정이다. 다만 국방상 중요한 전방 지역과 후방 해안 도서 지역은 대상에서 제외되었다.
이번 야간 통행 금지의 해제로 국민 생활의 편익이 증진되고 관광과 경제 활동이 활성화될 전망이다.

보기
㉠ 한국 프로 야구가 6개 구단으로 출범하였다.
㉡ 언론의 통폐합이 강제로 단행되고 언론 기본법이 제정되었다.
㉢ 허례허식을 없애기 위해 법령으로 가정 의례 준칙이 제정되었다.
㉣ 재건 국민 운동 본부를 중심으로 혼·분식 장려 운동이 전개되었다.

① ㉠, ㉡   ② ㉠, ㉢   ③ ㉡, ㉢
④ ㉡, ㉣   ⑤ ㉢, ㉣

한눈에 보는 해설 ⊕

정답 알아보기 →1985년 총선(전두환 정부)
밑줄 그은 '총선' 이후의 사실로 옳은 것은?

→신한 민주당 창당(1985)
○ 이번 총선에서는 **김대중, 김영삼이 이끈 신한 민주당이 돌풍을 일으켜 창당 한 달 만에 제1야당으로 급부상했군.**
○ **여당인 민주 정의당과 정부의 권위주의적 통치에 대한 반발과 민주화를 요구하는 시민들의 열망이 표출된 것 같아.**

④ 1986년 신한 민주당은 직선제 개헌을 위한 1천만 명 서명 운동을 전개하였고, 민주화를 요구하는 국민적 저항이 전국적으로 일어나 1987년 6월 민주 항쟁으로 발전하게 되었다.

선지 분석하기
① 의원 내각제를 골자로 하는 개헌이 이루어졌다. ➡ 3차 개헌(1960)
② 3·15 부정 선거로 여당 부통령 후보가 당선되었다. ➡ 4·19 혁명(1960)의 원인
③ 신군부에 의해 비상 계엄이 전국으로 확대 선포되었다. ➡ 신군부의 출현 (1979, 12·12 사태)
⑤ 긴급 조치 철폐를 요구하는 3·1 민주 구국 선언이 발표되었다. ➡ 유신 정부 시기(1976)

정답 ④

한눈에 보는 해설 ⊕

정답 알아보기 →전두환 정부
다음 기사 내용이 보도된 정부 시기의 사실로 옳은 것을 〈보기〉에서 고른 것은?

→1982년
야간 통행 금지 해제
오는 1월 5일 24시를 기하여, 지난 37년간 지속되어 온 야간 통행 금지가 전국적으로 해제될 예정이다. 다만 국방상 중요한 전방 지역과 후방 해안 도서 지역은 대상에서 제외되었다. 이번 야간 통행 금지의 해제로 국민 생활의 편익이 증진되고 관광과 경제 활동이 활성화될 전망이다.

㉠㉡ 전두환 정부 시기의 사실이다. 프로 야구는 1982년에 출범하였고, 언론 기본법은 1980년에 제정되었다.

선지 분석하기
㉢ 허례허식을 없애기 위해 법령으로 가정 의례 준칙이 제정되었다. ➡ 박정희 정부(1969)
㉣ 재건 국민 운동 본부를 중심으로 혼·분식 장려 운동이 전개되었다. ➡ 박정희 정부(1960년대)

정답 ①

👍 6월 민주화 운동

주요 정답 키워드 # 4·13 호헌 조치 # 직선제 개헌

3. 다음 선언문을 발표한 민주화 운동에 대한 설명으로 옳은 것은?

▶ 45회

> **국민 합의 배신한 4·13 호헌 조치는**
> **무효임을 전 국민의 이름으로 선언한다.**
>
> 오늘 우리는 전 세계 이목이 우리를 주시하는 가운데 40년 독재 정치를 청산하고 희망찬 민주 국가를 건설하기 위한 거보를 전 국민과 함께 내딛는다. 국가의 미래요 소망인 꽃다운 젊은이를 야만적인 고문으로 죽여 놓고 그것도 모자라 뻔뻔스럽게 국민을 속이려 했던 현 정권에게 국민의 분노가 무엇인지를 분명히 보여 주고, 국민적 여망인 개헌을 일방적으로 파기한 4·13 폭거를 철회시키기 위한 민주 장정을 시작한다.

① 장면 내각이 출범하는 배경이 되었다.

② 5년 단임의 대통령 직선제 개헌을 이끌어 냈다.

③ 3·15 부정 선거에 항의하는 시위에서 시작되었다.

④ 신군부의 비상 계엄 확대가 원인이 되어 일어났다.

⑤ 3·1 민주 구국 선언을 통해 긴급 조치 철폐 등을 요구하였다.

👍 개헌

주요 정답 키워드 # 총 9차의 개헌 # 순서 확인

4. (가)~(라)의 헌법을 공포된 순서대로 옳게 나열한 것은?

▶ 40회

(가)	제69조 ① 대통령의 임기는 4년으로 한다. ② 대통령이 궐위된 경우의 후임자는 전임자의 잔임 기간 중 재임한다. ③ 대통령의 계속 재임은 3기에 한한다.
(나)	제39조 ① 대통령은 통일 주체 국민 회의에서 토론 없이 무기명 투표로 선거한다. 제47조 대통령의 임기는 6년으로 한다.
(다)	제39조 ① 대통령은 대통령 선거인단에서 무기명 투표로 선거한다. 제45조 대통령의 임기는 7년으로 하며, 중임할 수 없다.
(라)	제67조 ① 대통령은 국민의 보통·평등·직접·비밀선거에 의하여 선출한다. 제70조 대통령의 임기는 5년으로 하며, 중임할 수 없다.

① (가) – (나) – (다) – (라)　　② (가) – (다) – (라) – (나)

③ (나) – (가) – (라) – (다)　　④ (나) – (라) – (가) – (다)

⑤ (다) – (라) – (나) – (가)

한눈에 보는 해설 ⊕

정답 알아보기

다음 선언문을 발표한 민주화 운동 에 대한 설명으로 옳은 것은?　→6월 민주 항쟁(1987)

> →6월 민주 항쟁의 배경
> **국민 합의 배신한 4·13 호헌 조치는**
> **무효임을 전 국민의 이름으로 선언한다.**
>
> 오늘 우리는 전 세계 이목이 우리를 주시하는 가운데 40년 독재 정치를 청산하고 희망찬 민주 국가를 건설하기 위한 거보를 전 국민과 함께 내딛는다. 국가의 미래요 소망인 **꽃다운 젊은이를 야만적인 고문으로 죽여 놓고** 그것도 모자라 뻔뻔스럽게 국민을 속이려 했던 현 정권에게 국민의 분노가 무엇인지를 분명히 보여 주고, 국민적 여망인 개헌을 일방적으로 파기한 **4·13 폭거를 철회시키기 위한 민주 장정을 시작한다.** →박종철 고문 사건

② 6월 민주 항쟁(1987)을 계기로 국회에서는 5년 단임의 대통령 직선제 등을 골자로 하는 9차 개헌이 이루어졌다.

선지 분석하기

① 장면 내각이 출범하는 배경이 되었다. ➡ 4·19 혁명(1960)

③ 3·15 부정 선거에 항의하는 시위에서 시작되었다. ➡ 4·19 혁명(1960)

④ 신군부의 비상 계엄 확대가 원인이 되어 일어났다. ➡ 5·18 광주 민주화 운동 (1980)

⑤ 3·1 민주 구국 선언을 통해 긴급 조치 철폐 등을 요구하였다. ➡ 유신 체제에 대한 반발(1976)

정답 ②

한눈에 보는 해설 ⊕

정답 알아보기

(가)~(라)의 헌법을 공포된 순서대로 옳게 나열한 것은?

(가)	제69조 ① 대통령의 임기는 4년으로 한다. ② 대통령이 궐위된 경우의 후임자는 전임자의 잔임 기간 중 재임한다. ③ 대통령의 계속 재임은 3기에 한한다.
(나)	제39조 ① 대통령은 통일 주체 국민 회의에서 토론 없이 무기명 투표로 선거한다. 제47조 대통령의 임기는 6년으로 한다.
(다)	제39조 ① 대통령은 대통령 선거인단에서 무기명 투표로 선거한다. 제45조 대통령의 임기는 7년으로 하며, 중임할 수 없다.
(라)	제67조 ① 대통령은 국민의 보통·평등·직접·비밀선거에 의하여 선출한다. 제70조 대통령의 임기는 5년으로 하며, 중임할 수 없다.

① (가) 3선 개헌(1969) ➡ (나) 7차 개헌(유신 헌법, 1972) ➡ (다) 8차 개헌(1980) ➡ (라) 9차 개헌(1987)

정답 ①

테마 58 통일 정책, 현대의 경제·사회·문화

1 통일 정책

✦ 1차 남북 이산가족 만남(1985)

✦ 1차 남북 정상 회담(2000)

✦ 2차 남북 정상 회담(2007)

✦ 3차 남북 정상 회담(2018)

박정희 정부	• 8·15 선언(1970): 선의의 체제 경쟁 제안 • 남북 적십자 회담 제의(1971): 남북 적십자 회담 개최(1972. 8.) • 7·4 남북 공동 성명(1972): 자주·평화·민족 대단결의 3대 원칙 천명 ➡ 남북 조절 위원회 설치, 서울-평양 간 상설 직통 전화 가설 • 6·23 평화 통일 선언(1973): 남북한 유엔 동시 가입과 호혜 평등의 원칙, 모든 국가에 대한 문호 개방
전두환 정부	• 민족 화합 민주 통일 방안(1982) • 남북 이산가족 고향 방문단과 예술 고향단 교환(1985)

노태우 정부	• 7·7 선언(1988): 북한을 민족 공동체의 일원으로 인식한다고 발표 ➡ 적극적인 대북 협력 의지 표명
	• 한민족 공동체 통일 방안(1989): 자주·평화·민주의 원칙 ➡ '남북 연합'(중간 단계) 설정
	• 남북한 유엔 동시 가입(1991): 남북 화해 가능성과 국제적 지위 향상
	• 남북 기본 합의서(1991): 남북 사이의 상호 이해와 불가침 및 교류 협력에 대한 합의서
	  – 남북이 서로의 국가적 실체 인정, 국가로는 승인 안 함.
	  – 남북 군사 당국자 간 직통 전화 가설
	• 한반도 비핵화 선언(1992): 핵무기 개발 포기 합의서 채택 ➡ 평화 통일에 유리한 조건 조성

김영삼 정부	3단계 3기조 통일 정책(1993) – 3단계: 화해와 협력, 남북 연합 단계, 통일 국가 단계 – 3기조: 민주적 국민 합의, 공존공영, 민족 복리
김대중 정부	6·15 남북 공동 선언(2000): 1차 남북 정상 회담 개최(평양) – 남측의 연합제 안과 북측의 낮은 단계의 연방제 안의 공통점 인정 – 결과: 경의선 복구, 개성 공업 지구 조성(2002) 등 남북 교류 협력 사업 확대 　cf 정주영 회장의 소떼 방북(1998) ➡ 금강산 관광: 해로(1998) ➡ 육로(2003)
노무현 정부	10·4 남북 공동 선언(2007): 2차 남북 정상 회담 개최(평양) – 남북 관계 발전과 평화 번영을 위한 선언
문재인 정부	판문점 선언(2018): 3차 남북 정상 회담 개최(2018, 평양)

2 경제·사회·문화

1. 경제 정책

석유 파동과 경제 위기	• 1차 석유 파동(1973): 산유국들의 건설 투자 확대, 우리 기업이 대거 참여하여 극복 • 2차 석유 파동(1978): 중화학 공업의 지나친 투자와 맞물려 경제 위기 ➡ 1980년에 마이너스 경제 성장률, 급속한 인플레이션, 경기 불황, 국제 수지 악화 등

전두환 정부의 경제 정책	• 경제 안정화 정책: 구조 조정에 적극 개입, 과잉 투자 조정, 부실기업 정리, 재정·금융 긴축 정책 실시 • 3저 호황(저금리, 저유가, 저달러) ➡ 자동차·가전제품·기계·철강 등 중화학 분야 주도의 고도 성장 ┗→ 다자간 무역 협상 개시를 위한 각료 선언 • 우루과이 라운드(1986) 협상 시작
김영삼 정부의 경제 정책	• 1993년 우루과이 라운드(UR) 협상(1986~1993) 타결 • 1996년 경제 협력 개발 기구(OECD) 가입 • 1997년 국제 통화 기금(IMF) 금융 위기 초래
김대중 정부의 경제 정책	금 모으기 운동, 대대적 구조 조정, 노사정 위원회 구성(1998), 신자유주의 경제 정책 ➡ 2001년 IMF 관리 체제 극복

2. 노동 운동

┌ 근로기준법 준수를 외치며 노동자 전태일이 분신한 사건
(1) 전태일 분신 사건(1970), YH 사건(1979)✱

(2) 1987년 6월 민주 항쟁 이후 노동 운동 합법화, 전국적으로 노동조합 결성, 국제 노동 기구(ILO) 가입(1991), 노사정 위원회 구성(1998), 전교조 결성(1989년 ➡ 1999년 합법화)

3. 교육

이승만 정부	초등학교 의무 교육(1950), 6-3-3-4학제 완비(1952), 학도 호국단 설치, 1인 1기 교육
박정희 정부	• 교육의 중앙 집권화와 관료적 통제, 국민 교육 헌장 선포(1968), 중학교 무시험 진학 제도(1969) • 유신 체제하 새마을 교육, 주체적 민족 사관 강조, '국민 윤리' 신설, 국사 교육 강화
전두환 정부	국수주의적 역사 강조, 독립 기념관 건립, 과외 금지, 졸업 정원제 실시(➡ 폐지), 대학 입학 본고사 폐지, 도서·벽지 중학교 무상 의무 교육(1985)
노태우 정부	대학 자율권 부여, 전국 교직원 노동조합 결성(1989) ➡ 반체제 집단으로 규정
김영삼 정부	조선 총독부 청사 철거(1995~1996), 교육 개혁(1995), 수능 제도 도입, 중학교 무상 교육 확대(1994), 7차 교육 과정(1997) 실시
김대중 정부	전국 모든 중학교 무상 의무 교육 실시, 대학 개혁(학과별 모집제 폐지, 교과 성적 외 특기·봉사 활동·교장 추천제 대학 입학 가능 등), 브레인 코리아(BK) 21 사업(정보 기술, 생명 공학 대폭 지원)

한능검 꽉꽉 사료

1. 7·4 남북 공동 성명
쌍방은 다음과 같은 조국 통일 원칙들에 합의를 보았다.
첫째, 통일은 외세에 의존하거나 외세의 간섭을 받음이 없이 <u>자주적으로</u> 해결한다.
둘째, 통일은 서로 상대방을 반대하는 무력행사에 의거하지 않고 <u>평화적으로</u> 실현한다.
셋째, 사상과 이념·제도의 차이를 초월하여 하나의 민족으로서 <u>민족적 대단결을 도모</u>한다.

2. 남북 기본 합의서
제1조 남과 북은 서로 상대방의 체제를 인정하고 존중한다.
제9조 남과 북은 상대방에 대하여 무력을 사용하지 않으며 상대방을 무력으로 침략하지 아니한다.
제15조 남과 북은 민족 경제의 통일적이며 균형적인 발전과 민족 전체의 복리 향상을 도모하기 위하여 자원의 공동 개발, 민족 내부 교류로서 물자 교류, 합작 투자 등 경제 교류와 협력을 실시한다.

3. 6·15 남북 공동 선언문
1. 남과 북은 나라의 통일 문제를 그 주인인 우리 민족끼리 서로 힘을 합쳐 자주적으로 해결해 나가기로 하였다.
2. 남과 북은 나라의 통일을 위한 <u>남측의 연합제 안과 북측의 낮은 단계의 연방제 안이 서로 공통점이 있다고 인정</u>하고 앞으로 이 방향에서 통일을 지향시켜 나가기로 하였다.

경제 개발 5개년 계획

1차 경제 개발 계획 (1962~1966)	노동 집약적 경공업 육성
2차 경제 개발 계획 (1967~1971)	• 경공업 및 비료·시멘트·정유 산업 육성 • 사회 간접 자본 확충
차관 경제	한·일 국교 정상화(1965) 대가 차관, 베트남 파병 대가 차관(1964~1973), 초기 공공 차관 ➡ 상업 차관, 대외 의존도 높아지고 미국·일본에 대한 무역 적자 심화
3차·4차 경제 개발 계획 (1972~1981)	• 중화학 공업 육성, 2·3차 산업 비중 증가 • 수출 증가(1977년 100억 달러, 1981년 200억 달러 달성) • 사회 간접 자본 확충(1970년 경부 고속 도로) • 새마을 운동

✱ **YH 사건(1979)**
가발 생산 업체인 YH 무역이 1979년에 폐업하자, 회사의 정상화와 노동자의 생존권 보장을 요구하며 야당인 신민당사에서 농성을 벌인 사건

사료 듬뿍

금융 실명제(1993)
금융 기관과 거래를 함에 있어 가명이나 차명이 아닌 본인의 실명으로 거래해야 하는 제도

저는 이 순간 엄숙한 마음으로 헌법 제76조 1항의 규정에 의거하여, 「금융 실명 거래 및 비밀 보장에 관한 대통령 긴급 명령」을 반포합니다. 아울러 헌법 제47조 3항의 규정에 따라, 대통령의 긴급 명령을 심의하기 위한 임시 국회 소집을 요청하고자 합니다. …… 이 시간 이후 모든 금융 거래는 실명으로만 이루어집니다.

PART ⑧

테마 58 실전문제

출제 POINT
통일 정책의 순서 및 각 정부 시기 시행된 통일 정책을 묻는 문제가 주로 출제된다.

👍 통일 정책 순서

주요 정답 키워드 # 7·4 남북 공동 성명 # 10·4 남북 공동 선언 # 정주영 북한 방문

1. (가)~(라)의 사건을 일어난 순서대로 옳게 나열한 것은? ▶ 40회

사진으로 보는 통일 노력

7·4 남북 공동 성명 발표 (가)

남북 학생 회담 요구 집회 (나)

10·4 남북 공동 선언 채택 (다)

정주영 북한 방문 (라)

① (가) – (나) – (다) – (라)
② (가) – (다) – (라) – (나)
③ (나) – (가) – (라) – (다)
④ (나) – (라) – (가) – (다)
⑤ (다) – (라) – (나) – (가)

한눈에 보는 해설 ⊕

정답 알아보기

(가)~(라)의 사건을 일어난 순서대로 옳게 나열한 것은?

③ (나) 남북 학생 회담 요구 집회(1961) ➡ (가) 7·4 남북 공동 성명 발표 (1972) ➡ (라) 정주영 북한 방문(1998) ➡ (다) 10·4 남북 공동 선언 채택(2007)

정답 ③

👍 노태우 정부의 통일 정책

주요 정답 키워드 # 남북 기본 합의서 # 7·7 특별 선언 # 유엔 동시 가입

2. 다음 정부 시기의 통일 노력으로 옳은 것은? ▶ 42회

사진으로 보는 ○○○ 정부

서울 올림픽 개최

3당 합당 / 민주자유당 창당 축하연

남북한 유엔 동시 가입

① 남북 기본 합의서를 교환하였다.
② 7·4 남북 공동 성명을 발표하였다.
③ 개성 공업 지구 조성에 합의하였다.
④ 10·4 남북 공동 선언을 채택하였다.
⑤ 이산가족 고향 방문을 최초로 성사시켰다.

한눈에 보는 해설 ⊕

정답 알아보기 → 노태우 정부

다음 정부 시기의 통일 노력으로 옳은 것은?

사진으로 보는 ○○○ 정부

서울 올림픽 개최

3당 합당 / 민주자유당 창당 축하연

남북한 유엔 동시 가입

① 남과 북의 경제 교류를 민족 내부 교류로 규정한 남북 기본 합의서는 1991년 노태우 정부 때 채택되었다.

선지 분석하기

② 7·4 남북 공동 성명을 발표하였다. ➡ 박정희 정부(1972)
③ 개성 공업 지구 조성에 합의하였다. ➡ 김대중 정부
④ 10·4 남북 공동 선언을 채택하였다. ➡ 노무현 정부(2007)
⑤ 이산가족 고향 방문을 최초로 성사시켰다. ➡ 전두환 정부(1985)

정답 ①

👍 김대중 정부의 통일 정책

주요 정답 키워드 # 6·15 남북 공동 선언 # 경의선 복구 # 개성 공단

3. 다음 경축사를 발표한 정부의 통일 노력으로 옳은 것은? ▶ 43회

> 지난 3년 반은 개혁을 통해 외환 위기를 성공적으로 극복하고, 21세기 세계 일류 국가로 들어설 수 있는 기틀을 마련하고자 힘써온 시기였습니다. 우리는 국제 통화 기금(IMF)으로부터 지원받았던 195억 달러의 차관을 3년 앞당겨 전액 상환하게 되었습니다.

① 7·4 남북 공동 성명을 발표하였다.

② 남북한이 유엔에 동시 가입하였다.

③ 6·15 남북 공동 선언을 채택하였다.

④ 한반도 비핵화 공동 선언에 서명하였다.

⑤ 최초의 이산가족 고향 방문을 실현하였다.

👍 1970년대 경제 상황

주요 정답 키워드 # 전태일 분신 사건 # 수출 100억 달러

4. 다음 뉴스에 보도된 사건 이후의 사실로 옳은 것을 〈보기〉에서 고른 것은? ▶ 38회

> 어제 동대문 평화시장 재단사 전태일 씨가 분신하는 사건이 발생하였습니다. 이 과정에서 그는 노동자들의 열악한 근무 환경 실태를 고발하며 근로 기준법의 준수를 외쳤습니다.

보기

㉠ 최저 임금법이 제정되었다.

㉡ 한·미 원조 협정이 체결되었다.

㉢ 연간 수출액 100억 달러가 달성되었다.

㉣ 제1차 경제 개발 5개년 계획이 추진되었다.

① ㉠, ㉡   ② ㉠, ㉢

③ ㉡, ㉢   ④ ㉡, ㉣

⑤ ㉢, ㉣

한눈에 보는 해설 🔍

정답 알아보기   →김대중 정부

다음 경축사를 발표한 정부의 통일 노력으로 옳은 것은?

> 지난 3년 반은 개혁을 통해 **외환 위기를 성공적으로 극복**하고 21세기 세계 일류 국가로 들어설 수 있는 기틀을 마련하고자 힘써온 시기였습니다. 우리는 **국제 통화 기금(IMF)으로부터 지원받았던 195억 달러의 차관을 3년 앞당겨 전액 상환**하게 되었습니다.

③ 김대중 정부는 남북 정상 회담을 개최하여 6·15 남북 공동 선언 (2000)을 채택하였다.

선지 분석하기

① 7·4 남북 공동 성명을 발표하였다. ➡ 박정희 정부(1972)

② 남북한이 유엔에 동시 가입하였다. ➡ 노태우 정부(1991)

④ 한반도 비핵화 공동 선언에 서명하였다. ➡ 노태우 정부(1992)

⑤ 최초의 이산가족 고향 방문을 실현하였다. ➡ 전두환 정부(1985)

정답 ③

한눈에 보는 해설 🔍

정답 알아보기   →전태일 분신 사건(1970)

다음 뉴스에 보도된 사건 이후의 사실로 옳은 것을 〈보기〉에서 고른 것은?

> 어제 동대문 평화시장 재단사 **전태일 씨가 분신**하는 사건이 발생하였습니다. 이 과정에서 그는 노동자들의 열악한 근무 환경 실태를 고발하며 근로 기준법의 준수를 외쳤습니다.

㉠ 최저 임금법이 제정되었다. ➡ 1986년

㉢ 연간 수출액 100억 달러가 달성되었다. ➡ 1977년

선지 분석하기

㉡ 한·미 원조 협정이 체결되었다. ➡ 1948년

㉣ 제1차 경제 개발 5개년 계획이 추진되었다. ➡ 1962년~1966년

정답 ②

단기완성
한국사능력검정시험

부록

부록 01 지역사

1 독도

관련 인물		• 이사부: 신라 지증왕 때 우산국(울릉도, 독도) 복속 • 안용복: 조선 후기 숙종 때 동래 어부 안용복이 일본 대마도 도주로부터 독도와 울릉도가 조선 영토라는 서계를 받아옴.
기록물	우리 기록	• 『삼국사기』: 독도가 제일 처음 기록된 책 • 『세종실록지리지』: 울릉도와 독도를 강원도 울진현 소속으로 구분 • 대한 제국 칙령 제41호(1900. 10. 25.): 울릉도를 울도군으로 승격, 독도 편입
	외국 기록	• 당빌(프랑스 지도학자)의 조선왕국전도(1737): 독도(우산도)가 조선 왕국의 영토로 그려짐. • 일본: 『은주시청합기』(17세기), 태정관 문서(1877) 등 ➡ 모두 독도를 조선 영토로 인정
일본의 독도 관련 주장		• 러·일 전쟁 중 일본은 독도를 무주지로 규정 ➡ 다케시마로 개칭하고 시마네 현에 편입(1905. 5.) • '다케시마의 날' 제정: 2005년 일본 시마네 현에서 '다케시마의 날' 조례안을 가결
해방 이후 독도 관련 역사		• 연합국: 1946년 1월 독도를 한국에 반환하는 군령을 발표 • 이승만 라인: 독도를 우리 영토에 포함(일명 '평화선') • 한·일 어업 협정(1965): 양측에 공동 규제 수역(평균 50해리)을 설정 – 평화선을 없앰. • 신 한·일 어업 협정(1999): 독도를 자원의 공동 관리가 이루어지는 중간 수역 속에 위치시킴.

2 간도

백두산정계비 건립(숙종, 1712)	조선과 청 사이에 국경 문제가 발생하자 두 나라 합의 하에 백두산정계비를 건립 ➡ 서쪽으로 압록 강, 동쪽으로 토문강을 경계로 함.
간도 관리사 파견(1903)	• 간도 귀속 문제 야기: 19세기 말에 토문강의 해석(청의 주장: 두만강, 조선의 주장: 송화강 지류) 을 둘러싸고 조선과 청 사이에 간도 귀속 문제에 대한 분쟁 일어남. • 간도 관리사 파견: 1902년 이범윤을 간도 시찰원으로 파견(이후 간도 관리사로 임명), 간도를 함경도 행정 구역에 포함
간도 협약 (1909)	일제는 청과 간도 협약을 체결 ➡ 만주의 안봉선 철도 부설권과 푸순 광산 채굴권을 얻는 대가로 간 도를 청의 영토로 인정 **cf** 을사조약(1905)이 무효이기에 간도 협약도 무효

3 주요 지역

함경도	원산	북관 대첩비(18세기), 강화도 조약으로 개방(1876), 원산 학사(1883), 원산 노동자 총파업(1929)
	흥남	흥남 학생 반공 의거(1946), 흥남 철수(1950, 1·4 후퇴)
평안도	평양	고구려 도읍지(장수왕), 고려 때 묘청의 난(1135), 제너럴셔먼호 사건(1866), 안창호의 대 성 학교(1908), 강주룡의 고공 농성(1931), 일제 강점기 물산 장려 운동의 시작(조만식), 남북 정상 회담 개최(2000, 2007, 2018)

독도의 행정 및 지리적 위치

1. 위치: 동경 131° 52' / 북위 37° 14'
2. 거리: 울릉도 동남쪽으로부터 87.4km, 일본 은기도(隱岐島, 오키시마)로부터 157.5km
3. 주소: 경상북도 울릉군 울릉읍 독도리 1-96
   도로명 주소: 경상북도 울릉군 울릉읍 독도 이사부길(동도), 독도 안용복길(서도)
4. 소유자: 대한민국 정부(천연기념물 제336호 지정)

✦ 백두산정계비(그래픽 복원도)

✦ 백두산정계비(위치도) | 백두산정계비는 1931년 만주 사변 직후 사라짐.

경기도	강화도	• 청동기 고인돌 • 고려: 몽골 침입 때 **강화 천도**(1232, 최우 정권), 삼별초의 항쟁(1270~1273, 강화도 ➡ 진도 ➡ 제주도) • 조선: 강화도 마니산 초제(참성단), 17세기 광해군의 5대 사고 중 하나(정족산 사고), 정묘호란 당시 인조 피신, 18세기 **강화 학파**(양명학, 정제두), **병인양요**(1866), **신미양요**(1871), **강화도 조약**(1876)
	개경 (現 황해도)	• 고려: 도읍지, 이자겸의 난(1126), 만적의 난(1198), 고려 충신 정몽주가 숨진 선죽교, 고려 태조 왕건의 왕릉(왕건의 청동상 발견) • 개성 공단 건설(2000년 시작)
	기타	여주 고달사지 승탑(고려), 수원 화성(조선 정조, 거중기 사용, 유네스코 세계 문화유산), 광주 남한산성(병자호란 당시 인조 피난), 조선 왕릉(구리, 여주, 남양주)
충청도	공주 (웅진)	• 구석기 유적(공주 석장리) • 백제: 2차 수도(문주왕) – 공주 송산리 고분군[무령왕릉, 6호분(사신도)] • (통일)신라: 김헌창의 난(왕위 쟁탈전) • 고려: 공주 명학소의 망이 · 망소이의 난(1176) • 조선: 동학 농민 운동의 공주 우금치 전투(1894)
	부여 (사비)	백제 3차 수도(성왕), 정림사지 5층 석탑, 능산리 고분군, 백제 금동 대향로(용봉 봉래산 금동 향로), 사택지적비 등
	충주	충주(중원) 고구려비(고구려 남한강 진출), 통일 신라의 5소경 중 하나(중원경), 고려 몽골 항쟁지(충주 다인철소), 조선 4대 사고 중 하나, 조선 9개 조창 중 하나(가흥창)
	단양	구석기 유적(금굴, 상시, 수양개), 신라 단양 적성비
	보은	법주사 팔상전(17세기 현존 최고의 목조 5층탑), 동학의 제3차 교조 신원 운동(1893)
	청주	청주 흥덕사(고려 『직지심체요절』 제작 장소)
경상도	경주	신라 도읍지, 유네스코 세계 문화유산(경주 역사 지구/ 석굴암 · 불국사 / 안동 하회 · 경주 양동 조선의 역사 마을)
	영주	부석사 무량수전(고려 후기), 부석사 소조 아미타여래 좌상
	안동	통일 신라의 신세동 7층 전탑, 고려 후기의 봉정사 극락전(현존, 최고의 목조 건축), 조선의 도산 서원, 안동 하회 마을
	부산	신석기 패총, 김해 조개더미, 가야 유적지, 조선 왜관 설치, 임시 정부의 백산 상회, 6 · 25 전쟁 중 임시 수도(발췌 개헌, 1952)
	합천	해인사(장경판고 – 팔만대장경 보관)
	진주	진주 대첩(임진왜란), 조선 형평사 조직(1923)
전라도	강진	고려 청자 도요지, 만덕사(고려 후기 요세의 백련결사), 다산 초당(정약용 유배지)
	익산	백제 무왕의 익산 천도, 익산 미륵사지 석탑(현존, 최고)
	기타	• 진도: 고려 후기 삼별초의 난(용장산성) • 완도: 신라 하대 장보고의 청해진 • 흑산도: 정약전 유배지(『자산어보』)
강원도	평창	오대산 상원사 동종(통일 신라, 최고), 월정사 8각 9층 석탑(고려 전기), 오대산 사고(조선왕조실록)
	양양	진전사지 3층 석탑(신라 하대 선종)
제주도		삼별초의 난(고려), 탐라 총관부(고려), 광해군과 추사 김정희 유배지

🐻 출제 POINT
한능검에서는 특정 지역의 역사를 물어보는 문제가 최소 한 문제는 꼭 출제된다! 독도를
비롯한 주요 지역의 역사를 확실히 정리해 두자.

1. (가)에 해당하는 섬에 대한 설명으로 옳은 것은? ▶ 45회

우리 땅인 (가) 의 역사

(가) 와/과 무릉은 거리가
서로 멀지 않아 날씨가 맑으면
볼 수 있다고 기록됨.

512년 우산국 복속

1454년 세종실록 지리지

1696년 안용복 일본 도해

1906년 심흥택 보고서

1770년 동국문헌비고

울도 군수 심흥택이 (가) 이/가
울도군의 관할이라는 내용이 들어간
문서를 정부에 보고하였음.

울릉과 (가) 은/는 모두
우산국의 땅이라고 명확하게
기록됨.

① 몽골에 항전할 때 임시 수도였다.
② 정약전이 자산어보를 저술한 섬이다.
③ 하멜 일행이 표류하다가 도착한 곳이다.
④ 양헌수 부대가 프랑스군을 격퇴한 장소이다.
⑤ 대한 제국 칙령 제41호에서 관할 영토로 명시한 곳이다.

한눈에 보는 해설 🔍

정답 알아보기

독도

(가) 에 해당하는 섬에 대한 설명으로 옳은 것은?

o **512년 우산국 복속**
o 1454년 세종실록 지리지: (가) 와/과 무릉은 거리가 서로 멀지
  않아 날씨가 맑으면 볼 수 있다고 기록됨.
o **1696년 안용복 일본 도해**
o 1770년 동국문헌비고: 울릉과 (가) 은/는 모두 **우산국의 땅**이라고
  명확하게 기록됨.
o 1906년 심흥택 보고서: **울릉 군수 심흥택**이 (가) 이/가 울도군
  의 관할이라는 내용이 들어간 문서를 정부에 보고하였음.

⑤ 대한 제국 칙령 제41호 제2조에는 "군청 위치는 태하동으로 정하고, 관
할 구역은 울릉 전도와 죽도, 석도(독도)로 한다."라고 기록되어 있다.

선지 분석하기

① 몽골에 항전할 때 임시 수도였다. ➡ 강화도
② 정약전이 자산어보를 저술한 섬이다. ➡ 흑산도
③ 하멜 일행이 표류하다가 도착한 곳이다. ➡ 제주도
④ 양헌수 부대가 프랑스군을 격퇴한 장소이다. ➡ 강화도

정답 ⑤

2. (가)~(마) 지역에서 있었던 사실로 옳은 것은? ▶ 38회

(가) 평양 / (나) 서울 / (다) 목포 / (마) 대구 / (라) 진주 / 동해 / 황해

① (가) – 지주 문재철의 횡포에 맞선 소작 쟁의가 발생하였다.
② (나) – 상권 수호를 위해 황국 중앙 총상회가 조직되었다.
③ (다) – 김광제 등의 발의로 국채 보상 운동이 일어났다.
④ (라) – 토산품 애용을 위한 조선 물산 장려회가 발족되었다.
⑤ (마) – 백정에 대한 차별 철폐를 위해 조선 형평사가 창립되었다.

한눈에 보는 해설 🔍

정답 알아보기

(가)~(마) 지역에서 있었던 사실로 옳은 것은?

(가) 평양 / (나) 서울 / (다) 목포 / (마) 대구 / (라) 진주 / 동해 / 황해

② 1898년 시전 상인들은 서울에서 황국 중앙 총상회를 조직하여 외국
인의 불법적인 내륙 상업 활동을 엄단할 것을 요구하며 상권 수호 운
동을 전개하였다.

선지 분석하기

① (가) – 지주 문재철의 횡포에 맞선 소작 쟁의가 발생하였다. ➡ 신안(암
태도 소작 쟁의, 1923)
③ (다) – 김광제 등의 발의로 국채 보상 운동이 일어났다. ➡ 대구(1907)
④ (라) – 토산품 애용을 위한 조선 물산 장려회가 발족되었다. ➡ 평양(1920)
⑤ (마) – 백정에 대한 차별 철폐를 위해 조선 형평사가 창립되었다.
➡ 진주(1923)

정답 ②

3. (가) 지역에서 있었던 사실로 옳지 않은 것은? ▶ 43회

답사 계획서

■ 주제: ┌(가)┐의 유적과 인물을 찾아서
■ 기간: 2019년 ○○월 ○○일~○○일
■ 일정 및 경로
  • 1일차: 대동문 → 보통문 → 을밀대 → 부벽루
  • 2일차: 안학궁 터 → 대성산성

① 제1차 미·소 공동 위원회가 개최되었다.
② 안창호가 민족 교육을 위해 대성 학교를 설립하였다.
③ 고무 공장 노동자 강주룡이 노동 쟁의를 전개하였다.
④ 미국 상선 제너럴셔먼호가 관민들에 의해 불태워졌다.
⑤ 조만식 등을 중심으로 조선 물산 장려회가 결성되었다.

4. (가)~(마)에 대한 탐구 활동으로 적절하지 않은 것은? ▶ 41회

① (가) – 직지심체요절의 인쇄 과정을 파악한다.
② (나) – 팔상전에 나타난 목탑 양식의 특징을 찾아본다.
③ (다) – 팔만대장경판의 보존 방식에 대해 조사한다.
④ (라) – 일연이 삼국유사를 집필한 경위를 알아본다.
⑤ (마) – 주심포 양식 건축물의 구조와 특징을 분석한다.

한눈에 보는 해설 🔍

정답 알아보기

┌(가) 지역┐에서 있었던 사실로 옳지 않은 것은?

평양

답사 계획서

■ 주제: ┌(가)┐의 유적과 인물을 찾아서
■ 기간: 2019년 ○○월 ○○일~○○일
■ 일정 및 경로
  – 1일차: 대동문 ➡ 보통문 ➡ 을밀대 ➡ 부벽루
  – 2일차: 안학궁 터 ➡ 대성산성
         ↳고구려의 궁성 터

① 제1차 미·소 공동 위원회가 개최되었다. ➡ 서울

정답 ①

한눈에 보는 해설 🔍

정답 알아보기

(가)~(마)에 대한 탐구 활동으로 적절하지 않은 것은?

② 보은 법주사에 있는 팔상전은 현존하는 가장 오래된 목탑이다.

선지 분석하기

① (가) – 직지심체요절의 인쇄 과정을 파악한다. ➡ 청주 흥덕사
③ (다) – 팔만대장경판의 보존 방식에 대해 조사한다. ➡ 합천 해인사
④ (라) – 일연이 삼국유사를 집필한 경위를 알아본다. ➡ 군위 인각사
⑤ (마) – 주심포 양식 건축물의 구조와 특징을 분석한다. ➡ 안동 봉정사
극락전, 예산 수덕사 대웅전, 영주 부석사 무량수전 등

정답 ②

부록 02 세시풍속과 민속놀이

1 세시풍속

✦ 널뛰기

✦ 그네뛰기

✦ 단오풍정(신윤복)

✦ 견우직녀도(평남 남포 덕흥리 고분)

봄	설날 (1월 1일)	• 새해를 맞이하는 첫날, 떡국을 먹고 일가 친척과 어른에게 세배를 드림. 설날 이른 아침에 '조리'를 사서 벽에 걸어 두는데 이를 '복조리'라 함. 그해의 신수를 보기 위하여 '토정비결'을 보기도 함. • 민속놀이: 윷놀이, 널뛰기, 연날리기 등
	정월 대보름 (1월 15일)	• 대보름 아침에 대청소를 하고 부럼을 깨고 귀밝이술을 마심. 남에게 더위를 팔아서 한여름 더위를 피하고자 하는 매서(賣暑)도 행함. 오곡밥을 지어먹음. • 민속놀이: 마을 공동체의 동신제(洞神祭)가 열림, 지신밟기 · 쥐불놀이 · 동채싸움 · 줄다리 기 · 기와밟기 · 쇠머리대기 · 널뛰기 · 제기차기 · 연날리기 등
	한식	동지로부터 105일 되는 날(양력 4월경)로, 조상에게 제사를 올리거나 벌초하고 성묘하는 한식 절사(寒食節祀)를 행함.
	삼짇날 (3월 3일)	• 강남의 제비가 돌아온다는 날 • 민속놀이: 진달래꽃으로 전을 부쳐먹는 화전(花煎)놀이를 함.
여름	초파일 (4월)	석가모니가 탄생한 날로 '부처님 오신 날'이라 하여 불교신자들은 절에 가는데, 이 날 절에서는 큰 재(齋)를 올리고 각 전각에 등불을 켬.
	단오 (5월 5일)	• 수리 · 천중절 · 중오절 · 수릿날이라고도 함. • 창포 삶은 물에 머리와 얼굴을 씻고 창포 뿌리를 깎아 비녀를 만들어 머리에 꽂고 그네뛰기를 하며, 남자들은 씨름을 즐김. • 임금이 신하들에게 부채를 나누어 주고, 수리취떡을 만들어 먹음.
	유두 (6월 15일)	음식을 장만해 산간 폭포에서 몸을 씻고 서늘하게 하루를 보냄.
	칠석 (7월 7일)	• 헤어져 있던 견우와 직녀가 만나는 날 • 햇볕에 옷을 내어 말리고, 저녁에는 '칠석(七夕)'이라 하여 처녀들은 견우(牽牛) · 직녀(織女) 두 별을 보고 절하며 바느질이 늘기를 빔.
가을	백중 (7월 15일)	농민들은 이날을 '호미씻이'라 하여 음식을 장만해서 산기슭 들판에 나가 농악을 울리며 하루를 즐김.
	추석 (8월 15일)	• 한가위 · 가배 · 중추절이라고도 함. • 햇곡식으로 조상의 산소에 가서 성묘를 함. 송편 · 시루떡 · 토란단자 · 밤단자를 만들어 먹음. • 신라 유리왕 때 길쌈시합을 한 뒤 잔치를 연 것에서 기원했다고 전해짐.
	중앙절 (9월 9일)	각 가정에서는 철음식으로 '화채'를 만들어 먹으며, '국화전'도 부쳐 먹음.
겨울	입동(10월)	• 24절기의 열아홉 번째, 겨울이 시작된다는 의미 • 김장을 담그거나 노인들을 위로하기 위해 치계미(雉鷄米)라 하여 선물이나 음식을 대접함.
	동지(11월)	• 1년 중 낮의 길이가 가장 짧고 밤의 길이가 가장 긴 날 • 팥죽을 쑤어 먹는데, 죽물을 대문간, 대문 판자에 뿌림.
	섣달(12월)	• 연말이 가까워지면 세찬(歲饌)이라 하여, 마른 생선 · 육포 · 곶감 · 사과 · 배 등을 친척 또는 친지들 사이에 주고받음. • 이날 밤에는 '해지킴'이라 하여 집 안팎에 불을 밝히고, 남녀가 다 새벽이 될 때까지 자지 않고 밤을 새움.

2 민속놀이

차전놀이 (안동)	통일 신라 말 후백제의 왕 견훤이 고려 태조 왕건과 자웅을 겨루고자 안동으로 진격해왔을 때 이곳 사람들은 견훤을 낙동강 물속에 밀어 넣었는데 이로 말미암아 팔짱을 낀 채 어깨로만 상대편을 밀어내는 차전놀이가 생겼다고 한다. 또 다른 전설에는 견훤이 쳐들어왔을 때 이 고을 사람인 권행, 김선평, 장정필(이들을 모신 3태사묘가 안동에 있어 지금도 해마다 제사를 지냄.)이 짐수레와 같은 수레 여러 개를 만들어 타고 이를 격파한 데서 비롯한 놀이라고도 함.	 ✦ 차전놀이
강강술래	• 밝은 보름달이 뜬 밤에 수십 명의 마을 처녀들이 모여서 손을 맞잡아 둥그렇게 원을 만들어 돌며, 한 사람이 '강강술래'의 앞부분을 선창하면 뒷소리를 하는 여러 사람이 이어받아 노래를 부르는 민속놀이 • 정유재란 때 이순신이 수병을 거느리고 왜군과 대치하고 있을 때 적의 군사에게 해안을 경비하는 우리 군세의 많음을 보이기 위하여, 왜군이 우리 해안에 상륙하는 것을 감시하는 데서 유래되었다는 설도 있음.	 ✦ 강강술래
(안동) 놋다리밟기	• 음력 정월 대보름 경상북도 안동에서 사람들이 허리를 굽혀 행렬을 만들고 그 위를 어리고 예쁜 소녀를 공주로 뽑아 걸어가게 하는 성인 여자 놀이 • 고려 말 공민왕이 홍건적의 난을 피해 노국 공주와 안동 지방으로 피난을 가던 중 개울을 건널 때 마을 소녀들이 나와 등을 굽히고 그 위로 공주를 건너게 한데에서 유래	 ✦ (안동) 놋다리 밟기
그네뛰기	한 사람 또는 두 사람이 그네에 올라타고 앞뒤로 왔다 갔다하는 놀이, 특히 단오날에는 명절 풍속 중 하나로 남성들의 씨름과 더불어 대표적인 여성들의 놀이로서 성행함.	
윷놀이	4개의 윷가락을 던져 엎어지고 뒤집어진 상태에 따라 윷판 위의 말을 움직여 승부를 겨루는 놀이	
투호놀이	옛날 궁중이나 양반집에서 즐겨 했던 놀이로 동서로 편을 갈라 항아리 속에 화살을 던지는 놀이	
씨름	두 사람이 샅바나 띠 또는 바지의 허리춤을 잡고 힘과 기술을 겨루어 상대를 먼저 땅에 넘어뜨리는 것으로 승부를 결정하는 놀이	
연날리기	음력 정월 초하루에서부터 보름까지 행하던 민족전래의 기예로 연을 공중에 띄우는 놀이	
차전놀이	나무를 X자 모양으로 묶어 동채를 만든 다음, 장수를 태우고 상대편을 공격하여 상대편 동채를 먼저 땅에 닿게 하면 이기는 놀이	
지신밟기	음력 정초에 땅의 신을 진압함으로써 악귀와 잡신을 물리치고, 마을의 안녕과 풍작 및 가정의 다복을 축원하는 놀이	
백중놀이	• 머슴들이 김매기를 모두 마친 후에 택일하여 음식을 푸짐하게 장만하고 나누어 먹으며 노는 놀이 • 백중은 음력 7월 보름날을 뜻함.	

부록 02 실전문제

🐻 출제 POINT
한능검에서는 세시풍속 및 민속놀이를 묻는 문제가 주로 출제된다.

1. (가)에 들어갈 세시풍속으로 옳은 것은?　▶ 45회

세시풍속

액운 쫓고
　　　　더위 쫓는, (가)

(가) 은/는 음력 6월 보름날로 이날 동쪽으로 흐르는 물에 머리를 감으면 나쁜 기운이 날아가고, 더위를 타지 않는다고 합니다. 이날을 앞두고 다채로운 행사를 마련하였으니 시민 여러분의 많은 참여 바랍니다.

일시 2019년 ○○월 ○○일 10:00~17:00
장소 △△문화원 야외 체험장
체험 프로그램

탁족 놀이 – 시원한 물에 발 담가 더위 쫓기
햇밀로 구슬 모양의 오색면 만들기 – 오색면을 색실에 꿰어서 허리에 매달아 액운 막기
수단 만들기 – 찹쌀가루, 밀가루로 경단을 만들어 얼음 꿀물에 넣어 먹기

① 동지　　　② 한식　　　③ 칠석
④ 유두　　　⑤ 삼짇날

2. (가)에 들어갈 세시풍속으로 옳은 것은?　▶ 32회

봄의 첫 걸음, (가) **전통문화 축제**

강남 갔던 제비가 돌아와 새봄을 알린다는 (가) 을/를 맞아 시민들이 참여할 수 있는 다채로운 행사를 마련하였습니다.

● **일자:** 2016년 ○○월 ○○일
● **장소:** △△ 전통 문화 센터

〈체험 1〉
■ 화전 만들기
– 진달래꽃으로 장식한 화전 부치기

〈체험 2〉
■ 노랑나비 날려 보내기
– 이 날 노랑나비를 보면 길하다는 풍습에 따라 시민들에게 행운을 드리고자 살아있는 노랑나비를 날려 보내기

① 백중　　　② 칠석　　　③ 대보름
④ 삼짇날　　　⑤ 한가위

한눈에 보는 해설 🔍⁺

정답 알아보기

(가)에 들어갈 세시풍속으로 옳은 것은?

┌─────────────────────────────────┐
　　　　　　　　　　→유두
액운 쫓고 더위 쫓는, (가)

(가) 은/는 음력 6월 보름날로 이날 **동쪽으로 흐르는 물에 머리를 감으면 나쁜 기운이 날아가고, 더위를 타지 않는다고 합니다.** 이날을 앞두고 다채로운 행사를 마련하였으니 시민 여러분의 많은 참여바랍니다.

일시: 2019년 ○○월 ○○일 10:00~17:00
장소: △△문화원 야외 체험장
체험 프로그램
✿ 탁족 놀이–시원한 물에 발 담가 더위 쫓기
✿ 햇밀로 구슬 모양의 오색면 만들기–오색면을 색실에 꿰어서 허리에 매달아 액운 막기
✿ 수단 만들기–찹쌀가루, 밀가루로 경단을 만들어 얼음 꿀물에 넣어 먹기
└─────────────────────────────────┘

④ 유두에 대한 설명이다.

선지 분석하기

① 동지 ➡ 양력 12월 22~23일
② 한식 ➡ 양력 4월 5일경
③ 칠석 ➡ 음력 7월 7일
⑤ 삼짇날 ➡ 음력 3월 3일

정답 ④

한눈에 보는 해설 🔍⁺

정답 알아보기

(가)에 들어갈 세시풍속으로 옳은 것은?

┌─────────────────────────────────┐
　　　　　　　　　→삼짇날
봄의 첫 걸음, (가) 전통문화 축제

강남 갔던 제비가 돌아와 새봄을 알린다는 (가) 을/를 맞아 시민들이 참여할 수 있는 다채로운 행사를 마련하였습니다.

○ 일자: 2016년 ○○월 ○○일
○ 장소: △△ 전통 문화 센터
〈체험 1〉
■ **화전 만들기 – 진달래꽃으로 장식한 화전** 부치기
〈체험 2〉
■ 노랑나비 날려 보내기 – 이 날 노랑나비를 보면 길하다는 풍습에 따라 시민들에게 행운을 드리고자 살아있는 노랑나비를 날려 보내기
└─────────────────────────────────┘

④ 삼짇날에 대한 설명이다.

선지 분석하기

① 백중 ➡ 음력 7월 15일
② 칠석 ➡ 음력 7월 7일
③ 대보름 ➡ 음력 1월 15일
⑤ 한가위 ➡ 음력 8월 15일

정답 ④

3. 다음 자료에서 설명하는 민속놀이로 옳은 것은? ▶16회

> 이 민속놀이는 안동에서 계승되는 것으로, 그 유래에 관하여 다음과 같은 이야기가 전해진다.
>
> 고려군과 후백제군이 안동에서 대치할 때 안동 사람들이 왕건을 지원하여 크게 승리하였다. 이후 안동에서는 이 승리를 기념하여 마을 청년들이 동·서로 편을 나누어 서로 싸우는 이 민속놀이가 시작되었다고 한다.

①
놋다리밟기

②
동채싸움(차전놀이)

③
격구

④
석전(돌팔매놀이)

⑤
연날리기

4. 다음 내용과 가장 관련 깊은 민속놀이로 옳은 것은? ▶15회

> 정유재란 때 이순신이 삼도 수군통제사로 재차 부임하여 전라 우수영에 진을 치고 왜군이 황해로 진출하는 길을 차단하고 있었다. 이순신이 거느린 전선(戰船)은 10여 척에 지나지 않았으나, 왜군의 전선은 130여 척이었다. 당시 남해 일대에서는 남자를 찾기가 어려웠다. 모두 군사로 불려 나갔거나 군수 물자를 실어 나르는 일에 동원되었기 때문이다. 그래서 이순신은 조선군에 많은 군사가 있는 것처럼 보이기 위해 부녀자들을 동원하여 이 민속놀이를 하게 하였다고 전해진다.

①   ②

③ ④

⑤

한눈에 보는 해설 ⊕

정답 알아보기 → 동채싸움(차전놀이)

다음 자료에서 설명하는 민속놀이로 옳은 것은?

> 이 민속놀이는 **안동에서 계승되는 것**으로, 그 유래에 관하여 다음과 같은 이야기가 전해진다.
>
> **고려군과 후백제군이 안동에서 대치할 때 안동 사람들이 왕건을 지원**하여 크게 **승리**하였다. 이후 안동에서는 이 승리를 기념하여 마을 청년들이 동·서로 편을 나누어 서로 싸우는 이 민속놀이가 시작되었다고 한다.

②
➡ 동채싸움(차전놀이)에 대한 설명이다.

정답 ②

한눈에 보는 해설 ⊕

정답 알아보기 → 강강술래

다음 내용과 가장 관련 깊은 민속놀이로 옳은 것은?

> **정유재란 때 이순신**이 삼도 수군통제사로 재차 부임하여 전라 우수영에 진을 치고 왜군이 황해로 진출하는 길을 차단하고 있었다. 이순신이 거느린 전선(戰船)은 10여 척에 지나지 않았으나, 왜군의 전선은 130여 척이었다. 당시 남해 일대에서는 남자를 찾기가 어려웠다. 모두 군사로 불려 나갔거나 군수 물자를 실어 나르는 일에 동원되었기 때문이다. 그래서 **이순신은 조선군에 많은 군사가 있는 것처럼 보이기 위해 부녀자들을 동원하여 이 민속놀이**를 하게 하였다고 전해진다.

④ 강강술래에 대한 설명이다.

선지 분석하기

①
➡ 널뛰기

②
➡ 그네뛰기

③
➡ 놋다리밟기

⑤
➡ 처용무

정답 ④

유네스코 세계 문화유산과 조선의 궁궐

✦ 첨성대

✦ 해인사 장경판전

✦ 부석사 무량수전

✦ 도산 서원

✦ 수원 화성

✦ 유교책판

1 유네스코 세계 문화유산

세계 문화 유산	• 경주 역사 유적 지구: 남산 지구(미륵곡 석불 좌상, 배동 석조 여래 삼존 입상, 나정, 포석정 등), 월성 지구(월성, 계림, 첨성대 등), 대릉원 지구(신라 왕 · 왕비 · 귀족 등의 무덤, 천마도 등), 황룡사 지구(황룡사지, 분황사), 산성 지구(명활산성) • 해인사 장경판전: 세계 유일의 대장경판 보관용 건물, 건물 내 적당한 환기와 온도, 습도 조절 등의 기능을 자연적으로 해결 가능 • 종묘: 조선 왕조의 역대 왕과 왕비의 신주를 모신 조선 왕조의 사당, 정면이 매우 길고 수평성이 강조된 독특한 형식 • 창덕궁: 조선 태종 5년(1405) 경복궁의 이궁(離宮)으로 지어진 궁궐 • 수원 화성: 조선 제22대 임금인 정조가 사도 세자의 무덤을 화성으로 옮기면서 축성 • 백제 역사 유적 지구: 공주(공산성, 송산리 고분군), 부여(관북리 유적, 부소산성, 정림사지, 능산리 고분군, 부여 나성), 익산(왕궁리 유적, 미륵사지) • 산사, 한국의 산지 승원: 경남 양산 통도사, 경북 영주 부석사, 충북 보은 법주사, 전남 해남 대흥사, 경북 안동 봉정사, 충남 공주 마곡사, 전남 순천 선암사 • 서원: 소수 서원(경북 영주, 안향 배향), 도산 서원(경북 안동, 이황 배향), 병산 서원(경북 안동, 류성룡 배향), 옥산 서원(경북 경주, 이언적 배향), 도동 서원(대구 달성, 김굉필 배향), 남계 서원(경남 함양, 정여창 배향), 필암 서원(전남 장성, 김인후 배향), 무성 서원(전북 정읍, 최치원 배향), 돈암 서원(충남 논산, 김장생 배향) • 석굴암 · 불국사 / 제주 화산섬과 용암 동굴 / 남한산성 / 조선 왕릉 / 하회 · 양동마을 / 고인돌 유적
세계 기록 유산	• 훈민정음: 세종 25년(1443) 완성, 우리말의 표기에 적합한 문자 체계 완성 • 『조선왕조실록』: 태조부터 철종까지 25대 472년간(1392~1863)의 역사를 편년체로 기록한 책 • 『직지심체요절』: 공민왕 21년(1372)에 백운화상이 저술한 『백운화상초록불조직지심체요절』을 청주 흥덕사에서 금속 활자로 인쇄 • 『승정원일기』: 승정원에서 있었던 일들을 기록한 책, 『조선왕조실록』 편찬의 기본 자료 • 『조선왕조의궤』: 왕실의 길례(제사), 가례(혼인), 빈례(사신 접대), 흉례(장례), 군례(군사 훈련) 기록 • 고려 대장경판 · 제경판: 일명 팔만대장경, 몽골군의 침입을 불교의 힘으로 막아 보고자 편찬 • 『동의보감』: 광해군 5년(1613)에 허준 저술, 동아시아 의학 지식과 기술 집대성 • 『일성록』: 조선 후기 국정 운영 사항을 일기 형식으로 정리해 놓은 책 • 『난중일기』: 이순신이 쓴 것으로, 임진왜란의 상황을 구체적으로 알려줌. • 한국의 유교책판: 유학 관련 책판(冊板, 책을 인쇄하기 위해 글을 새긴 나무판) 718종 6만 4,226장 • 5 · 18 광주 민주화 운동 관련 기록물 / KBS 특별 생방송 '이산가족을 찾습니다.' 1983년 방영 기록물 / 새마을 운동 기록물 / 국채 보상 운동 기록물 / 조선 통신사 기록물 / 조선 왕실 어보와 어책
무형 유산	종묘 제례 · 종묘 제례악 / 판소리 / 강릉 단오제 / 강강술래 / 남사당놀이 / 영산재 / 제주 칠머리당 영등굿 / 처용무 / 가곡 / 대목장 / 매사냥 / 택견 / 줄타기 / 한산 모시짜기 / 아리랑 / 김장 문화 / 농악 / 줄다리기 / 제주 해녀 문화 / 씨름(남북 공동 등재)

2 조선의 궁궐

경복궁	• 조선 시대 궁궐 중 가장 중심이 되는 곳, 태조 3년(1394) 건립 • 임진왜란으로 불에 탐. ➡ 고종 4년(1867) 재건 • 건물 배치의 기본 형식[좌묘우사 전조후시(左廟右社 前朝後市)]을 지킨 궁궐 • 궁궐의 핵심 공간: 광화문 – 근정전 – 사정전 – 강녕전 – 교태전(일직선 상 위치)
덕수궁	• 월산 대군(성종의 형)의 집터 ➡ 임진왜란 이후 선조의 임시 거처(정릉동 행궁) ➡ 광해군 때 경운궁으로 개칭 ➡ 1907년 덕수궁으로 개칭 • 건물 배치: 정전과 침전이 있는 구역, 선원전(璿源殿, 역대 임금과 왕비의 초상화를 모시는 곳)이 있는 구역, 서양식 건물인 중명전(重明殿)이 있는 구역
운현궁	고종의 생부인 흥선 대원군의 저택
창경궁	• 세종 대왕 때 태종을 모시고자 지은 건물 • 성종 때에는 세조의 비와 덕종의 비, 예종의 비를 모시기 위해 명정전, 문정전, 통명전을 짓고 창경궁이라 명명 • 일제 강점기에 창경원으로 격하, 동물원으로 바뀜.
창덕궁	• 3대 태종이 1405년 이궁으로 지은 궁궐 • 임진왜란 때 전소 ➡ 광해군이 재건 • 조선 궁궐 중 가장 오랜 기간 동안 임금들이 기거 • 창덕궁 후원: 우리나라 최대의 궁중 정원 📘 유네스코 세계 문화유산
종묘	• 조선 왕조 역대 왕과 왕비의 신주를 모신 조선 왕조의 사당 • 정면이 매우 길고 수평성이 강조된 독특한 형식의 건물 • 정전: 매년 각 계절과 섣달에 대제 시행 • 영녕전: 매년 봄가을과 섣달에 제향일을 따로 정하여 제례 지냄. 📘 유네스코 세계 문화유산

✧ 조선의 궁궐 배치도

✧ 동궐도(東闕圖, 창덕궁 대조전 일대)

✧ 한양 지도

✧ 종묘 정전

✧ 규장각

근현대사 인물사

흥선 대원군(1820~1898)

(가) 인물이 실시한 정책으로 옳지 않은 것은? ▶ 32회

> 자료는 고종의 즉위로 권력을 장악한 ☐(가)☐ 이/가 쓴 편지
> 이다. 그는 이양선(異樣船)의 접근에 대한 대응 방안으로
> 서리와 장교를 상인으로 위장시켜 서서히 동정을 살피라고
> 하고 있다. 이 편지를 통해 서양 세력의 침략적 접근에 대처
> 하고자 했던 그의 통상 수교 거부 의지를 단편적으로나마 살
> 펴볼 수 있다. 이러한 통상 수교 거부 의지는 신미양요 직후
> 그가 세운 척화비를 통해서도 확인할 수 있다.

① 속대전을 편찬하여 통치 체제를 정비하였다.
② 국가 재정 확충을 위해 호포제를 실시하였다.
③ 삼군부를 부활시켜 군국기무를 전담하게 하였다.
④ 경복궁을 중건하여 왕실의 권위를 세우고자 하였다.
⑤ 사창제를 실시하여 환곡의 폐단을 시정하고자 하였다.

• 1863년 12살인 고종의 즉위로 대원군에 봉해지고 섭정 시작
• 개혁 정치: 비변사의 기능 약화 및 폐지, 법전 정비(『대전회통』,
  『육전조례』), 경복궁 중건(원납전, 당백전), 호포법 실시,
  환곡을 사창제로 개혁, 서원 및 만동묘 철폐, 통상 수교
  거부 정책(병인양요, 신미양요, 척화비 건립) 등

한눈에 보는 해설 ⊕

정답 알아보기

(가) 인물 이 실시한 정책으로 옳지 않은 것은?

> 자료는 **고종의 즉위로 권력을 장악한** ☐(가)☐ 이/가 쓴 편지이다. 그는
> 이양선(異樣船)의 접근에 대한 대응 방안으로 서리와 장교를 상인으로
> 위장시켜 서서히 동정을 살피라고 하고 있다. 이 편지를 통해 서양 세
> 력의 침략적 접근에 대처하고자 했던 그의 통상 수교 거부 의지를 단
> 편적으로나마 살펴볼 수 있다. 이러한 통상 수교 거부 의지는 신미양요
> 직후 **그가 세운 척화비**를 통해서도 확인할 수 있다.
> ↳흥선 대원군

① 『속대전』은 조선 영조 재위 시기에 편찬되었다.

정답 ①

박정양(1841~1904)

(가) 인물에 대한 설명으로 옳은 것은? ▶ 44회

> 본국은 서양의 여러 나라 중 귀국과 가장 먼저 조약을
> 체결하였고, 우의가 돈독하여 사절이 왕래한 지 여러 해
> 가 되었습니다. 이에 짐이 믿고 아끼는 종2품 협판 내무
> 부사 ☐(가)☐ 을/를 초대 주미 공사에 임명하여, 귀국으
> 로 가서 수도에 머물며 교섭 사무를 처리하도록 하려고
> 합니다. 본 대신은 충성스럽고 근실하며 매사에 꼼꼼하
> 고 자세하므로 그 직책을 능히 감당할 수 있을 것이니,
> 대통령께서도 성실하게 서로 믿고 우대하는 예에 따라
> 대해 주시기를 바랍니다.

① 민족 교육을 위해 대성 학교를 설립하였다.
② 서유견문을 집필하여 서양 근대 문물을 소개하였다.
③ 영국인 베델과 제휴하여 대한매일신보를 창간하였다.
④ 헤이그에서 열린 만국 평화 회의에 특사로 파견되었다.
⑤ 독립 협회의 제안을 받아들여 중추원 관제 개편을 추진하였다.

• 조선 후기 대신
• 1881년 조사 시찰단(신사 유람단)으로 일본에 다녀옴. 1887년
  주미 전권공사로 임명. 갑오개혁 때 군국기무처 회의원으로
  임명됨. 3차 김홍집 내각의 내부대신이 됨.
• 1898년 독립 협회의 만민 공동회에서 시정 개혁을 약속. 중
  추원 관제 개편 추진 ➡ but 수구파의 반대로 실패

한눈에 보는 해설 ⊕

정답 알아보기

(가) 인물 에 대한 설명으로 옳은 것은?

박정양

> 본국은 서양의 여러 나라 중 귀국과 가장 먼저 조약을 체결하였고, 우
> 의가 돈독하여 사절이 왕래한 지 여러 해가 되었습니다. 이에 짐이 믿
> 고 아끼는 종2품 협판 내무부사 ☐(가)☐ 을/를 초대 주미 공사에 임명
> 하여, 귀국으로 가서 수도에 머물며 교섭 사무를 처리하도록 하려고 합 ↳1887년
> 니다. 본 대신은 충성스럽고 근실하며 매사에 꼼꼼하고 자세하므로 그
> 직책을 능히 감당할 수 있을 것이니, 대통령께서도 성실하게 서로 믿고
> 우대하는 예에 따라 대해 주시기를 바랍니다.

⑤ 박정양은 독립 협회 관민 공동회의 제안을 받아들여 중추원 관제 개
  편을 추진하였다.

선지 분석하기

① 민족 교육을 위해 대성 학교를 설립하였다. ➡ 안창호
② 서유견문을 집필하여 서양 근대 문물을 소개하였다. ➡ 유길준
③ 영국인 베델과 제휴하여 대한매일신보를 창간하였다. ➡ 양기탁
④ 헤이그에서 열린 만국 평화 회의에 특사로 파견되었다. ➡ 이상설, 이준, 이위종

정답 ⑤

유길준(1856~1914)

밑줄 그은 '이 사람'에 관한 설명으로 옳지 않은 것은? ▶9회

> 세일럼 시(市)는 외국의 한 젊은이에게 우리의 관습과 예절을 가르치는 특별한 기회를 갖게 되었다. 피바디 박물관장 모스는, 영어를 배우기 위해 조선에서 온 스물여섯 살 청년인 <u>이 사람</u>을 로렐가의 자택에 유숙시키고 있다. 그는 일본에 1년 체류하면서 일본어를 배운 바 있다. 청년은 모스 교수와 일본어로 대화한다. 그는 지난주 처음으로 양복을 입었으나 집에서는 입지 않는다. 그는 외양과 태도에서 대단히 신사답다.
>
> 세일럼 이브닝 뉴스, 1883. 11. 10.

① 1870년경 – 박규수 문하에서 수학하였다.
② 1881년 – 조사 시찰단의 일원으로 참여하였다.
③ 1884년 – 갑신정변 실패 후 일본으로 망명하였다.
④ 1880년대 중반 – 중립화론을 제기하였다.
⑤ 1895년 – 서유견문을 출간하였다.

- 박규수 문하에서 김옥균·박영효·홍영식 등과 친분을 가지게 됨.
- 1881년 조사 시찰단 단장이던 어윤중 수행원으로 일본 파견 ➡ 후쿠자와 유키치(문명 개화론자)가 세운 게이오 의숙에 입학
- 1883년 보빙사 일행으로 미국에 파견, 국비 유학생으로 잔류, 1885년 유럽 각국을 시찰하고 귀국 ➡ 갑신정변의 개화당으로 몰려 구금, '조선 중립화론' 주장
- 주요 저서: 『서유견문』(1895), 『조선문전』(1897~1902), 『대한문전』(1909)

최익현(1833~1906)

(가) 인물의 활동으로 옳은 것은? ▶36회

> 이 사당은 위정척사 운동을 주도한 (가) 의 위패를 모신 충청남도 청양의 모덕사입니다. 흥선 대원군의 하야와 고종의 친정(親政)을 요구하는 상소를 올렸던 그는 왜양일체론을 내세워 강화도 조약 체결에 반대하였습니다.

① 한국독립운동지혈사를 저술하였다.
② 봉오동 전투에서 일본군을 격파하였다.
③ 고종의 밀지를 받아 독립 의군부를 조직하였다.
④ 을사늑약 체결에 반대하여 태인에서 의병을 일으켰다.
⑤ 13도 창의군을 결성하여 서울 진공 작전을 전개하였다.

- 흥선 대원군의 하야와 고종의 친정 요구
- 1876년 조·일 수호 조규(강화도 조약)를 반대하며 '개항 반대 5불가소'를 올려 흑산도로 유배, 1895년 단발령에 반대하다가 투옥
- 1905년 을사조약 체결 후 조약의 무효를 주장하며 '창의토적소(倡義討賊疏)'를 올림.
- 74세 고령으로 전북 태인에서 의병을 모집, 순창에서 400여 명을 이끌고 을사의병 전개, 체포되어 쓰시마섬에 유배된 후 1906년 순국

한눈에 보는 해설 ⊕

정답 알아보기 ▶유길준
밑줄 그은 '이 사람'에 관한 설명으로 옳지 않은 것은?

> 세일럼 시(市)는 외국의 한 젊은이에게 우리의 관습과 예절을 가르치는 특별한 기회를 갖게 되었다. 피바디 박물관장 모스는, **영어를 배우기 위해** 조선에서 온 스물여섯 살 청년인 <u>이 사람</u>을 로렐가의 자택에 유숙시키고 있다. 그는 **일본**에 **1년 체류**하면서 일본어를 배운 바 있다. 청년은 모스 교수와 일본어로 대화한다. 그는 지난주 처음으로 양복을 입었으나 집에서는 입지 않는다. 그는 외양과 태도에서 대단히 신사답다.
>
> 세일럼 이브닝 뉴스, 1883. 11. 10.

③ 갑신정변 실패 후 일본으로 망명한 것은 김옥균, 박영효, 서광범, 서재필 등이다.

정답 ③

한눈에 보는 해설 ⊕

정답 알아보기

(가) 인물 의 활동으로 옳은 것은?

최익현
> 이 사당은 **위정척사 운동을 주도한** (가) 의 위패를 모신 충청남도 청양의 모덕사입니다. **흥선 대원군의 하야와 고종의 친정(親政)을 요구**하는 상소를 올렸던 그는 **왜양일체론**을 내세워 강화도 조약 체결에 반대하였습니다.

④ 을사조약[을사늑약(제2차 한·일 협약), 1905]이 체결되자 최익현은 태인에서 유생을 모아 의병을 일으켰다.

선지 분석하기
① 한국독립운동지혈사를 저술하였다. ➡ 박은식
② 봉오동 전투에서 일본군을 격파하였다. ➡ 홍범도
③ 고종의 밀지를 받아 독립 의군부를 조직하였다. ➡ 임병찬
⑤ 13도 창의군을 결성하여 서울 진공 작전을 전개하였다. ➡ 이인영, 허위

정답 ④

전봉준(1855~1895)

(가) 인물에 대한 설명으로 옳은 것은?　　　▶ 41회

> 심문자: 재차 기포(起包)한 것을 일본 군사가 궁궐을 침범하였다고 한 까닭에 다시 일어났다 하니, 다시 일어난 후에는 일본 병사에게 무슨 행동을 하려 하였느냐.
> 진술자: 궁궐을 침범한 연유를 힐문하고자 하였다.
> 심문자: 그러면 일본 병사나 각국 사람이 경성에 머물고 있는 자를 내쫓으려 하였느냐.
> 진술자: 그런 것이 아니라 각국인은 다만 통상만 하는데 일본인은 병사를 거느리고 경성에 진을 치고 있으므로 우리나라 영토를 침략하는가 하고 의아해한 것이다.
> 　　　　　　　　　　　　　　「 (가) 공초」

① 을사늑약에 반대하여 의병을 일으켰다.
② 독립 협회를 창립하고 독립문을 세웠다.
③ 지부복궐척화의소를 올려 왜양일체론을 주장하였다.
④ 13도 창의군을 지휘하여 서울 진공 작전을 전개하였다.
⑤ 보국안민을 기치로 우금치에서 일본군 및 관군과 맞서 싸웠다.

- 1890년 동학에 입교, 고부 접주로 임명됨.
- 1894년 고부 군수 조병갑의 탐학에 반발하여 고부 민란을 주도, 안핵사 이용태가 책임을 동학교도에게 돌리자 동도대장으로 추대되어 백산 봉기 일으킴.
- 1894년 4월 말 전주성 점령, 5월 8일 전주 화약 체결 후 집강소 설치, 청·일 전쟁 발발 후 농민군 재봉기, 공주 우금치 전투에서 패한 후 순창에서 체포되어 사형당함.

한눈에 보는 해설

정답 알아보기

전봉준 [(가) 인물]에 대한 설명으로 옳은 것은?

　　　　　　상례 재봉기(1894. 9.)
> 심문자: 재차 **기포(起包)**한 것을 일본 군사가 **궁궐을 침범하였다고** 한 까닭에 **다시 일어났다** 하니, 다시 일어난 후에는 일본 병사에게 무슨 행동을 하려 하였느냐.
> 진술자: 궁궐을 침범한 연유를 힐문하고자 하였다.
> 심문자: 그러면 일본 병사나 각국 사람이 경성에 머물고 있는 자를 내쫓으려 하였느냐.
> 진술자: 그런 것이 아니라 각국인은 다만 통상만 하는데 일본인은 병사를 거느리고 경성에 진을 치고 있으므로 우리나라 영토를 침략하는가 하고 의아해한 것이다.
> 　　　　　　　　　　「 (가) 공초」

⑤ 전봉준은 보국안민을 기치로 공주 우금치에서 일본군 및 관군과 맞서 싸웠으나 패한 후 순창에서 체포되었다.

선지 분석하기

① 을사늑약에 반대하여 의병을 일으켰다. ➡ 민종식, 최익현, 신돌석 등의 을사의병
② 독립 협회를 창립하고 독립문을 세웠다. ➡ 서재필
③ 지부복궐척화의소를 올려 왜양일체론을 주장하였다. ➡ 최익현
④ 13도 창의군을 지휘하여 서울 진공 작전을 전개하였다. ➡ 이인영, 허위

정답 ⑤

주시경(1876~1914)

다음 인물에 대한 설명으로 옳은 것은?　　　▶ 38회

> **이 달의 인물**
>
> ### 한글을 사랑한 ○○○
>
> ● 호: 한힌샘, 백천(白泉)
> ● 생몰: 1876년~1914년
> ● 주요 활동
> 　- 독립신문 교보원 활동
> 　- 국문 동식회 조직
> 　- 국어문법, 말의 소리 저술
> ● 서훈: 1980년 건국 훈장 대통령장

① 잡지 한글을 간행하였다.
② 한글 맞춤법 통일안을 제정하였다.
③ 가갸날을 제정하고 기념식을 거행하였다.
④ 국문 연구소에서 한글 연구를 체계화하였다.
⑤ 조선어 학회 사건으로 구속되어 옥고를 치렀다.

- 1896년 「독립신문」 발간에 관여, 독립신문사 안에 '국문 동식회'(최초 국문법 연구 단체) 조직, 서재필 추방 이후에 「제국신문」 기자 역임
- 1905년 정부에 국어 연구와 사전 편찬 건의, 1907년 국문 연구소(1907) 연구 위원 역임
- 저서: 『국문문법』(1905), 『대한국어문법』(1906), 『국어 문전음학』(1908), 『말』(1908?), 『국문연구』(1909), 『말의 소리』(1914) 등

한눈에 보는 해설

정답 알아보기

주시경 [다음 인물]에 대한 설명으로 옳은 것은?

> ● 호: 한힌샘, 백천(白泉)
> ● 생몰: 1876년~1914년
> ● 주요 활동
> 　- **독립신문 교보원 활동**
> 　- **국문 동식회 조직**
> 　- 국어문법, 말의 소리 저술
> ● 서훈: 1980년 건국 훈장 대통령장

④ 주시경, 지석영 등을 중심으로 국문 연구소를 설치(1907)하여 국문의 발음, 글자체, 철자법 등을 연구·정리하였다.

선지 분석하기

① 잡지 한글을 간행하였다. ➡ 조선어 연구회(이윤재, 최현배 등)
② 한글 맞춤법 통일안을 제정하였다. ➡ 조선어 학회(이윤재, 한징 등)
③ 가갸날을 제정하고 기념식을 거행하였다. ➡ 조선어 연구회(이윤재, 최현배 등)
⑤ 조선어 학회 사건으로 구속되어 옥고를 치렀다. ➡ 조선어 학회(이윤재, 한징 등)

정답 ④

안중근(1879~1910)

다음 학생들이 발표하고 있는 인물에 대한 설명으로 옳은 것은? ▶ 46회

대한의군 참모중장 ○○○

이것은 그가 뤼순에서 재판받는 장면을 묘사한 취재 삽화입니다. 재판장, 검사, 변호사들이 모두 일본인으로 구성된 불공정한 재판 상황을 보여주고 있습니다.

사형 판결을 받은 그는 동양평화론을 저술하던 중 순국하였습니다. 이 글에서 그는 일제의 침략상을 비판하며 한·중·일이 대등한 위치에서 상호 협력해야 한다고 주장하였습니다.

① 동양 척식 주식회사에 폭탄을 투척하였다.
② 하얼빈 역에서 이토 히로부미를 사살하였다.
③ 한인 애국단을 결성하여 의거 활동을 전개하였다.
④ 조선 혁명 간부 학교를 세워 독립군을 양성하였다.
⑤ 명동 성당 앞에서 이완용을 습격하여 중상을 입혔다.

- 1895년 아버지를 따라 가톨릭교에 입교 후 신학문을 접함. 1906년 삼흥학교 설립
- 1907년 대구에서 시작된 국채 보상 운동을 평양에서 주도, 연해주로 망명하여 의병 활동 전개
- 1909년 3월 동지 11명과 단지회 결성, 1909년 만주 하얼빈 역에서 이토 히로부미 사살 후 현장 체포, 뤼순 감옥에 수감 중 이듬해 3월 26일 사형, 「동양평화론」 집필(미완성)

한눈에 보는 해설 ⊕

정답 알아보기

→안중근

다음 학생들이 발표하고 있는 [인물]에 대한 설명으로 옳은 것은?

○ 이것은 그가 뤼순에서 재판받는 장면을 묘사한 취재 삽화입니다. 재판장, 검사, 변호사들이 모두 일본인으로 구성된 불공정한 재판 상황을 보여주고 있습니다.

○ **사형 판결을 받은** 그는 **동양평화론을 저술**하던 중 순국하였습니다. 이 글에서 그는 일제의 침략상을 비판하며 한·중·일이 대등한 위치에서 상호 협력해야 한다고 주장하였습니다.

② 안중근은 1909년 만주 하얼빈에서 초대 통감인 이토 히로부미를 저격하였다.

선지 분석하기

① 동양 척식 주식회사에 폭탄을 투척하였다. ➡ 나석주
③ 한인 애국단을 결성하여 의거 활동을 전개하였다. ➡ 김구
④ 조선 혁명 간부 학교를 세워 독립군을 양성하였다. ➡ 김원봉
⑤ 명동 성당 앞에서 이완용을 습격하여 중상을 입혔다. ➡ 이재명

정답 ②

이상설(1870~1917)

(가)에 들어갈 내용으로 옳은 것은? ▶ 36회

보재(溥齋) 이상설 선생의 항일 투쟁

활동 지역	주요 활동
국내(서울)	을사늑약 체결 비판과 을사 5적 처단 상소
간도	서전서숙 설립과 민족 교육 실시
네덜란드 (헤이그)	만국 평화 회의에 파견되어 을사늑약의 부당성 폭로
미국	애국 동지 대표자 회의 참석과 국민회 결성에 기여
러시아 (연해주)	(가)
중국 (상하이)	신한 혁명당 결성과 외교 활동

① 숭무 학교 설립과 무장 투쟁 준비
② 한인 애국단 결성과 항일 의거 활동
③ 권업회 조직과 대한 광복군 정부 수립
④ 한국 광복군 창설과 국내 정진군 훈련
⑤ 국민 대표 회의 참여와 대한민국 임시 정부 활동

- 1905년 을사조약 체결 후 조병세 등과 조약 무효 상소
- 1906년 이동녕 등과 간도에 서전서숙 설립, 1907년 고종의 밀지로 헤이그 만국 평화 회의에 이준·이위종과 파견, 이후 연해주 블라디보스토크에서 한흥동 건설
- 1910년 유인석·이범윤 등과 13도 의군 편성, 성명회 조직, 1911년 권업회 조직, 1914년 이동휘 등과 대한 광복군 정부 수립하여 정통령에 선임됨. 1915년 신규식·박은식 등과 신한 혁명당 조직

한눈에 보는 해설 ⊕

정답 알아보기

(가)에 들어갈 내용으로 옳은 것은?

보재(溥齋) 이상설 선생의 항일 투쟁

활동 지역	주요 활동
국내(서울)	을사늑약 체결 비판과 **을사 5적 처단** 상소
간도	**서전서숙 설립**과 민족 교육 실시
네덜란드(헤이그)	**만국 평화 회의**에 파견되어 을사늑약의 부당성 폭로
미국	애국 동지 대표자 회의 참석과 국민회 결성에 기여
러시아(연해주)	(가)
중국(상하이)	**신한 혁명당** 결성과 외교 활동

③ 이상설은 1911년 권업회를 조직했으며, 1914년 이동휘 등과 대한 광복군 정부를 수립하여 정통령에 선임되었다.

선지 분석하기

① 숭무 학교 설립과 무장 투쟁 준비 ➡ 이근영(멕시코)
② 한인 애국단 결성과 항일 의거 활동 ➡ 김구
④ 한국 광복군 창설과 국내 정진군 훈련 ➡ 대한민국 임시 정부(사령관 지청천)
⑤ 국민 대표 회의 참여와 대한민국 임시 정부 활동 ➡ 창조파(신채호, 박용만 등), 개조파(안창호, 여운형 등), 현상유지파(이동녕, 김구 등)

정답 ③

이회영(1867~1932)

다음 인물의 활동으로 옳은 것은? ▶ 26회

○○○ **연보**

1867년 서울 저동 출생
1905년 나인영, 기산도 등과 함께 을사오적 암살 모의
1910년 6형제 50여 명의 가족이 전 재산을 처분하여 독립운동 자금을 마련한 후 만주로 망명
1911년 재만 한인 자치 기관인 경학사를 조직
1931년 항일 구국 연맹을 결성하고 비밀 행동 조직인 흑색 공포단을 조직
1932년 다롄에서 일본 경찰에 검거되어 모진 고문 끝에 순국

① 의열단을 창설하여 무장 투쟁을 전개하였다.
② 미군과 연계하여 국내 진공 작전을 추진하였다.
③ 신흥 강습소를 설립하여 독립군을 양성하였다.
④ 한국 독립군을 이끌고 대전자령 전투에 참여하였다.
⑤ 중국 의용군과 연합하여 흥경성 전투를 지휘하였다.

- 1906년 간도 용정촌에 서전서숙 설립(**cf** 이상설)
- 1907년 신민회 조직
- 1910년 만주로 가 독립군 기지 건설에 매진(경학사, 신흥 강습소 설립)
- 1918년 고종의 국외 망명 시도
- 1919년 상하이 임시 정부 참여
- 1931년 상하이 항일 구국 연맹 조직, 흑색 공포단 조직
- 1932년 주만 일본군 사령관 암살 목표로 다롄에 가는 중 체포, 옥사

한눈에 보는 해설 ⊕

[정답 알아보기] →이회영
다음 **인물**의 활동으로 옳은 것은?

1867년 서울 저동 출생
1905년 나인영, 기산도 등과 함께 을사오적 암살 모의
1910년 6형제 50여 명의 **가족이 전 재산을 처분하여 독립운동 자금을 마련한 후** 만주로 망명
1911년 재만 한인 자치 기관인 **경학사를 조직**
1931년 항일 구국 연맹을 결성하고 비밀 행동 조직인 흑색 공포단을 조직
1932년 다롄에서 일본 경찰에 검거되어 모진 고문 끝에 순국

③ 신민회 회원인 이시영·이회영·이상룡·이동녕 등은 서간도 삼원보에 경학사(1911)라는 자치 기관을 모체로 신흥 강습소(1911)를 설립하여 독립군을 양성하였다.

[선지 분석하기]
① 의열단을 창설하여 무장 투쟁을 전개하였다. ➡ 김원봉
② 미군과 연계하여 국내 진공 작전을 추진하였다. ➡ 한국 광복군
④ 한국 독립군을 이끌고 대전자령 전투에 참여하였다. ➡ 지청천
⑤ 중국 의용군과 연합하여 흥경성 전투를 지휘하였다. ➡ 양세봉(조선 혁명군)

정답 ③

한용운(1879~1944)

다음과 같이 주장한 인물의 활동으로 옳은 것은? ▶ 23회

불교의 유신은 마땅히 먼저 파괴를 해야 한다. 유신이란 무엇인가? 파괴의 자손이다. …… 그러나 파괴라고 해서 모든 것을 무너뜨려 없애버리는 것을 뜻하지 않는다. 다만 구습 중에서 시대에 맞지 않은 것을 고쳐서 이를 새로운 방향으로 나아가야 한다는 것뿐이다.
조선 불교 유신론

① 만주에서 의민단을 조직하였다.
② 만세보를 발행하여 계몽 활동을 펼쳤다.
③ 님의 침묵 등의 문학 작품을 발표하였다.
④ 대성 학교를 설립하여 교육 활동에 힘썼다.
⑤ 중광단에 가입하여 독립 전쟁에 참여하였다.

- 한말 독립운동가, 승려, 시인
- 1896년 설악산 오세암에 입산, 1913년 불교 유신을 강조하는 『조선불교유신론』 저술
- 1919년 3·1 운동 때 민족 대표 33인 중 1인으로 독립 선언서에 참여하고 체포되어 3년 복역, 1926년 시집 『님의 침묵』을 출판하여 저항 문학에 앞장섬. 1927년 신간회 결성에 참여, 1938년 불교 항일 단체인 만당(卍黨) 사건의 배후자로 검거됨.

한눈에 보는 해설 ⊕

[정답 알아보기] →한용운
다음과 같이 주장한 **인물**의 활동으로 옳은 것은?

불교의 유신은 마땅히 먼저 파괴를 해야 한다. 유신이란 무엇인가? 파괴의 자손이다. …… 그러나 파괴라고 해서 모든 것을 무너뜨려 없애버리는 것을 뜻하지 않는다. 다만 구습 중에서 시대에 맞지 않은 것을 고쳐서 이를 새로운 방향으로 나아가야 한다는 것뿐이다.
조선 불교 유신론

③ 한용운은 '님의 침묵'이라는 시에서 조국에 대한 사랑과 열망을 표현하였다(1926).

[선지 분석하기]
① 만주에서 의민단을 조직하였다. ➡ 천주교 단체(단장: 방우룡)
② 만세보를 발행하여 계몽 활동을 펼쳤다. ➡ 손병희(천도교)
④ 대성 학교를 설립하여 교육 활동에 힘썼다. ➡ 안창호(신민회)
⑤ 중광단에 가입하여 독립 전쟁에 참여하였다. ➡ 서일(대종교)

정답 ③

홍범도(1868~1943)

(가) 인물에 대한 설명으로 옳은 것은?　▶ 43회

저는 지금 카자흐스탄 크질오르다에 있습니다. 이곳은 (가) 이/가 근무하였던 옛 고려 극장 건물입니다. 대한 독립군 총사령관이었던 그는 1937년 옛 소련의 강제 이주 정책에 의해 연해주에서 중앙아시아 지역으로 이주하였습니다. 최근 그의 유해 봉환 문제가 제기되면서 국내외 독립운동가의 예우와 선양 사업에 대한 관심이 높아지고 있습니다.

① 양기탁 등과 함께 신민회를 조직하였다.
② 광복에 대비하여 조선 건국 동맹을 결성하였다.
③ 봉오동 전투에서 일본군을 상대로 승리를 거두었다.
④ 독립군을 양성하기 위하여 신흥 강습소를 설립하였다.
⑤ 독립 투쟁 과정을 정리한 한국독립운동지혈사를 저술하였다.

- 1907년 산포수·광산 노동자를 규합한 의병 구성
- 1919년 3·1 운동 이후 만주에서 대한 독립군 총사령관이 되어 전과를 올림. 1920년 봉오동 전투에서 승리, 청산리 전투에도 참가, 이후 서일과 함께 대한 독립 군단을 조직하고 부총재가 됨.
- 1921년 자유시로 이동, 자유시 참변 이후 이르쿠츠크로 이동, 이후 연해주 집단 농장에서 한인들에게 민족의식 고취
- 1937년 스탈린의 강제 이주 정책에 따라 카자흐스탄으로 이주, 극장 야간 수위, 정미소 노동자 등으로 일하다가 사망 ➡ 2020년 유해 반환 결정 but 연기됨.

한눈에 보는 해설 🔍

정답 알아보기

(가) 인물에 대한 설명으로 옳은 것은?

홍범도

저는 지금 카자흐스탄 크질오르다에 있습니다. 이곳은 (가) 이/가 근무하였던 옛 고려 극장 건물입니다. **대한 독립군 총사령관**이었던 그는 1937년 옛 소련의 강제 이주 정책에 의해 연해주에서 중앙아시아 지역으로 이주하였습니다. 최근 그의 **유해 봉환 문제**가 제기되면서 국내외 독립운동가의 예우와 선양 사업에 대한 관심이 높아지고 있습니다.

③ 홍범도의 대한 독립군은 최진동의 군무 도독부군, 안무의 국민회 독립군과 연합하여 봉오동을 기습해 온 일본군 1개 대대 병력을 공격하여 대승리를 거두었다(봉오동 전투, 1920).

선지 분석하기

① 양기탁 등과 함께 신민회를 조직하였다. ➡ 안창호
② 광복에 대비하여 조선 건국 동맹을 결성하였다. ➡ 여운형
④ 독립군을 양성하기 위하여 신흥 강습소를 설립하였다. ➡ 이회영
⑤ 독립 투쟁 과정을 정리한 한국독립운동지혈사를 저술하였다. ➡ 박은식

정답 ③

안창호(1878~1938)

다음 방송에서 소개하는 인물에 대한 설명으로 옳은 것은?　▶ 47회

이곳은 도산 ○○○ 기념관입니다. 이 인물에 대해 알고 있는 사실을 올려 주세요.

ON 대화창
신민회 결성을 주도했어요.
서북 학회를 조직했어요.
흥사단을 창설했어요.

글쓰기

① 국문 연구소의 위원으로서 국문 연구에 힘썼다.
② 대성 학교를 설립하여 민족 교육을 실시하였다.
③ 도쿄에서 일왕이 탄 마차를 향해 폭탄을 던졌다.
④ 한국독립운동지혈사에서 독립 투쟁을 서술하였다.
⑤ 13도 창의군을 이끌고 서울 진공 작전을 전개하였다.

- 1897년 독립 협회 가입, 1898년 이상재 등과 만민 공동회 개최, 1899년 점진학교 설립
- 미국으로 건너가 1905년 대한인 공립협회 설립, 귀국 후 1907년 양기탁·신채호 등과 신민회 조직, 105인 사건(1911)으로 신민회가 해체되자 1913년 미국 샌프란시스코에서 흥사단 조직
- 1919년 3·1 운동 이후 상하이로 가 임시 정부 조직에 참여, 1923년 국민 대표 회의가 결렬되자 1924년 미국에서 흥사단 조직 강화, 1926년 상하이로 가서 독립운동 단체 통합을 위해 노력, 1932년 윤봉길 의거로 체포, 복역 후 가출옥되어 휴양 중 1937년 수양 동우회 사건으로 재투옥, 병으로 보석된 후 1938년 사망

한눈에 보는 해설 🔍

정답 알아보기

안창호

다음 방송에서 소개하는 인물에 대한 설명으로 옳은 것은?

이곳은 **도산** ○○○ 기념관입니다. 이 인물에 대해 알고 있는 사실을 올려 주세요.

ON 대화창
신민회 결성을 주도했어요.
서북 학회를 조직했어요.
흥사단을 창설했어요.

글쓰기

② 안창호, 양기탁, 신채호 등이 중심이 되어 설립한 신민회는 평양에 대성 학교, 정주에 오산 학교를 설립하여 민족 교육을 실시하였다.

선지 분석하기

① 국문 연구소의 위원으로서 국문 연구에 힘썼다. ➡ 지석영, 주시경 등
③ 도쿄에서 일왕이 탄 마차를 향해 폭탄을 던졌다. ➡ 이봉창
④ 한국독립운동지혈사에서 독립 투쟁을 서술하였다. ➡ 박은식
⑤ 13도 창의군을 이끌고 서울 진공 작전을 전개하였다. ➡ 이인영, 허위

정답 ②

박은식(1859~1925)

다음 글을 쓴 인물에 대한 설명으로 옳은 것은? ▶ 29회

> 내가 세상에 태어난 이후 목격한 최근의 역사는 힘써 볼만한 일이다. 이에 갑자년(1864)부터 신해년(1911)에 이르기까지 3편 114장을 지어 통사(痛史)라 이름 하니 감히 정사(正史)를 자처하는 것은 아니다. 다행히 우리 동포들이 국혼(國魂)이 담겨 있는 것임을 인정하여 버리거나 내던지지 않기를 바랄 뿐이다.

① 조선사 편수회에 들어가 조선사 편찬에 참여하였다.
② 진단 학회에 참여하여 진단 학보 발간에 기여하였다.
③ 한국독립운동지혈사에서 독립 투쟁 과정을 서술하였다.
④ 독사신론을 발표하여 민족을 역사 서술의 중심에 두었다.
⑤ 조선사회경제사에서 식민주의 사학의 정체성 이론을 반박하였다.

- 호: 겸곡, 백암, 필명: 태백광노(太白狂奴), 무치생(無恥生) 등
- 「황성신문」·「대한매일신보」의 주필, 대한 자강회·신민회 가입
- 1909년 「유교구신론」 발표(주자 중심의 유학을 비판, 대동 사상과 대동교 주창)
- 1915년 이상설·신규식 등과 신한 혁명당 조직, 신규식과 대동보국단 조직
- 「한국통사」(1915)에서 근대 이후 일본의 한국 침략 과정 서술, 서문에 '역사는 신(神)이요, 나라는 형(形)이다.' – 민족 혼 강조
- 「한국독립운동지혈사」(1920)에서 일제 침략에 대항하여 투쟁한 한민족의 독립운동 서술
- 1925년 임시 정부 2대 대통령에 취임
- 기타 저서: 「천개소문전」, 「안중근전」 등

한눈에 보는 해설 ⊕

정답 알아보기 →박은식

다음 글을 쓴 인물에 대한 설명으로 옳은 것은?

> 내가 세상에 태어난 이후 목격한 최근의 역사는 힘써 볼만한 일이다. 이에 갑자년(1864)부터 신해년(1911)에 이르기까지 3편 114장을 지어 「한국통사」 통사(痛史)라 이름 하니 감히 정사(正史)를 자처하는 것은 아니다. 다행히 우리 동포들이 국혼(國魂)이 담겨 있는 것임을 인정하여 버리거나 내던지지 않기를 바랄 뿐이다.

③ 박은식은 「한국독립운동지혈사」(1920)에서 일제 침략에 대항하여 투쟁한 한민족의 독립운동을 서술하였다.

선지 분석하기

① 조선사 편수회에 들어가 조선사 편찬에 참여하였다. ➡ 최남선, 이병도 등
② 진단 학회에 참여하여 진단 학보 발간에 기여하였다. ➡ 이병도
④ 독사신론을 발표하여 민족을 역사 서술의 중심에 두었다. ➡ 신채호
⑤ 조선사회경제사에서 식민주의 사학의 정체성 이론을 반박하였다. ➡ 백남운

정답 ③

신채호(1880~1936)

다음 인물의 활동으로 옳은 것은? ▶ 27회

○○○ 연보

1880년 충청도 회덕현 출생
1898년 성균관 입교, 독립 협회 가입
1907년 대한매일신보 논설진으로 초빙됨.
1914년 환인 동창 학교에서 민족 교육 실시 고구려 유적 답사
1928년 무정부주의 동방 연맹 사건으로 체포됨.
1931년 조선상고사가 신문에 연재됨.
1936년 뤼순 감옥에서 순국

① 하얼빈에서 이토 히로부미를 사살하였다.
② 한인 애국단을 조직하여 무장 투쟁을 전개하였다.
③ 명동 학교를 설립하여 민족 의식 고취에 노력하였다.
④ 대조선 국민 군단을 결성하여 군사 훈련을 실시하였다.
⑤ 민중의 직접 혁명을 주장하는 조선 혁명 선언을 집필하였다.

- 호: 일편단심, 단생(丹生), 단재(丹齋)
- 독립협회 활동, 「황성신문」 기자, 「대한매일신보」 주필, 신민회 활동, 국채 보상 운동 관여
- 1910년 연해주 권업회 기관지 「권업신문」 창간, 1913년 중국에서 박달학원 건립
- 1923년 상하이에서 개최된 국민 대표 회의에서 창조파로 활동, 임시 정부 탈퇴
- 의열단의 '조선 혁명 선언'(1923) 작성
- 「독사신론」(1908)에서 민족주의 사학으로의 방향 제시
- 「조선사연구초」(1925)에서 묘청의 난을 '조선 1천년래 제일 대 사건'으로 평가, 낭가사상 강조
- 「조선상고사」(1931)에서 역사를 '아(我)와 비아(非我)의 투쟁의 기록'으로 정의

한눈에 보는 해설 ⊕

정답 알아보기 →신채호

다음 인물의 활동으로 옳은 것은?

○○○ 연보

1880년 충청도 회덕현 출생
1898년 성균관 입교, 독립 협회 가입
1907년 대한매일신보 논설진으로 초빙됨.
1914년 환인 동창 학교에서 민족 교육 실시, 고구려 유적 답사
1928년 무정부주의 동방 연맹 사건으로 체포됨.
1931년 조선상고사가 신문에 연재됨.
1936년 뤼순 감옥에서 순국

⑤ 신채호는 의열단 선언서인 '조선 혁명 선언'(1923)을 작성하여 일부 독립운동가들의 문화주의·외교론·준비론 등의 입장을 비판하고 '민중에 의한 직접 혁명론'을 주장하였다.

선지 분석하기

① 하얼빈에서 이토 히로부미를 사살하였다. ➡ 안중근
② 한인 애국단을 조직하여 무장 투쟁을 전개하였다. ➡ 김구
③ 명동 학교를 설립하여 민족 의식 고취에 노력하였다. ➡ 김약연
④ 대조선 국민 군단을 결성하여 군사 훈련을 실시하였다. ➡ 박용만

정답 ⑤

지청천(1888~1957)

(가) 인물에 대한 설명으로 옳은 것은?

▶ 41회

이것은 한국 광복군 총사령관을 역임한 (가) 의 흉상입니다. 이 흉상은 3·1절과 대한민국 임시 정부 수립 99주년을 기념하기 위해 대한민국 육군 사관 학교에 건립되었습니다. 그는 일본 육군 사관 학교를 졸업하였으나 만주 지역으로 망명하여 신흥 무관 학교에서 독립군 양성에 힘썼습니다. 또한 한국 독립군의 총사령관으로 대전자령 전투를 지휘하여 승리로 이끌었습니다.

① 숭무 학교를 설립하여 독립군을 양성하였다.
② 쌍성보 전투에서 한·중 연합 작전을 전개하였다.
③ 독립군 비행사 육성을 위해 한인 비행 학교를 세웠다.
④ 독립군 연합 부대를 이끌고 청산리 전투에서 승리하였다.
⑤ 일제 패망과 광복에 대비하여 조선 건국 동맹을 결성하였다.

- 1907년 군대 해산 이후 일본 유학
- 1919년 신흥 무관 학교 설립
- 1920년 김좌진 등과 대한 독립 군단 조직, 1924년 양기탁 등과 정의부 조직, 1930년 한국 독립군 창설, 중국 호로군과 연합 작전 전개(쌍성보·사도하자·동경성·대전자령 전투), 1940년 임시 정부 한국 광복군의 총사령관에 임명
- 1945년 광복 후 귀국하여 대동 청년당 결성, 1948년 제헌 국회 의원, 정부 수립 후 2대 국회 의원 역임

한눈에 보는 해설 ⊕

정답 알아보기

지청천

(가) 인물 에 대한 설명으로 옳은 것은?

이것은 **한국 광복군 총사령관**을 역임한 (가) 의 흉상입니다. 이 흉상은 3·1절과 대한민국 임시 정부 수립 99주년을 기념하기 위해 대한민국 육군 사관 학교에 건립되었습니다. 그는 일본 육군 사관 학교를 졸업하였으나 만주 지역으로 망명하여 **신흥 무관 학교에서 독립군 양성**에 힘썼습니다. 또한 **한국 독립군의 총사령관으로 대전자령 전투**를 지휘하여 승리로 이끌었습니다.

② 북만주에서 지청천이 인솔하는 한국 독립군(혁신 의회 소속)이 중국 호로군과 한·중 연합군을 편성하여 쌍성보 전투(1932), 대전자령 전투(1933), 사도하자 전투(1933), 동경성 전투(1933)에서 형식상의 일본·만주 연합 부대를 크게 격파하였다.

선지 분석하기

① 숭무 학교를 설립하여 독립군을 양성하였다. ➡ 이근영(멕시코)
③ 독립군 비행사 육성을 위해 한인 비행 학교를 세웠다. ➡ 노백린(미국)
④ 독립군 연합 부대를 이끌고 청산리 전투에서 승리하였다. ➡ 김좌진(만주)
⑤ 일제 패망과 광복에 대비하여 조선 건국 동맹을 결성하였다. ➡ 여운형(국내)

정답 ②

남자현(1872~1933)

(가) 인물의 활동으로 옳은 것은?

▶ 48회

이곳은 경상북도 영양군에 있는 독립운동가 (가) 의 옛 거처입니다. (가) 은/는 조선 총독 암살을 기도하였고, 국제 연맹 조사단에 강력한 독립 의지를 표명하는 혈서를 전달하고자 시도하였습니다. 이후 만주국 주재 일본 대사 암살 계획이 발각되어 체포된 뒤 순국하였습니다.

① 동양 척식 주식회사에 폭탄을 투척하였다.
② 하얼빈 역에서 이토 히로부미를 사살하였다.
③ 명동 성당 앞에서 이완용을 습격하여 중상을 입혔다.
④ 간도에서 여자 권학회를 조직하여 계몽 활동에 힘썼다.
⑤ 평양 을밀대 지붕에서 임금 삭감에 저항하여 농성을 벌였다.

- 20대 중반에 의병 투쟁하던 남편을 잃음.
- 3·1 운동 참가 이후 만주로 망명, 여자 권학회 조직, 여성 교육에 힘씀.
- 1926년 53살에 서울에 잠입하여 사이토 총독 암살 기도
- 1932년 만주국 수립으로 국제 연맹 리튼 조사단이 하얼빈에 오자, 흰 수건에 '한국독립원'이라는 혈서를 써서 독립을 호소, 1932년 체포

한눈에 보는 해설 ⊕

정답 알아보기

남자현

(가) 인물 의 활동으로 옳은 것은?

이곳은 경상북도 영양군에 있는 독립운동가 (가) 의 옛 거처입니다. (가) 은/는 **조선 총독 암살을 기도**하였고, **국제 연맹 조사단에 강력한 독립 의지를 표명하는 혈서를 전달하고자 시도**하였습니다. 이후 만주국 주재 일본 대사 암살 계획이 발각되어 체포된 뒤 순국하였습니다.

④ 남자현은 간도 일대에 12곳의 교회 및 여자 권학회를 조직하였고 10여 곳에 여성 교육 기관을 세우기도 하였다.

선지 분석하기

① 동양 척식 주식회사에 폭탄을 투척하였다. ➡ 나석주
② 하얼빈 역에서 이토 히로부미를 사살하였다. ➡ 안중근
③ 명동 성당 앞에서 이완용을 습격하여 중상을 입혔다. ➡ 이재명
⑤ 평양 을밀대 지붕에서 임금 삭감에 저항하여 농성을 벌였다. ➡ 강주룡

정답 ④

김원봉(1898~1958)

다음 인물에 대한 설명으로 옳은 것은? ▶ 45회

○○○ 연보

- 1919년 의열단 조직
- 1932년 조선 혁명 간부 학교 설립
- 1935년 민족 혁명당 조직
- 1937년 조선 민족 전선 연맹 결성
- 1938년 조선 의용대 창설
- 1944년 대한민국 임시 정부 군무부장

① 대조선 국민 군단을 조직하였다.
② 한국 광복군 부사령관으로 활약하였다.
③ 하얼빈 역에서 이토 히로부미를 사살하였다.
④ 한국 독립군을 이끌고 쌍성보 전투에서 승리하였다.
⑤ 일제의 패망과 광복에 대비하여 조선 건국 동맹을 결성하였다.

- 1919년 의열단 조직, 국내 일본 기관 파괴, 요인 암살 등 무정부주의적 투쟁, 1925년 황포 군관 학교 졸업, 1935년 민족 혁명당 결성, 1938년 조선 의용대 편성, 1942년 대한민국 임시 정부 광복군 부사령관에 임명됨, 1944년 임시 정부 국무 위원 및 군무부장 등으로 활동
- 1948년 남북 협상 때 월북, 북한 최고 인민 회의 대의원에 임명, 1958년 8월 종파 사건 때 숙청됨.

한눈에 보는 해설 ⊕

정답 알아보기

다음 인물 에 대한 설명으로 옳은 것은?

김원봉

- 1919년 **의열단** 조직
- 1932년 조선 혁명 간부 학교 설립
- 1935년 **민족 혁명당** 조직
- 1937년 조선 민족 전선 연맹 결성
- 1938년 **조선 의용대** 창설
- 1944년 대한민국 임시 정부 군무부장

② 조선 의용대가 1942년 한국 광복군에 합류한 이후에 김원봉은 광복군 1지대의 대장과 광복군 부사령관을 겸임하였다.

선지 분석하기

① 대조선 국민 군단을 조직하였다. ➡ 박용만
③ 하얼빈 역에서 이토 히로부미를 사살하였다. ➡ 안중근
④ 한국 독립군을 이끌고 쌍성보 전투에서 승리하였다. ➡ 지청천
⑤ 일제의 패망과 광복에 대비하여 조선 건국 동맹을 결성하였다. ➡ 여운형

정답 ②

조소앙(1887~1958)

다음 인물에 대한 설명으로 옳은 것은? ▶ 35회

파일(F) 편집(E) 보기(V) 즐겨찾기(A) 도구(T) 도움말(H)

이달의 독립운동가
홈 > 나라사랑광장 > 이달의 독립운동가

독립운동가 찾기 ▼   이름 ▼   [   ]   검색   목록

○○○ [1887~1958]

훈격: 대한민국장   서훈 연도: 1989년

■ 공적 개요
- 1917년 대동단결 선언 발표
- 1919년 대한민국 임시 정부 국무원 비서장
- 1927년 한국 독립당 관내 촉성회 연합회 결성
- 1930년 한국 독립당 결성
- 1944년 대한민국 임시 정부 외무부장

① 도쿄에서 일왕의 행렬에 폭탄을 투척하였다.
② 재미 한인을 중심으로 흥사단을 조직하였다.
③ 일본의 침략 과정을 서술한 한국통사를 저술하였다.
④ 새로운 국가 건설의 이념으로 삼균주의를 주창하였다.
⑤ 일제의 패망과 광복에 대비하여 조선 건국 동맹을 결성하였다.

- 1919년 만주 길림에서 대한(무오) 독립 선언서 작성, 대한 독립 의군부 조직, 4월 상하이에서 대한민국 임시 정부 수립에 참여
- 1930년 이동녕·김구·안창호 등과 한국 독립당 창당, 1941년 대한민국 임시 정부는 조소앙의 삼균주의에 입각한 건국 강령 발표, 임시 정부 외무부장으로 활약
- 1948년 단독 정부 수립에 반대하고 김구 등과 남북 협상에 참여, 1950년 2대 국회 의원 선거에서 최다 득표로 당선되었으나 6·25 전쟁 때 강제 납북됨.

한눈에 보는 해설 ⊕

정답 알아보기

다음 인물 에 대한 설명으로 옳은 것은?

조소앙

→ 조소앙, 신규식, 박은식 등 14명 발기, 공화주의 표방

- 1917년 **대동단결 선언** 발표
- 1919년 대한민국 임시 정부 국무원 비서장
- 1927년 한국 독립당 관내 촉성회 연합회 결성
- 1930년 **한국 독립당** 결성
- 1944년 **대한민국 임시 정부 외무부장**

④ 조소앙은 독립운동 내부의 좌·우익 사상의 대립을 지양·종합하고, 이를 독립운동의 기본 방략 및 미래 조국 건설의 지침으로 삼기 위해 삼균주의를 체계화하였다.

선지 분석하기

① 도쿄에서 일왕의 행렬에 폭탄을 투척하였다. ➡ 이봉창
② 재미 한인을 중심으로 흥사단을 조직하였다. ➡ 안창호
③ 일본의 침략 과정을 서술한 한국통사를 저술하였다. ➡ 박은식
⑤ 일제의 패망과 광복에 대비하여 조선 건국 동맹을 결성하였다. ➡ 여운형

정답 ④

백남운(1895~1979)

다음 글을 쓴 인물의 활동으로 옳은 것은?　▶ 42회

> 우리 조선의 역사적 발전의 전 과정은 …… 외관상의 이른바 특수성이 다른 문화 민족의 역사적 발전 법칙과 구별될 만큼 독자적인 것이 아니며, 세계사적인 일원론적 역사 법칙에 의해 다른 여러 민족과 거의 같은 궤도의 발전 과정을 거쳐 왔던 것이다. …… 여기에서 조선사 연구의 법칙성이 가능하게 되며, 그리고 세계사적 방법론 아래서만 과거의 민족 생활 발전사를 내면적으로 이해함과 동시에 현실의 위압적인 특수성에 대해 절망을 모르는 적극적인 해결책을 발견할 수 있을 것이다.

① 조선사 편수회에 들어가 조선사 편찬에 참여하였다.
② 실증주의 사학의 연구를 위해 진단 학회를 창립하였다.
③ 한국독립운동지혈사에서 독립 투쟁 과정을 서술하였다.
④ 임시 사료 편찬회에서 한·일 관계 사료집을 편찬하였다.
⑤ 식민 사학을 반박하는 조선봉건사회경제사를 저술하였다.

- 사회 경제 사학자
- 일제의 정체성론에 대항하여 한국사의 역사 발전을 사회·경제사적인 역사 발전 법칙과 동일한 범주에서 파악
- 좌익 역사가 중 비교적 온건한 인물, 해방 후 양심적 지주·자본가와 연합하여 새 나라를 건설해야 한다는 '연합성 신민주주의' 주장, 1947년 월북
- 저서: 『조선사회경제사』, 『조선봉건사회경제사』 등

한눈에 보는 해설 ⊕

정답 알아보기　▶백남운

다음 글을 쓴 인물 의 활동으로 옳은 것은?

> 우리 조선의 역사적 발전의 전 과정은 …… 외관상의 이른바 특수성이 다른 문화 민족의 역사적 발전 법칙과 구별될 만큼 독자적인 것이 아니며, **세계사적인 일원론적 역사 법칙에 의해 다른 여러 민족과** ↳한국사의 보편성 강조 **거의 같은 궤도의 발전 과정을 거쳐 왔던 것이다.** …… 여기에서 조선사 연구의 법칙성이 가능하게 되며, 그리고 세계사적 방법론 아래서만 과거의 민족 생활 발전사를 내면적으로 이해함과 동시에 현실의 위압적인 특수성에 대해 절망을 모르는 적극적인 해결책을 발견할 수 있을 것이다.

⑤ 백남운은 『조선사회경제사』와 『조선봉건사회경제사』에서 한국사도 고대 노예 사회와 중세 봉건 사회를 거쳐 발전해 왔음을 주장하였다.

선지 분석하기

① 조선사 편수회에 들어가 조선사 편찬에 참여하였다. ➡ 최남선, 이병도 등
② 실증주의 사학의 연구를 위해 진단 학회를 창립하였다. ➡ 이병도
③ 한국독립운동지혈사에서 독립 투쟁 과정을 서술하였다. ➡ 박은식
④ 임시 사료 편찬회에서 한·일 관계 사료집을 편찬하였다. ➡ 대한민국 임시 정부

정답 ⑤

여운형(1886~1947)

다음 가상 인터뷰의 주인공에 대한 설명으로 옳은 것은?　▶ 38회

① 좌우 합작 위원회의 주축이 되었다.
② 김규식과 함께 남북 협상에 참여하였다.
③ 재미 한인을 중심으로 흥사단을 설립하였다.
④ 정읍에서 남한만의 단독 정부 수립을 주장하였다.
⑤ 중국 국민당과 협력하여 조선 의용대를 창설하였다.

- 1918년 신한 청년당 조직, 1919년 대한민국 임시 정부 참여, 1923년 국민 대표 회의에서 임시 정부 개조 주장(개조파)
- 1933년 조선중앙일보 사장 역임, 1936년 조선중앙일보의 일장기 말소 사건으로 사장직 퇴임
- 1943년 조선 민족 해방 연맹 조직, 1944년 조선 건국 동맹 조직, 1945년 조선 건국 준비 위원회 위원장
- 1946~1947년 김규식, 안재홍 등과 좌우 합작 운동 주도
- 1947년 암살됨.

한눈에 보는 해설 ⊕

정답 알아보기　▶여운형

다음 가상 인터뷰의 주인공 에 대한 설명으로 옳은 것은?

① 중도 우파 김규식과 중도 좌파 여운형을 중심으로 좌우 합작 위원회(1946. 7.)가 구성되었다.

선지 분석하기

② 김규식과 함께 남북 협상에 참여하였다. ➡ 김구
③ 재미 한인을 중심으로 흥사단을 설립하였다. ➡ 안창호
④ 정읍에서 남한만의 단독 정부 수립을 주장하였다. ➡ 이승만
⑤ 중국 국민당과 협력하여 조선 의용대를 창설하였다. ➡ 김원봉

정답 ①

김규식(1881~1950)

다음 인물에 대한 설명으로 옳은 것은?　▶ 42회

① 의열단을 조직하여 단장으로 활동하였다.
② 재미 한인을 중심으로 흥사단을 창립하였다.
③ 신흥 강습소를 설립하여 독립군을 양성하였다.
④ 민족 자주 연맹을 이끌고 남북 협상에 참여하였다.
⑤ 일제의 패망과 건국에 대비하여 조선 건국 동맹을 결성하였다.

• 1919년 3·1 운동 전(前) 신한 청년단(당) 대표로 파리 강화 회의 참석, 3·1 운동 이후 임시 정부의 외교총장을 맡아 파리 강화 회의에 참석, 1935년 김원봉 등과 민족 혁명당 조직, 1944년 임시 정부 부주석 역임
• 광복 후 우익 지도자로 신탁 통치 반대 운동 전개, 1946년 좌우 합작 운동 전개, 남조선 과도 정부 입법 의원 의장 역임, 1947년 민족 자주 연맹 조직, 1948년 남한 단독 총선거에 반대하고 김구 등과 북한에 가서 남북 협상 시도, 6·25 전쟁 때 납북됨.

한눈에 보는 해설 ⊕

정답 알아보기
→김규식
다음 [인물]에 대한 설명으로 옳은 것은?

> 2019년 이달의 독립운동가
> ▣ 공적 개요
> • 1919년 **파리 강화 회의 민족 대표**
> • 1935년 **민족 혁명당** 설립 참여
> • 1944년 **대한민국 임시 정부 부주석**

④ 김규식, 홍명희 등 중도파는 민족 자주 연맹을 결성하여 미·소 양군 철수와 남북 통일 정부 수립을 위한 남북 정치 단체 대표자 회의 개최를 중요한 정책으로 내걸었다.

선지 분석하기
① 의열단을 조직하여 단장으로 활동하였다. ➡ 김원봉
② 재미 한인을 중심으로 흥사단을 창립하였다. ➡ 안창호
③ 신흥 강습소를 설립하여 독립군을 양성하였다. ➡ 이회영
⑤ 일제의 패망과 건국에 대비하여 조선 건국 동맹을 결성하였다. ➡ 여운형

정답 ④

장준하(1918~1975)

다음 인물의 활동으로 옳은 것은?　▶ 40회

> ○○○ **연보**
> 1918년　평안북도 의주 출생
> 1942년　도쿄 일본신학교 재학
> 1944년　학병 강제 징집
> 1947년　조선 민족 청년단 활동
> 1953년　사상계 창간 주도
> 1962년　막사이사이상(賞) 수상
> 1967년　제7대 총선에서 옥중 출마하여 국회 의원에 당선
> 1973년　민주 회복을 위한 개헌 청원 백만인 서명 운동 주도
> 1975년　사망
> 1991년　건국 훈장 애국장 추서

① 삼균주의를 바탕으로 건국 강령을 기초하였다.
② 한국 광복군의 일원으로 국내 진공 작전을 준비하였다.
③ 민중의 직접 혁명을 주장하는 조선 혁명 선언을 집필하였다.
④ 일제의 패망과 광복에 대비하여 조선 건국 동맹을 결성하였다.
⑤ 중국 국민당 정부의 지원을 받아 조선 혁명 간부 학교를 설립하였다.

• 1945년 대한민국 임시 정부 광복군 활동
• 1953년 종합 교양지 『사상계』 창간
• 1962년 한국인 최초 막사이사이 언론상 수상, 자서전 『돌베개』 저술
• 1967년 옥중 출마하여 7대 신민당 소속 국회 의원에 당선, 1973년 민주 통일당 창당, 최고위원이 됨. 개헌 청원 백만인 서명 운동 주도, 민주화 운동을 주도하면서 여러 차례 투옥됨.
• 1975년 '박정희 대통령에게 보내는 공개서한' 등을 통해 박정희 정권에 맞섬. 1975년 포천 약사봉에서 의문사

한눈에 보는 해설 ⊕

정답 알아보기
→장준하
다음 [인물]의 활동으로 옳은 것은?

> • 1918년 평안북도 의주 출생　　• 1942년 도쿄 일본신학교 재학
> • 1944년 학병 강제 징집　　• 1947년 조선 민족 청년단 활동
> • 1953년 **사상계** 창간 주도　　• 1962년 막사이사이상(賞) 수상
> • 1967년 제7대 총선에서 옥중 출마하여 국회 의원에 당선
> • 1973년 민주 회복을 위한 **개헌 청원 백만인 서명 운동 주도**
> • 1975년 사망
> • 1991년 건국 훈장 애국장 추서

② 장준하는 한국 광복군의 일원으로 국내 진공 작전을 위해 조직된 국내 정진군에 자원했으나, 일본의 항복 소식으로 국내 진공 작전은 실현되지 못하였다.

선지 분석하기
① 삼균주의를 바탕으로 건국 강령을 기초하였다. ➡ 조소앙
③ 민중의 직접 혁명을 주장하는 조선 혁명 선언을 집필하였다. ➡ 김원봉
④ 일제의 패망과 광복에 대비하여 조선 건국 동맹을 결성하였다. ➡ 여운형
⑤ 중국 국민당 정부의 지원을 받아 조선 혁명 간부 학교를 설립하였다. ➡ 김원봉

정답 ②

이승만(1875~1965)

(가), (나) 주장을 한 인물의 활동으로 옳지 않은 것은? ▶ 33회

> (가) 이제 우리는 무기 휴회된 미·소 공동 위원회가 재개될 기색도 보이지 않으며, 통일 정부를 고대하나 여의케 되지 않으니, 우리는 남방만이라도 임시 정부, 혹은 위원회 같은 것을 조직하여 38도선 이북에서 소련이 철퇴하도록 세계 공론에 호소하여야 될 것이니 ……
>
> (나) 현시(現時)에 있어서 나의 유일한 염원은 3천만 동포와 손을 잡고 통일된 조국의 달성을 위하여 공동 분투하는 것뿐이다. …… 나는 통일된 조국을 건설하려다 38도선을 베고 쓰러질지언정 일신에 구차한 안일을 취하여 단독 정부를 세우는 데는 협력하지 아니하겠다.

① (가) – 국제 연맹에 위임 통치 청원을 시도하였다.
② (가) – 여운형과 함께 좌우 합작 위원회를 조직하였다.
③ (나) – 의거 활동을 전개하기 위해 한인 애국단을 결성하였다.
④ (나) – 분단을 막기 위해 평양에 가서 김일성 등과 회담하였다.
⑤ (가), (나) – 신탁 통치에 반대하는 운동을 전개하였다.

- 1898년 독립 협회의 만민 공동회 참여
- 1904년 미국 유학
- 1919년 상하이 대한민국 임시 정부 초대 대통령으로 추대되었으나 1923년 탄핵됨.
- 광복 후 귀국하여 독립 촉성 중앙 협의회 총재로 좌익 세력과 대립, 1946년 6월 남한 단독 정부 수립 계획 발표, 1948년 국회에서 초대 대통령으로 당선됨. 1951년 자유당 창당, 1952년 발췌 개헌안 통과시키고 2대 대통령에 당선, 1954년 사사오입 개헌안 통과시키고 1956년 3대 대통령에 당선, 1960년 3·15 부정 선거로 대통령에 4선되었으나 4·19 혁명으로 사임

한눈에 보는 해설

정답 알아보기
→ (가) 이승만, (나) 김구
(가), (나) 주장을 한 인물의 활동으로 옳지 않은 것은?

> (가) 이제 우리는 무기 휴회된 미·소 공동 위원회가 재개될 기색도 보이지 않으며, 통일 정부를 고대하나 여의케 되지 않으니, 우리는 **남방만이라도 임시 정부, 혹은 위원회 같은 것을 조직하여 38도선 이북에서 소련이 철퇴하도록 세계 공론에 호소하여야 될 것이니** …… ↳이승만의 정읍 발언
>
> (나) 현시(現時)에 있어서 나의 유일한 염원은 3천만 동포와 손을 잡고 통일된 조국의 달성을 위하여 공동 분투하는 것뿐이다. …… **나는 통일된 조국을 건설하려다 38도선을 베고 쓰러질지언정 일신에 구차한 안일을 취하여 단독 정부를 세우는 데는 협력하지 아니하겠다.** ↳김구의 '3천만 동포에게 읍고함'

② 여운형과 함께 좌우 합작 위원회를 조직한 것은 김규식이다.

정답 ②

김구(1876~1949)

밑줄 그은 '이 인물'에 대한 설명으로 옳은 것은? ▶ 12회

역 사 신 문 2011년 ○월 ○일

경교장 본모습 내년 광복절에 본다

광복 후 대한민국 임시 정부 첫 국무 회의가 열렸던 경교장(사적 465호)이 복원 공사에 들어가 내년 광복절에 온전히 복원된다.

경교장은 일제 시대에 큰돈을 번 ○○○이 자신의 친일 행적을 반성하는 뜻으로 이 인물에게 제공한 저택이다. 이후 집무실과 숙소로 사용되던 경교장은 이 인물의 서거 후 대사관·병원 등으로 쓰이다가, 2005년에 집무실이 기념실로 단장되었다.

① 항일 무력 단체인 한인 애국단을 결성하였다.
② 광복군 창설에 참여하여 광복군 사령관을 지냈다.
③ 국민 대표 회의 예비 회의의 임시 의장직을 맡았다.
④ 대한민국 임시 정부의 초대 국무총리로 추대되었다.
⑤ 신한 청년당의 대표로 파리 강화 회의에 참가하였다.

- 1893년 동학 입교, 1896년 일본군 중위를 살해, 사형 확정, 1898년 탈옥하여 승려가 되었다가 환속, 1903년 기독교 입교
- 신민회 참여 후 1911년 안악 사건으로 체포, 1919년 상하이로 망명, 대한민국 임시 정부에 참여, 초대 경무국장 역임, 1930년 이동녕 등과 한국 독립당 창당, 1931년 한인 애국단 조직, 1935년 한국 국민당 조직, 1940년 한국 독립당 조직하고 임시 정부 주석에 선출됨.
- 1948년 2월 '3천만 동포에게 읍고함'이라는 성명 발표, 통일 정부 수립을 위한 남북 협상 제창, 1949년 6월 육군 소위 안두희에게 암살당함.

한눈에 보는 해설

정답 알아보기
→ 김구
밑줄 그은 '이 인물'에 대한 설명으로 옳은 것은?

> 광복 후 대한민국 임시 정부 첫 국무 회의가 열렸던 **경교장**(사적 465호)이 복원 공사에 들어가 내년 광복절에 온전히 복원된다. 경교장은 일제 시대에 큰돈을 번 ○○○이 자신의 친일 행적을 반성하는 뜻으로 이 인물에게 제공한 저택이다. 이후 집무실과 숙소로 사용되던 경교장은 이 인물의 서거 후 대사관·병원 등으로 쓰이다가, 2005년에 집무실이 기념실로 단장되었다.

① 일제의 만주 침략으로 임시 정부의 사기가 극도로 저하되자 김구는 난국을 타개하기 위하여 강력한 무력 단체인 한인 애국단(1931)을 조직하였다.

선지 분석하기
② 광복군 창설에 참여하여 광복군 사령관을 지냈다. ➡ 지청천
③ 국민 대표 회의 예비 회의의 임시 의장직을 맡았다. ➡ 안창호
④ 대한민국 임시 정부의 초대 국무총리로 추대되었다. ➡ 이동휘
⑤ 신한 청년당의 대표로 파리 강화 회의에 참가하였다. ➡ 김규식

정답 ①

메모

선우빈

주요 약력
- 現, 박문각 남부고시학원 한국사 9·7급 대표교수
- EBS 9·7급 공무원 한국사 10년 강의(2008~2016, 2018년)
- 2006년 방송대학TV 공무원 한국사 전임교수
- 경북대·우송대 대학 특강 강사
- 중등 2급 정교사[사회(역사)]

주요 저서

[이론서]
선우빈 선우한국사 기본서 (박문각)
단기완성 한국사능력검정시험 심화 (박문각)

[문제집]
선우한국사 기출족보 2000제 (박문각)
선우한국사 기적의 실전 300제 (박문각)
선우한국사 기적의 동형 모의고사 (박문각)

[요약집]
분류사로 간추린 선우한국사 (박문각)
선우한국사 핵심사료 450 (박문각)
한국사 연결고리 (박문각)
AI 확인학습노트 한국사 (박문각)

동영상강의 www.pmg.co.kr
한국사카페 cafe.naver.com/swkuksa
You Tube 채널 선우빈 한국사

단기완성
한국사 능력검정시험 심화 1·2·3급

초판 인쇄 2020년 12월 15일 | **초판 발행** 2020년 12월 21일
편저자 선우빈 | **발행인** 박 용 | **발행처** (주)박문각출판
등록 2015. 4. 29. 제2015-000104호
주소 06654 서울시 서초구 효령로 283 서경빌딩 4층
교재 문의 02-6466-7202 | **동영상 문의** 02-6466-7201
팩스 02-587-5890

정가 18,000원   ISBN 979-11-6444-508-0

저자와의
협의하에
인지생략